동북아역사 자료총서 33

宋史 外國傳 譯註·3
—蠻夷傳—

譯註 中國 正史 外國傳 13

동북아역사재단
NORTHEAST ASIAN HISTORY FOUNDATION

宋史 外國傳 譯註

간행사

　　동북아역사재단은 전통시대 중국의 정사(正史)에서 외국이나 인근 종족과 관련된 열전(列傳)을 추려 '외국전(外國傳)'으로 정의하고, 2007년부터 장기적으로 외국전 전체를 번역, 주석하여 역주서를 발간하는 일을 추진하고 있습니다. 이미 『사기(史記)』부터 『신오대사(新五代史)』까지 각 정사의 외국전을 역주하여 18권으로 출판하였고, 그 뒤를 이어 『송사(宋史)』부터 『명사(明史)』까지의 외국전을 역주하여 순차적으로 출판하고 있습니다.

　　전한(前漢)의 『사기』 이래 중국 왕조에서는 기전체(紀傳體) 형식으로 이전 왕조의 역사를 편찬하여 이를 정사라 하고, 중화민국(中華民國) 시기에 편찬한 『신원사(新元史)』까지 포함하여 '25사(史)'라고 통칭하였습니다. 이들 정사에는 이웃 국가나 종족에 관한 기록이 열전으로 별도 편제되어 있습니다. 열전의 명칭은 종족의 이름을 따서 붙이기도 하고, 지역적 구분에 따라 붙이기도 하고, 사방을 중국 중심의 관념체제로 이념화한 '사이(四夷)' 의식에 따라 붙이기도 하였습니다. '외국전'이라는 명칭은 『송사(宋史)』 이후 분명히 나타나지만, 이후에도 '외국'과 더불어 '사이', '만이(蠻夷)', '외이(外夷)'라는 명칭이 쓰였습니다.

　　중국 정사를 편찬한 목적은 기본적으로 국가권력으로 통일적 역사인식을 확립하는 데 있었기 때문에 그 체제와 내용에 중국 왕조의 입장을 강하게 반영하고 있습니다. 특히 외국이나 다른 종족과 관련 있는 부분은 철저하게 중국 왕조의 시각에서 정리하고 표현하였습니다. 이것은 외국전에 나타난 외국에 대한 인식이 단순히 당시의 실제 상황만을 반영하는 것이 아니라, 중국 중심의 당위적 이념을 크게 반영하고 있음을 의미합니다. 그런 점에서 중국 정사 외국전은 중국 중심 역사인식, 변경인식, 세계인식의 실체를 담고 있는 자료로 평가할 수 있습니다.

오늘날 동아시아에서 역사 귀속을 둘러싼 갈등이나 분쟁을 해소하고 상호 이해를 증진하고 공동 발전의 기반을 마련하기 위해서는 상대방의 역사를 존중하면서 객관적 시각에서 역사 연구를 진행해야 할 것입니다. 그런데 역대 중국 왕조들이 정사에 '외국전'을 두어 상대적으로 풍부한 기록을 남긴 데 비해, 인접 국가나 종족들은 그들의 입장에서 정리한 역사 기록을 충분히 남기지 못했습니다. 이런 점에서 중국 정사 외국전에 대한 정확한 이해와 연구는 전근대 동아시아 각국의 역사와 문화는 물론, 한중관계를 포함하여 다양한 층위의 동아시아 국제관계를 이해하는 데 절대적으로 중요한 의미를 지니고 있습니다.

역주 중국 정사 외국전은 바로 외국전에 실려 있는 외국의 실체에 대한 이해와 함께, 외국 인식의 이념적 원리와 구조를 정확히 파악하려는 목적에서 기획되었습니다. 아울러 다른 국가나 종족에 대한 서술을 통하여 중국 사서에 기록된 한중관계에 관한 내용이 어떠한 이념적 원리에 의해 서술되었는지 파악하려는 목적도 포함되어 있습니다. 한국사 특히 한국 고대사와 한중관계 연구에 매우 중요한 사료인 중국 정사 '조선전(朝鮮傳)'은 이미 국사편찬위원회에서 역주하여 출간하였습니다. 그러나 조선전만으로는 한중관계의 실체를 파악하기 어렵습니다. 중국 정사 외국전 전체의 맥락 속에서 조선전을 이해할 필요가 있으며, 그렇게 할 때 전근대 한국의 대외관계 및 한중관계의 실상을 보다 종합적으로 파악할 수 있을 것입니다.

국내외적으로 중국 정사 외국전에 대한 전체적인 역주는 처음으로 시도되는 일입니다. 중국 정사 외국전 기사의 방대한 분량과 원문의 난해함, 걸쳐 있는 시간적 길이와 공간적 폭을 생각할 때, 외국전 전체를 역주하는 것은 결코 용이한 일이 아닙니다. 처음인 만큼 번역상의 오류나 체제상의 미비점도 있을 것으로 생각합니다. 그렇지만 역주 중국 정사 외국전은 한문 원사료에 대한 가독성을 높이고 전근대 동아시아 여러 국가와 종족에 대한 전문 지식을 제공하여, 전문 연구자에게는 연구 분야의 확대와 연구 수준의 심화를 가능하게 하고, 일반 시민에게는 동아시아 각국의 역사와 문화 및 교류에 대한 보다 정확한 이해를 가능하게 할 것입니다.

중국 정사 외국전은 외국전 상호간에 내용적, 시대적, 지역적 연계성이 두드러져 그 역주에는 개별 작업과 더불어 공동 작업이 병행되어야 하며 그런 만큼 많은 시간과 노력을 필요로 합니다. 이러한 어려움에도 불구하고 외국전 역주에 참여해주신 학계 연구자들과 재단의 김정희 연구위원에게 진심으로 감사드립니다. 동북아역사재단은 역주 중국 정사 외국전이 중국의 역사인식과 세계인식 연구, 민족문제와 변경문제 연구, 전근대 동아시아 국제관계 연구 등 관련 분야의 연구기반 확충에 크게 기여할 것으로 기대하고, 학문적으로 수준 높은 역주가 이루어지도록 모든 노력을 다할 것입니다. 앞으로 더욱 좋은 역주가 이루어질 수 있도록 지속적인 관심과 격려를 부탁드리며, 이 역주서들이 학문 발전에 유용한 역할을 할 수 있기를 바라 마지않습니다.

2013년 11월 30일

동북아역사재단 이사장 김학준

宋史 外國傳 譯註

역자 서문

이 역주서는 전통시대 중국의 정사(正史)에서 외국이나 인근 종족과 관련된 열전을 추려 '외국전(外國傳)'으로 정의하고 번역 주해한 것이다. 『송사(宋史)』이후 열전의 편명으로 나타난「외국전」만이 아니라 지역, 종족 명칭이 붙여진 모든 열전이 여기에 포함된다. 역대 중국 왕조에서는 기전체(紀傳體) 형식의 정사를 만들어 왔는데, 이것은 『사기(史記)』 이래 '25사(史)' 혹은 『청사고(淸史稿)』도 포함하면 '26사'로 근대까지 계속 이어진다. 이들 정사에는 대부분 인근의 종족이나 국가권력과의 관계에 대한 기록이 열전 가운데 편제되어 있다. 그리고 중국의 인접 국가나 종족들은 자신들에 의해 정리된 고대사 기록이 충분하지 못하여 중국 정사의 내용에 의존하여 역사를 복원하는 경우가 많았다. 우리나라에서도 『삼국사기(三國史記)』나 『삼국유사(三國遺事)』의 찬술 때 이들 중국 정사를 이용하기도 하였고, 현재까지도 삼국시대 이전의 역사에 대해서는 중국 정사의 기록이 매우 중요한 사료로 간주되고 있다.

중국 정사들의 편찬 동기나 과정은 시대별 편차가 없지 않지만, 결과적으로 국가권력에 의해서 최종적으로 정사로 흠정되었다. 이에 따라 『후한서(後漢書)』나 『진서(晉書)』가 최종적인 정사로 뒤늦게 확정된 뒤 기왕에 편찬되었던 많은 사서들이 모두 인멸되어 버린 예에서 볼 수 있듯이, 정사의 편찬은 원칙적으로 국가권력에 의한 통일적 역사인식의 확립이라는 의미가 강하였다. 물론 위진남북조시대 각 개별 왕조사와 함께 『남사(南史)』와 『북사(北史)』가 편찬되었고, 신·구의 『당서(唐書)』와 『오대사(五代史)』가 병존하기도 하지만, 이는 왕조적 관점에서 두 가지 정사가 모두 유용하다는 판단에 기인하였기 때문이다.

그렇기 때문에 정사의 체제나 내용도 중국 왕조의 입장이 강하게 반영될 수밖에 없었다. 특히 외국이나 다른 종족과 관련된 부분은 대상 종족의 선택, 그 호칭, 풍습이나 사회구조, 대외관계와 교류 등에 대해서 철저하게 중국 왕조의 시각에서 정리되고 표현되었다. 더욱이 정사라는 역사 서술 체제 자체가 시간과 공간적으로 '천하일가(天下一家)'의 왕조적 정통성을 확립하기 위한 이념적 역사 인식에 근거하였기 때문에, 중국의 다른 기록에 비해서도 중화주의(中華主義)적 관념이 더욱 두드러지는 것이 일반적이었다.

중국 정사 외국전은 초기에 '흉노(匈奴)', '남월(南越)', '오환(烏桓)' 등과 같이 종족단위, 혹은 '서역(西域)', '서남이(西南夷)', '동이(東夷)' 등 지역 관념에 입각하여 독립된 열전으로 편제되었다. 그러나 7세기 당왕조(唐王朝)에서 편찬된 정사에서는, 『진서』 「사이전(四夷傳)」, 『양서(梁書)』 「제이전(諸夷傳)」, 『남사』 「이맥전(夷貊傳)」, 『주서(周書)』 「이역전(異域傳)」처럼 외국과 인근 종족을 통합적으로 파악하는 개념으로 편제되었다. 또 『수서(隋書)』에서는 「동이전(東夷傳)」, 「남만전(南蠻傳)」, 「서역전(西域傳)」, 「북적전(北狄傳)」으로 나누어 사방을 중국 중심의 관념체제로 이념화한 편제를 채택하였다. 이는 현실적으로 존재하는 대외관계의 실상보다는 천하질서를 당왕조 중심으로 이념화하여 파악하려는 의지의 표현이었다.

그러나 오대(五代)와 송초(宋初)에 편찬된 『구당서(舊唐書)』와 『신당서(新唐書)』에서는 중국 중심의 사이(四夷) 구분 외에 '돌궐(突厥)', '토번(吐藩)', '회골(回鶻)', '사타(沙陀)' 등이 별도의 열전으로 편제되었다. 이는 관념적인 사이의식(四夷意識)과 왕조의 현실적인 대외관계가 혼합된 의식을 반영한다. 특히 당왕조가 자기중심의 천하질서를 강조한 것과는 달리, 오대와 송대에서는 국제질서의 현실을 인정하였기 때문에, 자신들의 관점에서 당대(唐代)를 서술하면서 나타난 절충적 인식이었다.

민족국가적 의식이 강한 송대(宋代)에 들어서 현실적인 이해관계에 입각한 국제관계를 중시하였는데, 이를 반영한 것이 원대에 편찬된 『송사』였다. 여기에 처음으로 '외국전'이란 명칭으로 대외관계를 모두 포괄하는 체제가 나타나, 청초에 편찬한『명사(明史)』에 이르기까지 정사의 일반적인 편제방식으로 지속되었다. '외국(外國)'이라는 표현은『사기』에서부터 보이는데, 대체로 '이적(夷狄)', '만이(蠻夷)'와는 구분되는 국가 혹은 종족집단으로, 중국 왕조와 우호적인 관계를 유지하는 범위에 국한하여 사용되는 개념이었다. 적대적인 관계 혹은 전쟁 상황에서는 곧바로 '이적'으로 그 호칭이 변화되었다.

'외국'이라는 개념에는 예적(禮的) 관념도 포함되어 있었으므로, 외국도 만이와 동일하게 직공(職貢)의 주체로 파악되었다. 이는 국제관계의 현실 상황과 이념적인 천하질서의 개념을 이중적으로 설정하는 중화주의 관념의 독특한 수사(修辭)였다. 청대에 편찬된『명사』에서는 유럽의 국가들도 대거 '외국전'에 포함되는데, 청말에 전통적인 천하질서의 관념과 현실적인 국제관계가 충돌하는 의례분쟁이 나타났던 것은 바로 '외국'에 대한 이러한 이중적 관념이 그 요인이었다.

물론, 이 와중에도 비교적 가치관념이 배제된 외국이라는 개념을 부정하는 기류도 나타났다. 화이(華夷) 관념을 특별히 강조한 구양수(歐陽脩)에 의해 다시 편찬된『신오대사(新五代史)』에서는「사이부록(四夷附錄)」이라는 명칭으로 바뀌기도 한다. 또 명초에 편찬된『원사(元史)』에서는 '외이전(外夷傳)'이라는 명칭을, 민국초에 편찬된『청사고(淸史稿)』에서는 '속국(屬國)'과 '번부(藩部)'의 개념을 채택하기도 하였다. 이들의 공통점은 한족의 민족적 위기가 커지거나 혹은 중화주의적 관념이 강조되는 시기에 편찬되었다는 점이다. 즉 한족의 위기가 확대되고 중화주의적 관념이 강조될 경우에 외국과 주변 종족에 대한 표현을 감정적으로 비하하는 경향이 확대되었다.

한편,『송사』에서는「외국전」외에「만이전(蠻夷傳)」이 별도로 설정되어 있는데, 여기에는 과거 '남만(南蠻)'의 후예인 운남(雲南)·귀주(貴州)·광서(廣西)의 여러 종족들이 포함되어 있다. 이들은 독자적인 정치체제를 확보하지 못하고 생활공동체 단위로 분산 거주하였고, 송왕조의 입장에서는 중앙조정에서 관장하는 국제교류가 아니라 지방조직에 의해 통제되어야 한다는 점에서 외국과 차이가 있었다. 이는 송대에 들어

독립된 정치제제가 확고해진 북방 지역의 종족 상황과는 달리, 남방의 제종족은 종족적 통합이 확대되지 못한 현실을 반영하는 것이 분명하다. 그래서 역대로 남월, 서남이, 남만의 후예로 크게 만이의 범주에 들어 있었지만, 송대에 독립적인 국가권력을 형성하였던 교지(交趾), 대리(大理) 등은 『송사』에서는 「외국전」에 포함되게 되었다.

『명사』에서는 이전에 「외국전」에 편제되어 있던 서역 지역을 분리하여 별도로 「서역전」으로 편제하였다. 명대 들어 서역과의 관계에서 공식적인 교류와 관계가 축소되면서 나타난 변화를 반영하는 것이었다. 이와 함께 『송사』에서 「만이전」에 포함되었던 남방의 종족에 대한 기록을 위해 『명사』에서는 새로이 「토사전(土司傳)」을 설정하였다. 토사(土司)는 일정 지역 종족집단의 수령을 명조가 지방관으로 임명한 자로서, 결국 종족집단을 하급 지방으로 포섭하여 더 적극적으로 통제하는 방식이었다. 이러한 통치방식은 이미 남조 송(宋), 제(齊) 시기에 시행된 '좌군(左郡)', '좌현(左縣)'에서 그 기원을 찾을 수 있는데, 명대 들어 토사제도(土司制度)로 남방의 여러 민족에게 통일적으로 시행하였다. 이러한 정책의 변화가 반영된 정사의 편제는 『청사고』에서도 계승되었다.

이처럼 외국전의 편제가 해당 왕조의 다른 종족이나 국가에 대한 인식과 정책에 입각하기도 하였지만, 때로는 훗날 편찬 당시의 관념이 반영된 경우도 있었다. 이것은 외국전에 나타난 외국에 대한 인식이 단순히 당시의 실제적인 상황을 반영하는 것이 아니라, 중국 중심의 당위적 이념을 위해 편제되고 기술되었음을 의미한다.

그럼에도 이를 역주하고자 하였던 것은 정사에 나타나 있는 외국의 실체에 대한 이해와 함께 그 이념의 원리와 구조를 정확히 파악하려는 이유 때문이다. 즉 이 역주작업은 일차적으로 해당 종족에 대한 연구와 이해를 추구하는 것을 지향하지만, 한편으로는 다른 국가와 종족에 대한 서술을 통하여 한중관계(韓中關係)에 대해 중국 사서에 기록된 내용이 어떠한 이념적 원리하에 서술되었는가를 파악하려는 목적도 있다. 따라서 가능하면 중국과 여타 국가나 종족의 관계에 주목하고 이를 서로 비교함으로써 한중관계의 본질과 특징을 규명할 수 있는 근거를 찾고자 한다.

중국 정사 외국전 모두에 대한 전체적인 역주는 기왕에 출간된 것이 확인되지 않는다. '25사' 중 『신원사(新元史)』를 제외한 '24사'가 『이십사사전역(二十四史全譯)』(北京 漢語大詞典出版社, 2004)으로 번역되어 있지만 자세한 주석은 포함되어 있지 않다. 단 『사기』, 『한서』, 『후한서』가 별도로 역주본이 출간되어 있고, 고대를 중심으로 하여 「서역전」과 「흉노전」 등 부분적으로 중국, 일본 및 영어의 역주본이 나와 있다. 우리의 역주작업에서는 이들 역주본은 물론 기타 관련연구들은 가능하면 최대한 참고하여 최상의 역주가 되도록 노력하였다. 국내에서는 우리나라와 관련된 부분만을 모아서 『중국정사조선전역주(中國正史朝鮮傳譯註)』 전5책(국사편찬위원회, 1986~1990)이 출간되어 있다. 이는 매우 상세하게 주석하면서 번역하였기 때문에 여기에 포함된 부분은 이번 역주작업에서는 제외하였다.

이 역주작업은 사업의 목적에 부합하고 정확성을 확대하기 위해 원칙적으로 공동의 작업으로 진행되었다. 전체 사업의 1차 단계로는 김정희, 김유철, 하원수의 책임하에 『사기』에서 『신오대사』까지를 그 범주로 하여 진행하였고, 이를 이어 2차 단계는 김정희, 박지훈, 송정수의 책임하에 『송사』에서 『명사』까지를 그 범주로 하여 역주원칙을 정하고, 편장별로 역주 담당자를 선정 의뢰하였다. 그리고 일부분의 가역주(假譯註)를 통하여 문제점을 파악한 다음 역주원칙을 수정, 확정하였다. 역주작업은 편장별 담당자에 의해 초벌 역주가 진행된 다음 관련 지역별로 나누어 윤독을 통하여 정확성과 통일성을 기하려고 노력하였고, 최종적으로 『송사』에서 『원사』까지는 박지훈과 이근명이, 『명사』는 송정수와 송미령이 각각 교열하였다. 그렇지만 역주에 대한 최종적인 공과는 역주 담당자의 몫이다.

전체적인 역주는 다음의 원칙하에 진행하였다.

첫째, 역주작업은 외국전 전체를 철저히 자료에 근거하여 당시의 역사적 상황과 관념을 한글의 현대적 관념과 용어로 번역한다. 다만, 사서별로 심하게 중복된 부분은 이를 설명하고 차이를 정리한 다음 중복된 부분에 한하여 생략할 수 있다.

둘째, 역주의 텍스트는 원칙적으로 중화서국(中華書局)의 표점교감본(標點校勘本)

을 저본으로 사용한다. 문장의 교감과 표점에 대해 견해를 달리할 경우, 주석을 통하여 이를 설명하도록 한다.

셋째, 역주 대상은 원칙적으로 모두 본문에 한정한다. 중화서국본에 나와 있는 주를 비롯하여 본문에 대한 이전의 주석은 역자의 주석에 포함하여 알기 쉽게 설명하고, 필요한 경우 주석의 원문을 제시하고 번역한다. 다만, 사실관계의 내용이 많이 포함된 『삼국지(三國志)』 배송지(裵松之)의 주는 원문과 동일하게 역주한다.

넷째, 한자로 표시된 인명과 지명에 대해 번역문에서는 원문을 살리되 주석에서는 당시 현지 언어와 문자에 의한 표현과 발음을 복원하는 데 노력하여 한글 발음으로 적고 괄호 안에 로마자 알파벳으로 표시한다. 특히 지명은 현재의 지명으로 정확하게 고증하도록 한다.

다섯째, 가능한 현대의 개념으로 번역하는 것을 원칙으로 하지만, 시대나 지역성이 분명하게 드러나는 특수 용어나 개념 그리고 표현법은 원래의 용어를 번역문에서 살리되 주석을 통하여 현대적 관점에서도 이해가 가능하도록 한다. 인명, 역사적 사건, 종족의 관직이나 사회조직, 풍속 등 주요사항에 대해서는 주석에서 전체적인 이해를 돕도록 설명한다.

여섯째, 중국의 문화나 국가권력의 입장에서 설정된 가치 관념이 반영된 표현들에 대해 번역에서는 원문에 충실하되, 주석을 통하여 그 실체를 설명하도록 한다. 특히 이들 종족들의 신화나 전설, 역사에서 중국 정사 외국전의 기술뿐만 아니라 그 종족 식자층까지도 중국의 고전에 입각하여 서술하는 경향이 자주 나타난다는 점에 주의하여, 이에 대한 역사적 실체를 가능한 한 확인하여 주석에서 설명하도록 한다.

일곱째, 외국전 이외에 다른 사서나 정사 내 다른 열전기록 등을 주석에서 보충하고 그 차이를 설명한다. 특히 해당 국가나 종족의 역사기록이나 고고유물을 최대한 검토하여 중국 정사 외국전이 갖는 한계를 넘어서는 이해를 추구한다. 이때 필요한 경우 다른 문헌의 원문을 전재하고 번역하도록 한다. 다만, 내용상 큰 차이가 없을 경우 번역을 생략할 수 있다.

여덟째, 역주는 철저하게 원문의 이해를 돕는 데 한정하고, 세밀한 사항에 대한 주관적 의견은 가능하면 배제한다. 다만, 학계에서 논란이 되는 문제는 대표적인 참고문헌과 함께 이를 소개한다.

아홉째, 각 편별로 해당 종족의 실상에 대한 간단한 소개, 편장 전체의 줄거리와 구성 그리고 저술과정의 특징, 이전 정사와 중복된 부분이나 차이, 사료적 가치 등을 설명하는 〈해제〉를 포함한다. 아울러 말미에 참고문헌을 덧붙이고, 〈연표〉, 〈세계표〉와 〈지도〉를 작성하여 본문의 이해를 돕도록 한다.

2013년 11월 1일

김유철·하원수·박지훈·송정수·김정희

宋史 外國傳 譯註

일러두기

1. 역주문의 순서는 저본의 문단 단위로 한문 원문을 앞에 두고 이어서 본문 역주를 배치한다.
2. 원문의 구두점은 중화서국 표점본의 체제를 따르되, 전각기호는 모두 반각기호와 띄어쓰기로, '。'은 '.'로, '、'는 '·'로 바꾼다. 서명과 인명에 대한 기호는 없앤다.
3. 번역은 직역을 원칙으로 하되, 문투를 어색하게 하지 않기 위하여 가급적 현대적 표현으로 바꾼다. 번역문에서 내용의 이해와 문맥의 순조로운 연결을 위해 말을 보충할 경우에는 [ ]에 넣어 처리하고, 부연설명일 경우에는 ( )에 넣는다.
4. 번역문의 문단은 기본적으로 저본에 따르지만, 한 문단이 너무 길어 읽기에 불편한 곳은 단락 전체의 내용 이해에 곤란을 주지 않는 범위 내에서 적절히 문단을 나눈다.
5. 번역문도 원본의 표점과 구두에 맞추는 것을 원칙으로 한다. 그러나 전체적인 문장의 가독성을 높이기 위해 필요에 따라 문장을 끊어 번역할 수 있다.
6. 모든 번역문은 한글을 원칙으로 한다. 다만, 인명, 지명, 국명, 서명, 개념어, 역사적 용어 등의 경우, 그 의미가 명확해질 수 있도록 ( )에 한자를 병기한다. 주석문의 경우 전문가를 대상으로 내용 이해에 중점을 두기 위해 국한문을 혼용한다.
7. 번역문과 주석문에서는 일반적으로 한글의 구두점을 사용한다. 서명은 『 』로, 편명은 「 」로 표기한다.
   예1) 『史記』「西南夷傳」, 편명 안에서 내용을 구분할 필요가 있을 때: 『史記』「西南夷傳」〈노래명〉 '노래구절'
   예2) 주석문의 사례: 원문은 '必'인데 안사고는 그 뜻이 '極'이라고 했다. 그에 따라 해석하였다([顔]師古曰, "必, 極也. 極保之也").
8. 번역문이나 주석문에서 황제나 인물 그리고 연호에 대해 그 생졸년이나 재위 기간 등을 ( )에 병기하여 이해를 돕는다.
   예) 광무제(光武帝: 劉秀, 전6~후57; 재위 25~57), 유흠(劉歆, ?~25), 영제(靈帝: 劉宏, 재위 168~189)
9. 왕조명(王朝名)은 번역문에서는 원문의 표현법을 따르고, 주석문에서는 前漢, 後漢, 曹魏, 孫吳, 蜀漢, 西晉, 東晉, 劉宋, 南齊, 梁, 陳, 北魏, 北周, 北齊로 통일한다.

10. 번역문의 숫자 표기방법은 일, 십 단위까지 구체적으로 나열되어 있을 경우 아라비아숫자로 표기하지만, 관용적이거나 포괄적인 범위를 나타내는 경우 원칙상 한글로 표기한다(예: '천만 인', '팔십만 병사', '천승지국').
11. 번역문에서의 연도 표시는 '본문의 연도표기법(서력기원)'으로 표기한다. 연월일(年月日)이 모두 나타날 경우 사료에 표시된 대로 음력을 그대로 표기하되, 정월, 이월, 시월 등의 표현으로 음력임을 나타낸다.
    예) "건초(建初) 원년(76)", "원봉(元封) 6년(전15) 시월 5일", "영수(永壽) 3년(157, 후한 환제)"
12. 주석의 항목이 인명, 지명, 관명, 역사적 사건, 개념어 등 구체적인 용어에 해당될 경우, 이를 먼저 표기하고 쌍점을 찍은 뒤 설명하여 이해의 편의를 돕는다.
    예) 吳起: 전국시대 군사전략가.
13. 주석과정에서 필요한 경우 과거 주석가들의 주석내용이나 다른 문헌을 소개하는데, 그 내용의 요점을 정리하여 설명한다. 자세한 소개가 필요하다고 판단하는 경우 원문과 함께 제시하고 번역문을 병기한다. 이때 보기 편하도록 괄호 안에 원문을 제시하거나 해설을 첨가할 수도 있다.
    예1) 賨布: 李賢注에서는 『說文解字』를 인용하여 南蠻의 賦라고 하고 있는데, 그 내용이 구체적으로 드러난 것은 晉代 戶調之式이다. 戶調之式에서는 "丁男之戶, 歲輸絹三匹, 緜三斤, 女及次丁男爲戶者半輸. 其諸邊郡或三分之二, 遠者三分之一. 夷人輸賨布, 戶一匹, 遠者或一丈."(『晉書』 卷26 「食貨志」: 790)으로 규정하고 있는데, 夷人賨布가 戶當 1匹이라고 하여, 賨布는 전국시대 이래 1匹로 고정된 것으로 보인다.
    예2) 武谿: 李賢은 『後漢書』 다른 곳의 주석에서 武谿는 강 이름으로, 辰州 盧谿縣에 있다고 하였다(『後漢書』 卷18 「吳蓋陳臧列傳」: 695). 史書에선 '武溪'라고도 표현되어 있는데, 武陵의 五溪 중의 하나이다. 五溪는 沅水유역의 雄溪, 樠溪, 辰溪, 酉溪, 武溪를 가리키는데, 蠻夷의 거주지로 이를 五溪蠻으로 불렀다(『南史』 卷79 「夷貊」 下 〈荊雍州蠻〉: 1980).
14. 주석과정에서 다른 문헌을 인용하거나 참고문헌이 필요한 경우, 일반적으로 파악할 수 있는 방식으로 단순하게 병기하고 반드시 말미의 〈참고문헌〉에 그 책의 자세한 서지사항을 밝힌다. 이때 쌍점(:) 뒤의 아라비아 숫자는 쪽수를 의미한다. 제자서나 유교 경전일 경우 권수와 쪽수를 생략한다. 다만, 사전이나 일반적인 공구서에 나와 있는 연대나 단순한 사실에 관한 설명은 특수한 내용이 아닌 경우 구체적 근거를 생략하되, 〈참고문헌〉에는 그 책을 포함시킨다.
    예) (方國瑜, 1927: 34~39), (內藤湖南, 1944: 55), (다니카와, 1988: 37~40), (디코스모, 2005: 123), (Hartwell, 1977: 12), (『南史』 卷79 「夷貊」 下 〈荊雍州蠻〉: 1980), (『鹽鐵論』 卷14 「論功篇」, "刻骨卷木, 百官有以相記."), (『孟子』 「梁惠王」)

宋史 外國傳 譯註

차 례

- 송사 만이전 해제 ·· 21

- 만이 1 서남계동제만전 상

  해제 / 29

  서문 : 서남 계동 제만(西南溪峒諸蠻)에 대한 개황 및 역사 / 32

  태조대 진재웅(秦再雄)과 계주(溪州) 지역 팽씨(彭氏)와 전씨(田氏) / 39

  태종대 상씨(向氏)를 비롯한 서남 만이의 추이 / 49

  진종대 서남 만이의 추이 / 52

  진종대 북강(北江) 만족의 추이 / 64

  인종대 팽씨의 반란과 초납 / 64

  신종대 남강(南江) 만족의 추이 / 71

  신종대 장돈(章惇)의 역할과 장교(張翹)의 건의 / 73

  기타 제만(諸蠻)의 반복무상(反覆無常) / 78

참고문헌 / 89

• 만이 2 서남계동제만전 하, 매산동·성휘주·남단주전
　　해제 / 95
　〈서남계동제만 하(西南溪峒諸蠻 下)〉 / 98
　고종대 무강군(武岡軍) 계동의보(溪峒義保)의 폐단과 반란 / 98
　효종대 계동만의 반란과 대응 / 109
　영종대 변방정책의 이완과 만이의 반란 / 121
　〈매산동(梅山峒)〉 / 126
　〈성휘주(誠徽州)〉 / 128
　〈남단주(南丹州)〉 / 131
　　참고문헌 / 141

• 만이 3 무수주·광원주·여동·환주전
　　해제 / 147

〈무수주(撫水州)〉 / 153

　무수주의 개황 / 153

　진종 시기의 토벌 / 157

　인종에서 휘종 시기의 조공과 반란 / 163

　무수주의 풍속 / 165

　북송의 무수주에 대한 정책 / 166

　남송 초 평주(平州)·관주(觀州)를 둘러싼 논의 / 169

　효종 시기의 무수주 / 177

　광종·영종 시기의 무수주 / 180

〈광원주(廣源州)〉 / 184

　광원주의 개황 / 184

　농지고 반란의 발발 / 187

　농지고의 양광(兩廣) 지방 침공 / 189

　적청(狄靑)의 진압 / 194

농종단(儂宗旦)과 갑동만(甲峒蠻) / 198

〈여동(黎洞)〉 / 200

〈환주(環州)〉 / 206

참고문헌 / 211

- 만이 4 서남제이·여주제만·서주삼로만·위무투주만·검부시고요외제만·
  노주만전

  해제 / 219

  〈서남제이(西南諸夷)〉 / 224

  장가제만(牂牁諸蠻) 위치, 역사, 풍속 / 233

  북송대 장가제만의 조공 / 234

  진종 시기 노주이인(瀘州夷人)의 반란 / 237

  인종 시기 노주이인의 반란 / 249

  기타 서남이 : 기주로(夔州路) 진·남이주이(溱·南二州夷), 아주(雅州)
    서산야천로만(西山野川路蠻) / 253

〈여주제만(黎州諸蠻)〉 / 255

    산후양림만(山後兩林蠻) / 258

    공부천만(邛部川蠻) / 260

    풍파만(風琶蠻) / 271

    보새만(保塞蠻) / 271

    부락만(部落蠻) / 272

    미강부락(彌羌部落) / 273

〈서주삼로만(敍州三路蠻)〉 / 278

    동만(董蠻) / 278

    남광만(南廣蠻) / 280

    석문번부(石門蕃部) / 280

〈위무투주만(威茂渝州蠻)〉 / 281

    위주보·패만(威州保·霸蠻) / 281

    무주제부락(茂州諸部落) / 283

투주만(渝州蠻) / 286

〈검부시고요외제만(黔涪施高徼外諸蠻)〉 / 290

　서남이부(西南夷部)：오성번(五姓蕃) / 290

　시주만(施州蠻) / 295

　고주만(高州蠻) / 297

〈노주만(瀘州蠻)〉 / 298

　육수이(淯水夷) / 302

　오만(烏蠻) / 303

　참고문헌 / 316

세계표 ………………………………………………… 319
연표 …………………………………………………… 320
지도 …………………………………………………… 332
색인 …………………………………………………… 341

宋史 外國傳 譯註

『송사(宋史)』 만이전 해제

　『송사』의 열전에는 「외국전」 8권, 「만이전」 4권이 설정되어 있다. 역대 정사의 외국 관련 기록 가운데 『명사』를 제외하고는 가장 많은 분량이다. 하지만 『명사』에는 대단히 상세한 「토사전(土司傳)」(10권)이 있으며, 이 밖에 『송사』에는 없는 서역 제국과 남해, 유럽에 대한 내용이 포함되어 있다(「서역전(西域傳)」 4권). 이를 감안하면 전통적인 의미의 「외국전」은 『명사』(9권)와 『송사』(8권)가 사실상 거의 비슷한 분량을 지니고 있다고 할 수 있다. 『송사』의 「외국전」은 『명사』와 더불어 역대 정사 가운데 가장 풍부하고 상세한 내용을 지니고 있는 것이다.

　이처럼 『송사』의 외국 관련 기록이 풍부해진 것은 무엇보다 『송사』 자체의 분량이 방대하기 때문이다. 『송사』는 전체 496권이나 되며 열전만도 255권에 달한다. 이에 걸맞게 외국 관련 기록도 이전의 정사에 비해 대단히 소상한 내용을 담게 되었던 것이다. 뿐만 아니라 송대에는 외국과의 접촉이 빈번해지고 이에 따라 외국에 대한 관심이 고조되었다. 당대 이전과는 달리 주변 제국에 대한 송조의 위상도 변화하였다. 북방 민족의 발흥에 대응하기 위해 주변국과 연대를 도모하는 정책이 취해지기도 했다. 이러한 요인들로 말미암아 송대에는 이전과 비교할 수 없는 다양한 외국 관련 저술과 저작이 출현하였다. 외국과의 관계도 다각화되었으며 외교의 의례도 다양해졌다. 이러한 정황이 『송사』 외국 관련 내용의 기술에 영향을 미쳤던 것이다.

　「만이전」의 설정 또한 송대 대외 환경의 변화와 긴밀한 연관을 지니는 것이라 여겨진다. 『송사』 이전까지 '만이(蠻夷)'란 지칭은 '이적(夷狄)', '융적(戎狄)' 등과 동의어로서 중국인의 거주 공간, 즉 중화의 세계를 제외한 주변의 지역 전체에 대한 통칭이었다. '만이전'이라는 용어 역시 외국 관련 기록, 즉 '외국전'의 별칭으로 사용되고 있었다. 이러한 '만이전'의 용례는 『사통(史通)』(권8, 「서사(書事)」)이나 『태평어람(太平御覽)』(권904, 「수부(獸部) 16」, 〈구(狗) 상(上)〉) 등에 나타나는 바와 같다. 하지만 『송사』는 대외 관련 기록으로서, 서하(西夏)·고려·교지(交趾)·대리(大理)·점성(占城) 등에 대한 「외국전」에 뒤이어 별도로 「만이전」을 4권에 걸쳐 서술하고 있다.

그렇다면 『송사』에서 분류하고 있는 「외국전」과 「만이전」은 어떠한 성격 차이가 있는 것일까? 이에 대해 『송사』에서는 분명한 기준을 제시하고 있다. '외국'은 '공빙(貢聘)이 오가는 황복(荒服)의 원인(遠人)'(권485, 「夏國 上」)인 반면, '만이'는 '형(荊)·초(楚)·파(巴)·검(黔)·무(巫)에 잡거하며 사면이 왕토(王土)에 둘러싸인 지방의 사람들'(권493, 「西南溪峒諸蠻 上」)이라는 것이다. 즉 '외국전'의 기술 대상은 중국의 권역 바깥에 위치하여 서로 외교적 의례를 주고받는 독자적 지배 체제를 이루고 있는 '국가'였다. 이에 반하여 만이전에서는 중국의 내지에 거주하되 송조의 지배 권력이 미치지 못하는 지역의 소수민족에 대해 서술하고 있다.

「만이전」에 기술되어 있는 대상은 당시의 서남지역, 즉 형호로(荊湖路)·사천·광서 방면에 폭넓게 분포한 소수민족이다. 이들은 대개가 송 정부의 기미지배를 받는 '만이(蠻夷)'로 통칭된 비한족 계통의 민족이었다. 이들은 서남지역 내 산간 분지의 협소한 곳에서 부족이나 종족 단위로 분산해 거주하고 있었다.

송대의 소수민족은 그 거주지의 명칭 또는 부족의 성씨를 붙여 '□□만(蠻)', '□□이(夷)', 또는 '□□번(蕃)'이라 지칭되었다. 만·이·번의 구분은 철저하지 않아 혼용되기도 하였으나 대략적인 구분은 있었다. 「만이전」은 대략적인 범주로 볼 때 남만(南蠻)과 서남이(西南夷)에 대한 기록이라 할 수 있다. 전자는 산지에 고립되었지만 주변이 소위 '왕토(王土)'로 둘러싸이고 그 위치나 정치적 성향으로 볼 때 통상적으로 송조에 비교적 가까웠던 집단이었다. 이들을 지칭하는 이름은 남만 외에도 '서남만(西南蠻)', '계동만(溪峒蠻)', '서남계동제만(西南溪峒諸蠻)' 등이 함께 통용되었다. 계동(溪峒)이라는 용어가 보여주는 것처럼, '주위가 산지에 둘러싸인 계곡 부근의 분지'에 거주하는 송의 내지로부터 격리된 주민이었다. 이에 비해 '서남이(西南夷)'는 현재의 사천성 남서부에서 운남성·귀주성 및 광서성 서부에 걸친 지역에 거주하는 민족들이며, '서남번(西南蕃)'이라는 용어로 송대 사료에 출현하기도 한다. 계동만과 달리 송조의 입장에서 볼 때 영역 바깥의 더욱 먼 지역에서 비교적 강한 독립적 경향을 보이는 세력이었다. 이 때문에 서남이를 간혹 '국(國)'으로 표현하거나 조공 관련 정책에서 만(蠻)과

이(夷)에 대해 다른 기준을 적용하는 경우도 확인된다.

『송사』권493~권496까지의 「만이전」에서는 남만과 서남이를 그들의 소재지에 따라, 만이 1(西南溪峒諸蠻 上), 만이 2(西南溪洞諸蠻 下, 梅山峒, 誠徽州, 南丹州), 만이 3(撫水州, 廣源州, 黎洞, 環州), 만이 4(西南諸夷, 黎州諸蠻, 敍州三路蠻, 威茂渝州蠻, 黔涪施高徼外諸蠻, 瀘州蠻)로 분류하여 기술하고 있다. 이러한 명칭은 대분류 항목이라 할 수 있고 각각의 항목 아래, 특히 서남계동제만(西南溪峒諸蠻)이나 서남제이(西南諸夷)·여주제만(黎州諸蠻)·서주삼로만(敍州三路蠻)·위무투주만(威茂渝州蠻)·검부시고요외제만(黔涪施高徼外諸蠻) 등의 분류 아래에는 더욱 많은 하위 분류 항목이 있다. 송조는 비교적 다수를 점했던 장(壯)·요(瑤)·여(黎)·사(畲)와 같은 종족에 대해서는 구체적인 족칭(族稱)도 썼지만 대개는 만(蠻)·융(戎)·이(夷)·요(獠) 등의 범칭을 사용하였다. 사실 송대의 '만이'는 족원(族源)도 애매하며 상당히 폭넓은 영역에 크고 작은 집단으로 분산되어, 장기적인 독립 정권을 건립하지 못하고 남방의 한족이나 기타 소수민족과 잡거하고 있었다. 그렇기 때문에 이들 소수민족을 그 민족 정체성에 따라 종족별로 파악하지는 못했던 것 같다.

「만이전」 1에는 '서남계동제만 상'이라는 간단한 항목의 이름이 있지만, 거기에 등장하는 기미주 계동만 집단은 수십 개에 달한다. 이들에 대해 그들 각각 송조와의 관계 기사를 시대 순서로 배열하고 있다. 「만이전」 1에서 다루는 계동만은 거의 형호북로(荊湖北路)와 기주로(夔州路) 지역에 분포한 집단들이다. 형호북로 중에서도 예수(澧水)와 원수(沅水) 유역의 남만을 '북강만(北江蠻)'이라고 하였는데 거기에는 20개에 달하는 기미주(羈縻州)가 있었고, '남강만(南江蠻)'은 형호북로의 원수 중류역 일대 진주(辰州)에서 형호남로(荊湖南路) 담주(潭州)와 소양(邵陽)에 달하는 지역 13개 기미주의 남만이었다. 송조는 각 기미주의 추장에게 '자사(刺史)' 등의 직위를 세습시켰다.

이들 형호북로의 계동만에 대한 남송시대의 기사가 「만이전」 2에 연속되며, 아울러 주로 형호남로에 분포되어 있던 성주(誠州)·휘주(徽州)·남단주(南丹州) 등 계동만의 기록이 이어진다. 이렇게 형호남·북로 특히 동정호(洞庭湖) 주변의 소수민족은 거의가 계동만이었다. 그런데 계동만은 형호남·북로 범위를 넘어 기주로, 광남서로(廣南西路)에도 분포하였다. 송조에서는 계동만이라는 용어를 남만과 동일하게 막연한 호칭으로 썼음을 알 수 있다.

「만이전」 3에는 주로 광남서로 융주(融州)·옹주(邕州)의 관할을 받던 남만 집단들을 포함하고 있다. 그중 무수주(撫水州)는 후에 진종(眞宗) 천희(天禧) 연간(1017~1021)에 안화주

(安化州)로 개명하였고 상·중·하 방(房)과 북하(北遐) 1진(鎭) 등을 포함하는데 송조에 빈번하게 조공을 했던 계동만이었다. 그러나 광원주(廣源州)와 같이 송이 아니라 교지(交阯)에 소속된 세력도 있다.

「만이전」 4에는 대체로 성도부로(成都府路)·광남서로·기주로 등에 분포되어 있던 만이 집단들이 포함되어 있다. 앞서 언급한 바와 같이 송조는 개략적으로 남만과 서남이를 구분했는데, 이 지역에는 서남이에 속한다고 할 수 있는 종족들이 서남제이·여주제만, 그리고 검부시고요외제만 항목 등에 포함되어 있다. 여주제만 중 대운남만(大雲南蠻)·소운남만(小雲南蠻)과 같은 부류는 당시 대리국(大理國)에 복속되어 있을 정도로 송조의 관할 범위 밖에 있었다.

이처럼 『송사』 「만이전」에 포괄되어 있는 서남부의 소수민족에 대해 이전의 정사에서는 「서남이전(西南夷傳)」(『사기』·『한서』·『후한서』) 혹은 「만전(蠻傳)」(『송서』·『남제서』·『위서』), 「요전(獠傳)」(『주서』·『북사』), 「제만전(諸蠻傳)」(『남사』) 등의 명칭으로 기술하였다. 이러한 명칭이 주어진 채 여타 외국에 대한 열전과 동등하게 병렬되었다. 그런데 송대가 되면 이들 소수민족을 「만이전」이라 하여 「외국전」과는 별도의 범주로 묶게 된 것이다. 이는 그만큼 서남부 소수민족에 대한 송조 중앙정부의 파악과 통제가 이전 시대에 비해 증대된 것을 반영한다. 또한 내부에 거주하는 소수민족과 송조의 영역 바깥에 위치하는 '외국'에 대한 준별의식이 생겨난 결과이기도 할 것이다.

서남부 소수민족, 즉 『송사』에서 「만이전」이란 지칭 아래 서술되었던 존재는 『명사』의 단계가 되면 「토사전(土司傳)」이라는 새로운 범주로 일괄되기에 이른다. 그 서술의 위치도 『송사』와는 달리 「외국전」 앞에 놓이게 된다. 또한 기술 분량도 『송사』에서는 4권에 그치는 반면 무려 10권에 달하게 된다. 명청시대 국가권력은 서남부의 소수민족을 더 이상 '외국'이 아닌 내부적 존재라 인식하였던 것이다. 이들을 지배 체제 안으로 끌어들이는 이른바 개토귀류(改土歸流) 정책도 적극적으로 시행되었다. 이와 병행하여 소수민족의 사정에 대한 파악과 인식도 진전되었다. 『송사』와 『명사』에 보이는 「만이전」·「토사전」의 명칭, 그리고 그 서술의 위치와 분량은 그 자체 서남부 소수민족의 변천과 명청 국가권력의 자세 변화를 잘 보여주는 것이라 하겠다.

「만이전」의 서술 방식은 「외국전」의 그것과 대동소이하다. 첫머리에 「만이전」의 총강(總綱)을 간략히 기술한 다음 각 종족 내지 부족별로 언급해가고 있다. 각 부족에 대해서도 먼저 서두에 간단한 연혁을 적고 있다. 논찬(論贊)은 전혀 부기되지 않는다. 「외국전」의 경우 서하에 대해서만은 간단한 논찬을 붙이고 있는 것과 약간 대조가 된다고 하겠다. 서술 내용은 거의 대부분 송조와의 접촉에 관한 것일 뿐, 해당 부족의 정치적 동향이나 사회경제적 상황, 풍속 등에 대해서는 거의 관심이 두어지지 않는다. 송조와의 접촉 중에서도 단연 중점이 두어지는 것은 송조에 대한 약탈과 침공에 대한 것이다. 송 측의 피해 사실, 그리고 그에 대한 송의 대응, 나아가 송 측의 초무 등이 대종을 이룬다. 송 조정 내 서남 만이에 대한 대응의 논의라든가 이들에 대한 송 측의 관작 수여 등도 비교적 소상히 소개되고 있다. 요컨대 「만이전」의 서술은 서남부 소수민족에 대해 송조가 시행한 기미(羈縻)의 경과를 시대순으로 정리한 것이라 할 수 있다.

『송사』의 편찬에는 송대에 만들어진 관·사찬 사서, 그중에서도 송대를 통해 10여 차례나 간행되었던 『국사(國史)』가 중요한 바탕을 이루었다고 알려져 있다. 8권에 달하는 「외국전」 역시 『국사』에 크게 의존하고 있는 것으로 판단된다. 하지만 「만이전」은 약간 사정이 달랐던 것으로 보인다. 『송사』와 마찬가지로 송대의 『국사』에 크게 의거하였던 것으로 평가를 받는 『동도사략(東都事略)』에는 「만이전」과 관련한 내용이 없기 때문이다. 송대의 『국사』나 『실록』에는 아마도 「만이전」이 없었던 것이라 여겨진다.

그렇다면 「만이전」은 어떻게 편찬되었을까? 이를 이해하는 실마리를 제공하는 것이 『문헌통고(文獻通考)』의 「사예고(四裔考)」이다. 여기에는 『송사』 이전의 역대 정사에 출현하는 외국, 그리고 송조와 접촉하였던 주변 국가 및 서남부 소수민족에 관한 사항이 일목요연하게 정리되어 있다. 『송사』 「만이전」에 기록된 소수민족 가운데 『문헌통고』에도 등장하는 존재는 남단주만·무수주·여동 등이다. 이들 남단주만·무수주·여동의 기록은 『문헌통고』와 『송사』 「만이전」의 내용이 사소한 차이만 있을 뿐 거의 일치한다. 『송사』에서는 『문헌통고』의 내용이 약간 축약되어 있다. 특히 여동과 남단주의 내용은 사실상 동일하다고 말해도 과언이 아닐 정도다.

『송사』의 권254는 무수주·광원주·여동·환주의 소수민족에 대해 기록하고 있다. 이 가운데 무수주와 여동의 서술이 『문헌통고』의 그것과 대동소이한 것으로 미루어보건대, 광원주와 환주 역시 다른 서적에 의거하여 그것을 절록하는 형태로 저술되었을 것이 틀림없다고 판단된다.

송대와 원대에는 대외 교류의 활성화에 대응하여 외국의 사정을 전하는 수많은 저술들이 출현하였다. 『도이지략(島夷誌略)』·『제번지(諸蕃志)』·『영외대답(嶺外代答)』·『진랍풍토기

(眞臘風土記)』・『안남지략(安南志略)』 등이 그것이다. 서남부 소수민족의 사정을 전하는 『계해우형지(桂海虞衡志)』와 같은 저작이 만들어지기도 했다. 또한 송조 국가권력에서 간행한 회요(會要)에도 외국 관련 기술이 포함되었다. 이를테면 현존하는 『송회요집고(宋會要輯稿)』에도 다양한 외국 관련 내용이 수록되어 있다. 「만이전」에서 서술되고 있는 안화주(安化州)·서남만·여동·농씨(儂氏) 등도 『송회요집고』에 나타난다. 『송사』 편찬 당시에는 현존하는 사서들 이외에 훨씬 다양한 기록이 존재했을 것이고, 「만이전」의 편찬자들은 이러한 관·사찬 사서에 의거하여 그것을 절록하는 형태로 작업을 진행하였을 것이라 판단되는 것이다.

오늘날에는 『송사』의 편찬 당시 참고자료가 되었을 거라 추정되는 서적들 가운데 상당수가 사라지고 전하지 않는다. 『국사』는 물론이고 그것의 근거가 되었던 실록(實錄)과 시정기(時政記), 기거주(起居注) 등도 거의 남아 있지 않다. 사찬의 저작들도 실전(失傳)된 것이 적지 않다. 이른바 '서남부의 만이' 관련 기록은 특히 사정이 열악하다. 현재의 상황으로는 그와 관련한 기록으로 가장 충실하고 종합적인 것이 『송사』다. 물론 『문헌통고』나 『송회요집고』, 그리고 사찬의 몇몇 기록에도 서남지역 소수민족에 대한 자료가 비교적 풍부하게 전해지고 있다. 기타 『속자치통감장편(續資治通鑑長篇)』이나 『건염이래계년요록(建炎以來系年要錄)』, 『영락대전(永樂大典)』 등에도 관련 자료가 산존한다. 하지만 이들 자료를 통해 파악할 수 있는 상황은 시기적·지역적으로 많은 한계가 있다. 이들 저작은 각각의 관심에 따라 일부의 민족만 선택하여 기록하고 있기 때문이다. 아울러 서술 대상의 시기가 국한되어 있는 관계로 송대 전 시기 동향을 재구성하는 데 한계가 있다.

이에 반해, 『송사』 「만이전」은 원대 후반기에 잔존하던 풍부한 자료에 의거하여 중국 서남부 소수민족의 사정을 비교적 요령 있게 정리한 기록이다. 또한 송조의 입장에서 이해한 각 부족의 세력, 송조에 대한 비중 등이 전체의 기술에 반영되어 있기도 하다. 송조 중앙정부의 필요와 관점에 기초하여 각 부족의 동태를 재구성한 산물인 것이다. 이러한 점에서 「만이전」은 송대 서남부 소수민족의 정황을 이해하는 데 중요한 기초사료가 될 뿐만 아니라, 송대 다원적 국제 질서의 층위와 구조를 파악하는 데에도 대단히 유용한 실마리를 제공할 수 있을 것이다.

서남계동제만전 상
(西南溪峒諸蠻傳 上)

송사(宋史) 권493 만이(蠻夷) 1

- 역주: 박지훈
- 교열: 이근명

宋史 外國傳 譯註

「서남계동제만전 상(西南溪峒諸蠻傳) 上」해제

「만이전」에 기술되어 있는 대상은 당시의 서남지역, 즉 형호로(荊湖路)·사천·광서 방면에 폭넓게 분포한 소수민족이다. 이들은 대개가 송 정부의 기미지배를 받는, '만이(蠻夷)'로 통칭된 비한족 계통의 민족이었다. 이들은 서남지역 내 산간 분지의 협소한 곳에서 부족이나 종족 단위로 분산 거주하고 있었다. 계동(溪峒)이라는 용어가 보여주는 것처럼, 송의 내지로부터 격리된 주민이었다.

「만이전」 1에는 '서남계동제만 상'이라는 간단한 항목의 이름이 있지만, 거기에 등장하는 기미주 계동만 집단은 수십 개에 달한다. 「만이전」 1은 만이에 대한 서술의 시작인 만큼 서론적으로 화이론적인 입장에 대한 원칙론을 천명하였고, 기미(羈縻)에 대한 원칙을 간략하게 기술하였다. 또한 지리적인 위치를 광범위하게 규정하고 있다. 이어서 그들의 족원(族源)을 반호(盤瓠)의 후손이라고 공통성을 제시하였다. 이후 상고시대부터 오대(五代)까지의 역사를 간단히 서술하였다.

그리고 이들과 송조와의 관계 기사를 대체로 시대 순서로 배열하고 있다. 우선 진종(眞宗)대까지의 각 추장들의 세습과 진공, 송에 대한 약탈 및 송에서의 정벌, 초무 등에 대한 내용을 배열하였다. 하지만 중간에 각 족들의 분포와 각 주(州)에서 송의 관직을 받은 추장들의 세습관계 등에 대해서 주요한 성씨(姓氏)들을 기술하고 있고, 이후 또 인종(仁宗)대 부터 시기 순으로 송의 지배에 대한 반복(叛服)을 서술하고 있어 매우 복잡한 양상을 보여준다.

우선 태조(太祖) 시기에 가장 특징적인 내용은 능력 있는 진주(辰州) 요인(猺人)인 진재웅(秦再雄)이라는 인물을 발탁하고 아들에게도 관직을 주어 오주(五州)에서 잘 통치했다는 것이다. 그러나 부족의 수령이 아니었던 진재웅의 후손은 아들 이후에는 다시 등장하지 않는다. 이는 진재웅의 경우가 예외적인 것일 뿐 만이의 내부에서 유력자를 뽑아 관직을 세습해주었던 기미의 원칙이 계속되었다는 것을 의미한다. 또한 태조는 귀순한 팽윤림(彭允林)을 계주(溪州) 자사로 삼고 팽윤림 사후에 그 아들 팽사교(彭師皎)의 세습을 인정하여 팽씨들이 지배할 수 있도록 했다. 이 외에도 내부(內附)한 진주(珍州) 자사 전경천(田景遷)을 오계(五溪) 단련사(團練使)로 임명해주어 전씨들이 세습하도록 해주었다.

다음으로 태종(太宗) 시기에는 상통한(向通漢)을 부주(富州) 자사로 삼았고, 상씨들이 여러 차례 내공한 기록이 이어진다. 이어서 진종대에는 특히 기주로(夔州路) 전운사(轉運使)로 있던 정위(丁謂)의 상서에 따라 만족들에게 소금을 공급해주고 군량을 받은 사실과 침입 혹은 약탈하는 만족에 대해서 정벌하거나 초무하는 내용을 비롯하여 기주로와 형호북로의 여러 수령들이 진공과 내조한 사실, 또한 소요를 일으킨 만족에 대한 대응 등이 기록되어 있다.

그 가운데 북강(北江) 만족의 최대 추장은 계주(溪州)의 팽씨였다. 계주는 세 종류가 있어 상(上)·중(中)·하계(下溪)라고 불렸는데 합하여 20주가 되었고 모두 자사를 두었다. 그런데 하계주의 자사가 도서주(都誓主)를 겸임하여 19주는 모두 그곳에 예속되었기에 서하(誓下)라고 불렸다. 주의 장(將)은 세습하였고 도서주는 여러 추장들을 모아서 상의하였다. 자손이나 친척 가운데 한 명을 주(州)의 명의를 갖추어 진주(辰州)로 보내어 보증을 받고 조정에서는 칙고(敕告)와 인부(印符)를 하사하였던 관행을 소개하고 있다. 인종대의 기록에서는 이 팽씨들과 송 조정과의 관계가 많은 부분을 차지하고 있다. 이들은 신종(神宗)대까지도 여전히 약탈과 반항 혹은 귀순을 반복하였다.

그런데 신종대에 주목되는 것은 희녕(熙寧) 연간(1068~1077)에 개변척토(開邊拓土)의 정책과 궤를 같이하여 천자가 제대로 군대를 써서 사이(四夷)에게 위엄을 보여주려고 하였다는 점이다. 특히 장돈(章惇)에게 형호북로를 찰방(察訪)하도록 하여 3년 정도 만사(蠻事)를 처리하고 수백 리의 영토를 개척하였던 일에 대해 기록하고 있다.

남강의 여러 만족은 진주(辰州)에서부터 장사(長沙)·소양(邵陽)에 걸쳐서 각기 계동(溪峒)이 있었다. 서씨(舒氏), 전씨(田氏), 상씨(向氏)가 거주하였다. 이들 남강의 여러 만족은 역시 진주에 예속되어 있었는데 진공하면 역권(驛券)을 발급해주었다. 희녕 5년(1072)에 장돈을 파견하여 조사하고 처리하도록 하였다.

그런데 철종(哲宗) 원우(元祐) 연간(1086~1093) 초에 구법당이 집권하면서 신종대의 정벌에 대해 반성하고 그에 대한 문제점을 지적하였다. 원우 연간 초에, 여러 만족이 다시 반란을 일으키자 조정에서는 장차 휴식에 힘쓰고 일을 만들어내는 것을 엄격하게 징계하였다. 이후로 오계(五溪)의 군현을 폐지하기에 이르렀다. 하지만 휘종(徽宗) 숭녕(崇寧) 연간(1102~1106) 이래로 변경을 개척하는 논의가 다시 일어나게 되었다. 예를 들어 광서에서는 좌·우강 450여 동(峒)을 초납하도록 명령하였다. 다시 선화(宣和) 연간(1119~1125)으로 가면 이러한 정책에 대해 다시 문제점을 지적하고 처음에 설치한 군(郡)을 전부 폐지하도록 하였다.

마지막 부분에는 기타 제만(諸蠻)에 대해 진종 건흥(乾興)(1022) 이래 어떤 경우에는 반기를 들고 어떤 경우에는 복종한 사실을 각각 시간의 순서에 따라서 배열하였다.

이와 같이 「만이전」 1에서 다루는 계동만은 거의 형호북로와 기주로 지역에 분포한 집단들이다. 형호북로 중에서도 풍수(澧水)와 원수(沅水) 유역의 남만을 '북강만(北江蠻)'이라고 하였는데 거기에는 20개에 달하는 기미주(羈縻州)가 있었고, '남강만(南江蠻)'은 형호북로의 원수 중류역 일대 진주에서 형호남로 담주(潭州)와 소양(邵陽)에 달하는 일대 13개 기미주의 남만이었다. 송조는 각 기미주의 추장에게 '자사(刺史)' 등의 직을 세습시켰다.

이들 형호북로의 계동만의 남송대 기사가 「만이전」 2에 연속되며, 아울러 주로 형호남로에 분포되어 있던, 성주(誠州)·휘주(徽州)·남단주(南丹州) 등 계동만의 기록이 이어진다. 이렇게 형호남북로, 특히 동정호(洞庭湖) 주변 소수민족은 거의가 계동만이었다. 그런데 계동만이라 불리는 집단이 형호남북로 범위를 넘어 기주로, 광남서로에도 분포하였다. 송조에서는 계동만이라는 용어를 남만과 동일하게 막연한 호칭으로 썼음을 알 수 있다.

「만이전」의 서술 방식은 「외국전」과 유사하다. 첫머리에 「만이전」의 총강(總綱)을 간략히 기술한 다음 각 종족 내지 부족별로 언급해가고 있다. 각 부족에 대해서도 먼저 서두에 간단한 연혁을 적고 있다. 논찬(論贊)은 부기되지 않았다. 「외국전」의 경우 서하에 대해서만은 간단한 논찬을 붙이고 있는 것과 약간 차이가 있다. 서술 내용은 거의 대부분 송조와의 접촉에 관한 것이다. 해당 부족의 정치적 동향이나 사회경제적 상황, 풍속 등에 대해서는 크게 서술하지 않았다. 송조와의 접촉 중에서도 가장 중점을 둔 것은 송조에 대한 약탈과 침공에 대한 것이다. 송 측의 피해 사실, 그리고 그에 대한 송의 대응, 나아가 송 측의 초무 등이 대부분이다. 또한 송 조정 내 서남 만이에 대한 대응의 논의라든가 이들에 대한 송 측의 관작 수여 등도 비중을 두어 서술되어 있다. 대체적으로 「만이전」 1의 서술은 서남부 소수민족에 대해 송조가 시행한 기미(羈縻)의 경과를 시대 순으로 정리한 데서 그 의미를 찾을 수 있다.

宋史 外國傳 譯註

「서남계동제만전 상 (西南溪峒諸蠻傳) 上」 역주

古者帝王之勤遠略, 耀兵四裔, 不過欲安內而捍外爾, 非所以求逞也. 西南諸蠻夷, 重山複嶺, 雜廁荊·楚·巴·黔·巫中, 四面皆王土. 乃欲揭上腴之征以取不毛之地, 疲易使之衆而得梗化之氓, 誠何益哉! 樹其酋長, 使自鎭撫, 始終蠻夷遇之, 斯計之得也. 然無經久之策以控馭之, 狉獷之性便於跳梁, 或以釁隙相尋, 或以饑饉所逼, 長嘯而起, 出則沖突州縣, 入則負固山林, 致煩興師討捕, 雖能殄除, 而斯民之荼毒深矣. 宋恃文敎而略武衛, 亦豈先王制荒服之道哉!

예전에 제왕(帝王)이 멀리 있는 지역을 점령하여 다스리는 데에1) 힘쓰고 사예(四裔)2)에게 군대의 위세를 드러내려 한 것은, [나라의] 내부를 안정시키면서 외[적]을 막으려고 한 것에 지나지 않으며 [자신의] 만족을 얻으려고 했기 때문이 아니었다. 서남(西南)의 많은 만이(蠻夷)들은 높은 산과 봉우리가 첩첩이 둘러싸여 있어서 형(荊)3)·초(楚)4)·파(巴)5)·검(黔)6)·

---

1) 遠略: 멀리 있는 지역을 침략하여 점령한 나라를 다스리는 것을 말한다. 『左傳』〈僖公九年〉에 "齊侯不勤德, 而勤遠略, 故北伐山戎, 南伐楚."라 하였고, 『後漢書』「鮮卑傳」에는 "武帝情存遠略, 志闢四方."이라고 되어 있다. 宋代 蘇軾은 〈乞詔邊吏無進取及論鬼章事宜劄子〉에서 "朝廷好生惡殺, 不務遠略."이라고 하여 송 조정의 입장을 말해주고 있다.
2) 四裔: 나라의 四方의 변방에 있는 먼 지역 혹은 변방지역의 사람 즉 오랑캐를 뜻한다.
3) 荊: 원래 중국 고대 '九州'의 하나인 荊州를 가리킨다. 荊山과 衡山 사이에 있었고 漢代 13刺史部의 하나로 관할 영역은 주로 오늘날 湖北省과 湖南省 일대이다. 또한 楚國의 別稱으로,『戰國策』卷3「秦策」에 張儀가 秦王에게, "泰與荊人戰, 大破荊, 襲郢, 取洞庭·五都·江南. 荊王亡奔走, 東伏於陳."이라고 유세하

무(巫)7) 가운데서 잡거하였는데, 사면(四面)은 모두 왕토(王土)8)였다. 만일 상등의 비옥한 토지에서 나는 부세를 소모하여 불모의 땅을 얻고 또 쉽게 부릴 수 있는 사람들을 피곤하게 하면서 교화되지 않는 무리들을 얻으려 한다면 정말 무슨 이익이 있겠는가! 추장(酋長)을 세워서 [그들] 스스로 진무(鎭撫)9)하게 하고, 항상 그들을 만이로 대우한 것은 옳은 방법이다. 그러나 장구한 계책으로써 그들을 제어10)하지 않는다면 원숭이[狖貁]11)의 날뛰는 본성이

였는데 여기에서의 荊은 곧 楚를 가리킨다.

4) 楚: 湖北省과 湖南省 지역, 특히 湖北省을 가리킨다. 고대 楚國의 지배영역에 속한 곳이다. 楚國은 商周시대 國의 하나로 芈姓이었다. 西周 成王 때 楚蠻에게 熊繹을 봉해주었는데 都邑은 丹陽(오늘날 湖北省 秭歸縣 서북쪽, 歸州鎭의 동남쪽에 위치)에 있었다. 후에 도읍을 郢(오늘날 湖北省 荊沙市 荊州區)으로 옮겼다. 春秋시대에 점점 강성해져 주위의 小國들을 겸병하고 계속 晉과 霸權을 다투었다. 楚 莊王은 霸主가 된 바 있다. 영역은 서북으로 武關(오늘날 陝西省 丹鳳縣 西南)에 이르고, 동으로는 昭關(오늘날 安徽省 含山縣 북쪽), 북으로는 오늘날 河南省 南陽, 남쪽으로는 洞庭湖 이남에 달하였다. 戰國시대에는 七雄의 하나로 영역이 더욱 확대되어 동북으로 현재 山東省 南部, 서남으로는 현재 廣西省 동북에까지 이르렀다. 楚 懷王은 越國을 멸망시키고 오늘날 江蘇省과 浙江省까지 영역을 확대시키기도 하였다. 하지만 전278년에 郢이 秦에게 함락당하여 陳(현재 湖南省 淮陽縣)으로 옮겼다. 전241년에 다시 壽春(현재 安徽省 壽縣)으로 도읍을 옮겼다가 결국 전223년에 秦에게 멸망당하였다.
5) 巴: 오늘날 四川省의 東部지역 혹은 광범위하게 四川省 일대를 가리킨다. 고대 巴國이 있었던 지역이다. 西周 초의 封國으로 巴子國이라고도 부른다. 春秋시대에 楚·鄧 등 國과 교류가 아주 밀접하였고 四川의 동쪽으로 발전하였다. 戰國시대에 巴國은 역시 王을 칭했고, 江州(오늘날 四川省 重慶市)에 도읍하였다. 東晉 常璩의 『華陽國志』 「巴志」에는 "其地東至魚復, 西至僰道, 北接漢中, 南極黔·涪."라고 하였는데 魚復은 오늘날 奉節縣에 있었고, 僰道는 宜賓市에 있었으며, 漢中은 현재 陝西省 漢中市이다. 관할 영역은 대체로 현재 四川省 嘉陵江·涪江·南溪縣 以東에서 奉節縣, 大巴山 以南·貴州省 동북부 지역에 이른다. 周 慎王 5년(전316)에 秦에게 멸망당하여 그 지역은 巴郡이 되었다.
6) 黔: 貴州省의 簡稱. 省의 東北部가 戰國·秦代에 黔中郡에 속했고, 唐代에는 黔中道에 속해서 붙여진 명칭이다.
7) 巫: 戰國의 楚邑. 오늘날 四川省 巫山縣이다. 『戰國策』 「楚策」 4에는 "莊辛去, 之趙, 留五月, 秦果擧郡·郢·巫·上蔡·陳之地."라고 되어 있다.
8) 王土: 원래 天子의 土地를 지칭한다. 『詩經』 「小雅」 〈北山〉에 "溥天之下, 莫非王土."라 하였는데 鄭玄의 箋에는 "此言王之土地廣矣."라고 되어 있다. 唐代 杜甫의 〈八哀詩·贈司空王公思禮〉에 "恐懼祿位高, 悵望王土窄."이라고 하여 왕이 통치하는 영토를 의미한다.
9) 鎭撫: 반기를 들고일어난 백성을 평안하게 진정시키거나 민심을 진정시키고 어루만져 달램.
10) 控馭: 控禦라고도 한다. 원래 고삐를 잡아당겨서 앞으로 나아가는 것을 막는 일을 뜻한다. 억눌러 꼼짝 못하게 하거나 제어하는 것이다.
11) 狖貁: 성성이 즉 열대지방에 사는 큰 원숭이의 일종과 날다람쥐. 이 외에도 猿猱라는 원숭이로 표현하기도 하는데 이들은 주로 남방에 많은 동물이다. 심산 협곡을 넘어서 재빨리 다니는 蠻族들의 모습을

곧바로 나타나거나, 혹은 기근(饑饉)이 닥치면 길게 울부짖으며 분기(奮起)하였다. 나가면 곧 주현(州縣)을 습격하고 들어오면 곧 산림(山林)에 의지하여 굳게 지키니 번거롭게 군대를 보내어 토벌하고 잡지 않을 수 없었다. 비록 모조리 없애버릴 수는 있다고 해도 우리 백성들이 심한 고통을 받았다. 송(宋)은 문치와 교화에 의지하여 무력으로 방위하는 데 소홀했으니 역시 어찌 선왕(先王)이 황복(荒服)12)의 도(道)를 제정한 바이겠는가!

西南溪峒諸蠻皆盤瓠種, 唐虞爲要服. 周世, 其衆彌盛, 宣王命方叔伐之. 楚莊旣霸, 遂服於楚. 秦昭使白起伐楚, 略取蠻夷, 置黔中郡, 漢改爲武陵. 後漢建武中, 大爲寇鈔, 遣伏波將軍馬援等至臨沅擊破之, 渠帥飢困乞降. 歷晉·宋·齊·梁·陳, 或叛或服. 隋置辰州, 唐置錦州·溪州·巫州·敍州, 皆其地也. 唐季之亂, 蠻酋分據其地, 自署爲刺史. 晉天福中, 馬希範承襲父業, 據有湖南, 時蠻猺保聚, 依山阻江, 殆十餘萬. 至周行逢時, 數出寇邊, 逼辰·永二州, 殺掠民畜無寧歲.

서남(西南) 계동(溪峒)13) 제만(諸蠻)은 모두 반호(盤瓠)14)의 후손이다. 요(堯)와 순(舜)15)

원숭이에 비유한 것이다. 이는 거란족이나 당항족 등 서북민족에 대해서는 豺狼, 梟鴟, 犬彘 등의 동물로 비유하는 것과 대조적이다.
12) 荒服: 중국 상고시대의 제도로 王畿를 중심으로 하여 주위를 每服 5백 리씩 순차적으로 나눈 다섯 구역인 五服 중 하나이다. 상고에는 甸服·侯服·綏服·要服·荒服을 오복이라 하였다. 그 가운데 황복은 왕기에서 가장 멀리 떨어져 있는 곳으로 중국의 입장에서 덕화가 미치지 못하는 곳으로 오랑캐를 의미한다. 원문의 '荒服之道'는 중국이 이민족을 다스리는 방법을 뜻한다.
13) 溪峒: 옛날에 중국 西南地區의 소수민족이 모여서 거주하는 지방에 대한 統稱이다. '峒' 역시 같은 의미로 사용되었다. 예를 들면 苗族의 苗峒, 侗族의 十峒, 壯族의 黃峒 등이다. 이후에 점점 의미가 바뀌어 오늘날 侗族을 가리키기도 한다. 또한 宋代 이후 羈縻州에 속해 있는 행정 단위를 뜻하기도 한다. 큰 것은 州라 하고, 작은 것은 縣, 더 작은 것은 峒이라고 불렀다. 예를 들면 『宋史』「蠻夷傳」3 〈撫水州〉에는 "平州初隸融州, 亦羈縻州峒也."라 하였고, 『淸史稿』「土司傳」5 〈廣西〉에서는 "上映峒. 宋置州, 明初, 廢爲峒, 以許尙爵襲. 傳至許國泰, 淸順治初, 歸附, 仍予舊職."이라고 하였다.
14) 盤瓠: 중국 南方系 부족들의 조상에 관한 신화의 주인공. 『後漢書』「南蠻傳」에 따르면, 옛날 高辛氏가 임금으로 있을 때 犬戎이라는 蠻族이 쳐들어오자 임금은 적장의 머리를 베어오는 자에게 후한 상을 내리고 부마를 삼겠다고 약속하였다. 그런데 궁중에서 기르던 盤瓠라는 개가 적장의 머리를 물고 왔다. 약속대로 공주를 얻은 반호는 그녀를 등에 업고 험준한 남쪽 산속으로 들어가버렸다. 그 후 그들은

시대에는 요복(要服)16)에 해당하였다. 주(周)나라 때에 그 무리들이 더욱 많아져서 선왕(宣王)17)이 방숙(方叔)18)에게 그들을 정벌하라고 명령하였다. 초(楚)의 장왕(莊王)19)이 패(霸)를 칭하게 되자 초에 복속되었다. 진(秦)의 소[양왕](昭襄王)20)이 백기(白起)21)로 하여금 초를 정벌하고, 만이(蠻夷)를 약취(略取)하여 검중군(黔中郡)22)을 두었다. 한(漢)에서는 [그

6남 6녀를 낳았고, 그 자손들이 점차 번창하였는데, 현재 長沙의 武陵蠻이 그 후예라고 한다.

15) 원문에서는 나라 이름인 唐과 虞로 되어 있다.

16) 要服: 첫째, 중국 상고시대 五服의 하나이다. 고대에 王畿 밖으로 距離에 따라 五服으로 나누었다. 1,500里에서 2,000里에 이르는 지역이 要服이다. 『書經』 「禹貢」에 "五百里要服."이라고 하였는데 孔傳에는 "綏服外之五百里, 要束以文教者."라고 되어 있다. 둘째로 먼 변방 지역을 광범위하게 가리킨다. 『後漢書』 「西羌傳」 〈東號子麻奴〉에는 "戎狄荒服, 蠻夷要服, 言其荒忽無常."이라 하여 荒服과 要服을 구분하고 있기도 하다. 唐 柳宗元의 〈爲桂州崔中丞上中書門下乞朝覲狀〉에는 "況正月會期, 遠夷皆至. 六歲來見, 要服有期."라고 되어 있다.

17) 宣王(재위 전827~전782): 周 제11대 왕. 姓은 姬, 이름은 靜 혹은 靖이다. 西周 말 厲王의 아들로, 召公과 周公을 재상으로 삼고 善政을 베풀어 국위를 회복하였으므로 諸侯들은 다시 周의 주권을 인정하였다. 그러나 만년에는 정치를 게을리하고, 異民族의 침입을 막아내지도 못하였으며, 백성을 괴롭혔으므로 제후들이 등을 돌렸다. 이로 인해 나라는 쇠퇴하게 되었고, 다음 대인 幽王 때 도읍을 동쪽인 洛陽으로 옮겼다.

18) 方叔: 周 宣王 때의 賢臣으로 方氏의 始祖 方雷의 63世孫이다. 方叔은 淮夷를 정벌하고 北方 민족인 獫狁의 침략을 격퇴하였다. 또한 周의 명령을 듣지 않던 楚國을 토벌하는데도 혁혁한 공을 세워 기울어가고 있던 西周 王朝에 中興의 曙光을 일으켰다. 周 王室의 功臣이자 명망이 높았다. 『詩經』의 「方叔」에는 중요한 전쟁에 대한 묘사가 기록되어 있다. 周 宣王은 方叔의 공로를 인정하여 洛邑(오늘날 河南省 洛陽市)을 食邑으로 내려주었다.

19) 楚莊王(재위 전613~전591): 춘추시대 楚의 왕. 穆王의 아들로 성은 熊, 이름은 侶 혹은 旅이다. 즉위 후 부패한 신하를 몰아내고 내정을 다져 부국강병을 이루었으며, 晉과 邲(오늘날 河南省 鄭縣) 땅의 싸움에서 대승을 거둠으로써 중원의 패권을 장악하였다. 당시 가장 강력한 군사력을 지니고 중원의 패권을 장악하였으면서도 陳과 鄭 등 오랜 전통을 지닌 나라를 공격하되 나라를 빼앗지는 않았다. 齊桓公, 晉文公에 이어 춘추시대의 세 번째 霸者의 지위에 올랐으며, 春秋五霸 가운데 유일하게 왕의 칭호로 불리는 인물이기도 하다.

20) 昭襄王(전325~251; 재위 전306~251): 전국시대 秦國의 군주로 姓은 嬴, 이름은 則 혹은 稷이다. 惠文王의 아들이자 秦武王의 異母弟이다. 그는 成都 부근에 운하를 열고 四川을 개발하는 한편, 장수 白起로 하여금 전278년에 대병력을 이끌고 초나라를 공격하여 수도 郢을 함락시켰다. 진의 군대는 揚子江을 건너 다시 貴州省의 동부와 湖南省의 서부도 공격하였다. 또한 '連橫策'을 버리고 '遠交近攻' 정책으로 전환하여 결국 東周를 멸망시켰다.

21) 白起(?~전257): 전국시대 秦의 名將. 郿(현재 陝西省 眉縣 常興鎭 白家村) 사람이다. 중국 역사상 孫武와 吳起의 뒤를 잇는 뛰어난 軍事家이자 統師로 평가되고 있다.

것을] 바꾸어 무릉(武陵)23)이라고 하였다. 후한(後漢) 건무(建武) 연간(25~55)에 [만이가] 크게 침입하여 노략질하자 복파장군(伏波將軍)24) 마원(馬援)25) 등을 임원(臨沅)26)까지 파견하여 그들을 격파(擊破)하였는데 수령[渠帥]27)들은 굶주리고 곤궁해져서 항복을 빌었다. 진(晋)·송(宋)·제(齊)·양(梁)·진(陳)을 거치면서 혹은 배반하고 혹은 복종하였다. 수(隋)

22) 黔中郡: 전국시대에 楚에 속했다가 후에 秦으로 편입되었다. 秦代의 治所는 臨沅縣(오늘날 湖南省 常德市)이었고, 관할 영역은 현재 湖南省 沅水와 澧水 유역, 湖北省 淸江 유역, 四川 黔江 유역과 貴州省 東北部 등이었다. 前漢 때 武陵郡으로 바꾸었다.

23) 武陵郡: 漢 高帝가 黔中郡을 바꾸어 설치하였다. 治所는 義陵縣(현재 湖南省 漵浦縣 남쪽)이었고, 관할 영역은 오늘날 湖南省 沅江 유역 以西, 貴州省 東部 및 廣西省 龍勝의 各族自治縣, 四川省 秀山 土家族苗族自治縣, 湖北省 鶴峰·來鳳·長陽土家族自治縣·五峰土家族自治縣 등 지역이다. 後漢 때 치소를 臨沅縣(현재 湖南省 常德市)으로 옮겼다. 隋 開皇 9년(589)에 朗州로 바꾸었고, 大業 연간(605~616) 초에 다시 武陵郡이라고 하였다. 치소는 武陵縣(오늘날 常德市)이었다. 唐 武德 4년(621)에 다시 朗州라고 하였다가 天寶 연간 초에 武陵郡이라 하였다. 乾元 연간(758~759) 초에는 또 朗州라고 바꾸었다가 후에 폐지하였다. 무릉군 가운데 盤瓠 부족의 後裔가 있는데 武陵蠻이라고 부른다.

24) 伏波將軍: 전국시대에 各國은 대부분 卿이나 大夫가 군대를 통솔했는데 秦에서 將軍을 두어 전투를 지휘하였다. 漢初에도 秦의 제도를 이어서 將軍을 두었지만 상설된 관직은 아니었다. 漢 武帝 때에 이르러 戰事가 많아지면서 여러 將軍을 두었고 관직에도 차등이 있었다. 伏波將軍은 많은 雜號將軍 가운데 하나의 호칭이다. 유명한 伏波將軍으로는 한무제 때의 路博德, 후한 光武帝 때의 馬援, 漢末 獻帝 시기의 陳登 등이 있다.

25) 馬援(전14~후49): 字 文淵, 陝西省 興平縣 북동지방의 右扶風 茂陵 출생. 後漢의 장군. 前漢 이래 名門 출신으로, 처음에는 북방으로 피신하여 목축에 종사하였고, 그 후 賓客 數百家를 포섭하여 세력을 얻었다. 王莽의 부름을 받고 漢 中郎太守가 되었는데 이어서 隗囂 밑에서 벼슬하다가, 다시 光武帝의 신하로서 太中大夫가 되었다. 이어서 隴西太守가 되어 甘肅省 방면의 羌·氐 등 이민족을 토벌하였다. 광무제 建武 17년(41) 이후에는 伏波將軍에 임명되어, 交趾(북베트남) 지방에서 봉기한 徵側과 徵貳 자매의 반란을 토벌하고, 하노이 부근의 浪泊까지 진출하여 그곳을 평정하였다. 그 공로로 건무 19년(43) 新息侯가 되었다. 건무 21년(45) 이후에는 북방의 匈奴와 烏丸을 토벌하는 데 활약하였다. 이어서 노령에도 불구하고 남방의 武陵蠻을 토벌하러 출정하였으나, 열병환자가 속출하여 苦戰하다가 진중에서 병사하였다.

26) 臨沅縣: 秦代에 두었고 黔中郡에 속하였다. 치소는 오늘날 湖南省 常德市였다. 漢代에는 武陵郡에 속했고 隋代에 武陵縣으로 바꾸었다.『水經』〈沅水注〉에는 "沅水又東徑臨沅縣南. 縣南臨沅水, 因以爲名."이라고 하였다.

27) 渠帥: 首領을 뜻하는 말. 예전에 통치 계급이 武裝하고 반항하는 집단의 首領 혹은 부락의 酋長을 지칭하는 단어이다. 渠首, 渠魁, 渠長, 渠魁 등으로도 불렀다.『史記』「司馬相如列傳」에는 "郡又多爲發轉漕萬餘人, 用興法誅其渠帥, 巴蜀民大驚恐."이라 하였고,『晉書』「武帝紀」에는 "西域戊己校尉馬循討叛鮮卑, 破之, 斬其渠帥."라는 기사가 있다.

에서는 진주(辰州)28)를 두었고, 당(唐)에서는 금주(錦州)29)·계주(溪州)30)·무주(巫州)31)·
서주(敍州)32)를 두었는데 모두 그 지역에 있었다. 당말의 혼란기에 만[이]의 추장(酋長)들이
그 지역을 나누어 차지하고 스스로 자사(刺史)33)라는 관직을 [칭]하였다. [후]진(後晉)34)
[고조] 천복(天福) 연간(936~942)에 마희범(馬希範)35)이 부업(父業)을 이어받아 호남(湖

---

28) 辰州: 隋 開皇 9년(589)에 武州를 바꾸어서 두었는데, 치소는 龍樹縣(오늘날 湖南省 黔陽縣 서남쪽 黔城鎭)이었다. 辰溪가 있어 辰州라 하였다. 후에 沅陵縣(오늘날 湖南省 沅陵縣)으로 치소를 옮겼다. 관할 영역은 현재 湖南省 沅陵縣 이남의 沅水 유역이다. 大業 연간(605~616) 초에 沅陵郡이라고 바꾸었다가, 唐 武德 3년(620)에 다시 辰州라고 하였다. 天寶 연간(742~755) 초에 瀘溪郡으로 바꾸었다가 乾元 연간(758~759) 초에 다시 辰州라고 하였다. 元代에 辰州路로 바꾸었다.

29) 錦州: 唐 垂拱 3년(687)에 설치하였고, 치소는 盧陽縣(현재 湖南省 麻陽苗族自治縣 盧水 유역)이었다. 관할 영역은 오늘날 湖南省 鳳凰縣·麻陽苗族自治縣 및 貴州省 銅仁縣 등이었다. 『元和志』 卷30 〈錦州〉에는 "以州理前溪, 水多文石, 望之似錦, 因名."이라 하였는데 天寶 원년(742)에 盧陽郡으로 바꾸었다가 乾元 원년(758)에 다시 錦州라 하였다. 五代 시기에 폐지되었다.

30) 溪州: 唐 天授 2년(691)에 설치하였고, 치소는 大鄉縣(오늘날 湖南省 永順縣 동남 老司城)이었다. 관할 영역은 현재 湖南省 永順·保靖·古丈·龍山 등 縣의 지역이다. 五代 晉 天福 5년(940)에 치소를 오늘날 湖南省 古丈縣 동북쪽 會溪坪으로 옮기고 下溪州라고 불렀다. 元初에 폐지되었다.

31) 巫州: 唐 貞觀 8년(634)년에 설치하였고, 치소는 龍標縣(현재 湖南省 黔陽縣 서남 黔城鎭)에 있었다. 唐 杜佑『通典』「州郡」13 〈巫州〉조에 "在巫山之陽"이라고 하여 巫山에서 巫州라는 이름이 나왔음을 알 수 있다. 관할 영역은 오늘날 湖南省 懷化市·洪江市와 黔陽·會同·芷江侗族自治縣·新晃侗族自治縣·通道侗族自治縣·靖州苗族侗族自治縣 및 貴州省 天柱縣 등이다. 唐 天授 2년(691)에 沅州로 바꾸었다가 開元 13년(725)에 다시 巫州라고 하였고, 大曆 5년(770)에는 敍州로 바꾸었다.

32) 敍州: 唐 大曆 5년(770)에 巫州를 바꾸어 설치하였다. 치소는 龍標縣(현재 湖南省 黔陽縣 서남쪽 黔城鎭).『元和志』卷30 〈敍州〉에는 "以境接敍浦하여 敍州라고 불렀다"고 하였다. 관할 영역은 오늘날 湖南省 懷化市·洪江市와 黔陽·會同·芷江侗族自治縣·通道侗族自治縣·靖州苗族侗族自治縣 및 貴州省 天柱縣 등이다. 五代 때 폐지되었다.

33) 刺史: 漢代 武帝 元封 5년(전106)에 처음으로 두었으며 '刺'는 일에 대해 그 핵심을 검사한다는 의미이다. 원래 郡·國을 감독하기 위하여 각 州에 둔 검찰관이었다. 행정장관이 아니므로 정해진 位置 없이 항상 관내를 이동하였다. 처음에는 직위가 郡의 太守보다 낮았으나 점차 지위가 높아져 한 州의 장관으로서 군사·민정을 관장하는 軍閥로 발전하였다. 唐·宋을 거쳐 明代에 폐지되었으나, 후에 地主의 존칭으로 쓰였다.

34) 晋(936~947): 五代 시대에 세 번째 세워진 국가로 後晉이라고도 한다. 高祖 石敬瑭이 건립하였으며 수도는 開封에 두었다.

35) 馬希範(899~947; 재위 932~947): 字는 寶規이고 시호는 文昭王이다. 五代十國 시기 南楚의 君主였다. 그는 楚 武穆王 馬殷의 넷째 아들로 馬希聲의 쌍둥이 동생이다. 後唐 明宗 長興 3년(932) 馬希聲이 병사한 후에 繼位하였다. 이전에 馬殷이 죽었을 때 兄이 죽으면 동생이 계위하라는 遺命에 따라 여러

南)36)에서 웅거하였다. 이때 만요(蠻猺)37)들이 무리를 모아 산에 기대고 강으로 막아서 지키

신하들이 당시 鎭南節度使를 맡고 있던 馬希範을 즉위하도록 한 것이다. 즉위 후 선후하여 後唐·後晉·後漢의 연호를 사용하였는데 後唐은 馬希範을 우선 武安·武平節度使, 兼中書令으로 임명하였다. 後唐 明宗 淸泰 원년(934)에 馬希範을 楚王으로 봉한 다음, 후에 天策上將軍으로 봉하였다. 後晉 高祖 天福 4년(939) 彭士愁가 錦州蠻 만여 명을 이끌고 楚에 반기를 들어 辰州와 澧州를 공격하였다. 馬希範은 劉勛·廖匡齊를 파견하여 병사 5천 명으로 토벌하도록 하였다. 彭士愁의 군대가 패하여 保山寨로 도망갔다. 그 산은 사면이 절벽이라 劉勛은 梯棧으로 둘러쌓았으나 廖匡齊는 戰死하였다. 이듬해 劉勛은 火箭을 이용해서 山寨를 공격하자 彭士愁는 깊은 산중으로 도망갔다. 그의 次子 彭師暠로 하여금 溪州 各部의 酋長들을 이끌고 투항하도록 하였다. 劉勛은 회군하면서 彭師暠를 人質로 잡아서 長沙로 데려갔다. 이후에 馬希範은 이 일을 기념하기 위해 특별히 溪州에 銅柱를 세웠다. 銅柱 위에 새겨진 2,118자의 銘文 가운데에는, "王曰: '古者叛而伐之, 服而柔之, 不奪其財, 不貪其土 …… 吾伐叛德柔, 敢無師古？奪財食地, 實所不爲. 乃依前奏授彭士愁溪州刺史, 諸子將吏, 咸復職員, 錫賚有差, 俾安其土 ……'"라는 구절이 있다. 馬希範은 중국 역사에서 위대한 인물로 평가받지는 못하지만 그래도 溪州洞蠻의 관계에 대해 처리한 것은 높은 평가를 받고 있다. 이 銅柱는 오늘날까지 湘西 永順縣 王村 芙蓉鎭에 남아 있어 '溪州銅柱'라 칭한다. 한편 馬希範은 학문을 좋아하고 詩를 잘 지었다고 한다. 그러나 심하게 사치스러워 그가 지은 天策府는 門戶와 난간을 모두 金玉으로 장식할 정도였다. 더욱이 그의 妻인 彭夫人이 세상을 떠난 후에 馬希範은 더욱 여색을 밝히고 과도하게 연회를 베풀고 유흥을 즐겼다. 원래 楚는 金銀이 많이 산출되고 茶葉을 판매하는 이윤이 많아서 매우 풍족한 곳이었다. 그러나 무절제한 낭비로 인해 백성들에게 세금을 많이 걷고 賣官賣職이 성행하여 백성들이 고통에 시달렸다. 이에 따라 농민들이 대거 도망하고 통치질서가 와해되었다. 後漢 高祖 天福 12년(947), 馬希範은 49세에 病死하면서 동생 馬希廣에게 왕위를 계승하도록 하였다.

36) 湖南: 揚子江 중류의 남부지역. 대부분 洞庭湖 남쪽에 위치하고 있어서 湖南이라고 칭한다. 그 안에서는 湘江이 남북으로 흐르기 때문에 湘이라고 약칭하기도 한다. 이외에 송대에는 荊湖南路의 약칭으로도 사용되었다. 北宋 至道 3년(997)에 荊湖路 남부를 분할하여 설치하며, 약칭으로 湖南路라고 일컫는다. 치소는 潭州(현재 湖南省 長沙市)이고 관할 범위는 현재 호남성의 淚羅·益陽·安化·洞口·綏寧縣 이남 지역과 廣西省 越城嶺 이남의 湘水·灌水 유역에 해당된다.

37) 獠: 史書에는 莫傜, 傜, 猺, 猺, 猺人, 猺民, 蠻猺 등으로 다양하게 표기되어 있는데 이는 대체로 徭役을 면제받은 蠻夷를 의미한다. 또한 송대에는 猫, 猺, 獠, 犵, 犵狫 등으로 세분되어 있기도 했는데 때에 따라서는 구별이 모호하기도 하다. 단 『隋書』 권32 「地理志」에 "長沙郡又雜有夷蜑, 名曰莫猺. 自云其先祖有功, 常免徭役, 故以爲名"이라 하였고, 漢 이래로 모두 槃瓠의 種이라고 전해진다. 周去非의 『嶺外代答』에서는 "猺人者, 言其持徭役與中國也"라고 기록되어 있는데 이후 猺人들이 중국의 통치와 억압에 계속 반항하고 山林에 모여 살며 賦稅를 내지 않아서 송대에는 "莫猺"라고도 불렀다. 원대에 이르면 통치자들은 이렇게 徭役을 내지 않고 화전경작을 하는 야만인이라고 보아 猺人의 猺字에 모욕적인 犬旁을 붙인 猺字를 사용하였고, 『송사』에도 '猺'로 기록되어 있다. 그런데 중화인민공화국 성립 이후에 瑤族으로 명칭을 통일한 것이다. 현재 瑤族은 廣東·廣西省을 중심으로 인접 여러 성에 분포하며, 인도차이나반도 북부에까지 미친다. 福建·浙江省의 畲族도 이 민족의 분파이다. 베트남에서는 蠻이라고

니 거의 십여만에 달하였다. 주행봉(周行逢)38) 때에 이르러서 자주 변경을 침범하여 진주(辰州)와 영주(永州)39)를 위협하고 백성과 가축을 죽이거나 약탈하여 편안할 때가 없었다.

太祖旣下荊·湖, 思得通蠻情·習險阨·勇智可任者以鎭撫之. 有辰州猺人秦再雄者, 長七尺, 武健多謀, 在行逢時, 屢以戰鬪立功, 蠻黨伏之. 太祖召至闕下, 察其可用, 擢辰州刺史, 官其子爲殿直, 賜予甚厚, 仍使自辟吏屬, 予一州租賦. 再雄感恩, 誓死報效. 至州日訓練土兵, 得三千人, 皆能被甲渡水, 歷山飛塹, 捷如猿猱. 又選親校二十人分使諸蠻, 以傳朝廷懷來之意, 莫不從風而靡, 各得降表以聞. 太祖大喜, 復召至闕, 面加獎激, 改辰州團練使, 又以其門客王允成爲辰州推官. 再雄盡瘁邊圍, 五州連袤數千里, 不增一兵, 不費帑庾, 終太祖世, 邊境無患. 又有溪州刺史彭士愁等以溪·錦·獎州歸馬氏, 立銅柱爲界.

[송] 태조(太祖)40)는 형(荊)·호(湖)를 점령한 다음, 만이(蠻夷)의 사정에 대해 잘 알고

부른다. 언어의 계통은 여러 설이 있어 확정된 바 없다. 원주지는 洞庭湖 부근이며, 12~13세기경 오늘날의 거주지로 이주한 것으로 알려져 있다. 火田 경작을 하며, 작물은 밭벼·옥수수·기장·타로토란 등이 있는데 廣東·廣西省에서는 계단식 灌漑田에 의한 논벼 경작도 많이 한다. 소·돼지·닭 등을 사육해 희생용으로 쓴다. 정치적 단위인 촌락은 조상제사·外婚制를 특색으로 하는 부계적 친족집단으로 구성된다. 종교는 조상제사가 두드러지지만 신·성령을 믿으며 거기에 통달한 巫師가 있으며, 일반적으로 道敎의 영향이 현저하고, 또한 개를 시조로 하는 '槃瓠神話'를 공통으로 갖고 있다.

38) 周行逢(916~962): 朗州 武陵(현재 湖南 常德) 사람으로 농민 출신이다. 五代 시기에 楚主 馬希萼 部의 靜江 軍卒로 들어가서 탁월한 능력을 발휘하고 공적을 쌓아서 軍校가 되었다. 후에 靜江 指揮副使로 승진, 後周 廣順 원년(951)에 馬希萼 등이 南唐에 항복하여 楚政權이 멸망한 후에는 武平節度使를 맡았다. 五代十國의 영웅 가운데 湖湘 霸主의 하나로써 '周行逢政權'을 설립하였고, 朗州가 한때 湖南의 정치 중심이 되기도 하였다. 그는 境內의 소수민족을 按撫하는 데 힘을 기울였고 그 가운데 우수한 자를 地方官吏에 임명하기도 하였다. 宋太祖 建隆 3년(962)에 죽었는데, 사후에 汝南郡王으로 追封되었다.

39) 永州: 隋 開皇 9년(589)에 설치하였고, 치소는 零陵縣(湖南省 永州市)이었다. 大業 연간(605~616) 초에 零陵郡으로 바꾸었다가 唐 武德 4년(621)에 다시 永州라 하였다. 天寶 원년(742)에 또 零陵郡으로 바꾸었고 乾元 원년(758)에 永州라고 불렀다. 관할 영역은 오늘날 湖南省 永州·東安·祁陽과 廣西省 全州·灌陽 등 市縣 지역이다. 五代 시대에 全州와 나누어서 두었고 元代에 永州路로 개편하였다.

40) 太祖(927~976; 재위 960~976): 이름은 趙匡胤으로 송의 개국황제이다. 시호는 英武睿文神德聖功至明大

험준한 지세에 정통하며 용기와 지혜를 갖춘 적당한 사람을 얻어서 그들을 진무(鎭撫)하려고 생각하고 있었다. 진주(辰州) 요인(猺人)으로 진재웅(秦再雄)⁴¹⁾이라는 사람이 있었는데 키

孝皇帝. 군인 집안 출신으로, 祖父는 趙敬이며, 趙弘殷의 둘째 아들이었다. 대대로 涿州(오늘날 河北省 涿縣) 사람으로 洛陽에서 태어났다. 後漢 乾祐 원년(948) 당시 추밀사였던 郭威의 부하로 들어갔다. 그 후로 공을 쌓아 후주의 世宗 밑에서 後周 顯德 3년(956)에는 殿前都指揮使가 되었고, 현덕 6년(959)에 殿前都點檢이 되었다. 후주의 恭帝가 즉위한 다음에는 歸德軍節度使가 되었다. 乾隆 원년(960) 초, 陳橋驛의 정변에서 부하들에 의해 추대되었다고 하는 소위 '黃袍加身'으로 송조를 건립하여 乾隆이라고 개원하였다. 이듬해 술자리에서 병권을 거두는 소위 '杯酒釋兵權'의 방식으로 石守信 등 주요 禁軍 장령들의 병권을 회수했다. 이후 '先南後北'의 전략을 취하여 十國의 여러 나라를 평정했다. 즉 乾德 원년(963)에 荊湖, 건덕 3년(965)에는 後蜀, 開寶 4년(971)에 南漢, 개보 8년(975)에는 南唐 등을 귀속시켰다. 하지만 북쪽으로 개보 2년(969)에 北漢을 친정했으나 정복하지는 못하였다.

태조는 통일전쟁을 수행하는 동시에 안으로 무인정치를 폐지하고 文治主義에 의한 중앙집권적 관료제를 확립하였다. 즉, 節度使 지배체제를 폐지, 중앙에 민정·군정·재정의 3권을 집중시켰다. 거기서 參知政事를 부재상으로 삼고, 樞密使가 군정을, 三司가 재정을 담당하도록 하여 재상의 권한을 분산시켰다. 또한 관료의 채용을 위한 과거제도를 정비하고 최종시험을 황제 스스로 실시하는 殿試를 시작하였다. 이러한 개혁을 실행하는 데에도 점진적이고 온건한 수단을 사용하였다. 또한 금군을 강화하여 황제의 독재권을 강화하였다. 즉 지방의 廂軍 가운데 정예를 선발하여 중앙 禁軍으로 삼아 지방의 병력을 약화시켰다. 군법도 새로이 정하여 장령들이 서로 알지 못하도록 하여 모반을 도모하지 못하게 하였다. 각 주에 通判을 두어 知州의 권력을 분할하였다. 또한 문신인 京·朝官을 각 지방의 知縣이나 知州로 임명하여 군인들이 장악하고 있던 지방정권을 대체시켰다. 또한 轉運使를 두어 지방 재정을 장악하도록 하고 지방관을 감찰하도록 하였다.

태조는 당말 오대의 오랜 전란으로 피폐해진 경제의 부흥에도 힘써 수리관개사업을 크게 일으키고 農桑을 장려하였다. 군사적으로 장령을 선발하여 북방요지에 주둔하도록 하여 거란을 방어하였다. 그러나 太平興國 원년(976)에 거란족의 정벌을 단행하였으나 끝내 실패하였다. 같은 해 11월, 태조는 북벌을 계획하던 중 갑자기 사망하여 永昌陵에 안장되었다. 그러나 조광윤의 사후 내부 정변을 통해 그의 친동생인 趙匡義가 제위를 계승하였다. 이를 두고 일각에서는 송 태종이 태조를 독살했다는 의혹이 제기되었고, 이는 아직까지도 논란의 여지로 남아 있다. 송 태조는 오대십국의 분열을 통일하고 문치주의 시대를 열었으며, 황제권을 확립해가는 과정이나 과거제도 등 여러 정책 및 그의 인격적인 면까지도 긍정적인 평가를 받고 있다. 하지만 문치주의와 중앙집권의 통치 강화는 국방상의 취약점을 노출시켜 이민족 국가의 침입에 대응하지 못했고, 이후 송조의 문약한 기풍의 형성에 많은 영향을 끼치게 되었다.

41) 秦再雄(?~?): 宋 太祖 乾德 원년(963), 宋의 군대가 湖南 지역을 압박하였을 때 周行逢의 部將 辰州 瑤人 秦再雄은 키가 7척인데다 무예가 발군의 실력을 갖추고 모략도 있었다. 趙匡胤은 秦再雄의 이름을 듣고 불러서 만난 다음 辰州刺史를 수여하였다. 秦再雄은 직접 苗瑤 精兵 3천 명을 훈련시켜서 매우 날쌔게 만들었다. 秦再雄은 또한 武陵 五溪 각지의 소수민족을 招撫하여 湘西 일대의 지역을 五州(溪·

가 7척(尺)인데다가 무예를 잘하고 [지]모(智謀)가 많았다. [주]행봉 때에 여러 차례 전투에 공을 세워서 만족의 무리들이 그에게 엎드려 굴복하였다. 태조는 [그를] 조정에 불러 쓸 만한가 살펴보고 진주(辰州) 자사(刺史)에 발탁하였다. 그의 아들에게도 전직(殿直)42)의 벼슬을 주고 매우 풍부하게 [상을] 내렸다. 또한 [그] 자신이 이속(吏屬)을 둘 수 있도록 하고, 한 주(州)의 조부(租賦)43)를 주었다. [진]재웅은 은혜에 감사하여 죽을 때까지 보답하겠다고 맹서하였다. 주(州)의 관직을 맡은 이후에 토병(土兵)을 훈련시켰는데 3천 명이 되었다. 모두 갑옷을 입고 물을 건너며, 산을 넘고 구덩이를 넘어가는 것이 원숭이[猿猱]44)와 같이 민첩하였다. 또한 직속의 장교 20명을 선발하여 나누어서 제만(諸蠻)에 보내어 조정의 불러오는[懷來]45) 뜻을 전달하도록 하였다. [그러자] 바람 부는 대로 쓰러지는 것처럼 복종하지 않는 [자가] 없었으며, 각기 항복하는 표를 얻어서 [위에] 알렸다. 태조는 크게 기뻐하여 [진재웅을] 다시 불러 조정에 도착하니 면전에서 칭찬하고 진주 단련사(團練使)46)로 개관해 주었다.

辰·錦·獎·敘州)에 연결시켰다. 병사와 무기를 쓰지 않고도 그 지역의 안정을 찾았고 또한 獎州·敘州 등 諸州를 회복하였다. 宋은 湖南을 평정한 공으로 秦再雄에게 상을 내렸고, 團練使로 제수해주었다. 그러나 그의 職에 대한 세습을 인정해주지는 않았다.

42) 殿直: 첫째, 宋 武散官 명칭으로 左班殿直과 右班殿直이 있었다. 政和 2년(1112) 左班殿直은 成忠郎이라 하였고, 右班殿直은 保義郎이라 하였다. 둘째로는 宋代 宦官의 階官 명칭으로 政和 2년 宦官 階官의 高品을 左班殿直이라 하였고, 高班을 右班殿直이라고 하였다.

43) 租賦: 토지 소유자가 국가에 납부하는 토지세로 租稅라고도 한다.『史記』「五宗世家」에는 "令吏毋得收租賦."라 하였고, 宋 蘇洵의 〈上皇帝書〉에는 "今不爲之計, 使姦人猾吏養爲盜賊, 而後取租賦以啖驕兵.", 또한 『明史』「太祖紀」 1에는 "今有司除租賦, 皆頓首謝."라는 용례가 있다.

44) 猿猱: 일반적인 원숭이와 팔이 긴 원숭이.『管子』「形勢」에 "墜岸三仞, 人之所大難也, 而猿猱飮焉."이라 하였고, 晉 葛洪의 『抱樸子』「明本」에는 "侶狐貉於草澤之中, 偶猿猱於林麓之間."이라는 구절이 있다. 唐 李白의 〈蜀道難〉이라는 詩에는 "黃鶴之飛尚不得過, 猿猱欲度愁攀援."이라고 되어 있다.

45) 懷來: 懷徠라고도 쓰며, 招來와 같은 뜻이다. 漢 陸賈의『新語』「道基」에는 "附遠寧近, 懷來萬邦."이라고 하였고, 『後漢書』「獨行傳」〈李善〉에는 "以愛惠爲政, 懷來異俗."이라는 용례가 있다.『續資治通鑑』〈宋太祖 建德 2년〉조에는 "遣人分賜諸蠻, 傳朝廷懷徠之意, 降附日衆."이라고 기록하고 있다.

46) 團練使: 唐에서 元代까지 설치되었던 地方 軍事長官이다. 唐代 團練使의 全稱은 團練守捉使로 都團練使와 州團練使 두 종류가 있었다. 唐朝 도단련사와 주단련사는 원래 方鎭 혹은 한 개 州의 軍事를 담당하는 것이었으나 觀察使가 도단련사를 겸임하기도 하였고 刺史가 주단련사를 겸임하기도 하여 실제로는 하나의 方鎭 혹은 州의 軍政長官이었다. 도단련사는 節度使 혹은 都防禦使와 관장 임무는 서로 같은 것이었다(주단련사는 州防禦使와 동일). 그 구별은 地位의 高低와 遷轉의 先後, 俸錢의 多少 및 旌節을 수여하는가의 여부였다. 따라서 節度使와 都防禦使가 설치된 지구에는 도단련사를 두지 않았다. 또한 州防禦使가 설치된 곳에도 주단련사를 두지 않았다. 宋은 諸州의 團練使를 武臣의

또한 그의 문객(門客)47) 왕윤성(王允成)을 진주 추관(推官)48)으로 삼았다. [진]재웅은 변어(邊圉, 즉 변경)의 일에 진심전력을 다하여[盡瘁]49) 남북으로 수천 리에 이르는 오주(五州)에서 한 명의 병사도 더하지 않고, 노유(帑庾)50)를 쓰지 않고도 태조의 치세가 끝날 때까지 변경에서 걱정이 없었다. 또한 계주(溪州) 자사(刺史) 팽사수(彭士愁)51) 등은 계(溪)·금

寄祿官으로 삼아 定員과 職掌이 없었고 本州에 거주하지 않도록 하였다. 遼는 南面 各州에 團練使司를 두어 團練使가 한 州의 軍政을 담당하게 하였다. 元末에 農民反亂을 진압하는 데 團練安撫使를 두기도 하였는데 明代에는 폐지하였다.

47) 門客: 원래 貴族의 門下에서 寄食하면서 그를 위해 일하던 사람. 또는 세력이 있는 大家의 식객이나 덕을 보려고 날마다 문안을 드리며 드나드는 손님을 말한다.

48) 推官: 관직 명칭으로 唐代에 처음 설치하였다. 節度使·觀察使·團練使·防禦使·采訪處置使 등의 아래에 모두 한 명씩 두었는데 직위는 判官과 掌書記의 아래로 獄訟에 관한 일을 담당하였다. 五代에는 唐制를 답습하였고, 宋代에는 三司 아래 각 部마다 한 명씩 두고 公事의 案件을 주관하였다. 북송대에는 開封府 소속으로 左·右廳을 설치하여 推官 각 한 명씩을 두었고, 안건을 심판하였다. 남송대에는 臨安府에 節度推官·觀察推官을 두었으며 諸州의 幕職 가운데에도 역시 節度·觀察 推官이 있었다.

49) 盡瘁: 몸과 마음이 지쳐 쓰러질 정도로 열심히 힘을 다하는 것.

50) 帑庾: 원래 錢財나 양식을 저장하는 창고를 뜻하나 여기에서는 錢糧을 의미한다. 宋代 江少虞의 『宋朝事實類苑』〈秦再雄〉조에 "不增一兵, 費帑庾, 而邊境安安."이라고 적고 있다.

51) 彭士愁(903~956): 본명은 彭彥晞로 士愁는 그의 字이다. 廬陵(현재 江西省 吉水)에서 태어나 湘西에서 성장하였다. 後晉 高祖 天福 3년(938)에서 後周 世宗 顯德 3년(956)까지 부친의 직을 이어받아 溪州刺史를 지냈다. 그는 오대십국 시기 溪州에서 할거했던 정권의 首領이자 湘西 土司制度를 만든 인물이다. 또한 彭姓 土家族 始祖의 하나이자 土家族의 민간 전설 가운데에서 "彭公爵主"라고 불린다. 彭士愁의 父親은 彭瑊, 伯父는 彭玕인데 唐末 黃巢의 난 때 鄕兵을 일으켜서 自衛한 이래로 점점 吉州(현재 江西省 吉安)에서 할거하는 地方 軍閥이 되었다. 이후 오대십국 중 吳國의 압박을 받고 서쪽으로 楚國으로 도망가서 투항하였다. 어린시절 彭士愁 역시 부친과 백부를 따라서 이주하였다. 彭氏 형제는 楚에 가서 楚王 馬殷의 신임을 받아서 각기 重任을 맡았다. 彭瑊은 辰州刺史·溪州刺史를 역임하면서 湘西를 경략하였다. 後梁 太祖 開平 4년(910), 溪州刺史 때부터는 酉水 유역의 각 部를 점점 통일하였고, 후에 漫水(현재 湖北省 來鳳) 土官의 동생인 向伯林 등과 연합하여 溪州蠻 추장 吳著沖을 쫓아내고, 계속 惹巴沖 등의 토착 부족을 정복했다. 後唐 莊宗 同光 원년(923), 楚王 馬殷은 彭瑊을 靖邊都指揮使 兼 溪州刺史로 임명하여, 上·中·下溪州 및 保靖·永順 등 州를 관할하도록 했다. 이는 8백 년 동안 湘西 彭氏 土司의 기초가 되었다. 天福 3년(938)에 彭瑊이 죽자 彭士愁가 즉위하였다. 彭士愁는 繼位 후에 政事를 열심히 돌보고, 농업생산 발전에 주의를 기울였다. 또한 각 부족을 단결시켜서 溪州 諸蠻의 옹호를 받았고, 勢力이 성장하여 계속 관할 지역을 확대시켰다. 領域은 오늘날 湖南省 永順·龍山·保靖·古丈·漵浦·辰溪·芷江, 湖北省 來鳳·宣恩, 四川省 酉陽·秀山 일대에 미쳐서 강대한 割據政權을 세웠다. 하지만 楚王 馬希範이 즉위한 후 溪州 등지에서 가혹하게 雜稅를 징수하자 불만이 누적되어 天福 4년(939) 8월, 彭士愁는 錦·獎·溪 三州의 諸蠻을 이끌고 楚國의 辰·澧州에 침공하였는데 반격을

(錦)·장주(獎州)52)를 가지고 마씨(馬氏, 즉 마희범)에게 귀순하여 동주(銅柱)53)를 세워서 경계로 삼았다.

받아 결국 패하고, 錦·獎州의 深山으로 철퇴하였다. 天福 5년(940) 정월에 彭士愁는 그의 次子 彭師杲를 보내어 초국에게 항복을 청했다. 양측은 담판 후에 맹약을 맺고 溪州 銅柱를 세웠다. 彭士愁는 楚와 酉水를 경계로 하여 남쪽은 楚, 북쪽은 彭士愁에게 귀속되는 것으로 하였다. 이 和約은 규정으로 보면 彭士愁가 표면상 楚國에 귀속된 것으로 되어 있으나, 실질적으로 그 구역에서는 하나의 독립적인 王國이었다. 彭士愁는 會溪坪(오늘날 酉水 河岸의 老司城)에 都城을 두고 20여 州를 관할하였다. 彭士愁가 죽은 후에 아들인 彭師裕가 계위하였는데 그 자손들이 서로 세습하여 酉水 유역을 통치하였다. 五代와 宋代에는 刺史 혹은 知州를 칭하였고, 元代 이후에는 宣慰使·宣撫使·長官 등 司를 칭하였는데 통칭하여 土司라고 한다. 清朝 雍正 연간에 이르러 '改土歸流' 정책을 실행하자, 彭氏는 관할지를 헌납하여 世襲 통치가 끝났다. 彭氏는 湘西에서 彭瑊이 溪州刺史를 칭한 때로부터 雍正 5년(1727)까지 818년 동안 존재했는데 그 가운데 彭士愁가 가장 혁혁한 공적을 남긴 것으로 평가되고 있다.

52) 獎州: 唐 大曆 5년(770)에 業州를 바꾸어서 두었고, 치소는 峨山縣(현재 湖南省 繭江侗族自治縣 서쪽 便水市)이었다. 五代 때에 폐지하였다.

53) 銅柱: 영역의 경계를 표시하기 위해 銅으로 만든 말뚝.『後漢書』「馬援傳」에 "嶠南悉平"이라 하였는데 李賢의 注에는 晉 顧微의 〈廣州記〉를 인용하여, "援到交阯, 立銅柱, 爲漢之極界也."라 하였다. 唐代 張渭는 〈杜侍禦送貢物戲贈〉이라는 詩에서 "銅柱朱崖道路難, 伏波橫海舊登壇."이라고 한 바 있다. 清 趙翼은『陔餘叢考』〈馬氏銅柱有三〉에서 "馬援所立銅柱在林邑國 …… 此漢時所立銅柱在交阯者也; 馬總爲安南都護, 建二銅柱於漢故處, 鐫著唐德, 兼以明伏波之裔, 此唐時所立銅柱亦在交阯者也; 五代史馬希範攻溪州蠻, 降之, 乃立銅柱爲表, 命學士李皐銘之, 此五代時所立銅柱在五溪者也."라고 하였는데 본문에서는 馬希範이 세운 것이다. 이 溪州銅柱는 원래 현재 湖南省 永順縣 동남쪽 野雞坨 아래, 酉水의 河岸에 있었다.『舊五代史』「世襲列傳」〈馬希範〉에는 "希範, 晉天福中, 授江南諸道都統, 又加天策上將軍. 羚州洞蠻彭士愁寇辰·澧二州, 希範討平之, 士愁以五州乞盟, 乃銘於銅柱."라고 하였는데 여기에서의 銅柱는 곧 五代 後晉 天福 5년(940), 楚王 馬希範과 溪州刺史 彭士愁가 戰後에 맺은 罷兵 盟約이다. 銅柱의 높이는 4m, 무게는 2500kg으로 기둥은 가운데가 비어 있는 八面體이고, 원래 기둥 안에 馬氏의 통치 시기에 주조된 鐵錢이 채워져 있었다. 기둥 위에 '復溪州銅柱記'라고 새겨져 있는데 秀麗한 楷書體의 글자로 모두 2000여 字에 달한다. 그 내용은 溪州 전투의 경과와 양측이 盟約을 맺은 내용이다. 맹약이 확정되면서 楚는 溪州의 屬地에 대해서 賦稅를 면제해주었고, 軍民이 마음대로 溪州에 들어가지 못하게 했다. 溪州 각 部落 酋長이 죄를 지어도 오직 彭士愁를 거쳐서 벌을 주도록 하고 楚는 出兵하거나 간섭할 수 없었다. 여기에서 彭士愁가 溪州刺史가 되어 溪州에 대한 800년의 土司 통치를 시작했다는 것을 알 수 있다. 溪州銅柱는 중국의 民族 관계를 연구하는 데 중요한 실물 자료이다. 1970년 鳳灘댐을 건설하면서 원래 있던 곳에서 약 20리 떨어진 王村(현재는 芙蓉鎭이라고 부름) 花果山 위로 옮기고, 보호하는 정자를 만들었다.

建隆四年, 知溪州彭允林・前溪州刺史田洪贊等列狀歸順, 詔以允林爲溪州刺史, 洪贊爲萬州刺史. 允林卒, 以其子師皎代爲刺史. 四月, 水門都虞候林抱義上辰・敍二州圖.

[송 태조] 건륭(建隆) 4년(963), 계주(溪州) 지주(知州)인 팽윤림(彭允林)과 전(前) 계주 자사 전홍윤(田洪贊) 등이 상주문을 올리고 귀순하였다. [팽]윤림을 계주 자사로 삼고, 전홍윤을 만주(萬州)54) 자사로 삼는다는 조서를 내렸다. [팽]윤림이 죽자 그 아들 [팽]사교(彭師皎)를 대신 자사로 삼았다. 4월에 수두(水門) 도우후(都虞候)55) 임포의(林抱義)가 진주(辰州)와 서주(敍州)의 지도를 올렸다.

乾德二年四月, 溪・敍・獎等州民相攻劫, 遣殿直牛允齎詔諭之, 乃定. 三年七月, 珍州刺史田景遷內附. 五溪團練使・洽州刺史田處崇上言:「湖南節度馬希範建敍州潭陽縣爲懿州, 署臣叔父萬盈爲刺史. 希範卒, 其弟希萼襲位, 改爲洽州, 願復舊名.」詔從其請. 十二月, 詔溪州宜充五溪團練使, 刻印以賜之. 四年, 南州進銅鼓內附, 下溪州刺史田思遷亦以銅鼓・虎皮・麝臍來貢. 五年冬, 以溪州團練使彭允足爲濮州牢城都指揮使, 溪州義軍都指揮使彭允賢爲衛州牢城都指揮使, 珍州錄事參軍田思曉爲博州牢城都指揮使. 允足等溪峒酋豪據山險, 持兩端, 故因其入朝而置之內地.

[태조] 건덕(乾德) 2년(964) 4월, 계(溪)・서(敍)・장(獎) 등 주(州)의 백성들이 서로 공격

---

54) 萬州: 唐 貞觀 8년(634) 浦州를 바꾸어 설치하였고, 치소는 南漆縣(현재 四川省 萬縣市)에 있었다. 明 郭子章의『郡縣釋名』「四川」卷下에 "萬州, 以地居四達之沖, 眾川之統會"라고 한 바와 같이 많은 川이 모이는 곳이라 명명한 것이다. 天寶 원년(742)에 南浦郡이라고 바꾸었다가 乾元 원년(758)에 다시 萬州로 하였다. 관할 영역은 四川省 萬縣市와 梁平 등 縣 지역이었다. 송대에는 관할 영역이 축소되었다.
55) 都虞候: 軍事 職官의 명칭이다. 唐代 후기에 藩鎭의 將領들이 신임하는 武官이었다. 五代에 皇帝들이 대부분 藩將 출신이었기 때문에, 都虞候도 상승하여 親衛軍의 고급 統率官이 되었다. 宋代에 都虞候는 諸軍 都指揮使의 부관이 되었을 뿐 아니라 殿前司, 侍衛馬軍司와 侍衛步軍司에도 모두 두었다. 예를 들어 馬軍司에는 馬軍都虞候, 步軍司에서는 步軍都虞候라 칭하였다. 殿前司는 직접 禁軍에 속하여 都虞候를 主官으로 삼았다.

하고 약탈하자 전직(殿直) 우윤재(牛允齋)에게 조서를 가지고 파견하여 설득하도록 하여 안정되었다. [건덕] 3년(965) 7월, 진주(珍州) 자사 전경천(田景遷)56)이 내부(內附)하였다. 오계(五溪)57) 단련사·흡주(洽州)58) 자사 전처숭(田處崇)이 상언하기를, "호남절도(湖南節度) 마희범(馬希範)이 서주(敍州) 담양현(潭陽縣)59)을 세워서 의주(懿州)60)로 하고, 신(臣)의 숙부 [전]만영(田萬盈)을 자사로 임명하였습니다. [마]희범이 죽고 그의 동생 [마]희악(馬希萼)이 그 자리를 이어받아서 흡주(洽州)라 바꾸었으니 원래 이름을 회복시켜주십시오."라고 하니 그 요청을 들어주라는 조서를 내렸다. 12월, 계주에 마땅히 오계 단련사로 충임하라는 조서를 내리고 도장[刻印]을 하사하였다. [건덕] 4년(966), 남주(南州)61)에서 동고(銅鼓)62)

---

56) 田景遷: 『宋史』 「校勘記」에 따르면 田景遷의 '遷'은 원래 '千'으로 되어 있었는데 이후에 나오는 글자와 『송사』 卷2 「太祖紀」에 의거하며 고친 것이다.

57) 五溪: 古代 辰州에 있었던 5개의 강 이름. 『水經』 「沅水注」에 "武陵有五溪, 謂雄溪·構溪·無溪·酉溪, 辰溪其一焉. 夾溪悉是蠻左所屬, 敵謂此蠻五溪蠻也."라 되어 있다. 또한 『後漢書』 「馬援傳」의 章懷太子 注에는 酈注를 인용하여 "武陵有五溪, 謂雄溪·橫溪·酉溪·潕溪·辰溪, 悉是蠻夷所居, 故謂五溪蠻."이라고 하였고 또한 "土俗'雄'作'熊', '橫'作'朗', '潕'作'武', 在今辰州界."라고 지적하였는데 "橫溪"는 朗水이고 "無溪" 혹은 "潕溪"는 오늘날 武水라고 볼 수 있다.

58) 洽州: 五代 後漢의 乾祐 3년(950)에 楚의 馬希萼이 懿州를 바꾸어 두었는데 치소는 潭陽縣(현재 湖南省 芷江侗族自治縣)에 있었다. 북송 乾德 3년(965)에 다시 懿州라고 하였다.

59) 潭陽縣: 唐 先天 2년(713) 析龍標縣에 설치하였는데 沅州(후에 巫州, 다시 敍州로 고침)에 속했다. 치소는 湖南省 芷江侗族自治縣에 있었다. 五代 때에 懿州(후에 洽州라 함)의 치소였고, 북송 熙寧 연간(1068~1077)에 盧陽縣이라고 바꾸었다.

60) 懿州: 五代 後唐 長興 3년(932)에 楚의 馬希範이 설치하였고, 치소는 潭陽縣(湖南省 芷江侗族自治縣)이었다. 後漢 乾祐 3년(950)에 馬希萼이 洽州로 바꾸었는데 북송 乾德 3년(965)에 다시 懿州라고 하였다가 후에 폐지하였다.

61) 南州: 唐 武德 2년(619)에 설치하였고, 치소는 隆陽縣(현재 四川省 綦江縣 綦江 北岸)에 있었다. 관할 영역은 오늘날 四川省 綦江 부근 및 重慶市 일부였다. 先天 원년(712)에 隆陽縣을 바꾸어 南川縣으로 하였다가 天寶 원년(742)에 南川郡으로, 다시 乾元 원년(758)에 南州라고 하였다. 북송 皇祐 5년(1053)에 폐지하였다.

62) 銅鼓: 일반적으로 青銅으로 만든 북의 총칭으로 징이나 꽹과리를 뜻하기도 한다. 형식과 크기가 다양하며 여러 가지 용도로 쓰였다. 그런데 본문에서는 古代 西南 소수민족이 사용했던 樂器를 가리키며 속칭 "諸葛鼓"라고도 한다. 어떤 것은 북의 표면에 日光·青蛙·牛·馬 등의 모양을 새기고, 鼓身에는 모두 기하학적 무늬나 사람과 동물을 묘사한 그림으로 장식되어 있다. 오늘날 僮·布依·傣·侗·水·苗·瑤 등 民族의 민간에서 소장하고 있으며, 節日이나 종교활동에 사용되는 중요한 악기의 하나이다. 『後漢書』 「馬援傳」에 "援好騎, 善別名馬, 於交趾得駱越銅鼓, 乃鑄爲馬式."이라는 기록이 있고, 宋 范成大의 『桂海虞衡志』 「志器」에는 "銅鼓, 古蠻人所用. 南邊土中時有掘得者, 相傳爲馬伏波所遺, 其制如坐墩而空

를 진상하고 내지에 귀순하였고, 하계주(下溪州)63) 자사 전사천(田思遷) 역시 동고·호피(虎皮)·사향[麝臍]64)을 가지고 진공하였다. [건덕] 5년(967) 겨울에 계주 단련사 팽윤족(彭允足)을 복주(濮州)65) 뇌성(牢城)66) 도지휘사(都指揮使)67)로 삼고, 계주 의군(義軍)68) 도지휘사 팽윤현(彭允賢)을 위주(衛州)69) 뇌성 도지휘사, 진주(珍州)70) 녹사참군(錄事參軍)71) 전사효(田思曉)를 박주(博州)72) 뇌성 도지휘사로 삼았다. [팽]윤족 등 계동(溪峒) 추장[酋豪]들

其下. 滿鼓皆細花紋, 極工緻. 四角有小蟾蜍. 兩人昇行, 以手拊之, 聲全似鞞鼓."라고 되어 있다.

63) 下溪州: 誓下州의 다른 명칭으로 오늘날 湖南省 古丈縣 동북쪽 會溪坪이다.

64) 麝臍: 수사향노루의 배꼽으로 사향의 샘이 있다고 한다. 사향을 의미하기도 한다. 唐 唐彦謙의 詩 〈春雨〉에는 "燈檠昏魚目, 薰爐咽麝臍."라 하였고, 宋 李心傳의『建炎以來繫年要錄』〈建炎 원년 8월〉조에는 "朝請郎金大均坐盜禁中麝臍, 私納喬貴妃侍兒喬氏."라는 구절이 있다.

65) 濮州: 隋 開皇 16년(596)에 濮陽郡을 개편하여 설치하였는데, 치소는 鄄城縣(현재 山東省 鄄城縣 북쪽 舊城鎭)에 있었다. 大業 연간(605~616) 초에 폐지되었다가 唐 武德 4년(621)에 다시 두었다. 관할 영역은 오늘날 山東省 鄄城 및 河南省 濮陽의 남부 지역이다. 金에서는 大名府에 속했고, 元初에는 東平路에 속했다가 至元 5년(1339) 中書省에서 관할하였다.

66) 牢城: 宋代에 流配罪를 범한 죄인을 가두어두던 곳. 『宋史』「刑法志」1에 "諸犯徒·流罪, 幷配所在牢城, 勿復轉送闕下."라고 되어 있다.

67) 都指揮使: 官名으로 五代부터 여러 將領을 統帥하는 역할을 담당하였다. 宋에서는 殿前司·侍衛親軍步軍司·侍衛親軍馬軍司 등과 各軍은 모두 都指揮使를 長官으로 삼았다. 遼에서도 南面官과 北面官·金殿前司·京城武衛軍과 諸總管府에 모두 都指揮使가 있었다. 元은 各軍에 都指揮使와 兵馬指揮使司를 두고, 都指揮使·副都指揮使 등 官을 두었다. 明도 각지에 衛所를 두고 都指揮使司를 상설 통솔 기구로 삼았는데 都司라고 약칭하였다. 長官인 都指揮使는 지방의 最高 軍事長官으로 조정의 五軍都督府에 속해 있었다.

68) 義軍: 전통시대에 통치 계급이나 민간에서 임시로 조직했던 部隊.『資治通鑑』〈後晉 高祖 天福 원년〉조에는 "詔大括天下將吏及民間馬; 又發民爲兵, 每七戶出征夫一人, 自備鎧仗, 謂之義軍."이라 하였고, 宋 馬令의『南唐書』「節義傳」에는 "周人來侵淮南, 民自相結爲隊伍, 以拒周師, 謂之義軍."이라 적고 있다.

69) 衛州: 北周 宣政 원년(578)에 설치되었는데, 치소는 汲郡(오늘날 河南省 浚縣 서남쪽 淇門渡)에 있었다. 관할 영역은 현재 河南 新鄕·衛輝·輝縣·浚縣·洪縣·滑縣·新鄕 등 市縣 지역이었다.

70) 珍州: 北宋 초에 羈縻州로 설치하였다. 치소는 오늘날 湖北省 宣恩縣 남쪽 高羅鎭이었다. 開寶 6년(973)에 高州로 바꾸었다.

71) 錄事參軍: 官職 명칭이다. 晉代에 설치하였는데 錄事參軍事라고도 한다. 王·公·大將軍에 소속된 관원으로 여러 문서와 장부를 기록하는 임무를 맡았다. 北魏에서 唐에 이르기까지 각 州에도 역시 두었다. 당대에 京府의 錄事參軍은 司錄參軍이라고 불렸고, 宋代 역시 京府에 司錄參軍을 두고, 각 州에는 錄事參軍을 두었다. 元代에 폐지하였다.

72) 博州: 隋 開皇 16년(596)에 설치하였는데 치소는 聊城縣(현재 山東省 聊城市 동북쪽 25리)에 있었다. 관할 영역은 오늘날 山東省 聊城市 및 高唐·茌平 등 縣 지역이다. 五代의 後晉에서 현재 聊城市 동남쪽

은 험한 산중의 요지를 점거하고 복종과 반항을 반복했기 때문에 그들을 입조(入朝)를 이용하여 내지로 삼으려 한 것이다.

開寶元年, 珍州刺史田景遷言, 本州連歲災沴, 乞改爲高州, 從之. 八年, 景遷卒, 其子衙內都指揮使彥伊來請命, 卽以爲刺史. 九年, 獎州刺史田處達以丹砂·石英來貢.

[태조] 개보(開寶) 원년(963), 진주(珍州) 자사 전경천(田景遷)이 말하기를, 본주에 해마다 재해[災沴]가 드니 고주(高州)73)로 바꾸기를 청한다고 하여, 이에 따라주었다. [개보] 8년(975)에 [전]경천이 죽었다. 그의 아들 아내(衙內) 도지휘사 [전]언이(田彥伊)가 와서 관직 하사를 청하자, 그를 자사로 임명하였다. [개보] 9년에 장주(獎州) 자사 전처달(田處達)이 단사(丹砂)74)와 석영(石英)을 가지고 와서 진공하였다.

太平興國二年, 懿州刺史·五溪都團練使田漢瓊以其子·弟·女夫·大將·五溪統軍都指揮使田漢度而下十二人來貢, 詔並加檢校官以獎之. 三年, 夷州蠻任朗政等來貢. 七年, 詔辰州不得移部內馬氏所鑄銅柱. 溪州刺史彭允殊上言: 「刺史舊三年則爲州所易, 望朝廷禁止.」 賜敕書安撫之. 八年, 錦·溪·敍·富四州蠻相率詣辰州, 言願比內

15리 巢陵城으로 치소를 옮겼고. 北宋 淳化 3년(992)에 孝武渡 서쪽으로 옮겼는데 바로 오늘날 聊城市이다.
73) 高州: 北宋 開寶 6년(973)에 珍州의 羈縻州로 설치하였고 辰州에 속하였다. 치소는 현재 湖北省 宣恩縣 남쪽 高羅鎭에 있었으며, 후에 西高州로 바꾸었다.
74) 丹砂: 수정과 같은 결정구조를 가지는 육방정계에 속하는 광물로 辰砂·朱砂·鏡面朱砂·光明砂라고도 한다. 황화수은(HgS)을 주성분으로 하는 천연광물이다. 주홍색 또는 적갈색을 띤다. 투명하거나 불투명하고, 금강광택이 있다. 화산암이나 온천 근처의 암석 중에 熱水性 광상으로서, 황철석·백철석·휘안석·단백석·석영 등과 함께 산출된다. 전통시대에 方士들이 단약을 제조하는 주요 원료로 사용하였다. 또한 顔料·藥劑로도 만들었는데 晉 葛洪의 『抱樸子』 「黃白」에는 "朱砂爲金, 服之昇仙者上士也."라고 적고 있다.

郡輸租稅. 詔長吏察其謠俗情僞, 幷按視山川地形圖畫來上, 卒不許. 懿州刺史田漢瓊·錦州刺史田漢希上言, 願兩易其地, 詔從之. 又以知敍州舒德郛爲刺史.

[송 태종] 태평흥국(太平興國) 2년(977), 의주(懿州) 자사·오계(五溪) 도단련사(都團練使) 전한경(田漢瓊)이 그의 아들과 동생, 사위[女夫], 대장(大將)·오계 통군도지휘사(統軍都指揮使) 전한도(田漢度) 등 12명을 이끌고 내공(來貢)하였다. 모두 검교관(檢校官)[75]의 관장을 추가로 제수함으로써 그들을 격려하라는 조서를 내렸다. [태평흥국] 3년(978), 이주(夷州)[76]의 만족 임랑정(任朗政) 등이 내공하였다. [태평흥국] 7년(982)에 진주(辰州) 관할 경내에 있는 마씨(馬氏, 즉 馬希範)가 주조한 동주(銅柱)를 옮기지 말라는 조서를 내렸다. 계주 자사 팽윤수(彭允殊)는 "자사가 3년이 되면 주(州)를 바꾸어야 하는 것을 조정에서 금지해주기 바랍니다."라고 상언하였다. 칙서(勅書)를 내려서 그들을 안무하였다. [태평흥국] 8년(983), 금(錦)·계(溪)·서(敍)·부(富)[77] 4주(州) 만족은 서로 이끌고 진주(辰州)에 와서 내군(內郡)에서 납부하는 조세에 의거해서 내기를 원한다고 말하였다. 높은 관리에게 그들의 풍속[謠俗][78]과 인정을 살피고, 아울러 산천과 지형을 시찰하여 지도를 그려서 올리라는 조서를 내렸으나 결국 조세 납부를 허락하지 않았다. 의주 자사 전한경·금주 자사 전한희(田漢希)

---

75) 檢校官: 檢校는 사실을 조사한다는 뜻으로 檢校官이란 官員에 대해 尊崇을 표시하기 위한 虛銜(실제 직무가 없는 官銜)이었다. 檢校官 제도가 최초로 출현한 東晉 시기에는 職事官이었으나 唐 玄宗 이후 虛銜이 되어 지방의 使職에 三公·三師 및 臺省官 등을 檢校官으로 수여하게 되었다. 이때의 檢校官은 官職의 履歷을 표시하고 아울러 해당관원에 대한 존중을 의미하는 성격을 띠었다. 송대에는 唐 후기의 제도를 이어서 太師, 太尉에서 國子祭酒 등까지 19等에 모두 檢校의 官을 더하여 散官으로 삼아서 正職과 並存시켰다. 그러다가 神宗의 元豊 改制 이후 檢校太尉·司徒·司空의 6階를 남기고 나머지 13階는 모두 없앴다.

76) 夷州: 唐 武德 4년(621)에 설치하였고, 치소는 綏陽縣(현재 貴州省 鳳岡縣 서쪽)이었다. 貞觀 원년(627)에 폐지하였다가 정관 4년(630)에 復置하면서 치소를 都上縣(현재 鳳岡縣 동남쪽)으로 옮겼다. 관할 영역은 오늘날 貴州省 鳳岡·綏陽·湄潭 등 縣 지역이다. 五代 시대에 폐지되었다가 宋初에 羈縻 夷州가 되었고 후에 承州로 바꾸었다.

77) 富州: 北宋에서 羈縻 感化州를 바꾸어 설치하고 羈縻州로 삼았다. 辰州에 속했으며 치소는 오늘날 湖北省 來鳳縣에 있었다. 羈縻 柔遠州로 바꾸었다.

78) 謠俗: 風俗과 習慣을 가리킨다. 『史記』「貨殖列傳」에 "其謠俗猶有趙之風也."라고 하였고, 宋 王安石의 〈遷自河北應客〉이라는 시에는 "愧客問謠俗, 舊傳今自如."라는 구절이 있다.

는 둘이서 관할 지역을 교환하고 싶다고 상언하여 허락한다는 조서를 내렸다. 또한 서주(敍州) 지주 서덕부(舒德郛)를 자사로 삼았다.

雍熙元年, 黔南言溪峒夷獠疾病, 擊銅鼓·沙鑼以祀神鬼, 詔釋其銅禁.

[송 태종] 옹희(雍熙) 원년(984), 검남(黔南)79)에서 계동(溪峒)의 이료(夷獠)가 질병에 걸려서 동고(銅鼓)·사라(沙鑼)80)를 울려서 그 귀신에게 제사 지낸다고 상언하였다. 그 동금(銅禁)을 풀어주라는 조서를 내렸다.

淳化二年, 知晃州田漢權言, 本管砂井步夷人粟忠獲古晃州印一鈕來獻. 因請命以漢權爲晃州刺史. 又以五溪諸州統軍·鶴州刺史向通漢爲富州刺史, 從其請也. 是年, 荊湖轉運使言, 富州向萬通殺皮師勝父子七人, 取五藏及首以祀魔鬼. 朝廷以其遠俗, 令勿問. 三年, 晃州刺史田漢權·錦州刺史田保全遣使來貢. 五年, 以舒德言爲元州刺史. 獎·晃·敍·懿·元·錦·費·福等州皆來貢, 上親視器幣以賜之.

순화(淳化) 2년(991),81) 황주(晃州)82) 지주 전한권(田漢權)이 말하기를 본주에서 관할하는 사정보(砂井步) 이인(夷人) 속충(粟忠)이 옛날 황주의 인장 하나를 얻어서 바친다고 하였다. 따라서 [전]한권을 황주 자사로 임명해줄 것을 요청하였다. 또한 오계(五溪) 제주(諸州) 통군(統軍)·학주(鶴州)83) 자사 상통한(向通漢)을 부주 자사로 삼겠다고 하여, 그 청을 들어

---

79) 黔南: 貴州省의 별칭이다. 貴州의 簡稱이 黔이고, 또한 중국의 남부에 위치해 있기 때문에 검남이라고 불렸다.
80) 沙鑼: '沙羅'라고도 하며 일종의 打樂器이다. 행군할 때에는 씻는 대야와 같은 用具로도 사용한다. 宋 陳鵠의 『耆舊續聞』 卷4에는 "子厚獨鞭馬前去, 曰: '我自有道理.' 旣近, 取銅沙鑼於石上擷響, 虎卽驚竄."라고 되어 있다.
81) 淳化 2년: 『송사』「교감기」에 따르면 『宋會要』「蕃夷」 5-74, 『송사』 卷5 「太宗紀」 2에는 모두 '元年'으로 되어 있다.
82) 晃州: 唐에서 黔州都督府에 소속된 羈縻州로 설치하였다. 치소는 오늘날 湖南省 新晃侗族自治縣 서쪽 南涼傘鄕에 있었다. 후에 폐지되었는데 淸代에 여기에 晃州巡司를 두었다.

주었다. 이해에 형호(荊湖)84) 전운사(轉運使)85)가 부주 상만통(向萬通)이 피사승(皮師勝) 부자 7명을 살해한 다음 오장(五藏) 및 머리를 가지고 마귀에게 제사 지냈다고 상언하였다. 조정에서는 그것이 먼 지역의 습속이라고 여겨서, 문제 삼지 말라는 명령을 내렸다. [순화] 3년(992)에 황주 자사 전한권·금주 자사 전보전(田保全)이 사신을 보내서 조공하였다. 5년 (994)에는 서덕언(舒德言)을 원주(元州) 자사로 삼았다. 장(獎)·황(晃)·서(敍)·의(懿)·원(元)·금(錦)·비(費)86)·복(福)87) 등 주(州)에서 모두 와서 조공하였다. 황제(태종)는 친히 점검한 기폐(器幣)88)를 그들에게 하사하였다.

---

83) 鶴州: 唐 開元 13년(725)에 舞州를 바꾸어 설치하였는데 치소는 夜鄭縣(현재 湖南省 芷江侗族自治縣 서쪽 便水市)에 있었다. 개원 20년(732)에 業州로 改稱하였다.

84) 荊湖: 오늘날 湖南省 전체와 湖北省 荊山·大洪山 이남, 鄂州市·崇陽縣 이서, 巴東縣·五峰土家族自治縣 이동 및 廣西省 越城嶺 이동의 湘水·灌江 유역을 포함한다.

85) 轉運使: 官名으로 唐代 이후 각 王朝에서 運輸 사무를 주관하던 중앙 혹은 지방의 관직이다. 唐에서는 우선 玄宗 開元 2년(714)에 水陸轉運使를 두어 洛陽과 長安 사이의 食糧 運輸 사무를 관장한 기록이 있다. 이후 여러 차례의 변화를 거쳐서 宋初에는 몇몇 轉運使를 각지에 파견해서 軍需를 담당하도록 하였다가 일이 끝나면 철수시켰다. 宋 太宗 시기에 節度使의 권력을 분산시키기 위해서 각 路에 轉運使를 두어 '某路諸州水陸轉運使'라 부르고, 그 官衙는 '轉運使司', 俗稱 '漕司'라 하였다. 그리하여 轉運使가 하나의 路 혹은 여러 路의 財賦를 장악했을 뿐 아니라 地方官吏를 감찰하거나 치안 유지 등 직책을 맡게 되었다. 眞宗 景德 4년(1007) 이전에는 轉運使의 업무가 확대되어 실제상 한 개 路의 최고 行政長官에 해당하게 되었다. 이후에는 계속 提點刑獄司나 安撫司 등의 기구를 설립하여 轉運使의 권력을 분할하게 되었다. 관위가 높거나 여러 路의 財賦를 관장하면 '都轉運使'라고 부르기도 하였다. 皇帝가 巡行할 때에는 行在轉運使, 出兵할 때에는 隨軍轉運使가 있었다. 遼의 南面 財賦官에 都轉運使와 轉運使를 두어 賦稅, 錢穀의 징수, 倉庫의 出納과 度量衡 제도 등을 관장하였다. 西夏와 金에서도 비슷하게 운용되었다. 그러나 元·明代에는 都轉運鹽使, 淸代에는 都轉鹽運使를 두고 전적으로 鹽務를 관장하여 이전의 직책과는 다르게 운용되었다.

86) 費州: 北周 宣政 원년(578)에 설치하였고, 치소는 오늘날 貴州 思南縣에 있었다. 『寰宇記』 卷121 〈費州〉에는 "因水界費水以立郡名."이라고 적고 있다. 唐 貞觀 11년(637) 涪川縣을 費州의 관할로 하여 天寶 연간(742~755) 초에 涪川郡으로 바꾸었가 乾元 연간(758~759) 초에 다시 費州라고 하였다. 관할 영역은 현재 貴州省 思南·德江縣 지역에 해당한다.

87) 福州: 唐에서 黔州 都督府에 속한 羈縻州로 설치하였다. 치소는 현재 廣西省 南丹縣 서쪽 羅富鄉이었다. 北宋代에 폐지하였다가 元代에 다시 두어 慶遠南丹 安撫司에 속하게 하였다. 明 洪武 연간 초에 폐지되었다.

88) 器幣: 禮器와 玉帛. 『左傳』 桓公 6년에 "不以國, 不以官, 不以山川, 不以隱疾, 不以畜牲, 不以器幣."라고 하였는데 이에 대한 杜預의 注에 "幣, 玉帛."으로 되어 있다.

> 至道元年, 高州·溪州並來貢. 二年, 上親祀南郊, 富州刺史向通漢上言:「聖人郊祀, 恩浹天壤, 況五溪諸州連接十洞, 控西南夷戎之地. 惟臣州自昔至今, 爲辰州牆壁, 障護辰州五邑, 王民安居. 臣雖僻處遐荒, 洗心事上, 伏望陛下察臣勤王之誠, 因茲郊禮, 特加眞命.」詔加通漢檢校司徒, 進封河內郡侯.

[송 태종] 지도(至道) 원년(995), 고주(高州)[89]와 계주가 함께 와서 조공하였다. [지도] 2년(996), 황제는 친히 남교(南郊)[90]에서 제사 지냈다. 부주 자사 상통한은 다음과 같이 상언하였다. 즉, "성인(聖人)이 교사(郊祀)[91]를 지내시면 은혜가 천지에 두루 미치는데 하물며 10동(洞)에 연결되어 서남 이융(夷戎)의 지역을 다스리는 오계의 여러 주야 두말할 나위가 있겠습니까? 생각해보면 신(臣)의 주는 예전부터 지금까지 진주(辰州)의 울타리[牆壁]가 되어, 진주 5읍(邑)을 보호하여 폐하의 백성들이 편안하게 살 수 있도록 하였습니다. 신은 비록 멀리 변방의 궁벽진 곳[遐荒][92]에 살지만 일심으로 황상을 받들고 있으니, 엎드려 바라옵건대 폐하께서 신의 힘을 다하여 받드는 성의를 살피셔서 이 교례(郊禮)[93]에 이어 특별히 진명(眞命)[94]을 내려주시옵소서."라고 하였다. [상]통한에게 검교사도(檢校司徒)[95]를 더하고 하내

---

89) 古州: 北宋代에 黔州에 속한 羈縻州로 치소는 현재 貴州省 榕江縣이었다.
90) 南郊: 전통시대에 天子가 수도에서 南面한 郊外에서 圜丘를 쌓고 하늘에 제사 지냈던 곳. 『禮記』「月令」에는 "〈孟夏之月〉立夏之日, 天子親帥三公·九卿·大夫, 以迎夏於南郊."라고 하였고, 『穀梁傳』〈僖公31년〉에는 "免牲者爲之緇衣熏裳, 有司玄端奉送, 至於南郊."라 적고 있다.
91) 郊祀: 전통시대에 郊外에서 天地에 제사를 지냈는데, 南郊에서는 하늘에 제사 지내고 北郊에서는 땅에 제사 지냈다. 郊는 大祀이고 祀는 群祀이다. 『漢書』「郊祀志」下에 "帝王之事莫大乎承天之序, 承天之序莫重於郊祀 …… 祭天於南郊, 就陽之義也; 瘞地於北郊, 卽陰之象也."라고 설명하고 있다. 宋 王安石은 〈乞制置三司條例〉에서 "至遇軍國郊祀之大費, 則遣使鑢刷, 殆無餘藏."이라고 지적한 바 있다.
92) 遐荒: 변경 지역의 荒僻한 지역. 漢 韋孟의 〈諷諫〉이라는 詩에는 "彤弓斯征, 撫寧遐荒."이라고 적고 있고, 元 辛文房의 『唐才子傳』〈王昌齡〉에는 "奈何晚途不矜小節, 謗議騰沸, 兩竄遐荒, 使知音者喟然長歎."이라는 구절이 있다.
93) 郊禮: 天子가 天地에 제사 지내는 大禮. 『史記』「封禪書」에는 "天子從昆侖道入, 始拜明堂, 如郊禮."라고 하였다.
94) 眞命: 天命을 의미한다. 唐 儲光羲의 〈哥舒大夫頌德〉이라는 시에는 "天紀啟眞命, 君生臣亦生."이라 하였고 『前漢書平話』卷中에도 "高祖乃眞命君王, 顧我如初."라는 용례가 있다.
95) 司徒: 三公의 하나로 고대 중국에서 戶口·田土·財貨·敎育에 관한 일을 맡아보던 관직이다. 前漢 때에 大司徒로 이름을 바꾸어, 大司馬·大司空과 아울러 三公이라고 했다. 춘추전국시대 이후 秦이나 前漢에

군후(河內郡侯)를 진봉(進封)[96]하라는 조서를 내렸다.

> 咸平元年, 通漢又言請定租賦, 眞宗以荒服不征, 弗之許. 其年, 古州刺史向通展以芙蓉朱砂二器·馬十匹·水銀千兩來獻, 詔有司鑄印以賜通展. 二年, 以下溪州刺史彭允殊爲右千牛衛將軍致仕, 以其姪文勇爲刺史. 三年, 高州刺史田彦伊遣子貢方物及輸兵器. 四年, 其酋向君猛又遣弟君泰來朝. 上溪州刺史彭文慶來貢水銀·黃蠟.

[송 진종] 함평(咸平) 원년(998)에 [상]통한은 다시 조부(租賦)를 확정해달라고 상언하였다. 진종(眞宗)[97]은 황복(荒服)에서는 징수할 수 없다고 생각하여 허락하지 않았다. 이해에 고주(古州) 자사 상통전(向通展)은 부용(芙蓉)[98] 주사(朱砂, 곧 丹砂) 2기(器)·말 10필·수은(水銀) 천 냥을 가지고 진상하였다. 유사(有司)에서 도장을 만들어 [상]통전에게 하사하라는 조서를 내렸다. [함평] 2년, 하계주(下溪州)[99] 자사 팽윤수(彭允殊)를 우천우위장군(右千

서는 행정을 담당한 丞相, 군사를 담당한 太尉, 監察을 담당한 禦史大夫를 三公이라 하였고, 뒤에 그 명칭을 각각 大司徒, 大司馬, 大司空 등으로 바꾸었다. 後漢에서는 다시 명칭을 司徒, 太尉, 司空으로 바꾸어 이를 三公이라 했으며, 三司라고도 불렀다. 이후 唐·宋 시대까지는 대체로 司徒, 太尉, 司空의 직위를 三公이라 불렀다. 하지만 隋·唐 시대 이후 三省六部制가 확립되자 政務가 각 部의 장관인 尙書를 중심으로 이루어져 三公은 실권을 잃고 명예직으로 바뀌어갔다.

96) 進封: 官職을 내려주고 더하여 名號를 봉해주는 것. 宋 文瑩의 『湘山野錄』 卷上에 "眞宗卽位之次年, 賜李繼遷姓名, 而復進封西平王."이라고 적고 있다.

97) 眞宗(趙恒, 968~1022; 재위 997~1022): 太宗 趙炅의 셋째 아들로 그의 치세는 太祖·太宗의 창업기에서 제4대 仁宗의 전성기로 넘어가는 발전기였다. 道敎를 신봉하는 한편 財政을 충실히 하고 산업과 학문을 장려하였다. 과거를 거친 관료가 官界를 차지하고 天子의 권력이 한층 강화되면서 宰相의 권한은 줄어들었다. 그러나 문신정치의 취약점인 군사력의 약체화 현상이 드러났다. 특히 景德 원년(1004) 契丹의 聖宗이 어머니 蕭太后와 함께 黃河 北岸의 澶州를 親征하여 '澶淵의 盟約'을 성립시켰다. 그 결과 북방의 군사관계는 안정되었으나, 북방민족에 대한 歲幣로 인해 재정 부담이 증가하였다. 또한 그는 맹약 성립 후에 泰山에 封禪을 행하였으며, 궁중에 玉淸昭應宮을 건립하는 등 큰 토목공사를 일으켰으므로 송의 재정에 부담을 주었다. 시호는 應符稽古神功讓德文明武定章聖元孝皇帝, 능호는 永定陵이다.

98) 芙蓉: 일반적으로는 부용꽃을 가리키고, 美女를 비유하는 의미로 사용되기도 하나 본문에서는 芙蓉劍이라는 寶劍의 명칭으로 사용된 것으로 보인다. 明 湯顯祖의 『南柯記』 「俠槪」에는 "一生遊俠在江淮, 未老芙蓉說劍才."라 적고 있다.

99) 下溪州: 五代 後晉 天福 5년(940)에 溪州를 오늘날 湖南省 古丈縣 동북쪽으로 옮기면서 下溪州라고

牛衞將軍)으로 하여 관직에서 물러나도록 하였고, 그의 조카 [팽]문용(彭文勇)을 자사로 삼았다. [함평] 3년, 고주(高州) 자사 전언이(田彦伊)가 아들을 보내어 토산품을 진공하고 병기(兵器)를 갖다바쳤다. [함평] 4년에는 그 추장 상군맹(向君猛)이 또 동생 [상]군태(向君泰)를 보내어 조공하였다. 상계주(上溪州)100) 자사 팽문경(彭文慶)은 와서 수은과 황랍(黃蠟)101)을 바쳤다.

五年正月, 天賜州蠻向永豊等二十九人來朝. 夔州路轉運使丁謂言:「溪蠻入粟實緣邊砦栅, 頓息施・萬諸州饋餉之弊. 臣觀自昔和戎安邊, 未有境外轉糧給我戍兵者.」 先是, 蠻人數擾, 上召問巡檢使侯廷賞, 廷賞曰:「蠻無他求, 唯欲鹽爾.」 上曰:「此常人所欲, 何不與之?」 乃詔諭丁謂, 謂卽傳告陬落, 群蠻感悅, 因相與盟約, 不爲寇鈔, 負約者, 衆殺之. 且曰:「天子濟我以食鹽, 我願輸與兵食.」 自是邊穀有三年之積. 七月, 高州刺史田彦伊子承寶等百二十二人來朝, 賜巾服・器幣, 以承寶爲山河使・九溪十峒撫諭都監.

[함평] 5년(1002) 정월에, 천사주(天賜州) 만족 상영풍(向永豊) 등 29명이 내조하였다. 기주로(夔州路)102) 전운사(轉運使) 정위(丁謂)103)는 다음과 같이 상언하였다. 즉, "계만(溪

改稱하였다. 북송 熙寧 5년(1072)에 會溪城이라고 바꾸었다.
100) 上溪州: 五代 말에 설치하였는데 치소는 현재 湖南省 龍山縣 부근에 있었다. 宋에서는 羈縻州로 삼았고, 元代에 폐지하였다가 明 洪武 2년(1369)에 다시 두어 永順宣慰司에 속하게 하였다. 清代에 폐지하였다.
101) 黃蠟: 蜂蠟 혹은 蜜蠟이라고도 한다. 꿀을 짜낸 찌꺼기를 끓여 만든 기름으로 黃色이라서 황랍이라고 부른다. 宋 蘇軾의 〈蠟梅一首贈趙景貺〉이라는 詩에 "蜜蜂採花作黃蠟, 取蠟爲花亦其物."이라는 구절이 있고, 明 李時珍의 『本草綱目』「蟲」1 〈蜜蠟〉에서 "蠟乃蜜脾底也. 取蜜後煉過, 濾入水中, 候凝取之, 色黃者俗名黃蠟."이라고 설명하고 있다.
102) 夔州路: 북송 咸平 4년(1001)에 峽路東部를 나누어 설치하였는데 치소는 夔州(오늘날 四川省 奉節縣)에 있었다. 관할 영역은 현재 四川省 萬源・達縣・墊江・璧山・江津 이동과 湖北省 清江 상류와 貴州省 동부 지구에 걸쳐 있었다. 元初에 폐지하였다.
103) 丁謂(966~1037): 字는 원래 謂之였는데 후에는 公言으로 바꾸었다. 江蘇省 長洲縣(현재 蘇州) 출신이다. 어려서부터 孫河와 친한 사실이 유명하여 '孫丁'이라 칭해지기도 하였다. 淳化 3년(992) 進士에 등제하고 5년 후에 太宗이 죽었기 때문에 그의 주요한 정치활동은 주로 眞宗朝에 이루어졌다. 하지만

蠻)이 곡식을 들여와 연변의 작은 성채[砦柵]에 채워놓으니, 시(施)·만(萬) 여러 주(州)의 군량을 운반하는 어려움이 멈추게 되었습니다. 신이 보기에 예로부터 오랑캐와 평화롭게 지내고 변방을 안정시켰으나 오랑캐 지역에서 우리의 수비군대에게 양식을 공급한 적은 없었습니다." 이전에 만인(蠻人)들이 여러 차례 소요를 일으키자 황상은 순검사(巡檢使)104) 후정상(侯廷賞)을 불러서 물었다. [후]정상은 "만(蠻)은 오직 소금만을 원할 뿐 다른 요구는 없습니다."라고 말하였다. 황상은 "이것은 보통 사람들이 원하는 것이니 어찌 그들에게 주지 않을 수 있겠는가?"라고 말하였다. 바로 정위에게 알려주라는 조서를 내리니, [정]위는 곧 각 부락[陬落]에 전하여 알려주었다. 많은 만족들이 감동하고 좋아하여 서로 맹약을 맺었는데, 침략하거

일찍이 邊疆의 소수민족을 安撫하는 데에도 어느 정도 공헌을 하였다. 태종 淳化 연간(990~994), 그는 官府를 적으로 삼는 武裝한 西南 소수민족을 안무하여 단결하도록 하는 데 병력이나 무기를 쓰지 않았다. 아울러 해당 지역에 소금이 부족한 것과 정부의 식량을 운송하는데 거리가 너무 멀고, 馬匹의 교역이 곤란한 점 등 여러 가지 문제에 대한 해결책을 제시하여 안정적인 국면으로 이끌었다. 이로 인하여 조정의 칭찬을 받고 서남 지구도 평화를 얻는데 기여한 바 크다. 眞宗이 재위한 25년(997~1022) 가운데 그는 대부분 기간 동안 朝廷에 任職하고 있었다. 權三司鹽鐵副使로부터 權三司使로 陞進하여 三司使·禮部侍郞·戶部侍郞·參知政事·同平章事 등 正副宰相을 맡은 것이 10년에 달하였다(1012~1022). 그런데 眞宗 때에 寇準이 승상이 되었을 때 정위가 정사에 참여하여 구준을 배척하고 그 자리에 올라 진종에게 극력 영합하였다. 토목 공사를 크게 일으켜 '玉淸昭應宮'을 세우는 한편, 神仙을 맞이하고 귀신에게 제사 지내고자 진종을 부추겨 함께 태산에서 封禪을 행하기도 하였다. 大中祥符 연간(1008~1016) 이후의 道敎的인 활동의 주모자는 王欽若과 丁謂 두 사람이지만 첫 단계에서는 丁謂가 朝廷에 없었고 또한 王欽若과의 관계도 밀접하지 않았다. 또한 丁謂는 원래 澶淵의 盟約에서 主戰派였던 寇準, 楊億 등의 그룹에 속해 있었다. 그런데 權三司使 등의 직책을 맡으면서 조정에 복귀한 다음 당시 조정의 세력관계의 推移 속에서 자신의 노선을 王欽若 일파로 바꾸고 眞宗의 도교적인 활동에 적극적으로 가담하면서 王欽若과 함께 '五鬼'라는 비난을 받는 주모자가 된 것이다(池澤滋子, 1998: 117~178). 丁謂는 또한 기민하고 지모가 있었으며 간사하고 교활함이 지나쳤다고 평가받는 인물이다. 仁宗 때에 崖州로 쫓겨났다. 일찍이 晉公으로 봉해졌기 때문에 '丁晉公'이라 불려지기도 한다. 문학 방면에서도 업적을 많이 남겨서 저서로 『景德會計錄』·『建安茶錄』·『刀筆集』·『靑衿集』·『晉公集』·『晉公談錄』·『丁晉公詞』 등 10여 종의 문집이 있다. 『宋史』 卷283에 그의 열전이 있다.

104) 巡檢: 官署의 명칭으로 巡檢司라고 하며 官名은 巡檢使이고 巡檢이라고 약칭한다. 五代 後唐 莊宗 때부터 시작되었다. 宋代에는 京師府界에 東西 兩路를 두어 각각 都同巡檢 2명을 두었다. 京城의 四門에는 巡檢 각 1명을 두었다. 또한 沿邊, 沿江, 沿海 등에는 巡檢司를 설치하여 군대의 훈련을 담당하고, 州邑을 순찰하는 등 職權이 자못 중요하였다. 후에 縣令의 통제를 받았다. 明·淸代에는 鎭市와 關隘 要害處에 巡檢司를 모두 설치하였고, 縣令의 관할로 되돌렸다(『文獻通考』「職官」13; 淸 顧炎武 『日知錄』「鄕亭之職」 등 참조).

나 약탈하지 않고 맹약을 위반하는 경우에는 모두 죽이기로 하였다. 또한 "천자는 우리들을 먹는 소금으로 구제해주시니 우리들은 군량을 운송하기 원합니다"라고 말하였다. 이때부터 변방의 곡식은 3년 분량이 저축되었다. 7월에는 고주(高州) 자사 전언이의 아들 [전]승보(田承寶) 등 122명이 내조하여, 건복(巾服)105)과 기폐(器幣)를 하사하고, [전]승보를 산하사(山河使)·구계십동(九溪十峒) 무유(撫諭) 도감(都監)106)으로 삼았다.

六年四月, 丁謂等言, 高州義軍務頭角田承進等擒生蠻六百六十餘人, 奪所略漢口四百餘人. 初, 益州軍亂, 議者恐緣江下峽, 乃集施·黔·高·溪蠻豪子弟捍禦, 群蠻因熟漢路, 寇略而歸. 謂等至, 卽召與盟, 令還漢口. 旣而有生蠻違約, 謂遣承進率衆及發州兵擒獲之, 焚其室廬, 皆震慴伏罪. 謂乃置尖木砦施州界, 以控扼之, 自是寇鈔始息, 邊溪峒田民得耕種. 七月, 南高州義軍指揮使田彥強·防虞指揮使田承海來貢, 施州叛蠻譚仲通等三十餘人來歸.

[함평] 6년(1003) 4월, 정위 등이 상언하기를 고주(高州) 의군(義軍)의 출중한 역할을 하는 전승진(田承進) 등이 생만(生蠻)107) 660여 명을 사로잡고 [그들이] 약탈해갔던 한구(漢口, 즉 宋人) 400여 명을 빼앗았다고 하였다. 이전에 익주(益州)108)의 군대가 난을 일으키자,

---

105) 巾服: 頭巾과 長衣. 또한 사대부의 복식을 가리키기도 한다. 『宋史』 「儀衛志」 6에는 "六引內巾服之制: 淸道官, 服武弁·緋繡衫·革帶."라고 적고 있다.

106) 都監: 官名. 宋은 路·州·府에 모두 兵馬都監을 두었는데 줄여서 都監이라고 불렀다. 『文獻通考』 「職官」 13에는 "宋朝兵馬都監有路, 分掌本路禁·屯戍·邊防·訓練之政令 …… 州都監則以大小使臣充, 掌本城屯駐·兵甲·訓練·差使之事, 兼在城巡檢."이라고 되어 있다.

107) 生蠻: 전통시대에 南方에서 州城에 들어가 정주하지 않는 소수민족에 대해 무시하여 부르는 명칭. 唐 白居易의 〈與元衡詔〉에 "生蠻部落苴春等, 久阻聲教, 遠此歸投."라고 하였고, 元 張翥의 시 〈憶閩中〉에는 "人多熟酒燒藤葉, 市有生蠻賣象牙."라는 구절이 있다.

108) 益州: 前漢 元封 5년(전106)에 13州 刺史部의 하나로 설치하였다. 後漢 劉熙의 『釋名』 卷2에 "益, 陋也, 所在之地險陋也."라고 하였고, 後漢 應劭의 『地理風俗記』에는 "疆壤益廣, 故名益州."라고 설명하였다. 관할 영역은 현재 四川省 折多山·雲南怒山·哀牢山 이동, 甘肅省 武都·兩當, 陝西省 秦嶺 이남, 湖北省 鄖縣·保康 서북, 貴州省 東邊을 제외한 지역에 걸쳐 있었다. 치소는 雒縣(오늘날 四川省 廣漢市 북쪽)에 있었는데 몇 차례 변화를 거쳐 興平 연간(194~195)에 成都(오늘날 四川省 成都市)로 옮겼다. 後漢 이후에는 관할 영역이 축소되었다. 隋 大業 3년(607)에 蜀郡, 唐 武德 원년(618)에 다시 益州,

말하는 사람들이 장강을 따라서 협강(峽江)으로 내려갈까 두렵다고 하자, 시(施)·검(黔)·고(高)·계(溪) [주] 만족의 호강 자제들을 모아 차단하게 하였는데, 여러 만족들은 이로 인해 한족들이 사는 길에 익숙해져서, 침입하여 약탈하고 돌아갔다. [정]위 등이 도착하여 곧 그들을 소집하여 맹약을 맺고 한구를 돌려주라고 하였다. 얼마 지나지 않아서 생만이 맹약을 위반하자 [정]위는 [전]승진을 보내어 부하들을 이끌고 주병을 징발하여 그들을 사로잡고 그 가옥들을 불태워버리도록 한 것이다. 모두 두려움에 떨면서 죄를 빌었다. [정]위는 이에 첨목채(尖木砦)를 시주(施州)109)의 경계에 세워서 그들을 견제하도록 하였다. 이때부터 침입과 약탈이 비로소 멈추게 되었고, 변경의 계동(溪峒)에서 농사짓는 백성들은 경작을 할 수 있었다. 7월에 남고주(南高州) 의군(義軍) 지휘사 전언강(田彦强)·방우(防虞) 지휘사 전승해(田承海)가 와서 진공하였고, 시주에서 배반했던 만족 담중통(譚仲通) 등 30여 명이 와서 귀부하였다.

景德元年, 高州五姓義軍指揮使田文鄯來貢. 富州刺史向通漢遣使潭州營佛事, 以報朝廷存卹之惠. 二年, 夔州路降蠻首領皆自署職名, 請因而命之, 上不許, 第令次補牙校. 是歲, 辰州諸蠻攻下溪州, 爲其刺史彭儒猛擊走之, 擒酋首以獻, 詔賜儒猛錦袍·銀帶. 儒猛自陳母老, 願被恩典, 詔特加邑封. 十二月, 荊湖北路言, 溪峒團練使彭文綰送還先陷漢口五十人, 詔授文綰檢校太子賓客, 知中彭州. 其年, 懿州刺史田漢希卒, 以其子漢能爲刺史. 三年, 高州新附蠻酋八十九人來貢. 五溪都防禦使向通漢表求追贈父母, 從之. 溪州刺史彭文慶率溪峒群蠻來朝. 又高州諸名豪百餘人入貢. 四年五月, 以高州刺史田彦伊子承寶爲寧武郎將, 高州土軍都指揮使田思欽爲安化郎將. 其

天寶 원년(742)에 또다시 蜀郡으로 바뀌다가 至德 2년(757)에 成都府로 승격되었다. 北宋 太平興國 6년(981)에 益州로 강등되었다가 端拱 원년(988) 成都府로 복원, 淳化 5년(994)에 다시 益州로 강등되었다. 嘉祐 4년(1059)에 成都府로 바뀌었다. 익주에는 成都 平原이 있어서 秦漢 이래로 전국에서 경제가 가장 발달된 지역 중의 하나였다. 諸葛亮은 〈隆中對〉에서 "益州險塞, 沃野千星, 天府之土."라고 지적한 바 있다.
109) 施州: 北周 建德 3년(574)에 沙渠縣(현재 湖北省 恩施市)을 치소로 하여 설치하였다. 『方輿勝覽』 卷60 〈施州〉조에는 "乃施王之餘址, 故以名焉."이라 되어 있다. 관할 영역은 현재 湖北省 서남부 五峰·建始 등 縣 以西 지역이다.

年, 宜州軍亂, 朝廷恐宜·融溪峒因緣侵擾, 因降詔約勒首領, 皆奉詔, 部分種族, 無敢輒動.

[진종] 경덕(景德) 원년(1004), 고주(高州) 오성(五姓) 의군 지휘사 전문선(田文鐥)이 와서 진공하였다. 부주 자사 상통한은 담주(潭州)110)에 사신을 보내 불공을 드리도록 하여 조정이 구휼[存卹]해준 은혜에 보답하도록 하였다. [경덕] 2년(1005) 기주로의 항복한 만족 수령들이 모두 스스로 직명(職名)을 만들어서 그대로 자신들을 임명해달라고 청하였으나 황제는 허락하지 않고, 단지 위계에 따라 아교(牙校)111)에 보임하라고 명령하였다. 이해에 진주의 여러 만족들이 하계주를 공격하였는데 그 자사 팽유맹(彭儒猛)에게 격퇴당하였다. [팽유맹은] 추장과 수령을 사로잡아 바치니 [팽]유맹에게 금포(錦袍)·은대(銀帶)를 하사하라는 조서를 내렸다. [팽]유맹은 모친이 연로하여 은전(恩典)을 입기 바란다고 진술하여 특별히 봉읍(封邑)을 더해주라는 조서를 내렸다. 12월에 형호북로(荊湖北路)112)가 계동(溪峒) 단련사 팽문관(彭文綰)이 이전에 잡았던 한구 50명을 송환하였다고 상언하였다. [팽]문관에게 검교태자빈객, 중팽주(中彭州) 지주를 제수하라는 조서를 내렸다. 같은 해에 의주(懿州) 자사 전한희(田漢希)가 죽어서 그의 아들 [전]한능(田漢能)을 자사로 삼았다. [경덕] 3년(1006), 고주에서 새로 귀부한 만족 추장 89명이 와서 진공하였다. 오계(五溪) 도방어사 상통한이 부모를 추증(追贈)하기를 요청하는 표를 올려서 그렇게 하도록 했다. 계주 자사 팽문경(彭文慶)이

---

110) 潭州: 隋 開皇 9년(589)에 湘州를 바꾸어 설치하였다. 치소는 長沙縣(현재 湖南省 長沙市)이었다. 『元和志』卷29〈潭州〉에는 "取昭潭爲名."이라 하였다. 唐代에 長沙郡이라고 하는 등 변화를 거쳤는데 관할 영역은 오늘날 湖南省 長沙·株洲·湘潭·益陽·瀏陽·湘鄕·醴陵 등 市縣 지역이었다. 五代 시기 楚에서 長沙府라 했다가 北宋에서 다시 潭州로 하면서 관할 영역도 약간 확대되었다. 元 至元 14년(1277) 潭州路로 승격되었다.

111) 牙校: 일반적으로 낮은 직급의 武官을 가리킨다. 『新唐書』「石雄傳」에 "石雄少爲牙校, 敢毅善戰, 氣蓋軍中."이라는 기사가 있고, 宋 洪邁의 『容齋續筆』「銀靑階」에는 "國朝踵襲近代因循之弊, 牙校有銀靑光祿大夫階, 卒長開國而有食邑."이라고 지적하고 있다.

112) 荊湖北路: 北宋 초에 치소를 江陵府(현재 湖北省 荊沙市)로 하여 설치하였다. 雍熙 연간(984~987)에 荊湖南路와 합하여 荊湖路로 만들었다가 至道 3년(997)에 다시 나누어 荊湖北路가 되었다. 관할 지역은 오늘날 湖北省 興山·巴東 등 縣 이동, 大悟·鄂州·通城 등 市縣의 이서, 遠安·荊門·天門·應城 등 市縣 이남 및 湖南 澧水·沅江 流域과 平江縣 등이다. 元 至元 연간(1264~1294)에 폐지되었다.

계동의 여러 만족을 이끌고 내조하였다. 또한 고주의 여러 유명한 호족들 백여 명이 와서 조공하였다. [경덕] 4년(1007) 5월, 고주 자사 전언이(田彥伊)의 아들 [전]승보(田承寶)를 영무낭장(寧武郞將)으로 삼고, 고주 토군(土軍) 도지휘사 전사흠(田思欽)을 안화낭장(安化郞將)으로 삼았다. 이해에 의주(宜州)113)의 군대가 난을 일으켜서 조정에서는 의(宜)·융(融) 계동도 따라서 소요를 일으킬까 걱정하였다. 따라서 수령들이 모두 조칙을 받들고 종족들을 단속하여 감히 경거망동하지 말도록 약속하라는 조서를 내렸다.

> 大中祥符元年, 夔州路言, 五團蠻嘯聚, 謀劫高州, 欲令暗利砦援之. 上以蠻夷自相攻, 不許發兵. 三月, 知元州舒君強·知古州向光普並加銀青光祿大夫·檢校太子賓客. 八月, 黔州言, 磨嵯·洛浦蠻首領龔行滿等率族二千三百人歸順. 十月, 溪峒諸蠻獻方物于泰山. 三年, 澧州言, 慈利縣蠻相讎劫, 知州劉仁霸請率兵定之. 上恐深入蠻境, 使其疑懼, 止令仁霸宣諭詔旨, 遂皆感服. 四年, 安·遠·順·南·永寧·濁水州蠻酋田承曉等三百七十三人來貢.

[진종] 대중상부(大中祥符) 원년(1008), 기주로에서 상언하기를, 오단만(五團蠻)이 무리들을 불러모아 고주를 공격하여 약탈하려 하니 암리채(暗利砦)로 하여금 그들을 지원하게 했으면 좋겠다고 하였다. 황상은 만이(蠻夷)가 자기들끼리 서로 공격하는 것이라고 보아 파병하는 것을 허락하지 않았다. 3월에 원주(元州) 지주 서군강(舒君強)과 고주(古州)114) 지주 상광보(向光普) 두 사람에게 은청광록대부(銀青光祿大夫)·검교태자빈객(檢校太子賓客)의 작위를 더해주었다. 8월, 검주(黔州)115)에서 상언하기를 마차(磨嵯)·낙포(洛浦) 만족 수령 공행만

---

113) 宜州: 南朝의 梁에서 夷陵縣(현재 湖北省 宜昌市 서북쪽)을 치소로 하여 설치하였다. 관할 영역은 湖北省 宜昌·枝城·遠安 등 市縣에 해당한다. 西魏 때는 拓州라고 하였다.
114) 古州: 『송사』 「교감기」에 따르면 古州는 원래 '吉州'로 되어 있었으나 원문의 아래 글과 『宋會要』 「蕃夷」 5-77에 의하여 고친 것이다.
115) 黔州: 北周 建德 4년(575)에 奉州를 바꾸어 두었는데, 치소는 오늘날 四川省 彭水 苗族土家族自治縣의 동북쪽 鬱山鎭에 있었다. 天寶 원년(742)에 黔中郡으로 바꾸었다가 乾元 원년(758)에 다시 黔州로 하였다. 관할 영역은 오늘날 四川省 彭水·黔江 등 縣과 酉陽, 貴州省 沿河·務川 등 縣의 일부분이었다. 南宋 紹定 원년(1228)에 紹慶府로 승격되었다.

(龔行滿) 등이 족인 2천 3백 명을 이끌고 귀순해왔다고 하였다. 10월, 계동의 여러 만족들이 태산(泰山)에 가서 토산품을 바쳤다. [대중상부] 3년(1010), 예주(澧州)116)에서 상언하기를, 자리현(慈利縣)117) 만족들이 서로 원수가 되어 싸우니 지주인 유인패(劉仁霸)가 군사를 이끌고 그들을 평정하기 청한다고 하였다. 황제는 그들이 만인들의 경내에 깊이 들어가면 그들로부터 의구심을 사게 될까 염려하여 [유]인패에게 다만 그들을 타이르는 조서를 내리도록 하였다. 결국 모두 감동하여 복종하였다. [대중상부] 4년(1011), 안(安)118)·원(遠)119)·순(順)120)·남(南)·영녕(永寧)121)·탁수(濁水) 주(州) 만족의 추장 전승효(田承曉) 등 373명이 와서 진공하였다.

五年, 詔:「昨許溪峒蠻夷歸先劫漢口及五十人者, 特署職名, 仍聽來貢. 如聞緣此要利, 輒掠邊民充數, 所在切辨察之.」其年, 夔蠻千五百人乞朝貢, 上慮其勞費, 不許. 又詔: 施州溪蠻朔望犒以酒穀. 閏十月, 五溪蠻向貴升及磨嵯·洛浦蠻來貢. 六年, 夔州蠻彭延暹·龔才晃等來貢. 辰州溪峒都指揮使魏進武率山獠數百人數寇城砦, 朝廷

---

116) 澧州: 隋 開皇 9년(589) 松州를 바꾸어 설치하였다. 치소는 澧陽縣(오늘날 湖南省 澧縣 동남쪽). 澧水에서 유래한 것이며 唐代에는 澧陽郡으로 부르기도 하였다.
117) 慈利縣: 隋 開皇 18년(598) 零陵縣을 바꾸어 설치하였는데 崇州에 속하였다. 치소는 湖南省 慈利縣에 있었다. 明 隆慶 연간의 『岳州府志』卷7에 慈利縣이라는 명칭은 "以土俗淳慈, 得物產利"에서 유래했다고 하였다. 大業 연간(605~616) 초에 澧陽郡에 속했다가 唐代에는 澧州에 속하였다. 元 元貞 원년(1295)에는 慈利州로 승격되었다.
118) 安州: 西魏 大統 16년(550) 南司州를 바꾸어 설치하였고, 치소는 安陸郡(오늘날 湖北省 安陸市)에 있었다. 隋 大業 3년(607)에 安陸郡이라고 하였다가 唐初에 다시 이름을 安州로 바꾸었다. 관할 영역은 오늘날 湖北省 安陸·廣水·應城·孝感·雲夢 등 市縣 지역이었다. 北宋 宣和 원년(1119)에 명칭을 德安府라고 바꾸었다.
119) 遠州: 북송에서 羈縻州로 설치하였고 茂州에 속하였다. 치소는 오늘날 四川省 茂縣에 있었는데 후에 폐지되었다.
120) 順州: 북송에서 羈縻州로 설치하였다. 치소는 오늘날 湖北省 宣恩縣 동남쪽에 있었다. 元에서는 湖南鎭邊宣慰司로 바꾸었다.
121) 永寧州: 唐代 南詔에 두었는데 建昌府(郡)에 속해 있었다. 치소는 오늘날 四川省 藘昌市에 있었다. 후에 폐지했다가 元 至元 17년(1280)에 다시 설치하면서 建昌路에 속하였다. 『元史』「地理志」에는 "分建昌爲二州, 在城曰建安, 東郭曰永寧."이라고 되어 있다.

不欲發兵窮討, 乃降詔招諭. 七年, 進武詣吏請罪, 署爲三班借職, 監房州稅, 仍賜裝錢. 八年, 詔中彭州彭文綰歲賜錦袍.

[대중상부] 5년(1012)에 다음과 같은 조서를 내렸다. 즉, "이전에 계동(溪峒) 만이가 빼앗아갔던 50명에 이르는 한인을 돌려보내겠다는 것을 허락한 적이 있는데 특별히 직명(職名)을 임명해주고, 또한 내공(來貢)을 받아들여주겠노라. 만약 이것을 빌미로 이익을 구하고 마음대로 변민을 약탈하여 숫자를 채운다는 말이 들리면 각지에서는 적절히 분별하여 처리토록 하여라." 이해에 기만(夔蠻) 천 5백 명이 조공하기를 원했으나 황제는 그들이 힘들고 비용을 들일까 염려하여 허락하지 않았다. 또한 조서를 내려 시주(施州)의 계만(溪蠻)에게 삭망(朔望)122)마다 술과 안주를 가지고 가서 잘 먹여 위로하게 하였다. 윤10월에 오계(五溪) 만족 상귀승(向貴升)과 마차(磨嵯)·낙포(洛浦) 만족이 와서 진공하였다. [대중상부] 6년(1013), 기주 만족 팽연섬(彭延遷)·공재황(龔才晃) 등이 와서 조공하였다. 진주(辰州) 계동 도지휘사 위진무(魏進武)가 산요(山獠) 수백 명을 이끌고 여러 차례 성채(城砦)에 침입하니 조정에서는 군대를 보내서 끝까지 토벌하기를 원하지 않아서 초유(招諭)하라는 조서를 내렸다. [대중상부] 7년(1014)에 [위]진무가 관청에 와서 죄를 청하니 삼반차직(三班借職),123) 감방주세(監房州稅)124)로 임명하고 의복과 돈을 하사하였다. [대중상부] 8년, 중팽주의 팽문관에게 매년 금포(錦袍)를 하사하라는 조서를 내렸다.

---

122) 朔望: 초하루와 보름날.
123) 三班借職: 宋代 武臣의 最低 職級으로 三班奉職의 아래이다. 宋 梅堯臣의 『碧雲騢』에는 "〈范仲尹〉自中書錄事出, 合爲供奉. 許公怒仲尹刺探事令仲淹知, 故祇與三班借職."이라 적고 있다. 또한 宋 彭乘은 『續墨客揮犀』〈被黜者受三班借職〉에서 "石曼卿登科, 有人訟科場, 覆考落數人, 曼卿是其數 …… 符至追所賜誥牒靴服, 數人皆嗚咽而起, 曼卿獨解靴袍還入, 露體戴襆頭, 語笑終席而去. 次日, 被黜者皆受三班借職. 曼卿爲一絶句雲: '無才且作三班借, 請俸爭如錄事參, 從此罷稱鄕貢進, 直須走馬東西南.'"이라고 하였다.
124) 監房州稅: 『續資治通鑑長編』 卷83 〈眞宗 大中祥符 7년 11월 戊戌〉조에는 "以辰州溪洞都指揮使魏進武補三班借職·監房州稅, 仍給裝錢赴任. 進武自言房州接歸·峽山路, 頗近蠻界, 乞移他所, 遂改淮南."이라고 되어 있고, 문맥상으로도 중화서국본의 표점이 잘못된 것으로 보인다.

天禧元年, 溪州蠻寇擾, 遣兵討之. 二年, 辰州都巡檢使李守元率兵入白霧團, 擒蠻寇十五人, 斬首百級, 降其酋二百餘人. 知辰州錢絳等入下溪州, 破砦柵, 斬蠻六十餘人, 降老幼千餘. 刺史彭儒猛亡入山林, 執其子仕漢等赴闕. 詔高州蠻, 捕儒猛來獻者厚加賞典. 其年, 儒猛因順州蠻田彥晏上狀本路, 自訴求歸. 轉運使以聞, 上哀憐之, 特許釋罪. 儒猛乃奉上所略民口・器甲, 詔辰州通判劉中象召至明灘, 與歃血要盟, 遣之. 詔以仕漢爲殿直, 儒霸・儒聰爲借職, 賜冠帶・縉帛. 富州刺史向通漢率所部來朝, 貢名馬・丹砂・銀裝劍槊・兜鍪・彩牌等物. 詔賜襲衣・金帶・鞍勒馬, 幷其子光澤以下器幣有差, 特許通漢五日一朝. 踰月, 通漢上「五溪地理圖」, 願留京師, 上嘉美之, 特授通漢檢校太傅・本州防禦使, 還賜疆土, 署其子光澤等三班職名. 通漢再表欲留京師, 不允, 乃爲光澤等求內地監臨, 及言歲賜衣, 願使者至本任, 並從之. 旣辭, 又賜以襲衣・金帶. 三年, 通漢卒, 以其子光憲知州事. 其後, 光澤不爲親族所容, 上表納土, 上察其意, 不許. 四年, 知古州向光普遣使鼎州營僧齋, 以祝聖壽.

[진종] 천희(天禧) 원년(1017), 계주(溪州) 만족이 침략하여 어지럽히자, 군대를 보내어 토벌하였다. [천희] 2년(1018), 진주(辰州) 도순검사 이수원(李守元)이 군사를 이끌고 백무단(白霧團)125)에 들어가서 만족 침입자 15명을 사로잡고, 100급(級)을 참수하였으며, 그 추장 2백여 명의 항복을 받았다. 진주 지주 전강(錢絳) 등이 하계주(下溪州)에 들어가서 채책(砦柵)을 부수고 만인 60여 명을 죽였으며, 노유(老幼) 천여 명의 항복을 받았다. 자사 팽유맹(彭儒猛)이 도망가서 산림(山林)으로 들어가니 그의 아들 [팽]사한(彭仕漢) 등을 잡아서 대궐로 데려왔다. 고주(高州) 만족에게 [팽]유맹을 잡아서 바치는 자에게는 상사와 은전을 후하게 더해준다는 조서를 내렸다. 그해에 [팽]유맹이 순주(順州)의 만족 전언안(田彥晏)에게 부탁하여 본로(本路)에 문서를 올려 귀순하고싶다고 직접 알렸다. 전운사가 이 일을 위에 보고하니 황제도 그를 불쌍하게 여겨서 특별히 죄를 면제해주는 것을 허락하였다. 이에 [팽]유맹은 약탈했던 백성[民口]・무기[器甲]들을 돌려주었다. 진주 통판(通判)126) 유중상(劉中象)에게

---

125) 白霧團: 白霧隘이라고도 부른다. 오늘날 湖南省 漵浦縣 북쪽 60리에 위치하는데 宋에서 驛을 두었다가 元代에 폐지하였다.
126) 通判: 官名. 宋初에 처음으로 諸 州府에 설치하였는데 政務를 공동으로 처리한다는 뜻을 가지고 있다.

조서를 내려 그를 명탄(明灘)으로 소환하여 함께 삽혈(歃血)127)하고 맹약을 맺은 다음에 보내라고 하였다. [팽]사한을 전직(殿直)으로 삼고, [팽]유패(彭儒霸)·[팽]유총(彭儒聰)을 차직(借職)128)으로 삼으며, 관대(冠帶)129)와 민백(緡帛)130)를 하사하라는 조서를 내렸다. 부주(富州) 자사 상통한(向通漢)이 부하들을 이끌고 내조하여 명마(名馬)·단사(丹砂)·은으로 장식된 검삭(劍槊)131)·두무(兜鍪)132)·채패(彩牌) 등 물품을 진공하였다. 습의(襲衣)133)·금대(金帶)134)·안륵마(鞍勒馬)135)를 하사하고, 아울러 그의 아들 [상]광택(向光澤)

地位는 대체로 州府 長官의 바로 아래에 있었다. 그러나 州府 公事를 처리하고 官吏를 감찰하는 실권을 장악하고 있어서 監州라고도 불렸다. 明淸代에는 각 府에 설치되어 分掌糧運 및 農田水利 등 사무를 분장하였기 때문에 직무가 송초에 비해서 가벼워졌다. 宋 曾鞏의 《『太子賓客致仕陳公神道碑銘》에 "用薦者通判戎州."라는 용례가 있다.

127) 歃血: 예전에 盟誓하여 굳게 言約할 때에 그 표시로 개나 돼지, 말 등 짐승의 피를 서로 나누어 마시거나 입가에 바르던 일.

128) 借職: 오직 虛銜만 있고 실제로 주지는 않는 官職. 宋 沈括의 『夢溪筆談』「譏謔」에는 "石曼卿初登科, 有人訟科場, 覆考落數人 …… 次日, 被黜者皆授三班借職."이라 하였고,『宋史』「選擧志」3에도 "凡武擧, 始試義·策於秘閣, 武藝則試於殿前司, 及殿試, 則又試騎射及策於庭 …… 策入平等而武藝優者除奉職, 次優借職."이라고 적고 있다.

129) 冠帶: 머리에 쓰는 관과 허리띠.

130) 緡帛: 동전꿰미와 비단.

131) 劍槊: 槊은 자루가 周尺으로 1丈 8尺 정도의 긴 槍으로, 劍槊은 일반적으로 兵器를 뜻한다.『新五代史』「王重師傳」에 "爲人沈嘿多智, 善劍槊."이라 하였고, 宋 蘇洵의 〈送石昌言爲北使引〉에는 "劍槊相摩, 終夜有聲."이라는 구절이 있다.

132) 兜鍪: 兜牟라고도 한다. 고대에 戰士들이 쓰던 투구이다. 秦漢 이전에는 胄라고 하다가 후에는 兜鍪라고 불렀다.『東觀漢記』「馬武傳」에 "武身被兜鍪鎧甲, 持戟奔擊."이라고 하였고,『新五代史』「雜傳」〈李金全〉에는 "晏球攻王都於中山, 都遣善射者登城射晏球, 中兜牟."라는 기록이 있다. 宋 洪邁의『夷堅志』「丙志」〈牛疫鬼〉에도 "牧童見壯夫數百輩, 皆被五花甲, 著紅兜鍪, 突而入."이라는 구절이 있다.

133) 襲衣: 첫째, 屍衣 즉 장례 때 시체에 입히는 옷이다.『禮記』「士喪禮」에 "子羔之襲也."라 하였는데 唐代 孔穎達의 疏에는 "此明大夫死者襲衣稱數也."라고 하였다. 둘째, 古代에 禮式을 행할 때 裼衣(홑겹으로 된 윗옷) 밖에 입었던 上衣를 지칭한다.『禮記』「曲禮」下에는 "無藉者則襲"이라 하였고 孔穎達의 疏에는 "凡衣, 近體有袍襗之屬; 其外有裘, 夏月則衣葛; 其上有裼衣; 裼衣上有襲衣; 襲衣之上有常著之服, 則皮弁之屬也."라고 해석하였다. 셋째, 화려한 의식용 의복을 지칭한다. 宋文瑩의『玉壺淸話』卷3에는 "太祖賜去華襲衣·銀帶, 爲右補闕."이라고 하였고,『長篇』〈高宗 紹興 27년〉조에는 "詔尙書左司郎中汪應辰宴國於玉津園 …… 加賜襲衣·金帶·器·幣有差."라고 되어 있다. 본문에서는 의식용 예복을 뜻하는 것이라 볼 수 있다.

134) 金帶: 金으로 장식한 腰帶. 古代에 帝王·后妃·文武百官들이 요대를 착용하는데에는 가죽·금·玉·銀

이하에게 차등을 두어 기폐(器幣, 器物과 錢幣)를 하사하라는 조서를 내렸다. 특별히 [상]통한은 5일에 한번 조회하는 것을 허락하였다. 한 달이 지나서 [상]통한은 「오계지리도(五溪地理圖)」를 올리고 경사(京師)에 남아 있기를 원하였다. 황제는 가상하고 아름답다고 여겨서 [상]통한에게 검교태부·본주(本州) 방어사를 특별히 제수하고 강토를 되돌려주었다. 그의 아들 [상]광택 등에게 삼반(三班)136)의 직명(職名)을 하사하였다. [상]통한은 경사에 머무르고싶다고 다시 표를 올렸지만 윤허하지 않았다. 그러자 [상]광택 등을 위해 내지(內地)에서의 감독을 청하고, 해마다 의복을 하사해주고 사자(使者)가 부임지에 와달라고 하여 모두 허락해 주었다. (경사를) 떠난 후에 또한 습의와 금대를 하사해주었다. [천희] 3년(1019)에 [상]통한이 죽자 그의 아들 [상]광헌(向光憲)을 지주사(知州事)로 삼았다. 그 후에 [상]광택은 친족(親族)들이 용납하지 않아서 토지를 헌납하겠다는 표를 올렸으나, 황제는 그 의도를 알고 허락하지 않았다. [천희] 4년(1020), 고주(古州) 지주 상광보(向光普)가 사신을 보내 정주(鼎州)에서 승재(僧齋)137)를 세워, 성수(聖壽)138)를 빌고 축하하였다.

      등의 차별이 있었다. 그 제도는 각 시대에 따라 달랐고 변화가 많았다. 예를 들면 『北周書』「李穆傳」에는 "乃遣使謁隋文帝, 并上十三環金帶, 蓋天子服也."라고 하였고, 宋 梅堯臣의 詩 〈十一日垂拱殿起居聞南捷〉에는 "腰佩金魚服金帶, 榻前拜跪稱聖皇.", 淸 葉廷琯의 『吹網錄』〈開趙埋銘〉에는 "召對稱旨, 賜金帶."라고 적고 있다.

135) 鞍勒馬: 안장을 덮은 勒馬를 가리키는 것으로 보인다. 늑마는 고삐를 조종하여 앞으로 달려나가게 하거나 혹은 천천히 가도록 하기도 하고 머리를 돌려서 방향을 바꾸는 등 다루기 쉬운 말을 지칭하는 것이다.

136) 三班: 宋代의 官制에서 供奉官·左右班殿直을 三班이라고 하였다. 후에는 또한 東西供奉, 左右侍禁 및 承旨借職을 三班이라 칭하기도 하였다. 宋 曾鞏의 〈再議經費劄子〉에 "國初承舊以供奉官·左右班殿直爲三班, 六都知行首領之, 又有殿前承旨班院, 別立行首領之; 端拱以後, 分東西供奉, 又置左右侍禁及承旨借職, 皆領於三班, 三班之稱亦不改."라고 설명되어 있다. 宋 崔公度의 『金華神記』 卷2에 "汴人有吳生者, 世爲富人, 而生以娶宗女, 得官於三班."이라는 기록이 보인다.

137) 僧齋: 小大祥과 忌故 때에 승려를 집으로 불러다가 제사 지내기 전에 드리는 供養. 그것과 함께 佛經을 외우고 간략한 의식을 진행하기도 하였다. 『魏書』「釋老志」에 "沙門道登二十年卒, 高祖甚悼惜之, 詔施帛一千匹. 又設一切僧齋, 幷命京城七日行道."라는 기록이 있고, 唐 姚合의 시 〈贈王建司馬〉에는 "老覺僧齋健, 貧還酒債遲."라는 구절이 있다. 宋 陸遊의 시 〈觀華嚴閣僧齋〉의 自注에는 "閣下自四月初至七月末, 日飯僧數千人."이라고 하였다.

138) 聖壽: 皇帝의 年壽와 生日. 北齊 郭遵의 〈南至郊祭司天奏雲物賦〉에 "臣有覩盛儀而瞻瑞物, 願齊聖壽於終南."이라고 하였고 唐 李白의 〈上雲樂〉 가운데 "拜龍顏, 獻聖壽, 北斗戾, 南山摧, 天子九九八十一萬歲, 長傾萬壽杯."라는 구절이 있다. 宋 王安石은 시 〈棗〉에서 "廣庭觴聖壽, 以此參肴蔌."이라고 하였으

> 初, 北江蠻酋最大者曰彭氏, 世有溪州, 州有三, 曰上·中·下溪, 又有龍賜·天賜·忠順·保靜·感化·永順州六, 懿·安·遠·新·給·富·來·寧·南·順·高州十一, 總二十州, 皆置刺史. 而以下溪州刺史兼都誓主, 十九州皆隷焉, 謂之誓下. 州將承襲, 都誓主率群酋合議, 子孫若弟·姪·親黨之當立者, 具州名移辰州爲保證, 申鈐轄司以聞, 乃賜敕告·印符, 受命者隔江北望拜謝. 州有押案副使及校吏, 聽自補置.

처음에 북강(北江) 만족의 최대 추장은 팽씨(彭氏)였고, 대대로 계주(溪州)를 지배하였다. [계]주는 세 종류가 있어 상(上)·중(中)·하계(下溪)라고 불렸다. 또한 용사(龍賜)·천사(天賜)·충순(忠順)·보정(保靜)139)·감화(感化)140)·영순(永順)141)의 6주(州)와 의(懿)·안(安)·원(遠)·신(新)·급(給)·부(富)·내(來)·영(寧)·남(南)·순(順)·고주(高州)의 11주가 있어서, 합하면 20주가 되었고 모두 자사를 두었다. 그런데 하계주의 자사가 도서주(都誓主)를 겸임하여 19주는 모두 그곳에 예속되었기에 서하(誓下)라고 불렸다. 주의 장(將)은 세습하였고, 도서주는 여러 추장들을 모아서 회의를 주재하였다. 제(弟)·질(姪)과 같은 자손이나 친당(親黨)으로서 관직에 세울만한 자를 주(州)의 명의를 갖추어 진주(辰州)로 보내어 보증을 받았고, 검할사(鈐轄司)에 아뢰어 보고하였다. 그리하여 칙고(敕告)와 인부(印符)를 하사받고 임명을 받은 사람은 강을 사이에 두고 북쪽을 향하여 감사하는 절을 올렸다. 주에는 압안부사(押案副使) 및 교리(校吏)가 있었는데, 스스로 임명하는 것이 허용되었다.

> 彭氏自允殊·文勇·儒猛相繼爲下溪州刺史, 至仕漢爲殿直, 留西京, 后輒遁歸. 天

며 明 王守仁〈擬唐張九齡上千秋金鑑錄表〉에도 "月臨日照, 帝德運於光天; 嶽峙川流, 聖壽同於厚地."라는 기록이 있다.

139) 保靜州: 五代 말에 蠻에 두었는데, 치소는 오늘날 湖南省 保靖縣이었다. 宋은 羈縻州로 삼았고 元에서는 保靖州로 바꾸었다.

140) 感化州: 五代에 羈縻州로 설치하였고, 치소는 오늘날 湖北省 來風縣 지역이다. 北宋에서는 羈縻 富州로 바꾸었다.

141) 永順州: 五代에 설치하였는데 치소는 오늘날 湖南省 永順縣 동남쪽 老司城에 있다. 元 至元 연간(1264~1294)에 永順路로 바꾸었다.

聖初, 以狀白辰州, 自言父老兄亡, 潛歸本道, 願放還家屬. 詔徙其家京師, 舍以官第. 未幾, 儒猛言仕漢逃歸, 誘羣蠻爲亂, 遣別子仕端等殺之. 朝廷嘉其忠, 降詔獎諭. 時儒猛爲檢校尙書右僕射, 特遷左僕射. 又以仕端爲檢校國子祭酒, 知溶州, 加賜鹽三百斤·綵三十匹. 彭氏有文綰者, 知中彭州, 卽忠順州也. 三年, 儒猛攻殺文綰, 其子儒索率其黨九十二人來歸, 補儒索復州都知兵馬使, 餘官爲稟給. 五年, 儒猛死, 仕端以名馬來獻, 詔還其馬, 命知下溪州, 賜以袍帶. 七年, 遂以其弟仕義貢方物. 明道初, 仕端死, 復命仕義爲刺史, 累遷檢校尙書右僕射. 自允殊至仕義五世矣.

팽씨는 [팽]윤수(彭允殊)·[팽]문용(彭文勇)·[팽]유맹(彭儒猛)이 서로 이어서 하계주(下溪州) 자사가 되었다. [팽]사한(彭仕漢)이 전직(殿直)이 되어서 서경(西京)142)에 머물다가 후에 멋대로 도망와버렸다. [인종] 천성(天聖) 연간(1023~1031) 초에, 진주(辰州)에 문서를 올려서, 부친은 늙고 형이 죽어서 몰래 본래의 땅으로 돌아온 것이라고 말하고 가속(家屬)들을 석방해서 돌려보내주기를 원한다고 하였다. [조정에서는 들어주지 않고] 그 집안을 경사(京師)로 옮기고 관제[官第]에서 살게 하라는 조서를 내렸다. 얼마 지나지 않아서 [팽]유맹이 상언하기를 [팽]사한이 도망해서 돌아와 여러 만족들에게 난을 일으키라고 꼬드기고 있어서 다른 아들 [팽]사단(彭仕端) 등을 보내어 그를 죽였다고 하였다. 조정에서는 그의 충성심을 가상하게 여겨 칭찬하고 타이르는 조서를 내렸다. 당시에 [팽]유맹은 검교상서우복야(檢校尙書右僕射)를 맡고 있었는데 특별히 좌복야(左僕射)로 승진하였다. 또한 [팽]사단을 검교국자제주(檢校國子祭酒)와 용주(溶州)143) 지주로 임명하고, 더하여 소금 3백 근·비단[彩] 30필을 하사해주었다. 팽씨 중에 [팽]문관(彭文綰)이라는 사람이 있었는데 중팽주, 즉 충순주의 지주를 맡고 있었다. [천성] 3년(1025)에는 [팽]유맹이 [팽]문관을 공격해서 죽였는데 그의

---

142) 西京: 五代 後晉은 洛京을 西京으로 改稱했는데 오늘날 河南省 洛陽市에 있었다. 『舊五代史』「晉書」〈高祖紀〉에는 天福 3년(938) 10월에 "其洛京改爲西京."이라 기록하고 있다. 後漢·後周·北宋 모두 이곳을 西京이라고 했다. 宋의 都城은 開封이었는데 초기에 五代의 舊制를 이어서 開封府를 東京, 河南府를 西京이라고 불렀다. 大中祥符 7년(1014)에 應天府를 南京으로, 慶曆 2년(1042)에는 또한 大名府를 北京이라고 하여 四京이 되었다.

143) 溶州: 북송에서 羈縻州로 두었다. 치소는 오늘날 湖南省 永順縣 동남쪽 王村鎭에 있었다.

아들 [팽]유색(彭儒索)이 그의 무리 92명을 데리고 귀부하였다. [팽]유색을 복주(復州) 도지병마사(都知兵馬使)에 보임하고, 다른 사람들은 관부에서 식량을 지급해주었다. [천성] 5년(1027)에 [팽]유맹이 죽자, [팽]사단은 명마(名馬)를 가지고 와서 진상하였다. 그 말을 돌려주라는 조서를 내리고, 그를 하계주 지주에 임명하였으며 포대(袍帶)144)를 하사하였다. [천성] 7년(1029)에는 [팽사단이] 동생 [팽]사희(彭仕羲)를 보내어 토산품을 진공하였다. 명도(明道) 연간(1032~1033) 초에, [팽]사단이 죽자 다시 [팽]사희를 자사로 임명하였고 승진을 거듭하여 검교상서우복야가 되었다. [팽]윤수부터 [팽]사희까지 5대에 이르렀다.

仕義有子師寶, 景祐中知忠順州. 慶曆四年, 以罪絕其奉貢. 蓋自咸平以來, 始聽二十州納貢, 歲有常賜, 蠻人以爲利, 有罪則絕之. 其後, 師寶數自訴, 請知上溪州. 皇祐二年, 始從其請, 朝貢如故. 旣而師寶妻爲仕義取去, 師寶怨恚. 至和二年, 與其子知龍賜州師黨擧族趨辰州, 告其父之惡; 且言仕義嘗殺誓下十三州將, 奪其符印, 幷有其地, 貢奉賜予悉專之, 自號如意大王, 補置官屬, 將起爲亂. 於是知辰州宋守信與通判賈師熊·轉運使李肅之合議, 率兵數千, 深入討伐, 以師寶爲鄉導. 兵至而仕義遁入他峒, 不可得, 俘其孥及銅柱, 而官軍戰死者十六七, 守信等皆坐貶.

[팽]사희에게는 아들 [팽]사보(彭師寶)가 있었는데, [인종] 경우(景祐) 연간(1034~1037)에 충순주의 지주를 지냈다. 경력(慶曆) 4년(1044)에는 죄를 지어 그의 조공을 단절시켰다. 대체로 [진종] 함평(咸平) 연간(998~1003) 이래로, 처음으로 20주(州)의 납공(納貢)을 들어주면서 매해 정해진 하사품[常賜]이 있어서, 만인들은 이익이 된다고 생각했는데 죄를 지으면 그것을 단절시켜버렸다. 그 후에 [팽]사보는 여러 차례 자신이 하소연하면서 상계주의 지주로 해달라고 청하였다. 황우(皇祐) 2년(1050)에야 겨우 그의 요구를 들어주었고 조공도 전처럼

---

144) 袍帶: 錦袍와 腰帶로써 고대 君王과 貴官의 常服을 일컫는다. 『新唐書』「西域傳」上 〈天竺〉에는 "南天竺使者曰 '蕃夷惟以袍帶爲寵.' 帝以錦袍·金革帶·魚袋幷七事賜之."라는 구절이 있고, 宋 王闢之의 『澠水燕談錄』卷1에 "眞宗一日晚坐承明殿, 召學士對, 旣退, 中人就院宣諭曰 '朕適忘禦袍帶, 卿無訝焉.'"이라 하였고 『宋史』「李繼周傳」에는 "至道二年, 授西京作坊副使, 賜袍帶·銀綵·雕戈以寵之."라고 적고 있다.

하게 되었다. 얼마 지나지 않아서 [팽]사보의 아내를 [팽]사희가 뺏어버려 [팽]사보는 몹시 분노하였다. 지화(至和) 2년(1055), [팽사희의] 아들 용사주(龍賜州) 지주 [팽]사당(彭師黨)과 족인들을 이끌고 진주(辰州)로 나와 그 부친의 악행을 고발하였다. 또한 말하기를, [팽]사희가 일찍이 서하(誓下) 13주의 장(將)을 살해하고, 그들의 부인(符印)[145]을 뺏었으며 그들의 토지를 겸병하였다고 하였다. [뿐만 아니라] 조공 후의 하사품을 모두 독차지하고 스스로 여의대왕(如意大王)이라고 칭하여, 관속을 보임하고 앞으로 난을 일으킬 것이라고 하였다. 따라서 진주(辰州) 지주 송수신(宋守信)과 통판 가사웅(賈師熊)·전운사 이숙지(李肅之)가 합의하여 병사 수천 명을 이끌고 [그곳에] 깊이 들어가 토벌하였는데 [팽]사보를 향도(鄕導)로 삼았다. 군대가 도달하자 [팽]사희는 다른 동(峒)에 도망가 숨어버려 잡을 수가 없었다. 그 처자 및 동주(銅柱)를 포획하였으나 전사한 관군이 열 명에 6~7명에 달해서 [송]수신 등은 모두 죄를 지어 폄직되었다.

自是, 蠻獠數入寇鈔, 邊吏不能制. 朝廷姑欲無事, 間遣吏諭旨, 許以改過自歸, 裁損五七州貢奉歲賜. 初輒不聽, 後遣三司副使李參·文思副使竇舜卿·侍御史朱處約·轉運使王綽經制, 大出兵臨之, 且馳檄招諭. 而仕義乃陳本無反狀, 其僭稱號·補官屬, 特遠人不知中國禮義而然, 守信等輕信師寶之譖, 擅伐無辜, 願以二十州舊地復貢奉內屬. 朝廷又遣殿中丞雷簡夫往視之. 嘉祐二年, 仕義乃歸所掠兵丁五十一人·械甲千八百九事, 率蠻衆七百飮血就降, 辰州亦還其孥及銅柱. 時師寶已死, 遣師黨歸知龍賜州, 戒勿殺.

이로부터 만요(蠻獠)들이 여러 번 침입하여 약탈하는 것을 변리(邊吏)들이 제지할 수가 없었다. 조정에서는 잠시라도 무사하기를 바라서 때로 간혹 관리를 파견하여 타이르는 조서를 보내고 그들이 잘못을 뉘우치고 스스로 귀순해오는 것을 허락하였다. 또한 5~7주의 진공물과 세사(歲賜)를 감해주기도 하였다. 처음에는 쉽게 듣지 않았지만 나중에는 삼사부사(三司副

---

145) 符印: 符節과 印信 등 증거물의 統稱. 『新唐書』 「百官志」 1에는 "禮部郎中·員外郎, 掌禮樂·學校·衣冠·符印·表疏·圖書·冊命·祥瑞·鋪設, 及百官·宮人喪葬贈賻之數, 爲尙書侍郎之貳."라 하였고, 『新五代史』 「雜傳」 3 〈盧光稠譚全播〉에는 "光稠病, 以符印屬全播, 全播不受."라고 기록되어 있다.

使) 이참(李參)·문사부사(文思副使) 두순경(竇舜卿)·시어사(侍御史) 주처약(朱處約)·전운사 왕작(王綽) 등을 파견하여 다스릴 수 있었다. 대규모로 출병하여 그들을 압박하기도 하고, 또는 그곳에 달려가서 격문을 보내 초유(招諭)하기도 하였다. 그리고 [팽]사희는 원래 반란을 꾸미지 않았다고 진술하여 그가 참칭(僭稱)한 것이나 관속을 보임한 것은 다만 원방의 사람[遠人]146)이 중국의 예의를 알지 못했기 때문이라고 말하였다. [송]수신 등은 [팽]사보가 비방하는 말을 가볍게 믿어서 마음대로 무고한데도 토벌한 것이니 20주의 옛 땅에서 공봉(貢奉)을 회복시키고 [조정에] 내속하기를 원하였다. 조정에서는 다시 전중승(殿中丞) 뇌간부(雷簡夫)를 파견하여 그들을 시찰하도록 하였다. 가우(嘉祐) 2년(1067)에 [팽]사희는 이에 약탈했던 병정 51명 및 기계와 무기 1,809점을 돌려보냈다. [또한] 만족 무리 7백을 이끌고 와서 피를 마시며 투항하였다. 진주(辰州) 역시 그의 처자와 동주(銅柱)를 돌려보냈다. 당시에 [팽]사보는 이미 죽었기 때문에 [팽]사당을 보내서 용사주의 지주가 되도록 하고 [팽사희를] 죽이지 말라고 타일렀다.

> 自是, 仕義歲奉職貢. 然點驁, 數盜邊, 卽辰州界白馬崖下喏溪聚衆據守, 朝廷數招諭, 令歸侵地, 不聽. 熙寧三年, 爲其子師綵所弒. 師綵專爲暴虐, 其兄師晏攻殺之, 幷誅其黨, 納誓表于朝, 幷上仕義平生鞍馬·器服, 仍歸喏溪地, 乃命師晏襲州事. 五年, 復以馬皮·白峒地來獻. 詔進爲下溪州刺史, 賜母妻封邑. 章惇經制南·北江, 湖北提點刑獄李平招納師晏, 誓下州峒蠻張景謂·彭德儒·向永勝·覃文猛·覃彥霸各以其地歸版籍, 師晏遂降. 詔修築下溪州城, 幷置砦於茶灘南岸, 賜新城名會溪, 新砦名黔安, 戍以兵, 隸辰州, 出租賦如漢民. 遣師晏詣闕, 授禮賓副使·京東州都監, 官其下六十有四人.

이때부터 [팽]사희는 해마다 공물(貢物)을 진상하였다. 그러나 교활하고 오만하여[點驁]

---

146) 遠人: 遠方의 사람. 즉 관계가 疏遠한 사람이거나 外族人 혹은 외국인을 지칭한다. 『周禮』「春官」〈大司樂〉에는 "以安賓客, 以說遠人."이라 하였고, 『論語』「季氏」에는 "故遠人不服, 則修文德以來之."라고 되어 있다. 『明史』「雲南土司傳」2〈麓川〉에는 "帝謂蠻衆攻奪常事, 執一二人罪之, 不足以革其俗, 且曲直未明, 遽罪其使, 失遠人心."이라는 용례가 있다.

자주 변경에 쳐들어와 도둑질하였다. 곧 진주(辰州) 지역의 백마애(白馬崖) 아래 야계(喏溪)에 사람들을 모아 웅거하며 지켰다. 조정에서 여러 번 항복을 권유하고 침범한 토지를 반환하라고 명령하였으나 듣지 않았다. [신종] 희녕(熙寧) 3년(1070)에 [팽사희는] 그의 아들 [팽]사채(彭師彩)에게 시해당하였다. [팽]사채도 횡포하고 전횡을 일삼자 그의 형 [팽]사안(彭師晏)이 공격하여 살해하고 그 도당을 주살하였다. 그러고 나서 조정에 서표를 올리고 아울러 [팽]사희가 평생 사용하던 안마(鞍馬)와 기복(器服)을 바쳤다. 또한 야계의 땅을 반환하여, 이에 [팽]사안에게 지주의 일을 이어받으라 명하였다. [희녕] 5년(1072), 다시 마피(馬皮)·백동(白峒)147)의 땅을 들어서 헌납하였다. 하계주 자사로 진급시키고 모친과 처에게 봉읍(封邑)을 하사한다는 조서를 내렸다. 장돈(章惇)148)은 남·북강을 관리하고 있었는데, 호북 제점

---

147) 白峒: 『송사』「교감기」에 따르면 『長編』 卷230과 『宋會要』 「蕃夷」 5-85에는 모두 '白務峒'으로 되어 있다.

148) 章惇(1035~1105): 字는 子厚. 원적은 福建省 建州 浦城 출신이나 아버지 세대에 吳縣(江蘇省 蘇州)으로 옮겼다. 북송의 정치가로 新舊 黨爭 과정에서 중심인물 중 하나이다. 嘉祐 2년(1057)에 진사가 되었으나 조카인 章衡이 狀元이 되자 이후 다시 응시하여 進士 甲科에 급제하고 商洛令이 되었다. 元豐 3년(1080)에는 參知政事가 되었다. 舊法堂의 전성기에 쫓겨났으나 哲宗(재위 1085~1099) 때 재상이 되고, 徽宗 때에 파면되는 등 곡절이 많았다. 書는 魏晉의 書風을 배워 당시의 정통파를 대표한다. 章惇은 改革을 힘써 주장하여 神宗 熙寧 2년(1069)에 王安石이 정권을 잡자 그의 재주를 일찍 알아보고 編修三司條例官, 加集賢校理, 中書檢正 등을 맡겼다. 그리하여 新法을 추진하는데 협조하였다. 荊湖 溪峒의 諸蠻이 소요를 일으키자 熙寧 5년(1072)에 章惇은 荊湖北路 察訪使가 되어, 3년 정도 蠻事를 처리하고 수백 리의 境土를 개척하였다. 이후 朝廷과 州郡官을 역임하였다. 또한 湖南北 察防使 때의 武功을 인정받아 知制誥와 直學院士判軍器監에 발탁되기도 하였다. 神宗의 인정을 받은 그는 熙寧 7년(1074) 5월에 三司使(計相)에 발탁되었고, 같은 해 10월에는 變法의 重要機構인 三司會計司의 설치를 건의하였다. 그 사이 그는 王安石 變法을 적극적으로 도와서 變法派의 중요 인물이 되었다. 그러나 宋 철종이 즉위하면서 章惇은 知樞密院事로 좌천되었다. 이때 宣仁太后가 수렴청정하면서 司馬光·呂公著 등을 기용하여 新法을 폐기하였다. 章惇은 힘써 싸우다가 外郡으로 쫓겨난 것이다. 元祐 8년(1093), 哲宗이 친정을 시작하면서 변법을 부활하였고 章惇을 尙書左仆射兼門下侍郎으로 임명하였다. 章惇은 다시 新法을 추진하면서 元祐諸臣들에게 대대적인 보복을 가하였다. 심지어 宣仁太后를 追廢해야 한다고 하기까지 하였다. 徽宗이 즉위한 후에도 章惇은 特進하여 申國公에 봉해지기도 하였으나 휘종과의 알력이 생기면서 실각하고 외부로 쫓겨나서 죽었다. 한편 章惇의 사람됨은 '多謀善斷'하고 '文武兼備'하였다고 한다. 즉 『宋史』 「章惇傳」에서도 "惇豪俊·博學善文"이라고 하였다. 하지만 政局의 소용돌이 속에서 章惇의 일생은 浮沈이 있었으며, 『宋史』에는 〈奸臣傳〉에 입전되어 있다. 그의 '罪狀'은 熙豐의 舊法을 견지하고 元祐 朝臣을 축출한 것, 마음대로 변경을 개척한 것, 宣仁太后를 무고한 것 등이다. 하지만 章惇은 哲宗朝의 中興 名臣이자, 후세에 南宋朝가 계속 舊法黨

형옥(提點刑獄) 이평(李平)이 [팽]사안을 불러서 받아들이고[招納], 서하주 동만(峒蠻)인 장경위(張景謂)·팽덕유(彭德儒)·상영승(向永勝)·담문맹(覃文猛)·담언패(覃彦霸)가 그 땅을 [갖고] 조정의 호구[版籍]로 들어왔다. [팽]사안은 드디어 항복하였다. 조서를 내려 하계주 성(城)을 수축하고 아울러 다탄(茶灘)149) 남안(南岸)에 채(砦)를 설치하라고 하였다. [또한] 새로운 성의 명칭을 회계(會溪),150) 새로운 채의 이름을 검안(黔安)이라고 하였다. 군대가 주둔하여 진주(辰州)에 예속시키면서 한인 백성과 같이 조부(租賦)를 내도록 했다. [팽]사안이 조정에 오자 예빈부사(禮賓副使)·경동주(京東州) 도감을 제수하였고, 그의 부하 64명에게도 관직을 내려주었다.

元豐八年, 湖北轉運司言辰州江外生蠻覃仕穩等願內附, 詔不許招納. 其後彭仕誠者復爲都誓主. 元祐三年, 羅家蠻寇鈔, 詔召仕誠及都頭覃文懿等至辰州約敕之. 四年, 知誓下保靜州彭儒武·知永順州彭儒同·知謂州彭思聰·知龍賜州彭允宗·知藍州彭士明·知吉州彭儒崇, 各同其州押案副使進奉興龍節及冬至·正旦溪布有差.

[송 신종] 원풍(元豐) 8년(1085), 호북 전운사가 상언하기를 진주(辰州) 강 밖의 생만(生蠻) 담사온(覃仕穩) 등이 내지에 귀부하기를 원한다고 하였으나, 초납(招納)을 허락하지 않는다고 조서를 내렸다. 이후에 팽사성(彭仕誠)이라는 사람이 다시 도서주를 맡았다. [송 철종] 원우(元祐) 3년(1088), 나가(羅家) 만족이 침범하고 약탈하여 조서를 내리기를 [팽]사성 및 도두(都頭) 담문의(覃文懿) 등을 진주로 불러서 엄히 훈계하도록 하였다. [원우] 4년(1089), 서하 보정주(保靜州)151) 지주 팽유무(彭儒武)152)·영순주(永順州) 지주 팽유동(彭

을 지지하였기 때문에 모욕과 비방을 가했던 것으로 볼 수 있고 북송의 당당한 名相이었다고 평가되고 있다.
149) 茶灘砦: 湖南省 古丈縣의 동북쪽에 있었다.
150) 會溪城: 북송 熙寧 5년(1072)에 下溪州를 會溪城으로 바꾸었다. 故址는 湖南省 古丈縣의 동북쪽 會溪坪이다.
151) 保靜州: 五代 말에 蠻에 두었는데, 치소는 오늘날 湖南省 保靖縣이었다. 宋은 羈縻州로 삼았고 元에서는 保靖州로 바꾸었다.
152) 『송사』「교감기」에 따르면 '四年知誓下保靜州彭儒武' 구절의 '四'는 원래 '是'로 되어 있고, '靜'은 원래 '順'으로 되어 있었으나, 『長編』 卷435와 『宋會要』 「蕃夷」 7-40에 의거하여 고친 것이다.

儒同)·위주(謂州) 지주 팽사총(彭思聰)·용사주(龍賜州) 지주 팽윤종(彭允宗)·남주(藍州)153) 지주 팽사명(彭士明)·길주(吉州)154) 지주 팽유숭(彭儒崇)은, 각 주의 압안부사(押案副使)와 함께 홍룡절(興龍節) 및 동지·정단(正旦)에 각각 나름대로 분량의 계포(溪布)155)를 진봉(進奉)하였다.

初, 熙寧中, 天子方用兵以威四夷, 湖北提點刑獄趙鼎言峽州峒首刻剝亡度, 蠻衆願內屬, 辰州布衣張翹亦上書言南·北江利害, 遂以章惇察訪湖北, 經制蠻事. 而南江之舒氏·北江之彭氏·梅山之蘇氏·誠州之楊氏相繼納土, 創立城砦, 使之比內地爲王民. 北江彭氏已見前. 南江諸蠻自辰州達于長沙·邵陽, 各有溪峒: 曰敍·曰峽·曰中勝·曰元, 則舒氏居之; 曰獎·曰錦·曰懿·曰晃, 則田氏居之; 曰富·曰鶴·曰保順·曰天賜·曰古, 則向氏居之. 舒氏則德郛·德言·君疆·光銀, 田氏則處達·漢瓊·漢希·漢能·漢權·保金, 向氏則通漢·光普·行猛·永豐·永晤: 皆受朝命. 自治平末, 光銀入貢. 故事, 南江諸蠻亦隸辰州, 貢進則給以驛券, 光銀援以爲請, 詔以券九道給之. 其后有峽州舒光秀者, 以刻剝其衆不附.

앞서 희녕 연간(1068~1077)에 천자가 제대로 군대를 써서 사이(四夷)에게 위엄을 보여주려고 하였다. 호북 제점형옥 조정(趙鼎)이 상언하기를 협주(峽州)156) 동(峒)의 수령이 심하게 모질고 괴롭혀 만족의 무리들이 내지에 귀속하기를 원한다고 하였다. 진주(辰州)의 관직이 없는 선비[布衣]인 장교(張翹) 역시 남·북강 [만족]의 실태를 상서하여 말하였다. 드디어 장돈을 호북의 찰방(察訪)157)으로 삼아 만족의 일을 처리하도록 하였다. 그러자 남강(南江)

---

153) 藍州: 唐 儀鳳 2년(677)에 羈縻州로 설치하였고, 瀘州都督府에 속해 있었다. 치소는 貴州省 習水縣 서남쪽에 있는 赤水河의 서쪽에 있었다. 후에 폐지되었다.
154) 吉州: 隋 開皇 연간(581~600)에 廬陵郡을 바꾸어 설치하였는데 치소는 廬陵縣(현재 江西省 吉水縣 북쪽)에 있었다. 唐代에 관할 영역은 오늘날 江西省 新幹과 泰和 사이의 贛江 유역 및 安福·永薪 등 縣 지역이었다. 五代 이래로 窯業의 중심지 중 하나였다.
155) 溪布: 溪峒 일대의 蠻族들이 생산한 土布.
156) 峽州: 北宋에서 硤州를 바꾸어 설치하였고, 치소는 夷陵縣(현재 湖北省 宜昌市)에 있었다. 관할 영역은 오늘날 湖北省 宜昌·枝城·長陽·遠安 등 市縣 지역에 해당한다. 南宋 建炎 연간(1127~1130)에 치소를 石鼻山(현재 宜昌縣 서북쪽)으로 옮겼다가 紹興 5년(1135)에 舊治로 다시 옮겼다.

의 서씨(舒氏)·북강(北江)의 팽씨(彭氏)·매산(梅山)158)의 소씨(蘇氏)·성주(誠州)159)의 양씨(楊氏)가 서로 이어서 토지를 바치고 성채를 새로 세웠다. 그들을 내지와 같이 조정의 백성[王民]으로 받아들였다. 북강의 팽씨는 이미 위에서 보았다. 남강의 여러 만족은 진주(辰州)에서부터 장사(長沙)160)·소양(邵陽)161)에 걸쳐서 각기 계동(溪峒)이 있었다. 서(敍)·협(峽)·중승(中勝)·원(元)이라고 부르는 곳에는 서씨가 거주하였다. 장(獎)·금(錦)·의(懿)·황(晃)이라고 부르는 곳에는 전씨(田氏)가 거주하였다. 부(富)·학(鶴)·보순(保順)·천사(天賜)·고(古)라고 부르는 곳에는 상씨(向氏)가 거주하였다. 서씨는 덕부(德郛)·덕언(德言)·군강(君疆)·광은(光銀)이 있었고, 전씨는 처달(處達)·한경(漢瓊)·한희(漢希)·한능(漢能)·한권(漢權)·보금(保金)이 있었고, 상씨는 통한(通漢)·광보(光普)·행맹(行猛)·영풍(永豐)·영오(永晤)가 있어서 모두 조정의 명령을 받았다. [영종] 치평 연간(1064~1067) 말에 [서]광은이 입공하였다. 종전의 예에 따르면 남강의 여러 만족은 역시 진주(辰州)에 예속되어 있었는데 진공하면 역권(驛券)162)을 발급해주었다. [서광은이 받기를 청하여 9도(道)의 [역]권을

---

157) 察訪: 조사하기 위해 방문하는 것을 말한다. 宋 范仲淹의 〈權三司鹽鐵判官尙書兵部員外郞王君墓表〉에는 "朝廷選禦史往究其事, 以君爲湖南安撫, 至則察訪利病."이라고 하였다. 또한 元 關漢卿의 〈四春園〉 第4折에는 "因爲李慶安這椿事, 我著寶監·張弘察訪殺人賊去了."라고 적고 있다.

158) 梅山: 오늘날 湖南省 安化와 新化縣 사이에 있었다. 『方輿紀要』 卷80 〈安化縣〉에 梅山은 "在縣(治今梅城鎭)西南. 山盤紆甚遠, 蠻恃爲險, 今縣(梅城鎭)南八十里梅山嶺上有泉, 鄂其地."라 되어 있고, 『淸一統志』 〈長沙府〉 1에서는 梅山이 "在安化縣(治今梅山鎭)西南, 接寶慶府新化縣界. 宋熙寧中, 章惇發兵開梅山道卽此. 新化爲上梅山, 安化爲下梅山, 英山俱相通."이라고 기록하고 있다.

159) 誠州: 五代 시기에 설치하였는데 치소는 오늘날 靖州 苗族侗族自治縣의 동쪽에 있었다. 북송 초에 羈縻州로 삼았다. 元豊 4년(1081)에 거듭하여 誠州를 두어, 치소를 오늘날 靖州 苗族侗族自治縣으로 옮겼다. 다시 원풍 6년(1083) 渠陽縣(현재 靖州 苗族侗族自治縣 渠水 東岸)으로 옮겼는데, 관할 영역은 오늘날 湖南省 會同縣·靖州苗族自治縣 및 通道侗族自治縣 서부와 貴州省 天柱·錦屛·黎平 등 縣에 해당한다. 崇寧 2년(1103)에 靖州로 바꾸었다.

160) 長沙: 隋 開皇 9년(589)에 臨湘縣을 바꾸어 두었는데 치소는 오늘날 湖南省 長沙市에 있었다.

161) 邵陽: 隋가 陳을 멸망시킨 후 邵陵縣을 바꾸어 설치하였는데, 潭州에 속하였다. 치소는 오늘날 湖南省 邵陽市에 있었다. 『元和志』 卷29 〈邵陽縣〉에는 "在邵水之陽, 故名."이라고 하였다. 大業 연간(605~616) 초에 長沙郡에 속하였다. 五代 後晉 天福 연간(936~943)에 楚의 馬希範이 敏政縣으로 바꾸었는데 後漢 시기에 다시 邵陽縣이라고 하였다.

162) 驛券: 驛站의 말이나 수레를 이용하는 데 증거로 제시하는 紙券을 말한다. 宋 吳處厚의 『靑箱雜記』 〈驛券〉에 "唐以前館驛幷給傳往來, 開元中, 務從簡便, 方給紙券. 驛之給券自此始也."라 되어 있고, 『宋史』 「職官志」 12에는 "赴福建·廣南者, 所過給倉券, 入本路給驛券, 皆至任則止."라 기록하고 있다.

그에게 발급해주라고 조서를 내렸다. 그 후에 협주의 서광수(舒光秀)라는 자가 있었는데 모질게 괴롭혀서 그의 부족들이 따르지 않았다.

> 張翹言：「南江諸蠻雖有十六州之地, 惟富·峽·敍僅有千戶, 餘不滿百, 土廣無兵, 加以荐饑. 近向永晤與繡·鶴·敍諸州蠻自相讎殺, 衆苦之, 咸思歸化. 願先招富·峽二州, 俾納土, 則餘州自歸, 幷及彭師晏之孱弱, 皆可郡縣.」詔下知辰州劉策商度, 策請如翹言. 熙寧五年, 乃遣章惇察訪. 未幾, 策卒, 乃以東作坊使石鑑爲湖北鈐轄兼知辰州, 且助惇經制. 明年, 富州向永晤獻先朝所賜劍及印來歸順, 繼而光銀·光秀等亦降. 獨田氏有元猛者, 頗桀驁難制, 異時數侵奪舒·向二族地. 惇遣左侍禁李資將輕兵往招諭. 資, 辰州流人, 曩與張翹同獻策者也. 褊宕無謀, 褻慢夷獠, 遂爲懿·洽州蠻所殺. 惇進兵破懿州, 南江州峒悉平, 遂置沅州, 以懿州新城爲治所, 尋又置誠州.

장교는 다음과 같이 상언하였다. 즉 "남강의 여러 만족이 비록 16주(州)의 땅에 있지만 오직 부(富)·협(峽)·서(敍)만 거의 천 호(戶)이고 나머지는 백 [호]도 되지 않습니다. 땅은 넓고 군사가 없는데다가 흉년이 계속되고 있습니다[荐饑].163) 근래에 상영오가 수(繡)·학(鶴)·서(敍) 모든 주(州)의 만족들과 서로 원수가 되어 죽이면서 무리들이 고통을 당하여 전부 귀화를 생각하고 있습니다. 원하옵건대 우선 부주와 협주를 초무하시고 그들이 토지를 헌납하게 하시면 곧 나머지 주도 저절로 귀순할 것입니다. 아울러 팽사안(彭師晏)이 쇠약하니 모두 군현(郡縣)으로 삼을 수 있을 것입니다." 진주 지주 유책(劉策)과 서로 상의해보라는 조서를 내렸다. [유]책은 [장]교가 상언한 것처럼 [하자고] 청하였다. 희녕 5년(1072)에 장돈을 찰방사로 파견하였다. 얼마 지나지 않아서 [유]책이 죽자 동작방사(東作坊使) 석감(石鑑)을 호북 검할 겸 진주 지주로 임명하여 아울러 [장]돈이 처리하는 것을 돕도록 하였다. 이듬해

---

163) 荐饑: 매해 계속 災荒이 들거나 연속하여 災害가 일어나는 것을 말한다. 『左傳』〈僖公十三年〉에 "晉荐饑."라고 했는데 이에 대한 孔穎達의 疏는 李巡을 인용하여 말하기를, "連歲不熟日荐."이라 하였다. 宋 蘇軾의 〈喜雨亭記〉에는 "五日不雨則無麥 …… 十日不雨則無禾. 無麥無禾, 歲且荐饑, 獄訟繁興, 而盜賊滋熾."라 적고 있다.

(1073) 부주(富州)의 상영오(向永晤)164)가 선조(先朝)에서 하사했던 검(劍) 및 인장을 가지고 와서 귀순하였다. 이어서 [서]광은·[서]광수 등이 역시 투항하였다. 단지 전씨 중에 원맹(元猛)이라는 자가 있었는데 매우 흉악[桀驁]하여 다루기가 어려웠다. 다른 때에 여러 번 서·상 두 부족의 땅을 침탈하였다. [장]돈은 좌시금(左侍禁) 이자(李資)에게 경병(輕兵)을 데리고 가서 초유하도록 하였다. [이]자는, 진주의 유민이었는데, 이전에 장교와 함께 계책을 올린 자였다. 좁고 어리석어 지략이 없으며, 이료(夷獠)를 업신여기다가 결국 의(懿)·흡주(洽州) 만족에게 살해당하였다. [장]돈은 진군하여 의주를 패배시키니 남강의 주동(州峒)이 모두 평정되었다. 거기에 원주(沅州)165)를 설치하였고 의주의 새로운 성을 치소(治所)로 삼았다. 얼마 있다가 다시 성주(誠州)를 설치하였다.

> 元祐初, 傅堯俞·王巖叟言:「沅·誠州創建以來, 設官屯兵, 布列砦縣, 募役人, 調戍兵, 費鉅萬, 公私騷然, 荊湖兩路爲之空竭. 又自廣西融州創開道路達誠州, 增置潯江等堡, 其地無所有, 湖·廣移賦以給一方, 民不安業, 願斟酌廢置.」 朝廷以沅州建置至是十五年, 蠻情安習已久, 但廢誠州爲渠陽軍, 而沅州至今爲郡. 元祐初, 諸蠻復叛, 朝廷方務休息, 痛懲邀功生事. 廣西張整·融州溫嵩坐擅殺蠻人, 皆置之罪. 詔諭湖南·北及廣西路曰:「國家疆理四海, 務在柔遠. 頃湖·廣諸蠻近漢者無所統壹, 因其請吏, 量置城邑以撫治之. 邊臣邀功獻議, 創通融州道路, 侵逼峒穴, 致生疑懼. 朝廷知其無用, 旋卽廢罷; 邊吏失於撫遏, 遂爾扇搖. 其叛酋楊晟臺等並免追討, 諸路所開道路·創置堡砦並廢.」 自後, 五溪郡縣棄而不問.

---

164) 向永晤: 『송사』 「교감기」에 따르면 向永晤의 '永'字가 원래는 빠져 있었는데 上文과 『宋會要』 「蕃夷」 5-85에 의거하여 고친 것이다.
165) 沅州: 唐 天授 2년(691) 巫州를 바꾸어 설치하였고, 치소는 龍標縣(현재 湖南省 黔陽縣 서남쪽 黔城鎭)에 있었다. 관할 영역은 오늘날 湖南省 懷化·洪江市와 黔陽·會同·芷江侗族自治縣·新晃侗族自治縣·通道侗族自治縣·靖州苗族侗族自治縣 및 貴州省 天柱縣 등 지역이었다. 이후에 대체로 축소되었다. 開元 13년(725) 巫川으로 바꾸었다가 大曆 5년(770)에는 敘州로 바꾸었다. 五代 시기에 폐지하였다가 北宋 熙寧 7년(1074)에 沅州로 다시 설치하면서 치소를 盧陽縣(현재 湖南省 芷江侗族自治縣)으로 옮겼다.

[철종] 원우(元祐) 연간(1086~1093) 초에 부요유(傅堯兪)와 왕암수(王巖叟)166)가 다음과 같이 상언하였다. 즉 "원(沅)·성주는 처음 설립한 이래로 관료를 배치하고 주둔하는 군대[屯兵]를 두었으며 채현(砦縣)을 만들었습니다. 역인(役人)을 모집하고 지키는 군사를 조발하는데 많은 비용을 쓰고 있습니다. 이 때문에 공사(公私)가 떠들썩하고 형호 양로(兩路)가 곤궁하여 망가지고 있습니다. 또한 광서(廣西)의 융주(融州)167)에서 성주(誠州)까지 도로를 새로 뚫고 심강(潯江)168) 등 보(堡)를 증설하는데 그곳에서는 있는 것이 없어서 호(湖)·광(廣)에서 부세를 옮겨서 한 곳으로 공급하니 백성들은 생업에 종사할 수가 없습니다. 폐지할 것을 신중히 고려해주시기 원합니다."

조정에서는 원주를 설립한지가 15년에 이르고 만족들의 정서도 이미 적응하고 습관이 된지 오래되었다고 생각하였다. 다만 성주를 폐지하고 거양군(渠陽軍)이라고 하였는데 원주는 지금까지 군(郡)이 되었다. 원우 연간 초에, 여러 만족이 다시 반란을 일으키자 조정에서는 장차 휴식에 힘쓰고 일을 만들어내는 것을 엄격하게 징계하였다. 광서의 장정(張整)169)과 융주(融州)의 온숭(溫嵩)은 제멋대로 만인들을 살해하는데 연루되어 모두 죄로 다스렸다. 호남·북 및 광서로에 조서를 내려서 고유하며 말하였다. 즉 "국가가 사해(四海)와 변강을

---

166) 王巖叟(1043~1093): 字는 彦霖, 大名 淸平(현재 山東省 臨淸市) 사람이다. 宋朝에서 狀元으로 출사하여 조정의 重臣이 되었다. 일찍이 監察禦史·侍禦史·吏部侍郞·開封府知府·左司諫·起居舍人·中書舍人·樞密院直學士簽書院事 등을 지냈다. 일생 동안 재주가 뛰어나면서도 강직하여 아첨하지 않았다고 한다. 정치적 업적을 많이 쌓고 인품이 높아 司馬光·蘇轍·呂公著 등 당시 大臣 名士들의 높은 평가를 받았다. 또한 書法家, 論著家로도 유명하다. 저서에『易詩春秋傳』·『韓魏公別錄』이 있고 전해오는 墨跡으로는『秋暑帖』·『與知府安撫左丞資政劄』·『尺牘』등이 있다.

167) 融州: 隋 開皇 18년(598)에 東寧州를 바꾸어 설치하였는데 치소는 義熙縣(현재 廣西省 融水苗族自治縣)에 있었다.『元和志』卷37〈融州〉에는 "因州界內融山爲名."이라 하였다. 관할 영역은 오늘날 廣西省 融水苗族自治縣·羅城仫佬族自治縣·融安縣 및 三江侗族自治縣 지역에 걸쳐 있었다.

168) 潯江: 廣西省 三江侗族自治縣 동북쪽에 있는 강이다. 融江의 支流이다.『寰宇記』卷166〈融水縣〉에 潯江의 水溪가 "源出敍州西界."라고 되어 있다.『輿地紀勝』卷114〈融州〉에는 潯江이 "『九域志』·『寰宇記』在融水縣. 源出敍州西界, 合部·靖州水, 注本州, 入柳州, 東南至廣州."라 하였다.

169) 張整(?~?): 字는 成伯으로 亳州 贊陽人. 처음에 皇城司 禦龍籍에 소속되어 供奉官을 보좌하였다. 利·文州 都巡檢使를 지냈다. 荊湖의 將領들을 훈련시켜 溪蠻 지역을 개척하고 9성을 쌓았으며, 군대를 감독하였다. 또한 大田에서 蠻族을 진압하는데도 큰 공을 세웠다. 廣西의 鈐轄이 되었을 때는 徭族을 항복시키고, 江州의 酒稅를 받는 것을 감독하였다. 다시 涇原·眞定·京東·環慶 鈐轄을 지낼 때 군기를 엄정하게 다스렸다고 한다. 哲宗이 일찍이 그를 불러서 보고 龍神衛 四廂 都指揮使·管幹馬軍司로 발탁한 바도 있다.『宋史』卷350에 入傳되어 있다.

다스리는 것은 먼 곳에 있는 사람들을 초무하는 데 힘쓰는 것이다. 이전에 호·광의 모든 만족이 한[宋]의 땅에 가까운 곳에 있는 자들도 관할이 통일되지 않아서 그들이 관리가 되겠다고 청하면 헤아려보고 성읍(城邑)을 설치하여 그들을 안무하여 통치하였다. 변방의 신하들이 계책을 올리는 데 공을 다투어 융주의 도로를 새로 개통하였는데 동혈(峒穴)을 침범하게 되니 [만인들의] 의구심을 불러일으키고 말았다. 조정에서는 그것이 쓸데없다는 것을 알아서 곧 폐지할 것이다. 변방의 관리들은 안무하거나 저지하기는커녕 끝내 동요시키고 있다. 그 반란한 추장 양성대(楊晟臺)170) 등을 모두 쫓아가 토벌하는 것을 면해주고, 각 로에 개통한 도로와 새로 설치한 보채(堡砦)도 모두 없애도록 하라." 이후로 오계(五溪)의 군현을 폐기하고 다시 묻지 않았다.

崇寧以來, 開邊拓土之議復熾, 於是安化上三州及思廣峒蒙光明·樂安峒程大法·都丹團黃光明·靖州西道楊再立·辰州覃都管罵等各願納土輸貢賦. 又令廣西招納左·右江四百五十餘峒. 宣和中, 議者以爲「招致熟蕃, 接武請吏, 竭金帛·繒絮以啗其欲, 捐高爵·厚奉以侈其心. 開辟荒蕪, 草創城邑, 張皇事勢, 僥倖賞恩. 入版圖者存虛名, 充府庫者亡實利. 不毛之地, 旣不可耕; 狼子野心, 頑冥莫革. 建築之後, 西南夷獠交寇, 而溪峒子蠻亦復跳梁. 士卒死於干戈, 官吏沒於王事, 肝腦塗地, 往往有之. 以此知納土之義, 非徒無益, 而又害之所由生也. 莫若俾帥臣·監司條具建築以來財用出入之數, 商較利病, 可省者省, 可併者併, 減戍兵漕運, 而夷狄可撫, 邊鄙可亡患矣!」乃詔悉廢所置初郡. 其餘諸蠻, 自乾興以來, 或叛或服, 其類不一, 各以歲月次之.

---

170) 楊晟臺(?~?): 北宋 誠州(현재 貴州省 天柱·錦屛 일대) 사람으로, 苗侗 농민 반란의 수령이다. 宋 哲宗 元祐 원년(1086), 神宗이 죽고 哲宗이 제위에 오른 후 王安石의 改革政策을 폐기하고, 조정이 다시 財政 위기에 들어가자 이듬해에 沅州·誠州를 폐지하였다. 元祐 3년(1088), 誠州 사람인 楊晟臺는 조정의 兵力이 약할 때 난을 일으켜서 廣西·湖南省에는 큰 혼란이 일어났다. 조정에서는 唐義問을 湖北轉運使로 삼아서 군대를 이끌고 토벌하도록 하였으나 반란군은 渠陽道를 끊어버려서 宋의 군사가 나아갈 수 없었다. 唐義問이 곧 그 배후를 둘러싸자 반란군은 막아낼 수 없었다. 元祐 5년(1090)에 수천 명이 도살당하면서 반란은 실패로 돌아갔다.

[휘종] 숭녕(崇寧) 연간(1102~1106) 이래로 변경을 개척하는 논의가 다시 왕성하게 일어났다. 이때에 안화(安化)의 상삼주(上三州) 및 사광동(思廣洞) 몽광명(蒙光明)·악안동(樂安峒) 정대법(程大法)·도단단(都丹團) 황광명(黃光明)·정주(靖州)171) 서도(西道) 양재립(楊再立)·진주(辰州) 담도관매(覃都管罵) 등은 각각 토지를 헌납하고 공부(貢賦)를 납부하기 원하였다. 또한 광서에 명하여 좌·우강 450여 동(峒)을 초납하도록 하였다. [휘종] 선화(宣和) 연간(1119~1125)에 논의하는 사람들은 다음과 같이 생각했다. 즉, "숙번(熟蕃)172)을 불러서 오도록 하여, 오는대로 관리로 삼고, 금백(金帛)과 증서(繒絮)173)를 다 써가며 그들의 욕심을 채워주며 높은 관직과 후한 녹봉을 주어서 그들의 마음을 분에 넘치게 한다. 황무지를 개척하고 성읍을 창립하여 일이 되어가는 형세를 번거롭게 만듦으로써 요행의 무리가 은상을 누린다. 판도(版圖)에 들어온 것은 허명만 있을 뿐이고 부고(府庫)를 채우는 것은 실리(實利)가 없다. 불모의 지역은 이미 경작할 수가 없다. 낭자야심(狼子野心)174)은 완고하고 미욱하여 바꿀 수가 없다. [성읍을] 건축한 후에도 서남의 이료(夷獠)들이 서로 침입하는데다가 계동(溪峒)의 자만(子蠻) 역시 다시 날뛰고 있다. 사졸들이 전쟁[干戈]에서 죽고 관리들은 나라의 일[王事]에서 죽어나가 간뇌도지(肝腦塗地)175)하는 일이 왕왕 있었다. 이 때문에 납토(納土)

---

171) 靖州: 북송 崇寧 2년(1103)에 誠州를 바꾸어 설치하였는데, 치소는 永平縣(현재 湖南省 靖州苗族侗族自治縣 渠水 東岸에 위치, 후에 현재 靖州苗族侗族自治縣으로 옮겼음)에 있었다.『郡縣釋名』『湖廣』卷下에는 "取遠人安靖之義."라고 적고 있다. 관할 영역은 오늘날 湖南省 會同縣·靖州苗族侗族自治縣 및 通道侗族自治縣 서부와 貴州省 天柱·錦屛·黎平 등 縣 지역이었다. 元 至元 13년(1276) 靖州路로 승격되었다.

172) 熟蕃:『송사』「교감기」에 따르면 '熟蕃'의 '蕃'은 원래 '羌'으로 되어 있었으나『宋史』卷495「撫水州傳」과『通考』卷328「四裔考」에 따라 고친 것이다.

173) 繒絮: 繒帛과 絲綿을 말한다. 또한 繒帛과 絲綿으로 만든 의복을 지칭하기도 한다.『史記』「匈奴傳」에 "初, 匈奴好漢繒絮食物."이라고 하였고,『後漢書』「杜茂傳」에서는 "又發委輸金帛繒絮供給軍士, 幷賜邊民."이라는 표현이 있다. 또한 唐 白居易의〈贈內〉시에는 "繒絮足禦寒, 何必錦繡文?"이라는 구절이 있고 宋 葉紹翁의『四朝聞見錄』〈皇甫眞人〉에 보면 "皇甫眞人, 號爲有道術, 善風鑑. 高宗間因大雪中召入, 以手提其所衣繒絮至數襲, 謂皇甫曰: '先生何怕冷耶?'"라고 하였다.

174) 狼子野心: 이리 새끼는 사람이 길들이려고 해도 본래의 野性 때문에 좀체로 길들여지지 않는다는 말로서, 흉포한 사람이나 신의가 없는 사람은 쉽게 敎化시킬 수 없음을 이르는 말이다.『左傳』〈宣公四年〉에 "初, 楚司馬子良生子越椒, 子文曰: '必殺之. 是子也, 熊虎之狀, 而豺狼之聲, 弗殺, 必滅若敖氏矣. 諺曰: "狼子野心."是乃狼也, 其可畜乎!'"라 하였다.『晉書』「苻堅載記」上에도 "臣愚以爲猛獸不可養, 狼子野心."이라는 용례가 있으며,『新唐書』「張九齡傳」에는 "祿山狼子野心, 有逆相, 宜卽事誅之, 以絶後患."이라 묘사하고 있다. 특히 송대에는 異民族의 性情을 묘사할 때 자주 사용되었다.

한다는 것은 단지 아무 이익도 없을 뿐만 아니라 또한 피해를 일으키는 원인이다. 수신(帥臣)176)·감사(監司)들로 하여금 [성읍을] 건축한 이래 재원이 투여된 액수를 따져보아 손익을 비교하여본 다음 생략할 것은 생략하고 더할 것을 더하여 수병(戍兵)과 조운(漕運)을 감소시키는 것이 좋다. 그러면 이적(夷狄)을 가히 안무할 수 있게 되어 변경에 우환이 없게 될 것이다."라고 하였다. 이에 조서를 내려 처음에 설치한 군(郡)을 전부 폐지하도록 하였다. 기타 제만(諸蠻)은 [진종] 건흥(乾興) (1022) 이래 어떤 경우에는 반기를 들고 어떤 경우에는 복종하여 그 종류가 하나가 아니었으니 각각 시간의 순서에 따라서 배열하겠다.

> 乾興初, 順州蠻田彥晏率其黨田承恩寇施州暗利砦, 縱火而去, 夔州發兵擊之, 俘獲甚衆. 彥晏在眞宗朝爲歸德將軍·檢校太子賓客·知順州; 承恩者, 知保順州田彥曉子也. 明年, 彥晏款邊上誓狀, 願還所掠金帛·器械, 且輸粟二千石自贖. 詔拒其粟, 舍其所負金帛, 第令歸掠去戶口. 仍加彥晏寧遠將軍·檢校工部尙書, 承恩檢校國子祭酒兼監察御史, 皆知州如故. 後又有田忠顯者, 與其黨百九人入貢.

[송 진종] 건흥(乾興) 연간(1022) 초에, 순주(順州) 만족 전언안(田彥晏)은 그 도당 전승은(田承恩)을 이끌고 시주(施州)의 암리채(暗利砦)에 침입하였다. 불을 지르고 가버려 기주(夔州)에서는 군대를 동원하여 그들을 공격하여 매우 많은 사람들을 사로잡았다. [전]언안은 진종(眞宗) 조에서 귀덕장군(歸德將軍)·검교태자빈객(檢校太子賓客)·순주 지주 등의 직위를 받았다. [전]승은이라는 자는 보순주(保順州) 지주인 전언효(田彥曉)의 아들이었다. 이듬해에 [전]언안은 변방에서 귀순하여 서장(誓狀)을 올려서 약탈해갔던 금백(金帛)과 기계(器械)177)를 돌려주고, 또한 곡식[粟] 2천 석(石)을 보내어 스스로 속죄하기를 원한다고 하였다.

---

175) 肝腦塗地: 간과 뇌를 땅에 쏟아낸다는 뜻으로, 나라를 위하여 목숨을 돌보지 않고 힘을 다하는 것을 말한다.

176) 帥臣: 宋代에 諸路 安撫司의 長官을 칭하였는데 후에는 統帥, 主將 등으로 사용되었다. 宋 岳飛의 〈奏措置曹成事宜狀〉에는 "仍仰廣東西路帥臣起發逐路洞丁·刀弩手, 將兵士·軍弓手·民兵, 疾速躬親統率前去."라는 용례가 있다.

177) 器械: 일반적으로 공구를 가리키는 총칭으로 사용되나 여기서는 武器를 지칭한다.『舊唐書』「牛仙客傳」에도 "仙客所積, 倉庫盈滿, 器械精勁, 皆如希逸之狀."이라 하여 기계가 무기를 지칭하는 용례가 보인다.

조서를 내려 그 곡식을 거절하고 그들이 빚진 금백을 내버려두고, 단지 약탈해갔던 호구(戶口)를 반환하라고 하였다. 그리고 [전]언안에게 영원장군(寧遠將軍)·검교 공부상서, [전]승은에게는 검교 국자제주 겸 감찰어사를 더하여주고, 둘 다 전처럼 지주를 하도록 해주었다. 이후에도 또 전충현(田忠顯)이라는 자가 그의 무리 109명과 입공하였다

> 天聖二年, 知古州向光普自言, 嘗創佛寺, 請名報國, 歲度僧一人, 許之. 四年, 歸順等州蠻田思欽等以方物來獻, 時來者三百一人, 而夔州路轉運司不先以聞, 詔劾之. 旣而又詔安·遠·天賜·保順·南·順等州蠻貢京師, 道里遼遠而離寒暑之苦, 其聽以貢物留施州, 所賜就給之. 願入貢者十人, 聽二三人至闕下, 首領聽三年一至. 七年, 黔州蠻·舒延蠻·繡州蠻向光緒皆來貢. 九年, 施州屬蠻覃彥綰等寇永寧砦. 景祐中, 澧州屬蠻五百餘人入寇. 時州將崔承祐畏避不以聞, 爲荊湖鈐轄司所奏, 詔劾罷之. 寶元二年, 辰州猺獠三千餘人款附, 以州將張昭懿招輯有功, 進一官.

[송 인종] 천성(天聖) 2년(1024), 고주(古州) 지주 상광보(向光普)가 직접 상언하기를, 일찍이 불사(佛寺)를 창건하였는데 보국(報國)으로 이름 짓고, 해마다 한 명이 승려가 될 수 있도록 청하였다. 허락해주었다. [천성] 4년(1026), 귀순(歸順) 등 주(州)의 만인 전사흠(田思欽) 등이 토산품을 가지고 와서 헌상하였다. 당시에 온 사람들이 301명이었는데 기주로 전운사(轉運司)에서 일이 있기 전에 알리지 않아서 그를 탄핵하라는 조서를 내렸다. 조금 있다가 또 다음과 같은 조서를 내렸다. 안(安)·원(遠)·천사(天賜)·보순(保順)·남(南)·순(順) 등 주의 만족이 경사에 와서 조공을 하였는데 여정이 아주 멀고 한서(寒暑)의 고통을 당하니 공물을 시주(施州)에 두고 거기서 하사품을 주라고 하였다. [또한] 입공을 원하는 사람이 10명이면 2~3명이 궐하(闕下, 조정)에 오는 것을 허락하고, 수령은 3년에 1번 오는 것을 허락한다고 하였다. [천성] 7년(1029), 검주만(黔州蠻)·서연만(舒延蠻)·수주만(繡州蠻)[178] 상광서(向光緒)가 모두 와서 조공하였다. [천성] 9년(1031), 시주(施州) 소속 만인 담언관(覃彥

---

178) 繡州: 唐 武德 6년(623)에 林州를 바꾸어 설치하였는데, 치소는 常林縣(오늘날 廣西省 桂平市 서남쪽 下灣鎭)에 있었다. 天寶 원년(742)에 常林郡으로 바꾸었다가, 乾元 원년(758)에 다시 繡州라고 하였다. 관할 영역은 오늘날 廣西省 桂平市·平南縣 남부 지역이었다. 북송 開寶 6년(973)에 폐지하였다.

縉) 등이 영녕채(永寧砦)에 침입하였다. 경우(景祐) 연간(1034~1037), 예주(澧州)에 소속된 만인 5백여 명이 침입하였다. 당시에 주장(州將) 최승우(崔承祐)는 두려워서 피하고 [위에] 보고하지 않았다고, 형호(荊湖) 검할사(鈐轄司)에서 상주하자 그를 탄핵하여 파면하라는 조서를 내렸다. 보원(寶元) 2년(1039)에 진주(辰州) 길료(犵獠) 3천여 명이 귀부하여 주장(州將) 장소의(張昭懿)가 초무하는 데 공이 있어서 관품을 1등급 높여주었다.

慶曆三年, 桂陽監蠻獠內寇, 詔發兵捕擊之. 蠻獠者, 居山谷間, 其山自衡州常寧縣屬于桂陽・郴連賀韶四州, 環紆千餘里, 蠻居其中, 不事賦役, 謂之獠人. 初, 有吉州巫黃捉鬼與其兄弟數人皆習蠻法, 往來常寧, 出入溪峒, 誘蠻衆數百人盜販鹽, 殺官軍, 逃匿峒中, 旣招出而殺之, 又徙山下民他處. 至是, 其黨遂合五千人, 出桂陽藍山縣華陰峒, 害巡檢李延祚・潭州都監張克明. 事聞, 擢楊畋提點刑獄, 督攻討事, 久之不克. 遂詔湖南轉運使郭輔之等招撫之, 始於湖南置安撫司. 蠻所至殺掠居民, 縱火劫財物, 被害者甚衆. 詔被害者幷入山捕蠻, 土兵蠲復有差. 初, 發兵捕蠻, 至或誤殺良民, 仁宗命訪之, 口給絹五匹, 仍拊其家. 時蠻勢方熾, 又遣殿中侍御史王絲・三司度支副使徐的經制. 降敕書委知潭州劉沆招諭, 能自歸者第錄以官. 沆大發兵臨之, 以敕書從事, 降二千餘人, 使散居所部, 錄其首領鄧文志・黃文晟・黃士元皆爲三班奉職. 又以內殿承制亓贇・崇班胡元嘗在石硠峒捕殺有勞, 進贇莊宅副使, 元禮賓副使, 時四年冬也.

[인종] 경력(慶曆) 3년(1043), 계양감(桂陽監)179)의 만족 요(獠)가 내지에 침입하였다. 군대를 출동하여 그들을 사로잡거나 죽이라[捕擊]는 조서를 내렸다. 만족 요들은 산과 계곡 사이에 거주하는데 그 산은 형주(衡州)180) 상녕현(常寧縣)181)에서 계양과 침(郴)182)・연

---

179) 桂陽: 북송 太平興國 연간(976~983) 초에 郴義縣을 바꾸어 두었는데 郴州에 속하였다. 치소는 오늘날 湖南省 汝城縣의 남쪽에 있었다. 太平興國 3년(978)에 치소를 오늘날 汝城縣으로 옮겼다. 元代에는 郴州路에 속하였고 明・清 시대에는 郴州에 속했다.
180) 衡州: 隋 開皇 9년(589)에 설치하였는데 치소는 衡陽縣(현재 湖南省 衡陽市)에 있었다. 衡山이 있어 衡州라고 이름 지었는데 관할 영역은 오늘날 湖南省 衡山・常寧・來陽 사이의 湘水 유역에 해당한다. 元 至元 14년(1277)에 衡州路로 바꾸었다.

(連)183)·하(賀)184)·소(韶)185) 4주에 이어서 천여 리를 둘러싸고 있다. 만족들은 그 가운데에 살며 부역을 하지 않았는데 그들을 요인(獠人)이라고 부른다. 당초에 길주(吉州)의 무당 황착귀(黃捉鬼)와 그 형제 몇 명이 모두 만법(蠻法)에 익숙해서 상녕(常寧)에 왕래하고 계동에 출입하였다. [그리하여] 만인 수백 명을 꾀어내어 관염이 아닌 사염을 판매하며 관군을 죽이고 동 안으로 숨어 들어갔다. 얼마 후 이들을 꾀어 불러내 죽이고 또한 산 아래의 백성들을 다른 곳에 옮겨 살도록 하였다. 이때에 이르러 그 도당들은 합하여 5천 명이 되었다. 계양 남산현(藍山縣)186) 화음동(華陰峒)187)에서 나와서 순검(巡檢)188) 이연조(李延祚)와 담주(潭州) 도감(都監) 장극명(張克明)을 살해하였다. 일이 보고되자 양전(楊畋)189)을 제점형옥

---

181) 常寧縣: 唐 天寶 원년(742)에 新寧縣을 바꾸어 두었고 衡陽郡(후에 衡州로 바꿈)에 속했다. 치소는 오늘날 湖南省 常寧縣 서북쪽에 있었다.

182) 郴州: 隋 開皇 9년(589)에 설치하였는데, 치소는 郴縣(현재 湖南省 郴州市)에 있었다. 관할 영역은 오늘날 湖南省 永興縣 이남에 있는 耒水 유역과 藍山·嘉禾·臨武·宜章 등 縣 지역이다. 五代 後晉 天福 연간(936~943) 초에 敦州로 바꾸었다가, 後漢 乾祐 연간(948~950) 초에 郴州로 다시 바꾸었다.

183) 連州: 隋 開皇 10년(590)에 설치하였고, 치소는 桂陽縣(현재 廣東 連州市)에 있었다. 『元和志』卷29에는 連州가 "因黃連嶺爲名."이라고 하였다. 관할 영역은 廣東省 連州市·陽山縣 및 連山 牧族瑤族自治縣·連南瑤族自治縣 지역이었다.

184) 賀州: 隋 開皇 9년(589)에 陳을 멸망시킨 후에 두었고, 치소는 臨賀縣(현재 廣西省 賀縣 동남쪽 賀街鎭)에 있었다. 『元和志』卷37〈賀州〉에는 "賀水出州東北界, 西流, 又注臨水, 郡對臨·賀二水, 故取名焉."이라 기록되어 있다. 관할 영역은 廣西省 賀縣·鍾山·富川 등 縣 지역에 해당한다.

185) 邵州: 唐 貞觀 10년(636) 南梁州를 바꾸어 두었는데 치소는 邵陽縣(현재 湖南省 邵陽市)에 있었다. 관할 영역은 오늘날 湖南省 冷水江市 이남 資水 유역이었다.

186) 藍山縣: 唐 天寶 원년(742)에 南平縣을 바꾸어 두었는데 桂陽郡에 속하였고 후에는 郴州에 속했다. 치소는 오늘날 湖南省 藍山縣 동북쪽 古城村에 있었다. 『寰宇記』卷117〈郴州藍山縣〉에는 "因縣南藍山爲名也."라고 되어 있다. 五代 시기에 치소를 藍山縣으로 옮겼다. 北宋代에는 桂陽監에 속했고, 南宋에서는 桂陽軍, 元代에는 桂陽路에 속하였다.

187) 華陰峒: 오늘날 湖南省 臨武縣 서남쪽 30리에 위치한 곳이다.

188) 巡檢: 일반적으로 巡視를 뜻한다. 『魏書』「張彝傳」에 "每東西馳使有所巡檢, 彝恒充其選."이라 하였고 唐 白居易의〈錢唐湖石記〉에는 "其石函·南筧·並諸小筧閘, 非溉田時, 並須封閉築塞, 數令巡檢."이라 한 것은 순시하여 검사하는 것을 의미한다. 다음으로 官署의 명칭으로는 巡檢司와 官名으로 巡檢使를 생략하여 巡檢이라고 지칭하는데 五代 後唐 莊宗 때부터 사용하기 시작하였다. 宋代에는 京師府界의 東西 兩路에 각기 都同巡檢 2명을 두었고 京城 四門에는 巡檢 각 1명을 두었다. 또한 沿邊, 沿江, 沿海 등에 巡檢司를 두어 甲兵을 훈련시키고 州邑을 巡邏하는 임무를 맡아 職權이 꽤 중요하였다. 후에는 所在하는 縣令의 통제를 받았다. 明淸 때에는 대체로 鎭市와 要害處에 巡檢司를 설치하여 縣令의 管轄을 받도록 하였다.

(提點刑獄)으로 발탁하여 공격하고 토벌하는 일을 감독하도록 하였지만 오래되어도 이기지 못했다. 결국 호남 전운사 곽보지(郭輔之) 등에게 그들을 초무하고 호남에 처음으로 안무사(安撫司)를 설치하라는 조서를 내렸다. 만인들이 가는 곳마다 거주민을 살해하고 약탈하며, 방화하고 재물을 빼앗아 피해자가 매우 많았다. 조서를 내려 피해자들이 함께 산으로 들어가 만인을 사로잡도록 하고, 토병(土兵)에게는 차등을 두어 [부역을] 덜어주거나 면제하였다. 처음에 군대를 일으켜 만인을 포획하면서 때로는 양민을 오인하여 살해하기도 하였다. 인종(仁宗)190)은 그들을 방문하여 조사하여 한 사람당 견(絹) 5필을 지급하고 그 가족들을 위로하

---

189) 楊畋(?~?): 字는 樂道, 保靜軍 節度使 楊重勳의 曾孫이다. 進士에 급제한 후 秘書省校書郞·並州錄事參軍을 제수받았고, 다시 大理寺丞·知岳州 등을 지냈다. 慶曆 3년(1043), 湖南 猺人 唐和 등이 州縣에 침략했을 때 殿中丞·提點刑獄에 발탁되어 도적의 일을 다스리게 되었다. 楊畋은 병사들을 모집하여 峒에 깊이 들어가 토벌을 시도하였으나 남방에서 오랫동안 전쟁이 없었던 터라 士卒들은 두려워하고 전투를 못해서 처음에 大兵이 거의 궤멸되었다. 하지만 끝내 6峒을 평정한 공으로 太常博士에 옮겼다. 얼마 지나지 않아서 部將 胡元이 전사하면서 知太平州로 강등되었다. 몇 년 후 蠻族들이 더욱 기세를 부리자 東染院使·荊湖南路兵馬鈐轄에 제수되었다. 만족들은 楊畋이 왔다는 소식을 들으면 모두 두려워하여 嶺을 넘어 남쪽으로 도망갔다. 또한 韶州·連州 등지에 가서 그들을 招安하라는 조서를 받고 만족들이 峒에서 나오면 토지를 주고 양민으로 삼겠다고 하여 효과를 거두었다. 이듬해에 만족들이 다시 陽山으로 나오자 楊畋은 15번이나 싸워서 적들을 궤멸시켰으나 瘴疾에 걸려서 귀환하였다. 蠻族들을 평정하고 돌아온 다음에는 儂智高의 난을 평정하는 데에도 관련하였다. 후에 河東轉運使, 三司戶部副使, 吏部員外郞, 龍圖閣直學士, 知諫院 등을 역임하였다.

190) 仁宗(趙禎, 1010~1063; 재위 1023~1063): 북송의 네 번째 황제이다. 眞宗의 여섯 번째 아들로서 생모는 李宸妃이다. 그가 즉위할 때부터 劉太后가 垂簾聽政하였는데 明道 2년(1033)에 태후가 사망하면서 친정하기 시작하였다. 그의 재위기간 동안 가장 중요한 군사적 충돌 대상은 바로 西夏였다. 서하의 景宗인 李元昊는 즉위 후 그의 부친 李德明의 정책을 바꾸어 송을 공격하면서 延州, 好水川, 定川 등에서 송군을 패배시켰다. 韓琦, 范仲淹 등이 호수천 전쟁의 실패로 貶職되었다. 정천의 전역에서 서하는 병사를 나누어 직접 關中을 치려고 했지만 송 原州(지금의 甘肅 鎭原) 知州인 景泰의 완강한 저항으로 全軍이 패배하면서 관중을 점거하려는 전략적 목표가 실패로 돌아갔다. 이렇게 연이은 전쟁으로 서하의 국력이 피폐해지자 마침내 양국 간에 和議가 성립되었다. 서하가 송에 대해 稱臣하고 송은 서하에게 매년 絹 13만 필, 은 5만 냥, 차 2만 근을 歲賜해주기로 하였으니 이를 역사에서는 "慶曆和議"라 칭하며, 이후 약 50년 동안 평화가 지속되었다. 한편 요 興宗 때 요가 송의 국경을 침범하였는데, 송과 요가 협의하여 歲幣를 증가해주는 조건으로 澶淵의 맹약을 유지하는 평화 협의를 이루었다. 이 외에도 국내에서 皇祐 4년(1052), 儂智高가 반란을 일으켜 廣西, 廣東 등지를 석권하자 인종은 狄靑, 余靖 등 장군을 보냈다. 이듬해 적청이 昆侖關을 습격하여 儂智高를 평정하였다. 그 다음 해에 농지고가 大理國에서 사망하면서 인종기의 반란이 평정되었다.

대체로 인종의 재위기간 서하와의 화의와 요와의 맹약이 유지되면서 장기간에 걸친 평화가 지속되고

라고 명령하였다. 당시에 만인들의 세력이 마침 거세져서 다시 전중시어사(殿中侍御史) 왕사(王絲)와 삼사탁지부사(三司度支副使) 서적(徐的)[191]을 파견하여 처리하여 다스리도록 하였다. 초유(招諭)하는 칙서를 담주 지주 유항(劉沆)에게 맡겨서 내렸는데 스스로 귀부할 수 있는 자는 기록된 순서에 따라서 관직을 주도록 하였다. [유]항은 대규모로 군대를 일으켜 거기에 갔는데 칙서대로 일을 처리하여 2천여 명을 항복시키고 소속된 곳에서 분산하여 거주하도록 하였다. 그 수령 등문지(鄧文志)·황문성(黃文晟)·황사원(黃士元)을 기록해주어 모두 삼반봉직(三班奉職)[192]이 되었다. 또한 내전승제(內殿承制) 기윤(兀贇)과 숭반(崇班)[193] 호원(胡元)이 일찍이 석애동(石磑峒)에서 포획하거나 살해하는 데 공로가 있어 [기윤은 장

송의 경제도 발전하였다. 그러나 요와 서하에 대한 대비로 인해 冗兵 문제가 심각하여 전국의 군사 숫자가 총 125만 9천 명에 이르러 재정 면에서 賦稅의 7할이 소요되었다. 이로 인해 재정문제가 야기되자 慶曆 연간(1041~1048) 범중엄이 10대 정책을 내세웠으니 "明黜陟, 抑僥幸, 精貢擧, 擇官長, 均公田, 厚農桑, 修武備, 減徭役, 覃恩信, 重命令" 등이었으며, 이 당시의 개혁을 慶曆新政이라 하였다. 다만 1년 4개월 후 보수파의 반격으로 신정이 중단되었다. 인종의 재위기간 대체적으로 큰 전쟁이 없었고, 대내적으로 큰 변화가 없었지만 재정적 모순이 갈수록 심화되어갔던 잠재적 위기상황을 배태했다고 할 수 있다. 이후 신종의 개혁은 이러한 인종 대에 누적된 모순을 해결하기 위해 시도된 것이라 할 수 있다.

191) 徐的(?~?): 字는 公准, 建州 建安人이다. 進士에 급제한 후 欽州軍州推官으로 관직을 시작하였다. 尙書屯田員外郞·知臨江軍 등을 지낸 다음 廣南西路 提點刑獄에 발탁되었다. 安化州蠻이 將吏들을 공격하여 죽이자 소속된 部卒들이 두려워서 반란을 모의하고 있을 때 徐的은 宜州로 달려가서 그들을 위로하면서 달래서 해결하였다. 知舒州를 지내고, 荊湖北路 轉運使로 옮겼을 때는 辰州蠻 彭士義가 침입했으나 徐的이 恩信을 보여주어 蠻黨이 잘못을 뉘우치고 스스로 물러났다. 이후 淮南·江·浙·荊湖制置發運使, 工部郞中 등을 지냈고, 區希範·蒙趕 등이 衡湘에 침략했을 때는 그들을 招撫하여 蠻酋들의 항복을 받아냈다. 다시 蠻族들이 반란을 일으키자 度支副使·荊湖南路安撫使를 제수받고 桂陽에 가서 많은 무리들의 항복을 받았다. 또한 徐的은 欽景·石磑·華陰·水頭 諸峒에서 항복하지 않은 자들을 모두 평정하여 추장 熊可淸 등 천여 명을 참수하였다. 桂陽에서 죽었다.
192) 三班奉職: 宋代의 武職으로 東·西·橫 三班으로 나뉘어 있었다. 入仕者는 먼저 三班借職이 되었다가 三班奉職으로 바뀐다. 순서에 따라 승진하면 최고로 節度使가 될 수 있었다.『宋史』「太宗紀」2에는 "[淳化 二年] 乙酉, 置內殿崇班, 左右侍禁, 改殿前承旨爲三班奉職."이라 하였고,『宋史』「職官志」9에는 "武臣三班借職至節度使敍遷之制: 三班借職, 三班奉職, 右班殿直, 左班殿直, 右侍禁, 左侍禁, 西頭供奉官, 東頭供奉官, 內殿崇班 …… 節度使."라고 하였다.
193) 崇班: 宋代 武臣의 官名으로 內殿崇班과 같은 것이다.『宋史』「職官志」9에는 "武臣三班借職至節度使敍遷之制 …… 東頭供奉官轉內殿崇班, 內殿崇班轉內殿承制."라 하였고, 宋 李心傳의『建炎以來朝野雜記』「官制」3〈勳官〉에는 "國朝遁唐制, 文臣朝官, 武臣崇班以上, 遇恩輒加之."라고 적고 있다.

택부사(莊宅副使)로, [호]원은 예빈부사(禮賓副使)로 진급하였는데 이때는 [경력] 4년(1044) 겨울이었다.

> 五年二月, 餘黨唐和等復內寇, 乃詔湖南安撫·轉運·提點刑獄便宜從事. 又特賜官兵土丁錢有差. 於是沅檄楊畋等八路入討, 覆蕩桃油平·能家源等, 皆其巢穴, 捕斬首級甚衆. 詔官兵有功者九百餘人第遷一資, 錄其應募討擊者道州進士十四人, 並官之. 然唐和等猶未平. 又詔:「如聞賊黨欲降, 其罷出兵, 逃匿者諭使歸復, 州縣拊存之.」是冬, 蠻復入寇, 與胡元及右侍禁郭正·趙鼎·殿侍王孝先戰于華陰峒隘口, 元等死之, 劉沆·楊畋皆坐黜. 以劉夔代沆為安撫使, 夔言:「唐和等旣敗官軍, 殺將吏, 聚衆益自疑, 恐寖為邊患, 願以詔書招安, 就補溪峒首領.」詔可.

[경력] 5년(1045) 2월에 잔당[餘黨] 당화(唐和) 등이 다시 내지에 침입하였다. 이에 호남 안무·전운·제점형옥이 편의종사(便宜從事)[194]하도록 조서를 내렸다. 또한 관병과 토정(土丁)에게 차이를 두어 돈[錢]을 특별히 하사하였다. 이때에 [유]항은 양전 등에게 8로(路)에서 진병하여 토벌하자는 격문을 보내 도유평(桃油平)·능가원(能家源) 등을 소탕하였는데 모두 그들의 소굴[巢穴]이었고, 매우 많은 사람들을 포획하여 참수하였다. 관병 가운데 공이 있는 사람 9백여 명을 순서에 따라 1자(資)씩 옮겨주었고, 토벌할 때 모집에 응한 사람으로 기록된 도주(道州)[195]의 진사(進士) 14명도 모두 관직을 주었다. 그런데도 당화 등이 아직 평정되지 않았다. 다시 "만약 적당들이 투항하기를 원한다면, 출병을 그만둘 것이다. 도망하거나 숨은 자들은 달래어 [고향으로] 복귀시킨 후 주현(州縣)에서 돌봐줄 것이다."라는 조서를 내렸다. 같은 해 겨울에 만족이 다시 침입하여 호원 및 우시금(右侍禁)[196] 곽정(郭正)과 조정(趙鼎),

---

194) 便宜從事: 임금이 使節을 보낼 때 무슨 일을 정해서 맡기지 아니하고, 가서 형편에 따라 좋을 대로 하라는 일.

195) 道州: 唐 貞觀 8년(634) 南營州를 바꾸어서 두었는데, 치소는 營道縣(현재 湖南省 道縣 서쪽). 天寶 원년(742)에 江華郡으로 바꾸었다가 乾元 원년(758)에 다시 道州라 하였는데 치소는 弘道縣(宋에서는 營道縣으로 바꿈. 오늘날 湖南省 道縣)이었다. 관할 영역은 오늘날 湖南省 道縣·新田·寧遠·江永 및 江華瑤族自治縣의 지역이었다. 元에서는 道州路로 바꾸었다.

196) 右侍禁: 송대의 武職 散官名으로 政和 2년(1112)에 忠翊郎으로 개명하였다.

전시(殿侍) 왕효선(王孝先)이 화음동의 험하고 좁은 입구[隘口]에서 전투하였다. [호]원 등은 전사하였고, 유항과 양전은 모두 죄를 짓고 쫓겨났다. 유기(劉夔)를 [유]항 대신 안무사로 삼았다. [유]기는 "당화 등이 이미 관군을 격파하고 장리(將吏)를 살해한 다음, 많은 무리들이 더욱 동요하고 있으니 아마도 점점 더 변방의 걱정거리가 될까 두렵습니다. 초안(招安)한다는 조서를 내려 이에 [그 우두머리를] 계동의 수령으로 보임하시기 바랍니다."라고 상언하였다. [그렇게 해도] 된다는 조서를 내렸다.

是時, 湖湘騷動, 兵不得息. 六年夏, 仁宗顧謂輔臣曰:「官軍久戍南方, 夏秋之交, 瘴癘爲虐, 其令太醫定方和藥, 遣使給之.」自是繼賜緡錢. 未幾, 夔言敗唐和於銀江源. 轉運使周沆亦言指揮辛景賢招降賊黨五十六戶二百五十九人, 錄其首領, 戒所部拊存之. 先是, 命三司戶部判官崔嶧爲體量安撫, 往議討除·招安二策, 旣而知桂陽監宋守信奏:「唐和嘯聚千餘眾爲盜, 五六年卒未能克者, 朝廷不許窮討故也. 今衡州監酒黃士元頗習溪峒事, 願得敢戰士二千·引路土丁二百, 優給金帛, 使之逐捕, 必得然后已, 幷敕沆贄等合力以進. 彼旣勢窮, 必將款附.」詔用其策, 於是大發兵討之. 其眾果懼, 遁入郴州黃莽山, 由趙峒轉寇英·韶州, 依山自保. 是冬, 帝閔士卒暴露, 復諭執政密戒主帥安恤.

이때에 호상(湖湘) 지역이 소란하여 군대가 휴식할 수 없었다. [경력] 6년(1046) 여름, 인종은 보필하는 신하들을 돌아보면서 다음과 같이 말하였다. 즉 "관군이 오랫동안 남방을 지키고 있는데 여름과 가을이 바뀌는 계절에 풍토병[瘴癘][197]이 창궐하여 태의(太醫)에게 처방과 약을 준비하도록 하였으니 사신을 보내어 갖다주도록 하라." 이때부터 계속하여 민전(緡錢)을 하사하였다. 얼마 지나지 않아서 [유]기가 은강원(銀江源)에서 당화를 패배시켰다고 상언하였다. 전운사 주항(周沆) 역시 지휘 신경현(辛景賢)이 적당 56호(戶) 259명을 타일러 항복시키고 그 수령을 발탁하고, 관할 지방관으로 하여금 그들을 안무하도록 하였다고

---

197) 瘴癘: 瘴厲라고도 한다. 습하고 더운 지역에서 생기는 독기인 瘴氣. 혹은 瘴氣를 받아서 생기는 질병으로 악성 瘧疾 등의 풍토병이다. 『北史』「柳述傳」에 "述在龍川數年, 復徙寧越, 遇瘴癘死."라는 용례가 보인다.

상언하였다. 이전에 삼사호부판관(三司戶部判官) 최역(崔嶧)을 체량(體量) 안무사(安撫使)로 삼아서 토벌할 것인가 아니면 설득하여 불러들여 안정시킬 것인가의 두 방안을 놓고 상의하도록 한 바 있었다. 얼마 지나지 않아서 지계양감(知桂陽監) 송수신(宋守信)이 다음과 같이 상주하였다. 즉,

"당화가 천여 무리를 불러모아 도둑이 되었는데 5~6년이 지나도 끝내 이기지 못하는 것은 조정에서 끝까지 토벌하는 것을 허락하지 않았기 때문입니다. 지금 형주(衡州) 감주(監酒) 황사원(黃士元)이 계동의 사정에 무척 익숙하니 원하옵건대 용감하여 전투를 잘하는 사병 2천과 길을 인도할 토정(土丁) 2백을 얻어서 금백(金帛, 재물)을 넉넉하게 주고 그들이 뒤쫓아가서 잡도록 하면 반드시 성과가 있을 것입니다. 또한 기윤 등에게 힘을 합하여 진공하라고 칙서를 내려주십시오. 그들은 이미 기세가 다 꺾여서 반드시 귀부[款附]할 것입니다."

그의 계책을 채용하도록 조서를 내리고 이때에 대규모로 파병하여 그들을 토벌하였다. [당화와] 그의 무리들이 과연 두려워서 침주(郴州)의 황망산(黃莽山)[198]으로 도망쳐 들어갔다. 조동(趙峒)에서부터 선회하여 영주(英州)[199]와 소주에 침입하더니 산을 의지하여 차지하였다. 이해 겨울에 황제(인종)는 사졸들이 비바람에 고생[暴露][200]하는 것을 불쌍하게 여겨서 집정(執政)에게 다시 고유(告諭)하기를, 토벌보다 초납책을 쓰라고 비밀리에 주사(主帥)에게 알리라고 하였다.

七年, 唐和遣其子執要領詣官, 自言願貸糧米, 居所保峒中. 時楊畋復爲湖南鈐轄, 詔趨連・韶州山下, 與廣南東・西轉運使共告諭之, 使以兵械上官, 質其親屬. 詔補唐和・盤知諒・房承映承泰・文運等五人爲峒主, 授銀青光祿大夫・檢校國子祭酒兼監

---

198) 黃莽山: 오늘날 湖南省 郴州市 남쪽에 위치한다. 『續資治通鑑』〈北宋 慶曆 6년(1046)〉에는 "瑤民遁入郴州黃莽山, 由趙峒轉入英・韶州界, 依山自保, 時出抄掠."이라는 기록이 있다.
199) 英州: 五代 시기 南漢 乾和 5년(947)에 두었는데 치소는 湞陽縣(현재 廣東省 英德市)에 있었다. 『方輿紀要』卷102〈英德縣〉에는 "英山在縣東二十五里, 州以此名."이라 하였다. 관할 지역은 오늘날 廣東省 英德市에 해당한다. 북송 宣和 2년(1120)에 眞陽郡이라는 賜名을 내렸고, 남송 慶元 원년(1195)에는 英德府로 승격되었다.
200) 暴露: 일반적으로 남의 비밀이나 비행 따위를 파헤쳐서 남들 앞에 드러내놓는 일을 뜻하지만 원문에서는 비바람에 직접 노출되는 것, 즉 풍우에 드러나는 것을 가리킨다.

察御史·武騎尉. 知諒等, 蓋唐和黨也. 至冬, 其衆悉降.

[경력] 7년(1047), 당화는 그의 아들을 보내어 중요한 수령을 잡아 관청에 가도록 했다. 식량[糧米]을 바치고, 지키고 있는 동(峒) 안에서 살고 싶다고 스스로 말하였다. 당시에 양전(楊畋)은 다시 호남 검할을 맡고 있었다. 조서를 내리기를 연주(連州)와 소주(韶州)의 산 아래로 빨리 쫓아가서 광남(廣南)의 동·서 전운사와 함께 그들을 고유(告諭)하여 그들의 병기를 관청에 올리고 그들의 친속(親屬)을 인질로 잡으라고 하였다. 당화·반지량(盤知諒)·방승영(房承映)·[방]승태(房承泰)·문운(文運) 등 5명을 동주(峒主)에 임명하고, 은청광록대부(銀青光祿大夫)·검교 국자제주 겸 감찰어사·무기위(武騎尉)를 제수한다는 조서를 내렸다. [반]지량 등은 대부분 당화의 도당이었다. 겨울이 되자 그의 무리들은 전부 투항하였다.

皇祐五年, 邵州蠻舒光銀因湖南安撫司自陳捍御之勞, 願於峒中置中勝州, 詔可. 嘉祐二年, 羅城峒蠻寇澧州, 發兵擊走之. 三年, 以施州蠻向永勝所領州爲安定州. 五年, 以邵州蠻楊光倩知徽州. 光倩, 通漢之子也. 通漢, 慶曆初嘗入貢, 旣死, 光倩襲之. 舊制, 溪峒知州卒, 承襲者許進奉行州事, 撫遏蠻人, 及五年, 安撫司爲奏給敕告. 至是, 光倩行州事七年, 無他過, 故命之.

[인종] 황우(皇祐) 5년(1053), 소주(邵州) 만족 서광은(舒光銀)은 호남 안무사(安撫司)를 통해 방위[捍御]한 공로를 스스로 아뢰며, 동(峒) 내에 중승주(中勝州)201)를 설치해줄 것을 원하였다. [그렇게 해도] 된다는 조서를 내렸다. 가우(嘉祐) 2년(1057), 나성(羅城)202)의 동만(峒蠻)이 예주(澧州)에 침입해오자 군대를 보내어 그들을 격퇴하였다. [가우] 3년(1058), 시주(施州)의 만족 상영승(向永勝)이 소유한 주를 안정주(安定州)로 삼았다. [가우] 5년(1060), 소주 만족 양광천(楊光倩)을 휘주(徽州)203) 지주(知州)로 삼았다. [양]광천은 통한(通漢)의

---

201) 中勝州: 오늘날 湖南省 洞口縣 南郊 花山村이다.
202) 羅城峒: 오늘날 湖南省 張家界市 서쪽에 위치해 있었다. 『方輿紀要』卷77 〈永定衛·那平關〉條 下에는 "又有羅城峒, 在(大庸)所西. 本蠻峒. 宋嘉祐二年, 羅城峒蠻寇澧州, 州兵擊卻之."라는 기록이 보인다.

아들이다. 통한은 경력 연간 초에 일찍이 입공(入貢)한 적이 있는데 그가 죽은 후에 [양]광천이 계승하였다. 예전의 제도는 계동의 지주가 죽으면 승습(承襲)204)한 자가 주의 업무를 처리하며 만인들을 통제하도록 허용하였다. 5년이 되면 안무사(安撫司)는 칙고(敕告)를 달라고 상주하였다. 이때에 [양]광천이 주(州)의 업무를 처리한 지 7년이 되었고 다른 과실이 없었기 때문에 그를 임명한 것이다.

---

203) 徽州: 五代 시기에 楚에서 武陽砦를 바꾸어 설치하였다. 치소는 武陽砦(오늘날 湖南省 綏寧縣 동북쪽 蘇洲村)에 있었다. 北宋 元豐 4년(1081)에 蒳竹縣으로 바꾸었다.
204) 承襲: 아버지의 封爵을 이어받음.

참고문헌

동북아역사재단 편, 『譯註 中國正史 外國傳 1~15』, 동북아역사재단, 2009~2012
『二十五史』, 北京: 中華書局(標點校勘本), 1959~1977

江少虞, 『宋朝事實類苑』, 上下卷, 上海: 上海古籍出版社, 1981
范成大, 『桂海虞衡志』, 成都: 四川民族出版社, 1986
謝啓昆(淸), 『廣西通志』, 臺北: 商務印書館 影印本
徐松(淸), 『宋會要輯稿』, 臺北: 新文豊出版公司 影印本, 1977
楊士奇(明), 『歷代名臣奏議』, 文淵閣四庫全書 影印本, 1983
王象之, 『輿地紀勝』 200卷, 宋元地理志叢刊本, 成都: 四川大學出版社, 2005
王存, 『元豊九域志』 10卷, 北京: 中華書局, 1984
李燾, 『續資治通鑑長編』, 上海師範學院古籍整理研究室·華東師範大學古籍整理研究室(點校), 北京: 中華書局, 1985
丁傳靖, 『宋人軼事彙編』, 中華書局 點校本, 北京: 中華書局, 1981
趙汝愚, 『宋朝諸臣奏議』 上下卷, 北京大學中國中古史研究室校點校本, 上海: 上海古籍出版社, 1999
趙汝适, 『諸蕃志』, 北京: 中華書局, 2000
周去非, 『嶺外代答』, 北京: 中華書局, 1999
陳邦瞻(明), 『宋史紀事本末』 全3册, 北京: 中華書局, 1977
邵伯溫, 『邵氏聞見錄』, 李劍雄·劉德權(點校), 北京: 中華書局, 1983

신채식, 『宋代對外關係史研究』, 한국학술정보, 2008
龔蔭, 『中國土司制度』, 昆明: 雲南民族出版社, 1992
馬大正 主編, 『中國邊疆經略史』, 中州古籍出版社, 2000
閣明恕, 『中國古代和親史』, 貴陽: 貴州民族出版社, 2003
吳永章, 『中國土司制度淵源與發展史』, 成都: 四川民族出版社, 1988
吳永章, 『瑤族史』, 成都: 四川民族出版社, 1993
王文光·龍曉燕·陳斌, 『中國西南民族關係史』, 北京: 中國社會科學出版社, 2005

李雲泉,『朝貢制度史論: 中國古代對外關係體制研究』, 北京: 新華出版社, 2004
丁謙,『宋史外國傳地理考證』(浙江圖書館叢書), 蓬萊閣地理學叢書本, 1915
池澤滋子,『丁謂研究』, 成都: 巴蜀書社, 1998
王柯, 김정희 역,『민족과 국가-중국 다민족통일국가 사상의 계보』, 동북아역사재단, 2005

金城奎,「宋代 西南 '蠻夷'의 分布諸相과 朝貢의 推移」,『역사문화연구』 19, 2003
김성규,「西南蠻夷 對宋朝貢의 契機와 貢期」,『宋遼金元史研究』 8, 2003
金容完,「南宋時代 西南部地域 少數民族 變亂 研究」,『宋遼金元史研究』 8, 2003
박지훈,「宋代 異民族 性情에 대한 認識」,『京畿大 人文科學論文集』 7, 1999
박지훈,「宋代 異民族 國家에 대한 認識」,『外大史學』 12, 2000
박지훈,「北宋代 華夷論의 性格」,『이화사학연구』 29, 2002
박지훈,「북송대 禦戎論과 華夷論」,『역사문화연구』 30, 2008
박지훈,「북송대 王安石의 대외관과 화이론」,『동양사학연구』 106, 2009
박지훈,「북송대 西南 蠻夷에 대한 정책과 華夷論」,『역사문화연구』 43, 2012
郭成波,「試論宋朝的羈縻州管理」,『中國歷史地理論叢』, 2000-1
郭成波,「唐宋雅州邊外羈縻州部族探考」,『中國歷史地理論叢』, 2000-4
管彦波,「中國古代史上的民族融合問題(上)」,『歷史教學』, 2001-8
羅康隆,「唐宋時期西南少數民族羈縻制度述評」,『懷化師專學報』 18-1, 1999
段玉明,「大理國的周邊關係」,『雲南社會科學』, 1997-3
戴可來,「宋代越南對中國的朝貢」,『世界史研究動態』, 1980-11
馬强,「論唐宋西南史志及其西部地理認識價値」,『史學史研究』, 2005-3
馬新,「古代中外關係史研究中的史料問題」,『山東大學學報』(哲學社會科學版), 1990-4
方鐵,「宋朝經營廣西地區述論」,『廣西民族研究』, 2001-2
方鐵,「唐宋元明清的治邊方略與雲南通道變遷」,『中國邊疆史地研究』, 2009-1
徐杰舜・羅樹杰,「宋遼夏金民族政策特點管見」,『黑龍江民族叢刊』, 1993-3
徐杰舜,「宋遼夏金民族互動過程述論」,『貴州民族研究』, 2005-3
聶静洁,「2004年中外關係史百年學術回顧與展望-國際學術研討會簡報」,『中國史研究動態』, 2005-2
楊永俊,「我國古代民族羈縻統治政策的變遷及其原因探究」,『西北史地』, 1999-2
楊宗亮,「唐宋時期滇東南桂西南的民族關係」,『雲南大學民族學報』, 1998-1
玉時階,「唐宋羈縻制度對廣西瑤族社會歷史發展的影響」,『廣西民族學院學報』, 1984-1
于愛華,「論北宋王朝的地緣政治形勢及其西南應對方略」,『思想戰線』, 2009-1

劉復生, 「岷江上游宋代的羌族羈縻州」, 『中國邊疆史地研究』, 1997-1
李榮村, 「宋元以來湖南東南的猺區」, 臺灣中華叢書編審委員會(編), 『宋史研究輯』 8, 1976
李雲泉, 「略論宋代中外朝貢關係與朝貢制度」, 『山東師範大學學報』, 2003-2
李昌憲, 「宋王朝在西南地區的統治」, 『南京大學學報』(人文哲史版), 1990-3
林榮貴, 「北宋與遼的邊疆經略」, 『中國邊疆史研究』 10-1期, 2000
林天蔚, 「宋代猺亂編年記事」, 臺灣中華叢書編審委員會(編), 『宋史研究輯』 6, 1971
張文, 「兩宋政府的少數民族賑濟措施芻議: 兼論宋朝民族政策的轉變傾向」, 『民族研究』, 2002
張文, 「兩宋時期西南地區的民族衝突與社會控制」, 『西南師範大學學報』(人文社會科學版), 2004-6
田玉隆, 「土司制與羈縻制, 土官與流官的關係和區別」, 『貴州大學學報』, 1988-3
程妮娜, 「强力與綏懷: 遼宋民族政策比較研究」, 『文史哲』, 2006-3
程苹, 「論宋代治理湖南瑤族的政策」, 『中南民族學院學報』(人文社會科學版), 2000-2
曹江紅, 「中國與周邊國家關係學術研討會綜述」, 『中國史研究動態』, 2010-4
趙永忠, 「宋朝對西南民族衝突的和斷: 以成都府路和梓州路爲例的考察」, 『貴州民族研究』, 2010-1
陳森甫, 「宋元以來江西西南山地之畲蠻」, 「國立編譯館館刊」 1-4, 1983
漆俠, 「宋代的瑤族和壯族」, 『中南民族學院學報』, 1982-4
黃純艷, 「藩服自有格式: 外交文書所見宋朝與周邊諸國的雙向認識」, 『學術月刊』, 2008-8
黃純艷·王小寧, 「熙寧戰爭與宋越關係」, 『廈門大學學報 哲學社會科學版』, 2006-6
岡田宏二, 「宋代溪洞蠻の社會とその變質について」, 『上智史學』 16, 1971
岡田宏二, 「唐宋時代洞庭湖及其以南的少數民族」, 『世界華學季刊』 1-4, 1980
谷口房男, 「唐宋時代の平蠻頌について」, 『白山史學』 18, 1975
上西泰之, 「北宋期の荊湖路溪洞蠻地開拓について」, 『東洋史研究』 54-4, 1996
佐竹靖彦, 「宋代四川夔州路の民族問題と土地所有問題」, 『史林』 50-1·51-1, 1967·1968
河原正博, 「宋初における中越關係」, 『法政大學文學部紀要』 18, 1973

邱樹森 主編, 『中國歷史職官辭典』(修訂本), 南昌: 江西教育出版社, 1998
譚其驤 主編, 『中國歷史地圖集』, 第6册: 宋·遼·金時期, 北京: 中國地圖出版社, 1982
譚其驤 主編, 『中國歷史大辭典-歷史地理』, 上海辭書出版社, 1996
史爲樂 主編, 『中國歷史地名大辭典』, 中國社會科學出版社, 2005
『中國歷史大辭典』(宋史), 上海辭典出版社, 1984

서남계동제만전 하, 매산동·성휘주·남단주전 (西南溪峒諸蠻傳 下, 梅山峒·誠徽州·南丹州傳)

송사(宋史) 권494 만이(蠻夷) 2

- 역주: 김상범
- 교열: 박지훈

宋史 外國傳 譯註

「서남계동제만전 하, 매산동·성휘주·남단주전 (西南溪峒諸蠻傳 下, 梅山峒·誠徽州·南丹州傳)」 해제

　송대 형호로(荊湖路) 일대는 여러 민족들이 잡거하던 지역으로 무강(武岡) 일대에만 계동이 780여소에 달할 정도로 복잡한 종족분포를 보인다. 형호로의 계동제만(溪峒諸蠻)들은 경력(慶曆) 2년(1042)에 발생한 황촉귀(黃促鬼)의 반란이나 휘종(徽宗) 시기 해마다 발생한 오계군현(五溪郡縣) 계동만(溪峒蠻)의 반란에 보이듯이, 끊임없이 송의 지방정부를 괴롭혔다. 이런 이유로 형호로에는 중병(重兵)이 주둔했는데, 형남부(荊南府)에는 금군(禁軍) 11개 지휘부, 담주(潭州)에는 금군 12개 지휘부, 진주(辰州)에는 금군 3개 지휘부, 소주(邵州)에는 금군 2개 지휘부, 전주(全州)에는 금군 3개 지휘부가 배치되었다. 희·풍(熙·豊) 연간(1068~1085)에는 전투력을 증강시키기 위해 주요 병력을 삼장(三將)으로 재편하기도 했으며, 남송 순희(淳熙) 연간(1174~1189)에는 호남비호군(湖南飛虎軍)을 설치하기도 했다. 하지만 계동제만에 대하여 송조는 무력진압과 안무(安撫)를 병행하면서도 안무를 주로 하는 정책을 펼쳤다. 계동 가운데 지용(智勇)이 뛰어난 자를 선발하여 추장으로 내세우고, 송조의 관직을 주어 다스리게 하는 기미정책을 시행한 것이다.

　이러한 정책은 「서남계동제만(西南溪峒諸蠻)」 하(下)에도 그대로 반영되어 있는데, 고종(高宗) 소흥(紹興) 3년(1133)에는 반란이 연이어 발생한 원인을 무강군(武岡軍) 계동 의보(義保)의 폐단 때문인 것으로 파악하고 신료들이 개정을 요구하는 일이 발생하였으며, 다음 해에는 형호남북로(荊湖南北路)에서 계동 토인(土人) 수령과 연장자들에게 은상(恩賞)을 하사하였다. 소흥 6년(1136)에는 계동사병(溪峒司兵)을 초모(招募)하여 둔전을 지급하고 궁노수(弓弩手)로 훈련시키자는 장학(張嚳)의 건의가 수용되었고, 또한 소흥 7년(1137)에는 형호로와 광남로(廣南路) 계동 수령의 자손이 관직과 업무를 계승할 수 있도록 허락하였다. 이러한 정책으로 계동제만의 귀부가 이어지기도 했는데, 소흥 10년(1140)에는 금주(琴州) 계동 양진웅(楊進顯)이 족속을 거느리고 귀부하였고, 소흥 14년(1144)에는 무강군 수녕현(綏寧縣) 관계도순검(管界都巡檢) 겸 계동 수령인 양진경(楊進京)이 귀부하기도 했다.

하지만 12세기 중엽 이후 다시 계동의 반란이 빈발하였는데, 소흥 24년(1154)에는 조정에 귀의했다가 배반하고 무강군에서 수차례 반란을 일으킨 양정수(楊正修)·양정공(楊正拱) 형제가 참형에 처해졌다. 효종(孝宗) 건도(乾道) 원년(1165)에는 의장(宜章) 동적(峒賊) 이금(李金)이 침주(郴州)를 함락하고 계양군(桂陽軍)을 전소시킨 바 있다. 이어서 순희 3년(1176)에는 정주(靖州) 요인(傜人) 요명교(姚明敎)의 반란이, 순희 6년(1179)에는 노양(盧陽) 서부에서 요족(獠族) 양첨조(楊添朝)의 반란이 발생했다. 영종(寧宗) 가정(嘉定) 원년(1208)에는 침주 흑풍동(黑風峒)의 요인 나세전(羅世傳)이 변경을 침략하였고, 다음 해에도 요인 이원려(李元礪)와 나맹이(羅孟二)가 강서(江西)를 침공하기도 했다. 이러한 사태에 직면하여 송 정부가 강경책을 고집할 수는 없었다. 순희 10년(1184)에 급사중(給事中)·중서사인(中書舍人)·호부장이(戶部長貳)들에게 직접 명령을 내려 요인의 전답을 저당 잡아 생업을 박탈하는 행위를 엄금하였고, 가태(嘉泰) 3년(1203)에는 호남 9군의 사직(使職)에 만이(蠻夷) 추장을 임명하여 만이 스스로 동족들을 통치하게 했다. 이 부분에 대한 『송사(宋史)』 「만이전(蠻夷傳)」의 기록은 상세한 내용을 담고 있어서, 여타 사료와 대조하면서 인용한다면 서남 계동제만의 실상에 대해서 상당부분 접근할 수 있을 것으로 판단된다.

「서남계동제만」 하에서 두 번째로 서술하고 있는 매산(梅山)은 담주(潭州)·소주(邵州)·진주(辰州)·정주(靖州)에 인접한 지역으로, 현재 호남성 중부의 신화(新化)와 안화(安化)의 접경지대에 위치했다. 당말·오대 이래로 '매산요(梅山獠)', '매산동(梅山峒)', '매산만(梅山蠻)'의 명칭으로 사료에 출현하기 시작한다. 북송 전기까지 매산동은 송과 통교하지 않고 정치·군사적으로 독립적인 지위를 유지하였으며, 강력한 군사력으로 북송을 침공하곤 하였다. 태종 개보 8년(975)에는 소주(邵州)의 무강(武岡)과 담주(潭州)의 장사(長沙) 지역을 공략하여 주(州)의 군사 삼분의 일을 궤멸시키고, 지소주(知邵州) 이계륭(李繼隆)에게 중상을 입히기도 하였다. 태평흥국(太平興國) 2년(977)에도 좌갑수령(左甲首領) 포한양(苞漢陽)과 우갑수령(右甲首領) 돈한릉(頓漢凌)이 또다시 변경을 침공했는데, 『속자치통감장편(續資治通鑑長編)』에는 당시 매산동이 한족 대리(大吏)와 부인(富人)들의 지지를 받고 있었던 것으로 기록되어 있다. 결국 태종은 객성사(客省使) 적수소(翟守素)로 하여금 담주병을 이끌고 진압하게 했으며, 현지 한족과 매산동의 교왕을 차단하고 전면적으로 봉쇄하는 방법을 통해 겨우 평정할 수 있었다.

송 정부가 매산동 문제의 실마리를 풀기 시작하는 것은 인종(仁宗) 가우(嘉祐) 연간(1056~1063)부터인데, 『속자치통감장편』에는 가우 원년(1056) 지담주(知潭州) 유원유(劉元瑜)가 적극적인 초유정책을 통해서 마침내 400여 명의 추장들을 회유하고 1,100호를 호적에 올렸다는 기사가 보인다. 희녕 5년(1072)에는 마침내 전(前) 호남전운부사(湖南轉運副使) 범자기(范子奇)의 건의대로 매산동만(梅山峒蠻)을 귀속시키고 주현을 설치하게 되는데, 산지에 신화현(新化縣)을 설치하고 소주(邵州)로 예속시켰다. 『속자치통감장편』에는 당시 매산 사태에 대한 왕안석(王安石)의 견해를 비롯하여 상세한 기록이 남아 있어서 함께 이용할 수 있다.

성주(誠州)와 휘주(徽州)는 현재 호남성(湖南省) 정주현(靖州縣), 수녕현(綏寧縣) 일대에 위치한다. 송 건덕(乾德) 원년(963)에 호남절도사 주행봉(周行逢)이 사망하고 서주(敍州)자사 종존지(鍾存志)가 낭주(郎州)로 퇴각한 틈을 타서 양정암(楊正岩)과 그 일족이 일대를 장악하고 십동(十洞)이라고 일컬었다.

태평흥국(太平興國) 4년(979)에 십동수령 양온(楊蘊)이 처음으로 내부했으며, 다음 해에는 양통보(楊通寶)가 정식으로 입공하여 성주자사에 임명하였다. 향후 송조와 성·휘주의 십동세력은 좋은 관계를 유지하였다. 후에 양씨 세력이 번성하며 여러 분파로 발전하여 성·휘주를 3주 1진으로 지칭하기도 했는데, 성주·휘주·고성주(古誠州), 융영진(融嶺鎭)을 가리킨다.

남단주(南丹州)는 막씨(莫氏) 일족이 지배해왔는데, 개보(開寶) 7년(974)에 처음으로 내부하였다. 대관(大觀) 원년(1107)에 적극적인 정책을 채택하여 막공녕(莫公佞)을 살해하고 남단주를 관주(觀州)로 개칭하였다. 이에 막씨 세력의 반격이 계속되었는데, 송조는 결국 막공녕의 동생 막공성(莫公晟)에게 남단주를 돌려주고 관주(觀州)는 고봉채(高峰砦)로 옮기게 된다. 향후 분쟁이 그치지 않다가, 소흥(紹興) 24년(1154)에 이르러 다시 조공을 바쳤으며, 27주 135현이 기미주현으로 편입되었다.

관련 사실에 대해서는 『송사』 「만이전」 외에 『송사』 「지리지」와 범성대(范成大)의 『계해우형지(桂海虞衡志)』를 참조할 수 있다.

宋史 外國傳 譯註

「서남계동제만전 하, 매산동·성휘주·남단주전(西南溪峒諸蠻傳 下, 梅山峒·誠徽州·南丹州傳)」 역주

西南溪峒諸蠻 下
서남계동제만 하

紹興三年, 臣僚言:「武岡軍溪峒舊嘗集人戶爲義保, 蓋其風土·習俗·服食·器械悉同徭人, 故可爲疆場捍蔽, 雖曰籍之於官, 然亦未嘗遠戍. 靖康間, 調之以勤王, 其後湖南盜起, 征斂百出, 義保無復舊制, 困苦不勝, 乃舉其世業, 客依蠻峒, 聽其繇役. 州縣猶驗舊籍催科, 胥隸及門, 則挈家遠徙, 官失其稅, 蠻獠日强. 兼武岡所屬三縣, 悉爲徭人所有, 遠戍之實已無, 而鄉戶弩手之名尚在, 歲取其直, 人戶咨怨. 乞擇本路監司詳議以聞.」詔從之.

[송 고종(高宗)] 소흥(紹興) 3년(1133)에 신료(臣僚)들이 상언하기를 "무강군(武岡軍)[1]의 계동(溪峒)[2]에서 예전에 인호(人戶)들을 모아서 의보(義保)[3]로 삼은 바 있는데, 그 풍토나

---

[1] 武岡軍: 北宋 崇寧 5년(1106)에 설치되었으며 치소는 武岡縣에 위치하였다. 관할 범위는 현재 湖南省 武岡·新寧·綏宇·洞口와 城步苗族自治縣·通道侗族自治縣 일대에 해당한다.

[2] 溪峒: '溪洞'으로도 표기한다. 고대에 苗族·侗族·壯族과 그들의 거주 지역을 일컬을 때 사용하던 용어로 『隋書』『煬帝紀』下에 이미 '계동'이라는 용어가 출현하였다("高涼通守洗珤徵擧兵作亂, 嶺南溪洞多應之.").

[3] 義保: 집단적인 자위조직이나 단체를 일컫는다. 『後漢書』『任延傳』에 "於是徼外蠻夷夜郎等慕義保塞, 延遂止罷偵候戍卒."이라는 내용이 보이고, 宋代 岳飛의 〈梁興渡河狀〉에도 "飛先來結約太行山忠義保社, 密

습속·복식·기계(器械) 등 모든 것이 요인(徭人)4)들과 같아서, 이들을 통해 변경을 방위하는 것이 가능하지만, 비록 관부(官府)에 입적(入籍)되어 있기는 해도, 아직 원방(遠方)에 파견해서 수비를 하도록 하지 않았습니다. 정강(靖康) 연간(1126)에 그들을 징발하여 왕실에 충성을 다하게 했는데, 그 후 호남(湖南)에서 도적들이 들고 일어나자, 징발과 가렴주구가 속출하였고, 의보(義保)도 더 이상 구제(舊制)와 같지 않아서 견딜 수 없이 힘들어서 마침내 세업(世業)을 거두어 만동(蠻峒)5)의 객호로 의탁하여, 그들의 요역(繇役)을 대신 맡았습니다. 하지만 주(州)와 현(縣)에서는 여전히 옛 호적에 따라 부세를 재촉하여 거두어서, 서리들이 문에 다다르면 가솔(家率)을 이끌고 멀리 떠나버립니다. 관부는 점차 세수를 상실하게 되고 만료(蠻獠)6)는 나날이 강해졌습니다. 더구나 무강(武岡)에 속한 3현(三縣)은 모두 요인(徭人)들의 소유였는데, 원방(遠方) 방어는 실제로는 이미 없어졌는데도 향호(鄕戶)7)와 노수(弩手)8)의 명목만은 여전히 남아 있습니다. 해마다 이들 명목으로 수취하여 사람들마다 원성이 자자

爲內應."이라는 내용이 보인다.

4) 徭人: 史書에 徭·猺·傜·徭人·徭民·蠻徭·莫徭 등으로 다양하게 표기되는데, 대체로 徭役을 면제받는 蠻夷를 의미한다. 『隋書』 권32 「地理志」에 "長沙郡又雜有夷蜑, 名曰莫徭. 自云其先祖有功, 常免徭役, 故以爲名."이라 하였고, 漢 이래로 모두 槃瓠의 種이라고 전해진다. 周去非의 『嶺外代答』에도 "徭人者, 言其持徭役與中國也."라고 기록되어 있다. 한족의 남방 진출과 압박으로 山林으로 들어가 살면서 賦稅를 내지 않아서, 송대에는 "莫徭"라고도 불렀다. 중화인민공화국 성립 이후 이들의 명칭을 瑤族으로 통일하였다.

5) 蠻峒: 남방 토착민족들의 거주지나 그곳에 거주하는 주민을 일컫는 용어이다. 송대 陸遊의 『老學庵筆記』 卷3에도 "節竹杖蜀中無之, 乃出徼外蠻峒."이라 하여 '蠻峒'을 지칭하는 내용이 보인다.

6) 蠻獠: 주로 서남지역의 소수민족을 멸시하는 卑稱으로 사용된다. 唐 玄奘의 『大唐西域記』〈迦摩縷波國〉편에 "此國東山阜連接, 無大國都, 境接西南夷, 故其人類蠻獠矣."라는 내용이 보인다. 宋代 孔平仲이 지은 『孔氏談苑』의 〈朱砂膏治白花蛇毒〉편에도 "州連蠻獠, 三月草長蛇盛, 則當防戍."라는 내용이 언급된다.

7) 鄕戶: 일반적으로 향촌의 住戶를 지칭할 때 사용하는 용어지만, 송대에는 주로 재산을 가진 평민 그 가운데에서도 地主로서 官府의 職役을 전담하는 계층을 가리킬 때 사용되었다. 宋 趙彦衛의 『雲麓漫鈔』 卷12에 "國朝州郡役人之制, 衙前入役曰鄕戶, 曰押錄, 曰長名."이라는 기록이 보이고, 『宋史』『食貨志』에도 "役人必用鄕戶, 爲其有常産, 則自重."이라는 내용이 출현한다.

8) 弩手: 弩를 사용하는 군인으로 弓箭手라고도 한다. 商周시대에 이미 출현하였고, 춘추전국시대에 대규모 정비를 갖춘 부대로 등장하였다. 『宋史』 卷190 「兵志」에는 "荆湖南北有弩手, 土丁"이라 하여 송대에는 형호남북로에 노수가 배치되었음을 보여준다. 『宋書』 「索虜傳」에는 "又募天下弩手, 不問所從, 若有馬步衆藝武力之士應科者, 皆加厚賞."이라 하였고, 『宋史』 「兵志」 4에도 "荆湖南北有弩手·土丁."이라는 내용이 보인다.

합니다. 청하건대, 본로(本路)의 감사(監司)를 선발하여 상의하게 한 후에 보고하게 하십시오." 조(詔)를 내려 이에 따르도록 하였다.

> 四年, 辰州言, 歸明保靜·南渭·永順三州彭儒武等久欲奉表入貢. 詔以道路未通, 俾荊湖北帥司慰諭, 免赴闕. 遣人持表及方物赴行在, 仍優賜以答之. 九月, 詔荊湖南·北路溪峒頭首土人及主管年滿人合給恩賜, 俾各路帥司會計覆實以聞.

[소흥] 4년(1134), 진주(辰州)에서 상언하기를, 귀부(歸附)한 보정(保靜)·남위(南渭)9)·영순(永順) 세 주에서 팽유무(彭儒武) 등이 이미 오래전부터 표(表)를 올려서 입공하고 싶어 한다고 하였다. 조(詔)를 내려서 아직 도로가 개통되지 않았으므로, 형호북수사(荊湖北帥司)로 하여금 위로하도록 하고, 궁궐에까지 오는 것을 면해주었다. [그런데] 사람을 파견하여 표와 토산품을 가지고 황제의 행소(行所)10)에 도착하여 더욱 많이 하사해줌으로써 답례해주었다. 9월, 형호남북로(荊湖南北路), 계동(溪峒)의 토인(土人) 수령들과 주관하는 사람들에게 조를 내려서, 은상(恩賞)을 하사하기에 부합하는 나이든 사람들을 각 로(路)의 수사(帥司)11)들로 하여금 그 실태를 조사하여 보고하게 하였다.

> 六年, 知鼎州張鶚言:「鼎·澧·辰·沅·靖州與溪峒接壤, 祖宗時嘗置弓弩手, 得其死力, 比緣多故, 遂皆廢闕. 萬一蠻夷生變, 將誰與捍禦? 今雖各出良田, 募人以補其額, 率皆豪强遣僮奴竄名籍中, 乘時射利, 無益公家, 所宜汰去. 則募溪峒司兵得三百人, 俾加習練, 足爲守禦, 給田募人開墾, 以供軍儲.」 詔荊湖北路帥司相度以聞.

---

9) 南渭(州): 南宋 때 渭州를 개명하여 설치되며, 치소는 현재 湖南省 永順縣 서남일대에 있었다.
10) 行(在)所: 天子가 있는 곳이나, 巡行 중에 천자가 도달한 지역을 지칭할 때 사용하는 용어로서 여기서는 남경을 지칭한다. 宋 李綱의 『編類建炎制詔奏議表劄集敍』에도 "某建炎初, 自領開封府事, 蒙恩除尙書右僕射兼中書侍郎, 以六月一日至南京行在所供職."이라고 언급한 바 있다.
11) 帥司: 송대 路級 행정기구에서 군사업무를 담당하는 按撫司를 일컫는 말이다. 수사 외에 路級 직관으로는 司法과 刑獄을 맡는 提點刑獄司 '憲司'와 財賦와 轉運을 담당하는 轉運司 '漕司', 常平倉과 錢穀貸放을 맡는 提擧常平司 '倉司'가 있었다. 帥·漕·憲·倉 네 가지 주요 직무를 四司라고 부른다.

> 帥司言:「營田四州舊置弓弩手九千一百一十人, 練習武事, 散居邊境. 鎭撫蠻夷, 平居則事耕作, 緩急以備戰守, 深爲利便. 靖康初, 調發應援河東, 全軍陷沒. 今辰·沅·澧·靖等州乏兵防守, 竊慮蠻夷生變巨測. 若將四州弓弩手減元額, 定爲三千五百人, 辰州置千人, 沅州置千五百人, 澧州·靖州各置五百人, 分處要害, 量給土田, 訓練以時, 耕戰合度, 庶可備禦. 以所餘閑田募人耕作, 歲收其租, 其於邊防財賦, 兩得其便, 可爲經久之計.」詔從之.

　　[소흥] 6년(1136) 지정주(知鼎州) 장학(張鸒)이 상언하기를 "정주(鼎州)12)·예주(澧州)·진주(辰州)·원주(沅州)·정주(靖州)는 계동(溪峒)과 접경으로, 조상[祖宗] 때부터 궁노수(弓弩手)를 설치하여 그들이 사력을 다해왔는데, 최근 여러 이유로 모두 폐지해버렸습니다. 만일 만이(蠻夷)가 변란을 일으키면, 앞으로 누구와 함께 막을 수 있겠습니까? 지금 비록 각지에서 양전(良田)이 나오면 사람들을 모집하여 정원을 채우고 있다지만, 사실은 모두 호강(豪强)들이 노복[僮奴]13)을 보내서 부당하게 입적하고 기회를 이용하여 이익을 채우는 것이니, 국가에는 전혀 무익한 바 마땅히 도태시켜야 합니다. 바로 계동사병(溪峒司兵) 300명을 불러모아 그들을 훈련시키면 충분히 방어가 가능하니, 모집한 사람들에게 전답을 주어 개간시키고, 이를 군대의 경비로 충당하면 됩니다."라고 하였다. [이에] 형호북로(荊湖北路)14) 수사(帥司)에게 조서를 내려 서로 의논한 뒤 보고하게 하였다. 수사가 [다음과 같이] 상언하였다. "영전(營田)15)의 네 주는 과거에 궁노수 9,110인을 두고, 전술을 훈련시킨 뒤 변경에 분산시

---

12) 鼎州: 북송 大中祥符 5년(1012)에 郎州를 개명하여 鼎州라고 불렀는데, 이곳에서 출토된 神鼎에서 지명이 유래했다고 한다. 치소는 武陵縣으로 현재 湖南省 常德市에 해당된다. 관할 범위는 현재 호남성의 常德·漢壽·沅江·桃源 등의 縣市를 포함하며, 南宋 乾道 원년(1165)에 常德府로 승격되었다.
13) 僮奴: 일반적으로 奴僕을 지칭하는 용어로서, 『漢書』『王莽傳』上에 다음과 같은 내용을 볼 수 있다. "僮奴衣布, 馬不秣穀, 食飮之用, 不過凡庶."
14) 荊湖北路: 北宋 초에 처음 설치했으며 치소는 江陵府에 두었는데 현재 湖北省 荊沙市에 해당된다. 雍熙 연간(984~987)에 형호남북로를 합병했다가 至道 3년(997)에 전국을 15개 路로 개편하면서, 다시 荊湖北路와 南路로 분할된다. 南宋 초에는 전란으로 인해 형호북로가 설치되지 못하여, 紹興 원년(1131)에 잠시 荊湖路를 동서로 분할했으나, 다음 해인 소흥 2년(1132)에 다시 남로와 북로로 나누었고, 치소도 江陵으로 확정하였다. 하지만 남송 시기의 형호북로의 면적은 북송 때에 비해 상당부분 축소되었다. 예하에는 江陵府, 德安府 등 2개 府와 10개 州, 2개 軍, 53개 縣이 설치되었다.

켜 거주하면서, 만이를 진무(鎭撫)하게 하였습니다. 평소에는 경작에 종사하게 하고 위급할 때에는 전투와 방어를 대비하도록 하였으니 매우 편리하였습니다. 정강(靖康) 초(1126)에 하동(河東)지역을 지원하기 위해서 이들을 선발하여 파견했으나, 전군이 궤멸당하게 되었습니다. 현재 진주(辰州)·원주(沅州)·예주(澧州)·정주(靖州) 등지에는 지킬만한 병사들이 거의 없으니, 만이들이 예측하지 못한 변고를 일으킬까 심히 두렵습니다. 만약 4주 궁노수의 정원을 원래보다 감소하여 3,500명으로 정한다면, 진주에 1,000명, 원주에 1,500명, 예주와 정주에는 각각 500명을 안배하여 요지마다 나누어 배치한 뒤, 측량하여 토지를 지급하고 정기적으로 훈련을 시켜서 농경과 훈련을 적당하게 한다면, 충분히 방어할 수 있을 것입니다. 이렇게 사람들을 모집하여 남아도는 토지를 경작하게 해서 해마다 그 조세를 거두면 변경방어와 부세수입, 즉 일거양득이니 장구한 계책으로 삼을 수 있을 것입니다." 조서를 내려 이에 따르도록 하였다.

> 七年六月, 張鶚言:「湖外自靖康以來, 盜賊盤踞, 鍾相·楊太山·雷德進等相繼叛, 澧州所屬尤甚, 獨慈利縣向思勝等五人素號溪峒歸明, 誓掌防拓, 卒能保境息民, 使德進賊黨無所剽掠, 思勝後竟殺德進. 會官軍招撫劉智等, 而彭永健·彭永政·彭永全·彭永勝及思勝共獻糧助官軍, 招復諸山四十餘柵, 宣力効忠功居多, 宜加恩賞.」詔思勝等五人各轉兩資. 九月, 詔荊湖·廣南路溪峒頭首土人內有子孫應襲職名差遣, 及主管年滿合給恩賜之數, 俾帥司取會覈實以聞.

[소흥] 7년(1137) 6월, 장학(張鶚)이 상언하기를 "호외(湖外)에서는 정강(靖康) 이래로 도적들이 도처에 자리 잡고, 종상(鍾相)·양태산(楊太山)·뇌덕진(雷德進) 등이 연이어 반란을 일으켰는데, 특히 예주(澧州)에 속한 곳이 더욱 심했지만, 유독 자리현(慈利縣)[16]의 상사승(向思勝) 등 5인은 평소 계동(溪峒)을 칭하며 귀부를 분명히 하고, (도적을) 방어할 것을

---

15) 營田: 현재 湖南省 汨羅市 서쪽 31리 지점에 있는 營田村 일대를 가리킨다. 이전에는 湘陰縣에 속하였다.
16) 慈利縣: 隋 開皇 18년(598) 零陵縣을 개명하여 慈利縣으로 부르기 시작하며, 당시에는 崇州에 속하였다. 치소는 현재 湖南省 慈利縣에 해당하며, 明 隆慶 연간(1567~1572)의 『岳州府志』卷7에 따르면 慈利縣의 명칭은 "以土俗淳慈, 得物産利"에서 유래했다고 한다.

맹세하였는데, 능히 지경(地境)을 지키고 백성들을 편안히 하여, [뇌]덕진 도적무리로 하여금 약탈할 수 없게 했을 뿐 아니라, [상]사승은 후일 마침내 [뇌]덕진까지 살해했습니다. 마침 관군(官軍)이 유지(劉智) 등을 초무(招撫)할 때에는 팽영건(彭永健)·팽영정(彭永政)·팽영전(彭永全)·팽영승(彭永勝)과 함께 [상]사승이 곡량을 바쳐 관군을 도왔고, 여러 산지의 40여 성채[柵]를 수복했으니, 힘을 다해 충성한 공로가 큰 만큼 마땅히 은상(恩賞)을 더해야 합니다."라고 하였다. 조서를 내려 [상]사승 등 5인에게 각각 [관직을] 두 단계[兩資] 올려주었다. 9월에는, 형호로(荊湖路)17)와 광남로(廣南路)18)에 조서를 내려 계동(溪峒) 토착인 수령[頭首]들19) 가운데 자손이 있으면 마땅히 관직과 실제 직무[差遣]를 계승할 수 있게 했으며, 주관(主管)이 나이가 차서 은상을 하사하기에 부합한 조목은 수사(帥司)에게 실태를 조사하여 보고하게 하였다.

九年, 宜章峒民駱科作亂, 寇郴·道·連·桂陽諸州縣, 詔發大兵往討之, 獲駱科. 餘黨歐幼四等復叛, 據藍山, 寇平陽縣, 遣江西兵馬都監程師回討平之.

[소흥] 9년(1139),20) 의장(宜章)21)의 동민(峒民) 낙과(駱科)가 반란을 일으키고, 침(郴)·도(道)·연(連)22)·계양(桂陽) 등 여러 주현(州縣)을 공격해오자, 조서(詔書)를 내려

---

17) 荊湖路: 북송 雍熙 연간(984~987)에 荊湖南路와 北路를 통합하여 설치되었다. 치소는 江陵府에 있었는데, 현재 湖北省 荊沙市 荊州區의 옛 江陵縣城 지역이다. 관할 지역은 상당히 광범위하여, 현재 湖南省 전역과 湖北省의 荊山·大洪山 이남 지역을 포괄한다. 至道 3년(997)에 다시 남북로로 분리되었다.
18) 廣南路: 북송 開寶 연간(968~983)에 嶺南轉運使가 설치되면서 廣南路로 지칭하기 시작하였다. 치소는 현재 廣東省 廣州이다. 관할 범위는 현재 廣東省·廣西省과 海南省 3성을 포괄한다. 端拱 원년(988)에 廣南西路와 廣南東路로 분리되었다.
19) 頭首: 일반적으로 頭領이라는 의미로 사용되며, 이곳에서는 蠻族의 우두머리를 지칭한다. 당대 韓愈는 〈論變鹽法事宜狀〉에서 "請令所由切加收捉, 如獲頭首, 所在決殺."이라고 언급한 바 있으며, 송대 岳飛의 〈平蕩盜賊功賞劄子〉에도 "虔盜如陳顒·羅閑十等四百餘黨, 自爲頭首, 各成寨柵."이라는 내용이 보인다.
20) 九年: 『宋史』 校勘記에 따르면 『宋史』 卷29 『高宗紀』와 『建炎以來繫年要錄』 卷138에서는 모두 '十年'으로 기록해놓았다.
21) 宜章: 북송 太平興國 초에 太宗 趙光義의 이름을 避諱하여 義章縣을 宜章縣으로 개명하였다. 郴州의 속현으로 치소는 현재 湖南省 宜章縣이다.
22) 連州: 隋 開煌 10년(590)에 처음 설치되며, 치소는 桂陽縣으로 현재 廣東省 連州市이다. 『元和郡縣志』

많은 군사를 보내 토벌했으며 낙과도 생포하였다. 잔당인 구유사(歐幼四) 등이 다시 반란을 일으켜, 남산(藍山)23)을 근거지로 삼고 평양현(平陽縣)24)을 공격했는데, 강서25) 병마도감(江西兵馬都監) 정사회(程師回)를 파견하여 토벌하였다.

> 十年, 承信郎琴州溪峒楊進顯等率族屬歸生界五百餘戶·疆土三百餘里, 獻累世所造兵器及金爐·酒柸各一, 求入覲, 詔本路帥司敦遣以行. 十二年, 詔以施州南砦路夷人向再健襲父思遷充銀青光祿大夫·檢校國子祭酒兼監察御史·武騎尉·知懿州事.

[소흥] 10년(1140), 승신랑(承信郎) 금주(琴州)26) 계동(溪峒) 양진옹(楊進顯) 등이 부족을 이끌고 귀부(歸附)해왔는데, 인구가 500여 호, 강토가 300여 리였다. 여러 대에 걸쳐 제조한 병기와 금화로·술잔 각각 하나씩을 진상하였으며, 입근(入覲)27)하겠다고 청하여, 조서를 내

卷29에는 連州라는 지명이 黃連嶺에서 유래한다("因黃連嶺爲名.")고 언급하고 있다. 大業 연간(605~616) 초에 熙平郡으로 개명했다가, 唐 武德 4년(621)에 다시 連州로 회복된다. 天寶 원년(742)에는 連山郡으로 바뀌었다가 乾元 원년(758) 이후 다시 連州로 복원되었다. 元 至元 17년(1280)에는 連州路로 승격되었다가 19년(1282)에 다시 州로 바뀐다.

23) 藍山(縣): 唐 天寶 원년(742) 南平縣을 바꾸어 두었는데 처음에 桂陽郡에 속하다가 후에는 郴州에 예속되었다. 치소는 오늘날 湖南省 藍山縣 동북쪽의 古城村에 있었다. 『寰宇記』 卷117 〈郴州藍山縣〉에는 "因縣南藍山爲名也."라고 되어 있다. 五代 시기에 치소를 藍山縣으로 옮겼다. 北宋代에는 桂陽監에 속했고, 南宋에서는 桂陽軍, 元代에는 桂陽路에 속했다.

24) 平陽縣: 東晉 시기에 郴縣을 분할하여 설치했으며 平陽郡의 郡治였다. 隋末에 다시 설치되며, 五代에는 馬殷의 楚에 속했으며, 薛郡의 속현이었다. 남송대에는 桂陽軍의 치소가 자리잡았다.

25) 江西路: 북송 天禧 2년(1018)에 江南路를 분할하여 서부에 강서로를 설치하였다. 치소는 洪州이며, 남송대에는 隆興府로 승격되는데, 현재 江西省 南昌市이다. 관할 구역은 洪·虔·吉·袁·抚·筠 6주와 興國·臨江·建昌·南安 4군으로, 현재 江西省 대부분과 湖北省 大冶·通山·陽新 등지를 포함한다.

26) (平)琴州: 唐 永淳 2년(683)에 설치하여 天寶 원년(742)에 平琴郡으로 개칭했다가 乾元 원년(758)에 다시 平琴州로 개명하였다. 치소는 容山縣에 두었는데, 현재 廣西省 玉林市 일대이다. 송대 宣和 5년(1123)에는 廣南西路에 속했고 平州로 지칭했으며 치소는 懷遠縣에 두었다. 예하에 1개 縣, 2개 寨, 3개 堡가 설치되었다.

27) 入覲: 원래는 봉건제 하에서 諸侯가 가을에 입조하여 天子를 배알하는 의례를 지칭한다. 후에는 지방관이나 주변민족의 추장이 입조하여 제왕을 進見한다는 의미로 사용된다. 宋 曾鞏 〈賀韓相公赴許州啓〉에는 "儵革金厄, 已嚴入覲之裝; 袞衣繡裳, 行允公歸之望."이라는 내용이 언급되어 있다.

려 본 로[荊湖路]의 수사(帥司) 곽촉(敦促)을 파견하여 출행하게 하였다. 12년, 조서를 내려 시주(施州)[28] 남채로(南砦路)의 이인(夷人) 상재건(向再健)에게 부친 [상]사천(向思遷)을 계승하여 은청광록대부(銀靑光祿大夫)·검교국자좨주(檢校國子祭酒) 겸 감찰어사(監察御史)·무기위(武騎尉)·지의주사(知懿州事) 직을 담당하게 하였다.

十四年十月, 湖南安撫使劉昉奏, 武岡軍猺人有父子相殺者, 宜出兵助其父, 俾還省地. 上以問輔臣秦檜, 檜曰:「恐輕擧生事.」帝曰:「恩威不可偏廢, 可懷則示之以恩, 否則威之. 不侵省地則已, 或有所侵, 奈何不擧, 俾知所畏哉.」十二月, 成忠郞充武岡軍綏寧縣管界都巡檢兼溪峒首領楊進京, 率其族三百人, 備黃金·朱砂·方物求入貢, 先遣其子孝友陳請. 詔本路帥司閱舊制以聞, 給孝友錢三百貫, 俾還聽進止.

[소흥] 14년(1144) 10월에 호남[29]안무사(湖南安撫使) 유방(劉昉)이 무강군(武岡軍) 요인(猺人) 중에 부자 간에 서로 죽이려는 자가 있으니, 마땅히 출병하여 그 부친을 도와서 그가 마을로 돌아가게 해야 한다고 상주하였다. 황제(고종)가 대신[輔臣] 진회(秦檜)에게 묻자 [진]회는, "가벼이 군사를 일으켰다가 괜한 일만 발생할까 두렵습니다."라고 아뢰었다. 황제는 "은혜와 위엄은 치우쳐 포기할 수 없는 것으로 품을 수 있다면 은혜를 보이는 것이고, 그렇지 못하다면 바로 그들을 위협해야 한다. 영토를 침범하지 않았다면야 그만이지만, 만약에 침범한다면 어찌 출병하지 않아서 그들로 하여금 두려운 바를 알게 하지 않겠는가."라고 대답하였다. 12월, 성충랑(成忠郞)[30]으로 무강군(武岡軍) 수녕현(綏寧縣)[31] 관계(管界) 도

---

28) 施州: 北周 建德 3년(574)에 처음 설치되었다. 『方輿勝覽』 卷60 〈施州〉편에는 "乃施王之餘址, 故以名焉."이라며 지명의 연원을 밝히고 있다. 唐 天寶 원년(742)에 淸化郡으로 고쳤다가, 乾元 원년(758)에 다시 施州로 복원되었다. 관할 영역은 현재의 湖北 서남부의 五峰縣, 建始縣 등지이다.

29) 湖南: 여기서는 荊湖南路의 약칭으로 쓰였다. 北宋 至道 3년(997)에 荊湖路 南部를 분할하여 설치하며, 약칭으로 湖南路라고 일컫는다. 치소는 潭州이고(현재 湖南省 長沙市) 관할 범위는 현재 호남성의 淚羅·益陽·安化·洞口·綏寧縣 이남 지역과 廣西省 越城嶺 이남의 湘水·灌水 유역에 해당된다.

30) 成忠郞: 武臣 階官의 관직명으로 小使臣 八階列에 속한다. 正九品으로 紹興 연간에 확정한 武階 52階 가운데 49階에 해당되며, 忠翊郞 다음이다.

31) 綏寧縣: 北宋 崇寧 5년(1106)에 설치되며, 武岡軍에 속했다. 치소는 현재 湖南省 綏寧縣 서남쪽 28리 寨市鎭 일대로 추정된다. 南宋 紹興 11년(1141)에 치소를 잠시 武陽砦로 옮겼다가 25년(1155)에 다시

순검(都巡檢)32) 겸 계동(溪峒) 수령인 양진경(楊進京)이 부족 300인을 이끌고 귀부했는데, 황금·주사(朱砂)·방물(方物)을 준비하여 입공을 청했고, 먼저 아들인 양효우(楊孝友)를 보내 사정을 진술하였다. 조서를 내려 본 로[형호로]의 수사(帥司)로 하여금 옛 사례[舊制]를 살핀 뒤 보고하게 하였고, 양효우에게 전(錢) 300관을 주고, 그로 하여금 돌아가서 결정을 기다리게 하였다.

> 十五年, 楊進顒復求入貢, 以武岡軍不時敦遣爲言. 詔本路帥司閱實應襲人姓名來上, 併促進顒入覲. 四月, 廣南東路提刑黃應南言:「溪峒巡檢·尉·砦官不嚴守備, 縱民與猺交通, 恐啓邊釁, 乞詔有司申嚴法令, 俾帥臣·監司常加覺察.」宰臣以爲沿邊互市, 恐不宜禁絶. 帝曰:「往年禁西夏互市, 遂至用兵, 可令帥司裁決.」前知全州高梅言:「猺人今皆微弱, 不敢先侵省地, 砦官每縱人深入, 略其財物, 遂致乘間竊發. 宜詔與溪峒接壤州郡毋侵猺人, 庶使邊民安業, 以廣陛下柔遠好生之德.」帝從其言, 詔守臣一遵成法, 務在撫綏.

[소흥] 15년(1145), 양진옹(楊進顒)이 다시 입공을 청하면서, 무강군(武岡軍)이 때에 맞추어 파견을 재촉하지 않는다고 공언하였다. 조서를 내려 본로(本路)의 수사(帥司)로 하여금 실제 계승자의 성명을 살펴서 보고하게 하고, [양]진옹이 입조하여 조근하도록 독촉하게 하였다. 4월, 광남동로(廣南東路)33) 제형(提刑)34) 황응남(黃應南)이 상언하기를, "계동(溪峒)의

회복되었다.

32) 都巡檢: 軍職名. 송대에 關隘을 위시한 군사요지와 변방지역에 군사훈련과 지방순시, 치안유지 등을 담당하는 巡檢官을 두었는데, 각 지역의 요지에는 '都巡檢'을 두어 이를 총괄 관리하게 하였다. 『宋會要輯稿』 『職官』을 참조하면, 보통 2~3주에서 8~9주마다 한 명씩 도순검을 두었으며, 도순검은 三班使臣 가운데 충당하였다.

33) 廣南東路: 北宋 端拱 원년(988)에 廣南路 동부 지역을 분할하여 설치하며, 치소는 廣州(현재 廣東省 廣州市)였다. 관할 범위는 현재 廣東省의 賀江·羅定江·漠陽江 이동 지역에 해당된다. 약칭은 廣東이다.

34) 提刑: 提點刑獄公事의 약칭으로 提點이라고도 한다. 송대 각 路마다 설치하였으며, 소속 州의 司法, 刑獄, 監察 및 勸課農桑 등의 업무를 담당하였다. 太宗 때 각 路마다 관리를 파견하여 轉運司 提點刑獄을 맡게 하였으며, 眞宗 景德 4년(1007)에는 諸路에 提點刑獄公事를 설치하고 朝臣들을 파견해 充任시켰다. 이후 提點刑獄勸農使로 고치기도 했으며, 무신을 副使로 두었다. 神宗 熙寧 2년(1069) 諸路의 提點

순검(巡檢)·위(尉)35)·채관(砦官)36) 등이 수비를 엄격하게 하지 않고, 백성들과 요족(猺族)의 내왕을 방임하고 있으니 변경에서 사고를 불러올까 두렵습니다. 조서를 내려 유사(有司)들로 하여금 법률을 엄격하게 알리게 하고, 수신(帥臣)37)과 감사(監司)38)로 하여금 항상 깨달아 살필 수 있도록 해야 합니다."라고 하였다. 재신(宰臣)들은 아마도 변경의 호시(互市)는 금지하지 말아야 한다고 생각하였다. 황제는 "왕년에 서하(西夏)와의 호시를 금지했다가, 결국 전쟁에까지 이르렀으니, 수사들로 하여금 [심의하여] 결정하도록 명한다."라고 하였다. 전 지전주(知全州)39) 고즙(高楫)이 상언하기를, "요인(猺人)들은 현재 세력이 미약하여 감히 먼저 영토[省地]40)를 침략해올 수 없사오니, 채관(砦官)들이 매번 사람들을 보내 깊숙이 침략하여 그 재물을 약탈하고, 기회를 봐서 몰래 공격을 하곤 합니다. 마땅히 조서를 내려서 계동(溪峒) 접경의 주군(州郡)들에 요인들을 침략하지 못하게 하여, 변경의 백성들이 널리 편안하게 살 수 있도록 해주십시오. 그리하여, 먼 곳의 백성까지 어여삐 여기시는 폐하의 덕을 널리 알리십시오."라고 하였다. 황제는 그의 말을 따라 조서를 내리고, 신하들로 하여금 일률적으로

刑獄에는 모두 文臣을 기용하도록 하였다.

35) 尉: 『宋會要輯稿』『職官』 5-48에 따르면 (縣)尉는 弓手나 兵士들의 巡警 업무와 盜賊을 縣獄으로 압송하는 업무, 그리고 縣內 치안을 유지하는 업무를 총괄하였다. 송 전기에 관품은 赤縣尉는 從8品下, 三京畿縣尉는 正9品下, 上州·中州·下州의 현위는 從9品下였다.

36) 砦官: 邊境의 방어용 堡壘인 砦에서 火禁과 酒稅 업무를 담당하던 관직명이다. 『宋史』『職官志』 7에서는 "鎭砦官, 諸鎭置於管下人煙繁盛處設監官, 管火禁, 或兼酒稅之事."라고 언급하고 있다.

37) 帥臣: 宋代 諸路 安撫司의 長官을 지칭하는 용어로 사용되다가 후에 주로 統帥나 主將 등으로 일컫는 칭호로 사용되었다. 宋 岳飛의 〈奏措置曹成事宜狀〉에는 "仍仰廣東西路帥臣起發逐路洞丁·刀弩手, 將兵士·軍弓手·民兵, 疾速躬親統率前去."라는 용례가 보인다.

38) 監司: 감찰업무를 맡고 있는 관리들의 총칭. 송대에 최상급 지방행정기구인 路에서는 安撫司·轉運司·提刑司·提擧常平司 등을 (路)監司로 일컬었다. 『慶元條法事類』卷7에서는 "諸監司者, 謂轉運·提點刑獄·提擧常平司."라고 언급하고 있다.

39) 全州: 五代 晋 天福 4년(939) 永州를 분할하여 설치하였고 치소를 淸湘縣에 두었다. 後周 顯德 3년(956) 치소를 현재 全州縣으로 옮겼다. 송대 관할 영역은 현재 廣西省 全州·灌陽 두 현 지역이었다. 元 至元 14년(1277)에 全州路로, 明 洪武 원년(1368)에는 全州府로 바꾸었다가 洪武 9년(1376)에 다시 全州로 강등되어 湖廣 永州府에 속하였다.

40) 省地: 宋朝의 帥府 관할 하에 있는 지역을 일컫는 용어. 『宋史』『孝宗紀』 3에 "(淳熙)十二年正月己丑, 禁交阯鹽入省地."라는 기록이 언급된다. 元 汪大淵의 『島夷志略』〈交趾〉편에도 "不能造紙筆, 求之省地."라는 내용이 보이는데, 蘇繼廎의 校釋에 따르면 '省地'는 帥府의 관할지("省地卽帥府所轄地.")라는 의미이다.

법을 준수하고 안무(安撫)에 치력하게 하였다.

二十四年, 禽楊正修及其弟正拱, 送理寺獄鞠治, 斬之. 初, 正修侍其父再興入覲, 獻還省民疆土, 遂命以官. 建炎後, 與弟正拱率九十團峒徭人出武岡軍, 縱火殺掠民財爲亂. 紹興間, 潭州帥司嘗招徠之, 後復作亂, 屢抗官軍, 至是伏誅. 二十八年七月, 楊進京等復求入貢, 詔以道遠慰諭之, 優其賜與.

[소흥] 24년(1154), 양정수(楊正修)와 그 동생 [양]정공(楊正拱)을 생포하여 [대]리시[大理寺]41) 감옥에 보내서 국문(鞠問)한 뒤 그들을 참형에 처하였다. 이전에 [양]정수는 부친 [양]재흥(楊再興)을 모시고 입근(入覲)하여 성민(省民)과 강토(疆土)를 바쳐서 바로 관직에 임명된 바 있다. 건염(建炎) 연간(1127~1130) 이후에는 동생 [양]정공과 함께 9~10명 단동(團峒) 요인(徭人)을 거느리고 무강군(武岡軍)을 출발한 뒤, 불을 지르고 백성들의 재산을 약탈하며 반란을 일으켰다. 소흥(紹興) 연간(1131~1162)에는 담주(潭州) 수사(帥司)가 초무한 바 있지만, 후에 다시 반란을 일으켰고, 수차례 관군에 저항하다가, 이에 이르러 결국 주살된 것이다. 28년(1158) 7월, 양진경(楊進京) 등이 다시 입공을 청하여, 조서를 내려 길이 너무 멀다는 이유를 들어 위로하고 타일렀으며, 사여를 특별하게 베풀었다.

隆興初, 右正言尹穡言:「湖南州縣多鄰溪峒, 省民往往交通徭人, 擅自易田, 豪猾大姓或詐匿其產徭人, 以避科差. 內虧國賦, 外滋邊患. 宜詔湖南安撫司表正經界, 禁民毋貿田徭人. 詐匿其產徭人者論如法, 仍沒入其田, 以賞告姦者. 田前賣入徭人, 俾爲別籍, 毋遽奪, 能還其田者, 縣代給錢償之.」帝從其言.

---

41) 大理寺: 刑獄과 관련된 업무를 주관하던 官署名. 北齊 시기에 처음으로 설치되어 중대한 사법업무를 총괄하게 되었다. 송대 전기에는 중앙이나 지방에서 冤訴나 上奏가 발생하면 大理寺에서 재심한 후 審刑院에서 詳議한 뒤 조정으로 넘겼다. 元豊 원년(1078) 12월에서 元豊 5년(1082) 5월 사이에 新官制가 시행되면서 大理寺에 獄이 설치되었고, 중대사안의 관련 업무도 담당하게 되었다.

[효종(孝宗)] 융흥(隆興) 초(1163)에 우정언(右正言)42) 윤색(尹穡)이 상언하기를, "호남(湖南)의 많은 주현(州縣)이 계동(溪峒)에 인접하여, 성민(省民)들이 종종 요인(傜人)들과 교왕하며 제멋대로 토지를 교역하거나, 혹은 간사한 호강 대성(大姓)들은 속임수로 그 재산과 토지를 요인들에게 은닉하여 부역을 회피합니다. 안으로는 국가의 부세를 감소시키고, 밖으로는 변경의 환란을 키우는 것입니다. 마땅히 호남안무사(湖南安撫司)에게 조서를 내려 토지의 경계를 바로잡아 선포하게 하고, 백성들이 전지(田地)를 요인들에게 맡기는 것을 금지시켜야 합니다. 거짓으로 자산을 요인에게 은닉시켜놓은 사람들은 법에 따라 논죄해야 하고, 또한 그 전지는 몰수하여 간사한 무리를 고발한 사람들에게 포상해야 합니다. 이전에 전지를 요인들에게 팔아넘긴 것은 별적(別籍)으로 작성하여 함부로 탈취해오지 못하게 하고, 그 토지를 능히 돌려줄 수 있는 사람들은 현(縣)에서 대신 금전으로 보상해주어야 합니다."라고 하였다. 황제는 그의 말을 따랐다.

乾道元年, 宜章峒賊李金陷郴州, 焚桂陽軍, 州將棄城遁, 衡州調常寧縣兵救之, 弗克. 世忠峒李昂霄者, 率壯丁禦賊, 民恃以安. 湖南提擧常平鄭丙請發鄂渚軍討賊, 平之. 昂霄以功補承節郎, 管轄衡州常寧縣溪峒, 及官其子當年, 俾後得襲職.

[효종] 건도(乾道) 원년(1165), 의장(宜章)의 동적(峒賊)43) 이금(李金)이 침주(郴州)를 함락시키고 계양군(桂陽軍)44)을 불사르자, 주 장군[州將]이 성(城)을 버리고 도망하여, 형주

---

42) 右正言: 太宗 端供 원년(988) 2월에 처음 설치되었는데 초기에는 주로 文臣들이 전임될 때 거치는 階官이었다. 眞宗 天禧 원년(1017)부터 中書·門下 兩 省에 諫官을 설치하면서, 右正言이 직사관으로 言官 업무를 담당하게 되었다. 元豊改制 때에는 諫官의 직무와 彈劾 업무를 겸하게 되었다. 송 전기에는 八品이었다가, 元豊新制 때부터 從七品으로 격상되었다.
43) 峒賊: 서남지역 소수종족의 반란세력을 일컫는 卑稱이다. 峒은 山洞의 의미로서 서남지방의 소수종족의 거주지를 지칭하는 용어로 쓰였다. 宋代 이후에는 峒이 州－縣－峒으로 이어지는 羈縻州의 最下級 행정 단위가 되었다.
44) 桂陽軍: 南宋 紹興 3년(1133)에 桂陽監을 桂陽軍으로 개명하여 설치하였다. 平陽·藍山 2개 縣으로 구성되며, 치소는 平陽縣(현재 湖南省 桂陽縣)에 있었다. 『輿地紀勝』 卷61 〈桂陽軍〉조에는 "以其在桂洞之南, 故曰桂陽."이라고 지명의 연원을 밝히고 있다. 관할 범위는 현재 湖南省의 桂陽·藍山·嘉禾·臨武 등지이다.

(衡州)에서 상녕현(常寧縣) 군대를 파견하여 구원했지만 이길 수 없었다. 세충동(世忠峒) 이앙소(李昂霄)란 사람이 장정을 이끌고 적을 막아내니 백성들이 이를 믿고 안거할 수 있었다. 호남제거(湖南提擧) 상평(常平) 정병(鄭丙)이 악저(鄂渚)45)의 군대를 파견하여 반군을 토벌할 것을 청하였고, 마침내 평정하였다. [이]앙소는 공(功)으로 승절랑(承節郎)46)에 임명되어, 형주 상녕현의 계동을 관할하게 되었고, 관직은 후에 그의 아들 [이]당년이 직위를 계승할 수 있게 하였다.

三年, 靖州界傜人姚明教等作亂, 詔荊·鄂駐箚明椿選將率精銳千人, 會屯戍官合擊之, 能立功者有厚賞. 八月, 詔平溪峒互市鹽米價, 聽民便, 毋相抑配, 其傜人歲輸身丁米, 務平收, 無取羡餘及折輸錢, 違者論罪. 十一月, 南郊禮成, 詔以緣邊溪峒, 州縣失於拊循, 致懷反側, 或逃竄山谷, 其在赦恩以前, 並加寬宥, 能復業者, 罪一切置不問, 互市如故, 悉聽其便, 守臣常加撫問, 以稱綏遠之意.

[효종 순희(淳熙)] 3년(1176), 정주(靖州) 경내의 요인(傜人) 요명교(姚明教) 등이 반란을 일으키자, 조서를 내려 형(荊)·악(鄂) 주차(駐箚)47) 명춘(明椿)에게 장군과 병사 중에 정예 천 명을 선발하여, 둔수관(屯戍官)48)들을 모아 함께 공격하게 하고, 능히 공을 세운 자들은 후하게 포상하게 하였다. 8월에는 조서를 내려 계동 호시(互市)의 소금값과 쌀값을 적절하게 하고, 백성들의 편리함을 살펴서 억지로 배분하지 못하게 하였다. 또한 요인들이 해마다 교납

---

45) 鄂渚: 현재 湖北省 武漢市 廉武·昌城區 일대에 해당된다. 漢 劉向의 『說苑』에 "昔鄂君乘靑翰之舟, 下鄂渚, 浮洞庭."이라고 언급하고 있으며, 『輿地紀勝』 卷66 〈鄂州〉에 鄂渚는 江夏縣에 위치한다("在江夏縣西黃鶴磯上三百步 ……")고 밝히고 있다.

46) 承節郎: 武臣 階官의 관직명으로 小使臣 八階列에 속한다. 從9品으로 紹興 연간에 확정한 武階 52階 가운데 51階에 해당되며, 保義郎 다음이다.

47) 駐劄: '駐紮' 혹은 '駐箚'이라고도 부르며, 임시로 城砦를 구축하고 군대가 주둔하는 지역을 가리킨다. 岳飛의 〈奏陳州潁昌捷狀〉에도 "據踏白軍統制董先·遊奕軍統制姚政等申: 統率軍馬, 在潁昌府駐劄."라는 내용이 언급된다.

48) 屯戍(官): 주둔지의 방어임무나 방어임무를 맡은 戍卒과 官吏를 지칭하는 용어. 范仲淹의 〈奏乞揀選往邊上屯駐兵士〉에 "自京差撥禁軍, 往陝西邊上屯戍."라는 내용이 언급되는데, 주둔하여 방어한다는 의미이다. 宋文瑩의 『玉壺淸話』 卷7에는 "臣聞唐室三百年, 而魏博一鎭屯戍甚少, 不及今日之盛."이라고 기재되어 있는데, 이는 戍卒의 의미로 파악할 수 있다.

하는 신정미(身丁米)⁴⁹⁾도 반드시 공평하게 징수하게 했으며, 별도의 세금이나 절수전(折輸錢)⁵⁰⁾을 징수하지 못하게 하였고, 위배하는 자는 논죄하게 하였다. 11월에는 남교례(南郊禮)⁵¹⁾를 행하였다. 조서를 내려, 주변의 계동 가운데 주현에서 안무에 실패하여 반감을 품거나 산속 계곡으로 숨어들거나, 무릇 은사[赦恩]⁵²⁾에 앞서 모두 용서해주고, 능히 생업에 돌아온 자들은 모든 죄를 더 이상 묻지 않으며 호시도 이전과 같이 [열게]하였다. 전반적으로 그 편리함을 청취하여, 지방관을 맡은 자들이 항상 안무와 위안을 더하게 함으로써, 원방(遠方)을 편안하게 해야 한다는 의도에 부합하게 하였다.

四年二月, 詔湖南北·四川·二廣州軍應有溪峒處, 務先恩信綏懷, 毋弛防閑, 毋襲科擾, 毋貪功而啓釁. 委各路帥臣·監司常加覺察. 是月, 詔禁沿邊姦人毋越逸溪峒, 誘致蠻獠侵內地, 違者論如律, 其不能防閑致越逸者亦罪之. 湖廣總領周嗣武言邊事, 如二年四月之詔, 帝嘉納之. 是歲, 田彦古死, 子忠佐襲職, 授銀靑光祿大夫·檢校散騎常侍·知溪峒安化州兼監察御史·飛龍騎尉.

[순희] 4년(1177) 2월, 조서를 내려 호남북(湖南北)·사천(四川)⁵³⁾·이광(二廣)⁵⁴⁾의 주군

---

49) 身丁米: 身丁錢. 米로 환산하기 때문에 身丁米라고 일컫는다. 莊季裕의 『雞肋編』卷下에서는 "於是詔天下皆立義倉. 惟廣南以納身丁米故, 獨不輸."라고 언급하고 있다.
50) 折輸錢: 『宋史』 『食貨志』上 2에 "[紹興 30년] 五月, 詔: '溫·台·處·徽不通水路, 其二稅物帛, 許依折法以銀折輸, 數外妄有科折, 計贓定罪.'"라는 내용이 나와 있다.
51) 南郊禮: 郊祀는 국가제사 가운데 최상위 등급인 大祀에 속하는 제사인데, 수도의 교외에서 거행되기 때문에 교사라 칭한다. 교사 가운데 남교례는 남교의 圜丘壇에서 天子가 昊天上帝에게 직접 제사를 올리는 제천의례로서, 天神과의 연계를 통해 황권의 합법성을 주기적으로 현창하는 최상급의 국가의례이다. 전통시대 교사의 정치적 기능에 대해서는 Howard J. Wechsler(1985) 참조.
52) 赦恩: 恩赦와 같은 말. 皇帝 등극일이나 기타 大典을 맞아 범죄자를 사면해주는 것을 일컫는 용어이다. 『宋史』 『食貨志』上에 "甚者赦恩已蠲二稅, 義米依舊追索."이라는 용례가 보인다.
53) 四川: 唐 至德 2년(757)에 劍南節度使를 東·西川 兩節度使로 분리하였다. 北宋 乾德 3년(965)에는 兩川을 병합하여 다시 西川路를 설치하였고, 開寶 6년(973)에는 峽西路를 분리한 뒤, 이를 합쳐 '川峽路'로 일컬었다. 咸平 4년(1001)에는 다시 益·利·梓·夔 四路로 분리했는데, 이를 합하여 四川路로 칭했다. 元代에는 四川行中書省이 설치되고, 明代에는 四川布政使司가 설치되었으며, 청대에는 四川省이 설치되었다.

(州軍) 중에 계동(溪峒)이 있는 곳은 반드시 먼저 은상과 신뢰로 초무하되, 방비를 풀어 느슨하게 해서는 안 되고, 부세로 백성을 괴롭히는 것을 답습해서는 안 되며, 공을 탐하여 사고를 일으켜서도 안 되고, 각 로의 수신(帥臣)과 감사(監司)에 위임하여 항상 각성하여 살펴야 한다고 하였다. 같은 달에 조서를 내려 경계지역의 간인(奸人)들이 경계를 넘어 계동으로 도망하고, 만료(蠻獠)를 유인하여 내지를 침공하는 것을 금지하였고, 위반하는 자는 법대로 논죄하게 했으며, 제대로 막지 못해서 경계를 넘어 도망치게 한 것도 죄로 판결하게 하였다. 호광총령(湖廣總領)55) 주사무(周嗣武)가 변경의 일을 상언했는데, [순희] 2년(1175) 4월의 조령과 같아서 황제가 기쁘게 받아들였다. 그해 전언고(田彥古)가 사망하여 아들 [전]충좌(田忠佐)가 직위를 계승하였고, 은청광록대부(銀靑光祿大夫)·검교산기상시(檢校散騎常侍)·지계동안화주(知溪峒安化州) 겸 감찰어사(兼監察御史)·비룡기위(飛龍騎尉)를 제수하였다.

六年, 盧陽西據獠楊添朝寇邊, 知沅州孫叔傑調兵數千討之, 敗績, 死者十七八. 初, 傜人與省戶交爭, 殺二人死, 叔傑輒出兵破其十三柵, 奪還所侵地, 於是傜人相結爲亂. 諸司請調常德府城兵三百人, 益官兵三千人, 合擊討之. 宰臣虞允文奏曰:「蠻夷爲變, 皆守臣貪功所致. 今傜人仇視守臣, 若更去叔傑, 量遣官軍, 示以兵威, 徐與盟誓, 自可平定.」帝允其奏, 俾葉行代叔傑, 開示恩信, 諭以禍福, 遂招降之, 邊境悉平. 前知武岡軍趙善穀言:「武岡與湖北·廣西鄰壤, 爲極邊之地, 溪峒七百八十餘所, 七峒隸綏寧縣, 五溪峒隸臨岡縣. 紹興三十年, 減冗員, 改縣爲臨口砦. 然五峒之傜俗尤獷悍, 釁生毫髮, 則操戈相讐, 砦官不能爲輕重. 況本軍巡防砦柵, 惟眞良·三門·

---

54) 二廣: 廣南東路와 廣南西路 양 지역을 가리키는 약칭. 『宋史』『仁宗紀』에 "景祐二年(1035) 冬十月, 丁卯, 詔諸路歲輪緡錢, 福建·二廣易以銀, 江東以帛."이라는 내용이 보이는데, 이미 송대에 二廣이라는 용어가 두루 사용되었음을 알 수 있다.

55) 湖廣總領: 북송 靖康 원년(1126) 2월에 河北兵馬大元帥府는 隨軍戰運使로 하여금 財物의 운용을 총괄하게 하였다. 建炎 연간 宣撫處置使司도 隨軍戰運使를 설치하여 四川의 財賦를 전적으로 총괄하게 했는데, 이후 '總領'이라는 관직이 상설화된다. 南宋代에는 重鎭에 總領所를 설치하고, 財賦와 軍馬錢糧을 총괄하게 했는데, 淮東·淮西·湖廣·四川 등 四總領所가 있었다. 紹興 6년(1136) 9월 23일 戶部員外郎 霍蠡가 鄂州에 湖北京西路宣撫司大軍錢糧所를 설치하였는데 이것이 바로 湖廣總領所이고 그 책임자가 湖廣總領이다.

> 兵溪·香平有土軍可備守禦, 餘有官無兵, 其關硤·武陽等砦設巡檢二員, 徒費廩祿.
> 以臣所知, 宜復臨口砦爲縣, 則徭蠻易於制服, 汰去冗員, 則官廩亦無虛費, 實邊郡之
> 利也.」

[순희] 6년(1179), 노양(盧陽)56) 서편에 거주하는 요족(獠族) 양첨조(楊添朝)가 변경을 공격하였다. 지원주(知沅州) 손숙걸(孫叔傑)이 병사 수천을 동원하여 토벌하였으나 패배하여, 죽은 자가 열 명 가운데 칠·팔에 달했다. 원래 요인(徭人)들과 성호(省戶) 간에 교전이 발생하여 두 명이 살해되자, 손숙걸이 즉각 출병하여 13책(柵)을 격파하고 침략한 지역을 탈환해왔는데, 이에 요인들이 서로 단결하여 반란을 일으킨 것이다. 여러 관청[諸司]에서 상덕부(常德府)57)의 성병 300명을 선발하고, 이에 관군 3,000명을 더하여 합동으로 공격하여 토벌할 것을 청하였다. 재신(宰臣) 우윤문(虞允文)이 상주하여 말하기를, "만이(蠻夷)가 반란을 일으킨 것은 모두가 수신(守臣)들이 공을 탐하여 야기된 바입니다. 현재 요인들은 수신들을 원수처럼 바라보니, 만약 [손]숙걸 대신 바꿔서 보내고, 헤아려서 관군을 파견하여 군사의 위엄을 과시한 후 서서히 그들과 맹서한다면, 스스로 평정할 수 있을 것입니다."라고 하였다. 황제가 그의 상주를 윤허하고, 엽행(葉行)으로 하여금 [손]숙걸 대신 은상과 신뢰를 보이게 하고 화(禍)와 복(福)을 알려주니, 바로 항복을 불러올 수 있었고, 변경은 전부 평정되었다. 전 지무강군(知武岡軍) 조선곡(趙善穀)이 상언하기를, "무강(武岡)과 호북(湖北)·광서(廣西) 경계지역은 매우 편벽한 지역으로, 계동(溪峒) 780 여소와 칠동(七峒) 예속 수녕현(綏寧縣)과 오계동(五溪峒) 예속 임강현(臨岡縣)58)이 있습니다. 소흥 30년(1160)에 쓸데없는 관원[冗員]을 삭감하면서, 현을 임구채(臨口砦)59)로 개명하였습니다. 그러나 오동(五峒) 요인

---

56) 盧陽(縣): 북송 熙寧 7년(1074)에 潭陽縣 일대에 설치되며 沅州에 치소가 있었다. 현재 湖甫·芷江侗族自治縣에 해당된다.
57) 常德府: 남송 乾道 원년(1165)에 鼎州를 승격하여 常德府를 설치하였다. 치소는 武陵縣(현재 湖南省 常德市)에 있었고, 관할 범위는 현재 湖南 常德·漢壽·桃源·沅江 등 縣市를 포괄한다.
58) 臨岡縣: 『宋史』「校勘記」에 따르면 臨岡縣의 '岡'자는 원래 '江'으로 되어 있었는데, 『宋史』 卷88 『地理志』와 『文獻通考』 卷319 『輿地考』에서 武岡軍의 屬縣으로 '臨岡'만 언급하고 '臨江'은 없기 때문에, 이에 의거하여 수정한 것이다.
59) 臨口砦: 邵州의 屬縣으로 북송 元豊 8년(1085)에 설치되었으며, 현재 湖南省 通道縣 臨口鎭이다. 崇寧

들의 풍속은 특히 흉포하여, 실오라기 같은 혐의만 보아도 바로 창을 들고 서로 원수가 되니, 채관(砦官)이 통제할 수가 없습니다. 하물며 본군(本軍) 순방성채[巡防砦柵]는 오로지 진량(眞良)60)·삼문(三門)61)·병계(兵溪)·향평(香平)에만 토군(土軍)이 있어 방어할 수 있습니다. 나머지는 관(官)만 있고 병사들은 없어서, 관협(關硤)62)·무양(武陽)63) 등 성채에는 순검(巡檢) 두 명만 설치하여, 헛되이 봉록만 축내고 있습니다. 신(臣)이 생각하는 바로는 임구채(臨口砦)를 다시 현(縣)으로 삼으신다면 요만(徭蠻)은 쉽게 제압할 수 있으며, 쓸데없는 관리들을 도태시킨다면 관봉[官廩] 또한 허비하지 않을 것이니, 실로 변군에 이익이 될 것입니다."

七年, 前知辰州章才邵上言:「辰之諸蠻與羈縻保靜·南渭·永順三州接壤, 其蠻酋歲貢溪布, 利於回賜, 頗覺馴伏. 盧溪諸蠻以靖康多故, 縣無守禦, 犵狫乘隙焚劫. 後徙縣治於沅陵縣之江口, 蠻酋田仕羅·龔志能等遂雄據其地. 沅陵之浦口, 地平衍膏腴, 多水田, 頃爲徭蠻侵掠, 民皆轉徙而田野荒穢. 會守倅無遠慮, 乃以其田給靖州犵狫楊姓者, 俾佃作而課其租, 所獲甚微. 楊氏專其地將二十年, 其地當沅·靖二州水陸之衝, 一有蠻隙, 則爲害不細, 臣謂宜預爲之備. 靖康前, 辰州每歲蒙朝廷賜錢七萬貫, 紬·絹·布共八千一百匹, 綿一萬七千兩. 是時, 本州廂禁軍一千四百餘人, 沿邊一十六砦, 土兵六百餘人, 皆可贍給. 其後中外多故, 今歲賜止得一萬二千緡, 而本州財復匱乏, 無以充召募之費. 禁軍止二百一十餘人, 諸砦土兵止一百五人, 甚至砦官有

5년(1106)에 臨岡縣으로 개명하였다.

60) 眞良(水): 『方輿紀要』 卷81 〈城步縣〉조를 보면 城步縣 35리 지점에서 현성 남쪽을 경유해 巫水와 합쳐진다("眞良水在縣東三十五里. 經縣城南, 與巫水合.")고 언급하고 있다. 현재 湖南省 城步苗族自治縣 일대에 해당된다.

61) 三門: 湘江 유역의 三門灘에서 지명이 유래했으며, 湘潭縣에 속했다. 『方輿紀要』 卷80 〈湘潭縣〉에 "三門灘石峻水險, 僅有洪路三處, 可通舟揖, 經者股慄, 比於底柱三門之險, 因名."이라고 언급하고 있다. 현재 湖南省 株洲縣 서남쪽에 있는 三門鎭에 해당한다.

62) 關硤: 『宋史』 「校勘記」에 따르면 '關硤'은 원래 '闗峽'으로 되어 있었는데, 『宋史』 卷88 『地理志』와 『元豊九域志』 卷6, 『續資治通鑑長編』 卷245에 의거하여 수정하였다. 이후 출현하는 '開峽'도 동일하게 수정하였다.

63) 武陽(砦): 북송 熙寧 6년(1073)에 설치되며, 처음에는 邵州에 속하다가 武岡軍에 편입되었다. 현재 湖南省 綏寧縣 동북 50리 지점의 蘇洲村에 해당된다. 남송 紹興 11년(1141)에 綏寧縣治가 설치되었다.

> 全無一兵而徒存虛名者, 其於邊防豈可不爲深慮? 若歲增給民錢一萬, 俾本州募强壯禁軍或効用二百人, 分屯盧溪等處, 以防諸蠻, 庶使邊患永消, 可免異時調遣之費.」書奏, 詔湖北帥臣詳議以聞. 是年, 申嚴邊民售田之禁, 守令不能奉法者除名, 部刺史常加糾察.

[순희] 7년(1180), 전(前) 지진주(知辰州) 장재소(章才邵)가 [다음과 같이] 상언하였다. "진주의 여러 만족[諸蠻]들과 기미주(羈縻州)인 보정(保靜)·남위(南渭)·영순(永順) 세 주는 경계를 맞대고 있는데, 만족(蠻族)의 추장들은 해마다 계포(溪布)64)를 진공하여 회사(回賜)의 이익을 탐하는바, 매우 순종적으로 여겨집니다. 노계(盧溪)65)의 여러 만족들이 정강(靖康)[의 난]을 틈타 대다수가 변란을 일으켰는데, 현(縣)에서 방어하지 못하였습니다. 힐령(犵狑)66)이 기회를 틈타 불을 지르며 약탈하였습니다. 후에 현치(縣治)를 원능현(沅陵縣)67)의 강구(江口)로 옮기니, 만족의 추장인 전사라(田仕羅)·공지능(龔志能) 등이 그 지역을 바로 점령하였습니다. 원능(沅陵)의 포구(浦口)는 땅이 평탄하고 비옥하며 수전(水田)이 많아서, 근래에 들어 요만(徭蠻)의 침략을 받아왔는데, 백성들이 모두 옮겨가니 전야(田野)가 황폐해졌습니다. 마침 군수와 그 부관[倅]이 원견(遠見)이 없어서 토지를 정주(靖州) 힐령의 양씨 성을 가진 자에게 주었습니다. 그로 하여금 경작하게 하고 전조(田租)를 받았는데, 얻을 수 있는 것이 매우 적습니다. 양씨는 그 땅을 거의 20년간 독점했는데, 그 지역은 원주(沅州)·정주(靖州) 두 주의 수륙 [교통의] 요충지입니다. 일단 만인들과 분쟁이 생기면 그 위험이 적지 않사오니, 신은 마땅히 미리 방비해야 한다고 생각합니다. 정강[의 난] 전에, 진주(辰州)는 해마다 조정에서 전(錢) 7만 관(貫), 주(紬)·견(絹)·포(布) 합계 8,100필, 면(綿) 1만 7,000

---

64) 溪布: 溪峒 일대의 蠻族들이 생산한 土布.
65) 盧溪: 隋末에 蕭銑이 처음 설치했으며 당시에는 沅陵郡에 속했다. 치소는 현재 湖南省 盧溪縣이었다. 唐代에는 辰州에 속했고, 天寶 연간(742~755)에 치소를 현재 盧溪縣의 서남 20리 지점의 洗溪鎭으로 옮겼다. 南宋 紹興 연간(1131~1162) 초에 다시 치소를 盧溪縣 쪽으로 옮긴다.
66) 犵狑: 중국 서남민족 가운데 한 종족. 仡佬族의 한 지파로 일컬어지기도 한다. 『說郛』 卷5에서는 朱輔의 『溪蠻叢笑』를 인용하여 "犵狫冬無絑, 揉茅花絮之布中; 一被數幅, 聯貫成筒."이라고 기록하였다. 청대 魏源의 『聖武記』 卷7에서는 "土蠻者號犵狫, 故土司遺民也."라고 언급하였다.
67) 沅陵縣: 漢 高祖 5년(전202)에 이미 설치되었으며, 당시에는 武陵郡에 속하였다. 唐代에 辰州의 치소가 설치되었고, 元代에는 辰州路의 路治가 위치했다.

냥을 하사받았습니다. 당시 본주(本州)에 딸린 금군(禁軍)은 1,400여 명이었고, 연변 16개 성채[砦]의 지방병사[土兵]는 600여 명이었지만, 모두 넉넉하게 공양(供養)할 수 있었습니다. 그 후 내외에 변란이 자주 발생하면서, 금년 한 해에는 상사(賞賜)로 겨우 1만 2,000민(緡)을 얻을 수 있었으니, 본주의 재정이 더욱 궁핍해져서 [병사들을] 초모(召募)하는 비용으로 충당할 수가 없습니다. 금군은 겨우 210여 명이고, 모든 성채의 지방병사도 겨우 105명에 불과하며 심지어 성채의 관리[砦官] 중에는 한 명의 병사도 없이 겨우 허명만 존재하는 것도 있사오니, 변경의 방어에 대해서 어찌 심려하지 않을 수 있겠습니까? 만약 해마다 백성들에게 하사(下賜)하는 전(錢)을 1만을 증액해주시고, 본주로 하여금 건장한 금군(禁軍)이나 효용(効用) 200명을 불러모아 노계(盧溪) 등지에 나누어 주둔하게 함으로써 여러 만족[諸蠻]들을 방비할 수 있다면, 변경의 환란을 오랫동안 제거하여, 비상시에 (군사를) 선발해 파병해야 하는 비용도 면할 수 있게 됩니다."라고 하였다. 상주를 올리니, 조서를 내려 호북(湖北)의 수신(帥臣)에게 상세하게 논의하여 보고하도록 했다. 그해에 엄격하게 변경 백성들이 전지(田地)를 팔아먹는 것을 금지하고, 수령이 법을 받들지 않을 때는 제명하며, 부(部) 자사(刺史)들은 항시 규찰을 해야 한다는 것을 밝혔다.

> 八年, 知貴州陳乂上疏言:「臣前知靖州時, 居蠻夷腹心, 民不服役, 田不輸賦, 其地似若可棄. 然為重湖·二廣保障, 實南服之要區也. 或控制失宜, 或金穀不繼, 或兵甲少振, 蠻獠則乘時竊發, 勤勞王師, 朝廷當重守臣之選. 崇寧初戍兵三千人, 建炎以來, 每於都統司或帥司摘兵二千人, 以備屯戍. 其凶悍者, 以州郡不能制, 遂慢守臣, 反通猺蠻以撓編民. 州郡非白主帥不敢治, 比得報, 已晚矣. 故戍兵敢肆其惡, 一旦有警, 復安能為用? 臣以為宜聽守臣節制為便.」帝嘉其言, 復問左右曰:「靖隸湖北, 今聞仰給廣西, 何也?」趙雄對曰:「靖州本溪峒, 神宗時創為誠州, 元祐間廢, 尋復為軍, 徽宗朝始改靖州, 與桂府為鄰, 故令廣西給其金穀之費. 近歲漕司匱乏, 乃責辦諸州, 以故不能如約. 宜復舊制, 俾廣西漕臣如期饋運. 靖州屯戍官兵聽守臣節制, 於事為便.」帝從之.

[순희] 8년(1181), 지귀주(知貴州)[68] 진예(陳乂)가 상소하여 말하였다. 즉, "신이 이전에

지정주(知靖州)69)로 있을 때, 만이의 중심지역[腹心]에 위치하여, 백성들은 요역에 복무하지 않았고, 전지가 있어도 부세를 납부하지 않아서, 그 땅은 거의 폐기할 수 있었습니다. 하지만 중호(重湖)70)·이광(二廣)을 가로막는 곳으로, 실로 남방의 요지입니다. 통제가 제대로 되지 못하거나 금전과 양식이 계속 공여되지 못하거나, 혹은 군대가 제대로 훈련되지 못하여 만료(蠻獠)들이 기회를 틈타서 몰래 반란을 일으킨다면, 부지런히 왕사(王師)를 동원하고 조정은 수신(守臣)의 선발을 마땅히 중시해야 합니다. 숭녕(崇寧) 연간(1102~1106) 초에는 주둔병이 3천 명이었는데, 건염(建炎) 이래로 매번 도통사(都統司)나 수사(帥司)가 병졸 2천 명을 선발하여 주둔하며 방어를 준비하게 하였습니다. 그중 흉포한 무리들은 주군(州郡)이 통제할 수가 없어서, 수신을 깔보고, 도리어 요만(徭蠻)과 결탁하여 편민(編民)71)을 괴롭혔습니다. 주군(州郡)은 주수(主帥)에게 보고하지 않았고, 감히 고치려고 하지도 않아서 보고를 받았을 때는 이미 늦었을 때입니다. 그런즉 수병(戍兵)이 감히 제멋대로 악행을 저지를 수 있다면, 일단 긴급사태가 발생해도 어찌 다시 쓸 수 있겠습니까? 신이 생각하기에는 마땅히 수신들로 하여금 배치와 관속(管束)을 편하게 할 수 있도록 해야 합니다." 황제가 그의 말을 칭찬하고, 좌우에 다시 묻기를, "정주(靖州)는 호북에 속해 있거늘, 지금은 듣자하니 광서로부터 공급을 받는다니 어찌된 일인가?"라고 하였다. 조웅(趙雄)이 답변하여 말하기를, "정주는 본래 계동인데, 신종(神宗) 때 성주(誠州)를 창건했다가, 원우(元祐) 연간(1086~1093)에 폐치되었고, 얼마 되지 않아 다시 군(軍)을 건립했다가 휘종 때에 처음으로 정주로 개명하였는데 계부(桂府)72)와 인접한지라 그래서 광서에 재물과 양곡의 비용

---

68) 貴州: 唐 貞觀 8년(634)에 南尹州를 貴州로 개명했다. 송대에는 廣西路의 중남부, 橫州 바로 동쪽에 위치했으며, 치소는 郁平縣에 있었는데 현재 광서성 貴港市에 해당된다.
69) 靖州: 荊湖北路에 속하며, 紹興 연간(1131~1162)에는 예하에 永平·會同·通道 등 3개 縣과 4개 砦와 5개의 堡를 거느렸다.
70) 重湖: 洞庭湖의 별칭. 洞庭湖의 남쪽이 靑草湖와 서로 통하고 있어서, 두 개의 호수가 相通한다는 의미로 이 지역을 重湖로 지칭한다. 송대 張孝祥의 〈念奴嬌〉라는 詞에서도 "星沙初下, 望重湖遠水, 長雲漠漠."이라고 언급하고 있다.
71) 編民: 戶籍에 편입된 平民을 가리킨다. 唐代 孫樵의 〈寓汴觀察判官書〉에서는 다음과 같이 언급한 바 있다. 즉, "今京兆二十四縣, 半爲東西軍所奪, 然亦不過籍占編民, 翼蔽墾田, 其辭獄曲直, 尙歸京兆." 또한 宋代 王禹偁의 〈擬罷蘇州貢橘詔〉에도 같은 용례가 보인다. "置候供須, 耗吾廩實; 隄防推輓, 動我編民. 忍將口腹之資, 重困黔黎之力?"
72) 桂府: 廣南西路의 桂州를 지칭한다.

을 대도록 명령한 것입니다. 근년 들어 조사(漕司)가 설치되지 못하여 어렵기 때문에, 그 책무를 여러 주에서 담당하게 하였습니다. 그런 까닭에 본래 약조대로 할 수 없는 것입니다. 마땅히 옛 제도를 회복시켜, 광서의 조신(漕臣)으로 하여금 기한 내에 물건을 운반하게 해야 합니다. 정주 둔수관병(屯戍官兵)들은 수신의 통제[節制]를 받게 하는 것이, 일을 처리하는 데 편리합니다."라고 하였다. 황제가 이를 따랐다.

> 十年四月, 全州上言：「本州密邇溪峒, 邊民本非姦惡. 其始, 朝廷禁法非不嚴密, 監司·州郡非不奉行, 特以平居失於防閑, 故馴致其亂. 又兼溪谷山徑非止一途, 如靜江·興安之大通虛, 武岡軍之新寧·盆溪及八十里山, 永州之東安, 皆可以徑達溪峒. 其地綿亘郡邑, 非一州得專約束, 故遊民惡少之棄本者, 商旅之避征稅者, 盜賊之亡命者, 往往由之以入, 萃爲淵藪, 交相鼓扇, 深爲邊患. 如武岡楊再興·桂陽陳峒相繼爲亂, 實原於此. 爲今計者, 宜徙閑地巡檢兵, 及分遣士卒屯諸溪谷山徑間, 俾湖南北·廣西帥憲總其役, 庶幾事權有歸, 號令可行也.」儒林郎李大性上言：「比年猺蠻爲亂, 邊吏慮妨賞格, 往往匿不以聞, 遂致猖獗, 使一方民命寄於猺人之手, 誠可哀憫. 近如梁年等寇沅州, 劫墟市, 殺戮齊民, 州縣告急於兩月之後, 比調官軍討捕, 俘降其賊, 而人之被害已酷矣. 宜戒州縣或遇猺人竊發, 晝時以聞, 違者論罪. 仍命監司·帥臣常加覺察, 庶幾先事備禦, 俾猺人亦知畏懼, 不敢侵軼, 以傷吾民也.」

[순희] 10년(1183) 4월 전주(全州)에서 [다음과 같이] 상언하였다. 즉, "본주는 계동과 매우 가까운데 변경의 백성들이 본래부터 간악했던 것은 아닙니다. 처음부터 조정의 금령이 엄밀하지 않았던 것이 아니며 감사(監司)나 주군(州郡)들이 이를 받들지 않았던 것도 아니지만, 다만 평소 방범에 실패하여 그래서 반란에까지 이르게 된 것입니다. 이에 덧붙이자면 계곡의 산길이 한 갈래가 아니라는 점인데, 예를 들어 정강(靜江)[73]·흥안(興安)[74]의 대통허(大通

---

73) 靜江: 북송대에는 桂州로 일컬었으며 廣南西路의 路治가 있었다. 남송 紹興 연간에 靜江府로 승격되며, 예하에 10개의 속현이 있고 縣治는 臨桂縣에 있었다.
74) 興安: 원래 全義縣이었으나 北宋 太宗 太平興國 2년(977)에 趙光義의 이름을 避諱하여 '興安'으로 개명

虛), 무강군(武岡軍)의 신녕(新寧)75)·분계(盆溪)76)와 팔십리산(八十里山),77) 영주(永州)78)의 동안(東安) 등지에서, 모두 곧 바로 계동에 도달할 수 있습니다. 그 지역은 군읍들에 길게 뻗쳐 있어서, 일개 주에서는 단독으로 통제할 수 없습니다. 이런 연유로 본업을 팽개친 유민(遊民)과 나쁜 사람[惡少]들,79) 징세를 도피하려는 상인들, 도망 중인 도적들이 종종 이곳으로 들어와 모여들면서 무리를 이루어 서로가 선동을 해대니, 심각한 변경의 환란거리가 되었습니다. 예를 들어 무강(武岡)의 양재흥(楊再興)과 계양(桂陽)의 진동(陳峒)이 연이어 반란을 일으킨 것도 실은 여기서 기인한 것입니다. 현재 입장에서 고려한다면, 마땅히 한지(閑地)의 순검병(巡檢兵)들을 옮기고 사졸(士卒)들을 나누어 파견하여 모든 계곡의 산길들을 수비하게 하여야 합니다. 호남·북과 광서의 수헌(帥憲)에게 이 일을 총괄하게 하면, 일과 권력이 거의 귀속될 수 있고, 명령도 통할 수 있을 것입니다." 유림랑(儒林郎) 이대성(李大性)이 상언하기를, "근년에 요만(猺蠻)이 반란을 일으키자 변경의 관리들이 포상의 기준에 악영향을 미칠 것을 염려하여 종종 감추고 보고하지 않아서 결국 창궐하기에 이르렀습니다. 일방의 백성들의 목숨이 요인(猺人)들의 손에 의지하게 되었으니, 참으로 슬프고 근심스럽다고 할 수 있습니다. 최근에 양모(梁牟) 등이 원주(沅州)를 침입하여 허시(墟市)80)를 약탈하고 백성들을 살육했으나 주현(州縣)에서는 두 달 후에나 위급함을 알렸습니다. 관군을 징발하여

한다. 桂州의 屬縣으로 치소는 현재 廣西省 興安縣에 위치하였다. 남송 시기에는 靜江府에 속했고, 원대에는 靜江路에 속하였다.

75) 新寧: 南宋 紹興 25년(1155)에 설치되며 武岡軍에 속하였다. 치소는 현재 湖南省 新寧縣 동쪽 2리 金城故城에 해당된다.

76) 盆溪: 현재 湖南省 新寧縣 南盆溪村이다.

77) 八十里山: 『方輿紀要』 卷81 新寧縣 〈樟木山〉條 下에 "八十里山, 『志』云, 山南北延袤幾八十里, 山麓南抵全州四十里, 北抵縣治亦四十里, 石磴峻峭, 儼若蜀道."라고 언급하고 있다. 현재 湖南省 新寧縣 남쪽 40리 지점에 위치했으며, 廣西 全州와 접경을 이룬다.

78) 永州: 隋 開皇 9년(589)에 설치하였고, 치소는 零陵縣(湖南省 永州市)이었다. 大業 연간(605~616)에 零陵郡으로 바꾸었다가 唐 武德 4년(621)에 다시 永州라 하였다. 天寶 원년(742)에 또 零陵郡으로 바꾸었고 乾元 원년(758)에 永州라고 불렀다. 관할 영역은 오늘날 湖南省 永州·東安·祁陽과 廣西省 全州·灌陽 등 市縣 지역이다. 五代 시대에 全州와 나누어서 두었고 元代에 永州路로 개편하였다.

79) 惡少: 보통 사람들이 보기에 행실이나 성품이 좋지 않은 사람들을 지칭하는 말.

80) 墟市: 당송 이후 인구와 물자의 유통이 많은 곳에 형성되던 향촌 시장을 일컫는 용어. 송대 范成大의 詩 〈曉出古城山〉에서도 "墟市稍來集, 筠籠轉山忙."이라고 언급한 바 있다. 『文獻通考』 『征榷』 1에서도 墟市에 대하여 "又詔鄉落墟市貿易皆從民便, 不許人買撲收稅."라고 기록하였다.

토벌하여 체포하고 항복한 적들을 포로로 거두었지만, 백성들의 피해는 이미 혹독하였습니다. 마땅히 주현에 경고하여 혹시라도 요인들에게 약탈을 당하면 곧바로 보고하게 하고, 위반하는 자는 죄로 다스리게 해야 합니다. 또한 감사와 수신(帥臣)들에게도 항상 경계를 더하게 하고, 먼저 능히 방어할 수 있도록 하여 요인들로 하여금 두려움을 알게 하고 감히 침범하지 못하게 함으로써 우리 백성들을 상하지 않게 해야 합니다."

> 十一年, 詔給事中·中書舍人·戶部長貳同敕令所議, 禁民毋質猺人田, 以奪其業, 俾能自養, 以息邊釁. 從知沅州王鎭之請也. 沅州生界犵狑副峒官吳自由子三人, 貨丹砂麻陽縣, 巡檢唐人傑誣爲盜, 執之送獄, 自由率峒官楊友祿等謀爲亂. 帥司調神勁軍三百人及沅州民兵屯境上, 聲言進討. 先遣歸明官田思忠往招撫之, 以孔目官爲質, 世祿等旣盟, 自由取其三子以歸.

[순희] 11년(1184), 조서를 내려 급사중(給事中)·중서사인(中書舍人)·호부장이(戶部長貳)81)는 함께 칙령에 논의된 대로, 백성들이 요인(猺人)의 전답을 전당으로 잡아서 생업을 박탈하는 것을 금지시킴으로써, 그들로 하여금 능히 스스로 생활할 수 있게 하고 변경의 분쟁을 그치게 하였다. 원주(沅州) 지주(知州) 왕진(王鎭)의 청원을 따른 것이다. 원주 생계(生界)의 흘령(犵狑) 부동관(副峒官) 오자유(吳自由)의 세 아들이 단사(丹砂)를 마양현(麻陽縣)82)에 팔았는데, 순검 당인걸(唐人傑)이 도적으로 몰아서 체포하고 옥에 보내자, [오]자유는 동관(峒官) 양우록(楊友祿) 등을 거느리고 반란을 모의했다. 수사(帥司)는 신경군(神勁軍) 300여 명과 원주 민병(民兵)을 징발하여 변경을 지키게 하고, 진군하여 토벌하겠다고 밝혔다. 이에 앞서 귀명관(歸明官) 전사충(田思忠)을 파견하여 그들을 초무하게 했는데, 공목관(孔目官)83)을 인질로 삼고 [양]우록84) 등에게 맹서하게 한 후, [오]자유는 그의 세 아들을

---

81) 長貳: 관직에서 正·副職을 지칭하는 용어. 戶部長貳는 尙書와 侍郞을 일컫는다. 陸遊의 『老學庵筆記』卷3에도 "宣和中, 百司庶府悉有內侍官爲承受, 實專其事, 長貳皆取決焉."이라는 용례가 보인다.

82) 麻陽縣: 唐 武德 3년(620)에 처음 설치되며, 辰州의 속현이었다. 北宋代에는 沅州에 속했으며, 縣治는 현재 湖南省 麻陽苗族自治縣 서남쪽의 錦和鎭에 위치하였다.

83) 孔目官: 송대 衙役의 명칭. 『宋會要輯稿』「職官」22-13에 의거하면 左右金吾衛杖司 예하에 모두 설치되었으며 행정사무와 문서업무 등을 총괄하였다. 趙彦衛의 『云麓漫鈔』卷7에는 "下至吏胥則有通引官,

거두어 돌아갔다.

> 嘉泰三年, 前知潭州·湖南安撫趙彦勵上言:「湖南九郡皆接溪峒, 蠻夷叛服不常, 深爲邊患. 制馭之方, 豈無其說？臣以爲宜擇素有知勇爲傜人所信服者, 立爲酋長, 借補小官以鎭撫之. 況其習俗嗜欲悉同傜人, 利害情僞莫不習知, 故可坐而制服之也. 五年之間能立勞効, 卽與補正. 彼旣榮顯其身, 取重鄕曲, 豈不自愛, 盡忠公家哉？所謂捐虛名而收實利, 安邊之上策也.」帝下其議. 旣而諸司復上言：「往時溪峒設首領·峒主·頭角官及防遏·指揮等使, 皆其長也. 比年往往行賄得之, 爲害滋甚. 今宜一新蠻夷耳目, 如趙彦勵之請, 所謂以蠻夷治蠻夷, 策之上也.」帝從之.

[영종(寧宗)] 가태(嘉泰) 3년(1203), 전 담주(潭州) 지주(知州)·호남안무(湖南安撫) 조언려(趙彦勵)가 상언하기를, "호남 9군은 모두 계동에 인접한데, 만이들의 반란과 복종이 반복되어 변경의 심각한 우환이 되고 있습니다. 복종시키고 통어하는 방책이 어찌 그 주장이 없겠습니까? 신이 생각하기에는, 평소 지식과 용기를 갖추어 요인(傜人)들이 신복하는 자를 반드시 뽑아서 추장으로 내세우고 작은 관직을 맡겨줌으로써 그들을 진무(鎭撫)해야 합니다. 또한 그들의 습속과 기호가 요인들과 완전히 같아서 이해와 허실을 익숙하게 알 수 있으니, 그러므로 앉아서 통제하고 복종하게 할 수 있는 것입니다. 5년 안에 능히 공을 세워서, 바로 보정(補正)하게 할 수 있습니다. 그가 자신에게 영화로움이 드러나고 향곡(鄕曲)85)의 존중을 얻게 된다면, 어찌 스스로 좋아하지 않을 수 있고, 공가(公家)를 위해 충성을 다하지 않겠습니까? 이른바 허명을 주고 실리를 챙기는 것이니, 변경을 편안히 하는 상책인 것입니다."라고 하였다. 황제가 그 의견을 하달하였다. 얼마 후 제사(諸司)에서 다시 상언하기를, "과거 계동에는 수령(首領)·동주(峒主)·두각관(頭角官)과 방알(防遏)86)·지휘(指揮) 등의 사직(使職)

　　專知官, <u>孔目官</u>, <u>直省官</u>."이라는 기록이 보인다.
84) 世祿: 『송사』「교감기」에 따르면, 원문의 '世祿'은 앞뒤 문장의 의미를 살펴볼 때 上文 '楊友祿'의 '友祿'을 잘못 쓴 것으로 추정된다.
85) 鄕曲: 고대에 기층민 조직을 일컫던 용어로서, 鄕親이나 籍貫이 같은 同鄕 사람을 지칭할 때 사용된다. 송대 王明淸의 『玉照新志』卷3에도 "常名立, 汝陰人, 與家中有鄕曲之舊."라는 용례가 보인다.
86) 防遏: 방어를 책임지는 使職. 防遏은 防備遏止의 의미로 일찍부터 사용되어 왔는데, 唐 元結의 『問進士』

을 설치했었는데, 모두 그들의 추장이었습니다. 근년에는 종종 뇌물을 통해 그것을 취득했으니 피해가 더욱 심각해진 것입니다. 지금은 반드시 만이의 수령[87]으로 바꾸고, 조언려의 청원처럼 소위 만이로 하여금 만이를 다스리게 하는 것이 대책 가운데 상책입니다."라고 하였다. 황제가 이를 따랐다.

> 嘉定元年, 郴州黑風峒猺人羅世傳寇邊, 飛虎統制邊寧戰沒, 江西·湖南驚擾, 知隆興趙希懌·知潭州史彌堅共招降之. 二年, 李元礪·羅孟二寇江西, 攻破龍泉縣, 李再興戰敗, 死之, 江州駐箚都統制趙選亦戰死. 初, 吉州獲賊長七人繫獄, 土豪黃從龍爲賊畫策, 賂吉守李綱, 得縱還, 賊遂無所忌. 有侯押隊者, 領兵戍龍泉境上, 元礪復用從龍計, 椎牛釃酒以犒官軍. 賊至, 官軍皆醉, 狼狽散走. 寇之初起甚微, 賊伺知議論不一, 故玩侮官軍. 方江西力戰則求降湖南, 湖南戰則求降江西, 牽制王師, 使不得相應援. 其後命工部侍郎王居安知豫章, 擒獲之, 溪峒略平.

[영종] 가정(嘉定) 원년(1208), 침주(郴州)[88] 흑풍동(黑風峒)[89]의 요인(猺人) 나세전(羅世傳)이 변경을 침범했는데, 비호통제(飛虎統制) 변녕(邊寧)이 전사하자, 강서(江西)와 호남(湖南)이 놀라 술렁거렸다. 지융흥(知隆興) 조희역(趙希懌)과 지담주(知潭州) 사미견(史彌堅)이 함께 적들을 타일러 항복하도록 하였다. [가정] 2년(1209)에는, 이원려(李元礪)와 나맹이(羅孟二)가 강서를 침략하여 용천현(龍泉縣)[90]을 쳐부수자, 이재흥(李再興)이 패해 죽었

3에도 "今欲罷兵息戍, 則又寇盜猶在, 尙須防遏."이라는 용례가 보인다.

87) 耳目: '耳目之司'나 '耳目之官'의 의미로 사용된 것으로, 황제의 눈과 귀가 되어 치안을 책임지는 관리를 지칭한다. 새로이 관직을 맡게 된 수령을 가리킨다.

88) 郴州: 隋 開皇 9년(589)에 처음 설치하였고 치소는 郴縣으로 현재 湖南省 郴州市에 있었다. 관할 영역은 오늘날 湖南省 永興縣 이남에 있는 耒水 유역과 藍山·嘉禾·臨武·宜章 등지이다. 五代 後晋 天福 연간 (936~943) 초에 敦州로 바꾸었다가 後漢 乾祐(948~950) 초에 다시 郴州로 개명하였다.

89) 黑風峒: 현재 湖南省 桂東縣 서남지역 일대로서, 호남성과 강서성이 만나는 변계지역이다. 내용에서 언급하는 바처럼 南宋 嘉定 원년(1208)과 2년(1209)에 羅世傳과 李元礪가 饑民들을 이끌고 반란을 일으킨다.

90) 龍泉縣: 五代 南唐 시기에 龍泉場을 승격시켜 龍泉縣을 처음 설치하였고 吉州에 속했다. 치소는 현재 江西省 遂川縣 남쪽 20리 지점에 위치하였다. 北宋 明道 3년(1034)에 치소를 현재 遂川縣으로 옮겼다.

고, 강주(江州)[91] 주차도통제(駐箚都統制)[92] 조선(趙選)도 전사했다. 당초 길주(吉州)[93]에서는 적들의 수령 7인을 체포하여 옥에 가두었다. 토호 황종용(黃從龍)이 적들을 위해 획책하여, 길주 수(守) 이인(李紖)에게 뇌물을 주고 석방되어 돌아올 수 있었으니 적들이 꺼리는 바가 없어졌다. 후압대(侯押隊)라고 일컬어지는 자가 병사를 거느리고 용천(龍泉)[94]의 변경을 지켰는데, [이]원려가 거듭 [황]종용의 계책을 활용하여, 소를 잡고 술을 준비하여 관군을 위로하였다. 적군이 도착했을 때 관군은 모두 취해 있었으며, 허둥지둥대며 도망하였다. 반군은 처음에는 매우 미약했으나 [관군]사이에 의견이 서로 일치하지 않는 것을 탐지하여 관군을 우롱할 수 있었다. 마침 강서와 힘을 다해 싸울 때는 호남에 항복을 청했고, 호남과 싸울 때는 강서에 항복을 청하여, 왕사(王師)를 만류시켜서 서로 성원할 수 없게 하였다. 그 후 공부시랑(工部侍郎) 왕거안(王居安)을 예장(豫章) 지주(知州)에 임명하여 그들을 생포하였고, 계동만을 대략 평정할 수 있었다.

> 五年, 臣僚上言:「辰・沅・靖等州舊嘗募民爲弓弩手, 給地以耕, 俾爲世業. 邊陲獲保障之安, 州縣無轉輸之費. 比年多故, 其制寖弛, 徭蠻因之爲亂, 沿邊諸郡悉受其害. 比申朝廷調兵招捕, 曠日持久, 蠻夷習玩, 成其猖獗之勢. 其如楊晟臺・李金・姚明教・羅孟二・李元礪・陳廷佐之徒, 皆近事之明驗也. 爲今計者, 宜講舊制, 可紓饋餉之勞而得備禦之實, 其安邊息民之長策歟.」

  宣和 3년(1121)에는 泉江縣으로 개명하였다가 南宋 紹興 초에 龍泉縣으로 회복되었다.
91) 江州: 江南西路의 7개 州 가운데 하나로 德化・彭澤・德安・瑞昌・湖口 등 5개 현과 廣寧監으로 구성된다. 州治는 德化縣에 있었으며, 현재 江西省 九江市에 위치했다.
92) 駐箚都統制: 송대의 관직명. 北宋대에는 출병 시에 諸將들 가운데 임시로 한 명을 선발하여 군사를 총괄하게 하고, 전쟁이 끝나면 직무도 종료되었다. 南宋 高宗 建炎 원년(1127) 이후에는 御營司를 설치하고 大臣을 都統制로 삼아 諸將들을 관할하게 하였는데, 이에 따라 도통제가 점차 상설직으로 자리잡게 된다. 紹興 11년(1141)에는 모든 大將들의 병권을 회수하였는데, 部將들을 御前統領官으로 삼고 그 가운데 관품이 제일 높은 사람을 諸軍都統制로 삼았다. 현지에 주둔하고 있는 장군들에게는 직책에 駐箚하는 州名을 더하였는데, 권한이 安撫使보다 한 단계 높았다.
93) 吉州: 江南西路의 7개 州 가운데 하나로 廬陵・吉水・太和・安福・永新・龍泉・永豊・萬安 등 8개 현으로 구성된다. 州治는 廬陵縣에 있었으며, 현재 江西省 吉安市에 위치하였다.
94) 龍泉: 江南西路 吉州의 8개 縣 가운데 하나. 吉州 서남쪽에 위치하여 南安軍과 경계를 이루고 있었다.

[가정] 5년(1212), 신료들이 상언하였다. 즉, "진주(辰州)[95]·원주(沅州)·정주(靖州) 등지에서는 주민들을 뽑아서 궁노수(弓弩手)로 삼고, 토지를 주어 경작하게 하고, 그들로 하여금 세업으로 삼게 하였습니다. 변경지역에 안정을 보장받을 수 있었고, 주현(州縣)에도 운수비용이 필요 없었습니다. 근년 들어 여러 변고로 그 제도가 점차 폐지되면서, 요만(徭蠻)들이 이로 인해 반란을 일으키게 되니, 연변의 여러 군(郡)들이 모두 그 피해를 받았습니다. 조정에 알려 군대를 파병해 포획을 선포하기까지 쓸데없이 많은 날들을 허비하는 사이에 만이들은 습관적으로 우롱했으며, 기세가 창궐하게 되었습니다. 양성대(楊晟臺)[96]·이금(李金)[97]·요명교(姚明教)·나맹이(羅孟二)·이원려(李元礪)[98]·진정좌(陳廷佐)와 같은 무리들이 모두 근래의 일로 분명한 증거라 할 수 있습니다. 현재를 위해서 고려한다면 마땅히 구제(舊制)를 강구해야 합니다. 군량을 보내는 노고를 덜 수 있을 뿐 아니라 방어의 실리를 챙길 수 있으니, 변경을 편안히 하고 백성들을 쉬게 할 수 있는 장기대책인 것입니다.

七年, 臣僚復上言:「辰·沅·靖三州之地, 多接溪峒, 其居內地者謂之省民, 熟戶·山徭·峒丁乃居外為捍蔽. 其初, 區處詳密, 立法行事, 悉有定制. 峒丁等皆計口給田, 多寡闊狹, 疆畔井井, 擅鬻者有禁, 私易者有罰. 一夫歲輸租三斗, 無他繇役, 故皆樂為之用. 邊陲有警, 眾庶雲集, 爭負弩矢前驅, 出萬死不顧. 比年防禁日弛, 山徭·峒丁得私售田. 田之歸於民者, 常賦外復輸稅, 公家因資之以為利, 故謾不加省. 而山徭·峒丁之常租仍虛掛版籍, 責其償益急, 往往不能聊生, 反寄命徭人, 或導其入

---

[95] 辰州: 荊湖北路에 속하며, 紹興 연간에는 沅陵·廬溪·敍浦·辰溪 등 4개 縣과 1개 城, 3개 砦를 거느렸으며, 沅陵縣에 주치가 있었다. 송대 형호로에는 重兵이 주둔했는데,『宋史』卷187,『兵志』1 〈禁軍〉上에 의거하면, 辰州에도 禁軍 三指揮가 설치되었다.

[96] 楊晟臺: 북송 元祐 원년(1086)에 막 즉위한 철종이 王安石의 개혁정책을 폐기하면서, 재정위기에 봉착한 조정은 沅州, 誠州 등지를 폐치하게 되는데, 송 정부의 병력이 쇠약해진 틈을 노려 誠州 출신의 楊晟臺가 반란을 일으켜, 廣西, 湖南 일대에 기세를 떨치게 된다. 元祐 5년(1090)에 진압된다.

[97] 李金:『宋史』「校勘記」에 따르면, '李金'은 원래 '李全'으로 판각되어 있었으나,『宋史』卷33『孝宗紀』,『宋會要輯稿』『蕃夷』5-104 그리고 위의 문장에 의거하여 수정하였다.

[98] 羅孟二·李元礪: 湖南 郴州 黑風峒 출신의 瑤人으로 남송 嘉定 2년(1209)에 현지 瑤族들을 이끌고 반란을 일으켜, 江西 吉州와 龍泉 일대를 정복하며 위세를 떨친 바 있다.

寇, 爲害滋甚. 宜敕湖·廣監司檄諸郡, 俾循舊制毋廢, 庶邊境綏靖而遠人獲安也."

　[가정] 7년(1214) 신료들이 거듭 상언하였다. 즉, "진주·원주·정주 3주의 땅은 대부분 계동과 접경지로서, 그 내지(內地)에 거하는 자들을 성민(省民)이라 일컫고, 숙호(熟戶)[99]·산요(山猺)[100]·동정(峒丁)[101]은 외부에 거주하며 방어를 하였습니다. 당초에는 구획의 안배[區處][102]가 주밀했으며, 법을 세우고 일을 처리하는 것이 모두 제도로 정해져 있었습니다. 동정(峒丁) 등에게도 모두 호구 수를 세어 급전(給田)했으며, 많든 적든 넓든 좁든 간에 논밭의 경계가 분명하였습니다. 멋대로 파는 것이 금지되어 사사로이 거래를 하면 처벌을 받았습니다. 일부(一夫)는 한 해에 조(租) 3두(斗)만 내면 되고, 여타의 요역은 없었기 때문에 모두가 즐겁게 힘을 다하였습니다. 변경에 긴급한 상황이 발생하면, 무리를 이루어 운집해서 서로 다투듯이 궁노(弓弩)를 메고 앞으로 달려가는 것이 만일 죽는다 해도 몸을 보살피지 않으려는 듯하였습니다. 근년에 들어 변방의 금령이 날로 이완되면서 산요나 동정이 사사로이 전답을 팔고 있습니다. 백성들에게 속한 전답에는 고정된 부세[常賦] 외에도 거듭 세금을 교부하였고, 관청에서는 이에 의지하여 이익을 얻었습니다. 이 때문에 태만해져서 다시 검사를 하지 않았습니다. 그리고 산요와 동정의 상조(常租)는 또한 판적에만 쓸데없이 걸어놓은 것입니다. 그들에게 상환하라는 압박이 더욱 강해져서 종종 생활하기 힘들게 되면, 도리어 요인(猺

---

99) 熟戶: 송조는 주변민족을 生戶와 熟戶로 나누어 통치하였다. 대체로 "漢界에 접하여 살거나 州나 城에 들어와 사는 자들을 熟戶라고 하고, 深山이나 멀리 떨어져 살면서 때때로 침략하는 자들을 生戶라 하였다." 또한 生戶는 "비록 말과 무기가 있어도 통솔하는 魁首가 없고 대개 山川에 흩어져 사니 항상 걱정거리가 되지는 않는다."고 하였다(『長編』 卷35, 〈淳化 5年 春正月 甲寅〉條). 송조는 그 지역에 통치기구를 두고 屯田制度를 실시하였다. 州와 城 부근의 평지에서 거주하는 熟戶에 대해서는 토지를 나누어주고 면세의 혜택을 주어 그들이 경작하게 해주었다. 또한 熟戶에게 분급해준 田地는 漢民이 구입하지 못하도록 엄금하였다.

100) 山猺: 宋代 형호북로의 猺人들은 거주 지역에 따라 명칭이 달랐는데, 일반적으로 岳陽 龍窖山 일대에 거주하던 猺族을 '山猺'라고 지칭했다. 송대 馬子嚴의 『岳阳州志』에는 "龍窖山, 在巴陵北, 山實峻極, 上有雷洞, 有石門之洞, 山猺居之. 自耕自食, 自織而衣."라는 구문이 보인다.

101) 峒丁: 峒人을 일컫는 용어. 『宋史』「高宗本紀」2에 "詔江西, 閩, 廣, 荊湖諸路團教峒丁, 槍杖手."라는 구문이 보인다.

102) 區處: 『宋史』「校勘記」에 따르면 '區處'는 원래 '匿處'로 판각되어 있으나, 『宋會要輯稿』『蕃夷』5-70에 '區處'로 기록되어 있는 점을 참고하여 수정하였다.

人)들에게 기탁하였습니다. 혹자는 그들이 노략질할 수 있도록 인도해주니 피해가 점점 심해 졌습니다. 마땅히 호(湖)·광(廣)의 감사(監司)에게 칙(勅)을 내려서, 모든 군(郡)에 구제(舊制)를 따르고 폐지하지 말도록 알리면, 변경이 편안하고 원방의 사람들까지 안정을 얻을 수 있습니다."

梅山峒
매산동

> 梅山峒蠻, 舊不與中國通, 其地東接潭, 南接邵, 其西則辰, 其北則鼎·澧, 而梅山居其中. 開寶八年, 嘗寇邵之武岡·潭之長沙. 太平興國二年, 左甲首領苞漢陽·右甲領頓漢凌寇掠邊界, 朝廷累遣使招諭, 不聽, 命客省使翟守素調潭州兵討平之. 自是, 禁不得與漢民交通, 其地不得耕牧. 後有蘇方者居之, 數侵奪舒·向二族.

매산동만(梅山峒蠻)103)은 오래도록 중국과 내왕이 없었다. 그 땅은 동으로는 담주(潭州), 남으로는 소주(邵州), 서로는 진주(辰州), 북으로는 정주(鼎州)·예주(澧州)에 접해 있었고, 매산(梅山)은 그 중앙에 위치해 있었다. [태종] 개보(開寶) 8년(975)에는 소주의 무강(武岡)과 담주의 장사(長沙)를 침공한 바 있다. 태평흥국(太平興國) 2년(977)에는 좌갑(左甲) 수령 포한양(苞漢陽)과 우갑(右甲) 수령 돈한릉(頓漢凌)이 변경을 약탈하여, 조정에서 누차 사신을 파견해 초유(招諭)했으나 복종하지 않았다. [이에] 객성사(客省使)104) 적수소(翟守素)에게 명하여 담주의 군대를 파견하여 토벌하게 했다. 이때부터 한인들과 왕래할 수 없도록 금지하니, 그 땅에서는 경작이나 방목을 할 수 없었다. 후에 소방(蘇方)이라는 자가 그곳에 거주하면서, 수차례 서족(舒族)과 상족(向族) 두 종족을 침탈하였다.

---

103) 梅山: 荊湖路의 羈縻州. 潭州·邵州·辰州·鼎州·澧州에 접해 있으며, 梅山峒蠻은 지리적 형세를 이용하여 송초 이래로 송조와 충돌해왔다. 梅山에 대해서 『方輿紀要』 卷80 〈安化縣〉에는 "在縣西南. 山盤紆甚遠, 蠻恃爲險, 今縣(梅城鎭)南八十里梅山嶺上有泉, 鄂其地."라고 기록하였다. 현재 湖南省 安化縣과 新化縣에 걸쳐 있다.

104) 客省使: 橫行 5使 가운데 하나로서 무신들이 外地에 임직할 때 序遷하는 직계의 명칭이다. 『長編』 卷22 太平興國 7年 4月 己卯에도 "客省使 翟守素權知河南府"가 언급된다.

嘉祐末, 知益陽縣張顗收捕其桀黠符三等, 遂經營開拓. 安撫使吳中復以聞, 其議中格. 湖南轉運副使范子奇復奏, 蠻恃險爲邊患, 宜臣屬而郡縣之. 子奇尋召還, 又述前議. 熙寧五年, 乃詔知潭州潘夙·湖南轉運副使蔡燁·判官喬執中同經制章惇招納之. 惇遣執中知全州, 將行, 而大田三砦蠻犯境. 又飛山之蠻近在全州之西, 執中至全州, 大田諸蠻納款, 於是遂檄諭開梅山, 蠻猺爭闢道路, 以待得其地. 東起寧鄕縣司徒嶺, 西抵邵陽白沙砦, 北界益陽四里河, 南止湘鄕佛子嶺. 籍其民, 得主·客萬四千八百九戶, 萬九千八十九丁. 田二十六萬四百三十六畝, 均定其稅, 使歲一輸. 乃築武陽·關硤二城, 詔以山地置新化縣, 并二城隸邵州. 自是, 鼎·澧可以南至邵.

[인종] 가우(嘉祐) 연간(1056~1063) 말에, 지익양현(知益陽縣)105) 장힐(張顗)이 흉포하고 교활한 부삼(符三) 등을 체포하면서, 마침내 개척을 계획하였다. 안무사(安撫使) 오중(吳中)이 거듭 보고했지만, 그의 의견은 중도에 가로막혔다. 호남(湖南) 전운부사(轉運副使) 범자기(范子奇)는 만이가 험준한 (지형에) 의지하여 변방의 우환이 되고 있으니, 마땅히 신속시켜 군현으로 삼아야 한다고 다시 상주를 올렸다. 얼마 후 [범]자기는 소환되자 다시금 종전의 견해를 진술하였다. [신종] 희녕(熙寧) 5년(1072)에는, 조서를 내려 지담주(知潭州) 반숙(潘夙)·호남전운부사(湖南轉運副使) 채엽(蔡燁)·판관(判官) 교집중(喬執中)과 경제(經制) 장돈(章惇)으로 하여금 그들을 불러들여 복종시키도록 했다. 장돈이 [교]집중을 지전주(知全州)로 파견하여 막 출행하려 할 때, 대전(大田) 삼채만(三砦蠻)이 변경을 침범하였다. 또한 비산(飛山)의 만인들은 전주 서쪽 근방에 있었는데, [교]집중이 전주에 다다르자 대전의 제만(諸蠻)들이 귀순하였다.106) 그래서 격문을 통해서 매산을 개방하도록 권하였다. 만요(蠻猺)들이 앞을 다투어 길을 열려고 하게 되니 얼마 후에는 그 땅을 획득할 수 있었다. 동쪽 영향현(寧鄕縣) 사도령(司徒嶺)에서 시작하여 서쪽으로는 소양(邵陽) 백사채(白沙砦)에 이르기까지, 북쪽 경계는 익양 사리하(四里河)에서 남으로는 상향(湘鄕) 불자령(佛子嶺)까지이다.

---

105) 益陽縣: 隋 開煌 12년(592)에 葛陽縣을 개명하여 설치하며 饒州의 속현이었다. 송대에는 江南東路 信州에 속했으며, 『寰宇記』 卷107 〈信州〉편을 보면 益陽縣의 지명이 益江에서 유래했음을 알 수 있다.("以地居益江之北爲名.")
106) 納款: 歸順, 降服의 의미이다. 唐 張說의 〈裴公神道碑〉에도 "俄而銜璧轅門, 釋縛納款."이라는 내용이 보인다.

그 백성들을 호적에 올려, 주호(主戶)·객호(客戶) 14,809호와 19,089정(丁)을 얻었다. 전지(田地) 260,436무(畝)는 균등하게 그 세액을 정하여, 매년 한 번 교부하게 하였다. 바로 무양(武陽)·관협(關硤) 두 성곽을 축조했으며, 조(詔)를 내려 산지(山地)에는 신화현(新化縣)을 설치하고, 두 성과 함께 소주(邵州)에 예속시켰다. 이때부터 정주(鼎州)·예주(澧州))가 남으로 소주에까지 다다랐다.

誠徽州
성휘주

誠·徽州, 唐溪峒州. 宋初, 楊氏居之, 號十峒首領, 以其族姓散掌州峒.

성주(誠州)·휘주(徽州)는 당대에 계동주(溪峒州)였다. 송초에는 그곳에 양씨(楊氏)가 기거하면서 십동수령(十峒首領)이라 칭했고, 그 종족들이 분산하여 주동(州峒)을 장악하였다.

太平興國四年, 首領楊薀始來內附. 五年, 楊通寶始入貢, 命爲誠州刺史. 淳化二年, 其刺史楊政巖復來貢. 是歲, 政巖卒, 以其子通塩繼知州事.

[태종] 태평흥국(太平興國) 4년(979)에는, 수령 양온(楊薀)이 처음으로 와서 내부(內附)하였다. 5년에는 양통보(楊通寶)가 처음으로 입공하자 성주자사(誠州刺史)에 임명하였다. 순화(淳化) 2년(991)에는 자사 양정암(楊政巖)이 거듭 내공했다. 그해에 [양]정암이 죽어서, 그의 아들 [양]통영(楊通塩)이 지주(知州)의 일을 계승하였다.

熙寧八年, 有楊光富者, 率其族姓二十三州峒歸附, 詔以光富爲右班殿直, 昌運五人補三班奉職, 晟情等十六人補三司軍將. 繼有楊昌衘者, 亦願罷進奉, 出租賦爲漢民, 詔補爲右班殿直, 子弟姪十八人補授有差. 獨光僭頗負固不從命, 詔湖南轉運使朱初平

> 羈縻之, 未幾亦降, 乃與其子日儼請於其側建學舍, 求名士敎子孫. 詔潭州長史朴成爲
> 徽・誠等州敎授; 光僭皇城使・誠州刺史致仕, 官爲建宅; 置飛山一帶道路巡檢. 光僭
> 未及拜而卒, 遂以贈之, 錄其子六人.

[신종] 희녕(熙寧) 8년(1075), 양광부(楊光富)라는 자가, 동성친족 23주동(州峒)을 거느리고 귀부(歸附)하자 조를 내려 [양]광부를 우반전직(右班殿直)에 임명하였다. [양]창운(楊昌運)107) 등 5인은 삼반봉직(三班奉職)에, [양]성정(楊晟情) 등 16인은 삼사군장(三司軍將)에 임명하였다. 이어서 양창함(楊昌銜)이라는 자가 또한 진봉(進奉)을 그만두고 [정식으로], 조부(租賦)를 교부하는 한민(漢民)이 되기를 원하는지라, 조서를 내려 우반전직(右班殿直)에 임명하였고, 자(子)・제(弟)・질(姪) 18인은 차등을 두어 관직을 수여하였다. 오직 [양]광참(楊光僭)은 방비를 굳게 믿고 명령에 따르지 않아서 호남전운사 주초평(朱初平)에게 통제하도록 하였다. 얼마 지나지 않아서 또한 귀순하여 항복했는데, 바로 그의 아들 [양]일엄(楊日儼)과 근처에 학사(學舍)를 세워주고, 명사(名士)를 구해 자손을 교육시켜줄 것을 청하였다. 조(詔)를 내려 담주(潭州) 장사(長史) 박성(朴成)을 휘주(徽州)・성주(誠州) 등지의 교수(敎授)로 삼았다. [양]광참은 황성사(皇城使)・성주자사(誠州刺史) 직을 나이가 많다며 사양하여 관부에서는 그를 위해 집을 지어주었고, 비산(飛山) 일대 도로에는 순검(巡檢)을 설치하였다. [양]광참은 관직에 임명되기 전에 죽었지만, 바로 이를 추증해주었으며, 그의 아들 여섯도 채용해주었다.

> 元豐三年, 知邵州關杞請於徽・誠州融嶺鎭擇要害地築城砦, 以絶邊患. 詔湖南安撫
> 謝景溫・轉運使朱初平・判官趙揚商度以聞. 景溫等以宜如杞言. 乃議誠州以沅州貫
> 保砦爲渠陽縣隸之, 以徽州爲蒔竹縣隸邵州. 趙揚言上江・多星・銅鼓・羊鎭・潭溪・
> 上和・上誠・天村・大田等團並至誠州城下貿易, 可漸招撫, 幷乞下湖南邵州蒔竹縣
> 招諭芙蓉・萬驛諸團, 從之, 徙誠州治渠陽而貫保爲砦如故. 上江等諸團果皆納土, 於

---

107) 昌運: 『宋史』 「校勘記」에 따르면, 『續資治通鑑長編』 卷263과 『宋會要輯稿』 『蕃夷』 5-86에서는 '昌運'을 모두 '昌進'으로 誤記하고 있다.

是增築多星等砦, 還連徽·廣西融州王口砦焉.

[신종] 원풍(元豊) 3년(1080), 지소주(知邵州) 관기(關杞)가 휘주·성주·융영진(融嶺鎭)108)의 요충지를 선택하여 성채(城砦)를 축조함으로써, 변경의 환란을 제거해야 한다고 청하였다. 조(詔)를 내려 호남안무(湖南安撫) 사경온(謝景溫)·전운사(轉運使) 주초평(朱初平)·판관(判官) 조양(趙揚)이 상의하여 보고하게 했는데, [사]경온 등은 마땅히 [관]기의 말처럼 해야만 한다고 하였다. 그래서 성주는 원주(沅州) 관보채(貫保砦)를 거양현(渠陽縣)으로 삼아 (주에) 예속시키고, 휘주는 시죽현(蒔竹縣)을 소주(邵州)에 예속시킬 것을 건의하였다. 조양은 또한 상강(上江)·다성(多星)·동고(銅鼓)·양진(羊鎭)·담계(潭溪)·상화(上和)·상성(上誠)·천촌(天村)·대전(大田) 등 단(團)은 성주성 아래에 와서 교역을 하게 하면 점차 초무(招撫)할 수 있다고 상언하였다. 또한 호남 소주(邵州) 시죽현에서 부용(芙蓉)·만역(萬驛) 등 여러 단(團)을 초유해달라고 청하여 이에 따랐으며, 성주의 주치(州治)를 거양(渠陽)으로 옮기고, 관보(貫保)는 예전처럼 채(砦)로 삼았다. 상강(上江) 등 여러 단(團)에서 과연 토지를 헌납하였다. 다성(多星) 등에 성채(砦)를 증축하고, 둘러서 휘주(徽州)와 광서(廣西) 융주(融州) 왕구채(王口砦)에 연결시켰다.109)

元祐二年, 改誠州爲渠陽軍, 罷兩州兵馬及守禦民丁. 有楊晟臺者, 乘間寇文村堡, 知渠陽軍胡田措置亡術, 蠻結西融州蠻砦粟仁催, 往來兩路爲民患, 調兵屯渠陽至萬人, 湖南亦增屯兵應援, 三路俱驚. 朝廷方務省事, 議廢堡砦, 徹戍守, 而以其地予蠻, 乃詔湖北轉運副使李茂直招撫, 又遣唐乂同措置邊事討之. 後以渠陽爲誠州, 命光僭之子供備庫使昌達·供備庫副使楊昌等同知州事, 而貫保·豐山·若水等砦皆罷戍, 擇授土官, 俾乂間毀樓櫓, 撤官舍, 護領居民入砦. 崇寧初, 改誠州爲靖州.

---

108) 『宋史』「校勘記」에 따르면 '誠州融嶺鎭'의 '州'字는 원래 '則'字로 판각하였고, '鎭'字는 탈루하였는데, 『續資治通鑑長編』 卷307에 의거하여 수정, 보충하였다.

109) 『宋史』「校勘記」에 따르면 '還連徽廣西融州王口砦焉'의 문장을 『宋會要輯稿』『蕃夷』5-89와 『續資治通鑑長編』 卷345에서는 '開道通廣西融州王口砦焉'으로 기록하고 있다.

[철종(哲宗)] 원우(元祐) 2년(1087), 성주(誠州)를 거양군(渠陽軍)으로 고치고, 양주병마(兩州兵馬)와 수어민정(守禦民丁)을 폐지했다. 양성대(楊晟臺)라는 자가 기회를 틈타서 문촌보(文村堡)110)를 약탈했는데, 지거양군(知渠陽軍) 호전(胡田)이 제대로 조치를 취하지 못하였다. 만인들이 서융주(西融州) 만채(蠻砦)의 속인최(粟仁催)와 결탁하여, 양로(兩路)를 오가면서 백성들의 재난과 근심거리가 되었다. 병사를 선발하여 거양을 지키게 하니 만 명에 이르렀고, 호남에서도 주둔 병사를 늘려 응원하니, 삼로(三路)가 모두 놀랐다. 조정에서는 마침 사무를 줄이려 힘쓰고 있어서, 보채(堡砦)를 폐기하고 주둔병은 철수시키며, 그 땅은 만인들에게 주기로 상의하였다. 이에 호북 전운부사(轉運副使) 이무직(李茂直)이 초무(招撫)하도록 조칙을 내렸으며, 또한 당예(唐乂)를 파견하여 함께 변경사무를 처리하고 그곳을 다스리도록 하였다. 후에 거양을 성주로 하고, [양]광참(楊光僭)의 아들 공비고사(供備庫使) [양]창달(昌達)과 공비고부사(供備庫副使) 양창(楊昌) 등을 주(州)의 일을 함께 다스리도록 명하고, 관보(貫保)·풍산(豊山)·약수(若水) 등의 채(砦)에는 모두 더 이상 주둔하지 않고, 토관(土官)을 선발하여 수임(授任)하도록 하였다. 당예에게 그 사이에 망루를 허물고 관사(官舍)를 철거시키며 거민(居民)들을 호송해 채(砦)에 들어와 살게 하였다. [휘종] 숭녕(崇寧) 연간(1101~1106) 초에, 성주를 정주(靖州)로 바꾸었다.

南丹州
남단주

南丹州蠻, 亦溪峒之別種也, 地與宜州及西南夷接壤. 開寶七年, 酋帥莫洪蕃遣使陳紹規奉表求內附. 九年, 復來貢, 求賜牌印, 詔刻印以給之. 太平興國五年, 洪蕃貢銀百兩, 以賀太平.

　남단주만(南丹州蠻)은 계동의 별종으로서, 그 땅은 의주(宜州) 그리고 서남이(西南夷)와 접경이다. [태종] 개보(開寶) 7년(974)에 추수(酋帥) 막홍연(莫洪蕃)이 사신 진소규(陳紹規)

---
110) 文村堡: 북송 元豊 7년(1084)에 설치되며 廣南西路 融州에 속하였다. 현재 廣西省 三江侗族自治縣 東北文村에 해당된다.

를 보내 표(表)를 올리고 내부하겠다고 청하였다. [개보] 9년(976)에도 거듭 내공(來貢)하여, 패인(牌印)[111]을 하사해달라고 청하였다. 조서를 내려서 인장을 새겨 그에게 주도록 하였다. 태평흥국 5년(980)에는 홍연(洪普)이 은 100냥을 진공하고 태평성세를 경하하였다.

> 雍熙四年, 洪普族人知寶隆鎭莫淮閬牛一頭, 逐水草至金城州河池縣, 宜州牙校周承鑒以其牛耕作, 淮閬三遣人取牛, 承鑒不還, 凡耕十日, 始釋牛逐水草去. 淮閬怒, 領鄕兵六十人劫取承鑒家資財, 驅縣民莫世家牛六頭以歸, 誘群蠻爲寇. 上遣供奉官王承緒乘傳劾承鑒, 具伏占牛, 詔棄市. 時知宜州・贊善大夫侯汀失於備禦, 群蠻之擾, 頗害及民庶, 詔發諸州兵進討, 兵未至, 悉已遁歸, 汀坐免官. 詔諭宜・融・柳州百姓及蠻界人戶曰:「朕託兆庶之上, 處司牧之重, 照臨所曁, 撫養是均, 矧於遐陬, 尤所軫慮. 昨以知宜州事侯汀失於綏緝, 恣其侵年, 致茲邊夷, 起爲寇鈔, 侵騷閭里, 虔劉士庶. 及興師而討伐, 乃畏威而竄伏. 朕以興戎召釁, 職由於汀, 爰擧國章, 削其官秩. 汝等所宜體予含垢, 革乃前非, 安土厚生, 保境延世, 嬉我至化, 是爲永圖. 或尙恣於陸梁, 當盡勦其族類.」自是不復爲寇.

[태종] 옹희(雍熙) 4년(987), 홍연의 족인(族人) 지보융진(知寶隆鎭) 막회랑(莫淮閬)의 소 한 마리가 수초(水草)를 따라서 금성주(金城州) 하지현(河池縣)까지 왔다. 의주(宜州) 아교(牙校) 주승감(周承鑒)이 이 소를 이용하여 경작을 하였다. [막]회랑이 세 차례나 사람을 보내 소를 데려가려 하였다. [주]승감은 반환하지 않고 열흘 동안이나 땅을 갈게 한 뒤에야, 비로소 소를 풀어주며 수초를 따라가게 하였다. [막]회랑이 노하여, 향병(鄕兵) 60명을 이끌고 [주]승감의 재물을 겁탈한 뒤, 현민(縣民) 막세(莫世) 집의 소 여섯 마리를 채찍질하여

---

111) 牌印: 令牌와 印信을 말한다. 고대에는 관직을 수여할 때 印綬를 하사하여 佩用하게 했는데, 唐代에 들어서면서 職印은 따로 보관하게 하고, 관직을 나타내는 牌를 별도로 착용하게 하였다. 『資治通鑑』 唐 僖宗 中和 4년(884)條에, "將佐已下從行者三百餘人, 幷牌印皆沒不返."이라는 기록이 보이는데, 胡三省은 牌印에 대해서 다음과 같이 주석을 달았다. "古者授官賜印綬, 常佩之於身, 至解官則解綬. 至唐始置職印, 任其職者, 傳而用之. 其印盛之以匣, 當官者實之臥內, 別爲一牌, 使吏掌之, 以謹出入, 印出而牌入, 牌出則印入, 故謂之牌印."

돌아가게 하여, 만인(蠻人) 무리들이 침략하도록 유인하였다. 황상(태종)은 공봉관(供奉官) 왕승서(王承緒)를 파견하여 역참의 수레를 타고 가서[乘傳]112)[주]승감을 조사하도록 하였다. [그가] 소를 점용(占用)한 사실을 모두 자백하자 조서를 내려 기시(棄市)하게 하였다. 당시 지의주(知宜州)·찬선대부(贊善大夫) 후정(侯汀)이 방어를 준비하는 데 실패하여, 만인 무리들의 소요(騷擾)가 서민[民庶]들을 크게 괴롭혔다. 조서를 내려 제주(諸州) 병력을 파견하여 토벌하게 했는데, 병력이 도착하기도 전에 모두가 이미 달아나 돌아가버려서 [후]정을 면직하였다. 조서를 내려 의주(宜州)·융주(融州)·유주(柳州) 백성들과 만이 경계[蠻界]의 인호(人戶)들에게 밝히기를, "짐이 만백성 위에 있으면서, [백성들을] 기르는 중임을 맡고 있어, 위로부터 통치가 미치는 것과 어루만지며 진휼해주는 것이 균등해야 하는 것이지만, 하물며 외딴 변경은 더욱 마음을 기울이게 되는 바이다. 어제 지의주사(知宜州事) 후정(侯汀)이 안무(安撫)에 실패하고 그들의 침입도 그대로 방임하여, 이들 변방의 만이들이 들고 일어나 도적떼가 되어 약탈하고 향리를 침략하여 소요를 일으키며 사인과 백성들을 약탈하고 살육하기에 이르렀다. 군사를 일으켜 토벌하려고 하니 위세가 두려워서 바로 도망가 숨었다. 짐이 군사를 일으켜 피를 부르게 된 것이, 주로 [후]정으로 인한 것이니, 이에 국가의 장법(章法)에 의거하여, 그의 관질(官秩)을 강등한다. 너희들은 나의 관용을 마땅히 깨달아서 종전의 잘못을 고치고, 본지에서 안거하며 생활을 가꾸면서 변경을 보위하며 후대에까지 이어가고, 우리의 교화를 즐거워하는 것이 영원한 대책이 될 것이다. 만약에 다시 교만하게 제멋대로 날뛴다면 반드시 종족 전부를 멸망시킬 것이다."라고 하였다. 이때부터 다시는 침략하지 않았다.

淳化元年, 洪蕃卒, 其弟洪皓襲稱刺史, 遣其子淮通來貢銀盌二十, 銅鼓三面, 銅印一鈕, 旗一帖, 繡眞珠紅羅襦一. 上降優詔, 賜綵百匹, 還其襦. 自洪蕃領州十餘年, 歲輸白金百兩. 洪皓之襲兄位, 專其地利, 不修常貢. 其弟洪沆忿之, 挈妻子來奔宜州. 洪皓

---

112) 乘傳: 驛車에 승차한다는 의미이다. 傳은 驛站의 馬車를 가리킨다. 『漢書』「京房傳」에는 "臣出之後, 恐必爲用事所蔽, 身死而功不成, 故願歲盡乘傳奏事."라는 내용이 언급된다. 때로는 皇命을 받들어 出使한다는 의미로도 사용되는데, 蘇軾의 〈冬季撫問陝西轉運使副口宣〉에서는 "永言乘傳之勞, 未遑退食之佚."이라는 용례가 보인다.

怒其背己, 數引兵攻洪沇. 洪沇與二男幷牙將一人, 乘傳詣闕訴其事, 請發兵致討. 上以蠻夷之俗, 羈縻而已, 不欲爲之興師報怨. 洪沇先自稱南丹州副使, 以爲邵州團練使, 給田十頃, 下詔戒敕洪皓.

   [태종] 순화(淳化) 원년(990), [막]홍연이 죽고 동생 막홍호(莫洪皓)가 자사직을 계승했는데, 아들 [막]회통(淮通)을 보내 은 주발 20개, 동고(銅鼓) 3개, 동인(銅印) 1타래[紐], 깃발 1개, 진주를 수놓은 붉은 비단저고리 한 벌[綉眞珠紅羅襦] 등을 진공하였다. 황상은 우조(優詔)113)를 내려 채(綵) 100필을 하사하고 그 저고리는 돌려주었다. [막]홍연이 주를 이끈지 십여 년 이래, 해마다 백금 100냥을 바쳤다. 홍호가 형의 직위를 계승하자, 지방의 이익을 독점하고는 정기적인 공납을 지키지 않았다. 동생인 [막]홍원(莫洪沇)이 이를 원망하여 처자를 이끌고 의주(宜州)로 도망왔다. [막]홍호는 그가 자신을 배반한 것에 노하여, 수차례 병사를 동원해 홍원을 공격했다. 홍원과 둘째 아들 그리고 아장(牙將) 한 명이, 역거(驛車)를 타고 궐(闕)에 나아가 이 일을 상소하고 군대를 파견해 토벌해줄 것을 청하였다. 황상은 만이의 습속에 따라서 기미(羈縻)할 뿐이지, 이를 위해 군사를 일으켜 원수를 보복하는 것을 원하지 않았다. [막]홍원은 이전에 스스로 남단주(南丹州) 부사(副使)로 자칭한 바 있어서, 소주114) 단련사(邵州團練使)에 임명하고 사십 경을 주었으며, 조서를 내려 홍호에게 주의하도록 경고하였다.115)

---

113) 優詔: 嘉行을 칭찬하고 이에 대한 답례를 예시하는 詔書. 『南齊書』 『張欣泰傳』에 "上書陳便宜二十條, 其一條言宜毀廢塔寺. 帝竝優詔報答."이라는 용례가 보이고, 唐 白居易 의 〈唐贈尙書工部侍郞張公神道碑銘〉에서도 "優詔褒美, 特授密縣主簿."라고 언급하고 있다.

114) 邵州: 荊湖南路 중부에 위치하며, 예하에 邵陽·新化 두 현이 있다. 唐 貞觀 10년(636)에 南梁州를 개명하여 邵州가 설치되었으며, 五代 後晉 天福 연간에 楚가 敏州로 개명했다가, 後漢 시기에 다시 邵州로 회복되었다. 송대에 州治는 邵陽縣(현재 湖南省 邵陽市)에 있었으며, 南宋 寶慶 원년(1225)에 寶慶府로 승격된다.

115) 원문에서는 "下詔戒敕"이라고 되어 있는데 戒敕은 '告戒'의 의미로 사용된다. 蘇轍의 『潁濱遺老傳』 下에 "邊臣貪功生事, 不足以示威, 徒足以敗壞疆議, 理須戒敕."라는 용례가 보이며, 岳飛도 〈奏乞出師劄子〉에서 "今日唯賴陛下戒勅有司, 廣爲儲備."라고 언급한 바 있다.

> 景德二年, 洪皓死, 長子淮勗襲父任, 俄爲弟淮辿攻南丹州, 淮勗帥屬來奔, 詔宜州賜閑田資給之. 大中祥符五年, 宜州言淮辿頗集諸蠻, 阻富仁監道路, 上廉知淮辿無侵擾狀, 遣使犒設撫勞之. 九年, 撫水蠻叛, 詔淮辿約勒溪峒, 勿從誘脅. 明年, 平撫水蠻, 淮辿等並以勞進秩. 景祐三年, 有淮戟者擧族來歸, 命爲湖南州團練副使, 敕州縣拊存. 後淮辿老, 自言願傳其子世漸. 至和元年, 命世漸爲檢校散騎常侍, 權發遣州事. 明年, 以淮辿爲懷遠大將軍致仕, 世漸爲刺史·檢校工部尚書, 賜袍帶, 錢十萬, 絹百匹. 又補其親黨數十人爲檢校官, 如故事也. 世漸死, 嘉祐末, 命其子公帳襲之.

[진종] 경덕(景德) 2년(1005), [막]홍호(洪皓)가 사망하자, 장자 [막]회경(洪淮勗)이 부친의 직위를 계승하였다. 얼마 지나지 않아 동생 [막]회천(淮辿)이 남단주(南丹州)를 공격하자, [막]회경이 부속(部屬)을 거느리고 투항해왔다. 의주(宜州)에 조서를 내려 한전(閑田)을 하사해 그들을 돕도록 하였다. 대중상부(大中祥符) 5년(1012), 의주에서 [막]회천(莫淮辿)이 적지 않은 만인(蠻人)들을 집결시켜 부인감(富仁監)116)의 도로를 막았다고 상언해왔지만, 황상은 회천이 침략한 일이 없음을 잘 알고 있어서 사신을 파견하여 음식을 보내고 연회를 열어서 그들을 안무하고 위로하였다. [대중상부] 9년(1016), 무수만(撫水蠻)117)이 반란을 일으키자, 회천에게 조서를 내려서 계동(溪峒)을 통제하고 유혹과 협박에 넘어가지 않도록 약조하였다. 이듬해에, 무수만을 평정하자 회천 등에게 공에 따라서 녹봉을 올려주었다. [인종] 경우(景祐) 3년(1036), 회극(淮戟)이라는 자가 부족을 이끌고 와서 귀부하여, 호남주단련부사(湖南州團練副使)에 임명하였고, 주현에 칙을 내려서 안무하고 보살펴주도록 하였다. 후에 [막]회천이 늙게 되자, 그 직위를 아들 [막]세점(莫世漸)에게 물려주기를 희망한다고 말하였다. [인종]

---

116) 富仁監: 北宋 乾德 2년(964)에 설치된 銀監으로 宜州에 속했다. 치소는 현재 廣西省 南丹縣 동남쪽에 있는 大廠鎭 新州 일대이다.

117) 撫水蠻: 송대에 撫水州 일대에 살던 蠻族을 일컫던 용어. 撫水州는 당대에 처음으로 설치된 羈縻州로서 黔州都督府에 속했다. 송대에는 廣南西路 宜州에 속했으며 예하에 撫水·京水·多逢·古勞 등 4개 縣이 있었고, 치소는 撫水縣이었다. 북송대 歐陽脩는 〈南僚詩〉에서 이 지역의 종족을 '南僚'로 일컬은 바 있고, 『宋史』에서는 '俚僚'로 지칭하였다. 실제로 '南僚'가 포괄하는 범위는 매우 넓어서 '俚僚'나 '撫水蠻'은 南僚의 한 지파라고 할 수 있다.

지화(至和) 원년(1054), 세점을 검교산기상시(檢校散騎常侍) 권발견주사(權發遣州事)에 임명하였다. 다음 해에, [막]회천은 회원대장군(懷遠大將軍)으로 관직에서 물러났다. [막]세점을 자사 겸 검교공부상서(檢校工部尙書)에 임명하고 포대(袍帶)와 전(錢) 10만, 견(絹) 100필을 하사하였다. 또한 그의 친족과 도당(徒黨) 수십 명을 검교관(檢校官)에 보임했으니, 이전의 예를 따른 것이다. [막]세점이 죽자, [인종] 가우(嘉祐) 연간(1056~1063) 말년에 아들 [막]공장(莫公帳)을 임명하여 그를 계승하도록 하였다.

有世忍者, 亦淮迖之子也, 初率其屬人內附, 治平初逃歸, 攻殺公帳, 奪其地自首, 請於朝廷, 願授刺史, 補其親黨如故事, 歲輸銀百兩. 三年, 遂命爲刺史, 皆如其請. 熙寧二年, 猺賊殺人, 世忍執以獻, 授檢校禮部尙書. 元豐三年入貢, 其印以「西南諸道武盛軍德政官家明天國主」爲文, 詔以南丹州印賜之, 令毀其舊印. 六年, 大軍討安化, 世忍獻弓矢, 自言願世世爲外臣, 修貢不懈, 遷檢校戶部尙書, 給銅牌旗號, 官其子姪九人. 世忍死, 子公佞襲.

[막]세인(莫世忍) 역시 [막]회천의 아들이었는데, 당초 그 하속(下屬)을 거느리고 내부해왔다가, 치평(治平) 연간(1064~1067) 초에 도망쳐 돌아가서 [막]공장(莫公帳)을 공격하여 살해하였다. 그의 땅을 탈취하여 자수(自首)하고는 조정에 자사(刺史)직을 제수해줄 것을 희망하여 구례(舊例)에 따라서 친족과 도당을 보임해주니, 매년 은 백 냥을 바쳤다. 3년(1066)에 마침내 자사로 임명해주니, 모두 그의 청을 따라준 것이다. [신종] 희녕(熙寧) 2년(1069), 요적(猺賊)이 살인하자, 세인이 생포해서 헌상하여 검교예부상서(檢校禮部尙書)를 제수하였다. 원풍(元豐) 3년(1080)에 입공하여, 인장에 '서남제도무성군덕정관가명천국주(西南諸道武盛軍德政官家明天國主)'의 문구를 [넣고], 조서를 내려 남단주인(南丹州印)을 그에게 하사해주며 구인(舊印)은 폐기하도록 하였다. 6년(1083), 대군이 안화(安化)를 토벌하자, 세인은 활과 화살을 진상해왔고, 세세손손 외신(外臣)이 되어 입공하는 데 나태하지 않겠다고 스스로 맹세하여, 검교호부상서(檢校戶部尙書)로 임명하고, 동패(銅牌)118)와 기호(旗號)119)를 주었

---

118) 銅牌: 官印과 함께 사용하는 銅으로 주조한 符節. 『宋史』 「輿服志」 6에는 "諸王·節度·觀察使·州·府·軍·監·縣印, 皆有銅牌, 長七寸五分, 諸王廣一寸九分, 餘廣一寸八分. 諸王·節度·觀察使牌塗以金, 刻

으며, 그의 자식과 조카 9명에게 관직을 주었다. [막]세인이 죽자 그의 아들 [막]공녕(莫公佞)이 계승하였다.

> 大觀元年, 廣西經略使王祖道言公佞就擒. 進築平・允・從州, 牧文・地・蘭・那・安・外・習・南丹八州之地, 併爲鎭庭孚觀州・延德軍, 以其弟公晟襲刺史. 宣和四年, 公晟乞以州事付其姪延豊, 願與其子歸朝, 詔從之, 仍乘驛給券.

[휘종] 대관(大觀) 원년(1107), 광서경략사(廣西經略使) 왕조도(王祖道)가 [막]공녕(莫公佞)을 생포했다고 상언해왔다. 군사를 보내 평주(平州)[120]·윤주(允州)[121]·종주(從州)[122] 성을 수축(修築)하고, 문주(文州)[123]·지주(地州)[124]·난주(蘭州)[125]·나주(那州)[126]·안주(安州)·외주(外州)·습주(習州)·남단주(南丹州)[127] 8주의 땅을 관장하도록 했으며, 진

文云 '牌出印入, 印出牌入'"이라고 명시되어 있다.
119) 旗號: 일반적으로 군대의 명칭이나 장군의 성씨를 표명하는 깃발. 周密의 『志雅堂雜鈔』〈圖畫碑帖〉에서도 "侍衛親軍都指揮使黨進請給旗號."라고 언급하고 있다.
120) 平州: 北宋 崇寧 4년(1105)에 懷遠軍을 개명하여 설치하며, 치소는 懷遠縣(현재 廣西省 三江侗族自治縣 서남 70리 老堡鄕)이다. 平山에서 지명이 연유했으며, 관할 지역은 현재 廣西省 三江侗族自治縣·融安縣과 貴州省 從江縣·榕江縣·黎平縣의 일부지역에 해당된다. 政和 원년(1111)에 폐치했다가, 7년(1117)에 다시 설치하였으며, 南宋 紹興 4년(1134)에 다시 폐치하였다.
121) 允州: 북송 崇寧 4년(1105)에 安口砦에 설치하였으며, 치소는 安口縣(현재 貴州省 從江縣 동북일대)이다. 政和 연간에 州·縣 모두 폐치되었다.
122) 從州: 북송 崇寧 5년(1106)에 格州를 개명하여 설치하였고, 치소는 樂古縣(현재 貴州省 黎平縣 南永從鄕)에 위치하였다. 政和 연간(1111~1117) 초에 폐치되었다.
123) 文州: 북송대에 설치된 羈縻州로 宜州에 속하였다. 치소는 思陽縣(현재 廣西省 巴馬瑤族自治縣)이다. 大觀 원년(1107)에 폐치되어 綏南砦가 되었다가, 南宋 紹興 4년(1134)에 다시 文州가 설치되었다.
124) 地州: 북송 崇寧 5년(1106)에 설치되었고 치소는 현재 廣西省 南丹縣에 위치하였다. 大觀 원년(1107)에 폐치되었다가 후에 다시 설치되었다.
125) 蘭州: 북송 시기에 설치된 羈縻州로서, 宜州에 속하였다. 치소는 都彝縣(현재 廣西省 東蘭縣 동남쪽 大同鄕)에 위치하였다.
126) 那州: 당대에 처음 설치되었다가 폐지된 뒤, 북송 崇寧 5년(1106)에 다시 설치되었다. 大觀 원년(1107)에 잠시 폐치되었다가 후에 다시 설치되었다.
127) 南丹州: 북송 開寶 7년(974)에 설치된 羈縻州로서, 宜州에 속하였다. 치소는 현재 廣西省 南丹縣 서북쪽의 月里鄕에 위치하였다. 大觀 원년(1107)에 觀州로 개명하며, 大觀 4년(1110)에 다시 南丹州로

(鎭)·정(庭)·부(孚)·관주(觀州)와 연덕군(延德軍)128)을 병합하였고, 그 동생 [막]공성(莫公晟)이 자사(刺史)직을 계임하도록 하였다. [휘종] 선화(宣和) 4년(1122), [막]공성이 주(州)의 업무는 조카인 [막]연풍(莫延豊)에게 맡기고, 아들과 함께 내조[歸朝]하기를 원한다고 청해와서, 조서를 내려 그에 따라주도록 하고, 또한 역거(驛車)를 탈 수 있도록 역권(驛券)을 주게 하였다.

紹興三年, 公晟攻圍觀州, 焚寶積監. 朱勝非奏:「崇·觀·宣和間所開新邊, 比來往往棄而不守, 帥臣·監司屢言觀州爲控扼之地, 不宜棄.」帝曰:「前日用事之臣, 貪功生事, 公爲欺罔, 其實勞民費財, 使遠俗不安也.」又用廣南經略安撫使劉彦適言, 以公晟知南丹州兼溪峒都巡檢使·提擧盜賊公事, 給以南丹州刺史舊印, 公晟未受命. 二十四年, 公晟始貢馬, 率諸蠻來歸. 帝諭輔臣曰:「得南丹非爲廣地也, 但徭人不叛, 百姓安業, 爲可喜耳.」遂以延沈襲公晟職, 授銀靑光祿大夫·檢校太子賓客·使持節南丹州諸軍事·南丹州刺史兼御史大夫·知南丹州公事·武騎尉. 廣西經略安撫使呂愿中諭降諸蠻三十一種, 得州二十七, 縣一百三十五, 砦四十, 峒一百七十九及一鎭·三十二團, 皆爲羈縻州縣. 二十五年, 延沈進補團練·防禦二使. 三十一年, 延沈恣行慘酷, 爲諸蠻所逐, 歸死省地, 衆推延廩襲職. 隆興二年, 延廩復爲諸蠻所圖, 攜家歸朝, 經略司奏以延葚襲職. 淳熙元年, 南丹爲永樂州所攻, 使來告急, 廣西帥臣遣將領陳泰權·天河縣主簿徐彌高諭和之. 十四年, 經略司奏以延廕襲職, 詔從其請. 嘉定五年, 延廕之子光熙襲職, 知南丹州事.

[고종] 소흥(紹興) 3년(1133), [막]공성(公晟)이 관주(觀州)를 공격하고 포위했으며, 보적감(寶積監)을 불질렀다. 주승비(朱勝非)가 상주하기를, "숭[녕](崇寧)·[대]관(大觀)·선화(宣和) 연간에 개척한 새로운 변경의 영토를 근래 들어서 왕왕 폐기하고 수성하려고 하지 않는데, 수신(帥臣)과 감사(監司)들이 관주는 [근처 땅을] 장악할 수 있는 요지(要地)이기

회복되었다.
128) 延德軍: 북송 大觀 원년(1107)에 延德縣을 고쳐 연덕군을 설치하였다. 치소는 현재 海南省 樂東 黎族自治縣 서남쪽의 黃流와 白沙 일대이다. 政和 원년(1111)에 폐지되었다.

때문에 포기하지 말아야 한다고 누차 상언해왔습니다."라고 하였다. 황제가 이르기를 "이전에 일을 주도한 신하들이 공훈을 탐하여 일들이 생겨났고 공연하게 기만하여서, 기실 백성들을 괴롭히고 재정을 허비했으니, 원방의 속인(俗人)들은 편안하지 못했다."고 하였다. 또한 광남경략안무사(廣南經略安撫使) 유언적(劉彦適)의 건의대로, [막]공성을 지남단주(知南丹州) 겸 계동도순검사(溪峒都巡檢使)·제거도적공사(提擧盜賊公事)로 삼고, 남단주자사(南丹州刺史)의 구인(舊印)을 수여했으나 [막]공성이 임명을 받아들이지 않았다. [소흥] 24년(1154)에 [막]공성이 처음으로 말을 공납(貢納)하고 제만(諸蠻)을 이끌고 귀부해왔다. [고종] 황제가 대신들을 일깨우며 말하기를, "남단주를 얻은 것이 비록 넓은 땅은 아니지만, 요인(徭人)들이 반란을 일으키지 않고, 백성들이 편안히 거주하며 생업에 종사할 수 있으니, 참으로 기쁘다 할 수 있다."라고 하였다. 그리고는 [막]연침(莫延沈)에게 [막]공성의 직책을 이어받게 하고, 은청광록대부(銀青光祿大夫)·검교태자빈객(檢校太子賓客)·사지절남단주제군사(使持節南丹州諸軍事)·남단주자사겸어사대부(南丹州刺史兼御史大夫)·지남단주공사(知南丹州公事)·무기위(武騎尉)를 제수해주었다. 광서경략안무사(廣西經略安撫使) 여원중(呂愿中)이 제만(諸蠻) 31개 종족이 투항했다고 알려왔는데, 27개 주(州)와 135개 현(縣), 40개 채(砦), 179개의 동(峒)과 1개의 진(鎭), 32개 단(團)을 얻었으니, 모두가 기미주·현(羈縻州·縣)이다. [소흥] 25년(1155), [막]연침(延沈)에게 단련(團練)·방어(防禦) 2사(使)의 직위를 더해주었다. [소흥] 31년(1161), [막]연침(延沈)이 멋대로 잔혹하게 굴다가, 제 만이(蠻夷)로부터 쫓겨나 성지(省地)로 돌아가서 죽었는데, 많은 사람들이 [막]연름(延廩)으로 하여금 직위를 계승하도록 추대하였다. [효종] 융흥(隆興) 2년(1164), 연름도 거듭 제만(諸蠻)에게 쫓겨나서, 가솔을 거느리고 귀조(歸朝)하였는데, 경략사(經略司)가 상주하여 [막]연심(延甚)이 직위를 이어받게 하였다. 순희(淳熙) 원년(1174), 남단[주]가 영락주(永樂州)로부터 공격을 받자, 사신이 와서 긴급함을 알렸고, 광서수신(廣西帥臣)이 장령(將領) 진태권(陳泰權)과 천하현(天河縣)[129] 주부(主簿) 서미고(徐彌高)를 파견하여 화해를 요청하였다. [순희] 14년(1187), 경략사(經略司)가 연음(延廕)이 직위를 이어받도록 상주하여, 조서를 내려 그의 청을

---

129) 天河縣: 唐 貞觀 4년(630)에 처음 설치되었으며, 당시에는 粵州(후에 宜州로 개명)에 속했다. 북송 때 현치를 北思農鎭 江滸(현재 羅城仫佬族自治縣 서북쪽)로 옮겼으며, 大觀 원년(1107)에 폐치되었다. 靖康 원년(1126)에 다시 설치하였다가, 남송 嘉熙 원년(1237)에 치소를 高砦로 옮겼다(현재 羅城仫佬族自治縣 天河鎭 서쪽 20리 지점).

따라주도록 했다. [영종] 가정(嘉定) 5년(1212),[130] 연음의 아들 [막]광희(莫光熙)가 계임(繼任)하여, 지남단주사(知南丹州事)를 맡았다.

---

130) 嘉定五年: 『宋史』「校勘記」에 따르면 원래 '嘉定'을 '嘉泰'로 誤刻했는데, 嘉泰 연간에는 5년이 없기 때문에 『文獻通考』 卷331 『四裔考』에 의거하여 수정하였다.

참고문헌

동북아역사재단 편, 『譯註 中國正史 外國傳 1~15』, 동북아역사재단, 2009~2012

江少虞, 『宋朝事實類苑』 上下卷, 上海: 上海古籍出版社, 1981
歐陽脩, 『歐陽文忠公集』 『四部叢刊』 正編, 第44·45卷
馬端臨, 『文獻通考』, 中華書局, 1999
范成大, 『桂海虞衡志』, 成都: 四川民族出版社, 1986
范純仁, 『范忠宣公集』, 『四庫全書』 第1104卷
謝啓昆(淸), 『廣西通志』, 臺北: 商務印書館 影印本
徐夢莘(宋), 『三朝北盟會編』, 楊州: 廣陵古籍刻印社 影印本, 1977
徐松(淸), 『宋會要輯稿』, 臺北: 新文豊出版公司 影印本, 1977
邵伯溫, 『邵氏聞見錄』, 李劍雄·劉德權(點校), 唐宋史料筆記叢刊, 北京: 中華書局, 1983
楊士奇(明), 『歷代名臣奏議』, 『文淵閣 四庫全書』 第442卷, 臺北: 臺灣商務印書館 影印本, 1983
楊仲良, 『續資治通鑑長編紀事本末』 200卷, 淸光緖19年廣雅書局本
呂陶, 『淨德集』, 『四庫全書』 第1098卷
黎崱, 『安南志略』 19卷, 北京: 中華書局, 2000
吳士連, 『大越史記全書』, 東洋文化研究所 東洋學文獻센터 간행본, 1986
李燾, 『續資治通鑑長編』 520卷, 光緖9年浙江書局本
李燾, 『續資治通鑑長編』, 上海師範學院古籍整理硏究室·華東師範大學古籍整理硏究室(點校), 北京: 中華書局, 1985
張方平, 『樂全集』, 『四庫全書』 第1104卷
丁傳靖, 『宋人軼事彙編』, 中華書局 點校本, 北京: 中華書局, 1981
趙汝适, 『諸蕃志』, 北京: 中華書局, 2000
趙汝愚, 『宋名臣奏議』, 『四庫全書』 第432卷
趙汝愚(編), 北京大學中國中古史硏究室校點整理, 『宋朝諸臣奏議』 上下卷, 上海: 上海古籍出版社, 1999
周去非, 『嶺外代答』, 北京: 中華書局, 1999

周達觀,『眞臘風土記』, 北京: 中華書局, 2000
陳邦瞻(明),『宋史紀事本末』全3册, 北京; 中華書局, 1977
蔡襄,『端明集』,『四庫全書』第1090卷
脫脫 等,『宋史』, 北京: 中華書局(標點校勘本), 1975
夏竦,『文莊集』,『四庫全書』第1087卷

龔蔭,『中國土司制度』, 昆明: 雲南民族出版社, 1992
呂思勉,『中國民族史』, 中國大百科全書出版社, 1987
閻明恕,『中國古代和親史』, 貴陽: 貴州民族出版社, 2003
吳永章 主編,『中南民族關係史』, 北京: 民族出版社, 1992
吳永章,『瑤族史』, 成都: 四川民族出版社, 1993
王文光·龍曉燕·陳斌,『中國西南民族關係史』, 北京: 中國社會科學出版社, 2005
王種翰 主編,『中國民族史』, 中國社會科學出版社, 1994
李云泉,『朝貢制度史論: 中國古代對外關係體制研究』, 北京: 新華出版社, 2004
丁謙,『宋史外國傳地理考證』(浙江圖書館叢書), 蓬萊閣地理學叢書本, 1915
陳佳華, 蔡家藝, 莫俊卿, 楊保隆,『宋遼金時期民族史』(再版), 中國歷代民族史叢書, 北京: 社會科
    學文獻出版社, 2007
岡田宏二,『中國華南民族社會史研究』, 汲古書院, 1993
河原正博,『漢民族華南發展史研究』, 吉川弘文館, 1984
池澤滋子,『丁謂研究』, 成都: 巴蜀書社, 1998
王柯, 김정희 역,『민족과 국가-중국 다민족통일국가 사상의 계보』, 동북아역사재단, 2005
Howard J. Wechsler, *Jade and Silk: Ritual and Simbol in the Legitimation of the T'ang dynasty*, New
    Haven: Yale University Press, 1985

김성규,「宋代 西南 '蠻夷'의 分布諸相과 朝貢의 推移」,『歷史文化研究』19, 2003
김성규,「西南蠻夷 對宋朝貢의 契機와 貢期」,『宋遼金元史研究』8, 2003
김용완,「南宋時代 西南部地域 少數民族 變亂 研究」,『宋遼金元史研究』8, 2003
박지훈,「宋代 異民族 國家에 대한 認識」,『外大史學』12, 2000
박지훈,「北宋代 華夷論의 性格」,『梨花史學研究』29, 2002
박지훈,「북송대 禦戎論과 華夷論」,『역사문화연구』30, 2008
박지훈,「북송대 王安石의 대외관과 화이론」,『東洋史學研究』106, 2009

박지훈, 「북송대 西南 蠻夷에 대한 정책과 華夷論」, 『역사문화연구』 43, 2012
岡田宏二, 「唐宋時代洞庭湖及其以南的少數民族」, 『世界華學季刊』 1-4, 1980
郭成波, 「試論宋朝的羈縻州管理」, 『中國歷史地理論叢』, 2000-1
郭成波, 「唐宋雅州邊外羈縻州部族探考」, 『中國歷史地理論叢』, 2000-4
管彦波, 「中國古代史上的民族融合問題(上)」, 『歷史教學』, 2001-8
羅康隆, 「唐宋時期西南少數民族羈縻制度述評」, 『懷化師專學報』 18-1, 1999
段玉明, 「大理國的周邊關係」, 『雲南社會科學』, 1997-3
馬强, 「論唐宋西南史志及其西部地理認識價値」, 『史學史硏究』, 2005-3
馬新, 「古代中外關係史硏究中的史料問題」, 『山東大學學報』(哲學社會科學版), 1990-4
方鐵, 「論宋朝以大理國爲外藩的原因及其"守內虛外"治策」, 『中央民族大學學報』(哲學社會科學版), 2000-6
方鐵, 「唐宋元明清的治邊方略與雲南通道變遷」, 『中國邊疆史地硏究』, 2009-1
徐杰舜, 羅樹杰, 「宋遼夏金民族政策特點管見」, 『黑龍江民族叢刊』, 1993-3
徐杰舜, 「宋遼夏金民族互動過程述論」, 『貴州民族硏究』, 2005-3
聶静洁, 「2004年中外關係史百年學術回顧與展望-國際學術硏討會簡報」, 『中國史硏究動態』, 2005-2
楊永俊, 「我國古代民族羈縻統治政策的變遷及其原因探究」, 『西北史地』, 1999-2
玉時階, 「唐宋羈縻制度對廣西瑤族社會歷史發展的影響」, 『廣西民族學院學報』, 1984-1
王麗亞, 「王曾與宋遼關係辨析」, 『濰坊學院學報』, 8-1, 2008
王曉燕, 「論宋與遼, 夏, 金的榷場貿易」, 『西北民族大學學報(哲學社會科學版)』, 2004-4
劉復生, 「岷江上游宋代的羌族羈縻州」, 『中國邊疆史地硏究』, 1997-1
李榮村, 「宋元以來湖南東南的猺區」, 臺灣中華叢書編審委員會(編), 『宋史硏究輯』, 第8輯, 1976
李昌憲, 「宋王朝在西南地區的統治」, 『南京大學學報』(人文哲史版), 1990-3
林榮貴, 「北宋與遼的邊疆經略」, 『中國邊疆史硏究』, 第10卷 第1期, 2000-1
林天蔚, 「宋代猺亂編年記事」, 臺灣中華叢書編審委員會(編), 『宋史硏究輯』 6, 1971
張文, 「兩宋政府的少數民族賑濟措施芻議: 兼論宋朝民族政策的轉變傾向」, 『民族硏究』, 2002
田玉隆, 「土司制與羈縻制,土官與流官的關係和區別」, 『貴州大學學報』, 1988-3
程妮娜, 「强力與綏懷: 遼宋民族政策比較硏究」, 『文史哲』, 2006-3(總第294期)
程苹, 「論宋代治理湖南瑤族的政策」, 『中南民族學院學報』, 人文社會科學版, 2000-2
陳森甫, 「宋元以來江西西南山地之畬蠻」, 「國立編譯館館刊」, 1-4, 1983
漆俠, 「宋代的瑤族和壯族」, 『中南民族學院學報』, 1982-4

『中國古今地名大辭典』, 商務印書館, 1931/臺灣: 商務印書館, 1972
『中國歷代地名大辭典』, 廣東敎育出版社, 1995
『中國歷史地名大辭典』, 北京: 中國社會科學出版社, 2005
『アジア歷史事典』, 東京: 平凡社, 1967
龔延明, 『宋代官制辭典』, 中華書局, 2007
譚其驤 主編, 『中國歷史地圖集』, 地圖出版社, 1987
朱傑勤 等 編, 『中外關係史辭典』, 湖北人民出版社, 1992

송사(宋史) 권495 만이(蠻夷) 3

무수주·광원주·여동·환주전
(撫水州·廣源州·黎洞·環州傳)

• 역주: 이근명
• 교열: 박지훈

宋史 外國傳 譯註

「무수주·광원주·여동·환주전(撫水州·廣源州·黎洞·環州傳)」해제

「만이전」3에 수록된 무수주만(撫水州蠻)·광원주만(廣源州蠻)·여동만(黎洞蠻)·환주만(環州蠻)은 오늘날 광서성의 북부와 남서부, 그리고 해남성 일대에 거주하는 소수민족이다. 『송사』의 「만이전」은 이른바 '만이(蠻夷)', 즉 소수민족들을 거주 지역에 따라 북방에서 남방에 걸쳐 차례로 서술하고 있다. 「만이전」1부터 「만이전」3까지는 과거 '남만(南蠻)'이라 불리던 존재에 대해, 그리고 「만이전」4에서는 '서남이(西南夷)' 혹은 '서남만(西南蠻)'이라 불리던 민족들에 대해 서술하고 있다. 「만이전」3은 결국 '남만' 가운데 가장 남방에 위치한 민족들을 다루고 있는 셈이다.

무수주만은 이전 시대 '남료(南獠)'라 불리던 족속의 후예로서 '이료(俚獠)'라도 불렸다. 북송의 초기인 진종(眞宗) 천희(天禧) 원년(1017)에는 안화주(安化州)라 개칭되어 송대의 각종 전적에서 '안화주만'이라 일컬어지기도 하였다. 남료는 위진남북조 시기에는 현재 양광(兩廣)을 관통하여 흐르는 서강(西江)의 하류 지역에 거주하였다. 이후 수당 시대에 접어들어 이들은 각지로 흩어져, 한 갈래는 해남도로 들어가고 또 일부는 용강(龍江)과 융강(融江)을 따라 북상하였으며, 그 나머지의 대부분은 광서의 서남부로 이주하였다. 광서의 서남부로 이동한 부류가 오늘날 장족(壯族)의 중핵을 구성하게 된다. 용강과 융강을 따라 북상한 무리는 송대가 되면 대략 용강의 상류 및 그 지류인 대환강(大環江)·소환강(小環江)에 거주하였다. 그곳은 현재의 광서성 하지시(河池市) 환강모남족자치현(環江毛南族自治縣), 귀주성 검남포의족묘족자치주(黔南布衣族苗族自治州) 여파현(荔波縣)과 삼도수족자치현(三都水族自治縣), 그리고 귀주성 검동남묘족동족자치주(黔東南苗族侗族自治州) 종강현(從江縣) 일대에 해당한다. 용강과 융강을 따라 북상하여 송대에 광서 북부에 정착한 민족이 바로 무수주만이다. 그들은 오늘날 귀주성과 양광 일대에 분포하는 동족(侗族), 수족(水族), 모남족(毛南族)의 선조가 된다.

이들 무수주만에 대해「만이전」3은 그 사회경제적 상황에 대한 개술로부터 시작한다. 이것에 따르면 부족의 추장 직위는 가장 강력한 존재인 몽씨(蒙氏)가 세습하였으며, 이 밖에 구씨(區氏)·요씨(廖氏)·반씨(潘氏)·오씨(吳氏) 등이 비교적 강한 세력을 행사하였다. 또 무수주만 가운데 산간의 분지에 거주하는 부류는 농경과 어로에 종사하였는데, 수도작(水稻作)의 경우 남중국의 호남(湖南) 지역과 흡사할 정도로 발전되어 있었다. 반면 산간에 거주하는 산료(山獠)는 화전을 일구었지만 소출이 적어 주로 수렵에 의존하였다고 한다.

그 뒤를 이어 송조와 무수주만 사이의 접촉이 태종(太宗) 옹희(雍熙) 연간(984~987)부터 남송 중엽, 즉 13세기 초에 걸쳐 기록되고 있다. 이 가운데 대종을 점하는 것은 무수주만의 송조에 대한 저항과 반란, 그리고 그것에 대한 송조 권력의 대응이다. 이를 살펴보면 무수주만은 송의 기미주(羈縻州)로서 송조에 대해 부세를 납입하였으며, 자연재해나 흉작 등으로 위기가 닥칠 경우 송의 지방 관아로부터 기채(起債)하는 모습까지 보인다. 하지만 송의 지방 당국은 무수주만에 대해 다양한 형태로 수탈을 가하였고 이것이 무수주만을 자극하여 단속적인 반란이 발생하였다. 무수주만의 송에 대한 침공 내지 반란은, 태종의 옹희 연간(984~987), 진종(眞宗) 함평(咸平) 연간(998~1003), 진종 대중상부(大中祥符) 9년(1016), 인종(仁宗) 보원(寶元) 원년(1038), 신종(神宗) 희녕(熙寧) 원년(1068), 희녕 5년(1072), 휘종(徽宗) 숭녕(崇寧) 2년(1103), 효종(孝宗) 순희(淳熙) 10년(1183), 영종(寧宗) 경원(慶元) 4년(1198) 등 사례가 기록되어 있다. 이러한 침공과 반란에 대해 송조는 회유와 초무를 기조로 한 대응 자세를 취하였다.

무수주만에 대한 대처를 둘러싸고 송조 내부에서는 다양한 논의가 진행되었다. 그 대략적인 추이는 무수주만의 거주지를 내지화하여 주현을 설치하자는 적극책과 이에 반대하는 주장이 시대가 지나면서 반복하는 양상을 보인다. 내지화를 반대하는 사람들은 대부분 현지의 사정에 밝은 연변의 지방관들이었다. 이들은 내지화하여도 송조에 이익이 될 것이 없으며 오히려 부담만 증가할 뿐이니 과거의 기미지배 방식을 유지하자고 주장하였다. 이러한 논란에서 송조는 후자, 즉 기미지배를 답습하자는 주장을 채택하였다.『송사』의 찬자들도 대략 이러한 주장에 좌단하는 입장에 있었던 것으로 보인다. 무수주만에 관한 서술 가운데 약 4분의 1에 걸쳐, 주현의 확대 정책에 반대하는 광남동서로(廣南東西路) 선유(宣諭) 명탁(明橐)의 주장과 이에 동조하는 추밀원 측의 발언을 수록하고 있기 때문이다.

다음으로 등장하는 광원주만(廣源州蠻)은 이조(李朝) 베트남과 송의 접경 지역에 거주하였던 농씨(儂氏) 일족을 가리킨다. 광원주는 광서의 좌강(左江) 상류 일대로서 오늘날 베트남의 까오방 동부에 위치한 꽝 응우옌 지역이다. 이곳에 거주하는 농씨는 타이계의 능(Nung)족으로서 벼농사와 수렵, 상업을 생업으로 하고 있었다. 농씨 일족은 북송의 남한(南漢) 정벌(977) 이후 송에 투항하여 그 지배를 받았다. 하지만 그로부터 3년 후 태종이 베트남을 정벌하다가 실패하자 송 대신 이조 베트남에 복속되었다.

이조 베트남의 지배를 받고 있던 광원주의 농씨는, 이조의 북부 변경지역에 대한 압박과 통제가 강화되며 동요를 일으켰다. 이러한 불안과 동요는 인종 보원 원년(1038) 농존복(儂存福)이 이조 베트남에 대해 반란을 일으키는 것으로 발전하였다. 『송사』「만이전」 3의 광원주만에 대한 기술은 이 단계부터 시작한다. 농존복 반란의 영향이 송조에까지 파급되었기 때문이다. 이 농존복의 아들이 『송사』「만이전」 3의 광원주만에 대한 기록에서 사실상 초점을 맞추고 있는 농지고(儂智高)이다.

광원주만에 대한 기술은 사실상 농지고의 반란 경과에 대한 상세한 설명이다. 농지고의 출생 정황, 농지고의 부모, 반란 후 농지고가 송과 접촉하는 정황, 반란 세력의 송 침공과 송 측의 진압 등이 시간 순서에 따라 기록되어 있을 뿐이다. 농지고의 반란 이후에 대해서는 전혀 서술을 남기고 있지 않다. 여타 「외국전」이나 「만이전」과 마찬가지로 서두에 광원주만, 즉 농씨의 내력에 대해 언급하고 있기는 하나 그것도 대단히 소략하다.

농존복의 반란이 실패로 끝난 후, 그 아들 농지고는 모친 아농(阿儂)과 함께 도망하였다가 돌아와 재차 반란을 일으키고 국호를 대력국(大曆國)이라 하였다. 하지만 이조 베트남의 토벌로 진압되었다가 인종 경력(慶曆) 8년(1048) 다시 반란을 일으켰다. 반란을 일으키면서 농지고는 송에 대해 투항 의사를 밝혔다. 그것이 받아들여지지 않자, 그는 인종 황우(皇祐) 4년(1052) 어쩔 수 없이 송에 대한 무장 투쟁을 시작하여 5,000명을 이끌고 우강(右江) 지역을 공격하기 시작하였다. 『송사』「만이전」에서는 이때로부터 농지고의 난이 시작되었다고 적고 있다. 농지고는 거병 이후 신속히 주변지역을 점령해갔다. 광서 서남부의 중심 도시인 옹주(邕州)를 함락시키고는 국호를 대남국(大南國)이라 칭하였다.

이러한 사태 전개에 송 조정은 추밀부사(樞密副使) 적청(狄靑)을 선무사(宣撫使)로 파견하여 농지고 난을 진압하기로 결정하였다. 적청의 토벌군은 이듬해인 황우 5년(1053) 정월

농지고에 대한 공략에 착수하여 불과 10일 만에 완전히 토벌하였다. 농지고는 적청의 진압군이 압박해오자 옹주로 후퇴하였다가 곤륜관(崑崙關) 전투에서 궤멸적인 타격을 입은 후 야간에 옹주성을 방화하고 대리국(大理國)으로 숨어들어갔다. 송 측은 농지고의 모친 아농과 동생, 아들 등을 생포하였다가 모두 주살하였다. 이로써 1040년대 중반 이래 중국과 베트남 변경지대에서 발생하여 양국 모두에 심대한 파장을 불러일으켰던 농씨의 반란은 최종적으로 진압되었다. 농지고의 난은 송대를 통해 소수민족에 의해 야기된 최대의 반란이었다.

세번 째로, 여동만(黎洞蠻)은 해남성에 거주하는 소수민족으로서 오늘날의 여족(黎族)에 해당한다. 당말 오대 이래 중원의 한족은 혼란을 피해 남중국으로 대거 이주하였고 이들 가운데 일부는 양광 지방에서 바다를 건너 해남도로 들어갔다. 이러한 이주는 송초에 이르러서도 지속되어, 남송 시대가 되면 해남도에 거주하는 한족의 인구가 10만을 상회하였다고 한다. 이러한 숫자는 당대에 비해 현격히 증가한 것이었다. 한족의 이주와 더불어 해남도의 선주민인 여동만의 생활에도 변화가 초래되었다. 여동만 가운데 한족과의 접촉으로 말미암아 한화(漢化)가 진행되는 부류가 증가하기 시작하였기 때문이다.

그리하여 송대를 통해 거주지역 및 한족과의 접촉 정도에 따라 여동만에는 생려(生黎)와 숙려(熟黎)라는 구별이 생겼다. 생려는 해남도 내륙의 산간 지대에 거주하는 부류로서 한족과의 접촉이 거의 없는 무리였다. 이들은 해남도 중심부에 위치한 여모산(黎母山) 주변에 거주하였다. 언어도 달라서 통역이 없으면 한족과의 교류가 불가능하였다. 반면 숙려는 생려와는 달리 한족의 거주지 인근이나 혹은 한족과 뒤섞어 살았다. 이른바 '성지(省地)'를 경작하며 송조에 대해 부세도 납입하였다. 숙려는 한족과 활발히 교류하며 주현의 허시(墟市)에도 수시로 드나들었다. 언어도 통하였기 때문에 때로 이주한 한족들이 숙려 거주지역에 들어가 이들에 동화되는 현상도 발생하였다. 숙려는 수차에 걸쳐 송조에 귀부하여 '성민(省民)'이 되었다. 이를테면 북송 휘종의 숭녕(崇寧, 1102~1106)·대관(大觀, 1107~1110) 연간에는 대략 10만여 숙려가 송조에 귀순하고 있다. 송조는 여동만에 대해 추장을 토관(土官)으로 임용하는 간접지배 방식을 취하였다.

여동만에 대한 「만이전」의 기록은 다소 소략하여 무수주만의 약 7분의 1, 광원주만의 3분의 1에 불과하다. 그것도 단 하나의 예외(인종 지화 연간)를 제외하면 모두 남송 시대의 정황을 기록한 것이다. 북송에 비해 남송에 이르러 여동만에 대한 관심이 상대적으로 증대되었기 때문인 것으로 여겨진다. 서술 내용은 무수주만과 동일하게 그 첫머리에 여동만의 습속에 대해 비교적 소상한 개괄을 붙이고, 이어 송조와의 접촉 내지 교류에 대해 적어가고 있다.

「만이전」 3의 마지막 내용은 환주만(環州蠻)에 관한 것이다. 환주만은 광서 북부의 소환강(小環江) 주변에 거주하던 부족으로 수족(水族)의 선조일 것으로 추정된다. 환주만에 대한 기록은 여동만보다도 더욱 소략하다. 여타 부족에 대한 서술과는 달리 그 첫머리에 부족의 정황에 대한 개관조차 붙이지 않고 있다. 서술 내용도 사실상 인종 경력(慶曆) 4년(1044)에 발생하였던 추장 구희범(區希範)의 반란과 그에 대한 진압의 경과만으로 그치고 있다.

구희범이 반란을 일으키고 환주를 점거하자 송조는 광서의 전운사(轉運使) 두기(杜杞)를 파견하여 진압하였다. 두기는 반란 진영에 사자를 파견하여 거짓으로 투항시키고는 계략에 의해 구희범을 위시한 반란 주모자를 생포하였다. 그러한 연후에 그들 모두를 주살하고, 주모자 구희범은 잔혹하면서도 엽기적으로 살해하였다.

무수주만 및 여동만에 관한 부분을 보면 송조는 소수민족에 대해 자못 인정(仁政)과 왕화(王化)를 과시하는 듯한 자세를 보인다. 각 민족의 여건을 참작하여 배려하는 정책이 빈번히 취하여졌다는 사실이 강조되고 있다. 반란에 대해서도 송조는 가능한 한 선무 중심의 대책을 강구한다고 선포하는 조칙도 자주 인용된다. 하지만 광원주 농지고의 반란이라든가 환주 구희범의 반란에 대한 조치에서 드러나듯, 송조의 소수민족에 대한 대응은 철저히 정책적 판단에 의거하여 결정되었다. 해당 민족의 동태와 규모에 대한 평가, 그리고 송조 사회 질서의 유지에 대한 영향 등이 고려될 뿐이었다.

송대는 이전 시기에 비해 지역 간, 민족 간 교류가 현저히 활발해졌다. 농업 생산력의 발달로 말미암아 강남 일대를 중심으로 이른바 상업혁명이 발생하였다. 지역적 특산물의 등장과 수공업의 발달로 인해 원거리 교역도 활성화되었다. 이러한 중국 사회의 변모는 주변 민족에도 영향을 미쳐 중국과 주변 국가 내지 민족 사이의 왕래가 빈번해졌다. 중국민과 주변 소수민족 사이의 경제적 교류도 이전과는 비교할 수 없을 정도로 활성화되었다. 이러한 변화를 바탕으로 인구의 이동도 대단히 활발해졌다. 특히 남송의 건국을 전후하여 대량의 화북 인구가 남하하여 남중국 각지에 정착하였다. 이러한 인구 가운데 상당수는 소수민족 거주지나 그 인근에 유입되었다. 한족의 이동은 '만이'에게도 영향을 미쳐, 그들 역시 다양한 방향으로 옮겨가며 한족과 여러 갈등을 야기하였다. 『송사』 「만이전」에는 이러한 사회 변화와 인구 이동의 결과, 이른바 '만이'와 한족의 접촉이 매우 다각적인 양태를 띠게 되었음을 잘 보여준다.

『송사』 「만이전」 3에 기록되어 있는 부족 가운데, 무수주만과 여동만·광원주만은 『송회요집고」「번이(蕃夷)」에도 수록되어 있다. 개략적으로 말하여 『송사』의 기술은 『송회요집고』에 비해 매우 소략하다. 하지만 『송사』에 비교적 요령 있게 정리되어 있는, 해당 부족의 정황 및 풍속에 대한 개술은 『송회요집고』에서는 찾아볼 수 없다. 『문헌통고』에는 무수주만과 여동만에 대한 기록이 등장한다. 특히 여동만에 대한 『송사』「만이전」의 서술은 거의 『문헌통고』의 내용을 그대로 전재하였다고 말하여도 좋을 정도이다. 광원주 농씨에 대한 기록으로는 단연 『속자치통감장편』의 각 부분에 실려 있는 것이 소상하면서도 정확하다. 농지고의 사망과 관련한 기술에서 보여지듯 『송사』의 경우 사실 관계에서 일부 부정확한 부분도 적지 않다.

『송사』「만이전」은 중국 내 각지에 산재하는 소수민족의 정황을 송조 중앙정부의 시각에서 정리한 것이다. 그러한 만큼 이를 통해 송대 민족 관계나 송조의 대외 정책을 재구성하는 데는 주의를 요한다. 하지만 『송사』를 편찬하는 데 기초 자료가 되었던 전적의 상당수는 현재 전하지 않는 경우가 허다하다. 「만이전」은 그 성격상 송조 국가권력 측의 자료 내지 그것에 기초하여 편찬된 저작에 크게 의거하였을 것이라 여겨진다. 하지만 송조가 편찬한 자료는 『국사』와 『실록』, 나아가 기거주나 시정기 등을 막론하고 현재 거의 잔존하지 않는다. 이러한 점에서 『송사』「만이전」의 자료적 가치는 결코 홀시할 수 없다.

宋史 外國傳 譯註

「무수주·광원주·여동·환주전 (撫水州·廣源州·黎洞·環州傳)」 역주

撫水州

무수주

撫水州在宜州南, 有縣四: 曰撫水, 曰京水, 曰多逢, 曰古勞. 唐隷黔南. 其酋皆蒙姓同出, 有上·中·下三房及北遐一鎭. 民則有區·廖·潘·吳四姓, 亦種水田·採魚, 其保聚山險者, 雖有畲田, 收穀粟甚少, 但以藥箭射生, 取鳥獸盡, 卽徙他處, 無羊馬·桑柘. 地曰帶洞, 五十里至前村, 川原稍平, 合五百餘家, 夾龍江居, 種稻似湖湘. 中有樓屋戰棚, 衛以竹柵, 卽其酋所居. 兵器有環刀·標牌·木弩. 善爲藥箭, 中者大叫, 信宿死, 得邕州藥解之卽活.

무수주(撫水州)[1]는 의주(宜州)[2]의 남쪽에 있으며, 무수(撫水)·경수(京水)·다봉(多逢)·

---

1) 撫水州蠻: 宋代 南獠 혹은 俚獠라 통칭되던 서남부 소수민족의 한 갈래이다. 대략 현재의 侗族·水族·毛南族 등의 선조에 해당한다. 龍江의 상류 및 그 지류인 大環江·小環江 일대, 즉 현재의 廣西省 環江縣 북부 및 貴州省 荔波縣·三都縣·從江縣 지역에 거주하였다. 俚獠는 위진남북조 시대에 주로 현재의 廣西省 西江 하류에 위치한 蒼梧縣·鬱林縣·合浦縣·寧浦縣·高梁縣 등지에 거주하였다. 이후 수당 시대에 俚獠의 일부는 海南으로 들어가고, 일부는 龍江과 融江을 따라 북상하였으며, 나머지 대부분은 廣西 서남부로 이주하여 다른 부족과 융합함으로써 오늘날의 壯族이 되었다. 이 가운데 龍江과 融江을 따라 북상한 俚獠가 송대를 통해 '撫水州蠻'이라 불렸다. 撫水州蠻은 송대 羈縻州로서 宋朝에 복속하여 매년 부세를 납입하되 기존의 부족 질서에 의거하여 자치하였다. 眞宗 天禧 원년(1017) 송조 지방정부의 수탈에 저항하여 반란을 일으켰다가 투항한 후 安化州로 개명되었다. 송대 撫水州蠻 사회는 龍江 연안에

고로(古勞)라는 4개의 현이 있다. 당대에는 검남(黔南)3)에 예속되었으며, 그 추장은 모두 몽씨(蒙氏) 성에서 나왔는데 상·중·하의 3방(房)과 북하(北遐)라는 1진(鎭)이 있다.4) 백성들은 구(區)·요(窲)·반(潘)·오(吳)의 4성(姓)이 있는데 논농사를 짓고 물고기를 잡아 생활하였다. 깊은 산간에 모여 사는 자들은 사전(畬田)5)이 있기는 하나 수확하는 곡식이 대단히 적어서, 독화살로 짐승을 쏘아 잡다가 새나 짐승이 다 없어지면 다른 곳으로 이사를 갔다. 양과 말이 없었고 양잠도 하지 않았다. 그 거주지를 추동(帚洞)이라 불렀으며, 50리를 가면 전촌(前村)이 있는데 들판이 약간 평탄한 곳에 500여 가구가 용강(龍江)6)의 양측을 따라 거주하였다. 벼농사 방식은 호남(湖南) 지방과 비슷하였다. [전촌의] 한가운데에는 큰 집으로 된 전붕(戰棚)7)이 있고 그 둘레를 대나무로 만든 울타리로 에워쌌으며 거기서는 그 추장이 거주하였다. 병기에는 환도(環刀)8)와 표패(標牌),9) 목노(木弩)10)가 있었다. 약전(藥箭)11)을

거주하는 水稻作民과 산간지역의 화전민으로 나뉘어 있었다. 水稻作을 하는 撫水州蠻의 경우 농경 기술이 상당히 진보하여 중국 남부의 荊湖 지역과 유사한 농법을 지니고 있었다. 반면 산간의 화전민은 농경 수확물이 적었으며 주로 수렵에 의지하여 생활하였다. 내부에 區·窲·潘·吳 등의 大姓이 있었으며 부족의 추장은 가장 강한 존재인 蒙氏가 세습하였다.

2) 宜州: 廣南西路 중북부에 위치, 오늘날의 廣西省 河池市의 宜州市 일대. 宜州는 『武經總要』 卷20에서 "州境悉蠻夷故地, 西南昆明·羅殿王國, 北砢䍧部落, 自餘溪洞綿亘十餘里. 風壤溫濕, 加之瘴癘, 即其土人建立郡縣, 有時貢, 無地租, 領州者多許夷人世襲."이라 하듯 각종 소수민족의 거주지였다. 그리하여 知宜州는 溪洞巡檢使를 겸하여 宜州의 溪洞 사무를 총괄하였다. 宜州 관내에는 총 17개 주의 羈縻州가 있었는데, 이 가운데 南丹州와 撫水州가 가장 강력하였다. 宜州 일대 羈縻州에 대해서는 諸書의 기록이 錯綜되지만 『元豊九域志』가 가장 소상하며 정확하다. 이에 따르면 17개의 羈縻州는 溫泉州·環州·鎭寧州·思順州·蕃州·文州·金城州·蘭州·述昆州·智州·安化州·南丹州·歸恩州·芝忻州·紆州·琳州 등이었다고 한다.

3) 黔南: 黔南節度使를 가리킨다. 胡三省은 이에 대해 "唐之盛時, 溪州屬黔中觀察. 唐末陞黔中觀察爲黔南節度, 後爲武泰軍."(『資治通鑑』 卷282 後晋 高祖 天福 4년 8월 己酉條의 音注)이라 적고 있다. 黔中觀察使는 치소를 黔州에 두었으며, 涪州·溪州·恩州·費州·辰州·錦州·番州·施州·珍州·夷州 등지를 관할하였다(『舊唐書』 卷38 「地理志」 1 참조).

4) 上中下三房 및 北遐一鎭에 대해 『嶺外代答』 卷1 「竝蠻」에서는, '安化三州一鎭'이라 적고 있다. 대략 현재의 廣西省 河池市의 羅城縣과 環江縣 일대에 해당한다.

5) 畬田: 불을 질러 樹木이나 잡초를 태워버린 후 일군 경작지, 즉 火田.

6) 龍江: 珠江의 서쪽 지류. 貴州省의 荔波縣 일대에서 發源하여 勞村江이라 불렸다가 廣西省 경내로 들어와 南丹縣에 이르면 金城江이라 불리게 되며, 다시 河池를 거쳐 宜州에 이르러 龍江이라 불리게 된다.

7) 戰棚: 전투에 대비해 가설된 樓閣이나 난간.

8) 環刀: 곧고 긴 외날의 刀劍.

잘 사용하였으며12) 그것에 맞은 자는 크게 소리 질렀는데 이틀쯤 지나면 죽었다. 옹주(邕州)13)에서 나는 해독제를 구해 치료하면 곧 나았다.

雍熙中, 數寇邊境, 掠取民口·畜産. 詔書招安, 補其酋蒙令地殿直, 蒙令札奉職. 咸平中, 又數爲寇盜, 止令邊臣驅逐出境. 其黨狡獪者凡三十餘人, 宜州守將因擒送闕下. 上召見詰責之, 對曰:「臣等蠻陬小民, 爲饑寒所迫耳.」 上顧謂左右曰:「昨不欲盡令勦絶, 若縱殺戮, 顧無噍類矣!」 因釋罪, 賜錦袍·冠帶·銀綵, 戒勗遣之. 逾年, 酋長蒙頂等六十五人詣闕, 納器甲百七十事. 又蒙漢誠·蒙虔瑋·蒙塡來朝, 上器甲數百及毒藥箭, 誓不搖邊, 比歲皆遣使來貢及輸兵器, 乃授漢誠官, 賜物有差, 旣而侵軼如故. 景德三年, 蠻酋蒙塡詣宜州自陳, 願朝貢謝罪, 詔守臣諭以盡還所掠民貲畜, 乃從其請.

[송 태종] 옹희(雍熙) 연간(984~987)에 빈번히 변경에 침범하여 주민과 가축을 약취해

---

9) 標牌: 標牌, 즉 창끝·칼날·화살·돌 등을 막는 방패.
10) 木弩: 목제의 쇠뇌.
11) 藥箭: 독화살. 范成大의 『桂海虞衡志』 「志器」에서는 남방 소수민족의 독화살 사용에 대해, "藥箭, 化外諸蠻所用, 弩雖小弱, 而以毒藥濡箭鋒, 中者立死, 藥以蛇毒草爲之."라 기술하고 있다.
12) 『宋史』 「校勘記」에 따르면 원래는 '藥'字가 脫漏되어 있으나 『宋會要輯稿』 「蕃夷」 5-5와 『文獻通考』 卷331 「四裔考」에 의거하여 보충한 것이다.
13) 邕州: 廣南西路의 서부에 위치한 지역으로 남으로는 安南과 접경하였으며, 북으로는 夔州路와 접하였다. 오늘날의 南寧市 및 崇左市 일대에 해당한다. 宋代 廣南西路는 소수민족이 집중 분포하는 변경지구였으나 그중에서도 邕州 관내에 가장 많은 소수민족이 거주하였다. 이에 대해 『宋史全文』 卷26 上에서는 "本路備邊之郡九, 而邕管爲最重. 邕之所管輻員數千里, 而左右兩江爲最重. 自邕之西北有胖牁·大理·羅甸·自杞, 而西南有白衣九道·安南諸國, 皆其所當備者."라 기록하고 있다. 이에 반해 주둔 군대는 많지 않았다. 英宗 治平 3년(1066)에는 광서로의 주둔 병력이 51,000여에 달했다 하나 이는 儂智高 반란 직후의 특수 정황일 뿐이다. 神宗 이후에는 『嶺外代答』 卷3 「沿邊兵」에서 "邕屯全將五千人. 以三千人分戍橫山·太平·永平·古萬四寨及遷隆鎭. 其二千人留州更戍."라 하듯 통상 5,000명에 불과하였다. 남송 시대에도 주둔병이 1,000명을 넘지 않아서 『宋史全文』 卷26 上에서 "然邕之戍兵不滿千人, 所恃以爲籬落者, 惟左右兩江溪洞共八十餘處, 民兵不下十萬, 首領世襲, 人自爲戰, 如古諸侯·民兵之制. 其去邕管近者餘三百里, 遠者近千里. 所恃以維持撫馭之者, 惟提擧盜賊都巡檢使四人, 各以戍兵百餘爲溪洞綱."이라 하듯 民兵과 土兵에 의지하였다.

갔다. 초안(招安)의 조서를 내려 그 추장 몽령지(蒙令地)를 전직(殿直)14)에, 몽령찰(蒙令札)을 봉직(奉職)15)에 임명하였다. [송 진종] 함평(咸平) 연간(998~1003)에 다시 자주 침범하여 도적질을 하기에 다만 변경의 장수들에게 명하여 국경 밖으로 내쫓게 하였다. 그 무리의 교활한 자 30여 명을 의주의 무장이 사로잡아 수도로 압송시켰다. 황제(진종)가 그들을 불러서 만난 다음 질책하니, "저희는 귀퉁이의 오랑캐 소민(小民)으로서 추위와 배고픔에 내몰렸을 뿐입니다."라고 대답하였다. 진종이 좌우를 돌아보며, "지난번에 모두 소탕하라고 명하고 싶지 않았다. 만일 살륙을 방임하였다면, [저들 가운데] 살아남은 사람이 없었을 것이다."라고 말했다.16) 그리고 죄를 사면한 다음 금포(錦袍)와 관대(冠帶)·은채(銀綵)17)를 하사하고 훈계하여 되돌려보냈다. 이듬해 추장인 몽정(蒙頂) 등 65명이 조정에 나아와 기갑(器甲)18) 170건을 바쳤다. 또 몽한성(蒙漢誠)·몽건위(蒙虔衛)·몽전(蒙墳)이 입조하여 기갑 수백 건 및 독화살을 바치며 다시는 변경에서 소란을 피우지 않겠다고 서약하였다. [이후] 매년 사자를 파견하여 조공을 하며 병기를 바쳤다. 이에 [몽]한성에게 관직을 하사하고 [부족의 우두머리들에게] 차등을 두어 물건을 하사하였다. [하지만] 얼마 후 다시 예전처럼 침공해왔다. [송 진종] 경덕 3년(1006) 오랑캐의 추장 몽전이 의주에 와서 스스로 말하기를, "조공을 바쳐

---

14) 殿直: 小使臣 階列의 武階(정9품)로서 左右班殿直의 통칭이다. 그 지위는 左右侍禁의 아래이며 三班奉職의 위이다. 武階란 武臣의 寄祿官階를 의미한다. 武階는 ① 正任官, ② 遙郡官, ③ 橫行官, ④ 諸司正使 및 副使, ⑤ 大使臣, ⑥ 小使臣, ⑦ 殿侍 이하의 無品, ⑧ 磨勘과 무관한 雜職의 8등급으로 구성되어 있었다. 이 가운데 ① 正任官과 ② 遙郡官은 節度使·節度觀察留後·觀察使·防禦使·團練使·刺史 등으로서 실직적인 업무[職事]가 없는 虛函이자 寄祿官階일 뿐이다. 正任官과 遙郡官의 차이는 大夫·郎 등의 橫行官이 부가되는 것이다. 예를 들어 '武安軍節度觀察留後'라면 正任官이고, 여기에 橫行官인 中衛大夫가 추가되어 中衛大夫武安軍節度觀察留後가 되면 한 등급 낮은 遙郡官이 된다. ③ 橫行官은 通侍大夫(正5品) 이하 右武郎(從7品)까지로서, 正5品 이하 正6品까지는 大夫라 칭해지고 從7品은 郎이라 칭해졌다. ④ 諸司의 正使 및 副使는 皇城使(從7品) 이하 供備庫副使(從7品)까지로서 皇城使·宮苑使·麒驥使·作坊使 등과 같은 諸司의 명칭이 붙었다. ⑤ 大使臣은 內殿崇班과 內殿承制, 혹은 敦武郎·修武郎·閣門祇侯로서 正8品이었다. ⑥ 小使臣은 西頭供奉官·左右侍禁·左右班殿直·三班奉職·三班借職으로서 從8品·正9品·從9品이었다.
15) 奉職: 小使臣 階列의 武階(종9품)로서 三班奉職의 簡稱이다.
16) 『宋史』「校勘記」에는 원문의 '昨不欲盡令勦絕, 若縱殺戮'에서 '若縱殺戮' 4자가 脫漏되어 있었는데 『宋會要輯稿』「蕃夷」5-5에 의거하여 보충한 것이라 하였다.
17) 錦袍와 冠帶·銀綵: 錦袍는 비단 도포, 冠帶는 冠과 腰帶, 銀綵는 하얀색의 고급 비단이다.
18) 器甲: 무기와 盔甲을 말한다. 盔甲은 투구와 갑옷이다.

사죄하고 싶다."고 하였다. 지주에게 조서를 내려, '약탈해 간 주민과 재산, 가축을 모두 반환하면 그 청을 들어주겠다.'고 답하게 하였다.

> 大中祥符六年, 首領指揮使蒙但挈族來歸, 徙於桂州. 九年, 數寇宜·融州界, 轉運使俞獻可言:「知宜州董元己不善綏撫, 昨蠻人饑, 來質餼糧, 公縱主者尅剝槩量; 及求入貢, 復驟沮其意: 遂使忿恚爲亂.」詔出元己, 遂遣潭州都監季守睿代元己招撫, 羣蠻拒命, 侵掠不已. 獻可請以本道澄海軍及募丁壯進討, 乃詔益以潭州兵五千人, 命東染院使·平州刺史曹克明爲宜融等州都巡檢安撫使, 內殿崇班王文慶·閤門祗候馬玉·內供奉官楊守珍等爲都監.

[송 진종] 대중상부(大中祥符) 6년(1013) 수령인 지휘사(指揮使) 몽단(蒙但)이 일족을 거느리고 귀순해와서 계주(桂州)19)로 이주시켰다. 9년(1016)에 빈번히 의주와 융주(融州)20) 지역을 침범하여 전운사 유헌가(俞獻可)21)가, "의주의 지주 동원기(董元己)가 잘못 대처하여, 지난번 오랑캐들이 기근을 당했을 때 저당을 잡히고 건량(乾糧)을 빌려갔는데 담당자들이 공공연히 분량을 속임에도 그것을 좌시하였습니다. 또 조공을 바치겠다고 청구할 때에도 이유 없이 가로막아, 마침내 그 원한이 쌓여 변란이 된 것입니다."라고 말했다. [이에] 조령을 내려 [동]원기를 내쫓고 담주(潭州)22)의 도감(都監)23) 계수예(季守睿)를 파견하여 [동]원기 대신 초무하게 했으나, 여러 오랑캐들이 조정의 명령을 거부하고 침범을 그치지 않았다. [유]헌가는 광서로의 징해군(澄海軍)24) 및 모집한 장정을 이용하여 토벌하자고 청하였다. 이에 조령

---

19) 桂州: 廣南西路의 路治. 오늘날의 廣西省 桂林市이다.
20) 融州: 廣南西路의 북부에 위치하며, 오늘날의 廣西省 柳州市 融水苗族自治縣에 해당한다. 宋代에는 管內에 樂善州·古州·中古州 등의 羈縻州가 존재하였다.
21) 俞獻可: 江東의 歙縣 출신으로 太宗 端拱 원년(988) 進士科에 급제하였다. 吏部郎中을 거쳐 眞宗 大中祥符 연간(1009~1016) 廣西의 轉運使가 되어 撫水州蠻의 반란을 진압하였다. 이후 互市를 설치하고 險處에 塞砦를 건립하였다. 이로 말미암아 諸蠻의 반란이 크게 제어될 수 있었다. 후일 관직이 龍圖閣待制까지 올랐다.
22) 潭州: 荊湖南路의 路治, 오늘날의 湖南省 長沙市.
23) 都監: 州兵馬都監의 약칭이다. 대략 1州에 6, 7명 있었으며 州城의 군사적 방비와 군대 훈련 등을 담당하였다.

을 내려 그것에다가 담주의 병사 5,000명을 덧붙여 주고, 동염원사(東染院使)25) 겸 평주자사(平州刺史)26) 조극명(曹克明)27)을 의융등주도순검안무사(宜融等州都巡檢安撫使)28)로 임명하고 내전숭반(內殿崇班)29) 왕문경(王文慶)과 합문지후(閤門祗候)30) 마옥(馬玉), 그리고 내공봉관(內供奉官)31) 양수진(楊守珍) 등을 도감(都監)으로 임명하였다.

上猶以蠻夷異類, 攻剽常理, 不足以勦絕. 又意其道險難進師, 第令克明·獻可設方略攝其酋首, 索所鈔生口, 因而撫之. 克明·獻可上言:「蠻人去冬寇天河, 今又鈔融州庿陽諸砦, 剽劫居民, 害巡檢樊明, 累依宣旨詔諭, 曾不悛革, 臣請便宜掩擊.」從之.

황제(진종)는 만이들이 한족과 다른 부류로서 침범하고 약탈하는 것이 범상한 일이므로 그 때문에 소탕해버려서는 안 된다고 생각하였다. 또 길이 험해서 군대를 파견하기 어려운

---

24) 澄海軍: 廂軍 부대.『宋史』卷189「兵志」3「廂兵」에 따르면 廣南路의 澄海軍은 "竝於配隸中選少壯者."(「熙寧以後之制」「廣南路」)라 하였다고 한다.

25) 東染院使: 諸司正使 階列의 武階(정7품).

26) 平州刺史: 平州는 오늘날의 河北省 秦皇島市 盧龍縣 일대로 당시는 遼의 南京道에 속했다. 刺史는 직임이 없는 武階로서 上州의 자사는 종3품, 中州와 下州의 자사는 정4품이었다. 자사는 무신에 대한 加官이므로 이처럼 당대의 지명에 연계되어 주어졌다. 따라서 平州刺史와 같이 실제로 宋의 경내가 아닌 곳의 자사직이 부여될 수도 있었다.

27) 曹克明: 四川의 雅州 출신으로 李順의 난 진압에 공을 세워 西頭供奉官·黎州兵馬監押에 발탁되었다. 溫·台等七州都巡檢使를 거쳐 眞宗 景德 연간(1004~1007) 廣西路의 知邕州가 되었다. 이후 江·淮·兩浙都大提擧와 知辰州 등을 거쳐 眞宗 大中祥符 9년(1016) 宜·融等十州都巡檢使兼安撫使가 되어 撫水州蠻의 반란을 평정하였다. 그다음에는 知桂州·知邕州·知鼎州·知舒州 등을 역임하다가 知鼎州로 死沒하였다.

28) 都巡檢安撫使: 巡檢使는 路·州·縣 등의 각급 행정단위에 설치되어 경찰 업무를 담당하는 武職이다. 都巡檢使는 巡檢使에 대한 우대의 의미로서 종5품이었다. 安撫使는 眞宗 景德 연간(1004~1007) 이래 常置되어 路의 軍政을 총괄하는 監司였다. 하지만 송대를 통해 반란이나 전쟁 등의 비상국면에 일부 지역의 軍政을 총괄하는 직위로서 安撫使가 파견되는 사례가 적지 않다.

29) 內殿崇班: 大使臣 階列에 속하는 武階(7품).

30) 閤門祗候: 朝會와 朝見, 游幸을 관장하는 閤門司의 속관. 武臣의 淸要職으로서 총원은 12명이었으며 지위는 종8품이었다.

31) 內供奉官: 內侍省의 供奉官. 환관으로 궁중 및 황제 관련 제반 업무를 관장하는 이외에, 황제의 명령을 띠고 內外 각지에 出使하거나 황제의 行幸을 隨從하기도 했다.

것을 감안하여, 다만 [조]극명과 [유]헌가에게 명하여 책략을 써서 그 추장을 복속시킨 다음 그들이 약탈해간 주민을 송환시키는 정도로 선무하도록 하였다.32) [이에 대해] [조]극명과 [유]헌가는 다음과 같이 아뢰었다. 즉, "오랑캐들이 지난 겨울 천하(天河)33)에 침범하였는데 지금 다시 융주의 상양채(庠陽砦) 등에 쳐들어와 백성을 약탈하고 순검(巡檢)34) 번명(樊明)까지 살해하였습니다. 여러 차례 폐하의 뜻을 알리며 깨우쳤으나 끝내 뉘우치지 않는 것입니다. 청하건대 신들이 재량껏 습격할 수 있도록 해주십시오." 이를 허가해 주었다.

克明乃與守珍領兵入樟嶺路, 文慶·玉趨宜州西路, 又令宜·桂都巡檢程化鵬取樟嶺古牢隘路會合. 化鵬遇蠻於上房兩水口, 擊破之. 文慶·玉至如門圍, 爲蠻所扼, 不能進. 克明·守珍乃過橫溪恩德砦, 召山獠嚮導, 開路進師. 蠻依篁竹間, 時出戰鬥, 輒敗走. 旬餘, 上黃泥嶺杉木隘路, 溪谷險邃, 蠻據要害以拒官軍, 自辰至午, 大潰. 其黨遂過霸苑抵帶洞, 乃入中房前村. 克明等頓兵下砦, 中夕, 羣蠻大諠譟, 擊鉦鼓, 攻砦甚急, 出兵擊之, 傷殺頗眾, 因縱火焚其廬室積聚, 自此恐懼, 竄入山谷. 又緣龍江南岸而東, 至昏暮, 過石峽險隘, 士不並行. 蠻復連弩北岸, 克明遣猛士步涉與鬥, 至卽退走, 砦于下房博賀村, 克明設伏砦外. 其夜, 蠻眾大集, 遇伏發, 內外合擊, 追斬殆盡. 乘勝搜山, 悉得馬牛享士卒.

[조]극명은 이에 [양]수진과 함께 군대를 이끌고 장령로(樟嶺路)35)로 진입하고, [왕]문경과 [마]옥은 의주서로(宜州西路)로 진격하였으며, 또 의·계도순검(宜·桂都巡檢) 정화붕(程化鵬)에게 명하여 장령(樟嶺)의 고뢰애로(古牢隘路) 쪽으로 와서 합류하게 하였다. [정]화붕은

---

32) 『續資治通鑑長編』卷88 〈眞宗 大中祥符 9년 9월 丁巳〉條에서는 이때 眞宗이 曹克明 등에게 詔諭한 내용에 대해, "卽詔克明等曰:「昨奏用澄海軍及募丁壯可以平賊. 又俞獻可言蠻人去違止二三日程, 發軍掩襲, 速可蕩定. 朝議慮其輕敵, 續遣禁軍濟之. 且興舉甲兵, 尤當謹密, 風聞汝等期以此月深入, 又令九州巡檢開路, 俟蠻人出卽留之. 騰說如此, 彼必爲備, 動關利害, 無失機宜. 苟道路艱險, 難於進討, 但攝其酋領, 索所掠生口, 因而撫之, 亦汝之功矣.」"라 기술하고 있다[이하 『長編』으로 약칭].
33) 天河: 廣南西路 融州의 天河縣으로, 오늘날의 廣西省 河池市 羅城縣 天河鎭이다.
34) 巡檢: 路·州·縣 등에 배치되어 경찰 업무를 담당하는 武官. 閤門祗候(종8품) 이상 大使臣, 諸司使, 將軍, 內侍는 巡檢使라 칭했으며, 供奉官(종8품) 이하는 巡檢이라 불렸다.
35) 樟嶺路: 『長編』 卷88 〈眞宗 大中祥符 9년 9월 丁巳〉條에서는 '環州 樟嶺路'라 적고 있다.

상방(上房)의 양수구(兩水口)에서 오랑캐를 만나 격파하였다. [왕]문경과 [마]옥은 여문단(如門團)에 이르러 오랑캐에게 가로막혀 더 이상 진군하지 못하였다. [조]극명과 [양]수진은 이에 횡계(橫溪)의 은덕채(恩德砦)36)를 건넌 다음 산료(山獠)37)을 불러 향도(嚮導)로 삼고 길을 개척하며 군대를 진군시켰다. 만족들은 대나무 숲에 숨었다가 불시에 나와 싸움을 걸었으나 모두 패퇴하였다. 10여 일 후 황니령(黃泥嶺)의 삼목애로(杉木隘路)에 들어섰는데 계곡이 험하고 깊었다. 만족들은 요소를 점거하고 관군의 진군을 막았으나 진시(辰時)에서 오시(午時)38)까지의 전투에서 대패하였다. 나머지 무리들은 마침내 패원(霸苑)을 넘어 추동(帚洞)으로 갔다가 중방(中房)의 전촌(前村)으로 들어갔다. [조]극명 등은 군대를 산채에 주둔시켰는데, 한밤중에 많은 만인들이 크게 소리지르고 징과 북을 두들기며 급박하게 산채를 공격해왔다. [조극명은] 군대를 내어 맞아 싸워서 많은 무리를 죽여 넘어뜨렸다. 또 가옥마다 저장되어 쌓여 있는 것들을 불지르니, 두려워 떨며 산골짜기로 달아나버렸다. 다시 용강의 남쪽 기슭을 따라 동진하였다. 황혼 무렵에 석협애(石峽隘)를 지나는데 험준하여 병사들이 외줄로 늘어서야 했다. 만인들은 다시 북쪽 기슭에서 연신 쇠뇌를 쏘아댔다. [조]극명은 용맹한 병사를 보내 물을 건너 그들과 싸우게 하였다. 병사들이 다가가자 달아나서 하방(下房)의 박하촌(博賀村)으로 들어가 산채를 부설하였다. [조]극명은 산채 바깥에 [병사를] 매복시켰다. 그날 저녁, 만인 무리들이 대규모로 모여들자 매복한 병사를 출동시킨 다음 안팎에서 협공하여39) 거의 모두 섬멸하다시피 하였다. 승리의 기세를 타고 산을 수색하여 많은 말과 소를 획득하였다. 이로써 병사들을 배불리 먹였다.

---

36) 恩德砦: 『長編』 卷88에는 '思德砦'로 되어 있다. 위와 같음.
37) 山獠: 右江의 溪洞 바깥에 사는 獠民. 이들의 習俗에 대해 『嶺外代答』 卷10, 「獠俗」에서는 "依山林而居, 無酋長版籍, 蠻之荒忽無常者也. 以射生食動而活, 蟲多能蠕動者, 皆取食. 無年甲姓名, 一村中推有事力者, 曰郎火, 餘但稱火."라 기술하고 있다. 獠 혹은 獠族, 獠民은 서남지방에 광범위하게 거주하는 소수민족 가운데 비교적 낙후된 종족의 泛稱이다. 『太平寰于記』 卷178 「南蠻」 3에서는, "獠者, 蓋南蠻之別種, 自漢中達於邛筰, 川洞之間, 在所皆有之."라 기록하고 있다.
38) 辰時, 午時: 辰時는 오전 7시부터 9시까지, 午時는 오전 11시에서 오후 1시까지의 시각이다.
39) 『長編』 卷88 〈眞宗 大中祥符 9년 9월 丁巳〉 條에는, "寨의 병사와 함께 공격하여(與寨兵合擊)"라 적고 있다.

> 克明等知其窮蹙, 乃曉諭恩信, 許以改過, 於是酋帥蒙承貴等面縛詣軍自首, 克明厚加
> 犒宴, 且數責之, 皆俯伏謝罪. 及聞詔旨赦令勿殺, 莫不泣下, 北望稱萬歲. 上以夷性
> 無厭, 習知朝廷多釋其罪, 故急則來歸, 緩則叛去, 切詔克明等諭以悉還所掠漢口・貲
> 畜, 卽許要盟. 承貴等感悅奉詔, 乃歃猫血立誓, 自言奴山摧倒, 龍江西流, 不敢復叛.
> 克明等師還, 宜州蠻人納器甲凡五千數, 願遷處漢地者七百餘口, 詔分置廣西及荊湖
> 州軍, 給以田糧. 凡立功使臣將士遷補・賜賚者千八百一十六人. 承貴因請改州縣名,
> 以固歸順之意, 詔以撫水州爲安化州, 撫水縣爲歸仁縣, 京水縣爲長寧縣. 自是間歲朝
> 貢, 不復爲邊患矣.

[조]극명 등은 그들이 궁박한 처지에 몰렸음을 이용하여 은혜를 잘 알려서 잘못을 뉘우칠 수 있도록 유도하였다. 이에 추장 몽승귀(蒙承貴) 등이 두 손을 뒤로 묶고 군진(軍陣) 앞으로 나와 자수하였다. [조]극명은 후하게 잔치를 열어주는 한편으로 여러 차례 [그 잘못을] 책망하니 모두 엎드려 잘못을 빌었다. [그들은] 사면시켜주고 죽이지 말라는 조령이 내려왔다는 사실을 알고는 모두 울면서 북쪽을 향해 만세를 불렀다. 진종은, 만이의 성정(性情)이 탐욕스러울 뿐만 아니라 조정에서 자주 그 죄를 사면해주는 것을 알기 때문에 급할 때는 귀순하지만 풀어주면 반란을 일으키는 사실을 감안하여, [조]극명 등에게 즉시 명하여 [그들이] 약탈해간 한족의 백성과 재산, 가축을 모두 반환하는 조건으로 맹약을 윤허해주게 하였다. [몽]승귀 등은 감격하여 기뻐하며 [진종의] 조령을 받들고 고양이의 피를 마시며 서약하였다. 스스로 말하기를, "노산(奴山)이 무너지고 용강이 서쪽으로 흐르는 한이 있더라도 감히 다시는 배반하지 않겠다."고 하였다. [조]극명 등은 군대를 철수시켰고, 의주의 만이들은 기갑(器甲)[40] 약 5,000점을 바쳤다. 한인의 땅으로 이사하기를 원하는 자도 700여 명이 있어, 조령을 내려 광서(廣西) 및 형호(荊湖)의 주군(州軍)에 나누어 배치하고 경작지와 양식을 나눠주었다. 군공을 세운 사신(使臣)[41]과 장졸(將卒)로서 승진하거나 특별 하사품을 받은 자가 모두

---

40) 器甲: 무기와 盔甲. 盔甲은 戰士의 護身服裝으로서 盔는 護頭 장구, 甲은 護身 장구를 가리킨다.
41) 使臣: 大使臣과 小使臣의 통칭으로서 8品 및 9品의 武官階(무관의 本官이자 寄祿階)를 가리킨다. 이 가운데 正八品을 大使臣, 從八品과 正九品・從九品을 小使臣이라 칭하였다. 使臣 중에는 軍兵과 效用이 軍功에 의해 승진한 자가 많았다.

1,816명이었다. [몽]승귀는 이어 귀순의 뜻을 확고히 하는 의미로 주현의 명칭을 바꾸어달라고 요청하였다. 이에 조령을 내려 무수주를 안화주(安化州)로 바꾸고, 무수현을 귀인현(歸仁縣)으로, 경수현을 장녕현(長寧縣)으로 바꾸었다. 이후 2년마다 한 번씩 조공을 바쳤으며 다시는 변경에서 우환거리가 되지 않았다.

> 獻可等又言:「殿直蒙肚知歸化州, 州與撫水相接, 數遣子文寶及其妻族甘堂偵軍事, 又其子格與官軍鬥敵, 悉部送赴闕. 有蒙隻者, 亦肚之子, 先嘗告賊, 署爲昭州押牙.」詔補肚密州別駕, 隻海州都押牙, 賦以官田. 文寶·格·甘堂並黥配登·萊州. 寶元元年, 復率衆寇融·宜州, 發邵·澧·潭三州戍兵合數千人往擊. 時蠻勢方熾, 至殺運糧官吏. 復詔趣兵進討, 踰年乃平.

[유]헌가 등은 또 다음과 같이 말하였다. 즉, "전직(殿直) 몽두(蒙肚)는 지귀화주(知歸化州)[42]인데 귀화주와 무수주는 서로 인접해 있습니다. [몽두는] 아들인 [몽]문보(蒙文寶) 및 처가 사람 감당(甘堂)을 자주 파견하여 [송 측의] 군사를 정탐하였으며, 또한 아들인 [몽]격(蒙格)은 관군과 전투를 벌였습니다. 이들을 모두 사로잡아 조정으로 압송하였습니다. 몽척(蒙隻)이란 자가 있는데 그 또한 [몽]두의 아들로서 일찍이 반란을 고발하여 소주(昭州)[43]의 압아(押牙)[44]에 임명되었습니다." 조령을 내려 [몽]두를 밀주(密州)[45]의 별가(別駕)[46]로 삼고 [몽]척은 해주(海州)[47]의 도압아(都押牙)[48]로 삼아 모두에게 관전(官田)을 지급하게 하

---

42) 歸化州: 오늘날의 廣西省 柳州市 柳城縣 서북방 일대. 歸朝·洛回·洛都·洛巍의 4縣 6鄕 2村 116戶로 구성되었다. 북송 仁宗 慶曆 4년(1044) 思順州와 함께 柳州 馬平縣에 편입되었다(李昌憲, 2007: 634).
43) 昭州: 廣南西路 서북단에 위치하며 현재의 廣西省 桂林市 平樂縣이다.
44) 押牙: 州郡의 公吏, 즉 서리로서 押衙라고도 불렸다. 唐末 五代 牙軍(절도사의 親軍)의 武職으로 출발하였으나 宋初 五代의 遺弊를 정리하는 과정에서 점차 지방 관아의 衙職으로 演變해갔다.
45) 密州: 山東東路의 중남부, 즉 산동반도의 남부에 위치, 오늘날의 山東省 濰坊市의 諸城市.
46) 別駕: 州의 散官으로 담당하는 職事는 없었다. 통상 관원이 貶降되어 安置 처분을 받았을 때나 三班使臣으로 年老하여 직무를 수행할 수 없는 경우, 그리고 納粟官에게 주어졌다.
47) 海州: 山東東路의 남단에 위치, 오늘날의 江蘇省 連運港市.
48) 都押牙: 押牙와 마찬가지로 지방 州郡의 公吏, 즉 서리로서 통상 押牙, 혹은 左右押牙보다 상위 직급자의 칭호였다.

였다. [몽]문보와 [몽]격, 감당은 모두 입묵(入墨)49)하여 등주(登州)50)와 내주(萊州)51)로 유배보냈다. [송 인종] 보원(寶元) 원년(1038), 다시 무리를 이끌고 융주(融州)와 의주를 침범하여, 소주(邵州)52)·예주(澧州)53)·담주(潭州) 3주의 주둔병 수천 명을 보내 공격하였다. 당시 만족의 기세가 드세 세량(稅糧)의 운반을 담당하는 관리를 살해하기도 하였다. 다시 조령을 내려 속히 군대로 하여금 진공하여 토벌하게 했는데 이듬해에 비로소 평정되었다.

慶曆中, 再以方物入貢, 至和二年, 復至. 詔以知州蒙全會爲三班奉職, 又以監州姚全料爲借職. 嘉祐六年, 又來貢. 是後, 月赴宜州參謁及貿巨板, 每歲州四管牼. 及三歲, 聽輸所貢兵械於思立砦, 以其直償之, 遞以官資遷補. 熙寧初, 知宜州錢師孟, 通判曹覿擅裁損侵剋之, 土人羅世念·蒙承想·蒙光仲等爲亂. 五年, 攻德謹砦, 襲將官費萬, 殺之. 經略司問致寇狀, 而宜州但以飢爲言, 故朝廷賜粟二萬石以安輯之. 已而守臣王奇戰死, 事聞, 乃詔知沅州謝麟·帶御器械和斌經制溪洞, 發在京驍騎兩營及江南·福建將兵三千五百人, 以聽師期. 明年, 世念等遂與諸蠻峒首領族類四千五百人出降. 以世念爲內殿承制, 承想·光仲等十人各拜官. 崇寧二年, 其酋蒙光有者復嘯聚爲寇, 經略司遣將官黃忱等擊卻之. 大觀二年, 遂以三州一鎭戶口六萬一千來上. 詔以知融州程鄰往黔南路撫諭, 官吏推恩有差. 至和後, 又有融州屬蠻大丘峒首領楊光朝請內附, 又有楊克端等百三人來歸, 皆納之.

[인종] 경력(慶曆) 연간(1041~1048)에 다시 토산품을 가지고 조공을 바쳤으며, [인종] 지화(至和) 2년(1055)에도 다시 왔다. 조령을 내려 지주 몽전회(蒙全會)에게 삼반봉직(三班奉職)54)을 주고 또 감주(監州)55) 요전료(姚全料)에게 차직(借職)56)을 주었다. [인종] 가우(嘉

---

49) 入墨: 형벌의 일종으로 이마에 흑색으로 刺字하는 것을 가리킨다.
50) 登州: 山東東路 북단에 위치, 오늘날의 山東省 煙台市 蓬萊市.
51) 萊州: 山東東路 북부에 위치, 오늘날의 山東省 煙台市 萊州市.
52) 邵州: 荊湖南路 북서단에 위치, 오늘날의 湖南省 邵陽市.
53) 澧州: 荊湖北路 중부에 위치, 오늘날의 湖南省 常德市 澧縣.
54) 三班奉職: 武官階로서 三班(供奉官과 左右班殿直)의 小使臣에 속했다. 奉職이라 약칭되었으며 從九品.
55) 監州: 通判의 별칭. 州判·州倅·佐守·군좌·부판 등으로 불리기도 하였다.
56) 借職: 三班差職의 약칭. 武官階로서 三班의 小使臣에 속하였다. 三班奉職의 하위로서 從九品이다.

祐) 6년(1061), 다시 와서 조공을 하였다. 이후 매월 의주에 와서 예를 갖춰 인사하며 큰 목재를 팔았다.57) 주(州)에서는 매해 네 차례씩 이들을 돌봐주며 잔치를 베풀었다. 3년 후, 조공하는 병기를 사립채(思立砦)58)까지 운송할 수 있도록 허용하고 그 대가를 지급하였으며, 관자(官資)59)에 따라 [일족의 우두머리에게] 차례대로 관직을 수여하였다. [송 신종] 희녕(熙寧) 연간(1068~1077) 초에 의주의 지주 전사맹(錢師孟)과 통판 조적(曹覿)이 멋대로 [대가를] 삭감하여 적게 지급하자 토착민인 나세념(羅世念)·몽승상(蒙承想)·몽광중(蒙光仲) 등이 반란을 일으켰다. [희녕] 5년(1072), 덕근채(德謹砦)60)를 공격하여 장수 비만(費萬)을 살해하였다. 경략사(經略司)61)에서 침공을 야기한 원인을 캐물으니 의주에서는 다만 기근 때문이라고 답하여서, 조정에서는 조[粟] 2만 석을 내려주어 안무하게 하였다. 얼마 후 지주 왕기(王奇)가 전사하고 그 소식이 보고되자,62) 조령을 내려 원주(沅州)63)의 지주 사린(謝麟)과 대어기계(帶御器械)64) 화빈(和斌)으로 하여금 계동(溪洞)65) 일대를 제압하게 하였다. 수도에 있는 정예 기병 2개 영(營)66)과 강남 및 복건의 장병 3,500명을 동원하여 대기시켰다.

---

57) 『송사』 「교감기」에 따르면 '月赴宜州參謁及貿巨板'의 '貿巨板'은 원래 '貿巨報'로 되어 있었으나 『文獻通考』 卷331 「四裔考」의 기록에 따라 고친 것이다.

58) 思立砦: 廣南西路 宜州의 중부에 위치하며, 오늘날의 廣西省 河池市 安馬鎭이다. 砦(寨)는 지방 행정단위의 명칭으로서 궁벽지고 險要한 지방에 방어를 위해 설치하였다. 砦의 성격과 관련하여 『宋史』 卷167 「職官志」 7〈鎭砦官〉에서는 "砦置於險扼控禦去處, 設砦官, 招收土軍, 閱習武藝, 以防盜賊. 凡杖罪以上並解本縣, 餘聽決遣."이라 기술하고 있다.

59) 官資: 관리의 資歷, 즉 경력과 직위.

60) 德謹砦: 廣南西路 融州 天下縣의 서쪽에 위치. 『大淸一統志』 卷358 「慶遠府」에서는, "在天河縣西四十里, 宋史地理志, 大觀元年, 以天河縣幷德謹砦·堰江堡隸融州, 靖康元年復故."라 적고 있다.

61) 經略司: 經略安撫使司의 약칭. 安撫使는 路의 監司로서 軍事를 총괄하였다.

62) 神宗 元豊 5년(1082) 7월 辛巳의 일이었다. 이에 대해서는 『續資治通鑑長編』 권328 참조. 王奇는 神宗 元豊 2년(1079) 이래 宜州 知州로 재직하고 있었다(李之亮, 2001: 358).

63) 沅州: 荊湖北路의 남단에 위치, 오늘날의 懷化市 芷江侗族自治縣.

64) 帶御器械: 지방의 무관에게 부여하던 명예의 帶職. 이에 대해 『宋史』 卷166 「職官」 6 「帶御器械」에서는, "宋初, 選三班以上武幹親信者佩櫜鞬·御劍, 或以內臣爲之, 止名御帶. 咸平元年, 改爲帶御器械. 景祐二年, 詔自今無得過六人. 慶曆元年, 詔遇闕員, 曾歷邊任有功者補之. 中興初, 諸將在外多帶職, 蓋假禁近之名爲軍旅之重."이라 적고 있다.

65) 溪洞: 서남 산간 지대의 苗族·侗族·壯族 등의 소수민족이 거주하는 지역에 대한 지칭이다. 통상 산간의 河谷 분지를 중심으로 點在하였던 것에서 유래하였다.

66) 營: 송대 군대의 편제 단위로 보통 '指揮'라 일컬어졌다. 指揮(營)의 統兵官은 指揮使 혹은 副指揮使였으

이듬해 나세념 등은 마침내 여러 만족 계동의 수령과 일족 4,500명을 거느리고 항복하였다. [나]세념에게 내전승제(內殿承制)67)를 수여하고 [몽]승상·[몽]광중 등 10명에게도 각각 관직을 수여하였다. [송 휘종] 숭녕(崇寧) 2년(1103) 그 추장 몽광유(蒙光有)란 자가 다시 무리를 모아 침범하여, 경략사에서는 장수 황침(黃忱) 등을 파견하여 격퇴시켰다. [휘종] 대관(大觀) 2년(1108) [무수주의 오랑캐들은] 마침내 3주(州) 1진(鎭)의 호구 6만 1천을 [조정에] 헌납하였다. 조령을 내려 융주(融州)의 지주 정린(程麟)으로 하여금 검남로(黔南路)68)에 가서 안무하도록 하였으며 [무수주의] 관리들에게는 차등을 두어 하사품을 지급하였다. [송 인종] 지화(至和) 연간(1054~1056) 다시 융주 관내의 오랑캐인 대구동(大丘峒)의 수령 양광조(楊光朝)가 송조의 통할을 청하였으며 또 양극단(楊克端) 등 103명이 귀순하여 모두 받아들였다.

> 諸蠻族類不一, 大抵依阻山谷, 並林木爲居, 椎髻跣足, 走險如履平地. 言語侏離, 衣服斕斑. 畏鬼神, 喜淫祀. 刻木爲契, 不能相君長, 以財力雄疆. 每忿怒則推刃同氣, 加兵父子間, 復讎怨不顧死. 出入腰弓矢, 匿草中射人, 得牛酒則釋然矣. 親戚比鄰, 指授相賣. 父子別業, 父貧則質身於子, 去禽獸無幾. 其族鑄銅爲大鼓, 初成, 懸庭中, 置酒以召同類, 爭以金銀爲大釵叩鼓, 去則以釵遺主人. 相攻擊, 鳴鼓以集衆, 號有鼓者爲「都老」, 衆推服之.

여러 만족 족속의 종류는 적지 않으나, 대부분 산골짜기의 숲 속에서 산다. 상투를 틀고 맨발을 한 채 험한 산을 마치 평지처럼 뛰어다닌다. 말은 알아들을 수 없으며 의복은 여러 색깔이 섞여 있으면서도 화려하고 선명하다. 귀신을 두려워하며 음사(淫祀)69)를 좋아한다.

며, 병력은 500명으로 규정되었으나 이를 채우지 못하는 경우가 일반적이었다. 指揮(營) 아래에는 5개의 都가 예속되었으며 매 都의 규정 병력은 100명이었다.

67) 內殿承制: 무신의 官階로서 大使臣의 하나로 관품은 正八品에 해당한다.

68) 黔南路: 북송 말기 廣南西路의 북부에 일시적으로 설치되었던 행정구획이다. 黔南路의 置廢 과정에 대해『宋史』卷90「地理」6「廣南西路」에서는, "大觀元年, 割融·柳·宜及平·允·從·庭·孚·觀九州爲黔南路, 融州爲帥府, 宜州爲望郡. 三年, 以黔南路倂入廣西, 以廣西黔南路爲名. 四年, 依舊稱廣南西路."라 적고 있다.

나무에 새겨서 계약을 맺으며, 군장(君長)을 세울줄 모르고 재산과 힘이 강한 자를 따른다. 화가 나면 형제 사이에도 칼부림을 하고 부자 간에도 무기를 사용하며, 원수를 갚으며 죽는 것도 돌보지 않는다. 바깥을 드나들 때 허리에 활과 화살을 차고 다니다가 풀숲에 숨어 사람을 쏜다. [하지만] 쇠고기와 술을 얻게 되면 사이가 풀린다. 친척이나 이웃을 [남에게] 팔아치우기도 한다. 아버지와 아들이 서로 딴살림을 하며, 아버지가 가난하면 자신을 아들에게 저당잡히기도 하니 금수와 거의 차이가 없다. 일족들이 구리를 녹여 큰 북을 만드는데, 완성되면 처음에 마당 한가운데 매달아 두고 술자리를 마련한 다음 동족 사람들을 불러 모은다. 그들은 다투어 금과 은으로 큰 비녀를 만들어 북을 두드리는데, 갈 때는 비녀를 주인에게 주었다. 서로 싸울 때는 북을 두드려 사람을 모았고,[70] 북을 갖고 있는 사람을 '도로(都老)'[71]라 부르며 무리가 그에게 복종하였다.

> 唐末, 諸酋分據其地, 自爲刺史. 宋興, 始通中國, 奉正朔, 修職貢. 間有桀黠貪利或疆吏失於撫御, 往往聚而爲寇, 抄掠邊戶. 朝廷禽獸畜之, 務在羈縻, 不深治也. 熙寧間, 以章惇察訪經制蠻事, 諸溪峒相繼納土, 願爲王民, 始創城砦, 比之內地. 元祐初, 諸蠻復叛, 朝廷方務休息, 乃詔諭湖南·北及廣西路並免追討, 廢堡砦, 棄五溪諸郡縣. 崇寧間, 復議開邊, 於是安化上三州及思廣諸峒蠻夷, 皆願納土輸貢賦, 及令廣西招納左·右江四百五十餘峒. 尋以議者言, 以爲招致熟蕃非便, 乃詔悉廢所置州郡, 復祖宗之舊焉.

당말에 각 추장들은 지역을 점거하고 스스로 자사(刺史)라 칭하였다. 송이 들어서자 비로소 중국과 관계를 맺으며 그 연호를 봉행(奉行)하고 조공을 바쳤다. 그러다가 흉포하고 이익을 탐하는 자가 나타나거나 변경의 관리가 안무에 실패하게 되면, 수시로 집단을 이루어 노략질하며 변방의 주민을 약탈하였다. [송] 조정에서는 금수와 같이 여기며 다만 회유하고자 노력

---

69) 淫祀: 禮制에 부합되지 않는 제사, 혹은 그러한 제사를 중심으로 한 민간 신앙 시설.
70) 『太平寰宇記』卷157「嶺南道」1에서는 이 정황에 대해, "又多攜讐怨, 欲相攻擊, 則鳴此鼓 到者如雲."이라 적고 있다.
71) 都老: 『太平寰宇記』卷157「嶺南道」1에서는 都老의 來源에 대해, "舊事, 尉佗于漢, 自稱蠻夷大長老, 故俚人呼其所尊者爲倒老, 語訛故, 又稱都老也."라고 하였다.

할 뿐 적극적으로 통어하지 않았다. [신종] 희녕(熙寧) 연간(1068~1077), 장돈(章惇)72)으로 하여금 오랑캐의 사정을 살펴 복속시키도록 하자,73) 여러 계동(溪峒)이 줄지어 영토를 바치고 송조의 백성이 되기를 원하였다. [그래서 각지에] 성채를 건설하고 내지처럼 다스리기 시작하였다. [철종] 원우(元祐) 연간(1086~1094) 초에 여러 만족들이 다시 반란을 일으키자, [송] 조정에서는 당시 안정과 휴식을 추구하고 있었으므로 호남과 호북, 광서로 등지에 조령을 내려 적극적인 토벌을 진행하지 말라고 일렀다. 또 성채를 폐기하고 오계(五溪)74)의 군현들을 포기하였다. [휘종] 숭녕(崇寧) 연간(1102~1106), 다시 변경의 영역을 확대해가는 정책을 추진하자, 안화(安化)의 상삼주(上三州) 및 사광(思廣)의 여러 동(峒)에 거주하는 만이들이 모두 영토를 바치고 조세를 납입하겠다고 나섰다. 또 광서에서는 좌강(左江)과 우강(右江)75) 일대의 450여 동을 초납(招納)76)하였다. 그로부터 얼마 후 숙번(熟蕃)77)을 초납하는 것이 좋지 않다는 주장이 제기되어, 설치하였던 주군을 모두 폐지하고 송초의 예전 상태로 복귀시켰다.

---

72) 章惇(1035~1105): 福建의 建州 浦城縣 출신의 신법당 계열 관료이다. 왕안석이 재상으로서 신법 정치를 시행할 때 編修三司條例官으로 발탁되었으며 그 얼마 후 兩湖 일대의 소수민족이 불화를 빚자 湖南北察訪使가 되어 반란을 평정하고 이 일대를 송조의 판도로 편입시켰다. 神宗 元豐 3년(1080)에는 參知政事로 승진하였다가 知蔡州로 落職하였다. 哲宗이 즉위한 이후에는 知樞密院事에 임용되었다. 하지만 宣仁太后가 중심이 되어 新法을 폐지하고 舊法 정치로 회귀하자 이에 반대하여 爭辯하다가 다시 知汝州로 落職하였다. 宣仁太后의 사후 哲宗이 親政에 나서 新法을 부활시킬 때 다시 조정에 들어가 재상이 되었다. 이후 熙豐을 紹述한다는 명의 아래 청묘법·면역법 등의 여러 신법 조항을 전면적으로 다시 도입하였다. 또한 蔡卞과 林希 등과 함께 신법에 반대하는 구법당 인사를 징벌한다는 명목으로 司馬光과 呂公著 등의 묘를 파헤쳐 剖棺하기도 했다. 徽宗의 즉위 이후에는 貶官되어 浙東의 睦州에서 사망하였다.
73) 章惇의 兩湖 일대 소수민족 거주지역에 대한 이른바 經營은 『송사』卷493 「西南溪峒諸蠻」上에 상세히 기록되어 있다. 덧붙여 王安石과 新法, 그리고 新法黨人에 대해 극단적인 부정적 자세를 견지하던 王夫之가 『宋論』卷6에서 章惇의 兩湖 經略에 대해서만은, '蠻夷의 땅을 취하여 郡縣을 세운 것은, 그 功이 넓고 그 德이 바르며 그 仁이 크다.'라며 춘추학적 화이론에 기초하여 최대의 찬사를 가하고 있는 점은 특기할 만하다.
74) 五溪: 湖南省의 서부 및 貴州省의 동부에 위치한 雄溪·樠溪·無溪·酉溪·辰溪를 가리킨다. 모두 소수민족 거주지역이다.
75) 左江과 右江: 廣南西路 邕州 일대를 흐르는 鬱江의 상류.
76) 招納: 초무하여 항복을 유도하는 것이다.
77) 熟蕃: 중국 왕조에 歸順하였거나 혹은 중국 왕조에 동화되어 문화·경제의 발전 정도가 높은 소수민족.

> 紹興初, 監察御史明橐言:「湖南邊郡及二廣之地, 舊置溪峒歸明官, 比年寖廣其員, 及諸州措置隘砦, 闕人把拓, 又令管押兵夫, 素不習知法令, 率貪婪無厭. 況管押又皆鄉民, 甚爲邊患, 遭困苦折辱者往往無所赴愬. 議者欲俾帥臣籍其姓名, 每三年一遷易, 如州縣官故事. 或云止循舊添差, 並罷管押兵夫, 宜令二廣·湖南帥臣處置適宜, 無啓邊禍, 以害遠人.」詔下其議. 三年, 安化蠻蒙全劍等八百人劫普議砦, 火其屋宇, 廣西帥臣遣縣砦將佐發兵討平之.

[송 고종] 소흥(紹興) 연간(1131~1162) 초에 감찰어사(監察御史)[78] 명탁(明橐)이 다음과 같이 아뢰었다. "호남(湖南)의 변경 및 양광(兩廣) 지역에는 예로부터 계동귀명관(溪峒歸明官)[79]을 두고 있는데 근래 그 인원이 늘어나서, 각 주에서 성채를 건설하여도 [요원이 모두 계동귀명관으로 돌려지는 바람에] 주관하게 할 사람이 없습니다. 또 [계동귀명관으로 하여금] 병사와 인부를 관할하게 하고 있는데 법령을 잘 알지도 못하며 모두 탐욕에 끝이 없습니다. 하물며 이들이 관할하는 것은 모두 지역민들이므로 장차 변경의 우환거리가 될까 심히 걱정스럽습니다. 주민들은 곤란을 겪고 고통을 당하여도 어디 가서 하소연할 데도 없습니다. 그래서 어떤 이들은, 수신(帥臣)[80]으로 하여금 계동귀명관의 성명을 관리하여 마치 주현의 관리처럼 3년마다 한 번씩 임지를 교체시켜야 한다고 말합니다. 또 어떤 사람들은, 그냥 예전 방식대로 운영하되 병사와 인부를 관할하는 것만 폐지하자고도 말합니다. 양광과 호남의 수신으로 하여금 적절히 조치토록 함으로써 변경의 화근을 없애고, 그리하여 먼 곳에 사는 백성들이 해를 당하지 않도록 해야 한다고 말하고 있습니다." [조정에서는] 조령을 내려 이를 논의에 부쳤다. [소흥] 3년(1133) 안화(安化)의 오랑캐 몽전검(蒙全劍) 등 800명이 보의채(普議砦)[81]를 습

---

78) 監察御史: 御史臺의 3院(臺院·殿院·察院) 가운데 察院의 책임자. 정원은 6명이었으며 조정 관원에 대한 탄핵을 담당하였다. 송대를 통해 御史臺에는 御史大夫가 임명되지 않아 御史中丞이 장관직을 수행하였으며 侍御史知雜事가 차관이었다. 휘하의 3院 가운데 臺院은 侍御史가, 殿院은 殿中侍御史가, 察院은 監察御史가 지휘하였다. 資歷이 낮은 사람이 殿院·察院을 담당할 경우 殿中侍御史裏行·監察御史裏行이라 칭했다. 元豊의 官制改革 이후에는 장관인 御史中丞 1인, 차관인 侍御史 1인, 殿中侍御史 2인, 監察御史 6인 및 휘하 관원(檢法官 및 主簿)들로 편제되었다.
79) 歸明官: 西南 소수민족의 추장으로서 宋 조정에 의해 관직에 임명된 자. 이에 대해 『朝野類要』 卷3 「入仕」에서는, "歸明謂元係西南蕃蠻溪峒, 久納土, 出來本朝補官, 或給田養濟."라 적고 있다.
80) 帥臣: 安撫使의 별칭.

격하여 그 건물에 불을 질러서, 광서의 수신이 현내 성채의 장수를 파견하여 군대를 이끌고 토벌하게 하였다.

> 四年, 廣南東·西路宣諭明橐言:「平·觀二州本王口·高峰二砦, 處廣右西偏, 舊常無虞. 崇寧·大觀間, 邊臣啟釁, 奏請置州拓境, 深入不毛, 如平·從·允·孚·庭·觀·溪·馴·叙·樂·隆·兌等十有二州, 屬之黔南, 其官吏軍兵請給費用, 悉由內郡, 於是騷然, 莫能支吾. 政和間, 朝廷始悟其非, 罷之. 或者謂平州爲西南重鎭, 兼制王江·從·允等州及湖南之武岡軍·湖北之靖州·桂州之桑江峒獠, 觀州則控制南丹·陸家砦·茆灘十道及白崖諸蠻, 以故二州獨不廢. 臣自歷邊, 卽乞罷平·觀者, 前後非一. 內攝官吳苪嘗充經略司準備幹當, 頗得其詳.

[고종] 소흥 4년(1134), 광남동서로(廣南東西路)의 선유(宣諭)82) 명탁이 다음과 같이 아뢰었다. "평주(平州)83)와 관주(觀州)84)는 본디 왕구채(王口砦)와 고봉채(高峰砦)로서 광서에서도 서편에 치우쳐 있으나 예로부터 아무 일이 없었습니다. [휘종] 숭녕(崇寧) 연간(1102~1106)과 대관(大觀) 연간(1107~1110)에 변경의 관료가 사단을 만들어, 주(州)를 설치하여 변경을 개척하자고 청하였습니다.85) 이에 불모의 땅 깊숙이 들어가 평주(平州)·종주(從州)·윤주(允州)·부주(孚州)·정주(庭州)·관주(觀州)·계주(溪州)·순주(馴州)·서주(叙州)·낙주(樂州)·융주(融州)·태주(兌州) 등 12주를 두어 검남(黔南)에 예속시켰습니다.86)

---

81) 普議砦: 廣南西路 宣州의 중부에 위치하며 오늘날의 廣西省 河池市의 북부에 해당한다.
82) 宣諭: 宣諭使의 약칭. 황제의 御旨를 선포하거나 民情과 풍속의 사찰, 관원 按察 등의 임무를 띠었다. 선유사의 관직은 일정하지 않아서 3품관에서 7품관까지 존재하였다.
83) 平州: 廣南西路 融州의 동북부에 위치하며, 오늘날의 廣西省 柳州市 三江侗族自治縣의 老堡鎭 인근이다.
84) 觀州: 廣南西路 북단에 위치하며, 현재의 廣西省 河池市 南丹縣·天峨縣·鳳山縣·東蘭縣 일대이다.
85) 蔡京이 집권하여 開疆策을 추진할 때 知桂州 王祖道와 그 뒤를 이어 知桂州가 되는 張莊 등이 이에 영합하여 적극 찬동한 것을 가리킨다. 그 구체적인 내용은, 『宋史』 卷348 「王祖道傳」 및 「張莊傳」을 참조.
86) 이때의 정황에 대해 『九朝編年備要』 卷27에서는, "廣南經略王祖道說, 誘王·江·吉三州酋首楊義免等納土, 遂城之爲平·允·從三州, 又措置南海諸塞城之, 爲鎭州. 蔡京言, 祖道所奏牂牁·夜郎納土周二千餘里, 又有文·地·蘭·那·安·外·習等州, 亦皆納土七千餘里, 計三十縣·八十鎭洞, 戶四萬一千. 率百官賀, 曲

그 관리와 군대에 들어가는 비용은 모두 내지에 부담시켰기 때문에, 그 일대가 소란해져서 더 이상 지속할 수 없는 상태가 되었습니다. [휘종] 정화(政和) 연간(1111~1118)에 조정에서는 비로소 그 잘못을 깨닫고 폐지하였습니다. [그러자] 누군가 말하기를, '평주는 서남 지방의 요충지로서 왕강(王江)·종주·윤주 등지 및 호남의 무강군(武岡軍)87)과 호북(湖北)의 정주(靖州),88) 계주(桂州)의 상강동요(桑江峒猺)89)를 제어하고, 관주는 남단(南丹)90)·육가채(陸家砦)·묘탄(茆灘)의 10도(道)91) 및 백애(白崖)92)의 만족들을 제어하는 곳이다. 따라서 2주는 폐지해서는 안 된다.'고 했습니다. 신(臣)이 변경을 두루 다녀본 바로는 평주와 관주를 폐지해야 한다고 말하는 사람이 하나둘이 아니었습니다. 내섭관(內攝官)인 오불(吳芾)은 일찍이 경략사(經略司)에서 이 문제의 처리를 담당한 바 있으니 사정을 소상히 알고 있을 것입니다.

觀州初爲宜州富仁監, 大觀間, 帥臣王祖道欲招納文·蘭州, 都巡檢劉惟忠謂得文·蘭不若取南丹之利, 因誣其州莫公佞阻文·蘭不令納土, 爲公佞罪, 惟忠遂禽殺公佞. 帥司奏其功, 乃改南丹爲觀州, 命惟忠守之. 公佞之死, 人以爲寃. 其弟公晟結溪峒圖報復, 連歲攻圍, 惟忠中傷死, 繼以黃璘代守. 璘度不能支, 辭疾告罷, 以岑利疆代之. 黃忱復建議, 欲增築高峰砦於富仁監側, 爲觀聲援. 會朝廷罷新邊, 遂請以高峯砦爲觀州, 設知州一人·兵職官二人·曹官一人·指使砦保官七人, 吏額五十人, 廂禁軍, 土

赦廣西. 蔡京以下進官有差, 以是祖道又奏收南丹州爲觀州, 又建庭·孚二州, 拓地數千里."(徽宗 大觀 원년 12월)라 적고 있다.
87) 武岡軍: 荊湖南路의 서남단에 위치, 오늘날의 湖南省 邵陽市 武岡市.
88) 靖州: 荊湖北路의 남단에 위치, 오늘날의 湖南省 懷化市 靖州苗族侗族自治縣.
89) 桑江峒: 廣南西路 桂州의 서북부에 위치, 현재의 廣西省 柳州市 龍勝各族自治縣 서남부.
90) 南丹: 廣南西路 觀州의 중동부에 위치, 현재의 廣西省 河池市 南丹縣. 莫氏의 거주지로서 太祖 開寶 7년(974) 송조에 來附한 후 매년 백금 100냥을 수납하였다. 徽宗 大觀 원년(1107) 본문의 내용대로 송조는 이 지역으로 진공하여 南丹州의 刺史 莫公佞을 살해하고 南丹州를 觀州로 바꾸었다. 하지만 大觀 4년(1110) 莫氏가 지속적으로 反攻해오자 이 땅을 莫公佞의 동생 莫公晟에게 내주고 觀州를 그 남방의 高峰寨로 옮겼다(李昌憲, 2007: 636).
91) 茆灘의 10道: 지금의 毛南族을 가리킨다. 이에 대해서는 朱去非, 『嶺外代答』 卷1 「竝邊」 참조.
92) 白崖: 廣西路 宜州 荔波洞의 동부에 있는 산. 『乾隆廣西通志』 卷16 「山川」 「東蘭州」 「荔波縣」 참조.

> 丁, 家丁又千餘人. 歲費錢一萬二千九百餘貫, 米八千八百一十七石有奇. 州無稅租戶籍, 皆仰給鄰郡. 飛輓涉險阻, 或遇蠻寇設伏, 陰發毒矢, 中人輒死. 人畏賊, 率委棄道路, 縱然達州, 縻費亦不可勝計. 昔爲富仁監時, 不聞有警, 惟是邊吏欲以刺探爲功, 故時時稱警急, 因以爲利, 遂欲存而不廢也. 比年戶籍日削, 民多流離, 或轉入溪洞, 公私困弊爲甚.

관주는 처음에 의주의 부인감(富仁監)[93]이었습니다. [휘종] 대관 연간(1107~1110)에 수신(帥臣) 왕조도(王祖道)[94]가 문주(文州)[95]와 난주(蘭州)[96]를 초납하려 했는데 도순검 유유충(劉惟忠)은, '문주와 난주를 획득하는 것이 남단주(南丹州)를 취하는 것보다 이익이 작다.'라고 말하며, 남단주의 막공녕(莫公佞)[97]이 문주와 난주의 영토 헌납을 가로막고 있다고 모함하였습니다. 이렇게 죄를 조작하여 [유]유충은 마침내 [막]공녕을 잡아 죽였습니다.[98] 수사(帥司)에서 그 공을 상주하자 남단주를 관주로 개칭하고 [유]유충으로 하여금 지키게 하였습니다. [막]공녕의 죽음에 대해서는 사람들이 원통하다 여겼습니다. [이후] 그 동생 [막]공성(莫公晟)은 계동의 사람들을 모아 복수를 꾀하여 매년 침공해왔고, [유]유충이 부상을

---

93) 富仁監: 太祖 乾德 2년(964)에 설치된 銀監이다. 『太平寰宇記』 卷168에 따르면 宜州의 서쪽 210리에 있으며 文州에 속한다고 되어 있고, 『元豊九域志』 卷9에 따르면 宜州의 서쪽 290리에 있었다고 한다.
94) 王祖道: 徽宗 崇寧 3년(1104)부터 大觀 원년(1107)까지 知桂州兼廣西路經略安撫使로 재직하였다. 吳廷燮, 『北宋經撫年表』 권5 및 李昌憲, 1997: 388·389.
95) 文州: 廣南西路 觀州의 서남단에 위치하며, 오늘날의 廣西省 河池市 巴馬瑤族自治縣. 思陽·芝山·都黎의 3縣이 있었으며 主戶 52호를 관할하였다. 羅氏의 지배를 받다가, 徽宗 崇寧 5년(1106) 송조에 納土하여 徽宗 大觀 원년(1107) 이곳에 綏南砦를 건설하였다. 이후 綏南砦는 高宗 紹興 4년(1134) 폐지된다. 이에 대해서는, 『송사』 卷90 「地理」 6 「廣南西路」 참조.
96) 蘭州: 廣南西路 觀州의 남부에 위치하며, 오늘날의 廣西省 河池市 東蘭縣. 都夷·阮平·如江의 3縣이 있었으며 韋氏의 지배를 받았다.
97) 莫公佞: 『通鑑續編』 卷11 〈徽宗 大觀 元年 11월〉 조에서 "王祖道伐南丹蠻, 獲其酋莫公佞, 建觀州."라 한 것처럼, 莫公佞은 南丹州 일대에 거주하던 소수민족의 추장이었다.
98) 이때의 정황에 대해 『송사』 卷348 「王祖道傳」에서는 "又言, 黎人爲患六十年, 道路不通. 今願爲王民, 得地千五百里. 遂以安口隘爲允州, 中古州地爲格州, 增提擧溪峒官三員. 又言, 羈縻知地州羅文誠·文州羅更晏·蘭州韋晏鬧·那州羅更從皆內附, 請於黎母山心立鎭州, 爲下都督府, 賜軍額曰靜海, 知州領海南安撫都監, 徙萬安軍於水口. 南丹州莫公佞獨拒命, 發兵討擒之, 遂築懷遠軍爲平州, 格州爲從州, 南丹爲觀州, 幷允·地·文·蘭·那五州置黔南路."라 하였다.

입고 죽자 그 뒤를 이어 황린(黃璘)이 대신 지키게 되었습니다. [황]린이 버티기 힘들다고 판단하여 병을 핑계로 사직하자, 잠리강(岑利彊)으로 하여금 대신하게 하였습니다. [이러한 정황에서] 황침(黃忱)이 다시 건의하여, 부인감 옆에 고봉채(高峯砦)를 증축하여 관주를 성원하자고 하였습니다. 당시 조정에서는 변경의 새로운 영토를 포기하고 있어서 고봉채를 관주로 삼자고 요청하고, 지주 1명과 병직관(兵職官) 2명, 조관(曹官)[99] 1명, 지사채보관(指使砦保官) 7명, 서리 50명, 금군(禁軍)·상군(廂軍)·토정(土丁)·가정(家丁)[100] 1,000여 명을 두었습니다. 매해 동전 12,900여 관(貫)과 쌀 8,817석 남짓이 소요되었습니다. 관주에는 조세나 호적이 없어서 모든 비용을 이웃 지방에 의존했지만, [물자의] 운송을 위해서는 험한 길을 헤쳐가야 했으며 간혹 만구(蠻寇)들이 매복하고 있다가 은밀히 독화살을 날리는 바람에 그것을 맞아 사람이 죽어가기도 했습니다. 인부들은 이러한 오랑캐의 습격을 두려워하여 대부분 달아나버렸고, 설령 관주까지 [물자가] 도달한다 해도 소요 비용이 이루 헤아릴 수 없을 정도였습니다. 과거 부인감이었을 때는 긴급 상황이 발생하지 않았는데, 변경의 관리들은 공을 세우고자 시시때때로 위급 상황이 생겼다고 하였습니다. 이러한 이익 때문에 [관주를] 폐지하지 않고 유지시키려 하는 것입니다. 근래 호적상의 인구는 갈수록 줄어들고 백성들은 떠돌아다니다가 계동으로도 들어갑니다. 공사(公私)가 겪는 곤궁함과 피해가 대단히 엄중합니다.

平州初隸融州, 亦羈縻州峒也. 舊通湖北渠陽軍, 置融江砦及文村·臨溪·潯江堡, 後以地隔生蠻, 遂廢. 崇寧間, 復隸融. 王口砦地接王江, 更爲懷遠軍, 後更爲平州; 更吉州爲從州, 王江爲允州, 並隸黔南. 政和二年, 復廢. 邊吏黃忱·李坦詆其帥臣程鄰, 乞存平州, 設知州一人, 兵職官二人, 曹官一人, 縣令簿二人, 提舉溪峒公事; 本州管界都同巡檢二人, 五砦堡監官指揮十人, 吏額百人, 禁軍·土丁千人. 歲費錢一萬四千四百一十八貫六百文, 米一萬一千一百二十五石有奇. 州無租賦戶籍, 轉運司歲移桂·

99) 曹官: 州府軍監에 설치된 知事(지방장관) 휘하 錄事參軍(錄事)·司戶參軍(司戶)·司理參軍(司理)·司法參軍(司法) 등의 屬官이었다. 이 가운데 錄事參軍은 州府軍의 업무 일반을 관장하며 諸曹를 규찰하였고, 司戶는 호적과 부세·창고, 司理는 獄訟, 司法은 법률의 檢定과 案件의 심의를 관장하였다.
100) 家丁: 正式軍隊 외에 개인이 조직한 部隊이다. 따라서 조직한 당사자가 임의로 官屬을 설치할 수 있었으며, 禁軍에 비해서도 오히려 정예 병사가 많았다. 대우도 일반 군사에 비해 높았다.

> 融·象·柳之粟以給之. 及徙融州西北金溪鄉稅米四百九十餘石隸懷遠, 糜費甚於觀州. 況守臣到任, 卽奏推恩其子, 州·縣·砦·堡例得遷官酬賞, 而稅場互市之利又爲守臣邊吏所私, 獨百姓有征戍轉輸之苦, 誠爲可憫. 臣以爲宜罷平·觀二州便.

평주(平州)는 처음에 융주(融州)에 소속되어 있었으며 마찬가지로 기미주동(羈縻州峒)[101]이었습니다. 과거에는 호북의 거양군(渠陽軍)[102]과 교류하며 융강채(融江砦) 및 문촌(文村)·임계보(臨溪堡)·심강보(潯江堡)[103]를 두었다가, 후에 지역이 거친 오랑캐에 가로막혀 있어 마침내 폐지하였습니다. [휘종] 숭녕(崇寧) 연간(1102~1106)에 다시 융주에 예속시켰습니다. 왕구채(王口砦)는 지역이 왕강(王江)[104]과 접해 있어 회원군(懷遠軍)으로 바꾸었다가 후에 평주[105]로 바꾸었으며, [이와 동시에] 길주(吉州)를 종주(從州)[106]로 바꾸고 왕강(王江)을 윤주(允州)[107]로 바꾸어, 모두 검남(黔南)에 예속시켰습니다. [휘종] 정화(政和) 2년

---

101) 羈縻州峒: 송조에 의해 기미 지배를 받는 소수민족의 주거지역(州洞)을 말한다. 송대의 기미 지배에 대해 趙昇은 『朝野類要』卷1 「羈縻」에서, "荊廣川峽·溪洞諸蠻, 及部落蕃夷受本朝官封而時有進貢者, 本朝悉制爲羈縻州, 蓋如漢唐置都護之類也. 如今之安南國王, 每遇大禮, 則加封功臣字號, 而每歲差官押曆日賜之是也."라 적고 있다.

102) 渠陽軍: 哲宗 元祐 2년(1087) 誠州를 개칭한 지명이다. 誠州는 荊湖北路 南江 연안의 羈縻州로서 楊氏의 지배지역이었다. 楊氏는 神宗 熙寧 5년(1072) 章惇의 經略 당시에도 저항을 지속하다가, 熙寧 8년(1075) 楊光富가 一族과 23州를 이끌고 歸附하였다. 송조는 神宗 元豐 4년(1081) 그 땅에 誠州를 건립하였다가, 이를 다시 哲宗 元祐 2년에 渠陽軍으로 개칭한 것이다.

103) 融江砦·文村·臨溪堡·潯江堡: 모두 廣南西路 融州의 서북단에 위치, 오늘날의 廣西省 柳州市 三江侗族自治縣 일대이다. 砦(寨)와 堡 공히 險要地에 설치되는 것은 마찬가지이나, 砦는 지방행정 단위인 반면 堡는 군사적 목적에서 구축된 순수한 군사시설이었다. 砦의 지방장관은 知砦, 堡의 최고 책임자는 知堡라 칭하였다.

104) 王江: 珠江의 서북쪽 지류로 貴州省 남부의 黔南布依族苗族自治州 일대에서 발원한다. 이후 廣西省 柳州市의 북부에서 潯江과 합류하여 融水가 된다.

105) 平州: 『宋史』校勘記에 따르면, 원래 平江州로 되어 있으나 『宋史』卷90 「地理志」와 『宋會要』「方域」7之24에 의거하여 平州로 고쳤다고 한다.

106) 從州: 『宋史』校勘記에 따르면, 『宋史』卷90 「地理志」에 "又於中古州置格州及樂古縣, 五年, 改格州爲從州."라 되어 있으며 『宋會要』「方域」7之24에도 거의 동일한 내용이 나오므로, '吉州'는 아마 '格州'일 것이라 되어 있다.

107) 允州: 『宋史』校勘記에 따르면, 『宋史』卷90 「地理志」에 "又於安口隘置允州及安口縣."이라 적혀 있으며 『宋會要』「方域」7之24에는 "允州, 舊安口隘, 崇寧四年建."이라 되어 있는 것으로 보아, 아마 '王江'

(1112)에는 다시 폐지하였습니다. [그 후] 변방의 관료인 황침(黃忱)과 이탄(李坦)이 안무사 정린(程鄰)을 속여 평주의 존속을 요청하고, 지주 1명과 병직관 2명, 조관 1명, 현령부(縣令簿)108) 2명 및 제거계동공사(提擧溪峒公事), 평주를 관할 구역으로 하는 도순검 2명, 5개 채보(砦堡)의 감관(監官)과 지휘(指揮)109) 10인, 서리 100인, 금군·토정(土丁) 1,000인을 두었습니다. 매해 동전 14,418관 600문(文)과 쌀 11,125석 남짓이 소요되었습니다. 평주에는 조세나 호적이 없어서, 전운사(轉運司)에서는 해마다 계주와 융주·상주(象州)110)·유주(柳州)111)의 곡식을 가져와 지급하였습니다. 또한 융주의 서북쪽에 있는 금계향(金溪鄕)의 세미(稅米)112) 490여 석을 가져다 평주에 지원하고 있으니, 소요되는 비용이 관주보다도 많은 것입니다. 하물며 지주가 도임하면 즉시 그 아들을 추은(推恩)113)하고, 주·현·채(砦)·보(堡)의 관원들도 언제나 승진에 우대를 받고 또 포상을 받았습니다. 나아가 세장(稅場)114)과 호시(互市)115)의 이익도 지주 및 관원들의 사유물이 되었습니다. 오직 백성들만 징병과 세금

은 '安口'일 것이라고 하였다.

108) 縣令簿: 縣令과 主簿.
109) 指揮: 禁軍의 편제 단위 명칭이자 그 부대장인 指揮使의 약칭이다. 指揮는 통상 500명으로 구성되었다.
110) 象州: 廣南西路의 중부에 위치, 오늘날의 廣西省 來賓市 象州縣.
111) 柳州: 廣南西路의 중부에 위치. 오늘날의 廣西省 柳州市.
112) 稅米: 조세로 징수한 미곡이다.
113) 推恩: 帝王이 臣屬에 대해 封贈을 賜與함으로써 은혜를 베푸는 것이다.
114) 稅場: 징세하는 장소를 칭한다. 陸遊의『入蜀記』卷3에서 "過雁翅夾, 有稅場, 居民二百許家."라 한 것처럼 지역의 중심지에 개설되는 것이 관례였다.
115) 互市: 육상에서 행해지는 외국과의 무역을 가리킨다. 互市에 대해 해상무역은 互市舶 혹은 市舶이라 일컬어졌다. 호시는 주로 북아시아의 유목민족과 서방의 탕구트족·티베트족, 그리고 중앙아시아 제국과의 사이에서 이루어졌지만, 드물게 兩廣 및 兩湖 일대에 산재하는 소수민족과의 사이에서 발생하는 경우도 있었다. 호시는 宋 이전과 이후가 자못 판이한 양상을 보인다. 송대 이전에는 흉노·선비·돌궐·위구르 등 유목국가와 중원의 여러 왕조 사이에 진행되었다. 양측의 교역품은 북아시아의 특산물인 말·소·양·모피 등과 중국의 견직물·곡물·수공업제품 등이 대종을 이루었다. 당대까지는 북변에 분포했던 互市(關市·胡市라 일컬어지기도 했다.)의 숫자도 적었으며, 호시를 통한 무역보다는 유목민족의 직접적인 약탈이나 중국 측의 사여품이 훨씬 더 큰 비중을 차지하였다. 이에 비해 遼 이후 이른바 정복왕조가 출현하면서 중국과의 사이에 분명한 국경이 확정된 결과, 국경 일대의 각지에 互市場(송대는 榷場, 명대는 馬市라 불리기도 함)이 개설되어 이전보다 훨씬 빈번한 무역이 행해지게 되었다. 물론 중국 측에서 歲幣도 지급하였지만 무역에 의한 물품에 비하여 세폐는 비교할 수 없이 소액이었다. 송대의 榷場에서 취급된 주된 물품은 북방의 말·소·양·모피 등과 중국의 견직물·면제품·곡물·차·술·사치품·칠기·수공업제품·무기·서적 등이었다. 호시가 가장 성행했던 시기와 교역 상대국은 송

납부의 고통을 받고 있으니 진실로 가련합니다. 신(臣)은 평주와 관주를 폐지하는 것이 좋다고 생각합니다.

> 然尚有可議者, 觀州初爲富仁監時, 有銀冶二, 官取其利有常額, 熙寧元降條例具在, 宜先下經略司, 責公晟等依熙寧條例施行. 況公晟實公佞弟, 理宜掌州事, 近雖逃歸, 未爲蠻族信服, 察其情勢, 不得不倚重中國. 若乘時授之, 彼知恩出朝廷, 必深感悅.」

하지만 약간 더 고려할 사항이 있습니다. 관주가 애초 부인감이었을 때 은 광산 두 개가 있어 관아에서는 일정 액수의 이윤을 얻었습니다. [신종] 희녕(熙寧) 연간(1068~1077)의 규정이 모두 남아 있으니 먼저 경략사(經略司)에 지시를 내려, [막]공성(莫公晟) 등으로 하여금 희녕 연간의 규정에 따라 [그 액수만큼] 납부하도록 해야 할 것입니다. 하물며 [막]공성은 실제로 [막]공녕의 동생이니 이치상으로도 주(州)를 장악하는 것이 맞습니다. 그는 근래에 돌아갔으니 아직 만족의 신복을 받지는 못할 것입니다. 그 정세상 어쩔 수 없이 중국에 크게 의존할 수 없을 것이라 여겨집니다. 만일 이러한 기회를 이용하여 지원해주면, 그는 은혜를 알고 우리 조정에 나와서 반드시 깊이 감복할 것입니다."

> 樞密院亦上言:「廣西沿邊堡砦, 昨因邊臣希賞, 改建州城, 侵擾蠻夷, 大開邊釁. 地屬徼外, 租賦亦無所入, 而支費煩內郡, 民不堪其弊, 遂皆廢罷. 唯平·觀二州以帥臣所請, 故存. 今睹明夔所奏, 利害之實昭然可見. 緣帥臣又稱公晟於南丹·觀州·寶監境上不時竊發, 若廢二州, 恐於緣邊事宜有所未盡.」詔令廣南西路帥·漕·憲司共條具利害以聞. 旣而諸司交言:「平·觀二州困弊已甚, 有害無益, 請復祖宗舊制爲便.」詔從其言.

추밀원 또한 다음과 같이 상언하였다. "광서의 변경 지방 보채(堡砦)에서는, 지난날 변경의 관원들이 포상을 노려 주(州)의 성을 다시 건축하고 만이들을 공격함으로써 크게 변경의

과 요, 송과 금, 명과 몽골 등이었다.

사단을 일으킨 바 있습니다. 하지만 지역이 중국의 영역 바깥이고 조세 또한 들어오는 것이 없으면서, 많은 지출로 말미암아 내지에 부담이 되어 백성들이 그 폐단을 견딜 수 없기 때문에 마침내 모두 폐지하였습니다. 다만 평주와 관주는 안무사의 요청이 있어 존속시켰습니다. 지금 명탁(明槖)이 올린 말을 들으니 실로 이해관계가 명백히 드러납니다. 반면 안무사는, [막]공성이 남단주와 관주·보감(寶監)116) 경내에서 불시에 반란을 일으킬 수 있으니, 평주·관주를 폐지하면 변경의 안정에 지장을 초래할지도 모른다고 말하고 있습니다." [조정에서는] 조령을 내려 광남서로의 수사(帥司)·조사(漕司)·헌사(憲司)117)가 함께 이해득실을 따져 보고하라고 하였다. 얼마 후 이들 관청에서 함께, "평주와 관주는 폐단이 막심하고 백해무익하므로 예전대로 복귀시켜 주기를 요청합니다."라고 말하였다. 조령을 내려 그 말대로 따르도록 하였다.

乾道六年, 詔補蒙澤進武副尉. 初, 宜州蠻莫才都爲亂, 廣西經略劉焞遣進勇副尉蒙明質賊巢, 諭降才都. 旣而復肆猖獗, 戕賊官兵. 未幾, 禽才都, 械送經略司伏法, 悉破其黨, 而明亦遇害, 備極慘酷, 邊人憐之. 焞乞推恩其子澤以旌死事, 朝廷從之, 故有是命.

[송 효종] 건도(乾道) 6년(1170) 조령을 내려 몽택(蒙澤)을 진무부위(進武副尉)118)에 임명하였다. 당초 의주의 만인 막재도(莫才都)가 반란을 일으켰을 때, 광서 경략사 유돈(劉焞)은 진용부위(進勇副尉)119) 몽명(蒙明)을 반란군의 본거지에 인질로 보낸 후 [몽]재도를 선무하

---

116) 寶監: 觀州(高峰寨) 南方에 위치한 寶積監을 가리킨다. 이는 『建炎以來繫年要錄』 卷60 〈紹興 3년 10월 辛丑〉 조에서 "南丹蠻犯觀州. 初南丹州刺史莫公晟, 政和間獻地於朝, 以爲廣西兵馬鈐轄, 旣而逃歸. 會武節郞黃昉知觀州, 遣兵畧其部族, 公晟怒, 聚衆數百人, 以是夜圍觀州, 焚寶積監."이라 하는 것이나, 혹은 『廣西通志』 卷61 「土司」에서, "徽宗大觀元年, 廣西經畧使王祖道殺土官莫公佞, 改南丹爲觀州, 公佞弟公晟結溪峒圖報復, 焚寶積監, 尋廢觀州, 以公晟知南丹州兼溪峒都巡檢使, 與世襲."이라 하는 것에서 잘 드러난다.
117) 帥司·漕司·憲司: 路의 監司. 帥司는 安撫使, 漕司는 轉運使, 憲司는 提點刑獄의 약칭이다.
118) 進武副尉: 武官의 階官. 大使臣·小使臣의 下位에 위치한 無品 八階 가운데 하나(第4階)이다. 『宋史』 卷169 「職官」 9 「紹興以後階官」 참조.
119) 進勇副尉: 武官의 階官으로서 無品 八階 가운데 第7階이다.

여 투항시켰다. 조금 있다가 다시 드세게 반란을 일으켜 관병(官兵)들을 살해하였다. 얼마 후 [몽]재도를 사로잡아 형구를 씌워 경략사(經略司)로 압송한 다음 법에 따라 죽이고 그 무리들을 모두 없애버렸다. [몽]명 역시 [적당에게] 살해되었는데 극히 참혹한 모습이어서 변경 사람들이 가엾이 여겼다. [유]돈은 그 아들 [몽]택을 추은(推恩)함으로써 순국을 표창하자고 요청하였고, 조정이 이를 허용하여 [몽택의] 임용령이 내려진 것이다.

淳熙十年冬, 安化蠻突入內地, 焚砦栅, 殺居民爲亂. 宜州駐劄將官田昭明與蠻力戰敗, 死之. 十一年, 廣西路鈐轄沙世堅言:「官軍與猺人兵器利鈍不同, 宜敕沿邊軍州多置強弩毒矢, 以懼猺人.」從之. 是年, 安化蠻蒙光漸率衆抄掠, 世堅討平之. 初, 知宜州馬寧祖不支思立砦鹽錢, 執議以爲前守所積逋, 止給錢一月, 不能遍及蠻部, 而權思立砦准備將領楊良臣復鎭撫乖方, 遂致激變光漸等. 詔罷良臣, 貶寧祖秩, 敕帥·漕以時給溪峒鹽錢.

[효종] 순희(淳熙) 10년(1183) 겨울, 안화(安化)의 오랑캐들[安化蠻][120]이 내지로 쳐들어와 채책(砦栅)을 불사르고 주민들을 살해하는 반란을 일으켰다. 의주에 주둔하던 장수 전소명(田昭明)이 만인들에 맞서 힘껏 싸우다가 패하여 전사하였다. [순희] 11년(1184) 광서로 검할(鈐轄)[121] 사세견(沙世堅)이, "관군의 병기는 요족(猺族)[122]보다 강합니다. 마땅히 연변의

---

120) 安化蠻: 撫水州蠻. 본문의 기록대로 眞宗 大中祥符 9년(1016) 宜州의 실정으로 撫水州蠻이 宜州와 融州 일대에 침공하여 巡檢 樊明을 살해하였다. 이에 송조는 大兵을 파견하여 撫水州蠻을 대파하고 이후 2년 1회 조공을 강제하였으며 撫水州를 安化州로 개칭하였다.
121) 鈐轄: 兵馬黔轄의 약칭. 북송 초기에는 임시 직책으로서 都部署·部署의 아래이자 都監·監押의 상위 직급이었다. 북송 중기 이후 점차 고정적인 差遣으로 정착되었으며, 官資가 높은 경우 都黔轄·都黔轄使·副都黔轄 등으로 불리고 官資가 낮으면 黔轄·副黔轄 등으로 불렸다. 黔轄은 路와 州에 각각 설치되었으며, 군대의 주둔과 전투 등을 관장하였다. 知州兼安撫使로서 路의 黔轄을 겸하는 경우도 있었으며, 知州兼黔轄을 겸하는 경우도 있었다.
122) 猺族: 瑤族. 徭族·傜族이라 불리기도 했다. 오늘날 廣西省 大瑤山과 都安縣·巴馬縣과 廣東省 連南縣·韶邊縣 등의 瑤族自治縣을 중심으로 복건·절강·호남·귀주·운남, 인도차이나 반도의 산지 등에 분포한다. 언어 계통은 티베트-버마 어족설, 오스트로 어족설 등 다양하나 오늘날 중국에서는 漢藏語系의 苗瑤語族으로 분류되어 있다. 親族 조직은 외견상 부계적이지만 실질적으로는 쌍계적 경향이 강하다. 太祖(盤古) 신화가 있으며 개의 금기가 있다.

주군(州軍)에 칙령을 내려 강력한 쇠뇌와 독화살을 많이 비치토록 하여 요족으로 하여금 두려움을 갖게 해야 할 것입니다."라고 상언하여 그 말대로 따랐다. 이해에 안화(安化)의 오랑캐 몽광점(蒙光漸)이 무리를 이끌고 약탈하여 [사]세건이 토벌하였다. 당초에 의주의 지주 마령조(馬寧祖)는 사립채(思立砦)에 소금과 동전을 지급하지 아니한 채,123) 이전의 지주 때 쌓인 미지급액이라 고집하며 다만 1개월분의 동전만을 지급하였다. 이로 인해 만인부족에게 [물자가] 두루 지급되지 못하였다. 또 사립채의 권준비장령(權准備將領)124)인 양양신(楊良臣)이 제대로 안무하지 못하여 마침내 [몽]광점 등의 변란을 초래하였다. 조령을 내려 [양]양신을 파직시키고 [마]령조를 좌천시켰으며, 칙령을 내려 경략사와 전운사로 하여금 적시에 계동의 소금, 동전을 지급하도록 하였다.

> 十二年正月, 廣西漕臣胡庭直上言:「邕州之左江・永年・太平等砦, 在祖宗時, 以其與交阯鄰壤, 實南邊藩籬重地, 故置州縣, 籍其丁壯, 以備一旦之用, 規模宏遠矣. 比年邊民率通交阯, 以其地所產鹽雜官鹽貨之, 及減易馬鹽以易銀, 忽而不防, 恐生邊釁, 所宜禁戢.」旣而諸司上言:「經略司初準朝旨, 置馬鹽倉, 貯鹽以易馬, 歲給江上諸軍及御前投進, 用銀鹽錦, 悉與蠻互市. 其永平砦所易交阯鹽, 貨居民食, 皆舊制也. 況邊民素與蠻夷私相貿易, 官不能制. 今一切禁絕, 非惟左江居民乏鹽, 而蠻情亦叵測, 恐致乖異也.」乃牒邕州, 禁民毋私販交阯鹽, 以妨鈔法. 是年, 詔以楊世俊襲父進通職, 補承信郎.

[효종 순희] 12년(1185) 정월, 광서의 전운사 호정직(胡庭直)이 다음과 같이 상언하였다. "옹주(邕州)의 좌강에 있는 영년채(永年砦)125)・태평채(太平砦)126)는 국초에 이들이 교지

---

123) 馬寧祖는 孝宗 淳熙 10년(1183) 宜州의 知州에 임명되어 이듬해까지 재직하였다(李之亮, 2001: 364).
124) 權准備將領: 임시의 准備將領. 准備將領은 都督・制置使・經略使 등의 屬官으로서 임시로 파견되어 각종 軍務를 처리하는 직위였다. '權'은 임시직, 혹은 시험적인 임용 등을 의미하였다. 이와 관련하여 戴埴의 『鼠璞』 卷下 「權守試」에서는, "本朝職事官, 幷以寄祿官品高下爲權行守試. 侍郎・尙書, 始必除權, 卽眞後始除試守行. 予考之漢, 試守卽權也."라 적고 있다.
125) 永年砦: 『續資治通鑑長編』 卷192 〈仁宗 嘉祐 5년 7월 辛丑〉, 卷273 〈神宗 熙寧 9년 2월 庚寅〉, 卷274 〈神宗 熙寧 9년 4월 甲辰〉 등에 비추어볼 때 베트남과의 접경지대에 위치한 永平砦의 오류이다. 永平

(交阯)와 접경하고 있어 실로 남쪽 변경의 요충지이기 때문에 주현을 설치하였습니다. 또 장정을 등록시켜 만일의 사태에 대비하였는데 그 체계가 방대하였습니다. 그런데 근래에 변경 백성들이 대부분 교지와 내왕하며 그곳에서 생산되는 소금을 관염(官鹽)에 섞어 팔고 있습니다. 또 말의 대가로 받은 소금을 덜어내 은과 교역하기도 합니다. 만일 이를 내버려둔다면 장차 변경에 문제가 생길지도 모르니 마땅히 금지해야 할 것입니다." 얼마 후에는 여러 관서에서 다음과 같이 상언하였다. "경략사(經略司)에서는 당초 조정의 지시에 따라 마염창(馬鹽倉)을 설치하고 소금을 저장해 두었다가 말과 바꾸어, 해마다 강상제군(江上諸軍)[127]에 공급하고 또 황제 폐하께 바쳤습니다. 이 밖에 은(銀)과 소금, 비단을 이용하여 오랑캐와 호시(互市)를 해왔습니다. 영평채(永平砦)[128]에서 교역하는 교지의 소금은 주민들의 식용으로 팔립니다. 이것들은 모두 이전부터의 제도였습니다. 하물며 변경의 주민들은 본래 만이들과 사사로이 교역해왔고 관부에서는 이를 통제할 수 없었습니다. 그런데 지금에 와서 일체 금지한다면, 비단 좌강의 백성들에게 소금이 부족해질 뿐만 아니라 만이의 동향도 어찌될지 알 수 없어 장차 큰 변란을 야기하지나 않을지 두렵습니다." 이에 옹주에 지시를 내려 백성들이 사사로이 교지의 소금을 거래함으로써 초법(鈔法)[129]을 어지럽히는 것을 금지하였다. 이해에 조령을

砦의 위치와 관련하여 『明一統志』卷85에서는, "去(南寧)十程, 宋置. 又有古萬等寨, 皆在府境."이라 적고 있다.

126) 太平路: 廣西路 邕州의 남부에 위치하며 오늘날의 廣西省 崇左市이다. 관내에 20개의 羈縻州가 있었는데 그 가운데 14州는 熟洞이고 6州는 歸明洞이었다. 邕州로부터 8程의 거리에 있었다(李昌憲, 2007: 641).

127) 江上諸軍: 長江을 따라 배치되어 있는 諸統制司, 즉 鎭江府·建康府·池州·江州·鄂州·荊南府에 주둔하는 御前諸軍都統制司에 대한 범칭. 이와 관련하여 『玉海』卷133 「中興都統制」에서는 "江上始有京口·秣陵·武昌三大軍, 紹興末, 楊存中請置江·池二軍, 劉琦請置荊渚一軍. …… 乾道三年閏七月一日, 上諭宰執曰. 朕欲江上諸軍各置副都統兼領軍事."라 기록하고 있다.

128) 永平砦: 宋과 李朝 베트남 접경 지역에 위치하며, 오늘날의 베트남 랑썬의 북부 산간 지역이다. 仁宗 景祐 4년(1037) 西平州에 설치되었다. 西平州·祿州·石西州·思陵州·如磜縣·憑祥洞 등 8개 州洞을 관할하였는데 모두 熟地溪洞이었다.

129) 鈔法: 鈔鹽制度. 鈔는 鈔引. 宋代에는 국가권력이 茶·鹽·礬 등 전매품의 생산과 유통을 통제하면서 특히 상인에게 이들 상품의 수령과 유통을 보증하는 증권을 지급하였다. 이러한 증권을 茶引·鹽引·礬引이라 불렀으며 통칭하여 鈔引이라 하였다. 鹽引은 소금을 상인에게 불하하면서 사전에 정부로부터 상인에게 지급된 증권이다. 소금 전매제는 당대 중엽에 부활하여 송대에 제도적으로 확립되었다. 송대 소금 전매제에는 榷鹽法(禁榷法)과 通商法이 있었는데, 榷鹽法은 국가가 소금의 생산과 유통 전반을 관리하는 것이며, 通商法은 소금을 상인에게 불하할 때만 세금을 징수하고 그 이후는 판매지역(行鹽

내려 양세준(楊世俊)으로 하여금 부친 [양]진통(楊進通)의 직위를 세습하게 하고 승신랑(承信郎)130)에 임명하였다.

> 紹熙初, 廣西帥以本路副總管沙世堅素有韜略, 累立邊功, 爲羣蠻所畏服, 嘗破蒙光漸, 示以威信, 光漸不敢寇邊者累年. 乞以世堅兼知宜州, 實能制伏蠻夷, 爲久遠之利. 帝從之. 慶元四年, 宜州蠻蒙峒, 袁康等寇內地, 奪官鹽爲亂, 廣西帥司調官兵招降之, 朝廷推賞有差.

[송 광종] 소희(紹熙) 연간(1190~1194) 초기에 광서의 안무사는, '광서로의 부총관(副總管)131) 사세견(沙世堅)이 평소에 지략이 있을 뿐만 아니라 여러 차례 변경에서 공을 세워

地)을 지정할 뿐 나머지는 상인이 자유롭게 유통시키게 하는 제도이다. 통상법에 사용되는 것이 鹽鈔, 鹽引이다. 송대의 주요 소금 생산지는 淮浙(兩淮와 兩浙) 및 解州의 鹽池였다. 소금을 판매하고자 하는 상인은 주로 京師(開封)의 榷貨務(전매사무소)에 대가를 납입하여 鹽鈔(鹽引)를 구매한 후, 이를 가지고 생산지에 가서 소금을 불하받았다. 鹽鈔 가운데 解州鹽에 대해 발행한 것은 解鹽鈔라 불렸는데, 仁宗 慶曆 8년(1048) 范祥에 의해 解州 鹽法이 개혁된 이래 解鹽鈔는 陝西의 秦州·延州·鎭戎 등지에 있는 9折博務에서 발행되어 군량 조달에 이용되었다. 解鹽鈔를 解州의 制置解鹽司에 제출하면 解鹽이 지급되지만 京師의 都鹽院에 제시하면 現錢(현금)으로도 교환이 가능하였다. 都鹽院은 鹽鈔의 매매와 염가 조절을 담당하였다. 鹽鈔는 무거운 동전을 대신하여 점차 유가증권으로 사용되기 시작하여, 京師와 변경 방면의 송금수단으로서 鹽商과 미곡상인 사이에 활발하게 사용되었다. 이로 인해 鹽鈔의 발행고는 400만 관을 상회하기도 하였다. 解鹽鈔는 북송의 멸망과 함께 解州가 金의 영역으로 들어감에 따라 폐지되었다. 淮浙 지방의 海鹽은 末鹽이라고도 불렸기 때문에 淮浙의 鹽鈔는 末鹽鈔라 칭해졌다.

130) 承信郎: 小使臣 계열에 속하는 무관의 階官으로 從9품. 徽宗 政和 2년(1112) 三班差職에서 개칭되었다.
131) 副總管: 路의 군사업무를 총괄하는 都總官의 보좌직이다. 북송 초기에는 副都部署라 불렸는데, 都部署는 임시로 임명된 大軍區의 사령관으로서 行營駐泊都部署, 혹은 駐泊行營都部署라 칭해졌다. 都部署에 비해 약간 지위가 낮은 경우 部署라 불렸다. 眞宗 景德 2년(1005) '行營'이란 지칭이 빠지고 다만 駐泊都部署라고 칭해졌는데, 이후 점차 諸路에 都部署가 설치되어갔다. 英宗 시기에는 避諱를 위해 都總管·總管이라 개칭되었다. 통상 諸路의 帥臣, 즉 經略安撫使·安撫使를 겸한 知州가 馬步軍都總管을 겸직하였으며 권한이 대단히 강력하였다. 新法 시기에 將兵法이 시행되며 都總管과 總管·副總管 등의 지위도 낮아졌다. 이후 북송 말 이래 남송시대가 되면 都總管·副總管 등은 대부분 閑職으로 변모하고 만다.

많은 만이들이 두려워하고 있다. 일찍이 몽광점(蒙光漸)을 격파하고 위엄과 신의를 보여 [몽]광점이 감히 변경을 침범하지 않는 것이 수년이나 되었다.'고 하며, [사]세견으로 하여금 의주의 지주를 겸하게 함으로써 실제로 만이들을 통제토록 하여 장구한 이익이 되도록 하자고 요청하였다. 황제(광종)가 이에 따랐다. [송 영종] 경원(慶元) 4년(1198)에는 의주의 만이 몽동(蒙峒)·원강(袁康) 등이 내지를 침범하여 관염(官鹽)을 약탈하고 난리를 일으키자, 광서의 경략안무사에서는 관병을 파견하여 이를 항복시켰다. 조정에서는 차등을 두어 포상을 내렸다.

嘉定三年, 章戩知靜江府, 建議以爲廣西所部二十五郡, 三方鄰溪峒, 與蠻猺·黎·蜑雜處, 跳梁負固, 無時無之, 西南最爲重地, 邕·欽之外, 羈縻七十有二, 地里綿邈, 鎭戍非一, 請增置雄邊軍二百人及調憲司甲軍二百隸帥司. 初, 安平州李密侵鄰洞, 劫掠編民, 併取古甑洞, 以其幼子變姓名爲趙懷德知洞事, 戩諭邕守推古甑一人主之. 十一年, 臣僚復上言:「慶曆間, 張方平嘗以爲朝廷每備西北, 孰不知猺蠻衝突嶺外, 南鄰交阯, 勢須經營. 唐時西備吐蕃, 其後安南寇邊, 旋致龐勛之禍. 國朝每憂契丹·元昊, 而儂智高陷邕州, 南徼騷動, 天子爲之旰食, 豈細故哉? 臣等比見淮甸間版築薦興, 更戍日益, 而廣南城隍摧圮不葺, 戍兵逃亡殆盡, 春秋教閱, 郡無百人. 雖有鄕兵·義丁·土丁之名, 實不足用, 緩急豈能集事? 宜於嶺南要地增築城堡, 籍其民兵, 歲時練習, 定賞罰格, 以示懲勸. 如此則號令嚴明, 守禦完固, 民習戰鬪, 可息猺蠻侵掠之患, 措四十州民於久安之域矣.」詔從之.

[영종] 가정(嘉定) 3년(1210), 정강부(靜江府)132)의 지부 장감(章戩)이, '광서 예하의 25개 군(郡)은 3면으로 계동(溪峒)과 인접해 있으며 만족인 요족(猺族)·여족(黎族)133)·단족(蜑

---

132) 靜江府: 북송시대의 桂州, 廣南西路의 서북부에 위치하며 오늘날의 廣西省 桂林市이다.
133) 黎族: 해남도에 거주하는 소수민족이다. '黎'라는 명칭은 唐代에 도입되어 宋代에 통용되기 시작하였다. 송대를 통해 黎族은 송조의 지배에 대해 한편으로 저항하면서도 점차 귀화하는 무리가 많아져 하급 무직인 承信郞·承節郞 등의 직위가 주어졌다. 귀화한 추장[峒首]은 해당부족에 대한 세습적 지배가 허용되었다. 黎族의 반란과 토벌, 귀순, 초항, 귀화는 송대 이후 반복되어 峒은 점차 村으로 변모하고 기존의 '峒'이란 명칭은 村과 縣 사이에 중간 지방단위로 변모해갔다.

族)134)이 뒤섞여 산다. 이들은 지형의 험준함을 믿고 수시로 반란을 일으키니, [광서는] 서남지방에서 최고의 요충지이다. 옹주와 흠주(欽州)135)의 바깥쪽으로는 72개의 기미(羈縻) 지역이 있는데, 지역이 멀리 이어질 뿐더러 [이들에 대한] 군사적인 대비도 통일되어 있지 않다. 웅변군(雄邊軍) 200명을 증치(增置)하고 헌사(憲司)의 갑군(甲軍) 200명을 경략안무사에 예속시켜 달라.'고 청하였다. 이전에 안평주(安平州)136)의 이밀(李密)이 인근 산간지역을 침공하여 편민(編民)137)을 약탈하고 고증동(古甑洞)을 병합하였다. 그리고 자기 어린 아들의 이름을 바꾸어 조회덕(趙懷德)이라 하고 고증동의 지동사(知洞事)로 삼았다. [장]감은 옹주의 지부에게 말하여 고증동에서 한 사람을 택하여 지동사로 삼게 하였다. [가정] 11년(1218), 다시 어느 신하가 다음과 같이 상언하였다. "[인종] 경력(慶曆) 연간(1141~1148)에 장방평(張方平)138)은 일찍이, '조정에서는 늘 서북 지방의 방비에만 집중하고 있으며, 아무도 영남(嶺南)에서 요족이 침범할지는 모르고 있다. 남쪽으로는 교지가 이웃하고 있으니 반드시 대책을 세워야만 한다.'139)고 말한 바 있습니다. 당대에는 서쪽으로 토번(吐蕃)만 대비하였으나 훗날 안남(安南)이 변경을 침공하여140) 마침내 방훈(龐勛)의 난141)을 불러일으켰습니다. 우

---

134) 蜑族: 兩廣 일대, 특히 해남도의 수상생활 민족으로서 蜑民 혹은 蜑戶라고도 불린다. 어업·水運·진주 채취 등에 종사하였으며 농경민에게서 천대를 받았으나 淸 雍正 7년(1727) 이후 육상에 올라와 집을 짓고 농경에 종사하는 것이 허용되었다. 당대 이래 이들에 대해 '蠻蜑'이란 용어가 사용되기 시작하였다. 송대가 되면 『諸蕃志』卷 下와 『桂海虞衡志』등에 해남도의 蜑戶에 대한 기록이 등장한다. 특히 『諸蕃志』에서는 蜑戶의 배를 蜑船이라 지칭하며 최하등의 선박이라 기술하고 있다.

135) 欽州: 廣南西路의 남단 해안에 위치하며, 오늘날의 廣西省 欽州市이다.

136) 安平州: 廣南西路 邕州 太平砦 관하의 소수민족 거주지로 오늘날의 廣西省 崇左市 중부에 해당한다. 이씨의 지배하에 있었는데 남송시대 그 세력이 강대하여, 『宋史』卷388 「李浩傳」에 따르면, "其酋特險謀聚兵為邊患, 浩遣單使諭以禍福, 且許其引赦自新, 即日叩頭謝過, 焚徹水柵, 聽大府約束."이라 기록하고 있다.

137) 編民: 호적에 편입된 일반 백성, 즉 송조의 지배를 받는 일반민을 가리킨다.

138) 張方平(1007~1091): 북송 중엽의 관료. 仁宗 景祐 원년(1034) 과거에 급제하였으며 이후 각지의 지방관을 역임하다 西夏의 침공이 있자 「平戎十策」을 개진하였다. 知諫院으로 재임하였을 때는 西夏와의 講和와 관련한 數多의 論建을 제시하였다. 神宗의 즉위 이후 參知政事로서 王安石의 임용에 반대하였으며, 新法이 실시된 다음에는 그 폐해를 격렬히 비판하였던 것으로 유명하다. 致仕 이후에도 用兵 및 起獄에 관한 論奏를 적지 않게 상주하였다.

139) 仁宗 慶曆 6년(1046) 10월에 상주된 「論地震請備寇盜事」(『樂全集』卷22)를 가리킨다.

140) 여기서 '安南이 변경을 침범했다.'는 것은 사실과 다르다. 唐 武宗 會昌 3년(843) 安南都護로 임명된 武渾과 이듬해 그 뒤를 이어 부임한 李琢의 失政으로 安南 각지에서 반란이 일어났다. 이렇게 안남의

리 송조에서도 늘 거란과 이원호(李元昊)142)만을 근심하였으나, 농지고(儂智高)가 옹주를 함락시켜 남쪽 변경 지대가 소동에 휩싸이자 천자가 이로 인해 제때에 식사를 못할 지경이 되었습니다. 이 어찌 소소한 일이라 할 수 있겠습니까? 신 등은 근래 회남 지방에서 여러 공사가 부단히 벌어지고 방어체계도 날로 강화된다고 들었습니다. 하지만 광남(廣南)에서는 성곽과 해자가 무너지고 메워져도 보수하지 않고 있습니다. 수비병은 거의 모두가 도망가서 봄과 가을의 훈련 때 모이는 인원이 주(州) 전체에 100명이 되지 않습니다. 향병(鄕兵)143)·의정(義丁)144)·토정(土丁)145)의 명칭은 있으나 실제로는 거의 쓸모가 없으니 만일 비상사태가 벌어지면 어찌 대처할 수 있겠습니까? 마땅히 영남의 요충지에 성채를 증축하고 민병을 정비

사정이 흉흉해지자 9세기 중반 당시 강대한 세력을 형성하고 있던 雲南 지역의 南詔가 세 차례에 걸쳐 안남에 침입하게 된다. 南詔는 두 번이나 安南都護府의 소재지인 라 타인를 점령하고 약 2년 반에 걸쳐 장악한 채 주변 지역을 약탈하였다. 이러한 安南의 변고를 구하고자 唐朝에서는 대규모 증원군을 파견하여 唐 懿宗 咸通 7년(866) 마침내 南詔를 격퇴하였다. 9세기 중반 南詔의 침공 이후 당은 안남도호부를 폐지하고 靜海軍節度使로 개칭하였다(유인선, 2012: 99~102). 또한 이러한 南詔의 침공 및 唐 중앙군의 안남 파견 과정에서 龐勛의 亂이 촉발되기에 이른다.

141) 龐勛(?~869)의 난: 당말에 발생한 민중 반란. 龐勛은 본디 南詔의 進攻에 당하여 安南 방위를 위해 武寧軍(徐州)에서 파견된 桂川屯戍軍의 糧料判官이었다. 貪虐한 번진 수뇌부가 軍資 결핍을 명목으로 교체기 2년 지났는데도 1년 연장을 결정하자 이에 격분하여 난을 일으켰다. 반란군은 都頭 등을 살해하고 龐勛을 都將으로 추대하여 당 懿宗 咸通 9년(868) 고향으로 귀환하고자 하였다. 귀환 도중 거의 제지를 받지 않고 양자강을 건너 淮南에 들어갔다. 여기서 驍卒인 銀刀都의 잔당을 모아 宿州를 점령한 다음 龐勛은 스스로 兵馬留後를 칭하고 민중과 토호 등의 적극적인 지지를 받아 徐州를 함락시켰다. 이후 淮河 유역의 群盜가 대거 참여하여 대 세력으로 발전하였다. 唐朝로부터 파견된 토벌군도 이에 제대로 대응하지 못하고 각지에서 격파되었다. 이어 반란 세력은 양자강 연안으로 진출하여 壽州를 포위하였다. 이 무렵부터 龐勛 등이 점차 교만해져서 민간에 대한 억압과 약탈을 자행했기 때문에 民心이 이반해갔다. 이후 수차례 전투에서 唐朝의 토벌군에 대패하였으며 徐州도 빼앗긴 후 龐勛 등은 咸通 10년(869) 패사함으로써 반란이 종결되었다.
142) 李元昊(1003~1008): 西夏의 건립자, 景宗.
143) 鄕兵: 송대의 지방 民兵. 송은 五代의 제도를 연용하여 향병을 설치하였다. 향병 병사는 거주지에서 훈련을 받고 군대로 편제되어 지역의 방어에 임하였다. 통상 평시에는 농업에 종사하다가 농한기를 이용하여 정기적으로 훈련을 받았다. 훈련 기간에는 錢糧이 지급되었다. 향병은 禁軍의 방식대로 指揮, 都 등으로 편제되거나 혹은 保甲法 방식으로 조직되기도 하였다. 대부분의 향병은 유명무실하였으나 일부 지역의 경우에는 정규군 못지 않은 전투력을 발휘하기도 하였다.
144) 義丁: 지방을 자위하기 위해 조직된 병사. 義丁과 관련하여 文天祥의『文山先生文集』卷3「己未上皇帝書」에서는, "臣居廬陵, 往往有寇警, 則鄕里又起所謂義丁者."라고 기술하고 있다.
145) 土丁: 湖南·湖北·廣西·四川 등지에서 조직된 향병에 대한 지칭이다.

하여 정기적으로 훈련시켜야만 합니다. 또 상벌의 기준을 엄격히 제정함으로써 징벌과 장려를 분명히 해야 합니다. 이렇게 한즉 명령이 엄정해지고 방어 태세도 굳건해질 것입니다. 백성들도 전투를 익히게 되어 요족 오랑캐가 침범하는 근심이 사라지고 40주의 백성들을 안정된 환경에서 살게 할 수 있을 것입니다." 조령을 내려 그대로 따랐다.

廣源州
광원주

廣源州蠻儂氏, 州在邕州西南鬱江之源, 地峭絶深阻, 産黃金·丹砂, 頗有邑居聚落. 俗椎髻左衽, 善戰鬪, 輕死好亂. 其先, 韋氏·黃氏·周氏·儂氏爲首領, 互相劫掠. 唐邕管經略使徐申厚撫之, 黃氏納質, 而十三部二十九州之蠻皆定. 自交阯蠻據有安南, 而廣源雖號邕管羈縻州, 其實服役於交阯.

광원주만(廣源州蠻)은 농씨(儂氏)[146]이다. 광원주는 옹주(邕州)[147] 서남방에 있는 울강(鬱江)[148]의 발원지로서, 지세가 험준하고 깊은 오지이나 황금과 단사(丹砂)[149]가 산출되어

---

146) 廣源州蠻 儂氏: 廣源州는 左江의 상류 일대로서 현재의 까오방 동부에 위치한 꽝 응우옌 지역이다. 이곳에 거주하는 儂氏는 타이계의 Nung 족으로서 벼농사와 수렵, 상업을 생업으로 하고 있었다. 이들은 唐初 이래 발흥하여 대대로 廣源州의 지배자로 군림하다가, 五代 시기에는 嶺南을 지배하던 南漢에 복속되었다. 北宋이 건립되어 南漢을 정벌(979)한 이후에는 宋에 투항하여 그 지배를 받았다. 하지만 그로부터 3년 후 宋 太宗이 베트남을 정벌하다가 실패한 다음에는 宋 대신 베트남에 복속되었다. 송 眞宗 大中祥符 2년(1009)에 건국된 베트남의 李朝는 이들의 거주 지역을 향해 적극적인 경략을 시도하여, 仁宗 天聖 5년(1027) 李朝의 太祖 李公蘊은 황태자인 佛瑪(德政)에게 명하여 북방의 변경 지역을 토벌하였다. 태조 李公蘊의 사후에는 북방 지역 공략의 장본인인 李德政이 太宗으로 즉위하여 공세를 더욱 강화하였다. 이러한 송·베트남 접경 지역에 거주하는 소수민족에 대한 李朝 베트남의 공략, 그리고 그로 말미암은 소수민족의 동요가 儂氏 일족의 반란을 야기하는 것이다.
147) 邕州: 廣南西路의 서남단에 위치한 지역으로 安南과 접경하였다. 오늘날의 廣西省 南寧市 및 崇左市 일대에 해당한다.
148) 鬱江: 廣西의 서부에서 발원하여 西江(현재의 珠江)으로 합류하는 하천. 鬱江의 상류는 左江(左水)·右江(右水)의 양 갈래로 이들 支流는 邕州에서 合流한다. 右江의 발원지는 雲南省과 廣西省의 접경지역이며, 左江의 발원지는 현재의 베트남 영역인 꽝 응우옌, 즉 당시의 廣源州였다.

상당한 규모의 취락을 형성하고 있다. 상투를 틀고 좌임(左衽)150)을 하며 싸움에 능하다. 또 죽음을 가벼이 여기며 소요 일으키는 것을 좋아하였다. 예전에는 위씨(韋氏)·황씨(黃氏)·주씨(周氏)·농씨(儂氏)가 수령이었는데 서로 약탈을 일삼았다. 당대에 옹관경략사(邕管經略使)151) 서신(徐申)이 이들을 따뜻하게 안무하여, 황씨가 인질을 바치고 귀순하는 등 13부(部) 29주(州)의 만이가 모두 [당의 지배에] 복속되었다.152) [그러다가] 교지(交阯)의 만이가 안남을 점거하면서,153) 광원주는 비록 옹관의 기미주(羈縻州)154)라 불리기는 하였지만 사실상 교지에 복속되었다.155)

> 初, 有儂全福者, 知儻猶州, 其弟存祿知萬涯州, 全福妻弟儂當道知武勒州. 一日, 全福殺存祿·當道, 幷有其地. 交阯怒, 擧兵執全福及其子智聰以歸. 其妻阿儂本左江武勒族也, 轉至儻猶州, 全福納之. 全福見執, 阿儂遂嫁商人, 生子名智高. 智高生十三年, 殺其父商人, 曰:「天下豈有二父耶?」 因冒儂姓, 與其母奔雷火洞, 其母又嫁特磨道儂夏卿.

---

149) 丹砂: 丹沙, 혹은 朱砂라고도 불리는 深紅色의 硅巖이다. 道教徒들은 이를 가열하여 화학작용을 유발함으로써 丹藥을 제조하는 용도로 이용하였다. 통상 붉은색을 얻는 顔料로 쓰였으며 한의학에서는 약재로 사용된다.
150) 左衽: 왼쪽 옷깃을 오른쪽 옷깃 안으로 넣는 것으로, 古來로 夷狄의 服式을 상징하는 용어로 사용되었다.
151) 邕管經略使: 唐 高宗 上元 연간(674~676)에 설치되어 邕州·貴州·黨州·橫州 등지를 관할하였으며 치소는 邕州에 있었다. 穆宗 長慶 원년(821)에 폐지되었다가 이듬해 復置된다. 이에 대해서는 『資治通鑑』 卷234 〈唐 德宗 貞元 10년 5월〉의 胡三省 音注 및 『舊唐書』 卷16 「穆宗紀」를 참조.
152) 대략 唐 德宗 貞元 연간(785~804) 말의 일인 것으로 추정된다. 徐甲은 『新唐書』 卷143 「徐甲傳」에, "遷韶州刺史. 韶自兵興四十年, 刺史以縣爲治署, 而令丞雜處民間."이라 기록된 것처럼 당 貞元 5년(795) 韶州刺史로 부임하였으며, 이후 合州刺史를 거쳐 邕管經略使를 역임하였다.
153) 베트남이 後晉 高祖 天福 4년(939) 이래 중국의 지배에서 벗어나 독립한 것을 가리킨다.
154) 羈縻州: 唐代 都護府와 都督府를 설치하여 간접 지배하던 소수민족 거주지에 대한 지칭이다. 통상적인 州縣과는 달리 部落, 部族 단위의 기존 지배구조와 해당 부족의 習俗을 용인하였다. 宋代에도, "荊廣川峽, 溪洞諸蠻, 及部落蕃夷受本朝官封而時有進貢者, 本朝悉制爲羈縻州, 蓋如漢唐置都護之類也."(趙昇, 『朝野類要』 卷1 「羈縻」)라 하였듯이, 이러한 당대의 소수민족 지배 방식을 답습하여 羈縻州라 불렀다.
155) 儂氏 일족은 북송의 南漢 정벌(977) 이후 宋에 투항하여 그 지배를 받았다. 하지만 그로부터 3년 후 宋 太宗이 베트남의 黎桓을 정벌하다가 실패하자 宋 대신 베트남에 복속되었다.

처음에 농전복(儂全福)156)이란 인물이 지당유주(知儻猶州)157)를 맡고 있었으며, 그 동생 [농]존록(儂存祿)은 지만애주(知萬涯州)158)를, 그리고 [농]전복의 처제인 농당도(儂當道)는 지무륵주(知武勒州)159)를 맡고 있었다. 어느 날 [농]전복이 [농]존록과 [농]당도를 살해하고 그 땅을 모두 차지하였다.160) [이에] 교지가 노하여 군대를 보내 [농]전복과 그 아들 [농]지총을 잡아 데리고갔다.161) 그 아내 아농(阿儂)은 본디 좌강(左江)162) 무륵족(武勒族) 출신이었는데, 당유주로 이사온 후 [농]전복의 눈에 띄어 결혼하였다. [농]전복이 사로잡히자 아농은 상인에게 개가하여 지고(智高)라는 이름의 아들을 낳았다.163) 지고는 나이 열세 살 때 상인인 아버지를 죽인 다음, "하늘 아래 어찌 두 아버지가 있겠는가?"라고 말하고 멋대로 농씨 성을 붙였다. 그리고 어머니와 함께 뇌화동(雷火洞)164)으로 달아났다. 그 어머니는 다시 특마도(特磨道)165)의 농하경(儂夏卿)에게 개가하였다.

---

156) 儂全福: 『越史略』卷 中과 『夢溪筆談』卷25 등에는 儂存福이라 기록되어 있다. 『大越史記全書』등 베트남 측 史書에서도 儂尊福이라 적고 있다.

157) 儻猶州: 廣南西路 邕州의 서남단에 위치하며, 오늘날의 廣西省 百色市 靖西縣 동쪽의 武平鄕 및 同德鄕이다.

158) 萬涯州: 오늘날 베트남 랑썬의 북부 산간 지대에 위치한다(李昌憲, 2007: 644).

159) 武勒州: 오늘날 베트남 랑썬의 북부 산간 지대에 위치한다(李昌憲, 2007: 644).

160) 송 인종 寶元 원년(1038)의 일이었다(山本達郎 編, 1975, 34; 이근명, 2011, 177). 儂全福은 이후 李朝 베트남에 대한 복속을 거부하고 이듬해인 보원 2년(1039) 正月 昭聖皇帝라 칭하고 國號를 長生國이라 선포하였다.

161) 儂全福과 農智聰은 李朝 베트남의 수도 탕롱(昇龍, 현재의 하노이)으로 압송되어 그곳에서 살해되었다. 李朝 베트남에서는 儂全福이 반란을 일으키자 太宗 李德政이 親征하여 진압하였다. 太宗의 진압군이 출동하였을 때 儂智高와 그 모친 阿儂은 피신하여 포로가 되는 것을 면할 수 있었다(山本達郎 編, 1975: 34).

162) 左江: 鬱江의 상류로서 베트남의 꽝 응우옌[廣源州] 지방에서 發源하여 중국의 廣西 지방으로 유입된다.

163) 儂智高의 生父에 대해 『隆平集』卷20과 『東都事略』卷62에서는 '蠻商', 『安南志略』卷15에서는 '交阯商人'이라 전하고 있다.

164) 雷火洞: 邕州의 서남단인 順安州. 宋과 베트남의 접경 지역으로서 下雷洞이라고도 불렸다. 오늘날의 廣西省 崇左市 下雷鎭이다.

165) 特磨道: 邕州의 서방에 위치한 소수민족 거주지로서, 오늘날의 雲南省 文山壯族苗族自治州의 廣南縣과 富寧縣 일대에 해당한다.

久之, 智高復與其母出據儻猶州, 建國曰大曆. 交阯攻拔儻猶州, 執智高, 釋其罪, 使知廣源州, 又以雷火·頻婆四洞及思浪州附益之. 居四年, 內怨交阯, 襲據安德州, 僭稱南天國, 改年景瑞. 皇祐元年, 寇邕州. 明年, 交阯發兵討之, 不克. 廣西轉運使蕭固遣邕州指使亓贇往刺候, 而贇擅發兵攻智高, 爲所執, 因問中國虛實, 贇頗爲陳大略, 說智高內屬. 乃遣贇還, 奉表請歲貢方物, 未聽. 又以馴象·金銀來獻, 朝廷以其役屬交阯, 拒之. 後復齎金函書以請, 知邕州陳珙上聞, 不報. 智高旣不得請, 又與交阯爲仇, 且擅山澤之利, 遂招納亡命, 數出敝衣易穀食, 紿言洞中飢, 部落離散. 邕州信其微弱, 不設備也. 乃與廣州進士黃瑋·黃師宓及其黨儂建侯·儂志忠等日夜謀入寇. 一夕, 焚其巢穴, 紿其衆曰:「平生積聚, 今爲天火焚, 無以爲生, 計窮矣. 當拔邕州, 據廣州以自王, 否則必死..」

얼마 후 [농]지고는 그 어머니와 함께 나타나 다시 당유주를 점거한 후 나라를 세우고 대력(大曆)이라 불렀다.[166] [이에] 교지는 당유주를 공격하여 함락시키고 [농]지고를 사로잡았으나, 그 죄를 사면하고 지광원주로 삼았으며 뇌화와 빈파(頻婆) 등의 4동(洞)과 사랑주(思琅州)[167]를 [지배 지역으로] 덧붙여주었다.[168] 이로부터 4년 후, [농지고는] 교지에 대해 원한을 품고 있다가 안덕주(安德州)[169]를 공격하여 점령하고 멋대로 남천국(南天國)이라 칭하며 경서(景瑞)라는 연호를 사용하였다. [인종] 황우(皇祐) 원년(1049) 옹주를 침범하였다.[170] 이듬해에는 교지가 군대를 일으켜 토벌하였으나 성공하지 못하였다.[171] 광서전운사(廣西轉

---

166) 송 인종 慶曆 원년(1041)의 일이었다. 이에 대해서는 유인선, 2002: 125 참조.
167) 思琅州: 廣源州로부터 20km 정도 동쪽으로 떨어진 지역으로 송조와 베트남의 접경 지역에 위치해 있다. 四洞의 위치는 여러 서적의 기록이 錯綜되어 현재 정확한 위치를 비정하기 힘들다. 이에 대해서는 山本達郞 編, 1975: 35 참조.
168) 당시 이조 베트남에서는 儂智高를 생포하여 수도로 연행하였지만 그의 부친과 형이 살해된 것을 불쌍히 여겨 사면해주었다고 한다. 이에 대해서는 山本達郞 編, 1975: 34 및 유인선, 2002: 125~126 참조.
169) 安德州: 廣南西路 邕州의 서남단에 위치하며. 오늘날의 廣西省 百色市 那坡縣 安德鎭이다.
170) 『宋史』 「廣源州蠻」의 내용은 이 부분까지 『續資治通鑑長編』 卷167 〈仁宗 皇祐 元年 9월 乙巳〉條의 記事를 그대로 轉載하고 있다.
171) 이와 관련하여 『長編』에서는, "廣南西路轉運司言:「交趾發兵捕廣源州賊儂智高, 其衆皆遁伏山林.」 詔本路嚴備之." 卷168 〈仁宗 皇祐 2년 5월 戊申〉라 기록하고 있다.

運使) 소고(蕭固)172)는 옹주지사(邕州指使)173) 기윤(亓贇)을 파견하여 염탐하게 했는데, [기]윤은 멋대로 군대를 일으켜 [농]지고를 공격하다가 오히려 사로잡히고 말았다. [농지고가] 중국의 대비 태세를 물으니, [기]윤은 그 구체적인 정황을 상세히 말하며 [농]지고에게 투항을 권유하였다. 이에 [농지고는] [기]윤을 되돌려보내며 그 편에 표(表)를 올려 매해 토산품을 바치겠다고 청하였으나 [송조는] 받아들이지 않았다.174) 다시 길들인 코끼리와 금·은을 바쳤으나, 조정에서는 이들이 교지에 복속되어 있었던 까닭에 거절하였다.175) 그 후 다시 금과 서신을 보내며 [받아줄 것을 청하자] 지옹주 진공(陳珙)이 조정에 보고하였으나 [그 요청도] 받아들여지지 않았다. [농]지고는 [송조가] 받아주지 않고 또 교지와는 이미 원수가 되어 있는 상태였기 때문에, 지방 물산의 이익을 독점하고 망명해오는 사람을 받아들이기 시작했다. [그리고] 수차에 걸쳐 해진 의복을 갖고서 곡식과 바꾸어가며 거짓으로 [광원주 일대의] 산간에 기근이 들었다고 말하자 휘하의 주민들이 흩어져갔다. 옹주에서는 이들이 미약해졌다고 판단하고 대비하지 않았다. 이러한 상태에서 광주(廣州)의 진사 황위(黃瑋)·황사복(黃師宓)176) 및 농씨 일족인 농건후(儂建侯)·농지충(儂志忠) 등과 함께 밤낮으로 송조에 대한 침범을 모의하였다. 어느 날 저녁 자신들의 거점을 불사르고 주민들에게 거짓으로 말하였다. 즉, "올해 모아둔 식량이 이제 모두 불타버렸다. 먹고 살 것이 없으니 실로 난감하기 짝이 없다. 옹주로 쳐들어가 광주까지 점령한 다음 우리 스스로 왕을 세워야만 한다. 그렇지

---

172) 蕭固(1002~1066): 江西路 臨江軍 사람이다. 仁宗 天聖 연간(1023~1032)의 進士 출신으로 皇祐 원년(1049) 廣西轉運使에 임용되었을 때 儂智高의 교활함을 보고 조정에 그 대비책을 진언하였으나 채택되지 않았다. 후일 관직이 大理寺丞·知開封府를 거쳐 集賢殿修撰에 이르렀다.

173) 指使: 指揮使의 簡稱. 指揮使는 병력의 편제 단위인 '指揮'의 지휘관이었다. 指揮는 "國朝軍制, 凡五百人爲一指揮, 其別有五都, 都一百人, 統以一營."(『武經總要』 「前集」 卷2 「日閱法」)이라 한 것처럼 500명으로 편제된 조직이었다.

174) 仁宗 皇祐 3년(1051) 2월의 일이었다. 이에 대해서는 『皇宋通鑑長編紀事本末』 卷50 「仁宗皇帝」 「廣源蠻叛」 참조. 당시 儂智高는 宋에 대해 內附를 요청하고 있었다. 宋朝는 이 문제의 처리를 위해 廣西路의 有關 관원에게 의견 개진을 하명하였는데, 廣西路轉運使 蕭固는 "蠻夷如智高者, 宜撫之而已. 且智高才武強力, 非交趾所能爭而畜也. 就其能爭, 則蠻夷方自相攻, 吾乃得以聞而無事矣."라고 답변하여 宋 조정은 그 의견을 따랐다고 한다(『長編』 卷170 〈仁宗 皇祐 3년 2월 乙酉〉 條).

175) 仁宗 皇祐 3년 3월의 일이었다. 이에 대해서는 『皇宋通鑑長編紀事本末』 卷50 「仁宗皇帝」 〈廣源蠻叛〉 참조.

176) 黃師宓: 반란 진영 내 黃師宓의 역할에 대해 『宋史』 卷446 「蘇緘傳」에서는, "廣人黃師宓陷賊中, 爲之謀主."라 적고 있다.

않으면 모두 죽을 것이다."177)라고 하였다.

> 四年四月, 率衆五千沿鬱江東下, 攻破橫山砦, 遂破邕州, 執知州陳珙等, 兵死千餘人. 智高閱軍資庫, 得所上金·函, 怒謂珙曰:「我求一官統攝諸部, 汝不以聞, 何也?」珙對:「嘗奏, 不報.」索奏草不獲, 遂扶珙出, 珙惶恐呼萬歲, 救自效, 不聽, 迺幷其屬及廣西都監張立害之. 立臨刑大罵, 不爲屈. 於是智高僭號仁惠皇帝, 改年啓曆, 赦境內. 師宓以下皆稱中國官名.

[황우] 4년(1052) 4월 [농지고는] 무리 5,000명을 이끌고 울강(鬱江)을 따라 동쪽으로 내려와서 횡산채(橫山砦)178)를 공격하여 점령하였다. 이어 마침내 옹주를 점령하고 지주 진공 등을 사로잡았다.179) 전사한 병사는 1,000여 명에 이르렀다. [농]지고는 군자고(軍資庫)180)를 조사한 다음 자신이 올렸던 금과 서신 상자 등을 발견하고는 노하여 [진]공에게 말하였다. "나는 각 부족을 통솔하는 관직181) 하나를 요구하였을 뿐인데, 이를 네가 보고하지 않았다니 무슨 까닭이냐?" [진]공은, "일찍이 [조정에] 상주문을 올렸지만 받아들여지지 않았다."라고 대답하고 상주문의 초안을 찾아보았지만 발견하지 못하였다. [농지고가] [진]공을 묶어 바깥으로 끌어내자, [진]공은 두려워 떨며 [농지고를 위해] 만세를 외치며 자효(自效)182)하겠다고 맹세하였으나 받아들여지지 않았다. 그 속료와 광서도감(廣西都監)183) 장립(張立)은 모두 살해되었다. [장]립은 죽음을 앞두고도 크게 꾸짖으며 굴복하지 않았다. 이후 [농]지고는 멋대로 인혜황제(仁惠皇帝)라 칭하고 계력(啓曆)으로 연호를 바꾸었으며 경내에 사면령을 내렸

---

177) 『宋史』 교감기에 따르면, '必'은 본디 '兵'이었으나 『長編』 卷172에 의거하여 고쳤다고 한다.
178) 橫山砦: 廣西路 邕州의 中部로서 右江 연안에 위치하며, 오늘날의 廣西省 百色市 田東縣이다.
179) 仁宗 皇祐 4년(1052) 5월의 일이다. 이에 대해서는 『皇宋通鑑長編紀事本末』 卷50 「仁宗皇帝」 「廣源蠻叛」 참조.
180) 軍資庫: 各州의 經費와 물자를 보관하는 창고.
181) 刺史職을 가리킨다. 儂智高는 仁宗 皇祐 3년(1051) 2월 宋에 內屬을 청하며 매년 方物의 進貢을 약속하며 刺史職의 授與를 청구한 바 있다(山本達郎 編, 1975: 35).
182) 自效: 다른 사람이나 집단에게 자신의 力量과 목숨을 바치는 것.
183) 都監: 路 혹은 府州에 설치되어 군대의 주둔과 훈련, 武備 등을 담당하는 무관으로 兵馬都監의 簡稱이다.

다.184) [황]사복 등에게는 모두 중국식 관명이 주어졌다.

> 是時, 天下久安, 嶺南州縣無備, 一旦兵起倉卒, 不知所爲, 守將多棄城遁. 故智高所 嚮得志, 相繼破橫・貴・龔・潯・藤・梧・封・康・端九州, 害曹覲于封州・趙師旦馬 貴于康州, 餘殺官吏甚衆. 所過焚府庫, 進圍廣州. 初, 智高將至, 守將仲簡不許民入 保城中, 民不得入者皆附智高, 智高勢益張. 先是, 魏瓘築州城, 鑿井畜水, 作大弩爲 守備. 至是, 智高爲雲梯土山, 攻城甚急, 又斷流水, 而城堅, 井飮不竭, 弩發, 中輒 洞潰, 智高力屈. 會知英州蘇緘屯兵邊渡村, 扼其歸路; 番禺縣令蕭注募土丁及海上 疆壯二千餘人, 與智高衆格鬥, 焚其戰艦; 轉運使王罕亦自外至, 益修守備. 智高知不 可拔, 圍五十七日, 七月壬戌, 解去.

당시 천하는 오래도록 평화가 계속되어 영남의 주현에는 아무런 방비가 갖춰져 있지 않았다. [이런 상황에서] 하루아침에 갑작스레 전쟁이 일어나자 지방관들은 어찌할 바를 모르고 성을 버리고 도망쳐버렸다. 그리하여 [농]지고는 공격하는 곳마다 뜻을 이뤄, 잇따라 횡주(橫州)185)・귀주(貴州)186)・공주(龔州)187)・심주(潯州)188)・등주(藤州)189)・오주(梧州)190)・봉주(封州)191)・강주(康州)192)・단주(端州)193) 등 9주를 점령하고, 조근(曹覲)을 봉주에서, 그리고 조사단(趙師旦)과 마귀(馬貴)를 강주에서 각각 살해하였다.194) 기타 지방에서도 대단히

---

184) 儂智高는 황제를 칭하며 國號를 '大南國'이라 정하였다. 이에 대해서는 『皇宋通鑑長編紀事本末』 卷50 「仁宗皇帝」「廣源蠻叛」 참조.
185) 橫州: 廣西路의 중남부에 위치. 오늘날의 廣西省 南寧市 橫縣.
186) 貴州: 廣西路의 중남부, 橫州 바로 동쪽에 위치. 오늘날의 廣西省 貴港市.
187) 龔州: 廣西路의 동부, 貴州 바로 동쪽에 위치. 오늘날의 廣西省 貴港市 平南縣.
188) 潯州: 廣西路의 동부로서 貴州와 龔州 사이에 있다. 오늘날의 廣西省 貴港市 桂平市.
189) 藤州: 廣西路의 동부로서 龔州 바로 동쪽에 있다. 오늘날의 廣西省 梧州市 藤縣.
190) 梧州: 廣西路의 東端으로 藤州 바로 동쪽에 있다. 오늘날의 廣西省 梧州市.
191) 封州: 廣東路의 西端으로 梧州 바로 동쪽에 있다. 오늘날의 廣東省 肇慶市 封開縣.
192) 康州: 廣東路의 西端으로 封州의 동남방에 있다. 오늘날의 廣東省 肇慶市 德慶縣.
193) 端州: 廣東路의 중서부로서 康州의 바로 동쪽에 있다. 오늘날의 廣東省 肇慶市.
194) 당시 曹覲은 知封州, 趙師旦은 知康州, 馬貴는 康州의 監押右班殿直 지위에 있었다. 『宋史紀事本末』 卷31 「儂智高」 참조.

많은 관리를 살해하였다. 또 지나는 곳마다 창고를 불사르며 광주로 진격하여 포위하였다. 이에 앞서 [농]지고의 군대가 육박해오자 광주의 지주(知州) 중간(仲簡)은 백성들이 [광주] 성내에 들어와 피신하는 것을 허락하지 않았다.195) [성내로] 들어오지 못한 백성들은 모두 [농]지고에게 들러붙어 그 세력은 더욱 커졌다. 이전에 위관(魏瓘)은 광주의 성벽을 수축하고 우물을 파서 물을 비축하였으며 큰 쇠뇌(大弩)를 제작하여 방어태세를 갖추어 둔 바 있다.196) [농]지고는 운제(雲梯)197)와 흙산을 만들어 광주성을 대단히 급박하게 공격하였다. 물줄기도 끊었다. 하지만 성은 견고하고 우물의 마실 물은 마르지 않았다. 쇠뇌가 발사되어 명중하면서 그대로 관통되자 [농]지고의 군대는 세력이 꺾였다. 때마침 지영주(知英州)198) 소함(蘇緘)이 변도촌(邊渡村)에 군대를 주둔시키고 그 돌아가는 길을 차단하였다.199) 번우현(番禺縣)200)의 현령 소주(蕭注)는 소수민족의 장정 및 해상의 강장한 사람 2,000여 명을 모아 [농]지고의 무리와 전투를 벌여서 그 전함을 불살라버렸다.201) 전운사(轉運使) 왕한(王罕)202)도 바깥으

---

195) 이때의 정황에 대해 『宋史紀事本末』 卷31 「儂智高」에서는, "智高進圍廣州, 知州魏瓘力戰禦之."라 하여 儂智高의 廣州 포위 당시의 知州가 魏瓘이었던 것처럼 서술하고 있다. 하지만 『皇宋通鑑長編紀事本末』에서 "(皇祐 四年 六月) 甲申, 徙知廣州·兵部郎中·天章閣待制仲簡知荊南. 朝廷但以簡能守城, 故有是命, 不知廣人怨之深也. 是日, 廣端都巡檢高士堯擊儂智高於市舶亭, 爲賊所敗. 丙戌, 知越州·給事中魏瓘爲工部侍郎·集賢院學士·知廣州."(卷50 「仁宗皇帝」〈廣源蠻叛〉)라 한 것처럼, 知廣州職은 仁宗 皇祐 4년(1052) 6월 仲簡에서 魏瓘으로 교체되었다.

196) 魏瓘은 儂智高亂이 한창이던 仁宗 皇祐 4년(1062) 知廣州로 부임하기 이전에도 廣州 知州職을 역임한 바 있다. 仁宗 慶曆 4년(1044)부터 慶曆 7년(1047)까지의 일이다(李之亮, 2001, 10~11). 그는 慶曆 연간(1041~1048) 知廣州職을 수행하며, "自主客郎中遷太常少卿·知廣州, 築州城環五里, 疏東江門鑿東西澳爲水閘, 以時啓閉焉."(『宋史』 卷303 「魏瓘傳」)이라 한 것처럼 廣州城의 修築과 水路 개착에 상당한 공적을 남겼다.

197) 雲梯: 攻城時에 성벽을 오르는 용도로 제작된 기다란 사다리.

198) 英州: 廣東路의 중북부에 위치. 오늘날의 廣東省 淸遠市 英德市.

199) 당시 知英州 蘇緘의 활동에 대해 『長編』에서는, "知英州晉江蘇緘始聞廣州被圍, 謂其衆曰:「廣與吾州密邇, 今城危在旦暮, 而恬不往救, 非義也.」乃蒐募壯勇合數千人, 委州印於提點刑獄鮑軻, 夜行赴難, 去廣二十里駐兵. 黃師宓者, 廣人也, 陷賊中, 爲謀主. 緘使縛其父, 斬以徇, 賊聞之喪氣. 時羣不逞皆旁緣爲盜, 緘捕得六十餘人斬之, 招懷其驅脅註誤, 使復故業者几六千八百餘人."(卷173〈仁宗 皇祐 4년 7월 丁巳〉)이라 기록하고 있다.

200) 番禺縣: 廣州城內의 屬縣.

201) 당시 蘇注의 활약상과 전투 상황에 대해 『長編』에서는, "番禺縣令蕭注者, 新喩人也, 先自圍中出, 募得海上强壯二千餘人, 以海船集上流, 未發, 會颶風夜起, 縱火焚賊船, 煙燄屬天, 大破之, 積尸甲如山. 卽日發縣門, 諸路援兵及民戶牛酒芻糧相繼入城, 城中人乃有生意, 每戰必勝."(卷173〈仁宗 皇祐 4년 7월 丁

로부터 들어옴으로써 수비를 더욱 강화시켰다. [농]지고는 도저히 함락시킬 수 없음을 알고 포위한 지 57일만인 7월 임술(壬戌)에 철수하였다.

由淸遠濟江, 擁婦女作樂而行, 遇張忠戰於白田, 忠死之. 去攻賀州, 不克, 夜害蔣偕于太平場. 九月庚申, 破昭州, 害王正倫等于館門驛. 州之山有數穴, 大可容數百千人, 民聞兵至, 走匿其中, 智高知之, 縱火, 皆焚死. 十月丁丑, 破賓州. 甲申, 復據邕州, 日夜伐木治舟楫, 揚言復趨廣州. 十二月壬申, 又敗陳曙于金城驛. 初, 智高以反聞, 朝廷命曙就擊之, 旣而楊畋·曹脩·張忠·蔣偕相繼出, 又以余靖·孫沔爲安撫使. 畋·脩聞智高至, 退軍避之. 忠·偕勇而無謀, 皆死. 智高益自恣, 南土騷然. 仁宗以爲憂, 命狄靑爲宣撫使, 諸將皆受靑節制. 曙恐靑至有功, 亟挑戰, 故敗.

[농지고는] 청원현(淸遠縣)203)에서 강을 건넌 다음 여자를 옆에 끼고 음악을 연주하게 하며 가다가 백전(白田)204)에서 장충(張忠)205)을 만나 전투를 벌였다. [장]충은 전사하였다. 지나가며 다시 하주(賀州)206)를 공격하였지만 함락시키지 못하였다.207) 이후 야간에 태평장(太平場)에서 장해(蔣偕)를 살해하였다.208) [황우 4년] 9월 경신(庚申), 소주(昭州)209)를 함락시키

巳〉)이라 기록하고 있다.
202) 王罕: 成都府路 華陽縣 출신. 蔭補로 知宜興縣이 되었다가 惠政의 評을 받아 廣東轉運使로 승진하였다. 廣東轉運使 재직 당시 招兵하여 儂智高의 廣州 포위를 푸는 데 공을 세웠으며, 이후 廣西路轉運使로 轉職하여 儂宗旦 父子를 招降시켰다. 知潭州를 거쳐 光祿卿의 직위에까지 올랐다.
203) 淸遠縣: 廣東路 廣州의 북부에 위치하며, 오늘날의 廣東省 淸遠市이다. 그 북방으로 北江이 흘러간다.
204) 白田: 廣西路 昭州 平樂縣의 동남방에 위치한 白田砦.
205) 張忠: 당시 張忠은 廣東都監의 직위에 있었다. 『長編』 卷173 〈仁宗 皇祐 4년 7월 丁巳〉 조 참조.
206) 賀州: 廣西路의 서북단에 위치하며, 오늘날의 廣西省 賀州市이다.
207) 본문에서는 儂智高 군대가 白田에서 張忠의 군대를 격파한 후 賀州를 공격하였다고 적고 있으나, 『長編』에서는 "攻賀州, 不克, 遇廣東都監張忠於白田, 忠戰敗被殺."(卷173 〈仁宗 皇祐 4년 7월 丁巳〉)이라 하여, 賀州 공격과 白田 전투의 순서가 뒤바뀌어 있다. 淸遠縣을 건너 賀州로 향하는 儂智高 군대의 行軍 방향과 賀州 및 白田의 위치를 고려할 때 『長編』의 기술이 정확한 것으로 보인다.
208) 『長編』에서는 이 전투에 대해, "廣東鈐轄蔣偕擊賊於路田, 兵敗."(卷173 〈仁宗 皇祐 4년 7월 丁巳〉)라고 적고 있다.
209) 昭州: 廣西路의 북서부에 위치하며, 오늘날의 廣西省 桂林市이다.

고 왕정윤(王正倫) 등을 관문역(館門驛)에서 살해하였다. 소주의 산에는 많은 동굴이 있었는데 큰 것은 수백 명 내지 천 명까지 수용할 수 있었다. 백성들은 [농지고의] 군대가 온다는 말을 듣고 그 동굴 속으로 숨었다. [농지고는] 이를 알고 불을 지르는 바람에 모두 타 죽었다. 10월 정축(丁丑), 빈주(賓州)210)를 함락시켰다. 갑신(甲申)에는 다시 옹주로 들어가 밤낮으로 벌목하여 배를 만들면서, 또 광주로 진격할 것이라는 소문을 냈다. 12월 임신(壬申), 다시 금성역(金城驛)211)에서 진서(陳曙)212)를 패퇴시켰다. 처음에 [농]지고의 반란 소식이 보고되자 조정에서는 [진]서에게 명하여 진압토록 하였다. 얼마 후 양전(楊畋)·조수(曹脩)·장충(張忠)·장해(蔣偕) 등이 잇따라 전장에 파견되었으며 여정(余靖)213)과 손면(孫沔)214)이 안무사(安撫使)215)로 임명되었다. [양]전과 [조]수는 [농]지고의 군대가 온다는 말을 듣고 그것을 피해 군대를 철수시켜버렸다. [장]충과 [장]해는 용감하였으나 지략이 없어 모두 전사하였다. [농]지고는 더욱 방자해졌고 남쪽 지방은 소동에 휩싸였다. 인종은 이를 걱정하여 적청(狄

---

210) 賓州: 廣西路의 중부에 위치하며, 오늘날의 廣西省 南寧市 賓陽縣이다.

211) 金城驛: 廣西路 邕州의 북방 30여 km 지점에 위치한다. 賓州에서 崑崙關을 넘어 邕州로 향하는 緣邊에 있다.

212) 陳曙: 당시 陳曙는 廣西鈐轄의 직위에 있었다.『長編』卷173〈仁宗 皇祐 4년 12월 壬申〉條 참조.

213) 余靖(1000~1064): 廣東 韶州 曲江縣 출신으로 仁宗 天聖 2년(1024) 進士에 합격하였다. 集賢校理로 승진하였다가 范仲淹의 罷職 문제에 관하여 상주문을 올려 江西 筠州의 監酒稅로 貶職되었다. 이후 복직되어 慶曆 3년(1043)에는 右正言으로 范仲淹의 新政을 지원하였다. 이후 거란에 사자로 파견되어 使命에 누를 끼치지 않고 원만히 수행하였다는 평가를 받고 知制誥·史館修撰에 임명되었다. 다시 거란에 사자로 파견되었다가 거란어를 학습하였다는 죄목으로 좌천되었으며 여기에 政敵들의 중상이 덧붙여져 관직을 떠나 낙향하였다. 그러다가 皇祐 4년(1052) 知桂州·經制廣南東西路盜賊으로 임명되어, 이듬해 狄青을 도와 儂智高의 반란을 진압하였다. 반란의 종결 후에는 선후 조치를 담당하여 兩廣 사회를 안정시키는 데 큰 공을 세웠다. 嘉祐 5년(1060) 李朝 베트남과의 외교 문제가 발생하였을 때 廣西體量安撫使職을 담당하였으며 이후 尙書左丞·知廣州에 임용되었다. 著作으로『武溪集』이 남아 있다.

214) 孫沔(996~1066): 浙東의 越州 會稽 출신으로 眞宗 天禧 3년(1019) 進士에 합격하였다. 仁宗 시기 陝西轉運使 직위에 올랐으며 이후 呂夷簡을 탄핵하는 上奏文을 올리기도 하였다. 變事에 조예가 있으며 軍才가 있다는 평판을 받았다. 皇祐 연간(1049~1053)에는 湖南·江西路安撫使兼廣南東西路安撫使에 임명되어 儂智高 반란의 평정에 공을 세웠다. 반란이 평정된 후에는 樞密副使로 승진하였다. 이후 淫縱과 不法의 혐의로 좌천되었다.

215) 安撫使: 路의 監司 가운데 하나로, 盜賊의 察治와 兵政을 관할하였다. 南宋 이후에는 실제의 직임이 없어 명목상의 존재로 전락해버린다. 安撫·帥臣·部使者 등으로 簡稱되었다.

青)216)을 선무사(宣撫使)217)로 임명하고 모든 장수로 하여금 [적]청의 지휘를 받도록 하였다.218) [진]서는 [적]청이 파견되어 공을 세우는 것을 두려워하여 서둘러 전투를 벌였기 때문에 패배한 것이다.

五年正月, 青及洧·靖會兵賓州, 官軍·土丁合三萬一千餘人, 按軍法誅曙及指揮使袁用等三十二人于坐, 一軍大振. 於是進兵, 青將前陣, 洧將次陣, 靖將後陣, 以一晝夜絕崑崙關歸仁鋪. 智高聞王師絕險而至, 出其不意, 悉眾來拒, 執大盾·摽槍, 衣絳衣, 望之如火, 青陣少却, 先鋒孫節死之. 青起麾蕃落騎兵, 張左右翼出其後交擊, 左者右, 右者左, 已而左者復左, 右者復右, 其眾不知所爲, 大敗走. 會日暮, 智高復趨邕州, 夜焚城遁, 由合江口入大理國. 得屍五千三百四十一, 築爲京觀, 所掠生口萬餘人, 復其業. 獲僞印九, 黃師宓而下僞官五十七人, 梟其首城上, 收馬牛·金帛以鉅萬計. 智高自起兵幾一年, 暴踐一方, 如行無人之境, 吏民不勝其毒. 朝廷爲下赦令, 優除復, 慰拊瘡痍, 百姓始得更生云. 先是, 謠言:「農家種, 糴家收.」已而智高叛, 爲青破, 皆如其謠.

216) 狄青(1008~1057): 山西 汾州 출신으로서 말단의 병사에서 승진하여 최고의 武職인 樞密使에까지 승진한 인물이다. 仁宗 寶元 원년(1038) 西夏와 전투가 벌어졌을 때 적진으로 진격하여 큰 공을 세운 후, 尹洙가 韓琦·范仲淹에게 추천하였다. 范仲淹을 만난 후에는 독서에도 매진하여 古來의 兵法에 정통하게 되었다. 仁宗 皇祐 4년(1052) 儂智高의 난이 발생하자 그 평정을 자원하여, 반란 진압에 주도적인 역할을 하였다. 이 공적으로 樞密使의 직위로 발탁되었다. 이후 讒言에 의해 지방관으로 낙직하였다. 武人으로서 智略과 勇猛을 겸비하였으며 士卒과 희노애락을 같이하였던 것으로 유명하다.
217) 宣撫使: 불시의 變亂에 당하여 임시로 임명되는 軍職이다. 軍旅를 총괄하며 지역 내 군사에 관한 專權을 장악하였다. 便宜行事의 권한과 官屬을 辟置하는 권한까지 부여되었다. 이러한 까닭에 制置使나 招討使·安撫使·轉運使·鎭撫使 등을 막론하고 모두 位階가 宣撫使의 下位로서 그 통제를 받아야 했다. 이러한 宣撫使의 지위에 대해『宋會要輯稿』「職官」41之24에서는, "祖宗以來 所置使名莫重于宣撫 多以見任執政官充使."라 기술하고 있다.
218) 狄青의 파견과 宣撫使 직위 수여는, 宰相 龐籍의 천거와 龐籍 자신의 自願에 따른 것이었다. 이에 대해『長編』卷143 〈仁宗 皇祐 4년 9월 癸亥〉 조에서는, "上問宰相龐籍誰可將者, 籍薦樞密副使狄青, 青亦上表請行, 翌日入對, 自言:「臣起行伍, 非戰伐無以報國, 願得蕃落騎數百, 益以禁兵, 羈賊首至闕下.」上壯其言, 庚午, 改宣徽南院使·荊湖北路宣撫使·提擧廣南東西路經制賊盜事."라 적고 있다.

[황우] 5년(1053) 정월, [적]청과 [손]면·[여]정은 빈주에 군대를 집결시켰다. 관군과 소수민족 병사를 합하여 모두 3만 1,000여 명이었다. 군법에 따라 [진]서 및 지휘사(指揮使) 원용(袁用) 등 32명을 그 자리에서 주살하자 전군의 기세가 정연해졌다. 그러한 연후에 군대를 진격시켰는데, [적]청이 선두의 군대를 맡고, [손]면이 그다음 군대를 맡았으며, [여]정은 후군을 맡았다. 이렇게 하루 낮과 밤 만에 곤륜관(崑崙關)²¹⁹⁾과 귀인포(歸仁鋪)²²⁰⁾를 지나쳤다. [농]지고는 조정의 군대가 험준함을 뚫고 의표를 찌르며 다가오자, 모든 병력을 집결시켜 저항하였다. [손에는] 큰 방패와 표창을 들고 있었으며, 진홍색 옷을 입고 있어 멀리서 바라보면 불처럼 보였다. [적]청의 군대는 조금씩 퇴각하고 선봉에 섰던 손절(孫節)이 전사하였다. [이에] [적]청은 깃발을 흔들어 소수민족 기병대로 하여금 좌우 날개처럼 펼쳐서 [농]지고 군대의 후면을 번갈아 공격하게 하였다. 좌측의 기병대는 우측으로 치고 나가고, 우측은 좌측으로 향하였다. 얼마 후에는 좌측은 다시 좌측으로 돌아서고 우측은 다시 우측으로 돌아섰다. [농지고의] 군대는 어찌할 바를 모르고 대패하여 달아났다. 때마침 날이 저물자 [농]지고는 다시 옹주로 들어갔다가 밤중에 불을 지르고 달아났다. [그는] 합강구(合江口)²²¹⁾를 거쳐 대리국(大理國)²²²⁾으로 들어갔다. [적청은 적군의] 시체 5,341구를 모아 경관(京觀)²²³⁾을

---

219) 崑崙關: 廣西路 賓州와 邕州 경계에 있는 崑崙山 위에 설치된 關所.
220) 歸仁鋪: 廣西路 邕州 서북방의 10km 지점에 위치하며, 오늘날 廣西省 南寧市 四塘鎭 인근에 있다.
221) 合江口: 合江口砦로서 오늘날의 雲南省 阿迷縣의 동쪽 일대이다. 盤江이 여러 지류와 합류하는 지점이다.
222) 大理國: 宋代의 약 3세기에 걸쳐 존속했던 왕조로서 雲南의 대부분을 지배하였다. 그 왕족 段氏는 白蠻의 계통으로서 南詔 시기에는 蒙氏에 복속하여, 대대로 軍將과 淸平官(재상) 직을 세습하는 귀족의 지위를 누렸다. 남조가 멸망하고 종래의 權臣들이 차례로 국가를 건설하자 段思平은 後晉 高祖 天福 2년(937) 楊氏로부터 왕위를 탈취하여 大理國을 세우고 大理城에 도읍하였다. 이후 段思平의 자손이 14대 150여 년 동안 이어지다가 權臣 高昇泰가 왕위를 찬탈하여 大中國을 세웠다(1094~1096). 段氏의 정권은 곧 부활되어 8대 150여 년간 계속되었다. 高昇泰의 찬탈 이후를 '後理國'이라 부른다. 後理國은 남송 理宗 寶祐 원년(1253) 쿠빌라이가 이끄는 몽골의 대군에 멸망되었다. 大理國의 문물제도는 대체로 南詔의 그것을 계승하였던 것으로 추정된다. 다만 南詔는 王權이 강하였던 반면 大理國은 왕권이 미약하고 대신 휘하 유력 귀족의 세력이 강하였다. 이는 南詔가 雲南 지방 諸族의 항쟁 및 唐·吐蕃의 압력이란 환경 속에서 국가를 건설하면서 강력한 국세를 지녀야 했지만, 大理國은 그에 상당할 만한 외부세력이 없어 평화로운 내정을 유지하였던 데서 유래한다. 大理國과 後理國 시기를 통해 불교 문화가 발전하여 송조에서 대량의 經籍을 구하기도 했다. 국왕 중에는 퇴위 후 佛門에 귀의하는 사례도 많았다. 북송은 金沙江을 경계로 하여 그 이동의 大理國과 거의 교섭하지 않았으나, 後利國은 자주 사신을 보내 入貢하여 2대 왕 和譽 시기 북송에서 雲南節度使大理國王에 책봉되었다

만들었다. 포로로 잡혔던 사람들 만여 명은 모두 본업으로 복귀시켰다. [농지고가 사용했던] 인장 9매를 노획하였으며, 황사복(黃師宓) 이하의 위관(僞官)224) 57명은 참수하여 성 위에 그 목을 내걸었다. 노획한 말과 소, 금과 비단의 수량도 엄청났다. [농]지고는 군대를 일으키고 나서 거의 1년여 동안, 마치 무인지경을 가는 것처럼 한 지방을 포악하게 짓밟았다. 관리와 백성들은 그가 남긴 해독을 견디지 못하여, 조정에서는 사면령을 내리고 조세를 감면해줌으로써 그 아프고 다친 곳을 어루만져주었다. [이로 인해] 백성들은 비로소 다시 살게 되었다고 말했다. 이에 앞서 [민간에서는], "농가(農家)에서 씨 뿌리고 적가(糴家)에서 거둬들인다(農家種 糴家收)."는 노래가 불렸다. 얼마 후 [농]지고가 반란을 일으켰다가 [적]청에게 진압됨으로써 모두 이 노래처럼 되었다.225)

> 智高母阿儂有計謀, 智高攻陷城邑, 多用其策, 僭號皇太后, 性慘毒, 嗜小兒肉, 每食必殺小兒. 智高敗走, 阿儂入保特磨, 依其夫儂夏卿, 收殘衆得三千餘人, 習騎戰, 復欲入寇. 至和初, 余靖督部吏黃汾黃獻珪石鑑·進士吳舜擧發峒兵入特磨, 掩襲之, 獲阿儂及智高弟智光·子繼宗繼封, 檻至京師. 初未欲殺, 日給食飮, 欲以誘出智高, 或傳智高死, 迺悉棄市. 旣而西川復奏智高未死, 謀寇黎·雅州, 詔本路爲備. 御史中丞孫抃又請敕益州先事經制, 以安蜀人. 然智高卒不出, 其存亡莫可知也.

[농]지고의 어머니 아농은 계략과 지모가 있어 [농]지고는 성읍(城邑)을 공격하여 함락시킬 때 대부분 그 계책을 사용하였다. 황태후를 참칭(僭稱)하였으며, 천성이 잔혹하고 악독하여 어린아이 살을 먹는 것을 좋아하였기 때문에 매 끼니마다 어린아이를 죽여야 했다. [농]지

(1117). 남송시대가 되면 南宋·後利國 관계는 더욱 긴밀해져서 광서의 邕州 방면과 사천의 仙州 방변에서 자주 접촉하였다. 특히 남송은 邕州의 橫山砦에 官營의 博易場을 개설하여 後利國에서 雲南馬와 사향 등의 특산물을 수입하였다.
223) 京觀: 전쟁 종료 후 戰功을 과시하기 위해 적군 시체의 머리를 모아 만드는 커다란 무덤.
224) 僞官: 僞朝의 관료, 즉 정통의 왕조에 맞서는 정권의 관료를 지칭한다. 여기서는 儂智高 정권에서 임명된 관원들을 가리킨다.
225) '農家種 糴家收'의 본뜻은, '농가에서 경작을 하면 쌀을 사들이는 집안(糴家)에서 매집해간다.'는 의미이다. 하지만 '農'과 '儂', '糴'과 '狄'의 발음이 동일하므로, 儂智高가 반란을 일으키고 狄靑이 이를 진압함으로써, '儂家에서 벌인 일을 狄家가 收拾한다.'는 해석이 가능하게 된 것이다.

고가 패배하여 달아나자 아농은 특마도(特磨道)로 들어가 남편인 농하경에게 의지하였다. [여기서] 잔당 3,000여 명을 수습하여 기마술과 전투를 훈련시키며 다시 [송으로] 침범하려 하였다. [인종] 지화(至和) 원년(1054), 여정은 속리(屬吏)인 황분(黃汾)과 황헌규(黃獻珪)·석감(石鑑), 그리고 진사(進士) 오순거(吳舜擧)와 함께 동병(峒兵)226)을 거느리고 특마도로 들어간 다음 불시에 진격하였다. 아농과 [농]지고의 동생인 [농]지광(儂智光), 그리고 [농지고의] 아들인 [농]계종(儂繼宗)·[농]계봉(儂繼封)을 사로잡아 함거(檻車)로 수도에 압송시켰다. [조정에서는] 처음에 죽이지 않고 매일 음식을 줌으로써 [농]지고를 꾀어내려 하였다. 그런데 누군가 [농]지고가 죽었다고 하여 모두 기시(棄市)227)에 처하였다. 얼마 후 서천(西川)228)에서 다시 보고하기를, [농]지고가 아직 죽지 않았으며 여주(黎州)229)와 아주(雅州)230)를 침범하려 한다고 하자, 해당 지방에 조령을 내려 방비하도록 하였다. 어사중승(御史中丞)231) 손변(孫抃)232)이 다시 청하기를, 익주(益州)233)에 명령을 내려 사전에 조치하도록 함234)으로써 사천 사람들을 안심시키자고 하였다. 하지만 [농]지고는 끝내 나오지 않았고, 그 사망 여부도 알 수 없었다.235)

---

226) 峒兵: 소수민족으로 편성된 군대. 峒은 山洞의 의미로서 서남지방의 소수민족 거주지에 대한 汎稱으로 쓰였다. 宋代 이후에는 峒이 州 – 縣 – 峒으로 이어지는 羈縻州의 最下級 행정 단위가 되었다.
227) 棄市: 본래의 의미는 罪人을 저잣거리에서 대중에게 공개함으로써 대중에게서 모멸을 받도록 하는 것. 점차 死刑을 의미하는 말로 전용되었다.
228) 西川: 四川 지방의 서부를 의미한다. 대략 宋代에 西川路가 두어진 지역으로서 후일의 成都府路 일대, 즉 현재의 成都市·綿陽市·德陽市·眉山市·樂山市·都江堰市 등지에 해당한다.
229) 黎州: 成都府路의 서남단에 위치, 오늘날의 四川省 雅安市 漢源縣.
230) 雅州: 成都府路의 서남부로서 黎州의 북방에 위치, 오늘날의 四川省 雅安市.
231) 御史中丞: 宋代의 감찰 기관이었던 御史臺의 장관. 元豊改制 이전에는 正三品이었다가 이후 正二品으로 되었다. 中丞·臺丞·中憲·司憲 등으로 簡稱되었다.
232) 孫抃(996~1064): 四川의 眉州 眉山縣 출신으로 仁宗 天聖 8년(1030) 進士에 급제하였다. 이후 지방관을 거쳐 知制誥와 翰林學士 등을 역임하였다. 皇祐 연간(1049~1053)에는 權御史中丞이 되어 기탄없이 宦官과 執政大臣을 탄핵하였다. 人材 추천에 힘쓰고 權威 다툼을 백안시했던 것으로 정평이 있다. 嘉祐 5년(1060) 樞密副使가 되었다가 얼마 후 參知政事로 승진하였으며, 嘉祐 7년(1062) 致仕하였다.
233) 益州: 成都府路의 路治, 오늘날의 四川省의 省都인 成都市.
234) 농지고의 소재를 파악하여 그가 再侵하기 전에 미리 체포하거나 誅殺하자는 의미이다.
235) 이러한 본문의 기술과는 달리, 『長編』 卷180 〈仁宗 至和 2년 6월 乙巳〉이나 『九朝編年備要』 卷14 〈仁宗 皇祐 5년〉, 『宋史紀事本末』 卷31 「儂智高」, 『宋史全文』 卷9上, 『宋仁宗』 5 〈至和 2년 6월 乙巳〉 등에서는 "儂智高가 大理國에서 살해되어 그 首級이 函에 담겨 宋의 京師로 보내졌다."고 기술되어

儂氏又有宗旦者, 知雷火洞, 稍桀黠. 嘉祐二年, 嘗入寇, 知桂州蕭固招之內屬, 以爲忠武將軍, 又補其子知溫悶峒日新爲三班奉職. 七年, 宗旦父子請以所領雷火·計城諸峒屬縣官, 願得歸樂州, 永爲王民. 詔各遷一官, 以宗旦知順安州, 仍賜耕牛·鹽·彩. 是歲, 儂夏卿·儂平·儂亮亦自特磨來歸, 皆其族也. 日新后嘗監邕州稅. 治平中, 宗旦與交阯李日尊·劉紀有隙, 畏逼, 知桂州陸詵因使人說之, 遂棄其州內徙, 命爲右千牛衛將軍.

    농씨 일족에 또 [농]종단(儂宗旦)이란 자가 있었는데 지뇌화동(知雷火洞)으로서 상당히 교활하고 흉포하였다. [인종] 가우(嘉祐) 2년(1057) 일찍이 [송의 영역에] 침범하자 지계주(知桂州) 소고(蕭固)가 그를 초무하여 복속시키고 충무장군(忠武將軍)[236]으로 삼았다. 또한 그 아들인 지온민동(知溫悶峒)[237] [농]일신(儂日新)을 삼반봉직(三班奉職)[238]에 임명하였다. [가우] 7년(1062) [농]종단 부자가, 휘하의 뇌화동과 계성동(計城峒) 등을 송조에 속하게 하고 그 대신 귀락주(歸樂州)[239]를 얻게 된다면 영구히 송조의 백성이 되겠다고 청원하였다. [이에] 조령을 내려 각각 관직을 하나씩 승진시키고 [농]종단을 지순안주(知順安州)[240]로 삼았으며, 또 소와 소금·비단을 하사하였다. 이해에 농하경과 농평(儂平)·농량(儂亮)이 특마도에서 귀순해왔다. 이들은 모두 그 일족들이었다. [농]일신은 훗날 옹주의 감세(監稅)[241]가

있다. 『長編』의 경우에는, "(知邕州蕭)注募死士使大理國購智高. 南詔久與中國絶, 林箐險深, 界接生蠻, 語皆重譯, 行百日乃通. 智高亦自爲大理所殺, 函其首至京師."라 한 다음, 割註에 "大理國函智高首送京師, 此據蕭注傳, 然智高本傳云:「智高卒不出, 其存亡莫可知.」 未知孰是. 又司馬光百官表·大事記, 至和二年四月亦書儂智高死於大理, 當考."라 기록하고 있다.

236) 忠武將軍: 武散官의 칭호로 전체 武散官 29階 가운데 第6階에 해당한다. 散官이란 官品만을 표시할 뿐 실제 職任은 없는 官稱이었는데, 納粟補官이나 恩例의 관직 수여, 그리고 特奏名의 관직 수여 용도로 쓰였다. 散官제도는 元豐改制 후 폐지되었다.
237) 溫悶峒: 廣西路 邕州와 베트남의 접경 지역에 위치한 溫潤寨이다. 雷火洞(順安州)에서 북서방으로 약 10km 정도 떨어진 지점에 있었다.
238) 三班奉職: 최하급 武階官의 하나이다. 階官이란 寄祿官, 寄祿階라고도 칭해지는 것으로서 官職의 品位와 祿俸 지급의 기준을 나타낸다.
239) 歸樂州: 廣西路 邕州의 서북부에 위치하며, 오늘날의 廣西省 百色市 凌雲縣의 남부에 있다.
240) 順安州: 邕州 서남단에 위치한 雷火峒의 다른 명칭. 下雷峒이라고도 불렸다.
241) 監稅: 商稅의 징수를 담당하는 관원으로 통상 選人이나 使臣이 差充되었다.

되기도 하였다. [영종] 치평(治平) 연간(1064~1067), [농]종단은 교지의 이일존(李日尊)242) 및 유기(劉紀)243)와 사이가 벌어져, 그들의 핍박을 두려워하게 되었다. 이에 지계주 육선(陸詵)이 사람을 보내 설득하자, 마침내 그 땅을 버리고 [송의 영역으로] 이주해왔다. 그를 우천우위장군(右千牛衛將軍)244)에 임명하였다.

> 有甲峒蠻者, 亦役屬交阯, 間出寇邕州. 景祐三年, 嘗掠思陵州憑祥峒生口, 殺登龍鎭將而去. 嘉祐五年, 合交阯‧門州等蠻五千餘人復爲寇, 與官兵拒戰, 斬首數百. 詔知桂州蕭固趣邕州發諸郡兵, 與轉運使宋咸‧提點刑獄李師中合議追討. 是歲數入寇, 又詔安撫使余靖擊之. 蘇茂州蠻亦近邕州, 至和‧嘉祐中皆嘗擾邊.

갑동만(甲峒蠻)245)이란 것이 있는데 마찬가지로 교지에 복속되며 이따금 옹주를 침범하였다. [인종] 경우(景祐) 3년(1036) 사릉주(思陵州)246) 빙상동(憑祥峒)247)의 백성을 포로로 잡아가며 등룡진(登龍鎭)248)의 진장(鎭將)을 살해하였다.249) 가우(嘉祐) 5년(1060)에는 교

---

242) 李日尊: 李朝 베트남의 제3대 황제인 聖宗(재위, 1054~1072). 그의 治世 동안 국호가 大瞿越에서 大越로 바뀌게 된다. 중국식 유교문화 도입에 적극적이어서 仁宗 嘉祐 4년(1059)에는 모든 신하들이 朝會 때 반드시 중국식 모자를 쓰고 중국식 신발을 신으라는 칙령을 내리기도 했다. 이어 神宗 熙寧 3년(1070)에는 베트남 최초로 孔子와 그 제자들을 모신 文廟를 세우고 四時마다 제사를 지내게 하였으며, 文廟에 학교를 부설하여 황태자를 비롯한 여러 왕자들과 고급 관료의 자제에게 유학을 가르쳤다. 또 희녕 2년(1069) 이래 참파에 원정하여 수도를 함락시키고, 오늘날의 꽝 빈과 꽝 찌 두 성에 해당하는 참파의 3개 주, 즉 地哩‧痲令‧布政을 할양받았다. 이는 베트남의 역사상 南進의 제일보라 평가되며 이로써 베트남의 영토는 사상 최초로 중부 베트남에까지 확대되기에 이른다.

243) 劉紀: 廣源州의 지배자로서 觀察使의 직함을 칭하였다. 神宗 熙寧 9년(1079) 12월 宋의 베트남 정벌 때 宋의 공세를 견디다 못해 투항하게 된다. 이에 대해서는 『長編』 卷279 〈神宗 熙寧 9년 12월 丙戌 및 癸巳〉 조 참조.

244) 右千牛衛將軍: 環衛官의 하나. 環衛官이란 실제 職任이 없는 虛銜으로서, 명예 직위를 수여할 필요성이 있는 경우 다양하게 이용되었다.

245) 甲峒: 甲峒은 현재의 베트남 랑썬 지방. 宋 仁宗 시기 甲峒의 지배자는 李朝 베트남 皇女의 사위인 諒州牧 申紹泰였다. 山本達郎 編, 1975: 39 참조.

246) 思陵州: 廣西路 邕州의 서남단에 위치하며, 오늘날의 廣西省 崇左市 寧明縣의 남부에 있다.

247) 憑祥峒: 廣西路 邕州의 서남단 국경지대에 위치하며, 오늘날의 廣西省 崇左市 憑祥市이다.

248) 登龍鎭: 『長編』 卷118 〈仁宗 景祐 3년 2월 壬申〉에서는 登琬鎭이라 적고 있다.

지와 문주(門州)250) 등지의 만이(蠻夷)와 합하여 5,000여 명이 다시 침범하였다. 이들은 관군에 맞서 싸워 수백 명을 살해하였다. 지계주(知桂州) 소고(蕭固)로 하여금 옹주로 가서 여러 지역의 군대를 모아 출동시켜서, 전운사 송함(宋咸) 및 제점형옥(提點刑獄)251) 이사중(李師中)과 함께 의논하여 토벌하게 하였다. 이해에 [갑동만이] 자주 침범하여, 다시 안무사 여정에게 명하여 격퇴시켰다. 소무주만(蘇茂州蠻)252) 또한 옹주에 가까이 있었는데, 지화(至和)·가우 연간에 모두 변경을 침범한 적이 있다.

黎洞
여동

> 黎洞, 唐故瓊管之地, 在大海南, 距雷州泛海一日而至. 其地有黎母山, 黎人居焉. 舊說五嶺之南, 人雜夷獠, 朱崖環海, 豪富兼幷, 役屬貧弱; 婦人服緦綟, 績木皮爲布, 陶土爲釜, 器用瓴瓿; 人飮石汁, 又有椒酒, 以安石榴花著甕中卽成酒. 俗呼山嶺爲「黎」, 居其間者號曰黎人, 弓刀未嘗去手. 弓以竹爲弦. 今儋崖·萬安皆與黎爲境, 其服屬州縣者爲熟黎, 其居山洞無征徭者爲生黎, 時出與郡人互市.

여동(黎洞)253)은 당대의 옛 경관(瓊管)254)의 땅으로서 대해(大海) 남쪽에 있으며 뇌주(雷

---

249) 『宋史』 卷488 「外國」 4 「交阯傳」에서는 이와 관련하여, "其甲峒及諒州·門州·蘇茂州·廣源州·大發峒·丹波縣蠻寇邕州之思陵州·西平州·石西州及諸峒, 畧居人馬牛, 焚室廬而去. 下詔責問之, 且令捕酋首正其罪以聞."이라 적고 있다.
250) 門州: 현재의 베트남 나찬.
251) 提點刑獄: 路의 監司 가운데 하나로서 刑獄을 주로 관장하였으며 이 밖에 農桑의 勸課 및 官吏의 擧刺에도 관여하였다. 提刑·路憲·憲使·憲臣·部使者 등으로 簡稱되었다.
252) 蘇茂州: 蘇茂州는 현재의 베트남 하이닌 지방. 『武經總要』 「前集」 卷20 「廣南西路」에서는 그 위치에 대하여, "東北至州十三日程. 南至海北古萬洞, 西北祿州西丹波, 東伏侶洞州之間."이라고 하였다.
253) 黎洞蠻: 海南省에 거주하는 소수민족으로서 오늘날 黎族의 선조이다. 송대의 黎洞蠻은 거주지역 및 漢族과의 동화 정도를 기준으로 生黎와 熟黎로 나뉘었다. 生黎는 해남도 중심부에 위치한 黎母山 주변에 거주하였으며 통역이 없으면 의사소통이 불가능하였다. 한족과의 교류도 대단히 드물었고 宋朝에 대해 賦稅도 납입하지 않았다. 반면 熟黎는 송조를 향해 부세를 납입하고 인근의 州軍에 복속되었다. 또 漢族과 의사소통이 가능하였으며 주현의 墟市에 출입하여 상거래를 하였다. 송대 熟黎는

州)255)를 떠나 바다로 하루를 가면 닿는다. 그 땅에 여모산(黎母山)256)이 있고 여인(黎人)257)이 거주한다. 예로부터 오령(五嶺)258) 남쪽에는 사람과 이료(夷獠)259)가 뒤섞여 산다고 말해졌다. 주애(朱崖)260)는 바다에 둘러싸여 있으며 힘이 센 부호가 땅을 차지하여 힘없고 가난한 자들을 휘하에 예속하고 있다. 여자들은 시편(緦緶)261)을 입으며 나무껍질을 찢어 베를 만든다. 또 흙을 구은 질그릇으로 가마를 만들고 표주박을 그릇으로 삼는다. 사람들은 석즙(石汁)262)을 마시며 이 밖에 쵸주(椒酒)라는 것이 있는데 안석류(安石榴)263)의 꽃을 질그릇

수차에 걸쳐 송조에 歸附하여 省民이 되었다. 이를테면 북송 徽宗의 崇寧(1102~1106)·大觀 연간 (1107~1110)에는 대략 10만여 熟黎가 송조에 귀순하고 있다. 송조는 黎洞蠻에 대해 추장을 土官으로 임용하는 간접지배 방식을 취하였다.

254) 瓊管: 唐 高宗 永徽 연간(650~655) 이래 嶺南에는 廣州·桂州·容州·邕州·安南 등 5개의 軍鎭이 설치되어 '五府節度司', 혹은 '嶺南五管'이라 불렸다(『舊唐書』卷41「地理志」4). 여기서 '管'이란, 『永樂大典』卷7079에 인용된 王幼學의 『集覽』에서 "秦桂林郡, 唐置桂管."이라 하듯 '府'와 동의어였다. 송대에는 海南의 瓊州에 靖海軍節度司를 두고 '瓊管'이라 칭하였다. 이러한 瓊州의 명칭 변경에 대해 『明一統志』卷82「瓊州府」에서는, "宋仍爲瓊州, 大觀初, 以黎母山置鎭州及靖海軍節度. 政和初, 廢鎭州, 以其地及靖海軍歸瓊州, 屬廣南西路. 宣和中, 改瓊管安撫都監. 元改置瓊州路, 屬海北海南道宣慰司."라 적고 있다. 아울러 楊愼의 『丹鉛總錄』卷2「五管」에서는, "嶺南之地曰五管, 乃統治之名, 猶南中之六詔也. 曰廣管, 曰桂管, 曰容管, 曰邕管, 曰瓊管."이라 적고 있다. 唐代의 五管과 비교하여 安南이 瓊管으로 바뀌어 있는 것으로 보아, 이때 이미 5관이 당대와는 상당히 바뀌었던 것을 알 수 있다.

255) 雷州: 廣南西路 남부의 雷州 반도, 오늘날의 廣東省 湛江市 雷州市.

256) 黎母山: 해발 1867m로 海南島 중앙부에 위치한 海南省의 최고봉이다. 오늘날의 五指山이다.

257) 黎人: 黎洞蠻의 별칭으로서 오늘날의 黎族. 范成大의 『桂海虞衡志』「志蠻」「黎」에서도 『宋史』「蠻夷傳」과 마찬가지로, "島之中有黎母山, 諸蠻環居其四方, 號黎人."이라 기술하고 있다. 후한 시대에는 '俚人'이라 칭해지다가 唐宋 이후 '黎人'이라 개칭되었다. '俚人'에서 '黎人'으로 개칭되는 배경에 대해 道光『廣東通志』卷330「列傳」「俚戶」에서는 "俗呼山嶺爲黎, 而俚居其間, 于是訛俚爲黎."라 적고 있다.

258) 五嶺: 大庾嶺·越城嶺·騎田嶺·萌渚嶺·都龐嶺의 총칭으로 五領이라고도 지칭한다. 江西·湖南·廣東·廣西 4성 사이에 위치하여 長江과 珠江 유역의 분수령이 된다. 五嶺의 남부가 이른바 嶺南 지방이다.

259) 夷獠: 서남부에 거주하는 소수민족에 대한 汎稱. 이를테면 『後漢書』卷116「西南夷傳」에서는, "夷獠咸以竹王非血氣所生, 甚重之, 求爲立後."라 적고 있으며 唐代의 韓愈는 「黃家賊事宜狀」에서, "其賊幷是夷獠, 亦無城郭可居, 依山傍險, 自稱洞主."라 말하고 있다.

260) 朱崖: 廣南西路의 朱崖軍. 해남도에 있으며 남송시대에는 吉陽軍으로 개칭된다. 오늘날의 海南省 三亞市이다.

261) 緦緶: 삼[麻]이나 볏집, 나무껍질 등으로 엮어 만든 옷.

262) 石汁: 석영이나 옥 등을 삶은 물. 이와 관련하여 『普濟方』卷108「諸風門」「風瘙癮疹」에서는 "白疢,

독 속에 넣어 만든 술이다. 민간에서는 산줄기를 '여(黎)'라 하였고 그 속에 사는 사람들을 여인(黎人)이라 불렀는데 언제나 손에 활과 칼을 들고 다녔다. 활은 대나무로 만들었다. 오늘날 담애(儋崖)264)와 만안(萬安)265)은 모두 여(黎)와 접경하고 있는데, 주현에 복속된 자를 숙려(熟黎)라 하고, 산비탈에 거주하며 조세를 내지 않는 자들을 생려(生黎)라 하였다. 생려는 때때로 나와서 주현의 사람들과 호시(互市)를 하였다.

至和初, 有黎人符護者, 邊吏嘗獲其奴婢十人, 還之. 符護亦嘗犯邊, 執瓊・崖州巡檢慕容允則及軍士, 至是, 以軍士五十六人與允則來歸. 允則道病死, 詔軍士至者貸其罪.

[인종] 지화(知和) 연간(1054~1055) 초에 여인(黎人) 가운데 부호(符護)란 자가 있었는데, 변경의 관리가 그 노비 10명을 사로잡았다가 돌려주었다. 부호는 일찍이 변경을 침범하여 경주(瓊州)266)・애주(崖州)267) 순검 모용윤칙(慕容允則)과 군사를 포로로 잡아갔는데 이때에 군사 50명과 [모용]윤칙을 돌려보냈다. [모용]윤칙은 오는 도중 병에 걸려 죽었고, 돌아온 군사들에게는 조령을 내려 죄를 사면해주었다.

乾道二年, 從廣西經略轉運司議, 詔「海南諸郡倅守慰撫黎人, 示以朝廷恩信, 俾歸我省地, 與之更始. 其在乾道元年以前租賦之負逋者, 盡赦免之. 能來歸者, 復其租五年. 民無産者, 官給田以耕, 亦復其租五年. 守倅能慰安黎人及收復省地者, 視功大小爲賞有差, 失地及民者有重罰.」 六年, 黎人王用休爲亂, 權萬安軍事・同主管本路巡檢孫滋等招降之. 九年八月, 樂昌縣黎賊劫省民, 焚縣治爲亂, 黎人王日存・王承福・

天陰卽發白疹, 宜煮礬石汁拭之."라 하고 있으며, 『外臺秘要方』 卷31 「枸拘杞」에서는 "以東流水, 四石煮之, 一日一夜, 去滓令, 得一石汁."이라 적고 있다.
263) 安石榴: 石榴. 安息國에서 산출되기 때문에 安石榴라 부르기도 했다.
264) 儋崖: 海南島 서부에 위치한 儋州와 崖州. 북송 중엽 이후 儋州는 昌化軍, 崖州는 朱崖軍으로 개칭된다.
265) 萬安: 海南島 동남부에 위치한 萬安軍.
266) 瓊州: 海南島 북동부에 위치하며, 오늘날의 海南省 海口市이다.
267) 崖州: 海南島 남부에 위치. 북송 중기 이후 朱崖軍으로, 남송시대에는 다시 吉陽軍으로 改稱된다.

陳顏招降之, 瓊管安撫司上其功, 得借補承節郎.

　　[송 효종] 건도(乾道) 2년(1166) 광서 경략전운사(經略轉運司)의 의견에 따라 다음과 같은 조령을 내렸다. "해남(海南) 각 지방의 졸수(倅守)268)는 여인(黎人)을 안무하여 조정의 은혜와 신뢰를 보임으로써 우리의 성지(省地)269)로 이주하여 다시 시작할 수 있도록 하라. 건도 원년(1165) 이전의 조세 체납분은 모두 탕감해주도록 하라. 귀순하는 자에게는 5년간 조세를 면제해주도록 하라. 재산이 없는 자에게는 관에서 토지를 주어 경작하게 하고 마찬가지로 5년간 면제해주도록 하라. 지주와 통판 가운데 여인을 안무하여 성지를 수복한 경우는 공의 정도에 따라 포상을 내릴 것이며, 영역이나 백성을 상실한 경우는 중벌을 가할 것이다." [건도] 6년(1170), 여인(黎人) 왕용휴(王用休)가 반란을 일으켜 권만안군사(權萬安軍事)270) 겸 동주관본로순검(同主管本路巡檢)271) 손자(孫滋) 등이 초무하여 투항시켰다. [건도] 9년(1172) 8월, 악창현(樂昌縣)의 여인 도적들이 반란을 일으켜 성민(省民)272)을 약탈하고 현의 관아를 불태우자, 여인 왕일존(王日存)·왕승복(王承福)·진안(陳顏)이 초무하여 투항시켰다. 경관안무사(瓊管安撫司)273)가 그 공을 상주하여 승절랑(承節郎)274)에 차보(借補)275)하였다.

---

268) 倅守: 通判의 별칭. 倅·佐守·倅貳·監軍 등으로 지칭되기도 했다.
269) 省地: 조정 관할의 땅. '省'은 尙書省을 위시한 중앙의 정부기관을 의미하며, 송대에는 轉하여 朝廷을 가리키는 대명사로 사용되었다.
270) 權萬安軍事: '편의상 萬安軍 지군을 담당하는 관리'라는 의미이다. '權'은 임시직, 편의적인 기용을 뜻한다. 知州·知軍의 경우 資歷이 한 등급 모자라는 관리가 임용되거나, 혹은 武官이 임용될 때 직함 위에 '權'자가 추가되었다.
271) 同主管本路巡檢: '편의상 광서로 巡檢 직위를 수행하는 관리'의 의미이다. 해당 관직에 복수가 임명될 경우, 혹은 資歷이 現職에 못 미치는 관원이 임명될 경우 관직 앞에 '同'이란 글자가 추가되었다. '管勾'란 용어 역시 해당 관직에 필요한 資歷이 모자란 관원이 임명될 경우에 사용되었다. 남송시대에는 高宗 趙構를 避諱하여 '管勾'를 '主管'으로 改稱하였다.
272) 省民: 조정의 백성, 즉 송조 관할하의 백성.
273) 瓊管安撫司: 海南 일대를 관할하는 安撫使로 치소는 瓊州에 두었다. 이와 관련하여 『元史』에서는, "唐以崖州之瓊山置瓊州, 又爲瓊山郡, 宋爲瓊管安撫."(卷63 「지리지」 6)라 기술하고 있다. 瓊管安撫使의 職能은 『嶺外代答』 卷1 「瓊州兼廣西路安撫都監」에서 "瓊守權, 能擿發四州軍官吏. 今兼本路安撫都監·提轄海外逐州軍公事, 良以此也."라고 하듯 海南島의 瓊州·昌化軍·吉陽軍·萬安軍을 총괄하였다. 이러한 瓊管安撫使 내지 瓊州知州의 海南島 일원 兼管은, 『輿地紀勝』 卷124에서 "(宣和五年) 罷轉運, 改瓊管安撫都監, 監昌化·萬安·吉陽, 三軍隷焉."이라 하듯이 북송 말의 徽宗 宣和 5년(1123)

淳熙元年, 詔承節郎王日存子孫許襲職. 四年冬, 萬安軍王利學寇省地, 蓋旻進率衆拒之, 兵弱戰沒. 八年六月, 詔三十六峒都統領王氏女襲封宜人. 初, 王氏居化外, 累世立功邊陲, 皆受封爵. 紹興間, 瓊山民許益爲亂, 王母黃氏撫諭諸峒, 無敢從亂者, 以功封宜人. 至是, 黃氏年老無子, 請以其女襲封, 朝廷從之. 十二年正月, 樂會縣白沙峒黎人王邦佐等率賊衆五百爲寇, 殺掠官軍, 保義郎陳升之撫降其衆, 俘獲林智福等, 瓊管司上其功, 詔減升之三年磨勘. 十六年, 詔以大寧砦黃彌補承信郎, 彈壓本界黎峒. 瓊管司言彌沉鷙有謀, 爲遠近推服, 故用之. 彌, 宜人黃氏姪也.

[효종] 순희(淳熙) 원년(1174) 조령을 내려 승절랑(承節郎) 왕일존(王日存)의 자손에게 직위의 계승을 허가하였다. [순희] 4년(1175) 겨울, 만안군(萬安軍)의 왕리학(王利學)이 성지(省地)를 침범하여 개민진(蓋旻進)이 군대를 이끌고 맞서다가 병력의 약세로 전군이 전사하였다. [순희] 8년(1181) 6월, 조령을 내려 36동(峒)의 도통령(都統領)인 왕씨(王氏)의 딸을 의인(宜人)276)에 습봉(襲封)277)하였다. 당초 왕씨는 송의 영역 바깥에 거주하였는데 여러 세대에 걸쳐 변경에서 공을 세워 모두 봉작(封爵)278)을 받았다. [고종] 소흥(紹興) 연간(1131~

부터 시작되었다.

274) 承節郎: 小使臣 계열에 속하는 武人의 階官으로 從九品.
275) 借補: 결원을 보충한다는 명목으로 관직을 수여하는 것.
276) 宜人: 송대 여성에게 부여되던 封號의 하나. 徽宗 政和 연간(1111~1117)에 여성에 대한 封號의 제도가 도입되었는데, 朝奉大夫 이상 朝議大夫에 이르는 文官, 그리고 동일한 官階의 武官에 대해 그 모친이나 처를 宜人에 봉했다. 이와 관련하여 蔡絛의 『鐵圍山叢談』 卷1에서는, "是後因又改郡縣號爲七等. 郡君者, 爲淑人·碩人·令人·恭人, 縣君者, 室人·安人·孺人. 俄又避太室人之目, 因又改曰宜人. 其制今猶存."이라 기술하고 있다.
277) 襲封: 세습시켜 봉해주는 것.
278) 宋代의 爵制에 대해 개술하면 다음과 같다. 송대 爵位의 명칭은 기본적으로 唐五代의 그것을 계승하였지만 수차에 걸쳐 변하였다. 北宋 전기에는 王·嗣王·郡王·國公·郡公·開國公·開國郡公·開國縣公·開國侯·開國伯·開國子·開國男의 12등이었으나 神宗 시대에는 王·郡王·國公·郡公·縣公·侯·伯·子·男의 9등이 되었다가, 哲宗 시대에는 王·嗣王·郡王·國公·郡公·開國縣公·開國侯·開國伯·開國子·開國男의 10등이 되었다. 또 남송시대에는 王·嗣王·郡王·國公·開國郡公·開國縣公·開國侯·開國伯·開國子·開國男의 10등으로 바뀌었다. 결국 송대의 爵位는 王·公·侯·伯·子·男의 6등이었던 셈이다. 이 가운데 王의 경우, 역대의 전통에 따라 異姓의 封王이 없었다. 王安石이 舒王에 봉해졌던 것이나 岳飛가 鄂王에 봉해졌던 것은 모두 死後의 追封이었다. 그러다 徽宗 시대에 童貫을 廣陽郡王에

1162)에 경주(瓊州)의 산지 주민인 허익(許益)이 반란을 일으키자 왕씨의 모친인 황씨(黃氏)가 각 동(峒)을 타일러 아무도 반란에 가담하지 못하게 하였다. 이 공으로 의인에 봉해졌는데, 이때에 이르러 황씨가 늙고 아들이 없어서 그 딸로 하여금 습봉할 것을 청하니 조정에서 허가하였다. [순희] 12년(1185) 정월, 악회현(樂會縣)279) 백사동(白沙峒)의 여인(黎人) 왕방좌(王邦佐) 등이 도적의 무리 500명을 이끌고 침범하여 관군을 살해하고 약탈하였다. 이에 보의랑(保義郎)280) 진승지(陳升之)가 초무하여 그 무리를 투항시키고 임지복(林智福) 등을 포로로 잡았다. 경관사(瓊管司)281)에서 그 공을 상주하여, [진]승지에게 3년의 마감(磨勘)을 줄여주었다.282) [순희] 16년(1189), 조령을 내려 대령채(大寧砦)의 황필(黃弼)을 승신랑(承

봉하면서 異姓을 王에 봉하는 선례가 열려, 이후 남송 초에도 韓世忠을 生前에 咸安郡王에 봉하고 張浚을 清河郡王에 봉하는 등의 조치가 내려졌다. 하지만 이것도 어디까지나 郡王이었지 異姓을 國王에 봉하는 예는 없었다.

封爵에서 王과 嗣王은 國名과 연계되었다. 이를테면 '秦王趙廷美'라 할 때 '秦'은 秦國을 가리키며, 嗣王 역시 '嗣某國王'으로 봉해졌다. 公 역시 '益國公朱必大' 등과 같이 國名과 연계되었다. 國에는 大·次·小의 3등 구분이 있었다. 郡王·郡公·開國公·開國侯의 爵位는 郡名과 연계되었다. 安定郡王·天水郡開國公·榮陽郡開國侯와 같은 사례가 그것이다. 開國縣公·開國伯·開國子·開國男은 縣名과 연계되었다. 皇子·皇兄弟는 國의 親王에 봉해졌으며 親王의 嫡子는 嗣王에 봉해졌다. 宗室의 近親은 郡王·國公·郡公 등에 봉해졌다. 文武 臣僚의 경우에도 封爵이 가해졌다. 북송 전기에는 文臣은 少傾監 이상, 武臣은 諸司의 副使 이상에게 封爵이 주어졌다. 元豊 新制에서는 侍從官 이상이 開國의 封爵을 받게 되었으며 卿監 이하는 불허되었다. 宰相에게는 國公의 작위가 부여되었다. 公侯 이하의 爵位를 받으면 이에 부수하여 食邑과 食實封이 부여되는데 그 戶數의 大小로 다시 等級이 나뉘어졌다. 이때 食邑은 명의일 뿐 아무런 경제적 혜택이 없는 虛封이었다. 食邑은 300호에 이르면 開國男에, 500호 이상은 開國子에, 700호 이상은 開國伯에, 1,000호 이상은 開國侯에, 2,000호 이상은 開國公(郡公·縣公)에 상당하였다. 封爵이 開國侯에 이르면 작위를 陞升하지 아니하고 特旨나 軍功이 있을 경우 食邑과 食實封만 올려주다가 食邑이 2,000호 이상에 이르면 開國公에 봉해졌으며 식읍이 만호를 넘으면 國公에 봉해졌다. 재상은 元豊 新制 이후 곧바로 國公에 봉해졌다. 食實封은 丞郎·翰林學士·刺史·大將軍 이상으로 封爵을 받는 자에게 주어지는 것으로, 북송 시대와 남송 초기의 경우 每戶當 매월 25文이 급여의 형태로 지급되었다.

279) 樂會縣: 廣西路 瓊州에 위치하며, 오늘날의 海南省 瓊海縣이다.
280) 保義郎: 小使臣 계열에 속하는 武臣의 階官으로 正9品.
281) 瓊管司: 瓊管安撫司의 略稱.
282) 송대의 文武 관원들은 3년마다의 郊祀 이후 恩赦가 내려져 직급이 승진되었다. 직급, 즉 寄祿官(本官, 階官)의 승급은 관직의 이력과 실적에 대한 평가에 의거하여 이루어졌다. 이러한 승급 심사를 磨勘이라 불렀다. 京朝官의 磨勘은 審官院에서, 幕職州縣官(選人)의 마감은 考課院(후에 流內銓으로 이관)에서 관할하였다. 마감과 관련한 제도가 확립되는 것은 眞宗 咸平 4년(1011) 이후인데, 이로써 選人의 京朝

信郎)에 임명하여 관할 지역 내 여인의 동(峒)을 제어하도록 하였다. 경관사에서 말하기를, '[황]필은 침착하고 용맹스러우면서도 지모(智謀)가 있어 원근 각지의 사람들이 복종한다.'고 한 까닭에 임용한 것이다. [황]필은 의인(宜人) 황씨(黃氏)의 조카였다.

嘉定九年五月, 詔宜人王氏女吳氏襲封, 統領三十六峒.

[송 영종] 가정(嘉定) 9년(1216) 5월, 조령을 내려 의인 왕씨의 딸 오씨(吳氏)가 습봉하여 36동(峒)을 모두 관할하게 하였다.

環州
환주

環州蠻區氏, 州隸宜州羈縻, 領思恩, 都毫二縣.

환주만(環州蠻) 구씨(區氏)[283]는 의주(宜州)에 예속되어 기미를 받으며 사은현(思恩

官 승진(改官) 규정과 문무관료의 승진 지침이 확정되었으며, 관원의 寄祿官 등급도 조정되었다. 이후 관원의 治績과 근무 연수에 의거한 마감 제도가 정착되었으나, 사실상 마감에서 가장 중요한 역할을 하는 것은 치적이 아니라 資歷, 즉 근무 연수였다. 이러한 사정을 두고 范仲淹은 仁宗 慶曆 3년(1043), "今文資三年一遷, 武職五年一遷, 謂之磨勘. 不限內外, 不問勞逸, 賢不肖並進."(『續資治通鑑長編』 卷143)이라 말하고 있다. 본문에서 3년의 마감을 줄여주었다는 것은, 이러한 마감의 승진에 필요한 3년의 근무 연수를 추가로 인정해주었다는 의미이다.

283) 環州蠻 區氏: 廣西 小環江 주변에 거주하던 부족으로 水族의 선조. 仁宗 慶曆 연간(1041~1048) 區希範의 주도로 반란을 일으켰다가 轉運使 杜杞에게 잔혹하게 진압되었다. 環州는 珠江의 지류인 大環江과 小環江 사이에 위치한 지역으로 오늘날의 廣西省 河池市 環江毛南族自治縣의 동부에 해당한다. 본디 環州에는 8현이 있었으나 正平·龍源·武石·饒勉의 4현이 폐지되고 福令·歌良의 2현이 떨어져나가 宋初에는 思恩縣과 都毫縣 2개만 남았다고 한다(李昌憲, 2007: 635). 본문에서는 宜州의 羈縻州로서 思恩縣과 都毫縣을 지배하였다고 하나, 『太平寰宇記』 卷168 「宜州」〈賓州〉에 따르면 都毫縣이 아니라 都亮縣이었다고 한다. 또 기미주인 環州의 관내에는 고작 240戶만 존재했으며, 思恩縣에는 鄕은 없고 2개의 里만 있었으며, 都亮縣에는 4개의 鄕이 있었다고 한다.

縣)284)과 도박현(都亳縣)을 지배하였다.

> 有區希範者, 思恩人也. 狡黠頗知書, 嘗舉進士, 試禮部. 景祐五年, 與其叔正辭應募, 從官軍討安化州叛蠻. 旣而希範擊登聞鼓求錄用, 事下宜州, 而知州馮伸己言其妄, 編管全州. 正辭亦嘗自言功, 不報. 二人皆觖望. 希範後輒遁歸, 與正辭率其族人及白崖山酋蒙趕・荔波洞蠻謀爲亂, 將殺伸己, 且曰:「若得廣西一方, 當建爲大唐國.」會有日者石太淸至, 因使之筮, 太淸曰:「君貴不過封侯.」乃令太淸擇日殺牛, 建壇場, 祭天神, 推蒙趕爲帝, 正辭爲奉天開基建國桂王, 希範爲神武定國令公・桂州牧, 皆北嚮再拜, 以爲受天命. 又以區丕績爲宰相, 餘皆僞立名號, 補置四十餘人.

구희범(區希範)이란 자가 있었는데 사은현 사람이었다. 교활하면서도 상당히 글을 알아서 일찍이 진사(進士)에 급제하여 예부(禮部)에 임용된 바 있다. [인종] 경우(景祐) 5년(1038) 숙부인 [구]정사(區正辭)와 함께 초모(招募)에 응하여 관군을 따라 안화주(安化州)의 만이 반란을 토벌하였다. 그 후 [구]희범은 등문고(登聞鼓)285)를 두드려서 관직 임용을 요구하여, [조정에서는] 그 일을 의주에 하달하였다. 하지만 지주인 풍신기(馮伸己)가 [구희범의] 인물이 망령스럽다고 말하여286) 전주(全州)287)에 편관(編管)288)시켰다. [구]정사 또한 스스로

---

284) 思恩縣: 기미주인 環州 관내의 邑落. 神宗 熙寧 8년(1075) 廣南西路 宜州 관내에 설치된 思恩縣과는 다르다.
285) 登聞鼓: 중국 전근대 시기 臣民의 冤情과 諫議를 청취하기 위해 궁성의 朝堂 바깥에 설치한 북. 송대에는 그 관할 부서로서 眞宗 景德 4년(1007) 登聞鼓院을 설치하여 諫院의 諫官으로 하여금 주관하게 하였다.
286) 『宋史』 卷285 「馮申巳傳」에서는 이때의 정황과 관련하여, "始安化蠻叛, 區希範應募擊賊, 賊平, 希範詣闕而言其功. 朝廷下宜州, 伸己謂希範無功妄要賞, 遂編管全州. 其後希範遁歸謀爲亂, 欲殺伸巳, 嶺外騷然. 議者皆罪伸己焉."이라 하였다.
287) 全州: 荊湖南路 서남단에 위치, 오늘날의 廣西省 桂林市 全州縣.
288) 編管: 송대 官吏가 得罪하여 먼 지방의 州郡으로 貶謫될 때 처해지는 처분의 하나. 관원의 流刑에는 居住, 安置, 編管의 3종류가 있었는데, 居住는 가장 경미한 처분으로서 거주 지역을 제한하는 것이며, 安置는 그다음으로 무거운 것으로 거주를 제한하는 동시에 행동에도 일정한 제약을 가하는 것이고, 編管은 가장 무거운 조치로서 해당 지역의 戶籍에 편입시키고 지방 관리에게 단속의 책임을 부가하는 것이었다.

공이 있다고 말하였으나 아무런 보답을 받지 못했다. 두 사람은 모두 원망을 품었다. [구]희범은 후에 달아나 [사은현으로] 들어간 다음 [구]정사와 함께 일족 사람들 및 백애산(白崖山)[289]의 추장 몽간(蒙趕), 그리고 여파동(荔波洞)[290]의 만인들을 거느리고 반란을 꾸미며 [풍]신기를 죽이려 하였다. 그리고, "만일 광서 일대를 점령한다면 대당국(大唐國)을 건설할 것이다."라고 말했다. 그때 마침 점장이[日者]인 석태청(石太淸)이 와서 그로 하여금 점을 치게 하니, "그대의 신분은 후(侯)를 넘어서지 못할 것입니다."라고 말했다. 이에 [석]태청으로 하여금 날을 택하여 소를 잡게 하고 제단을 세워 천신(天神)에 제사를 지냈다. 그리고 몽간을 황제로 추대하고 [구]정사를 봉천개기건국계왕(奉天開基建國桂王), 자신은 신무정국령공(神武定國令公) 겸 계주목(桂州牧)이라 칭한 다음, 모두 북쪽을 향해 두 번 절하고 천명(天命)을 받았다고 하였다. 또한 구비적(區丕績)을 재상으로 삼았으며 나머지도 모두 여러 칭호를 두어 40여 명을 임명하였다.

> 慶曆四年正月十三日, 率衆五百破環州, 劫州印, 焚其積聚. 以環州爲武城軍, 又破帶溪砦, 下鎭寧州及普義砦, 有衆一千五百. 宜州捉賊李德用出韓婆嶺擊卻之, 前後斬獲甚衆, 俘僞將二. 希範懼, 入保荔波洞, 間出拒官軍. 朝廷下詔購之, 獲希範·正辭及趕者, 人賜袍帶·錢三十萬·鹽千斤.

[인종] 경력(慶曆) 4년(1044) 정월 13일 무리 500명을 이끌고 환주(環州)를 점령한 다음 주인(州印)을 약취하고 저장된 것들을 불살랐다. 그리고 환주를 무성군(武城軍)이라 개칭하고, 대계채(帶溪砦)[291]를 함락시켰으며 이어 진녕주(鎭寧州)[292]와 보의채(普義砦)[293]까지

---

289) 白崖山: 廣西路 宜州의 북단에 위치하며, 貴州省 黔南布依族苗族自治州 荔波縣의 동남방에 있다.
290) 荔波洞: 廣西路 宜州의 서북단. 오늘날의 貴州省 黔南布依族苗族自治州 荔波縣.
291) 帶溪砦: 廣西路 宜州의 중앙부, 大環江과 小環江 사이에 있던 寨柵. 그 위치와 관련하여 朱去非의 『嶺外代答』卷1「地理門」「廣西省倂州」에서는 "鎭寧州, 今宜州帶溪寨也."라 하고 있으며, 『方輿紀要』卷109「思恩縣」〈環江〉에서는 "帶溪在縣北四十里."라 적고 있다.
292) 鎭寧州: 廣南西路 宜州 思恩縣 관내의 羈縻州. 애초에 禮丹縣 하나만을 관할하였으나 후에 環州에서 福零縣을 이관받아 총 51戶를 관할하였다. 神宗 熙寧 8년(1075)에는 폐지되어 宜州 思恩縣 鎭寧寨가 되었다(李昌憲, 2007: 635).
293) 普義砦: 廣南西路 宜州 思恩縣 서북 20리에 위치(『大淸一統志』卷358「廣西省」「慶遠府」및『元豊九域

점령하였다. 이 무렵 무리는 1,500명에 달하였다. 의주의 착적(捉賊)294) 이덕용(李德用)은 한파령(韓婆嶺)를 넘어 [구희범의 군대를] 격파하였다. 살해하거나 포로로 잡은 숫자도 매우 많았으며 반란군의 장수 2명도 포로로 잡았다. [구]희범은 두려워 여파동으로 들어가서 이따금 출격하며 관군과 맞섰다. 조정에서는 조령을 내려 현상금을 걸고, [구]희범·[구]정사·[몽]간을 잡는 사람에게는 포대(袍帶)295)와 30만 전, 소금 1,000근을 하사하기로 하였다.

明年, 轉運使杜杞大引兵至環州, 使攝官區曄·進士曾子華·宜州校吳香誘趕等出降, 殺馬牛具酒, 紿與之盟, 置曼陀羅花酒中, 飲者皆昏醉, 稍呼起問勞, 至則推仆後廡下. 比暮, 衆始覺, 驚走, 而門有守兵不得出, 悉擒之. 後數日, 又得希範等, 凡獲二百餘人, 誅七十八人, 餘皆配徙. 仍醢希範, 賜諸溪峒, 繢其五藏爲圖, 傳於世, 餘黨悉平.

이듬해 전운사 두기(杜杞)296)가 대군을 이끌고 환주에 도착하였다. [두기가] 섭관(攝官)297) 구엽(區曄)과 진사(進士) 증자화(曾子華), 의주교(宜州校)298) 오향(吳香)으로 하여금 [몽]간 등을 유인하여 투항시키라 하니, 그들은 말과 소를 잡아 술상을 마련하고 [몽간 등과] 더불어 맹약을 맺기로 하였다. 그리고 술 속에 만타라(曼陀羅) 꽃299)을 섞으니, 마시고

志』 卷9 「廣南路」 「宜州」 참조).
294) 捉賊: 巡檢司 예하 駐泊巡檢의 별칭. 駐泊捉賊이라 칭하기도 한다.
295) 袍帶: 錦袍와 腰帶.
296) 杜杞(1005~1050): 兩浙 常州 無錫縣 출신의 관료. 蔭補로 入仕하여 將作監主簿와 福建 建陽縣 知縣 등을 거쳐 仁宗 慶曆 연간에는 廣南西路轉運按察安撫使가 되어 본문에 등장하는 區希範·蒙赶의 반란을 진압하였다. 이후 兩浙轉運使, 環慶路經略安撫使 등을 역임하였다. 文集 10卷을 남겼다고 하나 현재 失傳되었다.
297) 攝官: 잠정적으로 임명된 代理 官員을 지칭한다.
298) 校: 校尉, 즉 進武校尉와 進義校尉의 略稱. 校尉는 武階의 명칭으로 無品의 小使臣이다.
299) 曼陀羅花: 흰독말풀. 인도, 동남아 등지가 원산지로서 독말풀과 비슷하지만 꽃이 흰색이고 잎 가장자리가 밋밋하다. 한방에서는 흰독말풀의 꽃이 필 때 잎과 씨를 따 햇볕에 말린 것을 각각 만다라화(曼陀羅花)·만다라자(曼陀羅子)라고 하는데, 마취제로 쓰이며 복통, 류머티즘, 관절염 치료에 쓰이기도 한다. 씨에 들어 있는 스코폴라민(scopolamine)은 멀미약의 원료로 쓰인다. 불교의 만다라화는 부처가 설법할 때 또는 온갖 부처가 나타날 적에 법열의 표시로서 하늘에서 내리는 하얀 꽃을 뜻하는데, 이 만다라화가 바로 흰독말풀이다.

모두 정신없이 취해버렸다. 이후 하나씩 위로하겠다고 불러서 다가오는 대로 쳐서 뒤채 아래에 가두어버렸다. 날 저물 무렵이 되어서야 그들은 눈치를 채고 놀라 달아나려 하였다. 하지만 문에 병사들이 지키고 있어 나가지 못하고 모두 생포되었다. 그 며칠 후 또 [구]희범 등 모두 200여 명을 사로잡았다. 그 가운데 78명을 주살하고 나머지는 모두 유배를 보냈다. 또한 [구]희범은 살을 저며 젓갈을 담가 여러 계동(溪峒)에 돌려 보여주었으며 그 오장(五臟)은 색칠하여 그림을 그린 후 후세로 전하게 하였다. 나머지 무리들도 모두 평정되었다.

鎭寧州亦隷宜州. 景祐二年, 蠻酋莫陵等七百餘人內寇, 遣西京作坊使郭志高·閤門祗候梁紹熙往討, 未至, 陵等詣桂·宜州巡檢李仲政請降. 廣西轉運使不俟詔, 貸其罪. 詔劾之, 已而釋之.

진녕주(鎭寧州)도 의주에 예속된 곳이다. [인종] 경우(景祐) 2년(1035) 만족의 추장 막릉(莫陵) 등 700여 명이 침범하여 서경작방사(西京作坊使)300) 곽지고(郭志高)와 합문지후(閤門祗候)301) 양소희(梁紹熙)를 파견하여 토벌하게 하였다. [곽지고 등이] 도착하기 전에 [막]릉 등이 계·의주순검(桂·宜州巡檢) 이중정(李仲政)에게 나와 항복을 청하였다. 광서전운사가 조령을 기다리지도 않고 그 죄를 사면하여, 조령을 내려 [그 잘못을] 추궁하였다가 얼마 후 풀어주었다.

是歲, 高·竇州狄獠陳友朋等亦寇海上, 本路會兵擊之, 潰去.

이해에 고주(高州)302)와 두주(竇州)303)의 은료(狄獠) 진우붕(陳友朋) 등이 또한 해상으로 침범하여, 광서로에서 병사를 모아 공격하니 크게 패하여 달아났다.

---

300) 西京作坊使: 正7품에 해당하는 武官의 階官. 徽宗 政和 2년(1112)에는 武義大夫로 개칭된다.
301) 閤門祗候: 閤門司 예하의 武官으로서 從8품의 大使臣.
302) 高州: 廣西路의 서남단에 위치하며, 오늘날의 廣東省 茂名市 일대이다.
303) 竇州: 廣西路 高州의 중서부에 위치했으나 宋代에 폐지된다, 오늘날의 廣東省 信宜縣의 남부지역.

참고문헌

동북아역사재단 편,『譯註 中國正史 外國傳 1~15』, 동북아역사재단, 2009~2012
『大越史記全書』, 東洋文化硏究所 東洋學文獻센터 간행본, 1986
『宋史全文』, 哈爾濱: 黑龍江人民出版社, 2005
『宋會要輯稿』, 北京: 中華書局 影印本, 1957
『越史略』, 守山閣叢書本
『二十五史』, 北京: 中華書局, 1959~1977

江少虞,『宋朝事實類苑』上下卷, 上海: 上海古籍出版社, 1981
馬端臨,『文獻通考』, 北京: 中華書局 影印本, 1986
范成大,『桂海虞衡志』, 成都: 四川民族出版社, 1986
司馬光, 胡三省 音注,『資治通鑑』, 北京: 中華書局, 1976
徐夢莘,『三朝北盟會編』, 楊州: 廣陵古籍刻印社 影印本, 1977
樂史,『太平寰宇記』, 北京: 中華書局, 2007
楊仲良,『皇宋通鑑長編紀事本末』, 哈爾濱: 黑龍江人民出版社, 2006
黎崱,『安南志略』19卷, 北京: 中華書局, 2000
汪大淵,『島夷志略』, 北京: 中華書局, 1981
王象之,『輿地紀勝』, 宋元地理志叢刊本, 四川大學出版社, 2005
王存,『元豊九域志』, 北京: 中華書局, 1984
王欽若 等,『册府元龜』, 北京: 中華書局, 1982
熊克,『中興小紀』, 福州: 福建人民出版社, 1984
李燾,『續資治通鑑長編』, 北京: 中華書局, 1979~1995
李心傳,『建炎以來繫年要錄』, 北京: 中華書局, 1988
趙汝适,『諸蕃志』, 北京: 中華書局, 2000
周去非,『嶺外代答』, 北京: 中華書局, 1999
陳佳榮 等,『古代南海地名匯釋』, 北京: 中華書局, 2002
陳均,『九朝編年備要』, 四庫全書本
陳邦瞻,『宋史紀事本末』, 北京: 中華書局, 1977

彭百川, 『太平治迹統類』, 四庫全書本
黃以周, 『續資治通鑑長編拾補』, 北京: 中華書局, 2004

송정남, 『베트남의 역사』, 부산대학교출판부, 2000
신채식, 『宋代對外關係史硏究』, 한국학술정보, 2008
유인선, 『새로 쓴 베트남의 역사』, 이산, 2002
유인선, 『베트남과 그 이웃 중국: 양국관계의 어제와 오늘』, 창비, 2012
王柯 지음, 김정희 역, 『민족과 국가-중국 다민족통일국가 사상의 계보』, 동북아역사재단, 2005
高榮盛, 『元代海外貿易硏究』, 成都: 四川人民出版社, 1998
龔蔭, 『中國土司制度』, 雲南民族出版社, 1992
郭振鐸·張笑梅, 『越南通史』, 中國人民大學出版社, 2001
馬大正 主編, 『中國邊疆經略史』, 中州古籍出版社, 2000
方國瑜, 『中國西南歷史地理考釋』, 北京: 中華書局, 1987
呂思勉, 『中國民族史』, 中國大百科全書出版社, 1987
閻明恕, 『中國古代和親史』, 貴陽: 貴州民族出版社, 2003
吳永章, 『瑤族史』, 成都: 四川民族出版社, 1993
吳永章, 『中國土司制度淵源與發展史』, 成都: 四川民族出版社, 1988
吳永章 主編, 『中南民族關係史』, 北京: 民族出版社, 1992
吳廷燮, 『北宋經撫年表』, 北京: 中華書局, 1984
吳曉萍, 『宋代外交制度硏究』, 安徽人民出版社, 2006
王文光·龍曉燕·陳斌, 『中國西南民族關係史』, 北京: 中國社會科學出版社, 2005
王鍾翰(主編), 『中國民族史』, 北京: 中國社會科學出版社, 1994
劉馨珺, 『南宋荊湖南路的變亂之硏究』, 國立臺灣大學出版委員會, 1994
李云泉, 『朝貢制度史論-中國古代對外關係體制硏究』, 北京: 新華出版社, 2004
李之亮, 『宋兩廣大郡守臣易替考』, 成都: 巴蜀書社, 2001
李昌憲, 『宋代安撫使考』, 濟南: 齊魯書社, 1997
李昌憲, 『中國行政區劃通史』 宋書夏卷, 上海: 復旦大學出版社, 2007
丁謙, 『宋史外國傳地理考證』(浙江圖書館叢書), 蓬萊閣地理學叢書本, 1915
陳佳華·蔡家藝·莫俊卿·楊保隆, 『宋遼金時期民族史』(再版), 中國歷代民族史, 北京: 社會科學文獻出版社, 2007
陳高華 外, 『宋元時期的海外貿易』, 天津人民出版社, 1981

蔡鴻生,『中外交流史考述』, 鄭州: 大象出版社, 2007
岡田宏二,『中國華南民族社會史研究』, 汲古書院, 1993
山本達郎 編,『ベトナム中國關係史』, 東京: 山川出版社, 1975
三上次男,『古代東アジア史の研究』, 東京: 吉川弘文館, 1966
河原正博,『漢民族華南發展史研究』吉川弘文館, 1984
Taylor, *The Birth of Vietnam*, Univ. of California Press, 1983

金成奎,「송대동아시아에서 賓禮의 성립과 그 성격」,『東洋史學研究』72, 2000
金成奎,「西南蠻夷 對宋朝貢의 契機와 貢期」,『宋遼金元史研究』8, 2003
金成奎,「宋代 西南'蠻夷'의 分布諸相과 朝貢의 推移」,『역사문화연구』19, 2003
金成奎,「宋代 朝貢秩序의 再編과 그 樣相」,『역사학보』185, 2005
김용완,「南宋時代 西南部地域 少數民族 變亂 硏究」,『宋遼金元史研究』8, 2003
박지훈,「宋代 異民族 國家에 대한 認識」,『外大史學』12, 2000
박지훈,「北宋代 華夷論의 性格」,『梨花史學研究』29, 2002
박지훈,「북송대 禦戎論과 華夷論」,『역사문화연구』30, 2008
박지훈,「북송대 王安石의 대외관과 화이론」『東洋史學研究』106, 2009
박지훈,「북송대 西南 蠻夷에 대한 정책과 華夷論」『역사문화연구』43, 2012
유인선,「中國關係와 朝貢關係-假想과 實像」,『역사학보』114, 1987
이근명,「11세기 후반 송·베트남 사이의 전쟁과 외교 교섭」,『동북아역사논총』34, 2011
郭成波,「唐宋雅州邊外羈縻州部族探考」,『中國歷史地理論叢』, 2000-4
郭成波,「試論宋朝的羈縻州管理」,『中國歷史地理論叢』, 2000-1
郭振鐸 等,「論宋代儂智高事件和安南李朝與北宋之戰」,『河南大學學報』, 1999-5
管林,「蘇軾與海南黎族」,『中央民族學院學報』, 1981-4
金文撥,「釋狄靑大破儂智高原因」,『求是學刊』, 1993-6
羅康隆,「唐宋時期西南少數民族羈縻制度述評」,『懷化師專學報』18-1, 1999
南躍,「對儂智高起義性質的討論」,『民族研究』, 1959-8
盧勛,「論宋代在黎族地區的羈縻之治」,『民族研究』, 1986-5
農牧崗,「儂智高是黨猶州人」,『廣西民族研究』, 1998-2
農賢生,「儂智高的下落辨析」,『雲南史志』, 1998-4
覃成號,「宋代南丹族, 撫水蠻, 環州蠻之社會形態」,『廣西民族研究』, 1991-1·2
戴可來,「宋代越南對中國的朝貢」,『世界史研究動態』, 1980-11

戴可來,「略論宋代越南對中國的朝貢－宋代中越關係史論之一」,『印度支那研究』, 1980 增刊
戴可來,「宋代早期的中越關係」,『中外關係史論叢』 2, 1987
馬强,「論唐宋西南史志及其西部地理認識價值」,『史學史研究』, 2005-3
馬新,「古代中外關係史研究中的史料問題」,『山東大學學報』(哲學社會科學版), 1990-4
莫家仁,「儂智高:沸沸揚揚的千年議題」,『廣西民族研究』, 2000-2
方鐵,「論宋代以大理國爲外藩的原因及其守內虛外政策」,『中央民族大學學報』, 2000-6
方鐵,「宋朝經營廣西地區述論」,『廣西民族研究』, 2001-2
方鐵,「唐宋元明清的治邊方略與雲南通道變遷」,『中國邊疆史地研究』, 2009-1
白躍天,「儂智高是今廣西靖西縣人:關于儂智高國籍問題之一」,『廣西民族研究』, 2000-1
白躍天,「儂智高是今廣西靖西縣人:關于儂智高國籍問題之二」,『廣西民族研究』, 2000-3
范宏貴,「儂智高的國籍和民族性分問題」,『西南民族歷史研究集刊』 1, 1980
聶靜洁,「2004年中外關係史百年學術回顧與展望-國際學術研討會簡報」,『中國史研究動態』, 2005-2
粟冠昌,「試論儂智高的國籍和他的一生中的活動」,『廣西師院學報』, 1980-4
粟冠昌·魏火賢,「宋王朝與交趾關係敘論」,『中國邊疆史地研究』, 1991-2
楊永俊,「我國古代民族羈縻統治政策的變遷及其原因探究」,『西北史地』, 1999-2
楊宗亮,「大理國與南宋的交通」,『雲南學術探索』, 1997-6
楊宗亮,「唐宋時期滇東南桂西南的民族關係」,『雲南大學民族學報』, 1998-1
呂士朋,『宋代中越關係年表』,『東海學報』 2-1, 1960
呂士朋,「宋代之中越關係」,『宋史研究集』 16, 臺北: 國立編譯館, 1986
玉時階,「唐宋羈縻制度對廣西瑤族社會歷史發展的影響」,『廣西民族學院學報』, 1984-1
王繼東, 「北宋對越南從'郡縣其地'到宗藩關係確立的轉變-從與丁黎李朝的關係看宋朝對越南政策」,
　　『鄭州大學學報』, 2008-3
王祥春,「兩宋時期的中越邊境貿易」,『廣西地方志』, 2007-5
王世基,「試論大理與宋朝的關係」,『大理文化』, 1987-2
于愛華,「論北宋王朝的地緣政治形勢及其西南應對方略」,『思想戰線』 2009-1
衛東超,「儂智高被殺年代考」,『中南民族學院學報』, 1994-4
韋文宣,「評否定儂智高反宋正義性的幾個觀點」,『中央民族學院學報』, 1982-2
魏火賢 等,『略論宋熙寧年間的中越戰爭』,『廣西師院學報』, 1981-1
李幹,「宋元時期漢黎人民經濟文化交流和友好關係」,『中南民族學院學報』, 1990-3
李國强,「北宋與交趾邊界爭端探微」,『中國邊疆史地論集』, 黑龍江教育出版社, 1991
李富森·董利江,「宋朝與交趾的朝貢貿易」,『新鄉教育學報』, 2005-1

李雲泉,「略論宋代中外朝貢關係與朝貢制度」,『山東師範大學學報』, 2003-2

李昌憲,「宋王朝在西南地區的統治」,『南京大學學報』, 1990-3

岑家梧,「宋代海南黎族和漢族的連繫及黎族社會經濟的發展」,『中南民族學院學報』, 1981-1

張金蓮,「宋朝與安南通道試探」,『東南亞縱橫』, 2005-10

張文,「兩宋時期西南地區的民族衝突與社會控制」,『西南師範大學學報』(人文社會科學版), 2004-6

田玉隆,「土司制與羈縻制, 土官與流官的關係和區別」,『貴州大學學報』, 1988-3

程妮娜,「强力與綏懷: 遼宋民族政策比較研究」,『文史哲』, 2006-3

程苹,「論宋代治理湖南瑤族的政策」,『中南民族學院學報』, 2000-2

曹江紅,「中國與周邊國家關係學術研討會綜述」,『中國史研究動態』, 2010-4

趙永忠,「宋朝對西南民族衝突的和斷－以成都府路和梓州路爲例的考察」,『貴州民族研究』, 2010-1

漆俠,「宋代的瑤族和壯族」,『中央民族學院學報』, 1982-4

韓肇明,「論宋代儂智高是廣西壯人」,『貴州民族研究』, 1982-4

黃純艷,「藩服自有格式: 外交文書所見宋朝與周邊諸國的雙向認識」,『學術月刊』, 2008-8

黃純艷·王小寧,「熙寧戰爭與宋越關係」,『廈門大學學報 哲學社會科學版』, 2006-6

黃振南,「試論儂智高反宋的歷史背景」,『中央民族學院學報』, 1983-4

黃振南,「也談光源州和儂智高」,『印度支那研究』, 1986-1

黃煥光,「關于儂智高的結局」,『學術論壇』, 1983-1

黃煥光,「關于儂智高復出四川問題考辨」,『학술논단』, 1985-1

岡田宏二,「宋代溪洞蠻の社會とその變質について」,『上智史學』 16, 1971

谷口房男,「唐宋時代の平蠻頌について」,『白山史學』 18, 1975

上西泰之,「北宋期の荊湖路溪洞蠻地開拓について」,『東洋史研究』 54-4, 1996

佐竹靖彦,「宋代四川夔州路の民族問題と土地所有問題」,『史林』 50-1·51-1, 1967~1968

河原正博,「宋初における中越關係」,『法政大學文學部紀要』 18, 1973

Taylor, K. W., "Authority and Legitimacy in 11th Century Vietnam" in *Southeast Asia in the 9th to 14th Centuries*, edited by David Marr and A. C. Miller, Singapore: Institute of Southeast Asian Studies, 1986

『中國歷史大辭典』(宋史), 上海辭典出版社, 1984

『中國歷史地名大辭典』, 北京: 中國社會科學出版社, 2005

龔延明,『宋代官制辭典』, 北京: 中華書局, 2007

譚其驤 主編,『中國歷史地圖集』第6冊: 宋·遼·金時期, 北京: 中國地圖出版社, 1982

臧勵龢 等,『中國古今地名大辭典』,上海: 商務印書館, 1931

程光裕·徐聖謨 主編,『中國歷史地圖』(上下), 臺北: 中國文化大學出版部, 1980

서남제이·여주제만·서주삼로만·위무투주만·검부시고요외제만·노주만전
(西南諸夷·黎州諸蠻·敍州三路蠻·威茂渝州蠻·黔涪施高徼外諸蠻·瀘州蠻傳)

송사(宋史) 권496 만이(蠻夷) 4

- 역주: 육정임, 이석현
- 교열: 박지훈

宋史 外國傳 譯註

「서남제이·여주제만·서주삼로만·위무투주만·검부시고요외제만·노주만전(西南諸夷·黎州諸蠻·敍州三路蠻·威茂渝州蠻·黔涪施高徼外諸蠻·瀘州蠻傳)」 해제

『송사』 권496 「만이전」 4는 현재의 사천성 남서부에서 운남·귀주·광서성 서부에 걸친 지역에 거주하던 매우 많은 수의 종족과 부족에 관한 기록이다. 이 다양한 만이 세력은 본 권의 서두에 설정된 서남제이(西南諸夷), 여주제만(黎州諸蠻), 서주삼로만(敍州三路蠻), 위무투주만(威茂渝州蠻), 검부시고요외제만(黔涪施高徼外諸蠻), 노주만(瀘州蠻) 등 여섯 조로 분류되어 있다. 그러나 이 일차적인 분류는 특정한 민족이나 정권에 따라 설정된 것은 아니고, 당시 송 정권이 파악한 바에 따른 다소 거친 지리적 구분이거나 아니면 그들과 송조의 접촉을 관할하는 송조 측의 지방 행정지를 중심으로 한 것이다. 각 항목 안에는 다시 민족적으로나 지리적으로 유사성을 가진 만이(蠻夷) 정권 또는 세력별 분류가 있지만, 그들 사이의 유사성·연관성은 거의 나타나지 않고 소규모 주체들마다 그들과 송조의 관계를 중심으로 개별적으로 서술되어 있다.

우선 서남제이는 그 위치를 가늠하기에 가장 막연한 명칭인데 본문에서는 그 지리적 위치를 한조와 당조 때에 그 지역에 설치했던 군과 주를 통하여 설명하고 있다. 이 지역의 일반적인 환경과 습속, 그리고 수당과 오대 시기 및 송과의 관계에 대한 간략한 설명이 서남제이의 도입부를 이루고 있다. 서남제이에서 큰 비중을 두어 다루고 있는 만이 세력들을 크게 나누어 보면 '장가제만(牂牁諸蠻)' 범주와 송 측 노주(瀘州)에서 관리하는 '노주이인(瀘州夷人)' 범주로 볼 수 있다. 장가제만 중에서는 태조(太祖)와 태종(太宗)대에 용언도(龍彦瑫), 용경거(龍瓊琚) 등이 지배한 세력이 송과의 조공책봉 관계에 가장 적극적이었고 송조에서도 그 지배자를 '왕'으로 칭한다. 이들은 거의 북송대 내내, 빈번하며 규모도 큰 조공단을 보냈을 뿐 아니라 넓게 분포한 다른 장가제만 부족들의 입공을 주도하는 역할을 했던 것 같다. 송 태조 연간인

개보(開寶) 8년(975)에 39개 부락의 조공단 377명이 입공한 경우도 있었다.

반면 '노주이인'은 북송 내내 송조와 갈등 관계에 있었는데 여기에는 정염(井鹽) 문제가 중요하게 작용하였다. 당시 사천 지역에 있는 염정(鹽井)은 주로 한족 지역에 분포되어 있어서 주변 소수민족은 외지의 소금 공급에 의존해야 하였다. 특히 노주 지역의 염정을 놓고 사천 지역의 송 정부와 이른바 '노남이인(瀘南夷人)' 사이의 갈등이 심각하였으며 이러한 상황이 정화(政和) 연간(1111~1117)에 이르기까지 120여 년 동안 지속되었다. 저본에서는 진종(眞宗) 대중상부(大中祥符) 원년(1008) 강안현(江安縣)의 반란에서 대중상부 7년(1014) 송조가 이들을 평정하고 주요 염정에 방어시설을 갖춘 때까지의 사정을 전하여주고 있다.

다음으로 여주제만은 현재 아안(雅安)·양산(涼山) 지역 대도하(大渡河) 유역에 있던 소수민족에 관한 기록인데 송조가 여주를 통하여 접촉한 십여 부류의 종족을 '여주제만'으로 묶었다고 할 수 있다. 산후양림만(山後兩林蠻), 공부천만(邛部川蠻), 풍파만(風琶蠻), 보새만(保塞蠻), 일명 부락만(部落蠻)인 삼왕만(三王蠻), 미강(彌羌) 부락이 있는 서정만(西等蠻), 정랑만(淨浪蠻), 백만(白蠻), 오몽만(烏蒙蠻), 아종만(阿宗蠻) 등이 기록되어 있으며 그들의 위치는 모두 여주에서의 거리로 나타나 있다. 그중에서도 산후 양림만, 공부천만, 풍파만의 세력이 강하였고, 본문에도 그러한 정황이 반영되어 양림만과 공부천만의 기사가 여주제만의 대부분을 차지하고 있다. 먼저 산후양림만에 관하여 특히 그들의 조공 사실을 위주로 기록한 다음, 공부천만의 조공 관련 기사를 다시 연차순으로 열거하는데 특히 공부천만 관련 기록이 많다.

공부천만은 송 왕조와 대리국의 교통 무역 대로상에 위치하였기 때문에 '대로만(大路蠻)'으로 불리기도 하였다. 그들은 조공뿐 아니라 호시(互市)와 말 등의 중계무역을 통해 경제적 이익을 얻는 한편 송에 저항하는 세력에 대해 송 측에 서서 군사행동을 펼쳐가며 송조와의 친선관계를 유지하였다. 태종대의 '왕소파(王小波)·이순(李順)의 반란' 때에도 자원하여 이순 반란군 측과 싸워 공을 세웠으며, 남송 효종(孝宗)대에 토번계의 침입이 있을 때에도 송조의 군대에 협력하였다. 그러나 그들이 송조에 대해 요구하는 바도 커서, 인장을 청하기도 하고 특히 조공의 횟수도 3년(年)1공(貢) 심지어 매년입공을 주장하였으나 송조에서는 5년1공의 원칙을 고수하였다. 심지어 본문에서는 공부천만이 "가장 교만하다"며 송 측의 불만도 나타내고 있지만, 영종(寧宗)대에 이르러 공부천이 결국 대리에 복속된 것에 대하여 "줄곧

[송을] 따르고 순종하며 변경을 방어하였는데 운남으로 귀복하니 그 후로 서남지역의 울타리 하나를 잃어버리게 되었다."고 평하고 있다.

풍파만은 송조와의 교류가 양림만이나 공부천만만큼 많지 않았고, 다만 진종 치세에 비교적 적극적인 교류와 조공이 이루어졌다. 또한 보새만은 송 태조 때에 송에 귀부하여 말을 팔면서 때로 말 가격에 불만을 품어 한족 지역을 약탈하기도 하였는데, 이에 대하여 송조는 지방관을 문책하고 그들을 위무하는 유화 정책을 취하였다. 유(劉)·양(楊)·학(郝)·조(趙)·왕(王)의 5개 성(姓)이 있었던 부락만은 남송 효종 때의 조공 기사가 유일하다.

여주제만의 거의 끝에 서술되었으나 그 비중이 자못 크게 보이는 것은 '미강부락'의 하나로 분류된 청강(青羌)인데, 이들은 현재 아안(雅安) 지역 노산현(蘆山縣) 일대에 있던 강족(羌族)의 지파였다. 청강의 기록도 남송 효종대 이후에 집중되어 있다. 이들도 송에 말을 팔면서 그 값을 주는 과정에서 불만을 가지고 있었다. 효종 때에는 10여 년 동안이나 송에 대항하다 어느 정도 진압이 되는 듯하더니 다시 영종대에 여주를 침범하였다. 이때 청강과 송 사이에는 각자 주변 만이 세력의 협조를 얻기 위한 외교적인 노력이 치열하게 벌어졌다. 청강이 다른 부족 세력에 속한 지역의 길을 빌려 한족 지역을 침공하려 하고 송조는 주변 세력에 물량 공세를 퍼부어가며 그들이 청강에게 길을 빌려주지 않도록 회유하는 식이었다.

이어서 서주삼로만 이하에 대해서는 종합하여 다음과 같은 특징을 볼 수 있다.

첫째, 기사 내용의 대부분은 신종(神宗) 연간에서 휘종(徽宗) 연간에 이르는 시기에 해당한다. 물론 일부 북송 초와 중기의 기사가 있기는 하지만 일반적인 상황을 서술한 것에 불과하다. 신종 연간에서 휘종 연간에 기사가 집중되고 있는 것은 이 시기 북송의 전반적인 대외정책의 전환에서 비롯된 것으로 보인다. 적극적 대외경략책의 일환으로서 여러 만족(蠻族)들에 대한 대책이 이루어졌고, 그에 따른 약탈과 경략, 귀순, 기미주 설치 등의 기사가 다수 나타난다. 한편 남송 시기의 기사가 전혀 존재하지 않는 것은 비록 이 지역이 남송의 영역에 포함되기는 하였지만 금과의 대치국면에서 형성되었던 사천(四川) 지역의 반독립적 할거 국면에 따라 중앙정부의 통치력이 현저히 저하되었기 때문으로 보인다.

둘째, 만이전 기사에서 가장 빈번하게 보이는 내용은 제만(諸蠻)들이 변경 내지는 한호(漢戶)들을 약탈하고 노략질하였다는 기사이다. 문제는 앞에서도 언급했지만 이러한 제만들의 약탈 사건이 이 시기에만 집중되지는 않았을 것이다. 이 시기의 적극적 대외경략 정책에 따라 만이들의 약탈사건이 크게 부각되었거나 부각시켜서 기록에 전해졌던 것으로 보인다.

다시 말하면 이전 시기 내지는 이후 시기, 송조의 이 지역 만(蠻)들에 대한 대처는 소극적이었음을 추정케 해주는 대목이다.

셋째, 만족들의 약탈과 함께 가장 많이 등장하는 기사는 내속(內屬)과 관련된 내용이다. 내속해온 만족들은 남광만(南廣蠻), 무주(茂州)의 만, 동불파(銅佛埧) 및 그 외 다수 등장한다. 내속해온 다음 다시 반란이나 약탈을 반복했던 기사도 보이지만, 상당수는 내속 이후에 이들 지역에 기미주가 설치되었다. 예를 들어 나영순(羅永順), 양광영(楊光榮), 이세공(李世恭) 등이 각각 내속해오자, 조를 내려 사(滋), 순(純), 상(祥)의 3주(州)를 세우도록 했던 것이다. 다만 이들 기미주군은 그 후 대부분 폐지되었는데, 이들 기미주의 설치가 내속해왔던 만족의 족장에 대한 예우적 차원에서 이루어졌음을 보여준다.

넷째, 내속의 기사와 함께 가장 주목을 끄는 것은 북송 조정에 입공(入貢)했던 부분이다. 이 지역에 등장하는 여러 만 중에서 서남이부(西南夷部)에 속했던 오성번(五姓蕃)만이 조정에 입공했던 것으로 보인다. 예를 들어 용이각(龍異閣) 등이 입조하여 무녕장군(武寧將軍)에 제수했던 것, 방이형(方異玸)과 장한흥(張漢興)이 입조하여 각각 정만군(靜蠻軍)과 한만군(捍蠻軍)의 절도사(節度使)가 제수되었던 사실을 들 수 있다. 북송 신종은 오성번의 입조가 빈번해지자 5년1공으로 규범화였으며, 제국봉사록(諸國貢奉錄)의 편찬으로 국가적 공식 법례로 규정화하였다.

다섯째, 교역에 관련된 부분이다. 실제 기사에서 많이 보이지는 않지만, 예컨대 북송 진종 함평 연간 시주만(施州蠻)들이 소금으로 곡식을 교역하는 것을 허락해주었다는 내용도 있고, 신종 연간에는 금은의 실제가격으로 쌀을 바꾸게 해주었다. 또한 안자(晏子)와 부망개서(斧望箇恕)가 말을 판매했던 사실도 보인다. 기록이 많이 등장하지는 않지만 많은 약탈 기사의 이면에는 교역 내지는 교역의 조건 등을 둘러싼 북송 지방관과 제만 부족장 사이의 갈등과 불화가 존재했음을 시사해준다.

여섯째, 의군(義軍)에 관한 대목이다. 북송 조정에서는 서남지역의 제만을 경략하기 위해 이 지역에 해당지역의 소수민족을 주체로 하는 향군(鄕軍), 의군(義軍)을 두어 송의 통치에 반항하는 부족들의 경략에 활용하였다. 예를 들어 시주(施州)와 검주(黔州) 지역의 자제(子弟)들을 충의승군(忠義勝軍)으로 편성하여 다른 만들의 경략(經略)에 적극 활용하였는데, 송대 변경 정책에서 주요한 특징의 하나이다.

일곱째, 풍속과 관련된 대목이다. 관련 기사가 두 번 등장하는데, 먼저 석문번부(石門蕃部)

의 경우 상투머리를 하고 융단을 걸치고, 허리에 칼을 차며, 난붕(欄棚)에 거주하고 목축을 하면서 사납고 용맹하다고 기술하였다. 서남이부의 만족들도 상투머리와 좌임(左衽)을 하며 목축을 한다고 기술하고 있다. 사실 다른 지역의 만들의 풍속도 이들과 대동소이했을 것이며, 현재의 이들 지역의 풍속과도 크게 차이 나지 않는다.

전반적으로 이 지역의 기사 내용은 여러 지역에 분포되어 있는 만이들의 약탈, 반항과 경략, 귀순, 입공과 같은 기사들의 반복적 기술로 이루어져 있다. 때문에 이들 기사에서 특별하게 언급할 부분이 두드러지지는 않는다. 다만 중국 사서에서의 공통된 특징으로, 이들 만으로 통칭되는 민족에 대한 차별적인 시각에 따라 서술된 기술의 편향성은 이 지역 제만에 대한 기사에서도 예외가 아니라는 점이 지적되어야 할 것이다.

> 宋史 外國傳 譯註
>
> 「서남제이·여주제만·서주삼로만·위무투주만·검부시고요외제만·노주만전(西南諸夷·黎州諸蠻·敍州三路蠻·威茂渝州蠻·黔涪施高徼外諸蠻·瀘州蠻傳)」 역주

西南諸夷

서남제이

西南諸夷, 漢牂牁郡地. 武帝元鼎六年, 定西南夷, 置牂牁郡. 唐置費·珍·莊·琰·播·郞·牂·夷等州. 其地北距充州百五十里, 東距辰州二千四百里, 南距交州一千五百里, 西距昆明九百里. 無城郭, 散居村落. 土熱, 多霖雨, 稻粟皆再熟. 無徭役, 將戰征乃屯聚. 刻木爲契. 其法, 劫盜者, 償其主三倍; 殺人者, 出牛馬三十頭與其家以贖死. 病疾無醫藥, 但擊銅鼓·銅沙鑼以祀神. 風俗與東謝蠻同. 隋大業末, 首領謝龍羽據其地, 勝兵數萬人. 唐末, 王建據西川, 由是不通中國. 後唐天成二年, 牂牁淸州刺史宋朝化等一百五十人來朝. 其後孟知祥據西川, 復不通朝貢.

서남제이(西南諸夷)[1]는 한(漢)의 장가군(牂牁郡)[2] 지역에 해당한다. [한] 무제가 원정(元

---

1) 西南諸夷: 서남이는 원래 漢代 蜀郡의 서부와 남부, 즉 현재의 四川省 남서부에서 雲南, 貴州의 두 省과 廣西省 서부에 걸친 지역에 거주하는 민족이었다. 漢 武帝 元鼎 6년(전111) 南越 평정 이후에 이 지역에 牂牁, 越都, 沈黎, 文山, 武都, 益州의 6군을 두었으나 서남이의 저항으로 주군의 설치와 폐지가 반복되어 일정하지는 않았다. 당대에는 黔州都督府를 통해 일부는 내지화되고 일부는 기미주로 지배하다가 당말 이후로 중원과 교섭을 갖지 않았다. 『宋史』에서의 서남이도 기본적으로 漢代 이래 그 지역에 분포한 소수민족을 의미하는 것으로 보인다. 다만 「蠻夷」4의 〈西南諸夷〉조는 본문에서 "西南諸夷, 漢牂牁郡地." 라고 밝힌 바와 같이 일반적인 '서남이' 영역의 일부인 漢의 牂牁郡, 즉 송대의 夔州路 남부(현재 귀주성

鼎) 6년(전111)에 서남이(西南夷)를 평정하고 장가군을 설치하였다. 당대에는 [이 일대에] 비주(費州)3)·진주(珍州)4)·장주(莊州)5)·염주(琰州)6)·파주(播州)7)·낭주(郞州)8)·장주

廣平과 貴定 사이) 일대에 한정되어 있어서 '서남이'라는 범칭과는 구별된다. 그러나 송대에도 일반적인 '서남이'의 범위는 위의 지역을 포함하되 그보다 더 남측인 광서성 방면에 걸쳐 분포하였다. 즉 송대의 일반적인 '서남이'는 漢·唐 시대의 南寧州(광서로 서부)와 장가군을 비롯하여 동북으로는 黔·涪州(夔州 중부)에 달하고, 서북으로는 嘉·敍(成都府路 동남)에 접하고, 동으로는 荊楚(荊湖路 남부)와 접하고, 남으로는 宜·桂 방면에 미치는 범위에 산재한 것으로 총괄할 수 있다(金城奎, 2003: 166~170).

2) 牂牁郡: 중국에서는 고대부터 귀주성 지역의 민족을 가리켜 牂牁蠻으로 범칭하였으며, 貴州省 六枝特區 서부의 강이 牂牁江이었다. 중국이 이 지역에 대하여 정치적으로 간여한 것은 漢의 牂牁郡 설치부터로 확인된다. 漢 武帝 元鼎 6년(전111)에 설치한 牂牁郡의 위치는 현재 귀주성 대부분과 광서 운남의 일부 지역이며, 그 관할 아래 且蘭·鼈·平夷·母斂·談指·出丹·夜郞·同幷·談槀·漏江·毋單·宛溫·鐔封·漏臥·句町·進乘·西隨 등 17縣이 있었고 군치는 且蘭(대략 현재 貴州 福泉縣)에 두었다. 隋代에는 牂州가 설치되었다가 다시 장가군으로 바뀌었는데 수대 말기에 장가만 두령 謝龍羽가 할거하였다. 당 武德 3년(620)에 사용우가 內附하자 여기에 장주를 설치하여 그를 牂州刺史에 임명하고 '夜郎郡公'에 봉하였다. 당 현종 개원 연간(713~741) 이후로는 趙氏가 추장이었고 그 후예인 趙國珍 등이 黔中都督, 工部尙書를 제수받은 바 있다. 『通典』卷187에서 "牂牁의 渠帥는 姓이 謝氏로 예부터 中國에 臣事하여, 대대로 本土의 牧守가 되었다. 隋末에 大亂이 일어나 마침내 끊어졌다. 大唐 貞觀 중에 그 酋가 遣使하여 職貢을 닦았다. 勝兵·戰士가 수만이었다. 이에 그 땅에 牂州를 두었다. 지금은 黔中郡의 羈縻州이다."라고 한 내용이다.

3) 費州: 北周 宣帝 宣政 원년(578)에 설치되었으며, 치소는 오늘날의 貴州省 思南縣에 두었다. 『太平寰宇記』卷121 「江南西道」19 〈費州〉에서는, "州界에 費水가 있는 까닭에 郡名으로 세웠다."라고 적었다(『太平寰宇記』, 2007: 2414). 唐 太宗 貞觀 11년(637)에 이곳으로 涪川縣을 옮기고, 費州의 치소로 삼았다. 唐 玄宗 天寶 연간(742~755) 초에 고쳐서 涪川郡이라 하였다가, 唐 肅宗 乾元 연간(758~759) 초에 다시 費州로 하였다. 관할 구역은 오늘날의 貴州省 思南縣과 德江縣 지역에 해당한다. 나중에 폐지되었다.

4) 珍州: 唐 貞觀 16년(642)에 설치하였으며 치소는 夜郞縣(현재 貴州省 正安縣 西北)에 두었다. 본래 고대 夜郞國이 현재 귀주성 서·북부 및 사천성, 운남성, 광서성 각각의 일부에 해당하는 곳에 있었는데, 漢武帝가 그 땅에 牂牁郡을 두고 또 夜郞縣을 현재 귀주성 關嶺縣 구역에 설치하였다. 晉에서도 고대 야랑국에 비해서는 작은 경역의 야랑군·현을 설치했으나 梁代에 가서 폐지되었다가 당 태종 때 진주로 설치된 것이다. 『舊唐書』「地理志」에서는 진주에 대하여 "현의 경계에 降珍山이 있어서 이름을 珍州라고 한다."고 하였다. 『舊唐書』「地理志」에 따르면 貞觀 6년(624)에 "開山洞 置珍州 置夜郞·麗皋·樂源三縣"이라 하고, 『元和郡縣志』에서도 "珍州管縣三, 夜郞麗皋樂源"이라고 하였다. 天寶 원년(742)에 珍州를 夜郞郡으로 바꾸고 군 치소를 야랑현에 두었다가, 肅宗 乾元 초(758)에 珍州로 회복되었다. 관할 영역은 현재 귀주성의 正安縣과 道安縣 등 지역에 해당하였다. 元和 3년(808)에 폐지하였다. 북송 大觀 2년(1108)에 다시 설치하였고 치소는 낙원현(현재 정안현의 동북)에 있었다가 宣和 4년(1122)에 폐지하였다. 元代에 珍州思寧等處長官司로 바꾸었다.

(牂州)9) · 이주(夷州)10) 등을 설치하였다.11) 그 지역은 북쪽으로 충주(充州)12)와 150리 거리에 있고, 동쪽으로 진주(辰州)13)와 2,400리 떨어져 있으며, 남쪽으로는 교주(交州)14)와 1,500리

5) 莊州: 唐 貞觀 4년(630)에 南壽州를 고쳐서 설치되었으며, 黔州都督府에 속하였다. 치소는 지금의 貴州省 貴陽市 남쪽 靑岩鎭 부근으로 비정된다. 南宋 이후 폐지되었다.

6) 琰州: 唐 貞觀 4년(630)에 설치하여 羈縻州가 되었고, 黔州都督府에 속하였다. 치소는 현재의 貴州省 鎭寧布依族苗族自治縣 남쪽에 해당한다.

7) 播州: 唐 貞觀 13년(639)에 설치되었는데, 치소는 오늘날 貴州省 遵義市 혹은 貴州省 綏陽縣城 부근이라고 알려진 恭水縣으로, 후에 羅蒙縣, 이어 遵義縣으로 개칭되었다. 지금의 貴州省 遵義市와 遵義縣 그리고 桐梓縣을 통할하였는데, 『太平寰宇記』 卷121 「江南西道」 19 〈播州〉 조에 따르면 이 지역은 여러 차례 명칭과 관할 구역의 변경을 거쳐 乾元 원년(758) 播州로 확정되었다가 당 말에 폐지되었다. 『資治通鑑』 卷250 「唐紀」 66 〈咸通 원년(860) 10月 己亥〉조에 대한 호삼성의 주석에 따르면 파주가 남조에게 함락된 것은 大中 13년(859)의 일이다.

8) 郎州: 唐 貞觀 연간에 설치된 낭주가 두 곳이 있었다. 한 곳은 唐 貞觀 8년(634)에 南寧州를 고쳐 설치한 낭주로서 치소는 味縣(현재 운남성 曲靖市 서북쪽 15리)이었다. 관할 영역은 대략 현재의 운남성 尋甸 · 宜良 · 路南 · 彌勒縣 등의 이동 지역이었으나 이후에 영역이 축소되었다. 開元 5년(717)에 다시 남녕주가 되었다. 다른 한 곳은 貞觀 9년(635)에 현재 貴州省 遵義市인 恭水縣에 치소를 두고 설치한 곳으로서 관할 영역이 현재 귀주성 준의시 · 준의현 및 桐梓縣 지역이었고 2년 후에 폐지되었다. 여기서 말하는 낭주는 후자일 가능성이 커 보이지만 운남의 남녕주 영역일 가능성도 배제할 수는 없다.

9) 牂州: 隋 文帝 開皇 연간(581~600) 초에 처음 설치되었으며, 치소는 牂柯縣(현재의 貴州省 黃平縣 西北)에 두어졌다. 관할 구역은 오늘날 貴州省의 金沙와 平壩 및 紫雲苗族布依族自治縣 이동, 餘慶과 施秉 및 岑鞏縣 이남, 三穗와 從江縣 이서 지역 그리고 道眞과 正安 및 遵義市 일대에 상당한다. 大業 연간(605~616) 초에 고쳐서 牂柯郡을 두었다. 본문에 보이는 바와 같이 唐 高祖 武德 3년(620)에 다시 牂州가 되었다. 치소는 현재의 貴州省 甕安縣 동북 草塘鎭에 두어졌다. 玄宗 開元 연간(713~741) 중에 羈縻州로 강등되어 黔州都督府에 속하게 되었다. 北宋代에는 黔州에 속하였다가 나중에 폐지되었다.

10) 夷州: 唐 武德 4년(621)에 설치하고 치소는 綏陽縣(현재 貴州 風風縣 서부)이었다. 貞觀 원년(627)에 폐지하였다가 4년(630)에 다시 설치하면서 치소를 都上縣(현재 鳳風縣 동남)으로 옮기고 11년(637)에 다시 綏陽縣으로 옮겼다. 관할 영역은 현재 귀주성 鳳風縣, 綏陽縣, 湄潭縣 지역이었다. 五代 이후에 폐지되었다가 宋代 초에 羈縻 夷州로 삼았다가 후에 承州로 바꾸었다.

11) 저본인 중화서국본 『송사』의 「교감기」에서는, 본래 "唐置費 · 珍 · 莊 · 琰 · 播 · 郎 · 牂 · 夷等州" 구절 중 '郎' 아래에 '牂牁' 두 글자가 있었으나 교감의 결과 衍字로 판단하여 삭제하였음을 밝히고 있다. 『宋會要集稿』 「蕃夷」 5-10, 『文獻通考』 卷329 「四裔考」에 두 글자가 없으며, 또한 『新唐書』 卷43 「地理志」의 "牂州 武德三年以牂牁受領謝龍羽地置 四年更名牁州 後復故名."에서 보는 바와 같이 당대에 牂牁州는 없었던 점에 근거하고 있다.

12) 充州: 唐 高祖 武德 3년(620)에 장가만 別部에 설치한 기미주로, 치소는 平蠻縣(貴州省 石阡縣 서남)에 해당한다. 관할 구역은 貴州省의 石阡 · 餘慶 · 施秉 · 鎭遠 · 三穗 · 岑鞏 · 江口 등의 縣 지역에 상당하였다. 南宋 이후 폐지되었다.

거리이며, 그리고 서쪽으로는 곤명(昆明)15)과 900리 떨어져 있다. [이곳에는] 성곽이 없고 촌락에 흩어져 거주한다. 그 토양은 아주 덥고 자주 장맛비가 내리므로 벼와 곡식을 모두 이모작한다. 요역은 없으나 만약 전쟁하러 나가게 될 때에는 곧바로 주둔지로 가서 모인다. 나무에 새겨서 약속을 한다. 그들의 법에 따르면, 위협하여 훔친 자는 주인에게 세 배로 갚게 하고, 또 살인한 자의 경우 소와 말 30마리를 죽은 자의 집에 내어줌으로써 사형을 대속할 수 있다. 병이 나도 의원이나 약물을 쓰지 않고 다만 구리 북[銅鼓]과 구리 징[沙鑼]16)을 두들기며 신에게 제사를 지낸다. [이들의] 풍속은 동사만(東謝蠻)17)과 같다. 수(隋) [양제] 대업(大業) 연간(605~616) 말기에 수령 사용우(謝龍羽)18)가 그 지역을 점거하였는데 그의

---

13) 辰州: 隋 文帝 開皇 9년(589)에 武州를 고쳐서 설치하였으며, 치소는 龍榭縣(현재 湖南省 黔陽縣 서남쪽 黔城鎭)에 두었다. 辰溪로 인하여 이름을 붙였다. 나중에 치소를 沅陵縣(현재 湖南省 沅陵縣)으로 옮겼다. 관할 구역은 현재 湖南省 沅陵縣 이남의 沅水 유역에 해당한다. 隋 煬帝 大業 연간(605~616) 초에 고쳐서 沅陵郡이라 하였다가, 唐 高祖 武德 3년(620)에 다시 辰州라고 하였다. 玄宗 天寶 연간(742~755) 초에 瀘溪郡으로 바꾸었으나, 乾元 연간(758~759) 초에 다시 辰州로 하였다. 元代에 辰州路로 바꾸었다.
14) 交州: 後漢 獻帝 建安 8년(203)에 交州刺史를 설치하였으며 치소는 廣信縣(지금의 廣西省 梧州市)이었다. 삼국 吳나라가 交州와 廣州로 나누었는데, 관할 지역은 지금의 廣西省 欽州지구·廣東省 雷州半島·베트남의 북부와 중부 일대였다. 수나라 때 폐지하였다가 唐 高祖 武德 5년(622)에 다시 설치하였으며, 치소는 交趾縣으로 지금의 베트남 하노이[河內]시 서북쪽에 해당한다.
15) 昆明: 고대 종족 명칭이었다.『史記』卷116「西南夷傳」에 "그 바깥 桐師 이동 그리고 북으로 楪楡에 이르는 지역에 嶲와 昆明이라는 이름을 가진 족속이 있다."고 하였다. 전국에서 진한대까지 곤명족은 현재 운남 洱海 일대에 존재하고 蜀에서 신독으로 통하는 가도에 거처하였다. 한무제 때 사절을 보내 신독국과 교통하는데 여러 차례 곤명에 의해 방해를 받았다. 삼국시기에 현재의 雲南省 동북과 貴州省 서쪽으로 이주해왔으며, 隋唐 시대에는 현재의 貴州省 서부 일대에 거주하였다. 곤명이 지명으로 출현한 것은 당대로, 武德 2년(619)에 사천성 定筰鎭(현재 鹽源縣 영역)의 鎭治가 남으로 곤명족과 접하여 그 이름을 곤명현이라고 하였다는 기록이 있다. 漢代부터 唐代 이전까지 곤명족은 대부분 운남 서부 지역에 정착하여 있었는데 南詔, 大理國 시기에 烏蠻·白蠻이 흥기하여 곤명족 거주 지방을 점거하자 곤명족이 운남으로 동천하여 곤명호 주위에 취거하였다. 남송 理宗 寶祐 2년(1254)에 몽골이 대리를 멸하고 鄯闡에 '昆明千戶所'를 설치하여 곤명이라는 지명이 되었다.
16) 沙鑼: 징과 같은 일종의 타악기인데 行軍 때는 세면용구로도 쓰였다.
17) 東謝蠻:『구당서』「남만·서남만」전에 수록된 〈東謝蠻〉조에는 그 위치와 풍속 및 당조와의 관계가 기록되어 있다. 黔州의 서쪽 수백 리에 위치하고 화경 농법으로 오곡을 생산하였다. 賦稅를 거두는 일은 없으나 신분이 높은 자의 권위가 있고 또 상벌제도가 있었다. 당대 부락의 수령은 謝氏 일족이었다. 한편『구당서』「남만·서남만」전의 〈牂牁蠻〉조에서도 장가만의 풍속과 물산이 대략 동사만과 같고 그 수령 또한 姓이 謝氏라고 전한다.
18) 謝龍羽: 隋 煬帝 大業 연간(605~616) 말기 牂牁蠻을 통치한 수령이다. 唐 高祖 武德 3년(620)에 조공하

승병(勝兵)19)이 수만 명에 달하였다.20) 당대 말에는 왕건(王建)21)이 서천(西川)22)을 점거하였고 이로부터 중국과 내왕하지 않았다. 후당(後唐) [명종(明宗)] 천성(天成) 2년(927)에 장가(牂牁)와 청주(淸州)23) 자사 송조화(宋朝化)24) 등 150명이 와서 조공하였다. 그 후에

고 牂州刺史를 제수받고 夜郞郡公에 봉해졌다.

19) 勝兵: 作戰에 충당되는 병사로『구당서』「태종본기」에 "師次于涇陽, 勝兵九萬, 破胡賊劉鷂子, 幷其衆." 이라 한 것과 같이 특히 정예병을 의미한다고 생각된다.

20) 『구당서』「남만·서남만」전 〈牂牁蠻〉조에 謝龍羽 당시 당조와의 관계에 대한 내용이 상세하게 기록되어 있다.

21) 王建(847~918): 字는 光圖, 五代 前蜀을 창건한 군주(高祖, 재위 907~918)로 陳州의 項城 혹은 舞陽 출신으로 알려져 있다. 소년기에 무뢰로서 牛驢 도살과 私鹽 판매를 업으로 삼아 향리에서는 그를 "賊王八"이라고 칭하였다. 黃巢의 난 때 자진하여 唐朝 군대에 들어가 장안이 점령되었을 때 공을 세워 당 僖宗이 西川節度使·壁州刺史에 봉하였다. 희종이 장안에 귀환한 후 御林軍宿衛將領으로 승진하였다. 光啓 2년(886) 희종이 다시 섬서로 도피하였을 때 왕건을 淸道使로 삼았고 그 후로 왕건은 서방으로 세력을 확대해갔다. 大順 2년(891)에 成都를 공격하고 西川을 점거하였다. 乾寧 4년(897)에 東川의 梓·渝 등 諸州를 점령하고 天復 2년(902)에는 山南西道를 차지하였다. 이듬해 唐 昭宗이 王建을 蜀王에 봉하였다. 天復 4년(904)에 당이 낙양으로 천도하고 天祐로 개원하였으나 왕건과 당이 격절하여 알지 못했기 때문에 계속 천복이라 칭하였다. 천복 6년, 즉 천우 3년(906)에 歸州를 취하여 삼협을 병합하였다. 907년(後梁 開平 원년, 蜀은 天復 7년 씀)에 朱溫이 당을 찬탈하고 後梁을 건립하자 왕건은 사방에 격문을 보내 병력을 모아 후량을 토벌하자 했으나 주변에서 그가 불성실하다 여겨 응하지 않았다. 같은 해 9월에 王建이 황제를 칭하고 국호를 (前)蜀이라고 하고 成都에 도읍을 정하고 연호를 天復으로 하였다. 前蜀 永平 5년(915)에 王建은 秦·鳳·成·階 4개 州를 취하여 영역을 大散關까지 확대하였다. 後梁 末帝 貞明 2년(916)에 국호를 漢으로 고쳤다가 이듬해 다시 (前)蜀으로 바꾸었다. 前蜀 光天 원년(918) 6월에 사망했을 때 나이가 72세, 재위 12년이었다.

22) 西川: 唐代 方鎭의 이름으로 至德 2년(757)에 劍南節度使 서부 지역을 나누어 置劍南西川節度使를 설치하고 西川節度使로 간칭하였다. 치소는 成都府이고 관할 영역은 여러 차례 변동이 있었으나 대개 현재 四川省 成都平原과 그 이북·이서, 그리고 雅礱江 이동 지역이었다. 廣德 연간(763~764) 중에 잠시 東川과 합하여 劍南節度使로 되었다가, 大曆 연간(766~779) 중에 다시 검남서천절도사로 분치되었다. 元和 연간(806~820) 초에 劉闢이 할거하였고, 당말에 王建이 이곳을 근거지로 하여 五代 前蜀을 건립하였다. 宋朝가 乾德 3년(965) 後蜀을 평정하고 兩川을 병합하여 西川路를 설치하면서 成都府에 치소를 두었다. 開寶 6년(973), 나누어 峽西路를 설치하고 咸平 4년(1001)에 益州路와 梓州路로 분할 설치하였다.

23) 淸州: 현재 貴州省 淸鎭에 해당하는 지역으로 당송대에 청주로 불리었다. 본래 당에서 설치하여 기미주로 삼았고 그 치소가 현재 귀주성 청진시 서남에 있었다가 송 이후에 폐지되었다.

24) 宋朝化(?~?): 五代 後唐 때 淸州 八郡刺史를 지냈다. 後唐 明宗 天成 2년(927) 宋朝化가 八郡 각 刺史와 羅甸王 普露靜王 등 아홉 昆明大鬼主를 포함한 153인의 사절단을 인솔하여 조공하여 방물을

맹지상(孟知祥)[25]이 서천을 점거하면서 또다시 조공관계가 통하지 않게 되었다.

乾德三年, 平孟昶. 五年, 知西南夷南寧州蕃落使龍彥瑫等遂來貢, 詔授彥瑫歸德將軍·南寧州刺史·蕃落使, 又以順化王武才爲懷化將軍, 武才弟若啟爲歸德司階, 武龍州部落王子若溢·東山部落王子若差·羅波源部落王子若臺·訓州部落王子若從·雞平部落王子若冷·戰洞部落王子若磨·羅母殊部落王子若母·石人部落王子若藏並爲歸德司戈. 開寶二年, 武才等一百四十人又來貢, 以武才爲歸德將軍. 來人乞賜武才鈿函手詔, 以舊制所無, 不許. 四年, 其國人詣涪州, 言南寧州蕃落使龍彥瑫卒, 歸德將軍武才及八刺史狀請以彥瑫子漢瑭爲嗣, 詔授漢瑭南寧州刺史兼蕃落使. 八年, 三十九部順化王子若發等三百七十七人來貢馬百六十匹·丹砂千兩.

[태조] 건덕(乾德) 3년(965)에 [송이] [후촉(後蜀)] 맹창(孟昶)[26] [정권]을 평정하였다. [건덕] 5년(967)에 지서남이남녕주(知西南夷南寧州)[27] 번락사(蕃落使) 용언도(龍彥瑫)와

헌납하고 銀器 등의 사례품을 하사받은 바 있다.
25) 孟知祥(874~934): 後蜀의 高祖, 字는 保胤이다. 邢州 龍岡 출신이며 오대십국 시대 십국 중 後蜀의 건립자이다. 그의 조부 孟察과 父 孟道, 숙부인 孟遷 모두 절도사까지 역임했고 그는 후당 태조 李克用의 侄婿였다. 후당 李存勗에게서 太原尹을 제수받고, 前蜀을 멸한 전쟁에 공을 세워 西川절도사에 책봉되고 후에 명종 때에 成都西川절도사가 되고 또 蜀王으로 봉해졌다. 후당 명종의 후의에 대한 예의로 칭제를 하지 않다가 명종 사망 다음 해 즉 후당 應順 원년(934) 1월에 성도에서 황제로 즉위하여 '大蜀' 즉 후촉을 건국하고 '明德'이라고 개원하였다. 황제에 오른 지 7개월 만에 61세 나이로 사망하였다. 역사에서는 그를 후촉의 前主로 칭하며 그의 아들 孟昶에게 계승되었다.
26) 孟昶(919~965): 오대십국 시대 십국 중 후촉의 2대이자 마지막 황제(재위 934~965)로, 묘호는 없고 후세의 역사에서는 後主라고 칭해진다. 본명은 仁贊, 자는 保元, 시호는 恭孝이다. 후촉 고조 孟知祥의 3남으로서 제위를 이었다. 본래 맹지상이 양천절도사일 때 맹창은 行軍司馬를 지내고, 맹지상이 참칭했을 때에는 맹창을 東川절도사로 삼았으며 맹지상이 병이 났을 때에 맹창이 국가를 감독하였다. 맹지상이 죽었을 때 趙季良 등이 맹창을 옹립한 후에야 國喪을 알렸다. 맹창 즉위 초년에는 여민휴식의 정책을 시행하여 국세가 강성하고 북변 강토가 장안까지 확장되었다. 그러나 재위 후기에는 주색에 빠지고 사치무도하며 국정은 부패하였다. 후촉 廣政 30년(964) 王全斌이 지휘하는 송의 군대가 후촉 정벌에 나서 劍門關 전투에서 촉군을 궤멸시켰다. 맹창은 북쪽의 북한과 손을 잡고 송에 대항했으나, 저항은 수포로 돌아가 송 태조 乾德 3년(965) 송에 병합되었다. 그는 개봉으로 연행되어 秦國公에 봉해졌다가 그해에 사망하였다. 시호로 恭帝가 내려졌다.

그 일행이 마침내 와서 조공하였다. [이에] 조서를 내려 [용]언도에게 귀덕장군(歸德將軍)28)·남녕주자사(南寧州刺史)·번락사를 제수하고, 또 순화왕(順化王) 무재(武才)를 회화장군(懷化29)將軍)30)으로, 무재의 동생 약계(若啟)를 귀덕사계(歸德司階)31)로, 그리고 무룡주(武龍州)32) 부락의 왕자 약일(若溢)·동산(東山) 부락 왕자 약차(若差)·나파원(羅波源) 부락 왕자 약대(若臺)·훈주(訓州)33) 부락 왕자 약종(若從)·계평(雞平) 부락 왕자 약랭(若冷)·전동(戰洞) 부락 왕자 약마(若磨)·나모수(羅母殊) 부락 왕자 약모(若母)·석인(石人) 부락 왕자 약장(若藏) 등은 모두 귀덕사과(歸德司戈)34)로 삼았다.35) [태조] 개보(開寶) 2년(969)에 무재 등 140명이 또 내공하니 무재를 귀덕장군으로 삼았다. 내조한 자들이 청하기를 세함(鈿函)36)에 넣은 수조(手詔)37)를 무재에게 하사해달라고 하였으나, 옛 제도에 [따르면]

---

27) 南寧州: 西魏 때 寧州를 바꾸어 설치하였는데 당시 관할 영역은 현재 운남·귀주 두 성의 지역이었다. 保定 2년(562)에 나누어 恭州를 설치하여 현재 운남성 동북부는 남녕주에 속하지는 않았다. 수대에 폐지하였다가 唐 武德 원년(618)년에 다시 설치했으며, 무덕 7년(624)에 서남부에 西寧州가 설치되어 남녕주의 관할 영역이 축소되었다. 貞觀 8년(634)에는 郎州로 이름을 바꾸었다가 開元 5년(717)에 다시 남녕주로 고쳤으나 天寶 연간 후에 폐지하였다. 북송대에 기미주 설치하고 치소를 현재 貴州省 惠水縣 남쪽에 두었고 남송 이후로 폐지하였다. 원대 至元 13년(1276)에 다시 설치하였다가 8년 후 현으로 강등하였다.
28) 歸德將軍: 唐宋代 武散官名으로 從3品下인 무장직이었다.
29) 懷化: 현재 호남성 서부에 있는 회화시는 교통조건이 좋아서 예로부터 '黔滇門戶', '全楚咽喉'의 별칭이 있었다. 회화는 역사가 유구하며 고대에는 이곳을 '荊楚之地'라고 하였다. 춘추전국 때 "楚巫中地, 楚黔中郡地"였고 秦 통일 이후에 국가 행정이 시작되어 위진남북조 때에 치소가 많아졌다. 당대에는 辰州를 거점으로 현재 회화시에 6개 주가 있었고 송대에는 荊湖路에 속하여 辰州·敘州·晃州·鶴州·錦州 등 30여 州가 있었다.
30) 懷化將軍: 唐宋 武散官名으로 正3品下, 懷化大將 아래 지위로 武官 제6급이었다.
31) 歸德司階: 唐宋 武散官名으로 從6品下인 무장직이었다.
32) 武龍州: 唐 開元 연간(713~741) 중에 현재 廣西省 百色市 동쪽에 치소를 두어 무룡현을 설치하였는데 북송대에 무룡기미주로 바꾸었으며, 원대에 이를 무룡주로 고쳐 치소를 광서성 백색시 동쪽에 두고 來安路에 속하게 하였다. 明代에 폐지하였다.
33) 訓州: 당대 사천 지역에 있던 羈縻州이다.
34) 歸德司戈: 唐宋 武散官名으로 從8品下인 무장직이었다.
35) 송대 귀주 지역에 3개의 '化外' 彝族 蕃國인 阿者·羅殿·毗那國은 송조와의 말 무역을 통해 부상하였는데, 順化·武龍州·東山·石人·訓州·雞平·戰洞·羅母殊·羅波源 등 9개 부락은 羅殿國에 속한 기층 정권이었다(王繼超, 2012 참조).
36) 鈿函: 금, 은과 옥, 조개 등을 상감하여 꾸민 상자.

그렇게 한 일이 없었기 때문에 허락하지 않았다. [개보] 4년(971)에는 그 국인들이 부주(涪州)38)에 가서 남녕주번락사 용언도가 죽었음을 고하여 알리고 귀덕장군 무재 및 여덟 명의 자사가 문서를 올려 [용]언도의 아들 [용]한당(龍漢瑭)이 계승할 것을 요청하니 조서를 내려 [용]한당에게 남녕주자사겸번락사(南寧州刺史兼蕃落使)를 제수하였다. [개보] 8년(975)에는 39개 부족에서 순화 왕자 약발(若發) 등 377명이 와서 말 160필, 단사(丹砂)39) 1천 냥의 공물을 바쳤다.

太平興國五年, 夷王龍瓊琚遣其子羅若從幷諸州蠻七百四十四人以方物·名馬來貢. 六年, 保州刺史董奇死, 以其子紹重繼之. 雍熙二年八月, 奉化王子以慈等三百五十人以方物來貢. 夷王龍漢璿自稱權南寧州事兼蕃落使, 遣牂牁諸州酋長趙文橋率種族百餘人來獻方物·名馬, 幷上蜀孟氏所給符印. 授漢璿歸德將軍·南寧州刺史, 以文橋等幷爲懷化司戈. 端拱二年, 漢璿又貽書五溪都統向通漢, 約以入貢. 淳化元年, 漢璿遣其弟漢興來朝. 三年, 夷王龍漢興及都統龍漢璬·刺史龍光顯·龍光盈及順化王雨滯等各貢馬·朱砂.

[태종] 태평흥국(太平興國) 5년(980) [서남]이왕(夷王)40) 용경거(龍瓊琚)가 아들 나약종

---

37) 手詔: 제왕이 친히 쓴 조서. 宋 趙昇 『朝野類要』「法令」에 "手詔, 或非常典, 或是篤意, 及不用四六句者也."라고 하였다.

38) 涪州: 隋 開皇 연간(581~600) 말에 合州를 고쳐서 설치하였으며, 치소는 石鏡縣(현재 四川省 合川市)에 두었다. 관할 구역은 오늘날의 四川省 合川·銅梁·武勝·大足 등의 市縣에 해당하였다. 大業 3년(607)에 고쳐서 涪陵郡으로 삼았다. 唐 武德 원년(618)에 다시 설치하였으며, 치소는 涪陵縣(四川省 涪陵市)에 두었다. 『元和郡縣志』卷30 「涪州」에서는, "蜀江 남쪽에 있고, 涪江 서쪽에 있는 까닭에 이름을 지었다."라고 하였다. 天寶 원년(742)에 고쳐서 涪陵郡으로 하였다가, 乾元 원년(758)에 다시 涪州로 회복하였다. 관할 구역은 四川省 涪陵·長壽·南川·武隆 등의 市縣에 해당하였다. 南宋 咸淳 3년(1267)에 치소를 현재 市의 동북에 있는 三台山으로 옮겼다.

39) 丹砂: 천연광물 황화수은(cinnabar, 화학명 HgS)으로 붉은색을 띠어 朱砂, 辰砂, 赤丹, 汞沙라고도 칭해졌다. 특히 고대 方士들이 煉丹의 주원료로 사용하였다. 晋 葛洪, 『抱朴子』「黃白」에는 "朱砂爲金服, 之升仙者上士也."라는 기록이 있고, 『南史』「隱逸傳」下 〈陶弘景〉에 "弘景旣得神符秘訣, 以爲神丹可成, 而苦無藥物. 帝給黃金·朱砂·曾青·雄黃等."이라 하였다. 해독 방부 작용이 있어 약재로 쓰이고 안료로 이용되기도 하였다.

(羅若從)과 제주(諸州)의 [남]만 744명을 보내 방물과 명마를 입공하였다. 6년(981)에는 보주(保州)41) 자사 동기(董奇)가 죽고 그의 아들 소중(紹重)이 그를 계승하였다. [태종] 옹희(雍熙) 2년(985) 8월에 봉화(奉化) 왕자 이자(以慈) 등 350명이 방물을 가지고 와서 바쳤다. [서남]이왕 용한선(龍漢璿)이 스스로 '권남녕주사겸번락사(權南寧州事兼蕃落使)'라고 칭하고 장가제주(牂牁諸州)의 추장 조문교(趙文橋)를 파견하여 종족 100여 명을 거느리고 와서 방물과 명마를 진헌하게 하고 아울러 [후촉] 맹씨 정권에게서 받았던 부절(符節)과 인신(印信) 등을 헌상하였다. [용]한선에게 귀덕장군(歸德將軍)·남녕주자사를 제수하고 [조]문교 등은 모두 회화사과(懷化司戈)42)로 삼았다. [태종] 단공(端拱) 2년(989) [용]한선이 또 오계(五溪)43) 도통(都統)44) 상통한(向通漢)을 통하여 서신을 전하여 조공할 것을 약정하였다. [태종] 순화(淳化) 원년(990)에 [용]한선이 그의 동생 [용]한흥(龍漢興)을 파견하여 내조하였다. [순화] 3년(992)에 [서남]이왕 [용]한흥과 도통 용한요(龍漢璙)·자사 용광현(龍光顯)·용광영(龍光盈) 그리고 순화왕(順化王) 우체(雨滯) 등이 각각 말과 주사(朱砂)45)를 진공하였다.

---

40) 『송사』 권4 「본기」 4에서는 "太平興國 5年 八月甲申, 西南蕃主龍瓊琚 使其子羅若從并諸州蠻來貢."에서와 같이 夷王 대신 '西南蕃主'로 표현되어 있다.
41) 保州: 唐 乾元 원년(758) 天保郡을 바꾸어 설치하고 그 치소는 定廉縣(현재 四川省 理縣 서북)이었다. 후에 다시 古州로 개명하고 또다시 保州로 고쳤다. 관할 영역은 현재 四川省 理縣 서북지역이었다. 북송에서 羈縻州로 삼고 威州에 속하게 하였다. 政和 4년(1114)에 祺州로 바꾸었다.
42) 懷化司戈: 唐宋 武散官名으로 正8品下인 무장직이었다.
43) 五溪: 협의로 오계라 하면 현재의 호남성 懷化市를 가리킨다. 그 경내에 중요한 지류로 酉水·辰水·溆水·舞水·渠水를 고대에 "五溪"라고 칭하고 이 때문에 회화를 "五溪之地"라고도 하였다. 한편, 광의로 오계는 귀주 호남을 흐르는 沅江 상류의 5대 지류, 즉 『水經注』에서 말하는 "武陵有五溪, 謂雄溪 滿溪 酉溪 潕溪 辰溪."이다. 그 범위는 懷化를 중심 지대로 하여 湘·黔·渝·鄂 등 省市의 주변지역, 전부 30여 개 현시를 포함하는 곳이다. 五溪 지역에 31개 소수민족이 있고 역사상 중국 남부 중요 소수민족 취거지구였다. 여기서는 전자 회화 일대를 가리키는 것으로 보인다.
44) 都統: 前秦 苻堅 建元 19년(383)에 少年都統을 설치하였으며, 前秦 말에는 河西鮮卑大都統을 설치했는데, 河西 지역 蠻夷 종족 首領의 官號가 되었다. 唐 후기에는 번진과 농민기의를 진압할 때 다시 설치되었다. 肅宗 乾元 원년(758)에 都統을 두어 五道 혹은 三道의 兵馬를 총관하도록 하였다. 肅宗 上元 2년(761)에 폐지하였다가 宣宗 大中 연간(847~859)에 다시 설치하였다. 설치한 것이 너무 많았던 까닭에 中和 2년(882)에는 다시 諸道行營都都統을 두어 각 都統을 통솔하도록 하였다. 하서 지역뿐 아니라 四夷 전체 종족 수령의 일반적인 관호로 쓰였다.
45) 朱砂: 앞의 각주 38)의 丹砂를 말한다.

> 至道元年, 其王龍漢瑰遣其使龍光進率西南牂牁諸蠻來貢方物. 太宗召見其使, 詢以地里風俗, 譯對曰:「地去宜州陸行四十五日. 土宜五穀, 多種秔稻, 以木弩射麞鹿充食. 每三二百戶爲一州, 州有長. 殺人者不償死, 出家財以贖. 國王居有城郭, 無壁壘, 官府惟短垣.」光進之說, 與前書所記小異, 故幷敍之. 上因令作本國歌舞, 一人吹瓢笙如蚊蚋聲, 良久, 數十輩連袂宛轉而舞, 以足頓地爲節. 詢其曲, 則名曰水曲. 其使十數輩, 從者千餘人, 皆蓬髮, 面目黧黑, 狀如猿猱. 使者衣虎皮氈裘, 以虎尾插首爲飾. 詔授漢瑰寧遠大將軍, 封歸化王; 又以歸德將軍羅以植爲安遠大將軍, 保順將軍龍光盈·龍光顯並爲安化大將軍, 光進等二十四人並授將軍·郞將·司階·司戈. 其本國使從者, 有甲頭王子·刺史·判官·長史·司馬·長行·傔人七等之名.

[태종] 지도(至道) 원년(995) 그 왕 용한요가 사절 용광진(龍光進)을 파견하여 서남 장가제만(牂牁諸蠻)을 이끌고 와서 방물을 진공하게 하였다. 태종이 그 사절을 불러 만나보고 지리와 풍속을 물으니 통역을 통해서 이렇게 답하였다. 즉, "저희 지역은 의주(宜州)[46]로부터 육로로 45일 거리에 있습니다. 토지가 오곡 생산에 적합하며 메벼[秔稻][47]를 많이 재배하며, [또] 목제 쇠뇌를 쏘아 노루와 사슴을 잡아서 음식으로 충당합니다. 이삼백 호를 한 주(州)로 삼고 주마다 장관을 둡니다. 살인한 자는 죽는 것으로 죄를 갚는 것이 아니라 가재(家財)를 내어 속죄받습니다. 국왕의 거처에 성곽은 있지만 성벽의 보루는 없습니다. 관부에는 단지 간단한 담장이 있을 뿐입니다." [용]광진이 설명한 내용이 이전의 서신에 쓴 바와 조금 차이가 있었기 때문에 [그의 말도] 함께 기록해두었다. 태종이 그들에게 본국의 가무를 하게 하니 한 명이 표생(瓢笙)[48]을 부는데 모기[蚊蚋][49]소리 같았다. 한참 지난 뒤에 수십 명이 함께

---

46) 宜州: 唐 乾封 연간에 粤州를 고쳐 설치하였는데 치소는 龍水縣(현재 廣西省 宜州市)이었다. 天寶 원년(742)에 龍水郡으로 고쳤다. 乾元 원년(758) 다시 宜州를 설치했고 관할 영역은 현재 廣西 宜山縣 대부분 및 羅城 仫佬族 自治縣 서남부 지역이었다. 南宋 咸淳 원년(1265)에 慶遠府로 승격시켰다.
47) 『宋史』 「校勘記」에 따르면 多種秔稻의 '秔'자는 원래 '秧'이었는데 『宋會要集稿』 「蕃夷」 5-12, 『文獻通考』 卷329 「四裔考」에 의거하여 고쳤다.
48) 瓢笙: 중국 서남 소수민족이 쓴 일종의 리드 관악기이다. 현재의 苗族들이 '格哈'라고 부르는 악기로 박에 구멍을 내어 만든 악기를 漢語로 '古瓢琴' 혹은 '瓢笙'이라고 부른다. 『新唐書』 「南詔傳」에, "吹瓢笙, 笙四管. 酒至客前, 以笙推盞勸酹."라고 하였다.
49) 蚊蚋: 통상 모기를 가리킨다. 본래 사람피를 먹는 모기를 蚋라 하고 식물 즙을 먹는 모기를 蚊이라고

손을 잡고 이리저리 굽이돌며 춤을 추고 발로 땅을 굴러서 박자를 맞추었다. [황제가] 그 곡조에 대하여 하문하니, 곡 이름이 「물노래[水曲]」라고 하였다. 그 사절이 십여 명이고 수종하는 자가 1천여 명인데, 그들 모두 덥수룩한 머리에다 얼굴이 검으며 생김새가 마치 원숭이 같았다. 사절들은 호랑이 가죽의 털옷을 입고 호랑이 꼬리를 머리에 꽂아 장식을 하였다. [황제가] 조를 내려 [용]한요에게 영원대장군(寧遠大將軍)을 제수하고 귀화왕(歸化王)으로 책봉하였으며, 또 귀덕장군 나이식(羅以植)을 안원대장군(安遠大將軍)으로, 보순장군(保順將軍) 용광영(龍光盈)·용광현(龍光顯)은 모두 안화대장군(安化大將軍)에 임명하였으며, [용]광진 등 24명 모두에게 장군, 낭장(郎將), 사계(司階) 또는 사과(司戈)를 각각 제수하였다. 그 본국에서 사절을 수종하는 자들에는 갑두왕자(甲頭王子)·자사(刺史)·판관(判官)·장사(長史)·사마(司馬)·장행(長行)·겸인(傔人)이라는 일곱 등급의 명칭이 있다.50)

咸平元年, 其王龍漢璙遣使龍光腆又率牂牁諸蠻千餘人來貢, 詔授光腆等百三十人官. 三年, 都部署張文黔來貢. 五年, 漢璙又遣牙校率部蠻千六百人·馬四百六十四幷藥物布帛等來貢, 賜冠帶於崇德殿, 厚賚遣還. 六年, 知全州錢絳請招誘溪洞名豪, 上以生事, 寢其奏不報.

[진종] 함평(咸平) 원년(998)에 그 국왕 용한요가 사절 용광전(龍光腆)을 파견하여 또다시 장가제만 1천여 명을 거느리고 내공하니 조서를 내려 [용]광전 등 130명에게 관함을 주었다. [함평] 3년(1000)에는 도부서(都部署)51) 장문검(張文黔)이 와서 조공하였다. [함평] 5년(1002)에 [용]한요가 또 아교(牙校)52)를 보내어 부락의 만인 1,600명을 거느리고 와서 말

하였다.
50) 牂牁諸蠻의 계급 서열을 중국식 무관명으로 나타낸 것으로 보인다.
51) 都部署: 馬步軍都部署의 약칭이며 部署, 兵馬都部署, 步軍都部署 등의 간칭도 있다. 五代 後唐에서 처음 설치하여 전시 지휘관을 삼았다. 송대에 遼, 西夏에 인접한 지역에 설치하여 지방의 군사장관으로 삼아서 군대둔수, 방어, 훈련, 교열, 상벌 등의 사무를 관장하게 하였다. 송 英宗(趙曙) 때 避諱를 위해 都總管으로 바꾸었다. 요대 때 北大王院, 南大王院에 이 관직이 있고, 北面宮官에 諸行宮都部署와 契丹行宮都部署가 있고, 北面邊防官에 兵馬都部署가 있었다.
52) 牙校: 하급 무관 명칭이다.

460필과 약물과 포백 등을 조공하니 숭덕전(崇德殿)에서 관모와 요대를 하사하는 등 후히 물품을 주어서 돌려보냈다. [함평] 6년(1003)에는 지전주(知全州)53) 전강(錢絳)이 계동(溪洞)54)의 유명한 강호들을 초유할 것을 요청하였으나 황제가 공연히 사단을 만드는 일이라고 여겨 그의 상주문을 제쳐두고 답하지 않았다.

> 景德元年, 詔西南牂牁諸國進奉使親至朝廷者, 令廣南西路發兵援之, 勿抑其意. 先是, 龍光進等來朝, 上矜其道遠, 人馬多斃, 因詔宜州自今可就賜恩物. 至是, 懇請詣闕, 從之. 二年, 詔羈縻保・霸州刺史董紹重・董忠義歲賜紫綾錦袍. 四年, 西南蠻羅甕井都指揮使顏士龍等來貢. 士龍種落迢阻, 未嘗來朝, 今始至, 詔館餼賜予如高・溪州.

[진종] 경덕(景德) 원년(1004)에 조서를 내려, 서남 장가지역 여러 나라의 진봉사가 직접 조정에 오는 경우에, 광남서로(廣南西路)55)에 명령하여 병력을 내어 그들을 도와주고 그들의 [오고자 하는] 뜻을 막지 말라고 하였다. 이 일에 앞서서 용광진 등이 내조하는데 황제가 그들의 여정이 너무 멀어 사람과 말이 도중에 많이 죽는 것을 불쌍히 여겼다. 그로 인해 조서를 내려 이후로는 의주(宜州) 현지에서 상으로 내린 물품을 받을 수 있도록 했다. 그런데 이때에 직접 조정에까지 가겠다고 간청하자 이를 허락한 것이다. [경덕] 2년(1005)에 조서를 내려 기미주(羈縻州)인 보주(保州)56)・패주(霸州)57)의 자사 동소중(董紹重)과 동충의(董忠

---

53) 全州: 五代 晉 天福 4년(939) 永州를 분할하여 설치하였고 치소를 淸湘縣(현재 廣西省 全州縣 서쪽)에 두었다. 明 曹學佺의 『廣西名勝志』 卷1에는 "全州之名, 本予湘山寺僧全眞."이라 하였다. 後周 顯德 3년(956) 치소를 현재 全州縣으로 옮겼다. 송대 관할 영역은 현재 廣西省 全州・灌陽 두 현 지역이었다. 元 至元 14년(1277)에 全州路로, 明 洪武 원년(1368)에는 全州府로 바꾸었다가 洪武 9년(1376)에 다시 全州로 강등되어 湖廣 永州府에 속하였다. 27년(1394)에 廣西省 桂林府에 속하게 되었다.
54) 溪洞: 溪峒의 다른 표기로서, 중국 서남지구의 소수민족이 모여서 거주하는 지방에 대한 고대의 統稱이다.
55) 廣南西路: 北宋 至道 3년(997)에 설치되어 至道十五路 중 하나가 되었다. 치소는 桂州(현재 廣西省 桂林市)에 두었다. 관할 영역은 현재 廣西壯族自治區, 海南省 및 廣東省 雷州半島에 해당한 지역이었다. 元代 초에 폐지되어 湖廣行中書省으로 편입되었다.
56) 保州: 唐 乾元 원년(758)에 天保郡을 바꾸어 설치하였다. 치소는 定廉縣에 두어졌는데, 四川省 理縣

義)에게 매년 자줏빛 비단 도포[紫綾錦袍]를 하사하기로 하였다.58) [경덕] 4년(1007)에 서남만 나옹정(羅甕井)과 도지휘사(都指揮使) 안사룡(顔士龍) 등이 와서 조공하였다. [안]사룡의 종족 부락은 길이 매우 멀고 험한 곳이 많아서 이전에는 내조한 적이 없다가 이때에 처음 조정에 왔다. 조서를 내려 그들의 숙박과 음식을 고주(高州)59)·계주(溪州)60)와 같게 내려주라고 하였다.

大中祥符元年, 瀘州言江安縣夷人殺傷內屬戶, 害巡檢任賽, 旣不自安, 遂爲亂. 詔遣閤門祗候侍其旭乘傳招撫. 旭至, 蠻人首罪, 殺牲爲誓. 未幾, 復叛. 旭因追斬數十級, 擒其首領三人, 又以衣服紬布誘降蠻斗婆行者, 將按誅其罪. 上以旭召而殺之, 違招安

서북부에 해당한다. 나중에 古州로 이름을 바꾸었다가, 다시 保州로 회복하였다. 관할 구역은 四川省 理縣 서북지역에 상당한다. 北宋代에는 羈縻州가 되어 威州에 속하였다. 徽宗 政和 4년(1114)에 고쳐서 祺州로 삼았다.

57) 霸州: 唐 貞觀 8년(634)에 南平州를 고쳐서 설치하였다. 치소는 南平縣(현재 四川省 重慶市 동남)에 두었다. 관할 구역은 현재의 重慶·南川·綦江 세 市縣의 대부분을 포함하였다. 정관 13년(639)에 폐지하였다. 唐 乾元 원년(758)에 고쳐서 靜戎軍을 설치하였으며, 치소는 安信縣에 두었는데, 오늘날 四川省 理縣 동북 70km의 桃坪鄕古城에 해당한다. 일설에는 현재의 汶川縣 서북 10km에 해당한다고도 한다. 관할 구역은 四川省 理縣 동북지역과 汶川縣 서북지역을 포함하였다. 北宋 乾德 3년(965)에 강등하여 羈縻州로 삼고, 威州에 속하게 하였다. 政和 4년(1114)에 亨州로 고쳤다.

58) 『송회요집고』에 따르면, 이에 앞서 知益州 張詠이 上言하여 "紹重等皆世襲刺史, 望賜冬服."이라 하자, 眞宗이 "蠻取酋領 假以名秩若以內地牧守之制 當賜錦袍."라고 한 바가 있다. 본 기사는 그에 따른 조치였다. 서남지역 기미주 통치자들이 송조와의 관계를 확인하는 상징물로 자릉금포를 하사받기를 원하였다.

59) 高州: 南朝 梁 大同 연간에 설치하였고 치소는 高涼郡 高涼縣(현 광동성 陽江市 서쪽)이었으며 관할 영역은 현재 광동성 鑒江, 漠陽江 유역 지대였다. 隋 大業 2년(606)에 高涼郡으로 개정하였다가 唐 武德 4년(621)에 다시 설치하였다. 貞觀 23년(649) 치소를 良德縣(현 廣東省 高州市 동북쪽)으로 옮겼다. 北宋 景德 원년(1004)에 폐지하였다가 3년(1006)에 다시 설치하였으며, 元 至元 17년(1280)에 高州路로 바꾸었다.

60) 溪州: 唐 天授 2년(691)에 설치하였으며 치소는 大鄕縣(현재 湖南省 永順縣 동남의 老司城)이었으며 관할 영역은 오늘날 湖南 永順·保靖·古丈·龍山 등의 현 지역에 해당하였다. 五代 晉 天福 5년(940)에 치소를 오늘날 湖南 古丈縣 동북 會溪坪으로 옮기고 下溪州라고 칭하였다. 元 초기에 폐지하였다. 한편, 北宋 大觀 원년(1107) 帶溪砦를 계주로 하고 치소를 현재 廣西省 環江毛南族自治縣 북쪽에 둔 바가 있었는데 얼마 후 4년(1110)에 폐지하고 원래대로 帶溪砦로 하였다.

> 之實, 卽降詔戒止; 且令篤恩信, 設方略制禦, 無尚討伐以滋驚擾. 二年, 旭言夷人恃嚴險, 未卽歸服. 詔文思副使孫正辭等爲都巡檢使, 乃分三路入其境, 脅以兵威, 皆震慴伏罪. 三年, 正辭言夷人安集, 降詔嘉獎. 先有蠻羅忽餘甚忠順, 防援井監, 捕殺違命者不已, 上遣內臣郝昭信褒慰之, 且諭以赦蠻黨前罪, 勿復邀擊.

[진종] 대중상부(大中祥符) 원년(1008)에 노주(瀘州)[61]에서 상언하기를, 강안현(江安縣)[62]의 이인(夷人)들이 내속호(內屬戶)[63]를 살상하고 순검(巡檢)[64] 임새(任賽)를 살해하고는 스스로 불안함을 느끼자 끝내 난을 일으켰다고 하였다.[65] 조서를 내려, 합문지후(閤門祗

---

61) 瀘州: 南朝 梁 大同 연간(535~545)에 설치하였으며, 치소는 江陽縣에 두었는데, 오늘날 四川省의 瀘州市에 해당한다. 『元和郡縣志』 卷33에서는 瀘州에 대하여, "瀘水에서 취하여 이름을 삼았다."라고 하였다. 隋 大業 3년(607)에 瀘川郡으로 바꾸었다. 唐 武德 원년(618)에 다시 瀘州가 되었고, 天寶 원년(742)에 瀘川郡으로 바뀌었다가, 乾元 원년(758)에 다시 瀘州가 되었다. 관할 구역은 현재 四川省 沱江의 하류 유역 및 長寧河·永寧河·赤水河 유역에 상당한다. 南宋 淳佑 3년(1243)에 치소를 州의 동쪽으로 옮겨 長江 北岸의 神臂崖城(오늘날 四川省 合江縣 서북 焦灘鄕 남부 老瀘)에 두었다. 景定 2년(1261)에 江安州로 바꾸었다. 元 至元 12년(1275)에 다시 瀘州로 바꾸고, 치소를 茜草壩(현재 四川省 瀘州市 동부 長江 東岸)에 두었다. 明 洪武 6년(1373)에 直隸州로 승격시키고 치소를 지금의 瀘州市로 옮겼다. 1913년에 폐지하고 本州를 瀘縣으로 바꾸었다. 1950년에 瀘縣城區 및 近郊를 갈라서 瀘州市를 설치하였다.
62) 江安縣: 隋 開皇 18년(598)에 漢安縣을 고쳐서 설치하여 瀘州에 속하게 하였다. 치소는 현재 四川省 納溪縣 서쪽 新太鄕 三江村이었다. 大業 3년(607)에 瀘川郡에 편입되었다가 唐 武德 원년(618)에 다시 瀘州에 속하게 되었다. 北宋代에 치소를 현재 江安縣으로 옮겼다.
63) 內屬戶: 『續資治通鑑長編』[이후 『長編』으로 약칭.] 卷68 〈眞宗 大中祥符元年 二月 癸卯〉條에 따르면 이때 강안현 蠻人이 戎州의 내속호를 살상하였다.
64) 巡檢: 五代 後唐 莊宗 때 처음 설치된 관서 巡檢司와 그 관명인 巡檢使의 약칭이다. 송대에는 경사부의 동서 양로에 각각 都同巡檢 2인을 두고 京城 4門에 순검 각 1인을 두었다. 또 변경, 강, 바다를 따라 巡檢司를 설치하였다. 甲兵의 훈련과 州邑의 巡邏를 담당하고 직권이 매우 중하였고 후에 현령의 지휘를 받았다.
65) 주로 瀘州 기미주를 포함하는 범위의 이족인 瀘州夷人 또는 瀘南夷人을 『宋史紀事本末』에서 瀘夷로 약칭하기도 하였다. 이들 노주이인의 활동이 북송 시대에 최고조에 달하여 민족 간 충돌과 투쟁이 그치지 않았다. 瀘南 소수민족과 송 정부 간의 갈등에는 井鹽 문제가 중요한 원인으로 작용하였다. 사천 지역의 염정이 주로 한족 지역에 분포되어 있어서 주변 소수민족은 외지 소금 공급에 의존해야 하였다. 특히 瀘州 지역의 염정을 두고 사천 지역 송 정부와 瀘南 夷人 간의 갈등이 컸고 휘종 政和

候)66) 시기욱(侍其旭)을 파견하여 역참의 마거를 타고 가서 초무하게 하였다. [시기]욱이 도착하자 만인들이 죄를 자수하고 희생 제물을 잡아 서약을 맺었다. 얼마 안 되어 다시 반란을 일으켰다.67) 이에 [시기]욱이 쫓아가 수십 명을 참수하고 그 수령 3명을 생포하였으며 또한 의복과 견·마직물로써 만인 두파행(斗婆行)68)이라는 자에게 항복을 권유하면서 죄에 따라 주살하려 계획하였다. 황제가, [시기]욱이 그들을 불러들인 후에 살해하려는 것은 초무하여 안정시키려는 실제 계획을 위반하는 것이라고 생각해서 조서를 내려 경고하고 제지시켰다. 뿐만 아니라 명령을 내려 은덕과 신의를 후하게 행하고 방략을 세워서 제어하되, 토벌을 우선으로 하여 그들의 동요를 일으키는 일이 없도록 하라고 하였다. [대중상부] 2년(1009)에 [시기]욱이 상언하기를 이인(夷人)들이 지형이 험준한 것을 믿어서 아직까지도 와서 굴복하지 않는다고 하였다. 조서를 내려 문사부사(文思副使)69) 손정사(孫正辭) 등을 도순검사(都巡檢使)70)로 임명하였으며, [이들이] 경로를 세 갈래로 나누어 그 경역으로 진입해 들어가 병력

연간(1111~1117)에 이르기까지 120여 년간이나 지속되었다. 본문의 대중상부 원년(1008)에서 3년(1010)까지 지속된 충돌은 그중에서도 비교적 규모가 컸던 무장충돌 중 하나였다. 강안현 소수민족의 염정 탈취와 무장반란에 대응하여 송조는 陝西·夔州 등 지역에서 관병 3천을 뽑아 3개로 나누어 침투시켜 반란에 참가한 이인들을 "震慴伏罪"시켰다(賈大泉, 1983).

66) 閤門祗候: 唐의 제도에서는 중서성에 속한 통사사인이 가령 합문공직에 차출되어가면 합문지후라고 하였다. 송대에는 합문사에 속하게 되었다. 합문사는 황제의 조회, 宴享 때 禮儀를 도와, 외국사절과 소수민족 수령이 朝見, 謝辭할 때 그 品秩에 따라 序班을 안내하는 등의 일을 맡았다. 東上閤門은 慶禮奉表를, 西上閤門은 慰禮進名을 관장하였다. 東·西上閤門使와 副使, 宣贊舍人[통사사인], 합문지후를 두었다. 합문사와 부사가 황제 旨命을 承接하면 선찬사인이 선포해 알리는데 합문지후는 선찬사인을 보좌하였다.

67) 『長編』 卷72, 〈眞宗 大中祥符 2년 7월〉 조에 따르면, 노주 이인이 자수하고 희생으로 서약을 한 후에, "旭案行鹽井, 夷復拒之."라고 하여 侍其旭의 염정 계획에 다시 반발한 것임을 알 수 있다.

68) 斗婆行: 당시 黎州夷人이며 그 역시 여러 차례 노략질한 바가 있었다. 『長編』 卷72 〈眞宗 大中祥符 2년 7월〉 참조.

69) 文思副使: 文思院 副使를 말한다. 송대 武官 관계에 속하는 관직으로 서반제사사의 부사급 중 하나이다. 문사원은 당 후기에 설치되어 金銀器 제작을 담당했던 기구이고 오대와 양송 시대에 계속 설치되었다. 송대에는 금은기를 포함하여 그 직능 범위가 넓어졌고 제작하는 기물은 주로 궁정 및 수도 諸司의 용도에 제공되었다. 『文獻通考』 卷60 「文思院」에는 "掌造金銀犀玉工巧之物, 金彩繪素 裝鈿之飾, 以供輿輦·册寶·法物及凡器服之用."이라고 하였다.

70) 都巡檢使: 五代 後周 때 沿海 都巡檢을 설치하여 硯江(현재 霞浦縣 溪南鎭 硯石村)에 주둔하고 都巡檢使(7品級) 1명을 두어 군대를 통솔하여 방비하게 하였다. 후에 都巡檢, 巡檢, 州縣巡檢을 나누어 설치하여 土軍·禁軍의 충원과 훈련의 정부 법령을 관장하여 도적 방어와 순방을 담당하였다.

의 위세로써 위협하니 모두가 두려워 벌벌 떨며 항복하여 죄를 자복하였다. [대중상부] 3년(1010)에 [손]정사가 이인이 안정되었다고 아뢰자, 조를 내려 칭찬하고 격려하였다. 이 일이 있기 전에 만이 중 나홀여(羅忽餘)라는 자가 매우 충순하며 정감(井監)71)의 방어를 돕고 명령에 반항하는 자를 체포하거나 살해하기를 그치지 않았기에, 황제가 내신(內臣) 학소신(郝昭信)을 파견하여 [나홀여의] 노고를 표창하고 위로하였으며, 아울러 만이 무리가 이전에 지은 죄를 사면하면서 다시는 길을 막고 공격하지 말라고 타일렀다.

> 四年, 茂州夷族首領·耆老, 刑牛犬於三溪, 誓不侵擾州界. 又峽路鈐轄執爲亂夷人王羣體等至闕下, 上曰: 「蠻夷不識敎義, 向之爲亂, 亦守臣失於綏撫.」 並免死, 分隸江·浙遠地. 其年, 霸州董喆爲其巡檢使董延早所殺. 五年, 黎洞夷人互相殺害, 巡檢使發兵掩捕. 上聞而切責之曰: 「蠻夷相攻, 許邊吏和斷, 安可擅發兵甲, 或致擾動?」 卽令有司更選可任者代之.

[대중상부] 4년(1011)에 무주(茂州)72) 이족(夷族)의 수령과 기로(耆老)73)들이 삼계(三溪)에서 소와 개를 잡아 서약하기를 다시는 주의 경계를 침범하여 어지럽히지 않겠다고 하였다. 또 협로(峽路)74) 검할(鈐轄)75)이 난을 일으켰던 오랑캐 왕군체(王羣體) 등을 조정으로 압송

---

71) 井監: 이 지역 염정을 감독한 송조의 관서로 볼 수 있다. 『宋史』「校勘記」에 따르면 『長編記事本末』 卷25에 '淯井監'으로 되어 있다. 淯井川은 四川 長寧縣 북부에 있는 泉水로서, 두 갈래 수맥이 있는데 하나는 淡水고 하나는 鹹水이다. 한쪽 맥을 막으면 모두 흐르지 않아서 雌雄井이라고 불렸다. 鹹水를 졸여 소금을 만들 수 있어서 宋朝는 淯井監을 설치하여 鹽利를 취하였다.
72) 茂州: 『元和郡縣圖志』卷32「劍南道」中〈茂州〉조에 따르면 무주는 검남서천절도사 소속의 주로 속현은 4현이다. 지금의 四川 茂縣에 위치하였는데, 唐 貞觀 8년(634) 南會州를 개칭하여 설치하였다.
73) 耆老: 본래 『禮記』 「曲禮」편 등에서는 '六十曰耆,' '七十以上曰老'라 하여 연로한 사람을 칭하였으나 후에 연령뿐 아니라 지위와 덕이 높은 사람을 가리키게 되었다.
74) 峽路: 峽西路이다. 北宋 開寶 6년(973)에 西川路를 나누어 설치하고 至道 연간(995~997) 十五路 중 하나였다. 三峽 서쪽에 있어서 지어진 이름이다. 치소는 夔州(현재 四川省 奉節縣)였고 관할 경역은 현재 四川省 平武·梓潼·蓬安·墊江·璧山·江津 이동 지역, 湖北省의 建始·鶴峰 이서 지역, 陝西省의 留壩·佛坪·鎭巴 以南以西 및 甘肅省 文縣 지역이었다. 咸平 4년(1001)에 利州路와 夔州路로 나누어졌다.
75) 鈐轄: 송대 무관명으로 兵馬鈐轄이라고도 하였다. 朝官 및 諸司使 이상이 충임하였다. 북송 전기에

해왔다. 황제가 말하기를 "만이가 예교와 의리를 알지 못하고 이전에 난을 일으켰던 것은 역시 수령이 제대로 안무하지 못한 탓이기도 하다."라고 하였다. 모두 사형을 면해주고 강남·양절로의 먼 지역에 나누어 예속시켰다. 그해에 패주(霸州)의 동철(董喆)이 그곳 순검사 동연조(董延昨)에게 살해당하였다.76) [대중상부] 5년(1012)에 여동(黎洞)의 이인들이 서로 살해하는 일이 있었는데 순검사가 군대를 보내 기습하여 붙잡았다. 황제가 들으니 그를 크게 책망하여 말하기를 "만이가 서로 공격하는 경우 변방의 관리는 [그들이] 화합하도록 [일을] 처리하는 것은 허락된다. [그러나] 어떻게 제멋대로 군대를 파견하여 또 소동을 일으키는가?"라 하고, 즉각 유사(有司)에게 명하여 [그 자리를] 맡을 만한 자를 다시 선정하여 교체하게 하였다.

六年, 晏州多剛縣夷人斗望·行牌率衆劫淯井監, 殺駐泊借職平言, 大掠資畜, 知瀘州江安縣·奉職文信領兵趨之, 遇害. 民皆驚擾, 走保戎州. 轉運使寇瑊卽令諸州巡檢會江安縣, 集公私船百餘艘, 載糧甲, 張旗幟, 擊銅鑼, 鼓吹, 自蜀江下抵淸浮垻, 樹營柵, 招安近界夷族, 諭以大兵將至, 勿與望等同惡. 未幾, 納溪·藍順州刺史史个松, 生南八姓諸團, 烏蠻獨廣王子界南廣溪移·悅等十一州刺史李紹安, 山後高·罩六州及江安界娑婆村首領, 並來乞盟, 立竹爲誓門, 刺猺狗雞血和酒飮之, 誓同力討賊. 瑊乃署牓, 許以官軍至不殺其老幼, 給賜衣幣酒食. 上遣內殿崇班王懷信乘傳與

원래는 임시로 파견하는 통병관이었는데 후에 고정 차견이 되고, 路分鈐轄, 州鈐轄이 있으며 그 관할 구역은 1州 또는 1路·2路·3路 등으로 차이가 있었다. 군대의 屯戍, 營防守御 등을 관장하였다. 지주가 주검할을 겸하거나 또는 지주가 안무사 경략안무사 또는 노분검할을 겸하기도 하였다. 왕안석 변법으로 將兵法을 시행하여 검할의 지위가 점차 하락하고 남송 때는 대개 虛銜과 한직이 되었다. 금대에도 이 관직이 있었다.

76) 大中祥符 3년(1010) 7월 益州의 任中正이 上言하기를 羈縻霸州 刺史 董忠義가 죽었는데 동충의 아들이 아버지의 일을 계승하기에 어리므로 그 동생인 董延昨가 州事를 맡도록 해달라고 청하였다. 그러나 황제는 부자계승이 조정의 오랜 제도라며 허락하지 않았다. 동연조가 이에 대하여 한을 품고 있다가 동철을 살해하는 일이 벌어졌다. 또 동철의 이름은 『長編』〈진종 대중상부 4년 6월 辛亥〉조에는 董仁誥로 씌어 있는가 하면 『宋會要集稿』에는 董忠義의 아들 董仕結이라고 되어 있는 등 차이가 있다(趙永忠, 2012).

瑊等議綏撫方略, 瑊言斗望等屢爲寇鈔, 恃寬赦不悛惡, 今請發嘉·眉屯兵捕剪, 以震懼之.

[대중상부] 6년(1013)에[77] 안주(晏州)[78] 다강현(多剛縣)[79]의 이인 두망(斗望)과 행패(行牌)가 무리를 이끌고 육정감(淯井監)[80]에 쳐들어와 강도질하고 주박(駐泊)[81]의 차직(借職)[82]인 평언(平言)을 살해하고 물자와 가축을 대거 약탈해갔다. 지노주강안현(知瀘州江安縣)으로 봉직하던 문신(文信)이 병사를 이끌고 그들을 쫓다가 살해당하였다. 백성이 모두 놀라고 소요하여 융주(戎州)[83]로 달아나 수비하였다. 전운사(轉運使)[84] 구감(寇瑊)[85]이 즉

---

77) 『宋史』 「校勘記」에 따르면 원래 '五年'이었으나 『宋會要集稿』 「蕃夷」 5-17, 『續資治通鑑長編』 卷81에 의거하여 6년으로 고쳤다.
78) 晏州: 唐 儀鳳 2년(677)에 思峨縣(현재 四川省 興文縣 서북 興文鎭)에 치소를 두고 설치되었다. 先天 2년(713)에 羈縻州로 되었다가 天寶 원년(742)에 고쳐 羅陽郡으로, 乾元 원년(758)에 다시 羈縻晏州로 되어 瀘州 都督府에 속하였다. 北宋 熙寧 연간(1068~1077) 이후 폐지되었다.
79) 多剛縣: 哆罔縣으로 쓰기도 하며 당에서 설치하여 晏州 관하에 두었다. 치소는 현재 四川省 興文縣에 있었다.
80) 淯井監: 北宋代에 淯井鎭을 바꾸어 설치하여 鹽監으로 삼고 江安縣 관할하에 두었다. 그 치소는 현재 四川省 長寧縣 남쪽 雙河鎭이었다. 政和 4년(1114)에 長寧軍으로 바꾸었다.
81) 駐泊: 군대 屯駐를 의미한다. 『宋史』 「兵志」 10에서 "凡遣禁軍出戍者, 簡拔精銳, 至於諸州, 禁·厢軍亦皆戍更, 隸州者曰駐泊."이라고 하였다.
82) 借職: 실제로 제수하는 관직이 아니라 虛銜만 있는 관직이었다.
83) 戎州: 南朝 梁 大同 10년(544)에 설치되었으며, 치소는 僰道縣(四川省 宜賓市, 일설에는 宜賓縣 서쪽의 安邊鎭이라고 함)에 두어졌다. 隋 大業 3년(607)에 고쳐서 犍爲郡이 되었다. 唐 武德 원년(618)에 고쳐서 戎州로 하고, 치소를 南溪縣(宜賓市 동쪽 30km 지점의 李莊鎭)으로 옮겼다. 貞觀 4년(630)에 都督府를 두고, 州는 다시 치소를 僰道縣으로 옮겼다. 天寶 원년(742)에 고쳐서 南溪郡으로 하였다가, 乾元 원년(758)에 다시 戎州로 고쳤다. 관할 구역은 四川省 宜賓·南溪·雷波·金陽 등의 市縣 이남에서 雲南省 東川·宜良·個舊 및 貴州省의 威信·水城·普安·興義 縣 일대까지를 포함하였다. 長慶 연간에 치소를 南溪縣으로 옮겼다. 會昌 2년(842)에 다시 치소를 僰道縣으로 옮겼다. 그 다음 해에 金沙江에 홍수가 나서, 치소를 현재 宜賓市의 서북쪽 3km 지점의 舊州壩로 옮겼다. 北宋 政和 4년(1114)에 고쳐서 敍州라 하였다.
84) 이때 寇瑊은 梓州路 전운사로 있었다.
85) 寇瑊: 字는 次公이며 汝州 臨汝人이다. 진사가 되어 蓬州軍事推官을 제수하였다. 李順의 잔당 謝才盛 등이 다시 일어났을 때 寇瑊이 방략을 세워 경사로 잡아 보냈다. 施州 蠻夷의 반란 때에 權領施州를 담당하였다. 남만 지역 戍兵들의 군량 조달 문제를 잘 처리하고 만이 세력의 회유와 진압에도 공이

시 제주(諸州) 순검들에게 명령하여 강안현에 모이게 하고, 공용이나 개인용 선박 100여 척을 모아 군량과 무기를 싣고 깃발을 매달고 징과 북을 두드리고 피리를 불면서, 촉강(蜀江)86)을 따라 내려가 청부구(清浮坵)87)에 도달하였다. [그곳에] 군영 목책을 세우고 부근 지역의 이족들을 불러 위로하며, 대규모 군대가 이를 것이니 [두]망 등과 더불어 악행을 하지 말라고 타일렀다. 얼마 안 있어서 납계(納溪)88)·남주(藍州)89)·순주(順州)90) 자사 사개송(史个松),91) 생남(生南)의 팔성(八姓) 집단들, 오만(烏蠻)의 추광(貙廣)92) 왕자의 경계에 있는 남광계(南廣溪),93) 이주(移州),94) 열주(悅州)95) 등 11주의 자사 이소안(李紹安), 산후(山後)의 고주(高州),96), 공주(鞏州)97) 등 6주 및 강안(江安) 경계의 사파촌(娑婆村) 수령

컸다. 大理寺丞·知開州를 제수받고 殿中丞·通判河南府로 승진하였다. 眞宗의 祀汾陰 때에 일을 맡게 됨을 계기로 殿中侍御史로 승진하고 開封府判官이 되었고, 施州의 備御之術을 상주하였으며 곧 梓州路 轉運使로 임명받았다.

86) 蜀江: 현재 사천 지역 揚子江의 별칭이다.
87) 清浮坵: 현재 四川省 安縣 서북쪽에 있는 방죽으로 추정되는데, 현재 納溪縣 서쪽이라고 하는 설도 있다.
88) 納溪: 납계는 현재 사천성 남부의 永寧河이다. 『太平寰宇記』 卷88 「瀘州」 〈江安縣〉에 "納溪水源從群柯生僚界流來, 入汶江."이라고 하였다. 북송대에 納溪砦를 설치했고 남송대에는 이를 고쳐 납계현을 설치하였다.
89) 藍州: 唐代 高宗 儀鳳 2년(677)에 羈縻州로 설치하여 瀘州都督府 관할 하에 두었다. 치소는 현재 貴州 習水縣 서남 赤水河西에 두었다가 후에 폐지하였다.
90) 順州: 唐代 武后 載初 2년(691)에 羈縻州가 되어 瀘州都督에 속하였다. 현재 貴州 習水縣 서남의 曲水縣에 있었다. 북송 때에 瀘州에 속하였다가 후에 폐지되었다.
91) 『宋史』「校勘記」에 따르면 刺史史个松에서 본래는 刺史 아래 '史'자가 빠져 있었는데 『宋會要集稿』「蕃夷」 5-17, 『長編』 卷81에 의거하여 보충하였음을 밝히고 있다. 史个松의 이름도 차이가 있어서 『장편』에는 같지만 『송회요집고』에는 '个松', 『宋史』 卷301 「寇瑊傳」에는 '溪藍順史箇松'이라고 썼다.
92) 『宋史』「校勘記」에 따르면 『長編』 卷81에는 貙廣의 貙가 '狉'로 되어 있다.
93) 南廣溪: 『宋史』「校勘記」에서는 『송사』 卷89 「지리지」와 『太平寰宇記』 卷79에 의거하여 南廣溪洞일 것으로 추정한다.
94) 移州: 唐代에 悅州 羈縻州를 나누어 설치하여 戎州都督府에 속하게 하였다. 치소는 현재 四川省 興文縣 영역에 있었고 후에 폐지되었다.
95) 悅州: 唐代에 羈縻州로 설치하여 戎州都督府 하에 두었다. 치소는 현재 四川省 興文縣 남쪽에 있었다. 북송 때에는 瀘州에 속하였다가 후에 폐지되었다.
96) 高州: 南朝 梁 武帝 大同 연간(535~545) 중에 설치되었으며, 치소는 高涼郡 高涼縣(현재의 廣東省 陽江市 서쪽)에 두어졌다. 관할 구역은 현재 廣東省의 鑒江과 漠陽江 유역에 상당하였다. 隋 煬帝 大業 2년(606)에 高涼郡으로 바꾸었다. 唐 高祖 武德 4년(621)에 다시 高州를 설치하였으며, 太宗 貞觀 23년

등이 모두 와서 회맹하기를 청하였다. 대나무를 세워 서문(誓門)을 만들고 고양이, 개, 닭을 찔러 그 피를 술에 섞어 마시면서, 힘을 합하여 적을 토벌하기로 맹서하였다. [구]감이 이에 방문을 써서, 관군이 가도 그들의 노인과 아이들을 죽이지 않겠다고 약속하고 옷, 비단, 술, 음식을 하사해주었다. 황제가 내전숭반(內殿崇班)98) 왕회신(王懷信)을 보내 역참 거마를 타고 가서 [구]감 등과 [더불어] [이인들을] 안무할 수 있는 방략을 논의하게 하였다. [구]감이 상언하기를, "두망 등은 여러 차례 쳐들어와 노략질하였으나 관대히 사하여 주는 것을 믿고 죄악을 회개하지 않으니, 이제 청하오니 가주(嘉州)99)와 미주(眉州)100)에 주둔한 병력을 보내서 그들을 잡아다 베어버림으로써 떨며 두려워하게 하소서."라고 하였다.

---

(649)에 치소를 良德縣(오늘날의 廣東省 高州市 동북)으로 옮겼다. 玄宗 天寶 원년(742)에 高涼郡으로 바꾸었다가, 乾元 원년(758)에 다시 高州로 하였다. 代宗 大曆 11년(776)에 치소를 電白縣(廣東省 高州市 동북 長坡鎭 舊城村)으로 옮겼다. 관할 구역이 축소되어 단지 현재의 高州市와 電白縣의 부분 지역만이 해당되었다. 北宋 眞宗 景德 원년(1004)에 폐지되었다가, 3년(1006)에 다시 설치되었다. 元 世祖 至元 17년(1280)에 고쳐서 高州路가 되었다.

97) 鞏州: 唐代 儀鳳 2년(677)에 설치하였다. 치소는 현재 四川省 珙縣 서남 羅渡苗族鄕(羅星渡場)이었다. 관할 영역은 현재 四川省 珙縣 남부지역에 해당하였다. 先天 원년(713)에 羈縻州로 되었다. 天寶 원년(742) 因忠郡으로 바뀌었다가 乾元 원년(758)에 다시 鞏州로 되고 瀘州都督府에 속하였다. 北宋 熙寧 연간(1068~1077) 이후에 폐지되어 長寧軍 휘하로 들어갔다.

98) 內殿崇班: 송대 무신계관이다. 태종 순화 2년(991)에 內殿崇班, 左右侍禁을 설치하고 殿前承旨를 三班奉職으로 고쳤다.

99) 嘉州: 北周 大成 원년(579)에 靑州를 개편하여 설치하였는데, 치소는 平羌郡 平羌縣으로 지금의 四川 樂山市에 해당한다. 지금의 四川省 樂山과 峨眉山 峨邊 등을 통할하였다. 隋 大業 3년(607)에 眉山郡으로 개칭되었다가 唐 武德 원년(618)에 嘉州로 복원되었다. 치소는 龍遊縣으로 개편되었다. 天寶 원년(742) 犍爲郡이 되었다가 乾元 원년(758)에 다시 嘉州가 되었다. 통할범위가 넓어져 지금의 夾江, 犍爲, 馬邊縣 등을 포괄하였다.

100) 眉州: 西魏 廢帝 3년(554)에 靑州를 고쳐서 설치하였는데, 치소는 齊通郡 齊通縣에 두었다. 오늘날 四川省 眉山縣에 해당한다. 『太平御覽』 卷166에서 인용한 『周地圖記』에서는 眉州에 대하여 峨眉山 때문에 眉州라는 이름을 붙인 것이라고 적었다. 北周 시기의 관할 구역은 지금의 四川省 眉山·丹棱·靑神 등의 縣에 상당한다. 隋代에 폐지되었다. 唐 武德 2년(619)에 다시 설치되었으며, 치소는 通義縣(四川省 眉山縣)에 두었다. 天寶 원년(742)에 고쳐서 通義郡으로 하였다가, 乾元 원년(758)에 다시 眉州로 돌렸다. 관할 구역이 확대되어, 四川 眉山·彭山·丹棱·洪稚·靑神 등의 縣이 모두 포함되었다. 宋代 이후 축소되었다.

六年九月, 詔懷信爲嘉·眉·戎·瀘等州水陸都巡檢使, 閤門祗候康訓·符承訓爲都同巡檢使, 及發虎翼·神虎等兵三千餘人, 令懷信與瑊商度進討. 上因謂樞密使陳堯叟曰:「往時孫正辭討蠻, 有虎翼小校率衆冒險者三人, 朕志其姓名, 今以配懷信. 正辭嘗料簡鄕丁號「白芳子兵」, 以其識山川險要, 遂爲鄕導, 今亦令懷信召募. 又使臣宋貢屢規畫溪洞事, 適中機要, 以貢知江安縣與懷信等議事.」 瑊乃點集昌·瀘·富順監白芳子弟得六千餘人.

[대중상부] 6년(1013) 9월, 조서를 내려 [왕]회신을 가주·미주·융주·노주 등 수륙도순검사(水陸都巡檢使)에, 합문지후(閤門祗候) 강훈(康訓)과 부승훈(符承訓)을 도동순검사(都同巡檢使)로 하고, 아울러 호익(虎翼)101)·신호(神虎) 등 병력 3천여 인을 파견하고, [왕]회신과 [구]감에게 의논하여 가서 토벌하라고 명하였다. 이에 대하여 황제(진종)가 추밀사(樞密使) 진요수(陳堯叟)102)에게 다음과 같이 말하였다. "예전에 손정사(孫正辭)가 만이를 토벌할 때, 호익의 소교(小校)로서 위험을 무릅쓰며 무리를 이끈 자가 세 명 있었는데 내가 그들의 성명을 기억하고 있으니, 이번에 [그들을] [왕]회신에게 배치하라. [손]정사가 전에 향정(鄕丁)을 뽑아서 이름을 '백륵자병(白芳子兵)'이라고 하였는데 그들이 산천의 험하고 중요한 곳을 잘 알아 향도 역할을 하였으니, 이번에도 [왕]회신에게 명하여 [향정을] 모집하게 하라. 또 사신 송분(宋貢)이 여러 차례 계동(溪洞)의 일을 계획한 바 있어서 긴요한 일을 잘 이해하니 [송]분을 지강안현(知江安縣)으로 하여 [왕]회신 등과 일을 의논하게 하라." 이에 [구]감이 창주(昌州)103)·노주(瀘州)104)·부순감(富順監)105)의 백륵자제(白芳子弟)를 모아들여 6천

---

101) 虎翼: 『宋史』「太宗紀」2에는 "雍熙四年 夏五月丙寅 改上鐵林爲殿前司虎翼, 腰弩爲神射, 侍衛步軍司鐵林爲侍衛司虎翼."이라고 하였다. 또한 宋 孟元老가 『東京夢華錄』「軍頭司」에서 "殿前司·步軍司有虎翼, 各二十指揮. 虎翼水軍, 宣武, 各十五指揮."라고 한 예에서와 같이 송대의 군대 명칭이다.

102) 陳堯叟(961~1017): 북송대 대신으로 자는 唐夫, 현재 사천성 閬州 閬中 출신이며 陳省華의 장자였다. 端拱 2년(989)에 진사에 장원으로 급제하고 동생 陳堯佐와 동과였다. 光祿寺丞·直史館을 제수하여 아버지와 같은 날 緋色 관복을 받았다. 秘書丞·河南東道判官·工部員外郎 등을 역임하였다. 淳化 4년(993)에 交州로 출사하였다. 景德 원년(1004) 거란군이 澶州를 침공할 때 진요수가 천도를 주장하여 寇準에 의해 견책을 당하였다. 天禧 원년(1017)에 사망하였을 때 진종이 이틀간 폐조하고, 侍中을 추증, 文忠을 시호로 내렸다. 저서로 『請盟錄』이 있다.

103) 昌州: 唐 肅宗 乾元 원년(758)에 瀘·普·渝·合·資·榮 등 6주의 地界를 나누어 설치하였으며, 치소는

여 명을 얻었다.

> 十一月, 懷信·康訓分領, 緣溪入合灘, 至生南界斗滿村遇夷賊二千餘人, 擊之, 殺傷五百人, 奪梭槍藤牌. 會暮, 收衆保砦. 夷黨三千餘人分兩道, 張旗喊呼來逼砦柵, 懷信出擊, 皆潰散. 進壁婆婆, 遇夷二千于羅固慕村, 又破之. 追至斗行村上屛風山, 連破四砦. 一日三戰, 俘馘百餘人, 奪資糧五千石·槍刀什器萬數, 焚羅固慕斗引等三十餘村·庵舍三千區. 懷信又引兵至斗行村追擊過盧羅, 射仆二百餘人, 蓺其欄柵千數. 分遣部下於羅箇頗羅能落運等村及龍峨山掩殺, 大獲戎具, 斬首級及重傷投崖死者頗衆, 燒舍千區及積穀累萬. 兩路兵會于涇灘置砦, 遣康訓部壞砦卒修涇灘路, 以渡大軍. 俄爲夷賊所邀, 戰不利, 訓顚于崖, 死之. 懷信引兵急擊, 大敗之, 追斬至涇灘. 懷信夾砦于晏江口, 瑊與符承訓偵知賊謀欲乘夜擊晏江, 馳報懷信, 卽自涇灘拔砦赴之. 比至晏江北山, 夷衆萬餘已自東南合勢逼懷信砦, 懷信轂強弩環砦射賊, 瑊等整衆乘高策援, 夷人大懼而却, 合擊破之, 死傷千餘人.

[대중상부 6년] 11월에 [왕]회신·강훈이 나누어 지휘하여 계곡을 따라 합탄(合灘)에 진입하여 생남(生南) 경내 두만촌(斗滿村)에 이르렀을 때 이적(夷賊) 2천여 명을 만나 그들을 물리쳐 5백 명을 죽이고 사창(梭槍)106)과 등패(藤牌)107)를 빼앗았다. 저녁 무렵이 되어서

靜南縣(四川省 大足縣 서남)에 두었다. 관할 구역은 오늘날 四川省의 大足·榮昌·永川 등의 市縣에 상당하였다. 얼마 지나지 않아 폐지되었다. 代宗 大曆 10년(775)에 다시 설치되었으며, 치소는 昌元縣(榮昌縣 서북)에 두어졌다. 僖宗 光啓 원년(885)에 치소를 大足縣(현재의 大足縣)으로 옮겼다. 元世祖 至元 27년(1290)에 폐지되었다.

104) 『宋史』「校勘記」에 따르면 '昌·瀘·富順監'의 '瀘'가 본래는 '盧'였다. 그러나 『송사』 卷89 「지리지」를 보면 사천에 昌州와 瀘州는 있으나 盧州는 없고, 또 당시 만이의 소재지역이 대개 瀘州 경내에 속하였던 사실로 볼 때 '盧'는 '瀘'의 오자이므로 고쳤다.

105) 富順監: 北宋 초년에 富義縣을 富義監으로 승격시켜 潼川路에 예속시켰다. 태평흥국 원년(976)에 太宗 趙匡義를 피휘하여 부순감으로 고쳤다. 治平 원년(1064) 富順縣을 설치하여 富順監의 치소로 삼았다. 咸淳 원년(1265)에는 부순감의 치소를 虎頭城으로 옮겼다. 南宋 德祐 원년(1275)에 知監 王宗義가 원에게 성을 들어 항복하면서 감이 철폐되었다.

106) 梭槍: 던져서 적을 죽이는 표창인데 송대에 梭槍으로 불리었다. 원래 남방 소수민족이 사용한 병기였는

무리를 모아 진을 지키는데 이적의 무리 3천여 명이 두 갈래의 길로 깃발을 올리고 함성을 지르면서 진책으로 쳐들어왔다. [왕]회신이 출격하니 모두가 무너지고 흩어졌다. 사파(娑婆)로 진군해 들어가서 나고모촌(羅固募村)108)에서 이적 2천 명과 맞닥뜨렸는데 또한 이들도 격파하였다. 추격하여 두행촌(斗行村) 상병풍산(上屛風山)에 이르러 연달아 4개 진영[砦]을 무너뜨렸다. 하루에 세 번의 전투로 사로잡거나 벤 자가 백여 명이고 빼앗은 식량[資糧]이 5천 석이며 무기[槍刀]와 집기류가 1만을 헤아렸으며, 나고모[촌], 두인(斗引)[촌] 등 30여 개 촌, 초막집 3천 곳을 불태웠다. [왕]회신이 또 병력을 인솔하여 두행촌에 이르러 과로라(過盧羅)를 추격하여 200여 명을 활로 쏘아 쓰러뜨렸고 불태운 목책의 수가 1천을 헤아렸다. 부하들을 나개협(羅箇頰) 나능락운(羅能落運) 등의 마을과 용아산(龍峨山)으로 나누어 파견하여 엄습하고 살상하도록 하였더니, 무기를 대량 획득하고 머리가 잘리거나 중상을 입고 낭떠러지로 떨어져 죽은 자가 매우 많았으며 가옥 1천 채와 쌓아둔 곡물 수만 석이 타버렸다. 두 갈래로 진출한 군대가 경탄(淫灘)109)에 모여 진책[砦]을 설치하고, 강훈 부대의 참호와 진터[壕砦] 담당 병졸을 보내서 경탄으로 가는 도로를 닦게 해서 대군이 건너가도록 하였다. 얼마 후 이적의 습격을 당하여 전세가 불리해지자 [강]훈이 낭떠러지에 떨어져 죽었다. [왕]회신이 병사를 인솔해 급습하여 이적을 대파하고 경탄까지 쫓아가며 죽였다. [왕]회신이 안강구(晏江口) 양안에 목책을 설치하였는데, [구]감과 부승훈이 적진을 정탐하여 [그들이] 밤 시간

데 후에 송조에서 군대의 정식 무기로 받아들인 것이다. 길이가 數尺인 이 무기는 보병전투 때에는 방패와 함께 사용되고 기병 전투에서 사용하는 것은 특별히 '飛槍'이라고 칭해졌다. 원대 몽고병이 사용한 것에는 긴 것과 짧은 것 두 종류가 있었다. 명대 군대에서도 표창을 중시하였으며 보병이 사용할 때는 반드시 藤牌와 함께 짝을 이루었다.

107) 藤牌: 등나무 줄기로 짜서 만든 원형의 방패이다. 商周 시대에도 나무나 가죽으로 만든 방패와 함께 차전과 보병전에서 방어 무기로 사용되었다. 처음에는 복건에서 생산되었는데 명대 중엽에는 내지로 전해졌다. 등패는 일반적으로 지름이 약 3척, 무게는 9근 정도의 원반 형태로 짜는데 중심부를 밖으로 돌출시키고 방패 안쪽에는 위아래 고리를 짜넣어 팔과 손을 끼울 수 있도록 만들었다. 짜는 방법이 간단하고 사용에 가벼운데다 등나무 자체가 질기고 신축성이 있는 등 장점이 많아 중국 내지로 전입된 이후 곧 보병의 주요 장비 중 하나가 되었다.

108) 『宋史』「校勘記」에 따르면 '羅固募村'의 '固'자는 원래 빠져 있었다. 그 아래 문장과 『長編』 卷81에 의거하여 보충한 것이다.

109) 淫灘: 淫溪라고도 부른다. 현재 四川省 長寧縣 남쪽 相嶺鄕 일대에 있었다. 明 曹學佺의 『蜀中名勝記』 卷16에서는 『太平寰宇記』를 인용하여 淫灘이 "在江安縣南三十量. 灘上有山刺天, 瀑布飛洒. 相傳武侯 誓蠻之地."라고 하였다.

을 기하여 안강을 공격해 오려 한다는 것을 알아내고는 말을 달려 급히 [왕]회신에게 보고하니, [왕회신이] 즉각 경탄의 목책을 떠나 그쪽으로 갔다. 안강 북산에 이르러 기다리니 이적 무리 만여 명이 이미 동쪽과 남쪽에서 합세하여 [왕]회신의 목책으로 진격하였다. [왕]회신은 강력한 쇠뇌를 당겨 목책을 빙 둘러싸며 적진을 향해 쏘아대고 [구]감 등은 군대를 정돈하여 뛰어난 책략으로 지원하였다. 이인들이 크게 두려워하며 퇴각하는데 이때를 [놓치지 않고] 합력하여 이들을 격파하여서 1천여 명의 사상자를 냈다.

七年正月, 其酋斗望三路分衆來鬥, 又爲官軍大敗, 射殺數百人, 溺江水死者莫計. 夷人震讋, 詣軍首服, 納牛羊·銅鼓·器械, 瑊等依詔撫諭. 二月, 還軍淯井, 夷首斗望及諸村首領悉赴監自陳, 願貸死, 永不寇盜邊境. 因殺三牲盟誓, 辭甚懇苦. 卽犒以牢酒, 感悅而去. 瑊·懷信等上言夷人寧息, 請置淯井監壕柵, 幷許近界市馬. 從之.

[대중상부] 7년(1014) 정월에 그 추장 두망이 세 갈래 길로 무리를 나누어 와서 싸웠으나 또다시 관군에게 크게 패하였고 [이때] 사살된 자가 수백 명, 강물에 빠져 죽은 자는 헤아릴 수도 없었다. 이인들이 무서워 떨며 관군에 와서 자수하여 복죄하며 소와 양, 동고, 기계를 바치자 [구]감 등이 조서에 따라 [그들을] 위무하고 타일렀다. 2월에 군대가 육정감으로 돌아가니 이인 수령 두망과 각 촌의 수령이 전부 [육정]감에 가서 자진하여 죄를 진술하고는, 사형을 대속하기를 원하며 영원히 변경을 침범하지 않겠다고 하였다. 이에 희생으로 세 마리를 죽여 맹서를 하는데 그 언사가 매우 간절하였다. 이에 희생 고기와 술로 호궤하니 감격하여 기뻐하며 돌아갔다. [구]감과 [왕]회신 등이 상언하여 이인이 평정되었음을 아뢰고 육정감에 해자와 목책을 설치할 것과 변경 가까이에서 말을 사도록 허락해달라고 청하였다. 이를 허락하였다.

八年, 夔州路上言黔州西南密州夷族張聲進遣使進奉, 爲南寧州蕃落使龍漢璄邀奪, 讎劫不已, 乞降敕書安撫.

[대중상부] 8년(1015) 기주로(夔州路)110)에서 상언하기를 검주(黔州)111)의 서남쪽 밀주(密州)의 이족 장성진(張聲進)이 사절을 파견하여 진봉하려 해도 남녕주 번락사 용한요에게 약탈당하고112) 원수같이 위협당하는 일이 그치지 않으니, 칙서를 내려 안무할 것을 청하였다.

天聖四年龍光凝・景祐三年龍光辨・康定元年龍光琇・慶曆五年龍以特・皇祐二年龍光澈等, 繼以方物來貢獻. 與以特俱至者七百十九人. 是年, 以安遠將軍・知蕃落使龍光辨爲寧遠軍大將軍, 寧遠將軍知靜蠻軍節度使龍光凝・承宣武寧大將軍龍異豈並爲安遠大將軍, 承宣奉化大將軍龍異魯爲武寧大將軍. 至和中, 龍以烈・龍異靜・首領張漢陛・王子羅以崇等皆入貢, 命其首領而下九十三人爲大將軍至郎將. 嘉祐中, 以烈復至. 大率龍姓諸部族地遠且貧, 熙寧中來見, 賜以袍帶等物, 刺其數於背. 又有張玉・石自品者, 嘉祐中來貢, 而鶼州亦遣人貢馬. 有董氏世知保州曰仲元者, 襲是州二十餘年矣, 至是益州鈐轄司表其善拊蠻夷, 命爲本州刺史. 鶼州・保州皆西南邊地也. 又有夷在瀘州部, 亦西南邊地, 所部十州: 曰罩・曰定・曰高・曰奉・曰清・曰宋・曰

---

110) 夔州路: 송원 시대 행정구획의 명칭이다. 송대는 1급 행정구이고 원대는 사천행성 아래 2급 행정구였으며 명대에 폐지되었다. 본래 夔州는 唐 高祖 武德 2년(619)에 皇帝의 外祖 獨孤信을 피휘하여 信州를 고쳐 설치하였고 관할 구역은 현재의 四川省 奉節・巫溪・巫山・雲陽 등의 縣에 상당하였다. 北宋 眞宗 咸平 4년(1001)에 峽西路를 나누어 利州路와 夔州路로 하였다. 景德 3년(1006)에 치소를 지금의 奉節縣으로 옮겼다.

111) 黔州: 北周 建德 4년(575)에 奉州를 고쳐서 설치하였으며, 치소는 현재의 四川省 彭水苗族土家族自治縣 동북의 鬱山鎭에 두었다. 隋 大業 3년(607)에 고쳐서 黔安郡으로 하였다가 唐 武德 원년(618)에 다시 고쳐서 黔州로 하였으며, 貞觀 4년(630)에는 치소를 현재의 彭水苗族土家族自治縣으로 옮겼다. 天寶 원년(742)에 고쳐서 黔中郡이라 하였다. 乾元 원년(758)에 다시 黔州로 되돌렸다. 관할 구역은 四川省 彭水・黔江 등의 縣과 酉陽 및 貴州省 沿河・務川 등 縣의 일부를 포함하였다. 南宋 紹定 원년(1228)에 승급하여 紹慶府가 되었다.

112) 『송사』 「교감기」에 따르면 夔州路上言黔州西南密州夷族張聲進遣使進奉 문장 중 '黔州西南密州'는 원래 南寧州였고, 蕃落使 앞에 南寧州 세 글자는 원래 빠져 있었다. 『宋會要集稿』 「蕃夷」 5-19를 살피면 張聲進爲黔州西南密州蕃族이라고 되어 있어 南寧州夷族이 아니며, 또 그 공물이 爲南寧州龍漢瑰刼截이라고 하였다. 앞의 문장에서 龍漢瑰爲南寧州夷族首領이라 하였으니 용한요가 본족의 공물을 邀奪했을 리가 없을 것이므로 명백하게 오류이다. 따라서 『宋會要集稿』와 앞의 문장에 의거하여 바꾸고 보충하였다.

> 納·曰晏·曰投附·曰長寧, 皆夷人居之, 依山險, 善寇掠. 清井監者, 在夷地中, 朝
> 廷置吏領之, 以拊御夷衆, 或不得人, 往往生事.

[인종(仁宗)] 천성(天聖) 4년(1026)에 용광응(龍光凝), 경우(景祐) 3년(1036)에 용광변(龍光辨), 강정(康定) 원년(1040)에 용광수(龍光琇),113) 경력(慶曆) 5년(1045)에 용이특(龍以特), 황우(皇祐) 2년(1050)에 용광철(龍光澈) 등이 계속하여 방물을 가지고 와서 공물로 바쳤다. [용]이특과 함께 온 자는 719명이었다. 그해에 안원장군·지변락사 용광변을 영원군대장군(寧遠軍大將軍)으로 삼고, 영원장군지정만군절도사(寧遠將軍知靜蠻軍節度使) 용광응과 승선무녕대장군(承宣武寧大將軍) 용이개(龍異豈)는 함께 안원대장군(安遠大將軍)으로 삼았으며, 또 승선봉화대장군(承宣奉化大將軍) 용이로(龍異魯)를 무녕대장군(武寧大將軍)으로 하였다. 지화(至和) 연간(1054~1055) 중에는 용이열(龍以烈)·용이정(龍異靜)·수령 장한폐(張漢陛)·왕자 나이숭(羅以崇) 등이 모두 입공하였는데, 명을 내려 그 수령 이하 93명에게 각각 대장군에서 낭장(郞將)까지의 관함을 주었다. 가우(嘉祐) 연간에(1056~1063), [용]이열이 다시 왔다. 대개 용(龍)씨 성을 가진 제 부족의 땅은 멀고 빈곤하므로 희녕(熙寧) 연간(1068~1077)에 와서 알현하였을 때에는 의복과 요대 등의 물품을 하사하고 그 등판에다 숫자를 새겼다.114) 또 장옥(張玉)·석자품(石自品)이라는 자가 [인종] 가우 연간(1056~1063) 중에 내공하고, 겸주(鶼州)115)에서도 역시 사람을 보내 말을 진공하였다. 동씨(董氏)가 세대에 걸쳐 지보주(知保州)를 맡는 가운데 이름이 중원(仲元)이라는 자가 지주를 계승한 지 20여 년 되었는데, 이때에 이르러 익주검할사(益州鈐轄司)에서 표서를 올려 [동중원이] 만이를 잘 다스린 것을 칭찬하였기 때문에 명령을 내려 본주 자사로 임명하였다. 겸주·보주는 모두 서남 변경의 지역이다. 또한 [다른] 이족들이 있는 노주부 역시 서남의 변경 지역이며 그에 속한 10개의 주는 공(鞏)·정(定)116)·고(高)117)·봉(奉)118)·육(淯)119)·송

---

113) 『宋史』「校勘記」에 따르면 景祐三年龍光辨·康定元年龍光琇에서 '康定元年龍光琇'가 원래는 '景祐三年龍光辨' 앞에 있었으나 연대 순서와 『宋會要集稿』「蕃夷」 5-20 ~ 5-21에 따라 바로 고쳤다.
114) 『宋史』「校勘記」에서, 『文獻通考』 卷329 「四裔考」에는 背가 아니라 臂로 썼다고 밝히고 있다.
115) 鶼州: 威州 서남쪽 경계 지역으로 保州와 접경하고 있었다. 嘉祐 연간(1056~1063) 중에 자주 송에 사신을 보내 말을 조공하였다. 당말에 토번에서 설치하였다고도 한다. 치소는 현재 사천성 理番縣이었다.
116) 定州: 唐代에 설치한 羈縻州로 瀘州都督府에 속하고 치소는 현재 四川省 高縣 서남에 있었다. 北宋代에

(宋)120) · 납(納)121) · 안(晏) · 투부(投附) · 장녕(長寧)122)인데 이곳에는 모두 이인들이 거주한다. 산악이 험준한 것을 이용하여 침략해 약탈하기를 잘한다. 육정감(淯井監)은 이인의 지역 안에 있어서 조정에서 하급관리를 두어 관할하며 이인 무리를 다스리고자 하는데, 때로 마땅한 사람을 쓰지 못하여 늘 사단이 발생하곤 하였다.

> 慶曆四年四月, 夷人攻三江砦, 詔秦鳳路總管司發兵千人選官馳往捕擊. 旣而瀘州教練使·生南招安將史愛誘降夷賊斗敎等, 詔並補三班差使·殿侍·淯井監一路招安巡檢. 未幾, 夷衆復寇三江砦, 指使王用等擊走之.

[인종] 경력(慶曆) 4년(1044) 4월에 이인이 삼강채(三江砦)123)를 공격하자 조서를 내려

瀘州에 속하였다가 후에 폐지되었다.

117) 高州: 당대 久視 원년(700)에 설치한 羈縻州로 瀘州都督府에 속하였고 치소는 현재 사천 筠連縣 동남이었다. 북송대에 瀘州에 속했고 熙寧 연간(1068~1077) 이후에 폐지되어 長寧軍으로 속하게 되었다. 원대 至元 17년(1280)에 다시 설치되어 치소를 懷遠砦(현재 사천성 高縣)로 옮겼다. 明 洪武 5년(1372)에 고현으로 바꾸고 정덕 13년(1518)에 다시 설치되어 치소를 현재 고현인 中壩로 옮겼다. 청대 순치 연간(1644~1661) 초에 고쳐 고현으로 하였다.

118) 奉州: 唐代 儀鳳 2년(677)에 설치한 기미주로 치소는 현재 사천성 珙縣 서남에 있었다. 北宋 曾公亮의 『武經總要』 卷20에서는 奉州에 대하여 "在瀘州西南七百里, 北淯井監. 唐儀鳳中置, 管山後夷人丁口三千."이라고 기록하고 있다. 北宋 이후에 폐지되었다.

119) 淯州: 唐 측천무후 久視 원년(700)에 설치된 羈縻州로서 瀘州都督府에 속하고 치소는 新定縣(현재 四川省 長寧縣 남쪽 70리의 雙河鎭)에 있었다. 염정인 淯井에서 딴 이름이며 북송대에는 瀘州에 속하였다가 이후 폐지되었다.

120) 宋州: 唐代에 羈縻州로 설치되어 瀘州都督府에 속하고 치소는 현재 四川省 興文縣(中城鎭) 동남에 있었다. 북송 이후로 폐지되었다.

121) 納州: 唐代 儀鳳 2년(677)에 설치하고 치소는 현재 四川省 敍永縣 서남쪽에 있었다. 관할 영역은 현재 四川省 敍永縣 서남 영역에 해당한다. 先天 2년(713)에 羈縻州로 바뀌어 瀘州都督府에 속하였다. 天寶 원년(742)에 都寧郡으로 변경하였다가 乾元 원년(758)에 다시 納州로 되었고 북송 후에 폐지되었다.

122) 長寧州: 唐代에 설치한 羈縻州로, 瀘州都督府에 속하였고 치소는 婆員縣(현재 四川省 장녕현)이었다. 북송대에는 瀘州에 속하였다가 폐지되었다.

123) 三江砦: 北宋 때에 설치하였으며 淯井監에 속하였다. 현재 四川省 長寧縣 남쪽 三江鄕에 있었다. 皇祐 3년(1051)에 寧遠砦로 바뀌었다.

진봉로(秦鳳路)124) 총관사(總管司)125)에게 병사 1천 명을 보내고 관의 기마군을 선발하여 먼저 가서 공격 상황을 알아보게 하였다. 이미 노주교련사(瀘州教練使)·생남초안장(生南招安將) 사애(史愛)가 이적 두오(斗敖) 등을 유인하여 항복시켰기에, 조를 내려 모두에게 삼반차사(三班差使)·전시(殿侍)·육정감(淯井監) 일로초안순검(一路招安巡檢)을 제수하였다. 얼마 후, 이적 무리가 또다시 삼강채를 침략하자 지사(指使)126) 왕용(王用) 등이 그를 격퇴시켰다.

皇祐元年二月, 夷衆萬餘人復圍淯井監, 水陸不通者甚久. 初, 監戶負晏州夷人錢而毆傷斗落妹, 其衆憤怒, 欲報之. 知瀘州張昭信勸諭, 旣已聽服, 而淯井監復執婆然村夷人細令等, 殺長寧州落占等十人, 故激成其亂. 詔知益州田況發旁郡士卒, 命梓夔路兵馬鈐轄宋定往援之. 於是兩路合官軍洎白芳子弟幾二萬人與戰, 兵死者甚衆, 飢死又千餘人, 數月然後平. 賜況及轉運使敕書, 褒獎宋定而下十三人, 進秩有差. 後況還朝, 乃奏夷衆連年爲亂, 緣主者非其人, 請令轉運·鈐轄司擧官爲知監·監押, 代還日, 特遷一資. 從之.

[인종] 황우(皇祐) 원년(1049) 2월, 이인의 무리 1만여 명이 또다시 육정감을 포위하여 꽤 오랫동안 수로와 육로가 불통되었다. 애당초 [육정감의] 감호(監戶)가 안주(晏州) 이인의 돈을 떼먹고127) 두락매(斗落妹)를 때려 상처를 입혔기 때문에 그 무리가 분노하여 보복하고

---

124) 秦鳳路: 진봉로는 북송 熙寧 5년(1072) 陝西路를 나누어 서부에 설치하였다. 치소는 秦州(현재 감숙 天水市)였다. 관할 영역은 현재 寧夏省 苦水溝, 雲霧山, 甘肅省의 蒲河, 陝西省 賈趙河 이서, 長城 이남, 秦嶺, 潘塚山·岷山 이북, 青海省 日月山·達坂山 이동 지역이었다. 그 후로 철폐와 설치가 일정치 않았고 관할 영역도 변화가 있었다. 金代 皇統 2년(1142)에 폐지되었다.
125) 總管司: 송대에 각 路마다 1명씩 둔 관명이다. 삼반사신 내지 내시로써 충임하였다. 일이 없으면 1년에 한번 入奏하고 변경에 일이 있으면 수시로 역참을 이용하여 위에 보고하였다. 처음에는 經略安撫總管司에 예속되었다가 崇寧 연간(1102~1106) 중에는 帥司에 예속되지 않는 廉訪使라고 하였다가 靖康 연간(1126~1127) 초에 복구되었다.
126) 指使: 宋代 將領 또는 州縣官의 부하로서 差遣을 제공하는 하급 군관이다.
127) 『宋史』「校勘記」에 따르면 初監戶負晏州夷人錢에서 '負'자는 원래 빠져 있었는데 『宋會要集稿』「蕃夷」 5-22, 『長編紀事本末』 卷49에 의거하여 보충하였다.

자 했던 것이다. 지노주(知瀘州) 장소신(張昭信)이 권유하여 곧 그 말을 듣고 복종하였으나, 육정감에서 또다시 파연촌(婆然村)의 이인인 세령(細令) 등을 붙잡아두고 장녕주(長寧州)의 낙점(落占) 등 10명을 살해하였기 때문에 [그들을] 격발시켜 반란을 일으키게 하였다. 조서를 내려 지익주(知益州) 전황(田況)128)에게 주변 군(郡)의 사졸을 파견하고 재주·기주로[梓夔路] 병마검할(兵馬鈐轄) 송정(宋定)에게는 앞서 가서 지원하라고 하였다. 이에 양로의 연합 관군과 백륵자제까지 거의 2만 명 군대가 반란군과 싸웠는데 전사한 병졸이 매우 많고 굶어 죽은 자도 천여 명이었으며 몇 개월이 걸린 이후에야 평정하였다. [전]황 및 전운사에게 칙서를 하사하고, 송정 이하 13인을 포장하고 차등을 두어 관급을 올려주었다. 이후에 [전]황이 조정으로 돌아와 상주하기를 '이인 부족이 해마다 난을 일으키는 것은 일을 맡은 자가 적임자가 아니기 때문이니, 청하건대 전운·검할사에게 명하여 관원을 천거하도록 하여 지감(知監)과 감압(監押)129)을 맡기고, 임기를 마치고 돌아올 때[代還日]에 1등급을 특진시켜 주십시오'라고 하였다. 그대로 따랐다.

> 嘉祐二年, 三里村夷斗還等百五十人復謀內寇. 有黃土坎夷斗蓋, 長寧州人也, 先以其事來告. 渚井監引兵趨之, 捕斬七千餘級. 鈐轄司上聞, 詔賜斗蓋錢三十萬·錦袍·銀帶. 明年, 又補斗蓋長寧州刺史.

[인종] 가우(嘉祐) 2년(1057)에 삼리촌(三里村) 이인 두환(斗還) 등 150명이 다시 내지 침입을 도모하였다. 황토갱(黃土坎) 이인인 두개(斗蓋)라는 자가 장녕주 사람인데 사전에 와서 이 일을 보고하였다. 육정감에서 병사를 파견해 그들을 추격하여 생포하거나 참수한 수가 7천여 명에 달하였다. 검할사에서 위에 보고하자 조를 내려 두개에게 전(錢) 30만과 비단옷, 은제 요대를 하사하였다. 이듬해 두개를 장녕주 자사로 보임하였다.

---

128) 田況(1005~1063): 字는 元均이고 그 선조는 京兆人인데 信都로 옮겨갔다. 진사과와 賢良方正科에도 선발되었다. 江陵에 부임하고 太常丞까지 되었다. 夏竦이 섬서 지역을 경략할 때 判官으로 되었다. '保州之役' 때 적병 수백 인을 묻어 죽여 조정에서 그 결단을 장하게 여겼다. 觀文殿學士에까지 발탁되고 景靈宮에 提擧되었다. 그의 저술로서 奏議 30卷, 『儒林公議』 2卷 등이 전한다.
129) 監押: 五代와 宋代에 諸州의 군대를 관장하던 무관이다.

瀘州部舊領姚州廢已久, 有烏蠻王子得蓋者來居其地, 部族最盛, 數遣人詣官, 自言願得州名以長夷落. 事聞, 因賜號姚州, 鑄印予之. 得蓋又乞敕書一通以遺子孫, 詔從其請.

노주 부서에서 이전에 관할했던 요주(姚州)130)가 폐지된 지 이미 오래인데, 오만(烏蠻)131)의 왕자인 득개(得蓋)라는 자가 그곳에 와서 거처하면서 부족이 가장 흥성하였으며 여러 차례 사람을 관에 보내서 자진하여 말하기를 주의 이름을 얻고 이족부락의 우두머리가 되기를 원한다고 하였다. 이 일을 위에 아뢰니 요주라는 이름을 하사하고 주인(鑄印)을 그에게 수여하였다. 득개가 또 요청하여 칙서 한 통을 자손에게 남겨주고자 하여서, 조서를 내려 그의 청을 들어주었다.132)

夔州路又有溱・南二州夷, 頗盛彊, 皇祐初, 詔自今歲遣使者存問之.

기주로(夔州路)에는 또 진주(溱州)133)・남주(南州)134) 두 주의 이족이 있는데 꽤나 흥성하

---

130) 姚州: 唐 武德 4년(621)에 설치되고 姚州都督府의 치소로 姚城縣(현재 雲南省 姚安縣 서북)이었다. 관할 영역은 대략 현재 운남성 姚安縣 지역으로 『舊唐書』「地理志」에는 "武德四年, 安撫大使李英, 以此州內人多姓姚, 故置姚州."라고 하였다. 당의 서남 변강 경영의 重鎭이었다. 천보 연간(742~756) 후에 폐지되었다. 南詔에서 弄棟節度로 고쳤다. 송대에는 대리국에서 姚府로 바꾸었다. 원대 至元 12년(1275)에 大理路에 부속시키고 치소를 현재 요안현 북쪽 19리 光祿鎭에 두었다. 원 致化 원년(1328)에 姚安路의 치소로, 또 명대에는 姚安府의 치소가 되었다. 청 乾隆 35년(1770)에 楚雄府로 부속되었다.
131) 烏蠻: 隋代 史書에서 처음 나타나는 고대 종족명으로서, 唐代에는 雲南, 四川 남부, 貴州 서부에 분포하였다. 東爨・六詔・東蠻 등의 주요한 居民으로서, 부락이 잡다하였다. 후에 白蠻 등과 함께 南詔國을 건립하였는데, 왕족은 烏蠻이고 귀족 대성은 白蠻이었다. 그 대부분은 지금의 彝族의 조상이고, 부분적으로 傈僳・拉祜・哈尼族과 그 연원에 관련성이 있다. 元明 시기에는 黑爨 혹은 羅羅로 불렸다.
132) 烏蠻王子 得蓋에 관하여는 본문 아래쪽에도 유사한 내용이 소개되어 있다. 즉 慶曆 연간 초에 瀘州에서 올린 상주문에 따르면, 노주 관하의 溪峒十州는 唐宋대에 州額을 하사받았고 그중 오만왕자 득개 부족의 세력이 가장 강하였다. 득개가 이미 오래전에 폐지된 姚州의 이름으로 夷族 부락의 수령이 될 것을 원하였다. 조정에서는 그의 요청대로 요주를 다시 세우고 득개를 자사로 삼고 鑄印을 하사하였다. 득개가 죽은 뒤 그 아들이 몰래 '羅氏鬼主'라 칭하였으며 그의 아들 僕射도 그 칭호를 계승하였으나 세력이 점차 약해졌다.

고 강하였다. [인종] 황우(皇祐) 연간(1049~1054) 초기에 조를 내려 그해부터 사절을 보내는 경우 그들을 살피고 위문해주도록 하였다.

雅州西山野川路蠻者, 亦西南夷之別種也, 距州三百里, 有部落四十六, 唐以來皆爲羈縻州. 太平興國三年, 首領馬令膜等十四人以名馬・犛牛・虎豹皮・麝臍來貢, 幷上唐朝敕書告身凡七通, 咸賜以冠帶, 其首領悉授官以遣之. 紹聖二年, 以磵門砦蠻部王元壽襲懷化司戈云.

아주(雅州)135) 서산야천로만(西山野川路蠻)136) 역시 서남이(西南夷)의 별종이다. [아]주

---

133) 溱州: 唐 貞觀 16년(642)에 설치하였으며 치소는 榮懿縣(현재 重慶市 萬盛區 동남 青羊鎮)에 있었다. 그 남쪽에 흐르는 溱溪水에서 이름을 딴 것이었다. 天寶 원년(742)에 溱溪郡으로 바뀌었다가 乾元 원년(758)에 다시 溱州로 되었다. 관할 영역은 현재 重慶市 萬盛區 및 綦江, 南川 부분의 지역이었다. 北宋 때에는 羈縻州로 있었으며 熙寧 7년(1074)에 榮懿砦가 되었다. 大觀 2년(1108)에 다시 설치되어 치소를 溱溪縣(현재 綦江縣 남부 吹角鄉)에 두었다. 관할 영역은 현재 四川省 綦江縣, 貴州省 桐梓縣의 부분 지역이었다. 宣和 2년(1120)에 폐지되었다.

134) 南州: 北周에서 설치하였으며, 치소는 萬川郡 萬川縣(현재 四川省 萬縣市)이었다. 관할 구역은 四川省 萬縣市 및 梁平 등의 縣에 상당하였다. 隋 大業 연간(605~617) 초에 폐지되었다. 唐 武德 2년(619)에 설치되었는데, 치소는 隆陽縣(四川省 綦江縣 綦江 北岸)에 두었다. 관할 구역은 四川省 綦江 및 重慶市 南桐礦區에 상당하였다. 武德 3년(620)에 고쳐서 僰州를 설치하였으며, 무덕 4년(621)에는 다시 南州로 돌렸다. 先天 원년(712)에는 隆陽縣을 고쳐서 南川縣으로 하였다. 天寶 원년(742)에 고쳐서 南川郡으로 바꾸었다가, 乾元 원년(758)에 다시 南州로 되돌렸다. 北宋 皇祐 5년(1053)에 폐지하였다.

135) 雅州: 隋 仁壽 4년(604)에 설치하였으며, 치소는 蒙山縣에 두었는데, 四川省 雅安市 서부에 해당한다. 『元和郡縣志』 卷32 「雅州」에서는 "州境에 雅安山이 있어서 이름을 삼았다."라고 하였다. 大業 3년(607)에 고쳐서 臨邛郡이라 하였다. 唐 武德 원년(618)에 다시 雅州로 고쳤다. 치소는 嚴道縣(현재 雅安市 서쪽)에 두었다. 天寶 원년(742)에 盧山郡으로 이름을 바꾸었다가, 乾元 원년(758)에 다시 雅州로 고쳤다. 관할 구역은 四川省 雅安・名山・榮經・天全・盧山・寶興 등의 市縣을 포함하였다. 開元 연간(713~741) 중에 都督府를 설치하여, 會野・當馬 등 19州를 都督羈縻하였다. 나중에 관할 기미주가 50여 州까지 늘었다. 北宋代에 치소를 지금의 雅安市로 옮겼다. 元代에는 吐蕃等處宣慰司에 속하였다. 明代에는 四川布政使司에 속하였고, 淸代에는 四川省에 속하였다. 雍正 7년(1729)에 승격하여 雅州府가 되었다.

136) 西山野川路蠻: 五代와 兩宋 시기 雅州 서북지역(현재 天全, 芒山, 邛峽 이서 지역의 瀘定, 小金 등

에서 300리 떨어진 곳에 46개 부락이 있으며 당대 이래로 모두 기미주였다. [송 태종] 태평흥국 3년(978)에 수령 마령막(馬令膜) 등 14인이 명마·들소[봉우(犎牛)]·호랑이표범가죽·사향노루배꼽[麝臍] 등을 가지고 와서 진공하고, 또 당조로부터 받았던 칙서와 고신(告身) 7통을 바치니, [이들] 모두에게 고루 관대를 하사하고 그들 수령들에게는 모두 관함을 제수하여 돌려보냈다. [철종] 소성(紹聖) 2년(1095)137)에는 조문채(碉門砦)138) 만족 부락의 왕인 원수(元壽)로 하여금 회화사과(懷化司戈) 등등의 [관함을] 계승하게 하였다.

黎州諸蠻
여주제만

黎州諸蠻, 凡十二種: 曰山後雨林蠻, 在州南七日程; 曰邛部川蠻, 在州東南十二程; 曰風琶蠻, 在州西南一千一百里; 曰保塞蠻, 在州西南三百里; 曰三王蠻, 亦曰部落蠻, 在州西百里; 曰西箐蠻, 有彌羌部落, 在州西三百里; 曰淨浪蠻, 在州南一百五十里; 曰白蠻, 在州東南一百里; 曰烏蒙蠻, 在州東南千里; 曰阿宗蠻, 在州西南二日程. 凡風琶·雨林·邛部皆謂之東蠻, 其餘小蠻各分隷焉. 邛部於諸蠻中最驕悍狡譎, 招集蕃漢亡命, 侵擾他種, 閉其道以專利. 曰大雲南蠻, 曰小雲南蠻, 卽唐南詔, 今名大理國, 自有傳. 夷俗尚鬼, 謂主祭者鬼主, 故其酋長號都鬼主.

　　지역)의 소수민족에 대한 총칭이었다. 대개가 고대 羌人의 후예였다. 저본의 내용대로 唐 시기에는 이곳에 羈縻州를 설치하였고 46개 부락이 있었다. 송조는 唐制를 계승했으나 제 민족과의 교왕은 통교와 단절을 거듭하였다. 吐蕃이 와해된 이후 라마교의 寧瑪, 薩迦, 噶擧 교파가 전입되었다. 목축을 주로 하고 수렵을 겸하였다. 한족 지역과 가까운 부락에는 농업도 하였다. 송이 碉門(현재 天全)에 馬市를 개설하여 諸部가 수시로 조문에 가서 교역을 하였다.

137) 『송사』 「교감기」에 따르면, 紹聖二年이라 한 것이 『宋會要集稿』 「蕃夷」 5-4에서는 '元符三年'으로 기재되어 있다.

138) 碉門砦: 宋代에 설치되어 嚴道縣에 속하였으며 현재 四川省 天全縣에 있었다. 『輿地紀勝』 卷147 〈雅州〉에서는 碉門砦에 대하여 "最爲要害, 兩山壁立, 一水中貫, 設禁門以限華夷."라고 하였다. 元代에는 碉門安撫閉를 설치하였다. 明代에 또 碉門砦 100戶를 두고 청대에는 吏目을 두었다.

여주(黎州)139)의 제만(諸蠻)140)으로는 무릇 열두 부류의 종족이 있다. 산후양림만(山後兩林蠻)141)은 [여]주 남쪽으로 7일 여정의 [거리에] 있고, 공부천만(邛部川蠻)142)은 [여]주의 동남으로 12일 여정의 [위치에] 있으며, 풍파만(風琶蠻)143)은 [여]주의 서남쪽으로 1,100리 되는 곳에 있고, 보새만(保塞蠻)144)은 [여]주의 서남쪽 300리에 있으며, 삼왕만(三王蠻)은

---

139) 黎州: 北周 天和 3년(568)에 설치되었으며, 치소는 沈黎縣에 두었는데, 四川省 漢源縣 동북부에 해당된다. 隋代에는 폐지되었다. 唐 大足 원년(701)에 다시 두었으며 치소는 漢源縣에 설치되었다. 현재 四川省 漢源縣 북쪽 九襄鎭에 해당된다. 神龍 3년(707)에 폐지되었다가 開元 4년(716)에 다시 설치되었다. 天寶 원년(742)에 고쳐서 洪源郡이 되었다가, 乾元 원년(758)에 다시 黎州가 되었다. 관할 구역은 四川省 漢源·石棉·甘洛 등의 縣 및 瀘定·越西·峨邊 등 縣의 부분을 포함하였다. 貞元 연간(785~805)에 漢源縣이 치소를 현재 한원현의 북쪽 淸溪鄕으로 옮김에 따라 주의 치소도 이동하였다. 元代에는 吐蕃宣慰司에 속하였다. 明 洪武 8년(1375)에 고쳐서 黎州長官司로 삼았다.

140) 黎州諸蠻: 宋代에 현재 雅安, 凉山 지역 大渡河 유역의 소수민족들을 나타낸 범칭이었다. 본문에서 말하듯 모두 12부류의 종족이 있었고, 그중 風琶蠻, 兩林蠻, 邛部川蠻이 가장 강하였다. 南宋 嘉定 9년(1216)에 諸部가 대리국에 점거당하고 후에는 몽골의 통치를 받았다. 黎州諸蠻은 목축을 주업으로 하며 농경을 겸하기도 하였다. 종종 黎州에 가서 말을 팔았는데 송대 사천에서의 말 매입 중 가장 많은 수를 여기서 조달하였다. 송은 차마무역을 통하여 제부에 대한 기미통치를 유지하고 변경을 따라 砦를 설치하여 방위 병력을 주둔시켰다.

141) 山後兩林蠻: 『新唐書』 「南蠻傳」에서는 양림만이라고 하고 그 위치는 勿鄧 남쪽으로 70리에 있다고 하였다. 그리고 十低 3姓과 阿屯 3姓 그리고 虧望 3姓이 있는데 모두 兩林部落에 예속되어 있다고 하였다. 兩林 땅은 비록 좁았지만 諸部가 추대하여 長을 세웠고, 칭호를 都大鬼主라고 하였다.

142) 邛部川蠻: 古代에 大路蠻이라고도 불린 종족이었다. 위 본문에 처음 보이지만 당대 烏蠻의 한 지파인 邛部에서 유래하였다. 宋 시기에 현재 凉山州의 越西, 西昌 등 지역에 분포하여 송 왕조와 대리국의 교통 무역 대로상에 위치하였기 때문에 대로만이라고 칭해졌다. 『新唐書』에 따르면 烏蠻의 7개 부락 중 하나가 勿鄧部이며 물등부에 공부 6개 姓이 있다고 하였는데, 『송사』에서는 공부주만이 물등 및 각부와 각성을 통할하고 있는 것으로 파악하고 있다. 공부주만의 수령은 자칭 "百蠻都鬼主"라 하고 大渡河 남부, 金沙江 북부지역을 점유하고 있었다. 凉山州 경역 내 주요 토착민족의 선조는 모두 그와 관련이 있었다. 『송사』 「교감기」에 따르면 邛部川蠻의 川이 원래 州였는데 『宋史』 卷5 「太宗紀」, 『宋會要集稿』 「蕃夷」 5-56, 『文獻通考』 卷330 「四裔考」에 의거하여 고쳤다.

143) 風琶蠻: 송 왕조와의 교왕이 산후양림만과 공부천만만큼 많지 않고 다만 咸平 연간(998~1003), 景德 연간(1004~1007)에만 비교적 큰 교류와 조공이 있었다. 『新唐書』 「南蠻傳」에서 兩林蠻 그 남쪽에 豐琶 부락이 있는데, 阿諾 2성이 여기에 딸려 있다고 하였다.

144) 保塞蠻: 보새만과 송 중앙정부 사이 관계는 비교적 일찍부터 성립되었고 정치 연계를 통하여 마필 무역을 진행하였다. 70여 명이 대도하를 거쳐 와서 양질의 말을 팔았다. 송조는 쌍방의 이런 관계에 대해 적극 지지하고 보호하는 정책을 취하였다.

부락만(部落蠻)이라고도 하는 데 [여]주 서쪽으로 100리 [거리에] 있고, 서정만(西箐蠻)이라고 부르는 [종족에게는] 미강(彌羌) 부락이 있는데 [여]주의 서쪽 300리 거리에 있고, 또 정랑만(淨浪蠻)145)이라는 [종족은] [여]주의 남쪽 150리 거리에 있으며, 이름하여 백만(白蠻)은 [여]주의 동남쪽 100리에 있고, 오몽만(烏蒙蠻)이란 곳은 [여]주 동남쪽 1천 리에 있으며, 그리고 아종만(阿宗蠻)이란 곳은 [여]주에서 서남쪽으로 이틀 가는 거리에 있다. 대개 풍파·양림·공부는 모두 동만(東蠻)이라고 불리고, 그 나머지 소규모 만족이 각각 거기에 분속되어 있다. 공부(邛部)가 여러 만족 중에서 가장 교만하고 사나우며 간교하고 잘 속이며, 번국이나 중국[漢]에서 망명하는 사람들을 불러모으고, 또 다른 종족들을 침탈하거나 통로를 막아서 이익을 독점한다. 대운남만(大雲南蠻)이라는 자들과 소운남만(小雲南蠻)이라는 자들은 바로 당대의 남조(南詔)146)였고 지금의 국명은 대리국(大理國)147)인데 그 [내부에서] 자체적으로

---

145) 淨浪蠻: 본문「만이전」4〈彌羌部落〉조에서는 浮浪蠻이라고 하였는데 어느 쪽이 정확한 명칭인지 확인하기 어렵다.
146) 南詔: 唐代에 현재 운남성 전체와 귀주성, 사천성, 서장성, 월남, 미얀마의 부분 영역을 포괄하는 영역을 가진 정권이었다. 蒙舍詔 皮羅閣이 唐 玄宗 開元 26년(738)에 건립하고 昭宗 天復 2년(902) 권신 鄭買嗣가 몽씨 남조를 무너뜨리고 자립하여 왕이 되어 국호를 大長和라고 할 때까지 13대 250여 년 동안 지속되었다. 당대에 洱海 유역에는 蒙嶲, 越析, 施浪, 邆賧, 浪穹, 蒙舍 등 6개 대부락이 연맹을 형성하여 六詔라고 불렀다. 그중 몽사조가 가장 남쪽에 위치하여 남조라고 하였다. 당 고종 때 다른 5조는 점차 토번의 영향 하에 들어갔지만 남조는 당과 친교를 유지하며 세력을 키웠고, 당은 토번을 견제하기 위해 남조가 다른 5조를 병합하도록 지원하였다. 당 현종 開元 25년(737) 남조는 주변 25개 부족을 병합해가고 이듬해 남조의 피라각이 6조를 통일하여 남조국을 세우고 도읍을 현재 大理 蒼山 太和村 부근인 太和城으로 옮겼다. 당으로부터 雲南王으로 책봉되었으나 당 현종이 洱海 주변에 安寧城을 세우고 세력을 확장하면서 양측의 관계가 악화되었다. 남조 왕 閣羅鳳이 운남 태수를 죽이고 姚州 등 37개 군을 점령해 귀주성 서북부까지 세력을 확장하였다. 烏蠻이라고 불리는 티베트 미얀마어 계통의 종족이 지배층을 이루고 白蠻이라고 불리는 종족을 융합해 나라를 구성한 것으로 알려져 있다. 오만은 오늘날 彝族과, 백만은 白族이나 타이족 등과 연관되어 있는 것으로 알려져 있다. 8세기 이후 전래된 불교문화를 발달시켰다. 부족들 연맹으로 왕권이 약하였고 天復 2년(902) 13대 孝哀帝 舜化貞이 정매사에게 왕위를 빼앗겨 장화국이 되었다. 後唐 明宗 天成 2년(927) 다시 梁干貞이 장화국을 멸하고 이내 스스로 義寧國의 왕이 되었지만 後晉 高祖 天福 2년(937)에 段思平에게 몰려나고 단사평이 천복 3년(938)에 대리국을 세웠다.
147) 大理國: 後晉 高祖 天福 2년(938) 雲南 지방에 段思平이 남조를 계승하여 세운 정권으로 22대에 걸쳐 300여 년 지속되다가 남송 理宗 寶祐 원년(1253) 몽골 쿠빌라이 침략으로 멸망하였다. 단사평은 白蠻으로 불리던 부족 출신이었으며 남조보다 왕권이 강화되었으나 부족 연합의 성격은 여전하였다. 남조 체제를 그대로 계승하였고 세력 범위도 남조의 최강성 시기와 비슷하여 북으로 四川 서부, 남으로

계승되었다. 이인의 풍속은 귀신을 숭상하고 제사를 주관하는 자를 귀주(鬼主)라고 하기 때문에 그들 추장의 호칭은 도귀주(都鬼主)이다.

> 山後兩林蠻, 後唐天成間始來貢. 開寶二年六月壬子, 勿兒遣部落將軍離魚以狀白黎州, 期十月內入貢, 成都府以聞, 詔嘉答之. 至是來朝, 賜以器幣. 由黎州南行七日而至其地, 又一程, 至嶲州. 嶲州今廢, 空城中但有浮圖一. 又二程, 至建昌城. 又十七程, 至雲南. 三年七月, 又朝貢. 六年四月, 邛部川歸德將軍阿伏上言, 爲山後兩林蠻勿兒率衆侵掠堡砦. 八年, 懷化將軍勿尼等六十餘人來貢, 詔以勿尼爲歸德將軍, 又以兩林蠻大鬼主蘇吠爲懷化將軍.

산후양림만(山後兩林蠻)[148]은 후당(後唐) 천성(天成) 연간(926~929)에 처음으로 내공하였다. [송 태조] 개보 2년(969) 6월 임자(壬子)일에 홀아(勿兒)가 부락의 장군 이어(離魚)를 보내어 문서로써 여주(黎州)에 알리기를 10월 안에 입공하겠다고 약정하자 성도부(成都府)[149]에서 위에 보고하였고 이에 조서를 내려 가상하다고 답하였다. 이때 [그들이] 내조하였을 때 [황제가] 기물과 전폐를 하사하였다. 여주에서 남쪽으로 7일을 가면 그들의 지역에 닿게 되고 또 하루를 가면 수주(嶲州)[150]에 이른다. 수주는 현재 폐기되어 빈 성중에 단지

베트남 북부, 서로 인도·미얀마, 동으로 귀주와 광서 일부까지 지배하였다. 토번보다 송과 가까운 관계를 유지하였다.

148) 『宋史』「校勘記」에 따르면 원래 빠졌던 '山後兩林蠻' 다섯 글자를 『文獻通考』 卷330 「四裔考」를 참고하여 보충하였다.

149) 成都府: 唐 至德 2년(757) 蜀郡을 玄宗의 '駐蹕'之地라고 하여 成都府로 승격시키고 南京으로 칭하였다. 上元 원년(760)에 京號는 철회하고 劍南四川節度使 치소가 되어 成都縣, 蜀縣을 다스렸다. 송대에는 成都府路의 치소가 되고, 몽골이 들어와 成都路로 바꾸었다가 明代에 다시 成都府가 되어 四川省會가 되었고 1913년에 폐지되었다.

150) 嶲州: 南朝 梁 大同 3년(537)에 설치되었으나, 얼마 지나지 않아 폐지되었다. 치소는 越嶲郡(현재 四川省 西昌市)에 두었다. 隋 開皇 18년(598)에 西寧州로 고쳐서 설치되었으며, 치소는 越嶲縣(현재 四川省 西昌市)에 두었다. 大業 3년(607)에 고쳐서 越嶲郡이 되었다. 唐 武德 원년(618)에 다시 嶲州가 되었다. 무덕 4년(621)에 승급되어 中都督府가 되었다. 관할 구역은 四川省 越西縣과 美姑縣 이남, 金沙江 이서와 이북, 그리고 錦屛山과 鹽井河 이동 지역을 포함하였다. 天寶 원년(742)에 고쳐서 越嶲郡이 되었다. 至德 2년(757)에 吐蕃에 편입되었다가, 貞元 13년(797)에 수복하였다. 그러나 大和 5년

부도(浮圖)가 하나 있을 뿐이다. 이틀을 더 가면 건창성(建昌城)151)에 이른다. 다시 17일의 여정을 가면 운남에 이르게 된다. [개보] 3년(970) 7월에 또 조공하였다. [개보] 6년(973) 4월에 공부천(邛部川)152) 귀덕장군 아복(阿伏)이 상언하여 산후양림만의 홀아가 무리를 이끌고 쳐들어와서 [그들에게] 보채를 약탈당하였다고 하였다. [개보] 8년(975)에 회화장군 홀니(勿尼) 등 60여 인이 내공하자 조서를 내려 홀니를 귀덕장군으로, 또 양림만 대귀주(大鬼主) 소폐(蘇吠)를 회화장군으로 임명하였다.

太平興國二年, 遣使王子卑綵·副使牟蓋·鬼主還祖等七十八人以名馬來貢, 乞頒正朔. 下詔曰:「山後兩林蠻主歸德將軍勿尼·懷化將軍勿兒等克慕聲明, 遠脩職貢, 並增環衛之秩, 俾爲夷落之榮. 勿尼可特授歸德大將軍, 勿兒可特授懷化大將軍.」是冬, 又遣使離魚貢犀二株·馬九匹, 來賀登極. 四年, 勿兒與都鬼主又遣王子祚遇以名馬來貢. 八年, 蠻主弟牟昂及王子牟蓋·摩忙·卑愧·副使牟計等二百三十九人來貢. 詔以牟昂爲懷化大將軍, 牟蓋等三人爲歸德郎將, 牟計等百二十人並爲懷化司戈.

[태종] 태평흥국 2년(977), 왕의 아들 비채(卑綵), 부사 모개(牟蓋), 귀주(鬼主) 환조(還祖) 등 78명을 사절로 보내 명마를 가지고 내공하고, 역법[正朔]을 반포해줄 것을 요청하였다. 조서를 내려 말하기를, "산후양림만의 군주 귀덕장군 물니(勿尼)·회화장군 홀아(勿兒) 등이 성명(聲明)153)을 극히 사모하여 머나먼 곳에 있으면서도 공물을 바치니, 두 사람 모두에게 환위(環衛)154)의 관질을 더하여 그들로 하여금 이인 부락의 영광을 입게 하겠노라. 물니에게

(831) 南詔에게 공파된 뒤, 다음 해에 치소를 臺登(현재 四川省 冕寧縣 남쪽 瀘沽鎭)으로 옮겼다. 咸通 2년(861)에 南詔에게 점령되었으며, 建昌府로 개치되었다.
151) 建昌城: 당대 南詔에서 嶲州를 바꾸어 설치한 건창부를 가리키는 것 같다. 그 치소는 현재 사천성 西昌市였다. 원대 지원 12년(1275)에 건창로로 바뀌고 명대 홍무 연간에 건창부로 회복되었다가 얼마 후 폐지되었다.
152) 邛部川: 邛部라고 하였으며 당송대 사천 서남이 부락의 하나였다. 송대에 黎州의 속부였다. 현재 사천 越西縣 경역에 정착하여 목축을 하였다. 『元史』「地理志」〈邛部州〉에 "至宋歲貢名馬土物, 封其酋爲邛都王. 今其地夷稱爲邛部川, 治烏弄城."이라고 하였다.
153) 聲明: 聲教文明 즉 황제가 교화하는 德化와 학술 교화가 진보하고 풍속이 美化된 상태를 말한다.
154) 環衛: 대궐을 사방으로 둘러싸서 호위함.

는 귀덕대장군을 특별히 제수하고 물아는 회화대장군에 특별히 제수할 것을 허락한다."라고 하였다. 그해 겨울에 다시 이어(離魚)를 사절로 파견하여 서각 2자루, 말 9필을 진공하며 황제의 등극을 경하하였다. 태평흥국 4년(979)에 물아와 도귀주(都鬼主)가 또 왕자 조우(祚遇)를 보내 명마를 가지고 와서 바치게 하였다. 8년(983)에 만주(蠻主)의 동생 모앙(牟昂)과 왕자 모개(牟蓋)·마망(摩忙)·비괴(卑愧), 부사 모계(牟計) 등 239명이 내공하였다. 조를 내려 모앙을 회화대장군으로, 모개 등 3명은 귀덕랑장으로, 또 모계 등 120명은 모두 회화사과(懷化司戈)로 임명하였다.

雍熙三年, 勿尼等及其王子李奉恩復來貢馬. 淳化元年, 王子離魚·副使卑都·卑諭·鬼主岐禮等百二十八人來貢. 詔授離魚歸德將軍, 卑都保順郎將, 卑諭歸德司戈, 卑熱等五十四人懷化司戈.

[태종] 옹희 3년(986) 물니 등과 왕자 이봉은(李奉恩)이 다시 와서 말을 진공하였다. [태종] 순화 원년(990)에는 왕자 이어(離魚)·부사(副使) 비도(卑都)·비유(卑諭)·귀주(鬼主) 파례(岐禮) 등 128명이 내공하였다. 조를 내려 이어에게 귀덕장군을, 비도에게 보순랑장을, 비유에게 귀덕사과, 비열(卑熱) 등 54명에게 회화사과를 제수하였다.

天禧二年, 山後兩林百蠻都鬼主李阿善遣將軍卑熱等一百五十人來貢.

[진종] 천희(天禧) 2년(1018), 산후양림의 백만(百蠻)[155] 도귀주(都鬼主)인 이아선(李阿善)이 장군 비열(卑熱) 등 150인을 보내 내공하였다.

邛部川蠻, 亦曰大路蠻, 亦曰勿鄧, 居漢越嶲郡會無縣地. 其酋長自稱「百蠻都鬼主」. 開寶二年六月, 都鬼主阿伏白黎州, 期以十月令王子入貢, 成都府以聞, 詔嘉納之. 四

---

155) 百蠻: 고대 남방 소수민족의 총칭으로 쓰였고 후에 기타 소수민족의 범칭이 되었다.

年, 黎州定遠兵士構叛, 聚居鹿角溪, 阿伏令弟遊擊將軍卑吠等率衆平之. 詔賜阿伏銀帶·錦袍, 幷賜其衆銀帛各百, 以爲歸德將軍. 六年, 阿伏與山後兩林蠻主勿兒言語相失, 勿兒率兵侵邛部川, 頗俘殺部落. 黎州以聞, 並賜詔慰諭, 令各守封彊, 勿相侵犯.

공부천만(邛部川蠻)은 대로만(大路蠻)이라고도 하고 물등(勿鄧)이라고도 부르며, 한(漢)대의 월수군(越嶲郡)156) 회무현(會無縣)157) 지역에 거주한다. 그 추장은 자칭 '백만도귀주(百蠻都鬼主)'라고 하였다. [태조] 개보 2년(969) 6월158)에 도귀주 아복(阿伏)이 여주(黎州)에 알리기를 10월에 왕자를 시켜 입공하겠다고 약정하여, 성도부(成都府)에서 위에 보고하니 조서를 내려 이를 가상하게 받아들였다. [개보] 4년(971)에 여주의 정원병사(定遠兵士)가 반란을 일으켜 녹각계(鹿角溪)에 모여 살았는데, 아복(阿伏)이 동생 유격장군(遊擊將軍) 비폐(卑吠) 등을 시켜 무리를 이끌고 가서 그를 평정하였다. 조를 내려 아복에게 은대(銀帶)·금포(錦袍)를 하사하고, 아울러 그 무리에게도 은과 비단을 각기 백 필과 백 냥씩 하사하고 [아복을] 귀덕장군으로 임명하였다. [개보] 6년(973), 아복과 산후양림만 군주 물아(勿兒)가 말을 하다 서로 불화하게 되어, 물아가 병사를 거느리고 공부천을 침공하여 사로잡히거나 죽은 부락 사람이 매우 많았다. 여주에서 위에 아뢰니 모두에게 조서를 내려, 그들 각자 영역을 지키고 서로 침범하지 말라고 위무하고 타일렀다.

太平興國四年, 首領牟昂·諸族鬼主副使離襪等各以方物來貢.

---

156) 越嶲郡: 前漢 元鼎 6년(전111) 邛都國 지역에 설치하고 치소는 邛都縣(현재 四川省 西昌市 동남)에 두었다. 『後漢書』「西南夷傳」 注에 "畜其越裔水以置郡, 故名."이라고 하였다. 관할 영역은 현재 雲南省 麗江 納西族自治縣 이동, 金沙江 이서, 祥雲·大姚 이북과 四川省 木里, 石棉, 甘洛, 雷波 이남 지역이었다. 후한 말에 益州에 속하였다.
157) 會無縣: 前漢 元鼎 6년(전111)에 설치, 越嶲郡에 속하고 치소는 현재 四川省 會理縣이었다. 西晉 때 越猫郡 치소가 되고 南朝 宋 때는 越礦郡에 속하였다.
158) 『宋史』「校勘記」에 따르면 開寶二年六月에서 '二年'이 원래는 '三年'이었는데 『續資治通鑑長編』卷10, 『玉海』卷154에 근거하여 고쳤다.

[태종] 태평흥국 4년(979) 수령 모앙(牟昂),159) 제족귀주(諸族鬼主)인 부사 이말(離襪) 등이 각각 방물을 가지고 내공하였다.

雍熙二年, 都鬼主諾驅幷其母熱免遣王子阿有等百七十二人以方物·名馬來貢. 詔以諾驅爲懷化將軍, 並賜其母銀器.

[태종] 옹희 2년(985), 도귀주(都鬼主) 낙구(諾驅)와 그의 어머니 열면(熱免)이 왕자 아유(阿有) 등 172인을 파견하여 방물과 명마를 가지고 와서 조공하였다. 조를 내려 낙구를 회화장군으로 하고 그 어머니에게 은기를 하사하였다.

端拱二年, 遣弟少蓋等三百五十人來賀籍田, 貢御馬十四匹·馬二百八十四·犀角二·象牙二·莎羅毯一·合金銀飾蠻刀二·金飾馬鞍勒一具·羱羊十·氂牛六. 詔以少蓋爲歸德郞將.

[태종] 단공(端拱) 2년(989) [낙구가] 동생 소개(少蓋) 등 350인을 파견하여 적전[례](籍田禮)160)를 축하하고 어마(御馬) 14필, 말 280필, 서각 2개, 상아 2개, 얇은 담요[莎羅毯] 1장, 금은을 합하여 장식한 만도(蠻刀) 2자루, 금장식한 말안장과 재갈 1벌, 야생 산양[羱羊] 10마리, 야크[氂牛] 6마리를 진공하였다. 조를 내려 소개를 귀덕랑장으로 삼았다.

---

159) 앞서 〈산후양림만〉조 태평흥국 8년 기사 "蠻主弟牟昂"의 牟昂과는 다른 인물인데 같은 한역 이름을 썼을 것으로 보이나 분명하지 않다.

160) 籍田禮: '藉田'이라고도 칭한다. 고대 吉禮 중 하나였다. 孟春正月 春耕에 앞서 천자가 제후들을 거느리고 친히 耕田하는 전례 의식이었다. 원시사회 시대에 봄이면 부락의 대표가 먼저 씨앗을 뿌린 이후에야 대규모로 춘경 생산을 시작하였던 풍속에서 유래하였다. 이는 풍년을 기원하는 예속의 하나로 '親耕'이라고 칭하기도 하였다. 周·漢代 이래 역대 왕조에서 대개 이 의식을 행하였으나 매년 거행한 것은 아니고 폐지하여 거행하지 않은 때도 있다.

淳化元年, 諾驅自部馬二百五十四至黎州求互市, 詔增給其直. 諾驅令譯者言更入西番求良馬以中市. 二年, 復遣子牟昂·叔離襪以方物·良馬·犛牛來貢, 仍乞加恩. 詔授諾驅懷化大將軍, 少蓋懷化將軍, 牟昂歸德將軍, 離襪懷化司戈; 又封諾驅母歸德郡太君熱免寧遠郡太君, 弟離遮·小男阿醉都判官, 任彥德等一百九十一人爲懷化司戈.

[태종] 순화 원년(990)에 낙구가 친히 말 250필을 거느리고 여주에 가서 호시(互市)[161]를 요구하니, 조서를 내려 그 값을 올려서 쳐주도록 하였다. 낙구가 통역을 시켜 아뢰기를, 이제는 서번(西蕃)[162]으로 가서 양마(良馬)를 구해서 중계교역을 하겠다고 말하였다. [순화] 2년(991)에 [낙구가] 또다시 [그의] 아들 모앙과 숙부 이말(離襪)을 보내 방물·양마·야크 등을 가져다 바치면서 또 은사를 더해달라고 요청하였다. 조를 내려 낙구에게 회화대장군을, 소개에게 회화장군을, 모앙은 귀덕장군, 이말은 회화사과를 제수하고, 더하여 낙구의 어머니 귀덕군태군(歸德郡太君) 열면(熱免)을 영원군태군(寧遠郡太君)에 봉하고, 동생 이차(離遮)와 작은 아들 아수(阿醉)를 모두 판관으로, 임언덕(任彥德) 등 191인을 회화사과로 임명하였다.

至道元年, 李順亂西川, 王繼恩討平之. 遣嘉州牙校辛顯使, 諾驅奉淳化二年所授官告·敕書及日曆爲信, 因言與賊樊秀等接戰, 敗之, 復請朝覲, 通嘉州舊路. 繼恩上言:「通嘉州路非便, 只令於黎州賣馬.」詔不允. 其入覲王子一十九人幷加官, 鬼主三十六人並賜敕書以撫之. 至道三年, 遣王子阿醉來朝.

[태종] 지도(至道) 원년(995), 이순(李順)[163]이 서천(西川)[164]에서 반란하였을 때 왕계은

---

161) 互市: 사전적 의미는 외국과의 물물 교역이다. 송조가 소수민족 정권을 통제하는 방식은 조공과 回賜 무역이 우선이지만 또한 호시는 특히 적대적인 세력을 회유하고 조공을 유도하는 방책이었다.
162) 西蕃: 일반적으로 西域 일대와 서부 변경지역에 대한 범칭으로 西番, 西藩과도 통용되었으나 당송대에 특별히 吐藩을 가리켰는데, 여기서는 후자라고 생각된다.
163) 李順: 북송 초기(993~995) 소위 '王小波·李順의 亂' 또는 '四川均產起義'를 이끈 인물이다. 송 태종 淳化 4년(993)에 왕소파가 靑城縣(현재 四川省 都江堰 서쪽)에서 '等貴賤, 均貧富'를 주장하며 1만여 명의 농민과 수공업 노동자의 호응을 얻었다. 왕소파가 송 측과의 전투에서 입은 부상으로 사망한

(王繼恩)165)이 이를 토벌하여 평정하였다. 가주(嘉州) 아교(牙校) 신현(辛顯)을 파견하여 사절로 가게 하니,166) 낙구가 순화 2년(991)에 받은 관고(官告)와 칙서 및 일력(日曆)을 증표[信物]로 내세우며 이때 상언하여 적군 번수(樊秀) 등과 맞서 싸우겠다고 하고 그들을 무찌른 뒤, 다시 청하기를 조근하고자 하며 옛길을 통해 오겠다고 하였다. [왕]계은이 상언하기를, "가주로를 통과하는 것은 편하지 않으니 다만 여주에서 말을 팔게 하십시오."라고 하였으나 조서를 내려 허락하지 않았다. 입조하여 [황제를] 알현한 왕자 19명에게 모두 관을 더하고 귀주(鬼主) 36인에게도 아울러 칙서를 내려 위무하였다. 지도 3년(997)에 왕자 아취(阿醉)를 파견하여 내조하였다.

眞宗咸平二年, 遣王子部的等來貢文犀·名馬, 賜衣帶·器幣有差. 又乞給印, 以「大渡河南山前·後都鬼主」爲文, 從之. 五年, 又遣王子離歸等二百餘人入貢. 六年, 黎

뒤 그의 처남인 이순이 지휘를 맡았다. 이듬해 성도를 점령하고 大蜀 정권을 세워 연호를 廣遠이라 하며 사천 대부분을 지배하였다. 반란 확대에 놀란 송조는 환관 王繼恩에게 큰 권한을 주어 토벌에 전력을 다하였다. 순화 5년(994) 5월 송군은 成都를 회복하고 이순의 군대 3만을 참수하였다고 전해진다. 이때 포획된 이순은 살해되었다고 하지만, 이순이 성도를 탈출하여 광주로 가서 30년 후에 그곳에서 잡혀 처형되었다는 설도 있다. 그 뒤 張余가 잔당을 규합하여 揚子江을 따라 戎州, 瀘州 등을 공격하고 유적화하여 약탈을 자행하였다. 그러나 至道 원년(995) 2월에 장여가 嘉州에서 참살되면서 대란이 종식되었다.

164) 『宋史』「校勘記」에 따르면 李順亂西川에서 '李順'은 원래 '李淳'이었는데『續資治通鑑長編』卷35에 의거하여 고쳤다.
165) 王繼恩(?~999): 북송대 환관. 송 태종 淳化 4년(993)에 李順 세력이 성도를 점거했을 때 왕계은이 劍南西川治安使를 맡아 토벌에 나서 3만 명을 도살하였다. 태종이 사망한 뒤 참지정사 李昌齡과 결탁하여 왕계은이 태자 폐위를 모의하였다가 미수에 그치고, 태자 진종이 즉위한 뒤 均州로 출척당하여 그곳에서 사망하였다.
166) 『宋史』「校勘記」에 따르면, 遣嘉州牙校辛顯使에서 辛顯이라는 이름은 辛怡顯이며 '怡'자가 빠진 것 같다고 추측하고 있다. 그 근거로 다음 세 가지 문헌 자료를 제시하였다.『長編』卷10 開寶 2년 6월조의 注에 인용한 辛怡顯,「雲南至道錄」에서 말하기를 辛怡顯이 두 번 운남에 가서 직접 '淳化末朝廷所賜諸驅詔甚具'를 보았다고 했는데 이는 본문 아래 문장에서 낙구가 받은 官告 등의 信物을 내세웠다고 서술한 내용에 부합한다. 또『文獻通考』卷200「經籍考」〈雲南至道錄條〉와『玉海』卷58〈天禧雲南錄〉조에서 辛怡顯이 雲南(後書에는 黎·萬界라고 함)에 出使하고 돌아온 후에 지었다고 하는데 그가 출사한 사유가 모두 본문에서 辛顯을 파견한 일과 일치한다.

州言邛部川都蠻王諾驅卒, 其子阿逷立.

　　진종 함평 2년(999)에 왕자 부적(部的) 등을 보내와서 무늬 있는 서각과 명마를 진공하니 [이들에게] 의복과 요대·기폐를 차등 있게 하사하였다. 또 인장을 달라고 청하여 '대도하남산전·후도귀주(大渡河南山前·後都鬼主)'라고 인장에 새기는 글을 지어 허락해주었다. [함평] 5년(1002)에 또 왕자 이귀(離歸) 등 200여 인을 보내서 입공하였다. [다음 해] 6년(1003)에 여주에서 상언하여 공부천의 도만왕(都蠻王) 낙구가 죽고 그 아들 아주(阿逷)가 이어 즉위하였다고 알렸다.

景德二年, 阿逷遣王子將軍百九十二人來貢. 詔授阿逷安遠將軍, 阿逷叔懷化將軍, 阿育爲歸德將軍, 離歸爲懷化將軍, 大判官懷化司候任彥德·王子將軍部的並爲懷化郞將, 判官任惟慶爲懷化司候. 大中祥符元年, 遣將軍趙勿娑等獻名馬·犀角·象齒·娑羅毯, 會于泰山. 禮畢, 阿逷加恩, 勿娑等厚賜遣還.

　　[진종] 경덕(景德) 2년(1005)에 아주가 왕자와 장군 등 19명을 보내 내공하였다. 조를 내려 아주에게 안원장군(安遠將軍)을 제수하고 아주의 숙부는 회화장군, 아육(阿育)은 귀덕장군, 이귀를 회화장군으로 임명하고, 대판관(大判官) 회화사후(懷化司候) 임언덕(任彥德)과 왕자 장군 부적(部的)은 함께 회화랑장으로, 판관 임유경(任惟慶)은 회화사후로 임명하였다. [진종] 대중상부 원년(1008)에 장군 조물사(趙勿娑) 등을 보내 명마·서각·코끼리이빨[象齒]·사라담을 헌상하고 태산(泰山)에서 회합하였다. 제사 의례167)를 마치고 아주에게 은사를 더하고 [조]물사 등에게도 후하게 하사하여 돌려보냈다.

天聖八年十月, 邛部川都蠻王黎在遣卑郞·離滅等來貢方物. 時占城·龜玆·沙州亦皆入貢, 至以家自隨. 晏殊因請圖其人物衣冠, 幷訪道里風俗以上史官, 詔可. 九年

---

167) 大中祥符 원년(1008) 10월 송 진종이 汴京을 출발하여 泰山에 가서 거행한 封禪 의식을 가리킨다.

三月, 命黎在爲保義將軍, 又命其部族爲郎將·司戈·司候, 凡三十餘人. 明道元年, 黎州言黎在請三歲一貢, 詔諭以道路遐遠, 聽五年一至. 景祐初, 黎州復言邛部蠻請歲入貢, 詔如明道令. 寶元元年, 百蠻都王忙海遣將軍卑蓋等貢方物, 且請三歲一貢, 不許.

[인종] 천성(天聖) 8년(1030) 10월에 공부천 도만왕(都蠻王) 여재(黎在)가 비랑(卑郎)·이멸(離滅) 등을 파견하여 와서 방물을 진공하였다. 당시에 점성(占城)168)·구자(龜玆)·사주(沙州)169) 역시 모두 입공하였는데 전 가족을 함께 데리고왔다. 이에 안수(晏殊)170)가 그

---

168) 占城: 2세기 말엽에서 17세기 말까지 현재의 베트남 중부에서 남부에 걸쳐 있던 인도네시아계인 참족이 세운 참파이다. 중국 문헌에는 林邑, 環王, 占婆, 占波 등으로 기록되었다. 占城은 梵文 Campapura(占婆補羅)와 Campanagara(占婆那喝羅)의 簡譯이다. 즉 'pura'나 'nagara'는 범어로 '邑', '城'의 뜻으로 점파 국왕의 처소를 가리킨 것인데 9세기 이후 중국과 베트남에서 참파국의 통상적인 칭호가 되었다. 10세기 이후 중국에서 독립한 베트남 역대 왕조와 격렬한 항쟁을 되풀이했으나 베트남인의 남진을 막지 못하고, 그 제8왕조는 전례[前黎] 왕조의 압력으로 이제까지 지킨 수도 인드라푸라(다낭 부근)를 버리고 남쪽에 위치한 비자야로 천도했으며, 이어 제9왕조는 李왕조에게 현재의 빈치첸성 북부를, 또한 제13왕조는 陳 왕조에게 빈치첸성 남부 칸남다낭성 근처를 잃었다. 또 15세기에는 제15왕조가 黎왕조와의 싸움에 패하여 비자야를 점령당하고, 칸남다낭성 이남도 大越의 보호령이 되었으므로 옛날의 모습은 사라졌다. 17세기 말 베트남인의 메콩 델타의 진출과 함께 카우타라(냐짱)·판두랑가(판랑) 등 남아 있던 참인의 거점도 모두 베트남인에게 빼앗겨 참파는 완전히 멸망하였다. 그리하여 참인은 현재에는 소수민족을 형성하고 있다.
169) 沙州: 오호십육국 前涼이 돈황현에 치소를 두어 처음 설치하였다. 그 이름은 鳴沙山에서 유래하였다고 전한다. 남북조 시대 이 지역을 차지한 각 정권에 의해 치폐를 반복하고, 당 태종 때 사주가 다시 설치되고, 현종 때 돈황군으로 바뀌고, 숙종 때 다시 사주가 되었다. 唐 代宗 大曆 11년(776) 토번에 함락되었다가 당 宣宗 大中 5년(851) 수복된 후에 폐지되었다.
170) 晏殊(991~1055): 북송 撫州 臨川 文港鄕 출신으로 자는 同叔이다. 어릴 때부터 총명하여 5세에 시를 지어 신동이라 칭해졌다. 景德 2년(1005), 14세에 入殿하여 시험에 참가하여 진종에게서 同進士出身을 하사받았다. 3일째에 '賦' 시험을 다시 볼 때 제목이 자기가 이미 했던 것이니 다른 것으로 달라고 하여 그 성실과 재능으로 진종의 칭찬을 받고 秘書省 正事를 제수하였다. 인종 즉위 후에 集賢殿學士가 되고 慶歷 2년(1042)에 樞密使加平章事로 재상에 임명되는 등 50여 년간 관직에 있다가 인종 至和 2년(1055)에 사망하였다. 북송 전기 婉約派 詞人 중 하나이며 현인을 공정히 천거하였다. 范仲淹, 王安石 등이 그의 문하에서 나왔으며 富弼, 歐陽脩 등이 그에게서 천거되었다. 평생의 저술도 풍부하여 文集 140卷이 있고 주요 작품으로 『珠玉詞』를 들 수 있다.

인물들의 의관을 그림으로 그리고, [그들 나라까지의] 도로와 그곳 풍속을 물어서 사관에 제공할 것을 청하니, 조를 내려 허가하였다. [천성] 9년(1031) 3월에 여재를 보의장군(保義將軍)으로 임명하고, 또 그 부족을 낭장·사과·사후로 임명한 것이 모두 30여 인이었다. [인종] 명도(明道) 원년(1032), 여주에서 상언하여 여재가 3년에 한 번 조공하기를 청한다고 하였는데, 조를 내려 길이 너무 멀어서 5년에 한 번 오는 것을 허락한다고 일렀다. [인종] 경우(景祐) 연간(1034~1037) 초에, 여주에서 다시 아뢰기를 공부천만[邛部蠻]이 매년 입공하기를 청한다고 하자 조를 내려 명도 연간의 명령과 같게 하였다. [인종] 보원(寶元) 원년(1038), 백만도왕(百蠻都王) 망해(忙海)가 장군 비개(卑蓋) 등을 보내 방물을 진공하고 또 삼년일공[三歲一貢]을 요청했으나 허락하지 않았다.

慶曆四年, 邛部川山前·山後百蠻都鬼主牟黑遣將軍阿濟等三百三十九人獻馬二百一十·犛牛一·大角羊四·犀株一·莎羅毯一. 慶曆間, 有都鬼主弁黑等入貢. 未幾, 其王咩墨擾邊, 知黎州孫固使其首領苴尅殺之.

[인종] 경력(慶曆) 4년(1044), 공부천(邛部川)의 산전·산후(山前·山後) 백만 도귀주 모흑(牟黑)이 장군 아제(阿濟) 등 339인을 보내 말 210필·야크 1마리·큰뿔양[大角羊] 4마리·서각 1개·사라담 1장을 헌상하였다. 경력 연간(1041~1048)에 도귀주 변흑(弁黑) 등이 입공하였다. 얼마 안 되어 그 나라 왕 미묵(咩墨)이 변경을 어지럽히자 지여주(知黎州) 손고(孫固)[171]가 그곳 수령 저극(苴尅)을 시켜 그를 죽였다.

熙寧三年, 苴尅遣使來賀登寶位, 自稱「大渡河南邛部川山前·山後百蠻都首領」, 賜敕書·器幣·襲衣·銀帶. 是年, 苴尅死, 詔以其子韋則爲懷化校尉·大渡河南邛部川

---

171) 孫固(1016~1090): 자는 和父, 鄭州 管城 출신으로 進士에 급제하여 磁州 司戶參軍에 파견되었다. 英宗 治平 연간(1064~1066)에 神宗을 藩邸에서 시종하고 신종이 즉위함에 工部郎中에 발탁되었다. 熙寧 연간(1068~1077) 말기에 樞密直學士 知開封府가 되었으며 元豊 연간(1078~1085) 초에 同知樞密院事를 지낸 바 있다. 右光祿大夫까지 이르렀고 元祐 5년(1090)에 사망하였다. 開府儀同三司를 추증받았고 시호는 溫淸이었다.

都鬼主. 九年, 遣其將軍卑郞等十四人入貢.

[신종] 희녕(熙寧) 3년(1070) 저극이 사신을 보내 [신종의] 보위 등극을 축하하며 스스로 '대도하남공부천산전·산후백만도수령(大渡河南邛部川山前·山後百蠻都首領)'이라고 칭하였다. 칙서와 기폐, 습의(襲衣)172)와 은대를 하사하였다. 이해에 저극이 사망하여, 조를 내려 그의 아들 위칙(韋則)을 '회화교위·대도하남공부천도귀주(懷化校尉·大渡河南邛部川都鬼主)'로 임명하였다. [희녕] 9년(1076) 장군 비랑(卑郞) 등 14인을 보내 입공하였다.

乾道元年, 詔以崖轙襲兄蒙備金紫光祿大夫·懷化校尉·都鬼主如故. 淳熙元年, 吐蕃寇西邊, 崖轙率衆掩擊, 詔嘉其功. 二年五月, 兩林蠻王弟籠畏及酋長崖來率部義等攻邛部川之籠甕城, 不克, 大掠而去. 崖轙追之, 不及. 制置使范成大檄黎州嚴加備禦. 八年, 崖轙死, 其姪墨崖襲職. 詔黎州屯戌土軍·禁軍及西兵, 遇有邊事並聽本州守臣節制.

[남송 효종] 건도(乾道) 원년(1165) 조서를 내려 애말(崖轙)173)이 그의 형 몽비(蒙備)를 계승하게 하여 전례대로 금자광록대부(金紫光祿大夫)·회화교위(懷化校尉)·도귀주(都鬼主)로 임명하였다. [효종] 순희(淳熙) 원년(1174)에 토번(吐蕃)174)이 서쪽 변경에 쳐들어왔

---

172) 襲衣: 葬禮 때에 屍體에 입히는 옷과 또한 옷을 껴입거나 덧입는다는 의미가 있는데 여기에서는 예복을 뜻한다.
173) 『文獻通考』 卷330 「四裔考」 7 〈兩爨蠻〉 조에서는 崖袜로 쓰고 있다.
174) 吐蕃: 음은 티베트(Tibet)로 추정되고, 그 당시 기록에는 뒤퓌트(Tüpüt)라고 되어 있다. 7~9세기 藏族이 티베트고원에 건립한 왕국으로서 松贊干布 이후 吐蕃의 贊普는 9대 218년에 걸쳐 재위하였다. 일반적으로 吐蕃이라 불리는데 이는 스스로를 '大蕃'이라고 자칭했기 때문이다. 隋代 雅隆 部落聯盟이 발전해 나라가 되었다. 贊普 松贊干布 시기에 蘇毗와 羊同 등의 부락을 정복하고 티베트고원을 통일해 라싸에 도읍을 정하였다. 문자를 만들고 법률과 군사제도를 정비했으며 도량형을 통일해 贊普를 중심으로 한 중앙집권국가를 세웠다. 貞觀 14년(640)에 唐朝에서는 文成公主를 松贊干布에게 시집을 보냈고, 景龍 3년(709)에 金城公主를 贊普 棄隸蹜贊에게 시집을 보내 양국 간의 우호 관계를 맺었다. 安史의 난이 발생한 이후에 吐蕃은 唐의 변방이 空虛해진 틈을 타서 隴右 등지를 공격하였다. 贊普 赤松德贊 시기에 西域과 河隴 지역을 지배했으며, 唐朝와 불시에 충돌해 한차례 唐의 수도 長安을 점령하기도

는데 애말이 무리를 이끌고 엄습하자 조서를 내려 그 공을 칭찬하였다. [순희] 2년(1175) 5월에 양림만(兩林蠻) 왕의 동생 농외(籠畏)와 추장 애래(崖來)가 부의(部義) 등을 거느리고 공부천의 농옹성(籠甕城)을 침공하였는데 정복하지는 못하고 대거 약탈하여 떠났다. 애말이 그들을 추격했으나 미치지 못하였다. 제치사(制置使)[175] 범성대(范成大)[176]가 여주(黎州)에 격문을 보내서 더욱 엄밀하게 방어를 갖추도록 하였다.[177] [순희] 8년(1181)에 애말이 죽고 그의 조카 묵애(墨崖)가 그 직을 이어받았다. 여주에 조서를 내려, 주둔하고 있는 토착민 군대[土軍][178]와 금군(禁軍)[179] 및 서병(西兵)은 변경에 일이 생기면 모두 본주 수신(守

하였다. 9세기 중기 贊普 達摩가 죽은 이후 통치 집단이 분열하면서 와해되었다. 松贊干布 이후 吐蕃의 贊普는 9대 218년에 걸쳐 재위하였다. 吐蕃은 農牧業을 위주로 삼았고 手工業도 매우 발달했으며 唐과 경제와 문화 교류에 힘썼다. 吐蕃 왕조가 붕괴한 후에도 宋朝, 元朝, 明朝 초기까지 漢文史籍에서는 티베트고원과 티베트인들을 계속하여 '吐蕃' 또는 '西蕃'이라고 칭하였다.

175) 制置使: 官名. 唐 大中 5년(851)에 처음 大臣을 党項 토벌 行營都統制置等使에 충임하여 변방 군사업무를 주관하고 지방 질서를 통제하도록 하였다. 북송대에는 상시로 설치되지는 않고 변경 군대 문제를 맡아 기획하였다. 남송대에 설치가 점차 많아지고 本路諸州의 군사를 맡고 按撫使와 겸임하며 군사 문제 처리에 편의성을 갖게 되었다. 四川, 江淮, 京湖 등에 제치사가 있었다. 관질이 높고 명망 있는 자는 制置大使라고 불리었다. 제치사가 여러 路의 군무를 관할하는 경우가 많아서 명청대 총독과 유사하였다.

176) 范成大(1126~1193): 字는 致能, 號는 石湖居士이다. 남송대 관리이자 시인으로도 유명하다. 平江 吳郡(현재 江蘇省 吳縣) 출신으로 高宗 紹興 24년(1154)에 진사가 되었고, 이후 孝宗의 신임이 두터워 國使로서 금에 파견되기도 하였다. 乾道 연간(1165~1173)에 處州 知府로서 義役을 창안해 시행한 바 있고, 知靜江府 등을 역임하였다. 본문은 그가 知成都府兼安撫制置使로 있을 때인데 이때 그의 권한은 宣撫使에 가까워서, 財計, 茶馬 업무에 간여하지 않은 것 외에는 "節制御前軍馬, 官員陞改放散, 類省試擧人, 銓量郡守, 擧辟邊州守貳" 등 그의 직권이 아닌 것이 없었다. 특히 이때 黎州의 방비와 관리들의 기강을 잡는 데 힘썼다. 본문에서 보는 바와 같이 당시 노아결 등의 여주 침범에 대한 그의 대응 책략은 內敎將兵, 外修堡寨, 敎閱團結土丁의 세 가지였다. 한편 그는 남송 詞의 대가 중 한 사람으로 칭해지는데 특히 전원풍의 사가 유명하다. 그의 문집으로 『石湖居士詩集』, 『石湖詞』, 『攬轡錄』, 『桂海虞衡集』 등이 있다.

177) 〈山後兩林蠻〉조와, 본 〈邛部川蠻〉조 앞 기사에는 開寶 6년(973) 邛部川과 山後兩林蠻 사이에 불화가 생기고, 邛部川이 山後兩林蠻의 침략을 받아 피해를 크게 입은 사건이 있었는데 송 조정에서는 양쪽을 위무하고 개입하지 않았다. 이번에는 그때와 달리 산후양림만의 존재가 송조에도 위협적이었던 것 같다. 산후양림만의 조공 기록은 남송 이후로 보이지 않는 것도 이와 관련 있어 보인다.

178) 土軍: 송대에 서북변경과 광남양로에 설치한 지방의 군대로 土兵이라고도 하였다. 신종 元豊 3년(1080)에 복건로 提點刑獄 閭丘孝의 奏議를 받아들여 처음 설치하였다. 각지 巡檢이 통할하고 무예를 닦아 도적에 방비하고자 하였다.

臣)180)의 조정과 통제를 따르도록 하였다.181)

> 嘉定九年, 邛部川逼於雲南, 遂伏屬之. 其族素效順, 捍禦邊陲, 旣折歸雲南, 失西南一藩籬矣.

[영종(寧宗)] 가정(嘉定) 9년(1216)에 공부천이 운남(雲南)182)의 핍박을 받고 결국 운남에

---

179) 禁軍: 금군은 제왕에게 직속되어 제왕을 호위하거나 황궁과 수도의 경비를 맡은 군대였다. 시대와 문화에 따라 禁衛, 親衛, 近衛, 御林軍 등의 다른 칭호가 있었다. 後周의 禁軍統領이던 송 태조가 동경 금군을 건립하고, 태종이 다시 多職으로 분치하여 상호 制約하며 황제의 명령을 따르도록 하여 전조 당대같이 번진 할거의 화를 막고자 하였다. 북송대에 정규군을 禁兵이라고 칭하기도 하였다. 각지에서 모집하거나 혹은 廂軍이나 鄕兵에서 선발하여 중앙정부가 직접 장악하며 三衙에 분속되었다. 京師 방위 외에도 分番하여 각 지방 수비를 위해 보냈는데 그곳 장령이 병졸을 독점할 수 없도록 한 명을 보내도 일일이 추밀원에서 兵符를 주었다. 금군 사병은 모병제를 실행하여 오대 後梁의 제도를 이어받아서 얼굴에 刺字하는 등 사회적 지위가 일반 인민보다 낮고 일단 입대하면 노질로 퇴역할 때까지 종신 복역하였다. 북송에는 또 상군, 향병, 번병이 있었는데 상군은 봉급이 금군의 절반이었고 전투력도 높지 않았다. 『宋史』 「兵志」에는 이렇게 정리하였다. 즉 "宋之兵制, 大概有三: 天子之衛兵, 以守京師, 備征戍, 曰禁軍; 諸州之鎭兵, 以分給役使, 曰廂軍; 選于戶籍或應募, 使之團結訓練, 以爲在所防守, 則曰鄕兵." 북송대 금군의 수효는 매우 컸고 병사 명성도 역대 최고였다. 송 개국 초기 금군이 20만 정도였고 이후에는 갈수록 늘어 북송 중엽에 80여만에 이르렀다. 북송 금군은 馬軍, 步軍, 弓軍 3과로 나누고 각 과에 敎頭를 두고 그 위에 총교두(총교관)을 두었다. 북송 말기에 정치 부패로 군대의 결원이 늘고 전부 합한 실제 수는 3만 정도였으며 북송 멸망 후에는 주력부대가 흩어져버렸다. 남송대에 각 둔주 대군이 금병을 대신하며 정규군으로 바뀌고 각 지역에 상존한 금병은 잡역을 전담하고 전투 부대에는 종사하지 않았다.
180) 守臣: 지방에 주둔하여 지키는 지방관을 말한다.
181) 『文獻通考』 卷330 「四裔考」 7 〈兩爨蠻〉 조에 따라 내용을 보충하면, 淳熙 8년(1181)에 崖鸒蔑이 죽고 그의 조카가 계승한 때를 즈음하여 조서를 내려, 이때부터 여민 둔수, 토군, 금군 모두 여주 수신의 절제를 따르고 西兵이 변경 사태를 당하여도 守臣의 節制를 받도록 한 것인데 이는 編修官 李嘉謀의 제안을 따른 것이었다.
182) 雲南: 송대 운남은 大理國(938~1253)의 지배하에 있었다. 본래 운남에는 고대부터 많은 종족들이 각기 독특한 문화를 형성하며 또 문화와 종교 등의 영향을 주고받으며 살아가고 있었다. 洱海湖 주변 지역에서는 일찍부터 벼농사가 이루어졌고, 이 지역의 중심지인 大理는 漢 시대부터 중국과 인도를 잇는 남방 실크로드의 주요 경유지로 번성하였다. 한대에 이 지역의 종족들은 '西南夷'라고 통칭되고 武帝는 이 지역을 공격해 益州郡 등 6개 郡을 설치하였다. 唐代에는 이해호 유역에 蒙巂, 越析, 施浪,

복속되었다. 그 종족은 줄곧 [송을] 따르고 순종하며 변경을 방어하였는데 운남 [대리국]에 복종하니 그 후로 서남지역의 울타리 하나를 잃어버리게 되었다.

> 風琶蠻, 咸平初, 其王曩蒌遣使烏柏等貢馬五十七匹, 素地紅花娑羅毯二, 來賀卽位. 詔授曩蒌及進奉使等官, 優賜遣之. 景德三年, 又遣烏柏來貢, 詔授曩蒌歸德將軍, 烏柏等四十六人弟遷郞將·司階·司戈.

풍파만(風琶蠻)은 [진종] 함평(咸平) 연간(998~1003) 초에 그 왕 낭사(曩蒌)가 사신 오백(烏柏) 등을 보내 말 57필, 흰 바탕에 붉은 꽃이 있는 사라담(娑羅毯) 2장을 바치고 [진종]의 즉위를 축하하였다. 조서를 내려 낭사와 진봉사 등에게 관함을 주고 후하게 하사하여 돌려보냈다. [진종] 경덕(景德) 3년(1006)에 또 오백을 파견하여 입공하니, 낭사에게 귀덕장군을 제수하고 오백 등 46인에게는 차서에 따라 낭장, 사계, 사과로 올려주었다.

> 保塞蠻, 開寶間, 其蠻七十餘人由大渡河來歸, 時時來貨其善馬. 紹興二十七年, 川·秦都大司言:「漢地民張太二姑率衆劫殺市馬蠻客崖遇等, 恐啟邊釁, 已加慰諭, 幷償其直矣.」詔免知州唐柜及通判陳伯強官, 抵首賊法.

보새만(保塞蠻)[183]은 [태조] 개보 연간(968~975)에 그곳 만인(蠻人) 70여 명이 대도하(大

邆睒, 浪穹, 蒙舍 등 6개의 큰 부락이 연맹을 형성했는데(六詔), 南詔라고 불리운 蒙舍詔가 우세하여 결국 당 현종 開元 26년(738) 남조의 皮羅閣(歸義王)이 六詔를 통일하여 南詔國을 세웠다. 수도를 太和城 즉 현재 大理市로 옮겼고, 唐으로부터 雲南王으로 책봉을 받았다. 남조는 細奴羅(高祖, 재위 649~674)부터 마지막 왕인 舜化貞(孝哀帝, 재위 897~902)에 이르기까지 13대에 걸쳐 250여 년 동안 지속되다, 당 昭宗 天復 2년(902) 이후 단명한 왕조의 건폐가 거듭되다가 段思平이 南詔의 계승을 선언하며 후진 고조 天福 3년(938) 大理國을 세웠다. 대리국은 남조의 정치체계와 행정조직을 그대로 계승하였으며, 그 세력도 남조가 가장 강성했을 때와 비슷하게 북으로는 四川省 서부, 남으로는 베트남 북부, 서로는 인도와 미얀마, 동으로는 貴州省·廣西省 일부까지 지배하였다. 吐藩보다 宋과 정치적으로 가까운 관계를 유지하였다. 22대에 걸쳐 300여 년 지속되다가 남송 寶祐 원년(1253)에 몽골 쿠빌라이의 공격으로 멸망하였다.

渡河)184)로부터 [송에] 와서 귀부하고 시시때때로 와서 좋은 말을 팔았다. [남송 고종] 소흥(紹興) 27년(1157)에 서천[川]·섬서[秦] 도대사(都大司)가 상언하기를, "한(漢)족 지역의 백성 장태이고(張太二姑)가 무리를 이끌고 와서 말을 팔던 만객(蠻客)185) 애우(崖遇) 등을 겁탈하고 죽였는데 변방의 분쟁으로 번질까 두렵습니다. 곧 위로하고 타이르며 그들에게 값을 치러주십시오."라고 하였다. 조서를 내려 지주(知州) 당거(唐秬)186)와 통판(通判) 진백강(陳伯強)을 면직시키고 도적의 수령은 법에 따라 사형에 처하였다.

部落蠻, 有劉·楊·郝·趙·王五姓. 淳熙七年十月, 黎州五部落蠻貢馬三百匹求內附, 詔許通互市, 卻其所獻馬.

부락만(部落蠻)에는 유(劉)·양(楊)·학(郝)·조(趙)·왕(王)의 5개 성(姓)이 있다.187) [효종] 순희(淳熙) 7년(1180) 10월에 여주(黎州)의 오부락만(五部落蠻)이 말 300필을 진공하고 송조로 귀부하겠고 요청하였다. 조를 내려 서로 오가며 교역하는 것을 윤허하고 그들이 헌상한 말은 거절하였다.

彌羌部落. 乾道九年, 吐蕃青羌以知黎州宇文紹直不讎其馬價, 憤怨爲亂. 詔帥憲撫安

---

183) 『宋史』 「校勘記」에 따르면 保塞蠻의 '保'자가 원래 '寶'였는데 앞의 문장과 『宋會要集稿』 「蕃夷」 5-58, 『長編』 卷14 등에 의거하여 고쳤다.

184) 大渡河: 揚子江 상류 수계인 岷江 최대의 지류로 사천성 중서부에 있으며, 四川·青海의 경계에 있는 果洛山에서 발원하며 사천성 경계지역 내의 阿坝·甘孜·雅安·涼山·樂山 5개 州와 市를 세로로 꿰뚫고 있다. 유역면적 9만 2,000km², 길이 1,155km이다. 銅河·沫水로도 부른다. 중국의 수력자원이 집중된 유명한 협곡 하류이다.

185) 蠻客: 남방의 만인 객상.

186) 唐秬: 字는 和甫, 眉州人이었다. 右承議郎을 지낸 바 있고 紹興 26년(1156)에 知黎州, 轉右朝奉郎으로 갔다가 본문의 사건으로 이듬해 파면되었다.

187) 『宋史』 「校勘記」에 따르면, 部落蠻有劉楊郝趙王五姓에서 '趙王' 두 자는 원래 없었고 '五'자는 '三'으로 되어 있었다. 『建炎以來朝野雜記』 乙集 卷19 〈庚子五部落之變條〉에서 五部落은 "有姓郝趙王劉楊五族因以得名."이라고 하였다. 이에 따라 본문을 바꾸었다.

> 之, 紹直罷免. 青羌首領奴兒結等市馬黎州, 大肆虜掠, 權州事王昉多給金帛, 亟遣還. 宣撫使虞允文言昉貪功, 恐他部效尤, 漸啓邊釁. 詔降昉兩官. 十月, 黎州吐蕃復寇邊, 攻虎掌砦. 詔四川宣撫司檄成都府調兵二千人戍黎州以禦之.

미강부락(彌羌部落). [남송 효종] 건도(乾道) 9년(1173)에 토번(吐蕃)의 청강(青羌)[188]이 지여주(知黎州) 우문소직(宇文紹直)이 그들의 말 값을 갚아주지 않는 것 때문에 분하여 원망을 갖고 난을 일으켰다. 조를 내려 수헌(帥憲)[189]으로 하여금 그들을 위무하여 안정시키도록 하고[190] [우문]소직은 파면하도록 하였다. 청강 수령 노아결(奴兒結)[191] 등이 여주에서 말을 팔면서 함부로 노략질을 하자 임시 주 장관[權州事] 왕방(王昉)이 돈과 비단을 많이 주어 즉각 돌려보냈다. 선무사(宣撫使)[192] 우윤문(虞允文)[193]이 상언하여, [왕]방이 공적을 탐하

---

[188] 青羌: 서남지역 羌族의 지파. 현재 雅安 지역 蘆山縣 일대에 있던 옛 부족의 명칭이었다. 漢 高祖 6년(전201)에 이곳에 青衣縣(현재 蘆山縣)을 설치하여 중원과 밀접히 연계되었다. 그 지역 가까이 있는 青衣水(羌江)에서 이름을 딴 것이라는 설과 그 종족이 청색 복식을 좋아하여 청의라고 칭하였다는 설도 있다. 청대 吳偉業의 시 〈贈家侍御雪航〉에서 "青羌十七種 驛騮飾文䩞"라고 하였다.

[189] 帥憲: 정확히 말하면 帥司와 憲司, 즉 각로의 군사와 민정을 맡은 按撫司와 司法刑獄을 맡은 提點刑獄司로 송대 路級 행정기구를 말한다. 당시 路級 직관으로는 수사와 헌사 외에, 財賦와 轉運을 담당한 轉運司인 漕司와 常平倉과 錢穀貸放을 맡는 提舉常平司인 倉司가 있었다. 帥漕憲倉, 네 가지 주요 직무를 四司라고 부르기도 하였다. 여기서는 수사와 헌사를 한 명의 路級 장관이 관장하고 있었던 것으로 볼 수 있다.

[190] 詔帥憲撫安之: 『宋史』 「校勘記」에 따르면 '帥'자는 본래 '師'였는데 『宋會要集稿』 「蕃夷」 5-60에 따라 고쳤다.

[191] 奴兒結: 남송대 청강의 수령이었다. 효종 乾道 9년(1173)에 知黎州 宇文紹直이 말을 사고 그 값을 주지 않자 청강을 이끌고 반란하여, 淳熙 2년(1175)에 호시를 회복하였다. 후에도 부단히 송에 반항하였다. 淳熙 12년(1185)에 사천제치사 留正이 사람을 보내 꾀어내어 잡았는데 음식을 먹지 않고 죽었다.

[192] 宣撫使: 官名. 唐 德宗 이후 朝官 大臣을 파견하여 전란 지역 및 水旱 재해지를 순시하도록 하여 宣慰安撫使 또는 宣撫使라고 칭하였다. 송대에는 상설로 두지는 않고 威靈宣布, 邊境撫綏, 將帥統護, 軍旅監督 등의 일을 맡았다. 二府 즉 중서성과 추밀원의 大臣이 충임되어 한 지방을 진무하는 군정장관이 되면서 按撫使보다 직위가 높았다. 원대에는 서남지역에 宣撫司를 설치하고 토관을 참용하여 지방 군정을 처리하였다. 명청대 선무사는 모두 토관의 세습직이었다.

[193] 虞允文(1110~1174): 南宋 隆州 仁壽(현재 四川省 眉山市 仁壽縣) 사람으로 紹興 연간(1131~1162)에 진사에 급제하였다. 紹興 32년(1162)에 川陝宣諭使에 임명되어 吳璘과 함께 陝西의 여러 州郡의 수복

는 바람에 다른 부족들이 도리어 따라 하여 점점 변경의 분쟁으로 번질까 걱정이라고 하였다. 조를 내려 [왕]방의 관계(官階)를 2등급 내렸다. 10월에 여주 토번이 다시 변방을 침공하고 호장채(虎掌砦)를 공격하였다. 조서를 내리기를 사천 선무사(宣撫司)에서 격문을 내려보내서 성도부 병사 2천 명을 징발한 다음 여주에 주둔시켜 [토번을] 방어하게 하였다.

> 淳熙二年, 奴兒結還所虜生口三十九人, 黎州與之盟, 復聽其互市, 給賞歸之. 制置使范成大言:「所虜未盡歸我, 豈可復與通好?」詔謫宇文紹直, 編管千里外. 成大增黎州五砦, 籍強壯五千人爲戰兵; 吐蕃入寇之徑凡十有八, 皆築堡戍之. 奴兒結率衆二千扣安靜砦. 成大調飛山卒千人赴之, 度其三日必遁, 戒勿追. 已而果然.

[효종] 순희(淳熙) 2년(1175) 노아결이 포획해갔던 39명을 생환시키자 여주에서 그와 맹약을 맺고 다시 그들이 오가며 교역하는 것을 허락해주고 상을 내려 그들을 귀부하게 하였다. 제치사 범성대(范成大)가 "노획해간 자들을 전부 다 돌려보내오지도 않았는데 어떻게 우호관계를 회복시켜줄 수 있습니까"라고 상언하자 조서를 내려서 우문소직을 폄적(貶謫)[194]시키고 1천 리 밖으로 편관(編管)[195]하였다. [범]성대는 여주에 방어용 책루 5곳을 증설하고 젊고 힘 좋은 장정 5천 명을 등록하여 전투병으로 삼았다. 토번이 침입하는 경로가 18군데가 있는데 [각 곳에] 모두 보루를 수축하고 [병사들을] 주둔시켰다. 노아결이 무리 2천을 이끌고 안정채(安靜砦)를 쳤다. [범]성대가 비산졸(飛山卒)[196] 1천 명을 보내면서 그들이 3일 안에 반드시 달아날 것이라고 예측하여 쫓아가지 말라고 경계하였다. 곧 그대로 되었다.

을 공모하였다. 乾道 5년(1169)에 재상이 되었고, 건도 8년(1172)에 다시 四川宣撫使를 맡았다. 淳熙 원년(1174)에 65세로 죽었으며 시호 忠肅을 하사받았다.
194) 貶謫: 벼슬 등급을 떨어뜨리고 멀리 옮겨 보냄을 말한다.
195) 編管: 覊管이라고도 한다. 송대 관원 등이 과실을 범했거나 황제의 뜻에 거슬렀을 때 지정된 지역으로 보내져 관리와 통제를 받는 것을 편관이라고 하였다.
196) 飛山卒: 청강 노아결이 2천 명을 이끌고 안정채를 침입하자 범성대가 긴급히 보낸 훈련이 잘된 成都 禁軍이다. 다른 자료에는 飛虎軍이라고도 되어 있다. 范成大가 보낸 1천 명의 비산졸의 위세를 보고 적군이 3일 만에 퇴각하였다.

青羌奴兒結爲邊害者十餘年, 其後制置使留正以計禽殺之, 盡殲其黨. 淳熙十二年, 趙汝愚代爲制置使, 或謂殺降不祥, 必啓邊患, 汝愚不爲動, 但分守險要, 嚴備以待之. 明年, 奴兒結弟三開果入寇, 邊備完固, 三開不能攻, 走歸. 汝愚縣重賞以間群蠻, 三開不能孤立, 遂以憂死. 時虛恨蠻族最強, 破小路蠻, 併其地, 與黎州接壤, 請通互市. 汝愚以黎州三面被邊, 若更通虛恨蠻, 恐重貽他日之憂, 不若拒之爲便. 帝以其知大體, 從之. 尋汝愚以定青羌功加龍圖閣直學士.

청강(青羌)의 노아결이 변경에 해악을 끼친 것이 10여 년이나 지난 후, 제치사 유정(留正)197)이 계획을 세워 그를 포획하여 죽이고 그 일당을 모두 섬멸하였다. [효종] 순희 12년(1185)에 조여우(趙汝愚)198)가 [그를] 대신하여 제치사가 되었는데 어떤 사람이 말하기를 항복한 자를 죽인 것이 불길하니 반드시 변경의 우환이 될 것이라고 하였다. [조]여우는 동요하지 않고 단지 지켜야 할 험준한 요충지를 분별하여 엄격하게 준비하고 그들을 기다렸다. 이듬해(1186) 노아결의 동생 삼개(三開)가 과연 쳐들어오긴 했으나 변경의 대비가 완전하고 튼튼하여 삼개가 공격하지 못하고 도주해 돌아갔다. [조]여우가 후하게 상을 내걸어 여러 만족들을 이간시키자 삼개가 홀로 자립할 수가 없게 되어 마침내 근심하다가 죽었다. 당시에 허한만(虛恨蠻)199) 종족이 가장 강하여 소로만(小路蠻)을 무너뜨리고 그 땅을 병합하고 여주

---

197) 留正(1129~1206): 字는 仲至, 祖籍은 永春이며 泉州 城內人이었다. 五代 淸源軍節度使 留從效의 6世孫이었다. 南宋 紹興 30년(1160) 進士에 급제하고 주로 孝宗, 光宗, 寧宗 三朝에 입사하였으며 簽書樞院密院事, 右丞相, 左丞相, 少師觀文殿大學士 등 직을 거쳤다. 40여 년 정무를 맡는 중에 청렴정명하고 직언으로 간언하는 등 남송 전기 賢相 중 한 명으로 꼽혔다.

198) 趙汝愚(1140~1196): 字는 子直, 饒州 출신이었다. 漢恭憲王 元佐의 7世孫 황족이었다. 효종 乾道 2년(1166)에 진사에 장원으로 합격하여 秘書省正字를 제수한 후 저작랑, 知信州·台州 등을 거치고 순희 9년(1182)에 福建 軍帥로 나갔으며 다시 四川制置使兼成都知府로 출임하였다. 이때 본문의 내용대로 羌族이 사방에서 소요하였는데 조여우가 그들 세력을 분산시켜 비로소 여러 해 안정될 수 있었다. 이에 효종이 그의 문무에 능력 있음을 칭찬하였다. 光宗이 즉위하자 敷文閣學士·知福州로 진출하고 紹熙 2년(1191) 吏部尙書로 들어간 이래 知樞密院使까지 이르렀다. 寧宗 때에 右丞相이 되어 朱熹에게 經筵을 맡기는 등 재야 학자들을 발탁했으나 韓侂冑와 사이가 어긋나 慶元 원년(1195)에 재상에서 파직되고 福州 知州로 쫓겨났다. 그 뒤로도 관리들의 모함을 받아 永州, 衡州로 옮겨졌으며 거기서 守臣錢鍪의 압박으로 갑자기 죽었다.

199) 虛恨蠻: 송대에 현재 大渡河 南峨邊 일대에서 활동하던 부족으로 烏蠻에 속하는 별종이고 馬湖 37부의

와 영토를 접하게 되자, 호시(互市)를 통하게 해달라고 요청하였다. [조]여우가 여주는 삼면이 경계인데 만약 허한만과도 내왕한다면 훗날의 걱정거리를 남기는 것이므로 그들을 거절하여 편하게 하는 것이 낫다고 생각하였다. [효종] 황제가 [조여우가] 거사를 잘 이해하였다고 여겨 그의 말에 따랐다. 곧 [조]여우는 청강을 평정한 공으로 용도각직학사(龍圖閣直學士)[200]로 승진하였다.

> 嘉定元年十二月, 彌羌蓄卜由惡水渡河, 寇黎州, 破碉子砦. 初, 蓄卜弟悶巴至三衝爲人所殺, 又徙白水村渡於安靜砦, 羌人患之. 蓄卜遂與青羌詣邛部川, 欲假道女兒城以入寇. 守臣楊子謨諜知之, 數以賮遺其都王母, 俾母假道, 時時餽米以濟其饑, 蠻人德之. 會趙公庑代爲郡, 靳不與, 蓄卜遂得假道渡河, 攻茆坪砦, 掠三松·鷥砂·橫山·三增·白羊諸村. 郡遣西兵將党壽禦之, 失利, 復遣統領王光世往. 羌人由茆坪以革船渡河, 光世憚之, 留屯三衝不敢進. 羌人焚掠旣盡, 渡河而歸. 二年二月, 復寇黎州良溪砦, 官軍敗績. 八年二月, 蓄卜降. 蓄卜連年入寇, 皆青羌曳失索助之, 守臣袁枏遣安靜砦總轄杜軫招降之.

[영종(寧宗)] 가정(嘉定) 원년(1208) 12월에 미강(彌羌) [부락 사람] 축복(蓄卜)이 악수(惡水)에서 강을 건너 여주로 침입하여 조자채(碉子砦)를 파괴하였다. 당초에 축복의 동생 민파(悶巴)가 삼충(三衝)에 갔다가 사람들에게 살해되고, 또 백수촌도(白水村渡)를 안정채(安靜砦)로 옮기자 강(羌) 사람들이 이에 대하여 우려하였다. 축복이 결국 청강과 함께 공부천(邛部川)에 가서 여아성(女兒城)의 길을 빌려 침입해 들어오기를 원하였다. 수신(守臣) 양자모

하나였다. 송 李心傳의 『建炎以來繫年要錄』卷124에 "以高爲虛 以後爲恨 故名焉."이라고 했는데 이는 곧 허한이 '山後人'의 의미였다는 것이다. 남송 嘉定 6년(1213)경에 허한이 강성하여 峨眉中鎭寨를 공략하여 중국사에서는 '癸酉虛恨之變'이라고 칭한다. 嘉州 지구에 가서 互市를 하고자 했는데 송에서 허가하지 않아 邛部, 川部를 통해서만 黎州 한족 지역과 무역할 수 있었다.

200) 龍圖閣直學士: 송대 龍圖閣 관련 官名이다. 송 진종 때 용도각을 건축하여 송태종 御書, 御制文集, 전적, 圖畫 祥瑞之物, 그리고 宗正寺에서 올린 屬籍과 世譜 등을 수장하고 景德 원년(1004)에 龍圖閣 待制를, 경덕 4년(1007)에는 龍圖閣學士, 龍圖閣直學士를 두었다. 이는 加官 또는 貼職으로서 일종의 虛銜이며 영예 칭호였다.

(楊子謨)가 이를 정탐하여 알게 되자 여러 차례 그들 모든 왕의 어머니에게 재물을 보내 그들로 하여금 길을 빌려주지 않게 하고[201] 때때로 쌀을 보내 그들의 기근을 구제하자 만인들이 그를 고맙게 생각했었다. 마침 조공비(趙公庀)가 [양자모를] 대신하여 군수를 맡게 되면서,[202] 인색하여 [그들에게] 주지 않자 축복이 이 때문에 길을 빌려서 강을 건너 묘평채(茆坪砦)를 공격하고, 삼송(三松)·잠사(蠶砂)·횡산(橫山)·삼증(三增)·백양(白羊) 등의 여러 마을을 겁략하였던 것이다. 군(郡)에서 서병 장군 당수(党壽)를 보내 그를 방어하였으나[203] 패배[失利]하자 다시 통령 왕광세(王光世)를 파견하였다. 강(羌)인들은 묘평[채]에서 배를 바꿔 타고 강을 건너자 [왕]광세가 이들을 두려워하여 삼충(三衝)에 주둔해 머문 채 감히 진군하지 못하였다. 강(羌)인들은 불태우고 강탈하여 모두 없애버리고 강을 건너 돌아갔다. [가정] 2년(1209) 2월에 또다시 여주 양계채(良溪砦)에 쳐들어왔으나 관군이 물리쳤다. [가정] 8년(1215) 2월에 축복이 투항하였다. 축복이 해마다 침략해온 것은 모두 청강 예실색(曳失索)이 그를 도와서 그랬는데, 수신 원남(袁枏)이 안정채(安靜砦)를 총할하는 두진(杜軫)을 파견하여 그들을 초무하여 항복하게 했던 것이다.

> 他如浮浪蠻·白蠻·烏蒙蠻·阿宗蠻, 則其地各有所服屬云.

그 외에 부랑만(浮浪蠻)[204]·백만(白蠻)·오몽만(烏蒙蠻)·아종만(阿宗蠻)의 경우 그들 땅은 각각 복속한 바가 있다.

---

201) 『宋史』「校勘記」에서는 "數以貨遺其都王母, 俾毋假道."의 내용에 관하여 다음 자료들과 대조·검토하고 있다. 『兩朝綱目備要』卷11과 『建炎以來朝野雜記』乙集 卷20 「戊辰畜卜之變條」에서는 모두 "以財帛遺都王, 毋令假道."라고 하였다. 『兩朝綱目備要』에서는 또한 『송사』를 인용하여 注를 달았는데 그 내용이 본권과 같다.
202) 『宋史』「校勘記」에 따르면, 趙公庀의 '庀'자가 『兩朝綱目備要』卷11과 『建炎以來朝野雜記』乙集 卷20 「戊辰畜卜之變條」에서는 모두 '庇'으로 썼다.
203) 『宋史』「校勘記」에 따르면, 党壽의 '壽'자가 『兩朝綱目備要』卷11과 『建炎以來朝野雜記』乙集 卷20 「戊辰畜卜之變條」두 자료에서는 모두 '燾'로 되어 있다.
204) 『宋史』「校勘記」에 따르면 浮浪蠻을 이 앞의 문장에서는 淨浪蠻이라고 하였다.

敍州三路蠻
서주삼로만

西北曰董蠻, 正西曰石門部, 東南曰南廣蠻.

서주(敍州)205) 삼로(三路)의 만(蠻)은 서북(西北)은 동만(董蠻)이라 하고, 정서(正西)는 석문부(石門部)라 하고, 동남(東南)은 남광만(南廣蠻)이라 부른다.

董蠻在馬湖江右, 僰侯國也. 唐羈縻馴·騁·浪·商四州之地. 其酋董氏, 宋初有董春惜者貢馬, 自稱「馬湖路三十七部落都王子」. 其地北近犍爲之沐川賴因砦. 砦阨蠻險, 蠻數寇抄. 熙寧·紹聖中, 朝廷皆爲徙賴因監押駐榮丁砦, 而以縣吏控截. 政和五年, 始改差監押充知砦事, 蠻寇掠如故.

동만(董蠻)은 마호강(馬湖江)206) 오른쪽에 위치해 있으며, [옛] 북후국(僰侯國)207)이다. 당대(唐代)에 순(馴)208)·빙(騁)209)·낭(浪)210)·상(商)211)의 4주(州) 지역을 기미(羈縻)했

---

205) 敍州: 北宋 政和 4년(1114)에 戎州를 바꾸어 설치하였다. 치소는 현재의 四川省 宜賓市이며, 南宋 咸淳 3년(1267)에 登高山으로 옮겼다가 元 至元 13년(1276) 다시 옛 치소인 三江口로 옮겼다. 당시 梓州路에 속했으며, 나중에 潼川麻路로 옮겼다. 관할 영역은 현재 四川省의 宜賓, 南溪, 屛山 등의 市縣 지역이다. 元 至元 18년(1281) 敍州路로 승격되었다.
206) 馬湖江: 옛 강의 이름이다. 현재의 金沙江 하류인 四川省 雷波縣에서 宜賓市에 이르는 구간을 가리킨다. 물길이 옛 馬湖縣의 영역으로 흘렀기 때문에 붙은 이름이다. 晉代에서 청대까지 馬湖江이라 불렸다. 『華陽國志』『蜀志』〈僰道縣〉條에 "治馬湖江會, 水通越巂."이라 되어 있다. 『興地廣記』卷30 『瀘水』에 "其水下合繩水, 若水, 孫水, 淹水, 徑馬湖, 總曰馬湖江."이라 하였다.
207) 僰侯國: 春秋戰國 시기의 國의 이름이며, 僰(현재의 四川 宜賓市)에 도읍하였다. 『漢書』卷10 『地理志』 〈犍爲郡〉에는 "僰道, 莽曰僰治. 應劭曰: '故僰侯國也. 音蒲北反.'"이라는 기록이 있다.
208) 馴州: 唐代에 설치된 羈縻州이며 戎州都督府에 속하였다. 치소는 현재의 四川 雷波縣 동쪽이다. 관할 영역은 대략 지금의 四川省 雷波, 永善 등의 縣 경계 영역이다. 북송에서는 본문에 나오는 것처럼 敍州에 속했는데 이후 폐지되었다.
209) 騁州: 당대에 설치된 羈縻州이며, 戎州都督府에 속하였다. 치소는 현재의 四川 金陽縣 동북쪽이다.

을 때, 그 추장이 동씨(董氏)였으며, 송초(宋初)에도 동용석(董春惜)212)이라는 자가 말을 공납하면서 '마호로(馬湖路)213) 37개 부락의 도왕자(都王子)'라고 스스로 칭하였다. 그 땅의 북쪽 가까운 곳은 건위현(犍爲縣)214)의 술천(沭川) 뇌인채(賴因砦)215)가 있다. [뇌인]채가 험준하여 만(蠻)을 막고 있으나 만들은 수차례 (이곳을) 노략질하였다. [신종] 희녕(熙寧) 연간(1068~1077)과 [철종] 소성(紹聖) 연간(1094~1097)에 조정에서 모두 뇌인감(賴因監)을 옮겨 영정채(榮丁砦)216)에 주둔시키자고 하였으나 현리(縣吏)들이 실행하지 않았다. [휘종] 정화(政和) 5년(1115), 처음으로 감압(監押)217)을 파견하여 지채사(知砦事)로 두는 것으로 바꾸었지만 만들이 노략질하고 약탈하는 것은 예전과 마찬가지였다.

北宋代에는 敘州에 속했으며 이후 폐지되었다.
210) 浪州: 浪川州이다. 唐에서 설치하였으며, 戎州都督府에 속하였다. 치소는 현재의 四川 金陽縣 서남쪽이다. 이후 폐지되었다.
211) 商州: 본문에서는 商州가 당대에 설치되었다고 하지만 실제로는 북송 때에 殷州羈縻州를 바꾸어 설치되었다. 즉 당대에 설치된 것은 殷州로, 唐 咸亨 3년(672)에 昆明部에서 분리되어 설치된 羈縻州로, 戎州都督府에 속하였다. 商州는 설치 당시 戎州에 속하였다가 이후 敘州로 옮겨졌다. 치소는 현재의 四川 宜賓縣 서북쪽의 商州鎭이다. 이후 폐지되었다. 『宋史』「校勘記」에 따르면 이렇게 상주로 표기되었던 것은 송 태조 趙匡胤 부친의 이름을 避諱하였기 때문이다. 『兩朝綱目』 卷13과 『建炎以來朝野雜記』 乙集 卷20에는 모두 '殷'으로 되어 있다.
212) 董春惜: 『宋史』「校勘記」에 따르면 '董春惜'의 '春'자는 『兩朝綱目』 卷13, 『建炎以來朝野雜記』 乙集 卷20, 『宋會要』 蕃夷 5-11에는 모두 '舂'으로 되어 있다.
213) 馬湖路: 元 至元 13년(1276)에 정식 행정구역으로 되었다. 여기에서는 추장 董春惜이 스스로 마호로라 칭한 것이며 정식 행정구역 명칭은 아니다.
214) 犍爲縣: 犍爲는 원래 산 이름인데 隋 開皇 3년(583)에 武陽縣을 고쳐 산 이름을 따서 설치하였으며, 戎州에 속하였다. 치소는 현재의 四川 犍爲縣 동남쪽 5리의 岷江 東岸이다. 五代 後晉 天福 원년(936)에 後蜀에서 치소를 현재의 犍爲縣으로 옮겼다. 北宋 大中祥符 4년(1011)에 치소를 懲非鎭(오늘날 犍爲縣 남쪽의 淸溪鎭)으로 옮겼다. 南宋 慶元 2년(1196)에 嘉定府에 속하였다.
215) 賴因砦: 북송에서 설치하였으며, 犍爲縣에 속하였다. 현재의 四川 馬邊彝族自治縣 영역이다.
216) 榮丁砦: 북송에서 설치하였으며, 犍爲縣에 속하였다. 현재의 四川 馬邊彝族自治縣 동북 90리에 있는 榮丁鄕이다.
217) 監押: 宋代 兵馬都監을 都監이라 약칭하였다. 路에서 都監은 路 禁軍의 屯戍·邊防·訓練 등을 담당하였다. 州府 이하에서의 都監은 本城의 軍隊屯駐·器械·訓練·差使 등을 담당하였는데, 資歷이 일천한 武官으로 이런 직역을 담당한 자를 監押이라 칭하였다.

南廣蠻在敍州慶符縣以西, 爲州十有四. 大觀三年, 有夷酋羅永順・楊光榮・李世恭等 各以地內屬, 詔建滋・純・祥三州, 後皆廢.

남광만(南廣蠻)은 서주(敍州) 경부현(慶符縣)의 서쪽이며, 14개의 주(州)로 되어 있다. [휘종] 대관(大觀) 3년(1109)에 오랑캐의 추장인 나영순(羅永順), 양광영(楊光榮), 이세공(李世恭) 등이 각각 그 땅을 가지고 내속(內屬)해오자, 조를 내려 사(滋)・순(純)・상(祥)의 3주를 세우도록 했으나 후에 모두 폐지하였다.

石門蕃部與臨洮土羌接, 唐曲・播等十二州之地. 俗椎髻・披氈・佩刀, 居必欄棚, 不喜耕稼, 多畜牧. 其人精悍善戰鬪, 自馬湖, 南廣諸族皆畏之. 蓋古浪稽・魯望諸部也.

석문번부(石門蕃部)는 임조(臨洮)의 토착 강족(羌族) 사람들과 인접해 있으며, 당곡(唐曲)과 파(播) 등 12주의 땅에 있다. 풍속으로 상투머리[椎髻]218)를 하나로 묶고, 융단을 걸치며[披氈]219) 허리에 칼을 차고[佩刀],220) 반드시 난붕(欄棚)221)에 거주하며, 밭을 갈며 농사짓는 것을 좋아하지 않고 대부분 목축을 한다. 사람들은 민첩하고 사납고, 전투를 잘하여 마호(馬湖)부터 남광(南廣)의 여러 부족들이 모두 그들을 두려워한다. 대개 옛 낭계(浪稽), 노망(魯望)의 여러 부(部)이다.

---

218) 椎結: 하나로 묶은 상투머리이며 그 형태가 마치 몽둥이와 같아서 붙여진 이름이다. 『漢書』 「李陵傳」에는 "兩人皆胡服椎結."이라는 표현이 있는데 顔師古의 注에는 "結讀曰髻, 一撮之髻, 其形如椎."라고 하였다.

219) 중국의 서남방 소수민족들이 생산하는 모직 카페트를 '蠻氈', 또는 '蠻氎'이라고 한다. 송대의 기사에서 이 지역의 蠻人들이 모직 카페트를 사용했던 사실을 볼 수 있다. 范成大의 『桂海虞衡志』 『志器』에 "蠻氈出西南諸蕃, 以大理者爲最. 蠻人晝披夜臥, 無貴賤, 人有一氈."이라 하여 송대 西南夷들이 귀천을 가리지 않고 이 모직 氈으로 옷을 해 입고, 잠잘 때도 침구로 사용했음을 알려주고 있다.

220) 佩刀: 허리에 칼을 차는 것은 일반적으로 고대에 남자들 복식의 하나였다. 중국에서도 마찬가지였는데, 그것은 일종의 위엄을 표시하기 위한 것이다.

221) 欄棚: 사다리로 올라가는 오두막집.

威茂渝州蠻
위무투주만

> 威州保霸蠻者, 唐保·霸二州也. 天寶中所置, 後陷沒. 酋董氏, 世有其地, 與威州相錯, 因羈縻焉.

위주(威州)222)의 보패만(保霸蠻)은 당(唐)의 보주(保州)와 패주(霸州)이다. [당 현종] 천보(天寶) 연간(742~755)에 설치되었다가, 이후 [만에게] 함락되어 없어졌다. 추장인 동씨(董氏)는 대대로 그 지역을 차지하였는데, 위주(威州)와 서로 엮여 있었던 관계로 인해 [거기에] 기미(羈縻)되었다.

> 保州有董仲元·霸州有董永錫者, 嘉祐及熙寧中皆嘗請命於朝. 政和三年, 知成都龐恭孫始建言開拓, 置官吏. 於是以董舜咨保州地爲祺州, 董彦博霸州地爲亨州, 授舜咨刺史, 彦博團練使. 舜咨尋遷觀察使; 彦博留後, 遂爲節度使. 詔成都給居第, 田十二頃. 二州經費歲用錢一萬二千一百緡, 米麥一萬四千七百石, 絹二千八百五十四, 紬布·綾綿·茶·鹽, 銀等不預焉. 後皆爲砦.

보주(保州)223)에는 동중원(董仲元)이 있고, 패주(霸州)224)에는 동영석(董永錫)이라는 자

---

222) 威州: 북송 仁宗 景祐 3년(1036)에 維州를 바꾸어 설치하였으며, 치소는 保寧縣(오늘날 四川 理縣 동북 70리의 薛城鎭)이다. 『輿地紀勝』 卷148 〈威州〉에는 "以京遞發濰州, 誤至維州, 因改日威州, 謂唐置此州以威制西羌故也."라고 하였다.
223) 保州: 당 乾元 원년(758)에 天保郡을 고쳐 두었으며, 치소는 定廉縣(오늘날 四川 理縣의 서북)에 있었다. 이후 다시 古州로 개명하였다가 또다시 保州로 개명하였다. 관할 영역은 현재의 四川 理縣의 서북지역에 해당한다. 北宋 시기에 羈縻州로 되었고 威州에 속하였다. 政和 4년(1114)에 祺州로 고쳤다.
224) 霸州: 당 貞觀 8년(634)에 南平州를 고쳐서 설치하였다. 치소는 南平縣(四川 重慶市 동남)에 두었다. 관할 구역은 현재의 重慶·南川·綦江 세 市縣의 대부분을 포함하였다. 貞觀 13년(639)에 폐지하였다. 唐 乾元 원년(758)에 靜戎軍을 고쳐 두었으며, 치소는 安信縣(오늘날 四川省 理縣 동북 140리의 桃坪鄕 古城이다. 일설에는 현재의 汶川縣 서북 20리에 있었다고 한다)이다. 관할 영역은 현재의 四川省

가 있는데, [인종] 가우(嘉祐) 연간(1056~1063)과 [신종] 희녕(熙寧) 연간(1068~1077)에 모두 조정에서 명(命)을 얻기를 청하기도 하였다.225) [휘종] 정화(政和) 3년(1113) 성도(成都)의 장관인 방공손(龐恭孫)이 처음으로 [그곳을] 개척하자고 건의하여 관리(官吏)를 두게 되었다. 그래서 동순자(董舜咨)의 보주 땅을 기주(祺州)226)로 하고, 동언박(董彦博)의 패주 땅을 형주(亨州)227)로 하였다. [동]순자에게 자사(刺史)를 수여하고, [동]언박(彦博)에게는 단련사(團練使)를 수여하였다.228) [동]순자는 얼마 있다가 관찰사(觀察使)로 승진시켜주었다. [동]언박(彦博)은 유후(留後)229)라 하였다가 마침내 절도사(節度使)로 되었다. 조를 내려 성도(成都)에 좋은 주택[居第]과 경작지[田] 12경(頃)을 지급하니, 2주(州)에 드는 경비가 해마다 전(錢)으로는 12,100민(緡)이고, 미맥(米麥)으로 14,700석(石)이 들고, 견(絹) 2,850필

理縣의 동북, 汶川縣 서북지역이다. 北宋 乾德 3년(965)에 羈縻州로 강등되어 威州에 속하였다. 政和 4년(1114)에 亨州로 고쳤다.

225) 신종 시기에 董永錫이 명을 얻기를 청한 기사는 『宋會要輯稿』 蕃夷 5-24 『西南蕃』에 "(熙寧)九年七月四日, 成都府利路都鈐轄司言, 知蕃界霸州董永錫言, '先自七歲爲父患, 將聖朝宣賜牌印等付以收掌, 相承管勾州事. 先降權州文牒賜, 又蒙降宣敕官告, 承父官位.今永錫病, 不任事, 願令男孝忠管勾.' 從之."라고 기록하고 있다.

226) 祺州: 북송 政和 4년(1114)에 羈縻保州를 고쳐 설치하였으며, 치소는 春祺縣(오늘날 四川省 理縣 북쪽의 孟屯河 중하류)이다. 관할 영역은 현재의 四川省 理縣 북부지역이다. 휘종 宣和 3년(1121)에 폐지하였다.

227) 亨州: 북송 政和 4년(1114)에 羈縻麋霸州를 고쳐 설치하였으며, 치소는 嘉會縣(오늘날 四川省 理縣 동북쪽 140리의 桃坪鄉 古城이다. 일설에는 현재의 汶川縣 서북 20리라고도 한다), 관할 영역은 현재의 四川省 瑾縣의 동북, 汶川縣 潭北 인근지역이다. 휘종 宣和 3년(1121)에 폐지하였다. 『宋會要輯稿』 方域 7-2에는 "嘉會縣, 政和四年賜今名. 政和四年五月十七日, 知成都府龐恭孫奏乞, '據知霸州董彦博狀, 乞將本州管內地土獻納, 伏乞改賜嘉名. 仍乞爲軍事·下州, 置倚郭一縣, 亦乞賜名.' 詔名亨州, 倚郭縣賜名嘉會縣."이라는 기사가 있다.

228) 이와 관련하여 『宋會要輯稿』 蕃夷 5-36에는 "(政和)十二月十七日, 知成都府龐恭孫言, '據光祿大夫·檢校工部尙書·知保州董舜咨等狀: 情願將保州所管一州並二十六大首領下地土獻納入官.' 詔: '董舜咨特與正任成州團練使, 賜公服·靴笏·二十兩金塗銀腰帶, 令大官東庫支降官, 及仰吏部差小使臣一員, 齋告並所賜衣帶等付龐恭孫交割給賜, 其董舜咨候受告訖, 令赴闕朝見.'"이라고 하였다.

229) 留後: 관직명이다. 당 중기 이후 번진의 세력이 커졌는데, 절도사에게 신병에 이상이 있으면 때로 그들의 조카 내지는 가장 신임하는 將吏가 그 직무를 대행했는데, 그것을 節度留後 또는 觀察留後라 하였다. 또한 叛將들이 統師를 무너뜨리고 스스로 留後라 칭하기도 하였으며, 이후 조정에서 정식으로 임명되기도 하였다. 북송대 이후에는 이 명칭은 점차 사라졌고, 단지 詩文에서 자신의 병력을 가지고 조정에 대항했던 權臣을 일컫는 데 쓰여지곤 하였다.

이 들었는데, [경비에 소요된] 주포(紬布),230) 능면(綾綿),231) 차(茶), 소금[鹽], 은(銀) 등은 여기에 넣지 않았다. 이후에 모두 채(砦)로 만들었다.

> 茂州諸部落, 蓋·塗·靜·當·直·時·飛·宕·恭等九州蠻也. 蠻自推一人爲州將, 治其衆, 而常詣茂州受約束. 茂州居羣蠻之中, 地不過數十里, 宋初無城隍, 惟植鹿角自固. 蠻乘夜屢入寇, 民甚苦之. 熙寧八年, 相率詣州請築城, 知州事范百常實主是役. 蠻以爲侵其地, 率衆奄至, 百常擊走之, 乃合靜·時等蠻來寇. 百常拒守凡七十日. 詔遣王中正將陝西兵來援, 入恭州·宕州, 誅殺頗衆, 蠻乃降.

무주(茂州)232)의 여러 부락(部落)에는 개(蓋)233)·도(塗)234)·정(靜)235)·당(當)236)·직

---

230) 紬布: 굵은 명주 비단.
231) 綾綿: 무늬가 있는 비단.
232) 茂州: 唐 貞觀 8년(634)에 南會州를 고쳐 두었는데,『舊唐書』「地理志」에 "以郡界茂濕山爲名."이라 되어 있다. 치소는 汶山縣(현재의 茂縣)이었다. 관할 영역은 현재의 四川省 茂縣·汶川·北川 등의 현과 理縣의 일부 지역이다. 都督府가 설치되어 처음에는 羈縻州 30개를 관할하다가 이후 39개로 늘어났다. 天寶 원년(742)에 通化郡으로 되었다가 乾元 원년(758)에 다시 茂州로 되었다. 宋代에는 成都府路에 속했으며, 羈縻州 30개를 거느렸다.
233) 蓋州: 당 貞觀 8년(634) 西唐州를 고쳐 두었으며, 松州都督府에 속하였다. 치소는 현재의 四川 若爾蓋縣 서북 경계지역이다. 송대에는 치소를 茂州(현재의 茂縣 경계지역)로 옮겼으며, 이후 폐지되었다.
234) 塗州: 당 武德 원년(618)에 臨塗羌이 내부해오자 설치한 羈縻州이며, 茂州都督府에 속하였다. 치소는 현재의 四川省 汶川縣 서남지역이다. 貞觀 원년(627)에 폐지되었다가 그 다음 해에 다시 설치되었다.
235) 靜州: 당 天授 2년(691)에 南和州를 고쳐 두었으며, 치소는 悉唐縣(현재의 四川省 茂縣 서북쪽)이다. 관할 영역은 현재의 四川省 茂縣 서북지역 및 黑水縣 일부 지역이다. 開元 연간(713~741)에 치소를 淸道縣(현재 茂縣 서북쪽)으로 옮겼다. 天寶 원년(742)에 靜川郡으로 고쳤다가 乾元 원년(758)에 다시 靜州라고 하였다. 大曆 5년(770)에 予山의 험한 곳으로 옮겼다. 北宋代에 다시 지금의 茂縣 동쪽으로 옮겼으며, 이후 폐지되었다.
236) 當州: 당 貞觀 21년(647)에 설치하였으며, 치소는 通軌縣(현재의 四川省 黑水縣 경계지역)이다.『舊唐書』「地理志」〈當州〉에 "以土出當歸爲名."이라 되어 있다. 儀鳳 2년(677) 逢白橋(현재 四川省 黑水縣 동쪽)로 옮겼다. 天寶 원년(742) 江源郡으로 되었다가 乾元 원년(758)에 다시 當州로 되었다. 관할 영역은 현재의 四川省 黑水縣 지역이다. 大曆 5년(770)에 산 깊은 험한 요충지로 옮겨서 吐蕃을 방비하도록 하였다. 이후 吐蕃의 영역이 되었다가 北宋代에 羈縻州로 되어 茂州에 속하였다. 치소는 현재의 茂縣 서북쪽이다. 원대에 폐지되었다.

(直)237)·시(時)238)·비(飛)239)·탕(宕)240)·공주(恭州)241) 등 9개 주(州)의 만(蠻)이 있다. 만들은 스스로 한 사람을 추대하여 주의 우두머리[州將]로 삼아 무리들을 다스리며, 늘 무주(茂州)에 와서 약속[한 물품]을 수령해간다. 무주에 거주하는 여러 만들 중에는 지역이 수십 리에 불과한 경우도 있으며, 송초에는 성곽과 해자[城隍]242)도 없었고, 오직 사슴의 뿔 같은 것을 박아서 스스로를 지킬 뿐이었다. 만인들은 야음을 틈타 여러 차례 들어와 노략질하니 백성들이 매우 고통스러워하였다. [신종] 희녕 8년(1075), [백성들이] 서로 이끌고 와서 [방어용] 성을 쌓기를 청하니, 지주사(知州事)인 범백상(范百常)이 실제 이 역사(役事)를 주관하였다. 만들은 [이 역사가] 그들의 땅을 침범한다고 여겨 무리들을 이끌고 기습하여 오니 [범]백상이 그들을 격파하여 패주시키자 이에 정(靜)·시(時) 등의 만들과 함께 모여 노략질하였다. [범]백상이 (그들을) 막은 것이 모두 70일이었다. 조(詔)를 내려 왕중정(王中正)을 파견하여 섬서(陝西)에서 군사를 데리고와 구원하도록 하였다. [그가] 공주(恭州)와 탕주(宕州)로 입성하여 매우 많은 무리들을 주살(誅殺)하니, 만족들이 이에 항복하였다.

政和五年, 有直州將郇永壽·湯延俊·董承有等各以地內屬, 詔以永壽地建壽寧軍, 延俊·承有地置延寧軍. 時威州亦建亨·祺二州, 然亨至威纔九十里, 壽寧距茂纔五里,

237) 直州: 북송대에 羈縻州로 설치되었으며 茂州에 속하였다. 치소는 현재의 四川省 茂縣 서남쪽 5리에 해당한다. 휘종 政和 6년(1116)에 壽寧軍이 건립되었다.
238) 時州: 당 永徽 2년(651)에 羈縻州로 설치되었으며, 茂州都督府에 속하였다. 치소는 현재의 四川省 茂縣 동북 경계지역이다. 北宋에서는 茂州에 속하였다.『武經總要前集』卷20〈時州〉에 "管部落一百戶, 去(茂)州六十里."라 되어 있다. 후대에 폐지되었다.
239) 飛州: 북송대에 羈縻州로 설치되었으며, 四川省 茂縣 경계지역이다.
240) 宕州: 당 永徽 2년(651)에 羈縻州로 설치되었으며, 茂州都督府에 속하였다. 치소는 현재의 四川省 茂縣 서북쪽이다. 北宋에서는 茂州에 속하였다. 본래 이곳은 宕昌族이 살던 곳으로 北周 武帝가 天和 연간(566~571) 초에 大將軍 田弘에게 조를 내려 탕창을 평정하고 宕州로 삼았던 곳이다(『通典』卷190).
241) 恭州: 北宋 崇寧 원년(1102)에 渝州를 고쳐 두었으며, 치소는 巴縣(오늘날 重慶直轄市)이다. 관할 영역은 현재의 重慶과 江津, 璧山, 永川 등의 市縣 지역이다. 南宋 淳熙 16년(1189) 重慶府로 승격되었다.
242) 城隍: 본래의 의미는 성곽과 성곽을 도는 해자를 말한다. 성을 감싸는 해자만을 가리키기도 하며, 그러한 해자를 지키는 신을 의미하기도 한다.

> 在大皁江之外, 非扼控之所, 未幾皆廢.

[휘종] 정화(政和) 5년(1115)에 직주(直州)의 우두머리인 질영수(郅永壽), 탕연준(湯延俊), 동승유(董承有) 등이 각각 그 땅을 가지고 내속(內屬)해오자 조를 내려 [질]영수의 땅에는 수녕군(壽寧軍)243)을, [탕]연준·[동]승유의 땅에는 연녕군(延寧軍)244)을 설치하도록 하였다.245) 당시 위주(威州)에도 또한 형(亨)·기(祺)의 두 주(州)를 건립하였으나 형주는 위주에서 (거리가) 90리에 불과하였고, 수녕군도 무주(茂州)와의 거리가 5리에 불과하였으며, 대조강(大皁江)246)의 바깥이어서 틀어쥐어야 할 장소도 아닌지라 얼마 있다가 모두 폐지하였다.

> 七年, 塗·靜·時·飛等州蠻復反茂州, 殺掠千餘人. 知成都周燾遣兵馬鈐轄張永鐸等擊之, 畏懦不敢進, 皆坐黜. 以孫義叟節制綿·茂軍, 於是中軍將种友直等破其都祿板舍原諸族, 蠻敗散. 其酋旺烈等詣茂州請降, 乃班師. 授旺烈官, 月給茶綵. 自後蠻亦驕.

[휘종 정화] 7년(1117)에 도(塗)·정(靜)·시(時)·비(飛) 등 주(州)의 만(蠻)들이 다시 무주(茂州)에 반기를 들어 천여 명을 죽이고 노략질하였다. 지성도(知成都)인 주도(周燾)가 병마검할(兵馬鈐轄)인 장영탁(張永鐸) 등을 파견하여 격파하도록 하였지만, 두려워하며 감히 진격하지도 못하니 모두 폄직(貶職)되었다. 그래서 손희수(孫義叟)를 면(綿)·무(茂) 주의

---

243) 壽寧軍: 북송 政和 6년(1116)에 直州羈縻州을 고쳐 두었으며, 茂州에 속하였다. 치소는 오늘날의 四川 茂縣의 서쪽이다. 政和 8년(1118)에 壽寧砦로 되었다. 宣和 3년(1121)에 砦를 폐지하여 堡로 하였다가 4년(1122)에 폐지하여 汶川縣에 편입시켰다.
244) 延寧軍: 북송 政和 6년(1116)에 威戎軍을 고쳐 두었으며, 茂州에 속하였다. 치소는 오늘날 四川省 汶川縣이다. 휘종 宣和 3년(1121)에 폐지하여 延寧砦라 하였다. 이듬해에는 延寧砦도 폐지하여 汶川縣에 편입시켰다.
245) 이와 관련하여 『宋會要輯稿』方域 7-2에는 "延寧軍, 舊威戎軍, 政和六年湯延俊等納土建, 宣和三年廢." 라고 적고 있다.
246) 大皁江: 大皀江이라고도 한다. 현재의 四川省 都江堰市 상류의 岷江이다.

군대를 통제하도록 하고, 중군장(中軍將)인 종우직(种友直) 등이 그 도록판사원(都祿板舍原)의 여러 부족들을 격파하자 만들이 패주하여 흩어졌다. 그 추장인 왕열(旺烈) 등이 무주(茂州)에 와서 항복을 청하자 군사를 돌렸다. 왕열에게 관직을 수여하여 주고 매달 차와 비단을 지급하였다. 이후로도 만들은 계속 교만하였다.

宣和五年, 宕·恭·直諸部落入寇. 六年, 塗·靜蠻復犯茂州云.

[휘종] 선화(宣和) 5년(1123)에 탕(宕)·공주(恭州)·직(直) 주(州)의 여러 부락들이 쳐들어와 노략질하였다. [선화] 6년(1124)에 도(塗)와 정(靜)의 만인들이 다시 무주를 침범하였다고 한다.

渝州蠻者, 古板楯七姓蠻, 唐南平獠也. 其地西南接烏蠻·昆明·哥蠻, 大小播州部族數十居之.

투주만(渝州蠻)은 옛 판순칠성만(板楯七姓蠻)이며, 당대(唐代)의 남평료(南平獠)247)이다.

---

247) 南平獠: 『구오대사』에 따르면 "동쪽으로는 智州, 남쪽으로는 渝州, 서쪽으로는 南州, 북쪽으로는 涪州와 접하여 있다. 部落은 4천여 호이다. 땅의 기후는 瘴癘가 많고, 산에는 毒草와 沙虱 蝮蚖가 있다. 사람들은 모두 다락집[樓]에 거주하는데, 사다리를 기어 올라가야 오를 수 있으며, '干欄'이라고 부른다. 남자들은 左衽에다 머리카락은 [따로 묶거나 싸거나 하지 않고 있는 그대로] 드러내며, 맨발로 다닌다. 婦人들은 두 폭의 橫布 가운데에 구멍을 뚫어 머리를 끼우는데, 이름하여 '通裙'이라고 한다. 그 사람들은 머리카락을 아름답게 여기는데, 정수리에서 묶어서 뒤로 늘어뜨린다. 길이가 3~4촌 되는 붓대처럼 생긴 대나무 대롱을 귀에 비스듬히 끼우며, 신분이 높은 자들은 구슬로 만든 귀고리를 한다. 이 땅에는 여자가 많고 남자가 적어서, 혼인을 하는 법에 여자 측 씨족은 반드시 먼저 재물을 남자 측 씨족에 보내 구혼해야 한다. 가난한 씨족은 딸들을 시집보낼 수가 없으며, 대부분 부유한 사람들에게 팔아서 婢가 된다. 습속이 모두 부인이 役을 담당한다. 그 王의 姓은 朱氏이며, 劍荔王이라고 부른다. 사자를 보내 內附하니, 그 땅을 渝州에 예속시켰다."고 되어 있다. 『舊五代史』卷197, 南蠻 西南蠻, "南平獠者, 東與智州·南與渝州·西與南州·北與涪州接. 部落四千餘戶. 土氣多瘴癘, 山有毒草及沙虱·蝮蚖. 人並樓居, 登梯而上, 號爲'干欄'. 男子左衽露髮徒跣; 婦人橫布兩幅, 穿中而貫其首, 名爲'通裙'. 其人美髮, 爲髻鬖垂於後. 以竹筒如筆, 長三四寸, 斜貫其耳, 貴者亦有珠璫. 土多女少男, 爲婚之法, 女氏必先貨求

그 땅은 서남쪽으로 오만(烏蠻), 곤명(昆明), 가만(哥蠻)과 접해 있으며, 크고 작은 파주(播州)248)의 수십 개 부족이 그곳에 거주하고 있다.

> 治平中, 熟夷李光吉·梁秀等三族據其地, 各有衆數千家. 間以威勢脅誘漢戶, 有不從者屠之, 沒入土田. 往往投充客戶, 謂之納身, 稅賦皆里胥代償. 藏匿亡命, 數以其徒偽爲生獠劫邊民, 官軍追捕, 輒遁去, 習以爲常, 密賂黠民覘守令動靜, 稍築城堡, 繕器甲. 遠近患之.

[영종] 치평(治平) 연간(1064~1065)에 숙이(熟夷)249)인 이광길(李光吉), 양수(梁秀) 등 세 종족이 그들의 땅에 의거하고 있었는데, 각각 수천 호의 무리가 있었다. 그러던 사이에 한호(漢戶)를 위협하거나 꾀어내곤 했는데, 따르지 않는 자들을 도살하고는 [그들의] 토전(土田)을 몰수하여 빼앗았다. 때때로 객호(客戶)가 투충(投充)250)한 것이라 하여 납신(納身)이라 일컬으니, [그들의] 세부(稅賦)는 모두 이서(里胥)251)가 대신 납부하였다. 도망간 자들을 감추고 숨겨주면서 여러 차례 그들의 무리는 거짓으로 생료(生獠)가 변방의 백성을 겁략해 갔다고 하였다. 관군(官軍)이 추격하여 체포하려 하면 번번이 숨고 달아나버리는 것을 늘 되풀이하였다. 몰래 간교한 백성에게 뇌물을 주어 수령의 동정을 살피면서 조금씩 성보(城堡)를 수축하고 무기류를 손보았다. 가깝고 먼 지역에서 그들을 우환으로 여겼다.

男族, 貧者無以嫁女, 多賣與富人爲婢. 俗皆婦人執役. 其王姓朱氏, 號爲劍荔王, 遣使內附, 以其地隸于渝州."

248) 播州: 당 貞觀 13년(639)에 설치하였으며, 치소는 恭水縣(이후 羅蒙縣으로 고쳤다가 다시 遵義縣으로 바꾼 것으로 현재의 貴州 遵義市이다. 일설에는 현재의 綏陽縣城 부근이라고도 한다)에 있었다. 『太平寰宇記』 卷121 〈播州〉에 "以其地有播川爲名."이라 되어 있다. 관할 영역은 현재의 貴州省 遵義市, 遵義縣 및 桐梓縣 지역이다. 당 말에 폐지되었다가 북송 大觀 2년(1108)에 다시 설치되었다. 치소는 播川縣(현재 貴州省 桐棒縣 서남쪽)이다. 휘종 宣和 3년(1121)에 폐지되었으며, 남송 端平 3년(1236)에 다시 설치되었고, 치소는 白綿堡(현재 四川省 綦江縣 남쪽 80리)였다. 후대에 폐지되었다.
249) 熟夷: 개화된 이민족, 즉 중국의 통치에 이미 순화된 이민족을 의미하며, 野夷와 반대되는 개념이다.
250) 投充: 권세 있는 집안에 몸을 의탁하여 그 집안의 노복으로 되어 비호를 받는 행위를 의미한다.
251) 里胥: 향리에서 사무를 보던 말단 서리를 의미한다. 일반적으로 里長을 뜻하기도 한다.

熙寧三年, 轉運使孫固·判官張詵使兵馬使馮儀·弁簡·杜安行圖之, 以禍福開諭, 因進兵, 復賓化砦, 平蕩三族. 以其地賦民, 凡得租三萬五千石, 絲綿一萬六千兩. 以賓化砦爲隆化縣, 隷涪州; 建榮懿·扶歡兩砦.

[신종] 희녕(熙寧) 3년(1070), 전운사(轉運使)252)인 손고(孫固), [전운]판관(判官)인 장선(張詵)이 병마사(兵馬使)253)인 풍의(馮儀)·변간(弁簡)·두안행(杜安行)으로 하여금 그들을 도모하도록 하였다. 화복(禍福)을 깨우쳐준다는 명분으로 병사를 진격시켜 빈화채(賓化砦)254)를 수복하고 세 종족을 평정하였다. 그 땅은 백성들에게 주니 거기에서 얻은 조(租)가 3만 5천 석, 사면(絲綿)이 1만 6천 냥이나 되었다. 빈화채를 융화현(隆化縣)255)으로 삼고 부주(涪州)에 예속하도록 하였다. 영의(榮懿)256)와 부환(扶歡)257) 두 채(砦)를 건립하였다.

---

252) 轉運使: 官名이다. 당 玄宗 開元 2년(714), 水陸轉運使를 두어 洛陽과 長安 사이의 양식 운수 업무를 담당하게 하였다. 개원 18년(730)에 江淮轉運使를 두어 동남 各道의 水陸轉運을 맡겼다. 肅宗 乾元 원년(758), 諸道轉運使를 두어 전국의 곡물 재화의 운송과 출납을 총괄하게 하였다. 代宗 이후에는 늘 宰相이 겸하여 統領하였으며, 어떨 경우에는 鹽鐵使와 하나의 職으로 되었으니, 鹽鐵轉運使라고 했으며, 아울러 諸道에 巡院이 설치되었다가 오대 때 폐지되었다. 송초에 재정권이 집중되며 각 路에 轉運使가 설치되어 한 路의 財賦를 관장하고, 아울러 지방 관리를 감찰하였다. 官秩이 높은 경우 都轉運使라 했으며, 漕라 약칭하였다. 실제로 府·州 위의 행정장관이었다. 황제가 지방을 행차할 때는 行在轉運使를 두었고, 출병하여 征討할 때는 隨軍轉運使를 두었다.

253) 兵馬使: 軍官名이다. 송대 禁軍의 編制에서 指揮(營) 아래에 都가 있으며, 都의 統兵官馬軍에는 軍使와 副兵馬使가 있었다.

254) 賓化砦: 북송대에 賓化縣을 고쳐서 설치한 것으로 涪州에 속하였다. 현재 四川省 南川市이다.

255) 隆化縣: 당 貞觀 11년(637)에 설치하였으며 涪州에 속하였다. 치소는 현재의 南川市이다. 『元和郡縣圖志』卷30 〈賓化縣〉: 條隆化縣은 "以縣西永隆山爲名."이라 하여 산의 이름을 따서 명명된 것임을 알 수 있다. 先天 원년(712)에 賓化縣으로 바꾸었다. 북송 熙寧 3년(1070)에 賓化砦로 고쳤다가 4년(1071)에 다시 隆化縣을 설치하였으며, 7년(1074)에 南平軍에 속하였다. 남송 嘉熙 3년(1239) 南平軍으로 치소를 옮겼다. 元 至元 22년(1285) 남평군이 폐지되면서 南川縣으로 병합되었다.

256) 榮懿: 북송 熙寧 7년(1074)에 羈縻榮懿州를 고쳐 두었으며, 南川縣에 속하였다. 현재 重慶市 萬盛區 서남 靑羊鎭이다. 『輿地紀勝』卷180「南平軍」〈榮懿市〉에 "本唐溱州. 故榮懿市夷賊李光吉據爲巢穴, 至紹興七年移土門鎭巡檢於此兼寨事, 後移巡檢司於曲崖險. 今空有寨名, 但爲一市."라 하였다. 후에 폐지되었다.

257) 扶歡: 북송 熙寧 7년(1074)에 扶歡縣을 고쳐 두었으며, 南川縣에 속하였다. 현재 四川省 綦江縣 동남의 扶歡鎭이다. 이후 扶歡市로 되었다. 『輿地紀勝』卷180「南平軍」〈扶歡市〉에는 "本唐溱州屬縣, 夷賊王

其外銅佛埧者, 隸渝州南川縣, 地皆膏腴. 自光吉等平, 他部族據有之. 朝廷因補其土人王才進充巡檢, 委之控扼. 才進死, 部族無所統, 數出盜邊. 朝廷命熊本討平之, 建爲南平軍, 以渝州南川·涪州隆化隸焉.

그 외 동불파(銅佛埧)의 경우는 투주(渝州)의 남천현(南川縣)258)에 예속시켰는데, 땅이 모두 기름졌다. [이]광길 등이 평정되면서부터 다른 부족이 거기를 차지하였다. 조정에서는 그곳의 토착 인물인 왕재진(王才進)을 순검(巡檢)259)으로 임명하여 요충지를 맡겼다. [왕]재진이 사망하자 부족들이 통할되지 않아 여러 차례 출몰하며 변방을 도둑질하였다. 조정에서 웅본(熊本)에게 명하여 토벌 평정하도록 하여 [거기에] 남평군(南平軍)260)을 건립하도록 하고, 투주의 남천(南川), 부주(涪州)의 융화(隆化)를 예속시켰다.

元豐四年, 有楊光震者, 助官軍破乞弟, 殺其黨阿訛. 大觀二年, 木攀首領趙泰, 播州夷族楊光榮各以地內屬, 詔建湊·播二州, 後皆廢.

[신종] 원풍 4년(1081), 양광진(楊光震)이란 자가 있었는데, 관군이 걸제(乞弟)를 격파하는 것을 돕고 그 무리인 아와(阿訛)를 죽였다.261) [휘종] 대관(大觀) 2년(1108)에 목반(木攀)의

袞據爲巢穴. 熙寧四年三賊平, 置爲砦, 後移寨官於歸正, 今止爲市."라고 적고 있다.
258) 南川縣: 북송 元豊 원년(1078)에 설치하였으며, 南平軍의 치소였다. 치소는 현재 四川省 綦江縣 남쪽 120리에 있는 趕水鎭이다. 일설에는 東溪鎭이라고도 한다. 남송 嘉熙 3년(1239)에는 남강군의 치소를 隆化縣으로 옮겼다. 元 至元 22년(1285)에 南平軍이 폐지되었으며, 南川縣이 지금의 南川市로 옮겨왔다.
259) 巡檢: 官名. 송에서는 關隘 등의 요지와 거칠고 먼 지역에 巡檢官을 두었고, 각 지역을 연결하는 곳에는 都巡檢을 두어 총괄관리하게 하였다. 모두 무신에게 맡겼으며, 주현의 소속 관할이었다. 병사들의 훈련을 관장하고 지방을 순시하고 치안을 유지하고 반란을 진압하였다. 海南 및 歸, 峽, 荊門 등지에 水陸都巡檢使나 三州都巡檢使가 있었다.
260) 南平軍: 북송 熙寧 8년(1075)에 渝州 南川縣 銅佛壩에 설치하였으며, 치소는 현재의 四川省 綦江縣 남쪽 120리의 趕水鎭이다. 관할 영역은 현재의 四川省 綦江, 南川, 重慶市 남쪽의 桐礦區 및 貴州省 桐梓縣 북부지역이다. 元豊 원년(1078)에 南川縣을 두어 부곽현으로 삼았다. 嘉熙 3년(1239)에 軍의 치소를 隆化縣(현재 四川省 南川市)으로 옮겼다.

수령인 조태(趙泰), 파주(播州)의 이족(夷族)인 양광영(楊光榮)이 각각 그 땅을 들어 내속(內屬)해오니 조를 내려 진(溱)·파(播) 두 주(州)를 건립하였다가 이후 모두 폐지하였다.

黔涪施高徼外諸蠻
검부시고요외제만

黔州·涪州徼外有西南夷部, 漢牂牁郡, 唐南寧州·牂牁·昆明·東謝·南謝·西趙·充州諸蠻也. 其地東北直黔·涪, 西北接嘉·敍, 東連荊楚, 南出宜·桂. 俗椎髻·左衽, 或編髮; 隨畜牧遷徙亡常, 喜險阻, 善戰鬥. 部族共一姓, 雖各有君長, 而風俗略同. 宋初以來, 有龍蕃·方蕃·張蕃·石蕃·羅蕃者, 號「五姓蕃」, 皆常奉職貢, 受爵命.

검주(黔州)[262]와 부주(涪州)[263] 경계 바깥에는 서남이부(西南夷部)가 있는데 한대(漢代)의 장가군(牂牁郡)[264]이며, 당대(唐代)의 남녕주(南寧州)[265]·장가(牂牁)·곤명(昆明)[266]·

---

261) 이와 관련하여 『續資治通鑑長編』卷311 〈神宗 元豊 4년 3월 戊申〉條에는 "夔州路走馬承受王正臣言 '南平軍管下播州夷界巡檢·奉職楊光震於遮勒穀小茆田路口遇乞弟部酋領宋阿訛, 鬥敵, 斬獲阿訛等三人首級, 本軍已送瀘州經制蠻事司.' …… 遂詔林廣審問南平軍元辨識斬獲首級實狀以聞. 其後南平軍言光震斬獲阿訛等首級非僞, 乃命賞之."라고 하였다.

262) 黔州: 형호남로 소속의 기미주이다. 北周 建德 4년(575)에 奉州를 고쳐 설치했으며, 치소는 오늘날 四川省 彭水苗族土家族自治縣 동북의 鬱山鎭이다. 隋 開皇 13년(593)에 彭水縣의 附郭縣으로 되었다. 大業 3년(607)에 黔安郡으로 고쳤다. 唐 高祖 武德 원년(618)에 다시 黔州로 고쳤으며, 貞觀 4년(630)에 치소를 현재의 彭水苗族土家族自治縣으로 옮겼다. 玄宗 天寶 원년(742)에는 黔中郡으로 바꾸었다가 乾元 원년(758)에 다시 黔州로 하였다. 관할 영역은 현재의 四川省 彭, 黔江 등의 縣이며, 酉陽 및 貴州省의 沿河, 務川 등의 縣의 부분 지역을 포함한다. 남송 紹定 원년(1228)에 紹慶府로 승격되었다.

263) 涪州: 당 武德 원년(618)에 설치했으며, 치소는 涪陵縣(오늘날 四川省 涪陵市)이다. 『元和郡縣圖志』 卷30 〈涪州〉에 "在蜀江之南, 涪江之西, 故爲名."이라 되어 있다. 현종 天寶 원년(742)에 涪陵郡으로 고쳤으며, 乾元 원년(758)에 다시 涪州로 하였다. 관할 영역은 현재의 四川省 涪陵·長壽·南川·武隆 등의 市縣 지역이다. 남송 咸淳 3년(1267)에 치소를 지금 시의 동북쪽 三台山으로 옮겼다.

264) 牂牁郡: 전한 武帝 元鼎 6년(전111)에 설치하였으며, 치소는 옛 且蘭縣(현재 貴州省 黃平縣 서남,

동사(東謝)·남사(南謝)·서조(西趙)·충주(充州)[267]의 여러 만(蠻)이다. 그 땅은 동북으로는 바로 검주, 부주에 이르며, 서북으로는 가주(嘉州)[268], 서주(敘州)에 접해 있으며, 동으로는 형초(荊楚)에 이어져 있고, 남으로는 의주(宜州), 계주(桂州)로 나가게 되어 있다. 풍속으로 상투머리를 하고, 옷섶을 왼쪽으로 여미며,[269] 머리를 길게 땋아 내리기도 한다. 가축의 목초

일설에는 貴陽 부근이라고도 함)이다. 관할 영역은 현재의 貴州省 대부분과 廣西省 서북부 및 雲南省 동부이다. 三國의 蜀漢 이후에 영역이 점차 축소되었다. 西晉 시대에는 치소가 萬壽縣(현재 貴州省 甕安縣 동북)이었다. 관할 영역은 현재의 貴州省 畢節, 遵義, 册亨, 荔波, 黃平 및 廣西省 南丹縣 사이의 지역이다. 南齊 때는 南牂牁郡으로 고쳤다.

265) 南寧州: 西魏 때 寧州를 고쳐 두었으며, 치소는 建寧郡(오늘날 雲南省 陸良縣 남쪽 3리의 舊城)이며, 관할 영역은 오늘날의 雲南과 貴州 2省에 걸쳐 있다. 保定 2년(562)에 恭州가 분할 설치되었는데, 현재의 雲南省 동북은 더 이상 南寧州에 속하지 않게 되었다. 隋代에 폐지되었다가 唐 高祖 武德 원년(618)에 다시 설치되었으며, 치소는 味縣(현재 雲南省 曲靖市 북쪽 14리의 三岔)이며, 관할 영역은 현재의 雲南省 宣威市 남쪽의 尋甸, 宜良, 玉溪 동쪽과 彌勒縣 북쪽 지역이다. 당 무덕 7년(624)에 서남부 지역을 분할하여 西寧州가 설치되어 관할 영역이 축소되었다. 태종 貞觀 8년(634)에 郞州로 개명하였다. 開元 5년(717)에 다시 南寧州로 고쳤으며, 관할 영역은 현재의 雲南省 曲靖市 및 陸良·宜良·師宗·彌勒·瀘西·尋甸 등의 縣이다. 天寶 연간 이후에 폐지되었다가 원 至元 13년(1276)에 다시 설치되었으며, 曲靖路에 속하였다. 치소는 현재의 雲南省 曲靖市이다. 지원 21년(1284) 縣으로 강등되었다.

266) 昆明: 고대의 종족 명칭이다. 『史記』 卷116 「西南夷傳」에는 "自桐師以東北至楪楡, 名爲巂, 昆明. 皆編髮, 隨畜遷徙, 毋常處, 毋君長, 地方可數千里."라 하였다. 전국에서 진한에 이르기까지, 昆明族은 현재의 雲南省 洱海 일대에 삼국시기에 현재의 雲南省 동북과 貴州省 서쪽으로 이주해왔으며, 隋·唐 시대에는 현재의 貴州省 서부 일대에 거주하였다.

267) 充州: 당 武德 3년(620)에 群柯蠻 別部에 설치하였으며, 치소는 平蠻縣(현재 貴州省 石阡縣 서남)이다. 관할 영역은 현재 貴州省 石阡·餘慶·施秉·鎭遠·三穗·岑鞏·江口 등의 현지역이다. 남송 이후에 폐지되었다.

268) 嘉州: 北周 大成 원년(579)에 青州를 고쳐 두었으며, 치소는 平羌郡 平羌縣(오늘날 四川省 樂山市)이다. 『元和郡縣圖志』 卷31 〈嘉州〉에 "按州境近漢之漢嘉舊縣, 因名焉."이라 되어 있다. 또한 『太平寰宇記』 卷74 〈嘉州〉에서는 "以其郡土嘉美爲稱."이라 하여 명칭의 유래에 대해 설명해주고 있다. 관할 영역은 현재의 四川省 樂山·峨眉山·峨邊 등의 시현지역이다. 隋 大業 3년(607)에 眉山郡으로 바꾸었다가 唐 武德 원년(618)에 다시 嘉州로 하였다. 치소는 龍遊縣(현재 樂山市)이었다. 天寶 원년(742)에 犍爲郡으로 고쳤다가 乾元 원년(758)에 다시 嘉州로 하였다. 관할 영역은 넓어서 현재의 夾江·犍爲·馬邊縣 등의 지역이다. 남송 慶元 2년(1196)에 嘉定府로 승격되었다. 唐代의 저명한 시인인 岑參이 일찍이 嘉州刺史를 역임하였기 때문에 세간에서는 '岑嘉州'라 부르기도 한다.

269) 左衽: 좌임은 일반적으로 옷섶을 왼쪽으로 여미는 것을 의미하지만, 고대에 북방이나 동방의 미개한 민족들이 했던 풍속이었던 까닭에 미개한 풍속이라는 비하의 의미도 담겨 있다.

지에 따라 일정하지 않게 옮겨다니며 험난한 곳을 좋아하고 전투를 잘한다. 부족은 모두 하나의 성(姓)이며, 비록 각기 우두머리[君長]가 있으나 그 풍속은 대략 동일하다. 송초 이래로 용번(龍蕃)·방번(方蕃)·장번(張蕃)·석번(石蕃)·나번(羅蕃)이 있어서 '오성번(五姓蕃)'이라 불렸으며, 모두 늘 공물을 바치고 작명(爵命)을 받아갔다.

> 治平四年十二月, 知靜蠻軍·蕃落使·守天聖大王龍異閣等入見, 詔以異閣爲武寧將軍, 其屬二百四十一人各授將軍及郎將.

[영종] 치평(治平) 4년(1067) 12월에 지정만군(知靜蠻軍)·번락사(蕃落使)·수천성대왕(守天聖大王)인 용이각(龍異閣) 등이 입조하여 알현하니 조를 내려 [용]이각을 무녕장군(武寧將軍)으로 삼고 그 부하 241명에게는 각각 장군(將軍)과 낭장(郎將)을 제수하였다.

> 熙寧元年, 有方異現, 三年有張漢興各以方物來獻, 授異現, 靜蠻軍, 漢興捍蠻軍, 並節度使. 六年, 龍蕃·羅蕃·方蕃·石蕃八百九十人入覲, 貢丹砂·氈·馬, 賜袍帶·錢帛有差. 其後, 比歲繼來. 龍蕃衆至四百人, 往返萬里, 神宗憫其勤, 詔五姓蕃五歲聽一貢, 人有定數, 無輒增加, 及別立首領, 以息公私之擾. 命宋敏求編次諸國貢奉錄, 客省·四方館撰儀, 皆著爲式.

[신종] 희녕(熙寧) 원년(1068)에 방이현(方異現)[270]이, 3년에는 장한흥(張漢興)이라는 자가 각각 와서 방물을 바치니 [방]이현에게는 정만군(靜蠻軍)을, [장]한흥에게는 한만군(捍蠻軍)과 절도사를 함께 제수해주었다.[271] [희녕] 6년(1073)에는 용번(龍蕃)·나번(羅蕃)·방번(方蕃)·석번(石蕃)의 890명이 입조하여 [신종을] 알현하면서 단사(丹砂)[272]와 융단[氈], 말

---

270) 方異現.: 『宋會要輯稿』 蕃夷 7-23에는 "神宗熙寧元年正月二十一日, 西南蕃靜蠻軍節度使·守蕃王方異現, 等並從人九十七人, 見進奉朱砂·氈·馬等, 各賜衣著·袍襖·腰帶·分物; 進奉都部轄龍延通, 並各賜器幣有差."라는 기록이 있다.

271) 구체적으로는 희녕 3년 6월 17일의 일이다. 『宋會要輯稿』 蕃夷 7-31, "(熙寧)三年六月十七日, 西南蕃捍蠻軍節度使·守蕃王張漢興等奉表賀, 貢朱砂·氈·馬."

을 바치자 포대(袍帶)와 전백(錢帛)을 각각 차등 있게 하사해주었다.273) 그 후 해를 이어 계속 입공하였다. 용번의 무리는 많으면 400명이었으며, 왕복 1만 리나 되니 신종은 그 부지런함을 어여삐 여겨 조를 내려 오성번(五姓蕃)은 5년에 한 번 입공하는 것을 허락하였으며, 인원의 숫자도 정해주었고 멋대로 증가하지 않도록 하였다. 아울러 별도로 수령(首領)을 세워서 공사(公私)에서의 어지럽히는 바를 없애도록 하였다. 송민구(宋敏求)에게 명하여 『제국공봉록(諸國貢奉錄)』을 편찬하여 객성(客省)274)과 사방관(四方館)275)에서 의례로 삼고, 모두 규정으로 삼도록 하였다.

元豊五年, 張蕃乞添貢奉人至三百, 詔故事以七十人爲額, 不許. 七年, 西南程蕃乞貢方物, 願依五姓蕃例注籍. 從之.

[신종] 원풍(元豊) 5년(1082), 장번(張蕃)이 공봉인(貢奉人)을 300명으로 해달라고 청하였지만, 조를 내려 고사(故事)에서는 70명이 정원이었다고 하여 허락하지 않았다. [원풍] 7년(1084), 서남의 정번(程蕃)이 방물(方物)을 구입하기를 청하면서 오성번의 예에 따라 적(籍)에 기입할 것을 원하자 허락해주었다.276)

272) 丹砂: 朱砂라고도 한다. 붉은빛의 돌이며, 갈아서 약용으로 사용한다. 냉증과 심신불안 등 여러 병증에 사용되는 고대의 약재이다.
273) 이와 관련하여 『宋會要輯稿』 蕃夷 7-24~25에는, "(熙寧)四月二日, 西南龍蕃·羅蕃·方蕃·石蕃八百九十人進奉, 詔: '道路遙遠, 往複甚勞, 如願於緣邊納所進物, 更不須赴闕, 卽以回賜物與朝見所賜並緣路管券與之.'"라고 기록하고 있다.
274) 客省: 송대에 처음 설치된 관직으로, 외국이나 이민족의 使者 및 文武官員이 황제를 朝見할 때의 禮儀를 관장하였다. 遼에서는 北面官에 客省局使가 있었으며, 南面官에는 客省使가 있었다. 金에서는 宣徽院에 속하였다.
275) 四方館: 隋 煬帝 때에 설치되었으며 사방의 이민족과 외국 사신을 접대하였다. 使者를 4인으로 나누어서 각각 쌍방의 왕래와 무역 등의 일을 주관하였으며, 鴻臚寺에 속하였다. 唐에서는 通事舍人이 주관하였고, 中書省에 속하였다. 宋에서는 鴻臚寺 소속의 都亭驛, 都亭西驛, 懷遠驛, 同文館이 나누어서 별도로 사방의 이민족과 외국의 使者를 접대하였기 때문에 합해서 四方館이라 칭하였으며, 각각 監官이나 管勾官이 주관하였다.
276) 이에 관련하여 『宋會要輯稿』 蕃夷 5-31에는 "(元豊)七年七月十一日, 尙書禮部言禮'西南程蕃乞貢方物. 舊不注籍, 如許入貢, 乞從五姓蕃例.' 從之, 令夔州路轉運司相度比附一姓人數解發."라고 기록하였다.

元祐二年, 西南石蕃石以定等齎表, 自稱「西平州武聖軍」. 禮部言元豊著令以五年一貢爲限, 今年限未及. 詔特令入貢. 五年, 八年, 紹聖四年, 龍蕃皆貢方物. 龍氏於諸姓爲最大, 其貢奉尤頻數, 使者但衣布袍, 至假伶人之衣入見, 蓋實貧陋, 所冀者恩賞而已. 故事, 蠻夷入貢, 雖交阯·于闐之屬皆御前殿見之, 獨此諸蕃見於後殿, 蓋卑之也.

[철종] 원우(元祐) 2년(1087), 서남의 석번(石蕃)인 석이정(石以定) 등이 표문을 가져오면서 '서평주무성군(西平州武聖軍)'이라 자칭하였다. 예부(禮部)에서 말하기를 원풍(元豊) 연간에 정한 영(令)에는 5년 1공(貢)으로 기한이 정해져 있는데, 금년이 기한이 되지 않았다고 하였다. 조를 내려 특령(特令)으로 입공(入貢)하게 하였다. [철종 원우] 5년(1090)과 8년(1092), [휘종] 소성(紹聖) 4년(1097)에 용번(龍蕃)들이 모두 방물을 공납하였다. 용씨(龍氏)는 제성(諸姓) 중에서 가장 (세력이) 커서 공납하여 바치는 것이 빈번하였지만, 사자(使者)들은 솜옷[布袍]만을 입었을 뿐이어서 임시로 영인(伶人)[277]들의 옷을 빌려 입견하기도 했으니, 대개 실로 가난하고 누추하기도 했으니 은상(恩賞)만을 바랐던 것이다. 고사에 만이(蠻夷)가 입공하면 교지(交阯),[278] 우전(于闐)[279]의 무리들도 모두 어전에서 알현하였는데, 유독 이 제번(諸蕃)들만 후전(後殿)에서 알현했던 것은 대개 그들을 비루하게 보았기 때문이다.

277) 伶人: 伶工이나 樂人을 가리키며, 歌舞나 연극하는 사람들에 대한 칭호이다.
278) 交阯: 지금의 북베트남 지역으로 古代의 地名이다. '交趾'라는 지명은 이미 南越 시대부터 존재하였다. 元鼎 6년(전111), 漢武帝가 南越國을 멸망시키고 지금의 베트남 북부지역에 交趾, 九眞, 日南郡을 두어 직접 통치영역으로 두었다. 交趾郡의 치소는 지금의 베트남 하노이[河內]이다. 이후 武帝가 전국에 13刺史를 설치할 때 交趾를 포괄한 7개 郡을 나누어 交趾刺史部라 하였는데, 이를 후세에서는 交州라 하였다.
279) 于闐: 호탄(khotan). 고대에 于箕國이라고도 하였다. 타림분지에 있는 오아시스 국가로 지금 新疆維吾爾自治區 和田 일대이다. 于寘, 于遁, 谿丹, 屈丹, 斡丹, 忽炭, 赫探 등으로도 표기된다. 漢 西域 36國의 하나였으며, 西域都護府에 속하였다. 于闐의 문자로는 카타나(Khatana)라고 한다. 漢代에 于闐은 西城(지금 新疆維吾爾自治區 和田縣 境內)을 수도로 삼았다. 居民은 농업과 목축업에 종사했고 桑麻와 美玉 생산과 鑄銅業, 紡織業이 매우 발달하였다. 文字를 가졌으며 佛敎를 신봉하였다. 前漢 시대 西域都護에 소속되었다. 漢魏 교체기에 戎盧·扜彌·渠勒·皮山 등의 나라를 겸병하였다. 西晉과 北魏에 臣屬했으며, 일찍이 사신을 曹魏와 北周에 보내 토산품을 바쳤다. 唐에서는 毗沙都督府를 두었다. 11세기 초에 흑한 왕조에 멸망당하였다.

元符二年, 又有牟韋蕃入貢, 詔以進奉人韋公憂·公市·公利等爲郎將.

[철종] 원부(元符) 2년(1099), 또 모위번(牟韋蕃)이 입공하자 조를 내려 진봉인(進奉人) 위공우(韋公憂), [위]공시(公市), [위]공리(公利) 등을 낭장(郎將)280)으로 해주었다.281)

諸蕃部族數十, 獨五姓最著, 程氏·韋氏皆比附五姓, 故號「西南七蕃」云.

제번(諸蕃)의 수십 부족(部族)에서 유독 다섯 개 성(姓)이 가장 두드러지는데, [그 외에] 정씨(程氏), 위씨(韋氏)가 이 다섯 개 성에 비견될 만하니 그 까닭에 '서남칠번(西南七蕃)'이라고도 하였다.

施州蠻者, 夔路徼外熟夷, 南接牂牁諸蠻, 又與順·富·高·溪四州蠻相錯, 蓋唐彭水蠻也.

시주만(施州蠻)282)은 기로(夔路)283)의 경계 바깥의 숙이(熟夷)이며, 남으로는 장가(牂牁)의 여러 만(蠻)과 접해 있고, 또한 순(順)284)·부(富)285)·고(高)286)·계(溪)287) 4주(州)의

---

280) 郎將: 武官名이다. 秦代에 설치되었으며, 宿衛와 車騎를 주관하였다. 郎中令이 관할했던 세 관서는 五官中郎將, 左中郎將, 右中郎將이다. 漢은 秦의 제도를 계승하였으며, 光祿勳에 속하였다. 당송대에도 설치되었으며 中郎將 외에 郎將이 두어졌다.
281) 이와 관련하여 『宋會要輯稿』「蕃夷」 5-34에는 "詔西南牟韋蕃進奉人安化郎將韋公夏等十二人並特授奉化郎將, 保順郎將韋公市等十五人並特授安化郎將, 西南牟韋蕃進奉韋公利等四十三人並特授保順郎將韋蕃."이라고 하였다.
282) 施州: 北周 建德 3년(574)에 설치하였으며, 치소는 沙渠縣(오늘날 湖北省 恩施市)이다. 『方輿勝覽』 卷60 『施州』에는 "乃施王之餘址, 故以名焉."이라 되어 있다. 隋 大業 연간 초에 清江郡으로 되었다가 義寧 2년(618)에 다시 회복되었으며, 치소는 清江縣 현재 湖北省(恩施市)이었다. 唐 天寶 원년(742) 清化郡으로 고쳤다. 乾元 원년(758)에 다시 施州라 하였다. 관할 영역은 현재 호북성 서남부의 五峰縣, 建始縣 등의 서쪽 지역이다.
283) 夔路: 夔州路이다. 치소는 奉節縣(현재 四川省 奉節縣)이다.

만들과 서로 섞여 있으니 대개 당(唐)의 팽수만(彭水蠻)288)이다.

> 咸平中, 施蠻嘗入寇, 詔以鹽與之, 且許其以粟轉易, 蠻大悅, 自是不爲邊患. 後因飢, 又以金銀倍實直質于官易粟, 官不能禁. 熙寧六年, 詔施州蠻以金銀質米者, 估實直; 如七年不贖, 則變易之. 著爲令.

[진종] 함평(咸平) 연간(998~1003)에 시주만이 들어와 노략질하자 조를 내려 그들에게 소금을 주었고, 또한 곡식으로서 교역하는 것을 허락해주자 [시주]만이 크게 기뻐하니, 이로부터 변방의 우환이 되지 않았다. 이후 기근으로 인해 또한 금과 은을 배나 되는 가격으로 관에 저당 잡혀 놓고 곡식으로 바꾸어갔지만 관에서 금지하지 않았다. [신종] 희녕(熙寧) 6년(1073), 조를 내려 시주만이 금은(金銀)으로 쌀을 바꾸는 경우, 실제 가격으로 팔도록 하였다. 만약 7년 동안 [금은으로 곡식을] 사가지 않으면 [이 조령을] 바꾸도록 하였다. 법령으로 삼도록 하였다.

> 熊本經制渽井事, 蠻酋田現等內附, 夔路轉運判官董鉞·副使孫珪·知施州寇平, 皆以招納功被賞.

---

284) 順州: 북송대에 羈縻州로 설치되었다. 치소는 현재 湖北省 宣恩縣 동남쪽이다. 원대에 湖南鎭邊宣慰司로 바뀌었다.

285) 富州: 북송대에 羈縻感化州를 고쳐서 羈縻州로 설치하였으며 辰州 소속이다. 치소는 현재의 湖北省 來風縣이다. 이후에 羈縻柔遠州로 바뀌었다.

286) 高州: 북송 開寶 6년(973) 珍州羈縻州를 고쳐 두었으며, 辰州 소속이다. 치소는 현재 湖北省 宣恩縣 남쪽의 高羅鎭이다. 이후에 西高州로 바뀌었다.

287) 溪州: 북송 大觀 원년(1107) 帶溪砦에 설치하였으며, 치소는 현재 廣西省 環江毛南族自治縣의 북쪽이다. 대관 4년(1110)에 폐지했으나 계속 帶溪砦라 하였다.

288) 彭水縣: 隋 開皇 13년(593)에 설치되었으며, 黔州 소속이었다. 치소는 현재의 四川省 彭水苗族土家族自治縣 동북의 鬱由鎭이다. 明 郭子章의 『郡縣釋名』 「四川」 卷上 〈彭水縣〉에는 "因彭水爲邑名."이라 되어 있다.

웅본(熊本)은 육정(淯井)289)을 다스렸는데, 만(蠻)의 추장인 전현(田現) 등이 내부(內附)해오자 기로(夔路)의 전운판관(轉運判官)290)인 동월(董鉞), [전운]부사인 손규(孫珪), 지시주(知施州)인 구평(寇平)이 모두 귀순시킨 공으로 [웅본이] 상을 받아야 한다고 하였다.

> 施·黔比近蠻, 子弟精悍, 用木弩藥箭, 戰鬪趫捷, 朝廷嘗團結爲忠義勝軍. 其後, 瀘州·淯井·石泉蠻叛, 皆獲其用.

시주(施州)와 검주(黔州)는 만(蠻) 지역에 가깝고, 자제들도 강하고 용맹스러워서 나무로 된 쇠뇌[木弩]에 독화살[藥箭]을 사용하며, 전투에서 날래고 잘 싸우니, 조정에서는 일찍이 [그들을] 묶어서 충의승군(忠義勝軍)으로 삼았다.291) 그 후 노주(瀘州), 육정(淯井), 석천(石泉)292)의 만들이 반란을 일으키자 [그들을] 모두 사로잡는데 [충의승군을] 이용하였다.

> 高州蠻, 故夜郎也, 在涪州西南. 宋初, 其酋田景遷以地內附, 賜名珍州, 拜爲刺史. 景遷以郡多火災, 請易今名. 大觀二年, 有駱解下·上族納土, 復以珍州名云.

고주만(高州蠻)은 옛 야랑(夜郎)293)이며, 부주(涪州)의 서남쪽에 있다. 송초에 추장인 전경

---

289) 淯井: 북송대에 淯井鎭에 淯井監이 설치되었는데, 鹽監으로 江安縣 소속이었다. 치소는 오늘날 四川省 長寧縣 남쪽 70리의 雙河鎭이다. 政和 4년(1114) 長寧軍으로 바뀌었다.

290) 轉運判官: 송대 각 路에 轉運司를 두어 財賦와 轉運을 관장하게 하였으며, 轉運判官은 그 아래에서 전운사를 보조하거나 대행하는 역할을 맡았다.

291) 북송 조정에서는 서남지역의 소수민족 경략을 위해 이 지역에 당해지역의 소수민족을 주체로 하는 향군, 의군을 설치하여 송조의 통치에 저항하는 민족을 경략하는 데 이용하였다(强文學, 2009 참조).

292) 石泉: 당 貞觀 8년(634)에 설치하였으며, 茂州 소속이었다. 치소는 오늘날 四川省 北川縣 서북의 治城羌族鄕이다. 明 郭子章의 『郡縣釋名』 「四川」 卷下 〈石泉縣〉에 "城南一里有甘泉, 上刻甘泉, 二字, 從石竅出, 縣以得名."이라 하여 그곳에서 나오는 샘물의 이름에서 비롯되었음을 전해준다. 당 현종 天寶 연간(742~755) 초에 通化郡에 속했으며, 乾元(758~579) 연간 초에는 茂州에 속하였다. 북송 熙寧 9년(1076) 綿州로 소속이 변경되었다가 政和 7년(1117)에 石泉軍의 치소로 되었다. 남송 寶禧 연간에 치소가 龍安縣으로 옮겨갔다.

293) 夜郞: 戰國에서 전한 시기에 이르는 國名이다. 주로 현재의 貴州省 서부 및 북부와 함께 운남성 동북지

천(田景遷)이 그 땅을 가지고 내부해오자 진주(珍州)²⁹⁴⁾라는 이름을 하사하였고, 자사(刺史)를 제수해주었다. [전]경천이 그 지역에 화재가 많다고 하여 지금의 이름으로 바꿀 것을 청하였다. [휘종] 대관(大觀) 2년(1108), 낙해(駱解)의 하(下)·상족(上族)이 토지를 바치자 진주(珍州)라는 이름으로 복귀하였다고 한다.

瀘州蠻
노주만

瀘州西南徼外, 古羌夷之地, 漢以來王侯國以百數, 獨夜郎·滇·邛都·巂·昆明·徙·莋都·冉駹·白馬氏爲最大. 夜郎, 在漢屬牂牁郡, 今涪州之西, 湊·播·珍等州封域是也; 滇, 在漢爲益州郡, 今姚州善闡之地是也; 邛都, 巂州會同川與吐蕃接, 今邛部川蠻所居也; 巂, 今巂州; 昆明, 在黔·瀘徼外, 今西南蕃部所居也; 徙, 今雅州嚴道地; 莋都, 在黎州南, 今雨林及野川蠻所居地是也; 冉駹, 今茂州蠻, 汶山夷地是也; 白馬氏, 在漢爲武都郡, 今階州·汶州, 蓋羌類也: 此皆巴蜀西南徼外蠻夷也.

노주(瀘州)²⁹⁵⁾는 서남의 변경 바깥이며, 옛 강이(羌夷)의 땅으로 한대(漢代) 이래 왕후국

역과 사천성 동부와 남부 및 광서성 북부의 일부 지역을 포함한다. 國都의 위치에 대해서는 아직까지 정론은 없는 실정이다. 근래에 貴州省 赫章縣 서북에 있는 可樂民族鄕의 옛 유적지에서 진귀한 물건이 다수 발견되었으며, 유물의 질과 위상도 매우 높아 보인다. 可樂은 彝文 古籍中에 "柯洛保姆"라 칭해지는데, 그 뜻은 "中央大城"이라는 의미이며, 이것이 결국 夜郞의 도읍과 관계가 있을 수도 있어 주목되는 바이다. 漢 武帝 元鼎 6년(전111)에 그 지역에 群柯郡이 설치되었다. 晉代와 南朝 시기에는 郡의 이름이었다. 『史記』 卷116 「西南夷傳」에 "西南夷君長以什數, 夜郞最大 …… 夜郞者, 臨牂牁江, 江廣百餘步, 足以行船."이라는 기록이 있다.

294) 珍州: 당 太宗 貞觀 16년(642)에 설치하였으며, 치소는 夜郞縣(현재 貴州省 正安縣 서북)이었다. 『舊唐書』 卷40 「地理志」 3 〈珍州 夜郞縣〉에 "以縣界有隆珍山, 因名珍州."라 하였다. 天寶 원년(742)에 夜郞郡으로 하였다가 乾元 원년(758)에 다시 珍州라 하였다. 元和 3년(808)에 폐지하였다. 북송 大觀 2년(1108)에 다시 설치하였으며, 치소는 樂源縣(현재 正安縣 동북)이었다.

295) 瀘州: 南朝 梁 大同 연간(535~545)에 설치되었으며 치소는 江陽縣(오늘날 四川省 瀘州市)이다. 『元和郡縣圖志』 卷33 〈瀘州〉에 "取瀘水爲名."이라 하였다. 隋 大業 3년(607)에 瀘川郡으로 고쳤다. 唐 武德 원년(618)에 다시 瀘州라 하였다가 天寶 원년(742) 瀘川郡으로 하였으며, 乾元 원년(758)에 다시

(王侯國)이 100개나 되었으며, 특히 야랑(夜郎)·전(滇)296)·공도(邛都)297)·수(嶲)298)·곤명(昆明)·사(徙)299)·작도(筰都)300)·염방(冉駹)301)·백마저(白馬氐)302)의 세력이 가장 컸

瀘州라 하였다. 관할 영역은 현재의 四川省 沱江 유역과 長寧河·永寧河·赤水河 유역이다. 南宋 淳佑 3년(1243)에 치소를 장강 북쪽의 神臂崖城(현재의 四川省 合江縣 서북 焦灘鄕 남쪽 老瀘)으로 옮겼다. 景定 2년(1261)에 江安州로 바꾸었고, 남송 景定 2년(1261)에 江安州로 바뀌었다.

296) 滇: 고대 민족과 나라 이름이다. 『史記』 卷116 「西南夷傳」에 "西南夷君長以什數, 夜郎最大; 其匝靡莫之屬以什數, 滇最大."라 되어 있다. 최근 고고학의 발견을 통해 춘추시대 말에서 전한 초기까지의 시기에 진국은 찬란한 청동기 문화를 건설하였다는 것이 증명되었다. 전한 중후기부터는 청동기 유물도 존재하나 철기가 이미 점점 보편화된 것으로 보인다. 이 시기에는 노예제 사회였으며, 노예는 다른 부족에게서 약탈해왔던 것으로 보인다. 이 지역은 기후가 온화하여 주로 농업을 하면서 목축, 어로 등을 함께 하였다. 수공업도 발달하여 청동기, 금은기 및 옥기, 석기 등도 매우 발달하였다. 전한 元封 2년(전109)에 漢에서는 여기를 중심으로 益州郡을 설치하였다.

297) 邛都: 고대 민족 명칭이다. 주로 四川省의 西昌市를 중심으로 하는 安寧河 유역에 해당한다. 전한 무제 元鼎 6년(전111)에 邛都夷를 멸망시키고 그 지역에 越嶲郡을 설치하였다. 『史記』 卷116 「西南夷傳」에 "自滇以北君長以什數, 邛都最大. 此皆魋結, 耕田, 有邑落."이라고 적고 있다.

298) 嶲: 고대 민족 명칭이다. 秦·漢대에 雲南 保山 일대에 거주하였다. 『史記』 卷116 「西南夷傳」에 "自同師以東北至葉楡, 名爲嶲·昆明. 皆編髮, 隨畜遷徙, 毋常處, 毋君長, 地方可數千里. 自嶲以東北, 君長以什數, 徙, 筰都最大."라는 기사가 있다.

299) 徙: 斯·斯叟·斯楡·斯都라고도 칭했으며, 옛 羌族의 한 부류이다. 현재의 四川省 天全縣 동쪽의 始陽鎭에 있었다고 하며, 현재의 四川省 雅安·漢源·西昌 및 그 서쪽 지역에 거주하였다. 전한 무제는 徙의 지역에 徙縣(현재 四川省 天全縣 동쪽 始陽鎭)을 두었다. 역대로 현재의 사천성 西昌 일대에 거주하였으며, 여러 차례 반란을 일으키기도 하였다. 『史記』 卷116 「西南夷傳」에 "自嶲以東北, 君長以什數, 徙·筰都最大 …… 其俗或土箸, 或移徙, 在蜀之西."라는 기사가 있다.

300) 筰都: 고대의 민족명이자 縣 이름이다. 漢武帝 元鼎 6년(기원전 111) 筰都夷 지역에 縣을 설치하였으며, 沈黎郡의 치소였다. 天漢 4년(전197)에 폐지하였다. 현재의 四川 漢源縣 북쪽이다. 『史記』·『漢書』 등의 기재에 따르면 진한시대 西蜀의 상인들이 티베트고원 동부의 筰都夷, 氂牛夷 등과 물자를 교환하였는데, 蜀의 茶와 筰都夷의 말, 氂牛夷의 소를 바꾸었다고 한다.

301) 冉駹: 고대 민족명이다. '冄駹'이라고도 한다. 주로 현재의 四川省 茂汶 지역에 거주하였다. 유목을 생업으로 삼았으며, 야크와 명마로 유명하다. 漢 武帝 元鼎 6년(전111), 이 지역에 汶山郡을 설치하였다. 『史記』 卷116 「西南夷傳」에는 "自筰以東北, 君長以什數, 冄駹最大."라고 전하고 있다.

302) 白馬氐: 고대의 민족이며, 현재의 甘肅省 동남부에 거주하였다. 『史記』 卷116 「西南夷傳」에 "自冄駹以東北, 君長以什數, 白馬最大, 皆氐類也."라 되어 있다. 『正義』에서는 『括地志』를 인용하여, "隴右成州·武州皆白馬氐, 其豪族楊氏居成州仇池山上."이라 하여 백마가 成州의 仇池山에 거주하고 있다고 하였다. 구지산은 현재 甘肅省 西和縣 남쪽이다. 司馬遷은 白馬를 '氐類'라고 하였고, 馬長壽도 백마를 氐族의 전형으로 보았다(馬長壽, 1984: 10). 王文光은 '白馬羌'이라 하여 羌의 일종으로 보았으며, 그 주요 분포 지역을 後漢 시기의 蜀郡 北部都尉·廣漢屬國 경내 즉 오늘날 四川省 綿陽 지구 북부와

다. 야랑은 한대에 장가군(牂牁郡)에 속했으며, 현재는 부주(涪州)의 서쪽이며, 진(溱)303)·
파(播)·진(珍) 등 주(州)의 봉역(封域)이 이곳이다. 전(滇)은 한대의 익주군(益州郡)304)이
며, 현재의 요주(姚州)305) 선천(善闡)306)의 땅이 바로 이곳이다. 공도(邛都)는 수주(巂
州)307)의 회동천(會同川)과 토번(吐蕃)이 접하는데, 지금의 공부천만(邛部川蠻)이 거주하

    甘肅省 武都 지구 남부의 감숙성과 사천성의 경계 지역으로 비정하였다. 따라서 '廣漢羌'이라 칭하기도
    한다고 하였다. 또 백마강의 일부분은 나중에 발전하여 오늘날 四川省 平武 등지의 白馬藏人이 되었다
    고 주장하였다(王文光, 1997: 241~242).

303) 溱州: 唐 貞觀 16년(642)에 설치하였으며, 치소는 榮懿縣(현재 重慶市 萬盛區 동남쪽의 靑羊鎭)이다.
『元和郡縣圖志』卷30『溱州』에 "以南有溱溪水爲名."이라 되어 있다. 玄宗 天寶 원년(742)에 溱溪郡으
로 고쳤으며, 乾元 원년(758)에 다시 溱州라 하였다. 관할 영역은 오늘날 重慶市 萬盛區 및 綦江·南川
부의 일부 지역이다. 북송에서는 기미주로 강등되었으며, 熙寧 7년(1074) 榮懿砦로 되었다. 大觀 2년
(1108)에 다시 설치하였으며, 치소는 溱溪縣(현재 綦江縣 南吹角鄕)이다. 관할 영역은 현재 사천성
綦江縣 남쪽과 귀주성 桐梓縣 일부 지역이다. 휘종 宣和 2년(1120)에 폐지되었다.

304) 益州郡: 전한 元封 2년(전109)에 武帝가 滇에 설치하였으며, 치소는 滇池縣(현재 雲南省 晉寧縣 동북쪽
32리의 晉城鎭)이다. 관할 영역은 대략 오늘날 雲南省 怒江 동쪽과 洱海 서쪽 및 姚安·元謀·東川
남쪽, 曲靖·宜良·華寧·蒙의 서쪽, 哀牢山 북쪽이다. 후한 때에 서부는 분리되어 永昌郡에 속해지면서
경계선이 동쪽으로 이동하여 현재의 楚雄 彝族自治州의 서쪽 경계선으로 옮겨왔으며, 남부는 紅河에
이르렀다. 삼국시기 蜀 建興 3년(225)에는 建寧郡으로 고쳤다. 西晉 太安 2년(303)에는 建寧郡 서쪽지
역을 나누어 다시 설치하여 寧州에 속하게 하였다. 치소는 계속해서 滇池縣(현재 雲南省 晉寧縣 동북
晉城鎭)으로 하였다. 관할 영역은 현재의 雲南省 濱池 주변과 祿豊·雙柏·易門·澄江 등의 縣 지역이
다. 東晉에서는 晉寧郡으로 고쳤다.

305) 姚州: 당 武德 4년(621)에 설치하였으며, 姚州都督府의 치소였다. 치소는 姚城縣(현재 雲南省 姚安縣
서북 17里의 舊城). 관할 영역은 대략 현재 雲南省 姚安縣 지역이다.『舊唐書』卷41「地理志」에는
"武德四年, 安撫大使李英, 以此州內人多姓姚, 故置姚州."라 되어 있다. 唐이 서남 변경지역을 경략할
때의 重鎭이었다. 天寶 연간(742~755) 이후에 폐지었다. 南詔에서는 弄棟節度로 바꾸었으며, 大理에서
는 姚府로 바꾸었다.

306) 善闡: 南詔의 勸豊祐(?~859)가 재위하던 때에 설치되었으며, 南詔의 別都였다. 上都라고 칭하기도
하였다. 치소는 善闡城(현재 雲南省 昆明市)이다. 관할 영역은 대략 현재의 雲南省 昆明市 지역과
부근 지역이었다. 大理國 때에는 陪都였으며, 8府의 하나였다. 관할 영역은 현재의 昆明市 및 易門·
祿豊·嵩明縣 지역이었다. 蒙古 憲宗 5년(1255) 萬戶府로 바뀌었으며, 至元 7년(1270)에 善闡路로
되었다.

307) 巂州: 수 開皇 18년(598)에 西寧州를 고쳐 두었으며, 치소는 越崔縣(현재 四川省 西昌市)에 있었다.
大業 3년(607) 越嶲郡으로 바꾸었다가 唐 武德 원년(618)에 다시 嶲州로 하였다. 무덕 4년(621)에
中都督府로 승격하였다. 관할 영역은 현재의 四川省 越西·美姑 남쪽, 金沙江 서쪽과 북쪽, 錦屛山,
鹽井河 동쪽 지역이다. 唐 玄宗 天寶 원년(742) 越嶲郡으로 고쳤다. 肅宗 至德 2년(757)에 吐蕃으로

곳이다. 수(嶲)는 지금의 수주(嶲州)이다. 곤명(昆明)은 검(黔)·노(瀘) 주의 경계 바깥쪽이며, 현재의 서남번부(西南蕃部)들이 거주하는 곳이다. 사(徙)는 현재의 아주(雅州)의 엄도(嚴道) 지역이다. 작도(莋都)는 여주(黎州)의 남쪽이며, 현재의 바로 우림(兩林) 및 야천만(野川蠻)이 거주하는 곳이다. 염방(冉駹)은 바로 현재의 무주만(茂州蠻), 문산이(汶山夷)의 지역이다. 백마저(白馬氐)는 한대에 무도군(武都郡)이며, 지금의 계주(階州)308)와 문주(汶州)309)이니, 대개 강(羌)과 같은 부류이다. 이들은 모두 파촉(巴蜀) 서남쪽 경계 바깥의 만이(蠻夷)이다.

自黔·恭以西, 至涪, 瀘·嘉·敘, 自階又折而東, 南至威·茂·黎·雅, 被邊十餘郡, 綿亘數千里, 剛夷惡獠, 殆千萬計. 自治平之末訖于靖康, 大抵皆通互市, 奉職貢, 雖時有剽掠, 如鼠竊狗偸, 不能爲深患. 參考古今, 辨其封域, 以見琛贐之自至, 梯航之所及者爾. 若夫邊荊楚·交廣, 則係之溪峒云.

검주(黔州)·공주(恭州)로부터 서쪽으로 부주(涪州)·노주(瀘州)·가주(嘉州)·서주(敘州)에 이르며, 계주(階州)에서 방향을 틀어 동으로 향하며, 남으로는 위주(威州)·무주(茂州)·여주(黎州)310)·아주(雅州)311)에 이르기까지 변경의 10여개 군이 펼쳐져 있다. [거리

들어갔다가 貞元 13년(797)에 다시 당에 수복되었다. 大和 5년(831)에 南詔의 공격을 받아 그 다음해 치소가 台登(현재 四川省 冕寧縣 남쪽 瀘沽鎭)으로 옮겼다. 咸通 2년(861)에 南詔에 점거되어 建昌府로 되었다.

308) 階州: 당 景福 원년(892) 武州를 고쳐 두었으며, 치소는 皋蘭鎭(현재 甘肅省 康縣西)이다. 관할 영역은 현재 甘肅省 武都·康縣 등 지역이다. 오대 後唐 長興 3년(932)에 福津縣(현재 甘肅省 武都縣)으로 옮겼다.

309) 汶州: 북주 保定 4년(564) 梁繩州를 고쳐 두었으며 치소는 廣陽縣(현재 四川省 茂汶縣 서북쪽)이다. 『太平寰宇記』卷78 〈茂州〉 조에 "取汶水爲名."이라 되어 있어 명칭이 강 이름에서 유래하였음을 알 수 있다. 관할 영역은 현재 四川省 茂縣·北川·汶川縣 등이다. 隋 開皇 5년(585)에 蜀州로 고쳤다.

310) 黎州: 당 貞觀 8년(634)에 西寧州를 고쳐 두었으며, 치소는 梁水縣(현재 雲南省 江川縣 奈南舊州)이다. 관할 영역은 오늘날 雲南省의 華寧·江州·通海縣 및 玉溪市 지역이다. 天寶 연간(742~755) 이후에 폐지되었다.

311) 雅州: 수 仁壽 4년(604)에 설치되었으며, 치소는 蒙山縣(현재 四川省 雅安市 서쪽)이다. 『元和郡縣圖志』卷32 〈雅州〉에는 "因州境雅安山爲名."이라 되어 있다. 大業 3년(607)에 臨邛郡으로 바뀌었다.

가] 수천 리에 걸쳐져 있는데, 드세고 흉악한 오랑캐[夷獠]가 거의 천·만을 헤아린다. [영
종] 치평(治平) 연간(1064~1067) 말에서 [휘종] 정강(靖康)년(1126)에 이르기까지 대체로
모두 호시(互市)로 통하였고, 직공(職貢)을 바쳤다. 비록 때때로 사납게 약탈하는 바도 있
었지만 좀도둑이 훔쳐가는 바였으며, 깊은 우환은 아니었다. 고금(古今)을 참고하여 그 강
역을 분별하여 진봉한 보물이 어디서 오는지, 산과 강을 통한 경로는 어디에 미치는지를
볼 뿐이다. 형초(荊楚)312)와 교광(交廣)313)의 변경인 경우는 계동(溪峒)314)이라 칭하였다
고 한다.

消水夷者, 羈縻十州五囤蠻也, 雜種夷獠散居溪谷中. 慶曆初, 瀘州言:「管下溪峒十
州, 有唐及本朝所賜州額, 今烏蠻王子得蓋居其地. 部族最盛, 旁有舊姚州, 廢已久,
得蓋願得州名以長夷落.」詔復建姚州, 以得蓋爲刺史, 鑄印賜之. 得蓋死, 其子竊號
「羅氏鬼主」. 鬼主死, 子僕射襲其號, 浸弱不能令諸族.

육수이(消水夷)라는 자들은 10주에서 기미되었던 오둔만(五囤蠻)이며, 여러 잡종의 오랑
캐인 요(獠)는 계곡 중간에 흩어져 거주하고 있다. [인종] 경력 연간(1041~1048) 초에 노주
(瀘州)에서 말하기를 "관하(管下)의 계동 10주는 당(唐)과 본조(本朝)에서 하사 받은 주액
(州額)이 있으며, 현재의 오만(烏蠻)의 왕자(王子)인 득개(得蓋)는 그 지역에 거주하고 있습

唐 武德 원년(618)에 다시 雅州로 고쳤다. 치소는 嚴道縣(현재 雅安市 서쪽)이다. 天寶 원년(742)에
盧山郡으로 바꾸었다가 乾元 원년(758)에 다시 雅州로 고쳤다. 관할 영역은 현재 四川省의 雅安·名
山·榮經·天全·盧山·寶興 등 市縣 지역이다. 開元 연간(713~741)에 都督府를 설치하였으며, 都督은
會野·當馬 등 19州를 기미하였으며, 이후 50여 주로 늘어났다. 북송에서는 오늘날 雅安市로 치소를
옮겼다.
312) 荊楚: 고대 湖北의 별칭이다.
313) 交廣: 交는 交州를 의미하는 것으로, 後漢 建安 8년(203)에 交州刺史部를 고쳐서 설치한 곳이다. 치소는
廣信縣(현재 廣西省 梧州市)이었다. 건안 15년(210)에는 番禺縣(현재 廣東省 廣州市)으로 옮겼으며,
관할 영역은 현재의 廣東省, 廣西省의 대부분과 越南 承天 이북의 여러 省에 해당한다. 廣은 북송대의
광남로를 지칭하는 것으로 보인다. 때문에 交廣은 당시의 광남로(광남서로, 동로)의 약칭으로 쓰였다.
314) 溪峒: 중국 서남부의 소수민족이 모여서 거주하는 지방에 대한 통칭이다. 주로 계곡 주변에 살았기
때문에 붙은 명칭이다. 明 徐光啓, 『農政全書』卷2, "父椎牛骨, 而子漸之, 谿峒土人數十年而食假鬼."

니다. [그] 부족의 세력이 가장 강한데, 옆에는 옛 요주(姚州)이지만 폐해진 지 이미 오래되어, 득개가 [그] 주(州)의 이름을 얻어 오랑캐 부락의 수령이 될 것을 원하고 있습니다"라고 하였다. 조를 내려 요주(姚州)를 다시 세우도록 하고 득개를 자사(刺史)로 삼고, 주인(鑄印)을 그에게 하사해주었다. 득개가 죽자 그 아들이 몰래 '나씨귀주(羅氏鬼主)'라 호칭하였다. [나씨]귀주가 죽자 아들인 복사(僕射)가 호칭을 계승하였지만 세력이 점점 약해져 여러 부족들을 호령하지 못하였다.

> 烏蠻有二酋領: 曰晏子, 曰斧望箇恕, 常入漢地鬻馬. 晏子所居, 直長寧·寧遠以南, 斧望箇恕所居, 直納溪·江安以東, 皆僕夜諸部也. 晏子距漢地絕近, 猶有淯井之阻. 斧望箇恕近納溪, 以舟下瀘不過半日. 二酋浸強大, 擅劫晏州山外六姓及納溪二十四姓生夷. 夷弱小, 皆相與供其賓.

오만(烏蠻)315)에는 2명의 추장이 있는데, 안자(晏子)와 부망개서(斧望箇恕)라 하는데, 늘 중국 땅으로 들어와 말을 판매한다. 안자가 거주하는 지역은 바로 장녕(長寧)316)과 영원(寧遠)317) 이남이며, 부망개서가 거주하는 지역은 바로 납계(納溪)318)와 강안(江安)319)의 동쪽

---

315) 烏蠻: 烏蠻은 烏蠻山에 거주했던 종족이다. 烏蠻山은 烏滸山이라고도 하였다. 현재 廣西省 橫縣 동쪽 60리에 있다. 『太平寰宇記』 卷166 『寧浦縣』에 "烏蠻山在州東八十里. 烏蠻所居."라고 적고 있다.
316) 長寧: 북송대에 설치하였으며, 安化中州를 기미하였다. 치소는 현재 廣西省 環江毛南族自治縣의 동북쪽이다. 元代에 폐지되었다.
317) 寧遠縣: 수 大業 6년(610)에 설치되었으며, 臨振郡의 치소였다. 치소는 현재 海南省 三亞市 서북의 崖城鎭이다. 『新唐書』 卷50 「地理」 上 〈振州延德郡〉에 "寧遠, 下. 以寧遠水名."이라 하였다. 唐 武德 5년(622)에 振州의 치소로 되었다. 天寶 원년(742)에는 延德郡의 치소로 되었으며, 建元 원년(758)에 다시 振州의 치소로 되었다. 北宋 開寶 5년(972)에 崖州의 치소로 되었으며, 熙寧 6년(1073)에 폐지되었다. 南宋 紹興 6년(1136)에 다시 설치되었으며, 瓊州에 소속되었다. 13년(1143)에 吉陽軍의 치소로 되었다.
318) 納溪: 북송 皇祐 3년(1051)에 納溪砦가 설치되었으며, 남송 紹定 5년(1232)에 納溪縣을 두었다.
319) 江安: 수 開皇 18년(598)에 漢安縣을 고쳐 두었으며, 瀘州 소속이었다. 치소는 현재 四川省 納溪縣 서쪽 20리 新太鄕三江村이다. 明 曹學佺의 『蜀中廣記』 卷52 「江安縣」에서는 "本江陽地, 晉平漢安僚置縣於此, 曰漢安矣. 隋取二義而改今名."이라 하였다. 大業 3년(607) 瀘川郡에 속하였다가 唐 武德 원년(618)에 다시 瀘州에 속하였다. 북송대에 현재의 江安縣으로 옮겼다.

으로 모두 복야(僕夜)의 여러 부(部)이다. 안자는 중국 땅과 아주 가까운 거리에 있지만 육정(淯井)의 험난함이 중간에 있다. 부망개서는 납계와 가까워 배를 타고 내려가면 노주(瀘州)에서 반나절에 불과하다. 두 추장이 점차 강대해져서 멋대로 안주(晏州),320) 산외(山外)의 6성(姓)과 납계의 24성(姓)의 생이(生夷)를 겁략하였다. [생]이는 약하고 작아서 서로 그들의 보물(寶物)을 함께 제공하였다.

熙寧七年, 六姓夷自淯井謀入寇, 命熊本經制之. 景思忠戰沒, 本將蜀兵, 募土丁及夷界黔州弩手, 以毒矢射賊, 賊驚潰. 於是山前後, 長寧等十郡八姓及武都夷皆內附. 提點刑獄范百祿作文以誓之曰:

[신종] 희녕 7년(1074), 육성이(六姓夷)가 육정에서 모의하여 들어와 노략질하자, [조정에서] 웅본(熊本)에게 명하여 경략하여 통제하도록 하였다. 경사충(景思忠)이 전몰하자 [웅]본은 촉병(蜀兵)을 거느리고 토정(土丁)과 오랑캐의 경계지역인 검주(黔州)의 노수(弩手)321)를 모집하여 독화살로 도적(盜賊)을 쏘니, 도적들이 놀라 붕괴되었다. 그래서 [감]산(監山) 앞뒤의 장녕(長寧) 등 10군(郡)의 8성(姓)과 무도이(武都夷)322)들이 모두 내부(內附)해왔다.323) 제점형옥(提點刑獄)324)인 범백록(范百祿)이 문장을 지은 서문(誓文)에서 이르기를,

---

320) 晏州: 당 儀鳳 2년(677)에 설치하였다. 치소는 思峨縣(현재 四川省 興文縣 서북 興文鎭)이다. 先天 2년(713) 羈縻州로 강등되었다가 天寶 원년(742) 羅陽郡으로 되었으며, 乾元 원년(758) 다시 기미주로 되었다. 瀘州都督府에 속했으며, 북송 熙寧 연간 이후 폐지되었다.
321) 弩手: 弩를 사용하는 군인으로 弓箭手라고도 한다. 商周 시대에 이미 출현하였고, 춘추전국 시대에 대규모 장비를 갖춘 부대로 등장하였다. 『宋史』 卷190 「兵志」에 "荊湖南北有弩手, 土丁."이라 하여 송대에는 형호남북로에 노수가 배치되었음을 보여준다.
322) 武都: 戰國시대 蜀 지역이며, 현재 甘肅省 西和縣 남쪽이다.
323) 이와 관련하여 『長編』 卷258 〈神宗 熙寧 7年 12月 丁卯〉 조에는 "梓州路轉運司言, 招諭淯井監山前後長寧等十郡八姓及武都."라 적고 있다.
324) 提點刑獄: 官名이다. 提點刑獄公事의 簡稱이며, 提點이라고도 한다. 송대 각 路에 설치되었으며, 소속 州의 司法, 刑獄, 監察 및 勸課農桑 등의 업무를 담당하였다. 宋 神宗 熙寧 10년(1077)에는 京畿 지역에도 提點京畿刑獄을 설치하였다. 처음 太宗代에 諸路에 관리를 파견하여 轉運司, 提點刑獄을 맡게 하였다. 眞宗 景德 4년(1007)에 諸路에 提點刑獄公事를 두고 朝臣으로 充任시켰다. 이후 提點刑獄勸農使로 고치기도 했으며, 武臣을 副使로 두었다. 神宗 熙寧 2년(1069)에 諸路의 提點刑獄에는 모두 文臣을

> 蠢茲夷醜, 湞溪之滸. 爲虺爲豺, 憑負固圍. 殺人于貨, 頭顱草莽. 莫慘燔炙, 莫悲奴
> 虜. 狃虣熟慝, 胡可悉數. 疆吏苟玩, 嗫不敢語.

"어리석고 우둔한 오랑캐 무리들이 육계(湞溪)의 물가에서 [살아가고] 있었다. [그들은] 독사나 승냥이가 되어 험한 지세에 의지하여 완강하게 저항하였다. 사람을 죽이고 재물을 약탈하니 해골이 들판에 널려져 있었다. 참혹하기 이를 데 없이 불을 질러대고, 비참하기 이를 데 없이 노비와 포로로 잡아갔다. 포악하고 탐욕스러운 짓을 반복하는 것을 어찌 이루다 헤아릴 수 있겠는가! 변방의 벼슬아치들이 진실로 직무를 다하지 않으며 입을 닫고 감히 말하지 않았다.

> 奮若之歲, 曾是彊禦. 躑躅嘯聚, 三壕·羅幕. 僨我將佐, 戕我士伍. 西南繹騷, 帝赫
> 斯怒. 帝怒伊何? 神聖文武. 民所安樂, 惟曰慈撫. 民所疾苦, 惟曰砭去. 乃用其良,
> 應變是許. 粥熊裔孫, 爰馭貔虎. 殲其渠酋, 判其黨與. 旣奪之心, 復斷右股.

범띠[奮若] 해325)에 굳세게 방어하였다. 머뭇거리는 척하면서 함께 모여 도적이 되어326) 삼호(三壕)를 [파고] [병력을] 모았다. 우리의 장수가 패배하고 우리 병사들이 죽었다. 서남지

기용하도록 하였다. 哲宗 紹聖 연간(1094~1097) 초에 坑治를 아울러 관장하도록 하였다. 南宋 孝宗 乾道 연간(1165~1173)에 詔를 내려 諸路에 武臣提刑을 나누어 두도록 하였고, 아울러 總經制錢을 총괄 독촉하도록 하였다. 당시 公文用語에 '選'이라 했으며, 그 官署는 憲司라 하였다.

325) 奮若: 원래는 '赤奮若'인데 古代에 星歲(太歲, 太陰) 紀年法에서 사용하는 명칭이다. 太歲가 丑에 있거나 歲星이 寅, 즉 범띠 해의 경우를 '赤奮若'이라 한다. 『史記』 卷8 「天官書」에서는 "赤奮若歲, 歲陰在丑, 星居寅."이라고 하였다. 한편 『淮南子』 「天文訓」에서는 "범띠 해에 작은 전쟁이 일어나고 이른 시기에 장마가 들고 누에는 실을 뽑아내지 않고 벼가 병이 들며 콩이 여물지 않지만 보리는 풍작이 되어 백성의 식량은 한 되이다."라고 풀이하고 있다.("赤奮若之歲, 有小兵·早水, 蠶不出, 稻小疾, 菽不爲, 麥昌, 民食一升.") 본문에서 '奮若'이라는 용어를 쓴 것은 바로 이민족들의 반란을 '小兵' 즉 작은 전쟁으로 연결시키기 위해서 사용했던 것으로 보인다.

326) 嘯聚: 서로 불러서 함께 모인다는 의미이며, 전하여 모여서 도적이 된다는 뜻도 있다. 여기서는 후자의 의미이다.

역이 소란해지자 황제께서 몹시 분노하셨다. 황제께서 화가 났으니 어찌되겠는가? 신묘하고 성스러운 문무(文武)이시다. 백성들이 안락(安樂)하는 바를 사랑하여 어루만지신다. 백성들이 고통을 당하는 바를 제거하실 뿐이다. 훌륭한 인재를 기용하시고, (상황에) 맞추어 대응하시는 것을 허락하신다. [초나라] 죽웅(粥熊)327)의 후예들은 말을 모는 용맹한 비호(貔虎)328)가 되었다. 그 추장들을 죽이고 그 무리들을 처단하셨다. 그 중심을 빼앗고서 다시 그 오른편을 끊어놓았다.

攝提孟陬, 徂征有敍. 背孤擊虛, 罙入厥阻. 兵從天下, 鐵首其舉. 紛紜騰沓, 莫敢嬰牾. 火其巢穴, 及其囷貯. 暨其貲畜, 壚其林棨. 殺傷係縲, 以百千數. 涇灘望風, 悉力比附. 丁爲帝民, 地曰王土. 投其器械, 籍入官府. 百死一贖, 莫保銅鼓.

범띠 해[攝提]329) 정월[孟陬]330)에 나아가서 차례대로 정벌하였다. 병사를 출동하여,331) 깊숙이 험한 곳으로 들어갔다. 군사들이 천하에 나아감에 단단한 머리를 들었도다. 어지러이 날아오르고, 감히 어린애처럼 반항하지 못하였다. 그 소굴에 불을 질러 곳간에까지 이르렀다. 쌓아놓은 그 재물은 무성한 숲처럼 쌓여 있었다. 죽이고 포로로 삼은 것이 10만을 헤아렸다.

---

327) 粥熊: 鬻熊이라고도 한다. 또한 鬻熊子, 鬻子라고도 칭한다. 楚의 祖先이다. 전하는 바에 따르면 周文王의 스승[火師]이었다고 한다. 成王 때 功臣의 後裔들을 追封할 때, 그 曾孫인 熊繹이 楚蠻에 봉해져서 楚國을 건립하였다고 한다. 子孫들은 모두 熊을 姓으로 삼았다.

328) 貔虎: 용감하고 용맹스러운 군대를 비유하는 말.

329) 攝提: 호랑이해. 즉 地支가 寅인 해를 가리킨다.

330) 孟陬: 孟春의 正月을 의미한다. 正月을 陬라 하며, 또한 孟春月이라고도 한다.

331) 背孤擊虛: 고대 戰陣의 法으로 出兵할 때의 길한 시각과 방향을 의미한다. 『虎鈐經』 卷11, 「孤虛」 第117에는 다음과 같은 기록이 있다. "一人已上用時孤虛, 萬人已上用日孤虛. 日內如或賊不在虛上, 我已得其便地, 卽用旬孤虛. 若復逼迫, 不得用孤虛之位, 背建向破. 假令卯爲建, 則酉爲破是也. 用日孤虛, 子日亥孤巳虛, 丑日子孤午虛, 寅日丑孤未虛, 卯日寅孤申虛, 辰日卯孤酉虛, 巳日辰孤戌虛, 午日巳孤亥虛, 未日午孤子虛, 申日未孤丑虛, 酉日申孤寅虛, 戌日酉孤卯虛, 亥日戌孤辰虛. 用時孤虛, 以時爲主, 方位并同. 用旬孤虛: 甲子背戌亥擊辰巳, 甲戌背酉擊寅卯, 甲申背未擊子丑, 甲午背辰巳擊戌亥, 甲辰背寅卯擊申酉, 甲寅背子丑擊午未. 背者爲孤, 擊者爲虛也. 用孤虛之時, 須觀年月所建, 兵刃如山, 何可爲則. 如或敵在虛, 久戰而不敗者, 切不可引退, 但并力擊之, 必勝矣. 故兵法曰: 背孤擊虛, 一女子當五丈夫. 此之謂也."

경탄(涇灘)에서 바람을 기대하게 되니, 모든 힘으로 귀부해왔다. 사람들은 황제의 백성으로 되었고, 그 땅은 왕토(王土)라 하였다. 기계(器械)를 던져버리고, 관부(官府)의 호적에 들어왔다. 백번 죽어 한번 죄를 속(贖)해도 동고(銅鼓)332)를 보전할 수 없다.

> 歃盟神天, 視此狗鼠. 敢忘誅絕, 以干罪罟. 乃稱上恩, 俾復故處. 殘醜厥角, 泣血愬語:「天子之德, 雨暘覆護. 三五噍類, 請比涇仵.」

삽혈하여 천지신명에게 맹서하고, 개나 쥐처럼 쳐다보았다.333) 감히 주멸됨을 잊어버리고는, 죄와 허물을 범한다. 황제의 은덕을 칭송하고, 옛 땅으로 돌아가라. 나머지 무리들이 머리를 조아리며, 피눈물을 흘리며 말하기를 "천자의 은덕이 이렇게 태양과 비처럼 모두 덮어주시는도다. 삼삼오오의 보잘것없는 무리들이 경(涇)과 같이 되기를 청합니다."라고 하였다.

> 大邦有令, 其戒警汝: 天旣汝貸, 汝勿予侮. 惟十九姓, 往安汝堵. 吏治汝責, 汝力汝布. 吏時汝耕, 汝稻汝黍. 懲創于今, 無忲往古. 小有堡障, 大有城戍. 汝或不聽, 汝擊汝捕. 尚有虓將, 突騎強旅. 傅此黔軍, 毒矢勁弩. 天不汝容, 暴汝居所. 不汝遺育, 悔於何取!

대국(大國)에서 명령하여 너희들을 삼가 타이른다. 하늘이 이미 너희들을 용서하였으니 너희들은 얕보지 말라. 19성(姓)들은 너희들 살던 곳에 가서 안거(安居)하도록 하라. 관리들

---

332) 銅鼓: 중국 고대의 서남지역의 소수민족들이 사용하는 악기이다. 북[鼓]에는 日光, 靑蛙, 牛, 馬 등의 형상이 그려져 있으며, 북의 몸체에는 기하학적인 형태의 사람이나 동물의 도상이 장식되어 있다. 현재도 僮, 布依, 傣, 侗, 水, 苗, 瑤族 등의 민간에서 명절이나 종교 활동에서 사용하는 중요한 악기이다. 본문에서는 이들 소수민족의 생존의 상징으로 언급하고 있는 듯하다. 宋 范成大의 『桂海虞衡志』 「志器」에서 "銅鼓, 古蠻人所用. 南邊土中時有掘得者, 相傳爲馬伏波所遺, 其制如坐墩而空其下. 滿鼓皆細花紋, 極工緻. 四角有小蟾蜍. 兩人昇行, 以手拊之, 聲全似鞞鼓."라고 하였다.
333) 狗鼠: 품행이 비열한 사람을 일컫는 말.

은 너희들을 꾸짖어 다스릴 것이니, 너희들은 힘써 일하고 베를 짜도록 하라. 관리들이 때에 맞추어 너희들이 벼농사 밭농사를 경작하도록 할 것이다. 오늘의 일을 잘 뉘우쳐 예전의 허물을 고치도록 하라. 조금이라도 성을 쌓아 가로막는다면 크게 정벌함이 있을 것이다. 너희들이 혹시 잘 따르지 않는다면 너희들을 쳐서 붙잡아올 것이다. 용맹한 장수와 돌격 기병, 강한 군사가 있도다. 이 검[주](黔州)의 군대를 뒷받침해주는 독화살과 강력한 쇠뇌도 있다. 하늘이 너희들을 용서하지 않아 너희들의 터전을 가만두지 않을 것이다. 너희들은 후손도 남기지 못할 것이니 후회한들 무엇을 얻을 수 있겠는가!"라고 하였다.

立石于武寧砦.

무녕채(武寧砦)334)에 비석을 새웠다.

熊本言二酋桀黠, 不羈縻之則諸蠻未易服, 遂遣人說誘招納. 於是晏子·斧望箇恕及僕夜皆願入貢, 受王命. 晏子未及命而死, 乃以箇恕知歸來州, 僕夜知姚州, 以箇恕之子乞弟·晏子之子沙取祿路並爲把截將·西南夷部巡檢.

웅본(熊本)은 두 추장(酋長)이 저지른 잔혹하고 간교한 일에 대해 상언하면서, 그들을 기미(羈縻)하지 않으면 여러 만(蠻)들을 쉽게 굴복시킬 수 없다고 하니, 마침내 사람을 파견하여 설득하고 회유하여 그들을 초납(招納)하도록 하였다. 그래서 안자(晏子), 부망개서(斧望箇恕)와 복야(僕夜)가 모두 입공하여 왕명을 받기 원하였다. 안자가 [이곳으로] 와서 명을 받지 못하고 죽자, [부망]개서를 지귀래주(知歸來州)로, 복야를 지요주(知姚州)로 삼았고, [부망]

---

334) 武寧砦: 북송대에 설치하였으며, 江安縣에 속하였다. 현재의 四川省 江安縣이다. 한편 명대 曹學佺의 『蜀中名勝記』 卷16 「江安縣」에 "志云, 北城街有渡瀘碑亭, 宋時范百祿立, 自載其平夷事跡. 今碑止存額 '熙寧甲寅平夷之記' 八字."라고 하여 명대에 범백록이 세운 비석이 남아 있었지만 세월에 따라 글자가 다 마모되어 없어지고 '熙寧甲寅平夷之記'의 여덟 글자만 남아 있었다고 전한다. 무녕채는 熙寧 10년(1077)에 폐지되었다.

개서의 아들인 걸제(乞弟), 안자의 아들인 사취록로(沙取祿路)를 모두 파재장(把截將), 서남이부(西南夷部) 순검(巡檢)으로 삼았다.

> 八年, 俞州獠寇南州, 獠酋阿訛率其黨奔箇恕. 熊本重賞檄斬訛. 訛桀黠, 習知邊境虛實, 箇恕匿不殺, 詭降于納溪. 訛得不死, 甚德箇恕, 爲伺邊隙. 會箇恕老厭兵, 以事屬乞弟, 遂與訛侵諸部.

[희녕] 8년(1075)에 유주요(俞州獠)가 남주(南州)335)를 노략질하면서, 요(獠)의 추장인 아와(阿訛)가 그의 무리들을 이끌고 [부망]개서에게 도망갔다. 웅본(熊本)은 거듭 격문을 내려 [아]와를 참살하도록 하였다. [아]와는 잔혹하고 간교하며, 변경의 허실(虛實)을 잘 알고 있었기 때문에 [부망]개서가 [아와를] 은닉하여 죽이지 않고는 거짓으로 납계(納溪)에 투항하였다고 기만하였다. [아]와는 죽지 않게 된 것이 바로 [부망]개서의 덕이라 여기고 그를 위해 변방의 허점을 엿보았다. 마침 [부망]개서가 나이가 들고 전쟁에 염증을 느껴 일을 걸제(乞弟)에게 맡기자 마침내 [아]와와 함께 여러 부(部)를 침략하였다.

> 十年, 羅苟夷犯納溪砦. 初, 砦民與羅苟夷競魚笱, 誤毆殺之, 吏爲按驗. 夷已忿, 謂:「漢殺吾人, 官不償我骨價, 反暴露之.」遂叛. 提點刑獄穆珣言:「納溪去瀘一舍, 羅苟去納溪數里, 今託事起端, 若不加誅, 則烏蠻觀望, 爲害不細.」乃詔涇原副總管韓存寶擊之. 存寶召乞弟等掎角, 討蕩五十六村, 十三囤蠻乞降, 願納土承賦租. 乃詔罷兵.

[신종 희녕] 10년(1077)에 나구이(羅苟夷)가 납계채(納溪砦)336)를 침범하였다. 이전에

---

335) 南州: 당 武德 2년(619)에 설치하였으며, 치소는 隆陽縣(현재 四川省 綦江縣 綦江의 북안)이었다. 관할 영역은 현재 四川省 綦江 및 重慶市 남쪽의 桐礦區이다. 무덕 3년(620)에 僰州로 고쳤다가 무덕 4년(621)에 다시 南州라 하였다. 先天 원년(712)에 隆陽縣을 南川縣으로 고쳤다. 天寶 원년(742)에 南川郡으로 고쳤다가 乾元 원년(758)에 다시 南州로 하였다. 북송 皇祐 5년(1053)에 폐지되었다.
336) 納溪砦: 북송 皇祐 3년(1051)에 설치하였고, 江安縣에 속하였다. 현재는 四川省 瀘州市 서남쪽의 安富

[납계]채의 백성들이 나구의 이들과 통발로 물고기를 다투어 잡다가 잘못 오인하여 구타 살해하자 관리들이 어루만지고 조사하였다. [나구] 이들이 이미 분노하여 이르기를 "한인(漢人)들이 우리 사람을 살해했는데, 관에서 우리의 뼈 값을 보상해주지 않고 오히려 해골을 드러내놓았다."고 하면서 마침내 반란을 일으켰다. 제점형옥(提點刑獄)인 목향(穆珦)337)이 상언하여 말하기를 "납계(納溪)는 노[주](瀘州)와 30리 거리[一舍]338)이며, 나구(羅苟)와 납계의 거리는 몇 리에 불과한데, 현재 사건을 핑계로 일을 일으키니 만약 주살하지 않는다면 오만(烏蠻)의 무리들이 관명하며 적잖이 피해를 힙힐 것입니다."라고 하였다. 이에 조를 내려 경원부총관(涇原副總管)인 한존보(韓存寶)339)가 격퇴하도록 하였다. [한]존보가 걸제(乞弟)를 불러들여 양면작전으로 56개 촌을 토벌 소탕하니, 13돈(囤)의 만(蠻)들이 항복을 청하며 토지를 바치고 부조(賦租)를 내겠다고 하였다. 이에 조를 내려 군사를 중지시켰다.

> 元豊元年, 乞弟率晏州夷合步騎六千至江安城下, 責平羅苟之賞. 城中守兵纔數百, 震恐不能授甲, 蠻數日乃引去. 知瀘州喬叙要欲與盟, 遣梓夔都監王宣以兵二千守江安, 仍奏以乞弟襲歸來州刺史. 韓運遣小校楊舜之召乞弟拜敕, 乞弟不出; 遣就賜之, 亦不見; 而令小蠻從舜之取敕以去. 喬叙因沙取祿路以賄招乞弟, 乃肯來.

[신종] 원풍 원년(1078), 걸제가 안주이(晏州夷)를 거느리고 나와 보병·기병 도합 6천명이 강안성(江安城) 밑에 이르러 나구(羅苟) [이]를 평정한 상(賞)을 줄 것을 요구하였다. 성(城)안의 지키는 병사가 겨우 수백 명이어서 놀라 두려워하면서도 병갑(兵甲)을 줄 수 없었기 때문에 만(蠻)들은 며칠이 지나자 데리고 가버렸다. 지로주(知瀘州)인 교서(喬叙)가

鎭이다. 남송 紹定 5년(1232)에 納溪縣으로 바꾸었다.
337) 穆珦: 『宋史』「校勘記」에 따르면 穆珦은 『宋會要 輯稿』에 穆珣이라 되어 있다. 『宋會要 輯稿』蕃夷 5-25, 『長編』卷290 참조.
338) 一舍: 古代에 行軍할 때 하룻밤 묵거나, 30里의 거리를 1舍라 하였다.
339) 韓存寶: 涇原路(오늘날 寧夏回族自治區의 남부와 甘肅省 동부) 출신이다. 熙寧 연간(1068~1077)에 熙河路의 鈐轄로 되었고 누차 전공을 세워 熙河의 名將이라 불렸다. 左侍禁, 皇城使를 역임하여 西上閤門使, 忠州團練使, 涇原路總管에 이르렀다. 특히 그는 본문에 나오는 바대로 瀘州의 羅苟夷의 반란을 진압한 것으로도 유명하다.

그들과 맹약을 맺고자 하여 재기(梓夔)340)의 [병마] 도감(都監)인 왕선(王宣)을 파견하여 병사 2천 명을 데리고 강안(江安)을 지키도록 하였다. 이에 또한 상주하여 걸제가 귀래주자사(歸來州刺史)를 세습할 수 있도록 하자고 하였다. 한운(韓運)은 소교(小校)인 양순지(楊舜之)를 보내어 걸제를 불러 칙서에 감사의 뜻을 표하도록 하였지만 걸제는 나타나지 않았다. 사람을 파견하여 그에게 내려주려고 하였지만 역시 보이지 않았다. 그래서 소만(小蠻)에게 명을 내려 [양]순지를 따라 칙서를 가지고 가라고 하였다. 교서(喬叙)는 사취록로(沙取祿路)를 통해 걸제에게 선물을 주어 불러들이자 이에 수긍하여 왔다.

> 三年, 盟于納溪. 蠻以爲畏己, 益悖慢. 盟五日, 遂以衆圍羅箇牟族. 羅箇牟, 熊本所圍結熟夷也. 王宣往救之, 蠻解圍, 合力拒官軍. 宣與一軍皆沒, 事遂張, 馹召存寶授方略, 統三將兵萬八千趨東川. 存寶怯懦不敢進, 乞弟送款紿降, 存寶信之, 遂休兵于綿·梓·遂·資間.

[신종 원풍] 3년(1080) 납계(納溪)에서 맹약을 맺었다. 만(蠻)들은 자신들을 두려워하는 줄로 여기며 더욱 오만하게 굴었다. 맹약을 맺은 지 닷새째 되던 날 마침내 [만들이] 무리를 이끌고 나개모족(羅箇牟族)을 포위하였다. 나개모(羅箇牟)는 웅본(熊本)이 모아 조직했던 숙이(熟夷)이다. 왕선(王宣)이 가서 구원하자 만들이 포위를 풀고 힘을 합쳐서 관군에게 저항하였다. [왕]선은 일군(一軍)과 함께 모두 전사하니 일이 더욱 커지게 되었다. 역마(驛馬)로 [한]존보를 불러와서 방략(方略)을 전수해주도록 하고, 세 장수의 병사 만 8천 명을 거느리고 동천(東川)으로 가도록 하였다. [한]존보는 겁을 먹고 감히 나아가지 못하였는데 걸제가 거짓으로 귀순하려 하자 [한]존보가 이를 믿고 마침내 병사들을 면(綿)341)·재(梓)342)·수

---

340) 梓夔: 梓州와 夔州.
341) 綿州: 隋 開皇 5년(585)에 潼州를 고쳐 두었으며, 치소는 巴西縣(현재 四川省 綿陽市 涪江 동안)이다. 隋 大業 3년(607)에 金山郡으로 고쳤다. 唐 武德 원년(618)에 다시 綿州라 했으며, 天寶 원년(742)에 巴西郡으로 고쳤다가 乾元 원년(758)에 다시 綿州라고 하였다. 송에서는 成都府路에 속하였다. 관할 영역은 오늘날 四川省 羅江 상류 동쪽, 潼河 및 江油, 綿陽 사이의 涪江 유역이다. 송대에는 현재의 綿陽市로 치소를 옮겼다.
342) 梓州: 隋 開皇 18년(598) 新州를 고쳐 두었으며, 치소는 昌城縣(현재 四川省 三台縣)이다. 隋 大業

(遂)343)·자(資)[州]344) 등지의 사이에서 머물러 있도록 하였다.

> 四年, 詔以環慶副總管林廣代存寶, 按寶逗撓, 誅之. 熟夷楊光震殺阿訛, 詔林廣與光震同力討賊. 乞弟恐, 復送款. 帝以其前後反覆, 無真降意, 督廣進師. 廣遂破樂共城, 至斗蒲村, 斬首二千五百級. 次落婆, 乞弟乃納降. 廣盛陳兵以受之, 對語良久, 乞弟疑有變, 引衆遁. 廣帥兵深入, 會大雨雪, 浹旬始次老人山, 山形劒立. 度黑崖, 至鴉飛不到山. 五年正月, 次歸來州, 天大寒, 然桂爲薪, 軍士皆凍墮指. 留四日, 求乞弟不可得. 內侍麥文昺問廣軍事, 廣曰:「賊未授首, 當待罪.」文昺乃出所受密詔曰:「大兵深入討賊, 期在梟獲元惡. 如已破其巢穴, 雖未得乞弟, 亦聽班師.」軍中皆呼萬歲, 曰:「天子居九重, 明見萬里外.」乃以衆還. 自納溪之役, 師行凡四十日. 築樂共城·江門砦·梅嶺席帽溪堡, 西達淯井, 東道納溪, 皆控制要害. 捷書聞, 赦梓州路, 以歸來州地賜羅氏鬼主.

[신종 원풍] 4년(1081), 조를 내려 환경로(環慶路)의 부총관(副總管)인 임광(林廣)이 [한]존보를 대신하도록 하고는 [한]존보가 적을 겁내어 도망갔다고 하여 주살하였다. 숙이(熟夷)인 양광진(楊光震)이 아와(阿訛)를 죽이자 [임]광에게 조를 내려 양광진과 함께 힘을 모아 적(賊)을 토벌하도록 하였다. 걸제(乞弟)가 두려워서 다시 와서 귀순하려 하였다. 황제는

3년(607)에 新城郡으로 하였다가 唐 武德 원년(618)에 다시 梓州라 하였다. 天寶 원년(742)에 梓潼郡이라 고쳤다가 乾元 원년(758)에 다시 梓州라 하였다. 관할 영역은 현재의 四川省 三台·中江·鹽亭·射洪 등 縣 지역이다. 乾元 연간 이후 蜀이 東, 西川으로 분리되면서 梓州는 東川節度使의 치소로 되었다. 북송에서는 梓州路의 치소였으며, 휘종 重和 원년(1118)에 潼川府로 승격되었다.

343) 遂州: 北周 閔帝 원년(557)에 설치했으며, 치소는 石山郡 方義縣(현재 四川省 遂寧市)이다. 隋 大業 3년(607)에 遂寧郡으로 고쳤다. 唐 武德 원년(618)에 또다시 遂州로 고쳤다가 天寶 원년(742)에 遂寧郡으로 하였다. 乾元 원년(758)에 다시 遂州라 하였다. 관할 영역은 현재의 四川省 遂寧, 蓬溪, 潼南 등의 시현 지역이다. 大曆 2년(767)에 靜戎軍使를 두었고, 乾寧 4년(897)에 武信軍節度를 두었다. 北宋 政和 5년(1115)에 遂寧府로 바꾸었다.

344) 資州: 西魏 때 설치하였으며, 치소는 陽安縣(현재 四川省 簡陽市 서북쪽)이다. 隋 大業 3년(607) 資陽郡으로 고쳤고, 唐 武德 원년(618) 다시 資州로 하였다. 天寶 원년(742) 資陽郡으로 고쳤다가 乾元 원년(758) 다시 資州라 하였다. 관할 영역은 현재의 四川省 資陽市 남쪽과 內江市 북쪽의 沱江 유역이다.

그가 앞뒤로 이랬다저랬다 하는 것을 보고는 진심으로 투항할 의사가 없다고 여겨서 [임]광을 독려하여 군사를 앞으로 진격하도록 하였다. [임]광이 마침내 낙공성(樂共城)345)을 공격하여 함락시키고는 두보촌(斗蒲村)346)에까지 이르러 2천 5백 명의 적의 수급을 베었다. 낙파(落婆)에 주둔하자 걸제가 투항하려 하였다. [임]광은 성대하게 병사를 도열시켜서 그를 받아들이도록 하였는데, 마주하여 말하는 것이 매우 길어지자 걸제는 변고가 있음을 의심하여 무리를 이끌고 도망가버렸다. [임]광이 병사를 이끌고 깊숙이 들어갔지만 마침 큰 눈비가 내려서 10일이 지난 후에야 겨우 노인산(老人山)에 이르렀는데, 산의 형세가 마치 칼을 세워놓은 듯하였다. 흑애(黑崖)를 건너 아비부도산(鴉飛不到山)347)에 이르렀다. [신종 원풍] 5년(1082) 정월, 귀래주(歸來州)348)에 주둔하였는데, 날씨가 너무 추워 계수나무를 땔나무로 썼으며, 군사들이 모두 동상을 입어 손가락이 부러졌다. 4일 동안 머무르면서 걸제를 수색해 보았지만 찾을 수 없었다. 내시(內侍)인 맥문병(麥文昞)이 임광에게 군대의 일을 물으니 [임]광이 말하기를 "적이 투항하지 않았으니 마땅히 죄를 기다리겠습니다."라고 하였다. [맥]문병이 이에 받았던 밀조(密詔)를 꺼내어서 말하기를 "대병(大兵)이 깊숙이 쳐들어가서 적을 토벌하는 것은 그 두목을 잡아서 효수하기를 기대해서이다. 만약 이미 그 소굴을 격파하고도 걸제를 잡지 못하였다면 군대를 철군하는 것을 윤허한다."고 하였다. 군중(軍中)에서 모두 만세 소리를 지르면서 말하기를 "천자(天子)께서 구중궁궐에 계시면서도 만 리 밖의 먼 곳까지 내다보시는구나!"라고 하면서 이에 군대를 돌렸다. 납계(納溪)의 전역 이후로 군대의 행군일이 모두 40일이었다. 낙공성(樂共城)과 강문채(江門砦),349) 매영석모계보(梅嶺席帽溪堡)

---

345) 樂共城: 北宋 元豊 5년(1082)에 樂共壩에 설치하였으며, 瀘州에 속하였다. 치소는 현재 四川省 興文縣 서북의 共樂鄕이다. 일설에는 五里鄕 營盤村이라고도 한다. 『宋史』 「趙適傳」에는 "樂共城監押潘虎, 誘殺羅氏黨族首領五十餘人, 其族蠻憤怒, 合漏等攻樂共城."이라고 되어 있다. 후대에 폐지되었는데, 청대 嘉慶 연간에 편찬된 『瀘州志』 卷2 「九姓司」에 "樂共城在司西北十五里, 基址猶存."이라 하여 청대까지 그 유지가 남아 있음을 전해주고 있다.

346) 斗蒲村: 현재 四川省 興文縣 서북쪽에 위치한다.

347) 鴉飛不到山: 현재 四川省 興文縣 경계에 있다.

348) 歸來州: 歸徠州라고도 한다. 북송대에는 柯陰縣을 고쳐 두었으며, 瀘州에 속하였다. 치소는 현재 四川省 興文縣 서북쪽이다.

349) 江門砦: 北宋 元豊 5년(1082)에 설치하였으며, 樂共城에 속하였다. 현재 四川省 敘永縣 북쪽 永寧河 西岸의 江門鎭이다. 『輿地紀勝』 卷153 〈瀘州〉 條에는 "至江門砦, 有橫石中流, 束水如門, 故謂之江門."이라 되어 있다.

를 축성하고 서쪽으로는 육정(淯井)에 이르렀고, 동쪽으로는 납계에까지 모두 요충지를 통할하였다. 전승의 보고가 올라오자 재주로(梓州路)350)에 사면해주고, 귀래주(歸來州) 지역을 나씨(羅氏)의 귀주(鬼主)에게 하사해주었다.

> 乞弟旣失土, 窮甚, 往來諸蠻間, 無所依. 帝猶欲招來之, 命知瀘州王光祖開諭, 許以自新. 會其死, 於是羅始党·斗然·斗更等諸酋請依十九姓團結, 新收生界八姓, 兩江夷族請依七姓團結, 皆爲義軍. 從之. 自是瀘夷震慴, 不復爲邊患. 沙取祿路死, 子鱉弊承襲.

걸제(乞弟)가 이미 지역을 잃어버리고 매우 곤궁하게 되면서 여러 만 사이에서 왔다 갔다 하였지만 의탁할 곳도 없었다. 황제가 오히려 그를 불러들이고자 하여 지로주(知瀘州)인 왕광조(王光祖)에게 명하여 타이르도록 하고 스스로 새로이 하는 것을 허락하도록 하였다. 마침 그가 죽으니 이에 나시당(羅始党)·두연(斗然)·두갱(斗更) 등 여러 추장들이 19성(姓)에 의거해 단(團)을 결성하고 새로이 생계(生界)의 8성을 받아들이며, 양강(兩江)351)의 이족(夷族)들은 7성에 의거해서 단을 결성하여 모두 의군(義軍)이 되겠다고 청하자 이를 윤허하였다. 이로부터 노(瀘) 지역의 이(夷)들이 두려워하며 더이상 변방의 우환이 되지 않았다. 사취록로(沙取祿路)가 죽자 아들인 별폐(鱉弊)가 승계하였다.

> 政和五年, 晏州夷卜漏叛, 砦將高公老遁, 招討使趙遹討平之, 授鱉弊西南夷界都大巡檢. 事見趙遹傳.

[휘종] 정화(政和) 5년(1115), 안주이(晏州夷)인 복루(卜漏)가 반란을 일으키자 안주[晏

---

350) 梓州路: 北宋 咸平 4년(1001)에 峽路를 나누어 두었으며, 川峽 4路의 하나이다. 치소는 梓州(현재 사천성 三台縣)이다. 관할 영역은 오늘날 四川省과 重慶市 嘉陵江 하류, 涪江 중상류, 沱江 중하류 및 四川省 筠連縣, 合江縣 서쪽 지역이다. 重和 원년(1118)에 潼川府路로 바꾸었다.
351) 兩江: 현재 광서성의 郁江·黔江 지역을 의미한다. 兩江에는 瑤·僮(壯)族의 취락이 많았으며, 兩江溪洞이라 하였다. 원대에는 이곳에 兩廣兩江道宣慰司를 두었다.

州] 채(砦)의 장수인 고공로(高公老)가 도주하였다.352) 초토사(招討使)인 조휼(趙遹)이 토벌하여 평정하자 [그에게] 별폐서남이계도대순검(鱉弊西南夷界都大巡檢)을 제수해주었다.353) [이 일이] 조휼전(趙遹傳)에 보인다.354)

---

352) 知砦인 高公老의 처는 본래 종실의 여인이었는데, 남편인 고공로가 도망가자 부끄러워서 자살하자 조정에서 '節義族姬'를 내려주었다 한다.『宋史』卷348「趙遹傳」에 "知砦高公老遁. 公老之妻, 宗女也 …… 高公老妻不辱而死, 詔贈節義族姬."라고 적고 있다.
353) 조휼이 토벌하여 평정한 지역은 현재 四川省 宜賓市 興文縣의 僰王山園區 지역이다. 僰王山은 휘종대에 博望山이라 개명하였으나 2004년 1월에 다시 정식으로 僰王山으로 고쳤다.
354) 이와 관련하여『宋史』卷348「趙遹傳」에는 "政和五年, 晏州夷酋卜漏反, 陷梅嶺堡, 知砦高公老遁. 公老之妻, 宗女也, 常出金玉器飮卜漏等酒, 漏心艷之 …… 官軍鼓譟破柵, 遹望見火, 麾軍躡雲梯攻其前. 兩軍相應, 賊擾亂, 不復能抗, 赴火墮崖死者不可計, 俘斬數千人卜漏突圍走, 至輪多囤, 追獲之. 晏州平, 諸夷落皆降, 拓地環二千里. 遹爲建城砦, 畫疆畝, 募人耕種, 且習戰守, 號曰『勝兵』. 詔置沿邊安撫司, 以轉運副使孫羲叟爲安撫使."라고 되어 있다. 한편 조휼의 전승을 칭송하기 위해 송인이 그의 활약상을 그림으로 그려 송 휘종에게 바쳤는데, 현재 미국 미주리(Missour)주 캔자스시티(Kansas City)의 넬슨 앳킨스 미술관(Nelson-Atkins Museum of Art: http://www.nelson-atkins.org/)에 보존되어 있다. 그림의 원제목은〈趙遹瀘南平夷圖〉이며, 미술관에 게시되어 있는 영문 제목은 'Zhao Yu's Pacification of the Barbarians South of Lu, 1150-1200'이다.

참고문헌

동북아역사재단 편, 『譯註 中國 正史 外國傳 1~15』, 동북아역사재단, 2009~2012
『二十五史』, 北京: 中華書局, 1959~1977

江少虞, 『宋朝事實類苑』 上下卷, 上海: 上海古籍出版社, 1981
歐陽脩, 『歐陽文忠公集』, 『四部叢刊』 正編, 第44・45卷
范成大, 『桂海虞衡志』, 成都: 四川民族出版社, 1986
范純仁, 『范忠宣公集』, 『四庫全書』 第1104卷
謝啓昆(淸), 『廣西通志』, 臺北: 商務印書館 影印本
徐松(淸), 『宋會要輯稿』, 臺北: 新文豊出版公司 影印本, 1977
邵伯溫, 『邵氏聞見錄』, 李劍雄・劉德權(點校), 唐宋史料筆記叢刊, 北京: 中華書局, 1983
楊士奇(明), 『歷代名臣奏議』, 『文淵閣 四庫全書』 第442卷, 臺北: 臺灣商務印書館 影印本, 1983
呂陶, 『淨德集』, 『四庫全書』 第1098卷
李燾, 『續資治通鑑長編』, 上海師範學院古籍整理研究室・華東師範大學古籍整理研究室(點校), 北京: 中華書局, 1985
張方平, 『樂全集』, 『四庫全書』 第1104卷
丁傳靖, 『宋人軼事彙編』, 中華書局 點校本, 北京: 中華書局, 1981
趙汝愚, 『宋名臣奏議』, 『四庫全書』 第432卷
趙汝愚 編, 北京大學中國中古史研究室校點整理, 『宋朝諸臣奏議』 上下卷, 上海: 上海古籍出版社, 1999
趙汝适, 『諸蕃志』, 北京: 中華書局, 2000
周去非, 『嶺外代答』, 北京: 中華書局, 1999
陳邦瞻(明), 『宋史紀事本末』 全3冊, 北京: 中華書局, 1977
蔡襄, 『端明集』, 『四庫全書』 第1090卷
脫脫 等, 『宋史』, 北京: 中華書局(標點校勘本), 1975
夏竦, 『文莊集』, 『四庫全書』 第1087卷

龔蔭, 『中國土司制度』, 昆明: 雲南民族出版社, 1992
閤明恕, 『中國古代和親史』, 貴陽: 貴州民族出版社, 2003
吳永章, 『瑤族史』, 成都: 四川民族出版社, 1993
王文光·龍曉燕·陳斌, 『中國西南民族關係史』, 北京: 中國社會科學出版社, 2005
李云泉, 『朝貢制度史論: 中國古代對外關係體制研究』, 北京: 新華出版社, 2004
丁謙, 『宋史外國傳地理考證』(浙江圖書館叢書), 蓬萊閣地理學叢書本, 1915
池澤滋子, 『丁謂研究』, 成都: 巴蜀書社, 1998
王柯, 김정희 역, 『민족과 국가-중국 다민족통일국가 사상의 계보』, 동북아역사재단, 2005

金城奎, 「宋代 西南'蠻夷'의 分布諸相과 朝貢의 推移」, 『歷史文化研究』 19, 2003
김성규, 「西南蠻夷 對宋朝貢의 契機와 貢期」, 『宋遼金元史研究』 8, 2003
金容完, 「南宋時代 西南部地域 少數民族 變亂 研究」, 『宋遼金元史研究』 8, 2003
박지훈, 「宋代 異民族 性情에 대한 認識」, 『京畿大 人文科學論文集』 7, 1999
박지훈, 「宋代 異民族 國家에 대한 認識」, 『外大史學』 12, 2000
박지훈, 「北宋代 華夷論의 性格」, 『梨花史學研究』 29, 2002
박지훈, 「북송대 禦戎論과 華夷論」, 『역사문화연구』 30, 2008
박지훈, 「북송대 王安石의 대외관과 화이론」, 『東洋史學研究』 106, 2009
박지훈, 「북송대 西南 蠻夷에 대한 정책과 華夷論」, 『역사문화연구』 43, 2012
정면, 「'爨蠻'의 출현과 구성: '西爨白蠻'과 '東爨烏蠻'의 구분 문제」, 『中國古中世史研究』 23, 2010
賈大泉, 「井鹽與宋代四川的政治和經濟」, 『西南師範學院學報』, 1983-3
强文學, 「北宋西南鄕兵的設置及作用」, 『天水師範學院學報』, 2009-3
岡田宏二, 「唐宋時代洞庭湖及其以南的少數民族」, 『世界華學季刊』 1-4, 1980
郭成波, 「試論宋朝的羈縻州管理」, 『中國歷史地理論叢』, 2000-1
郭成波, 「唐宋雅州邊外羈縻州部族探考」, 『中國歷史地理論叢』, 2000-4
管彦波, 「中國古代史上的民族融合問題(上)」, 『歷史教學』, 2001-8
羅康隆, 「唐宋時期西南少數民族羈縻制度述評」, 『懷化師專學報』 18-1, 1999
段玉明, 「大理國的周邊關係」, 『雲南社會科學』, 1997-3
馬强, 「論唐宋西南史志及其西部地理認識價值」, 『史學史研究』, 2005-3
馬新, 「古代中外關係史研究中的史料問題」, 『山東大學學報(哲學社會科學版)』, 1990-4
方鐵, 「論宋朝以大理國爲外藩的原因及其"守內虛外"治策」, 『中央民族大學學報(哲學社會科學版)』, 2000-6

方鐵, 「唐宋元明清的治邊方略與雲南通道變遷」, 『中國邊疆史地研究』, 2009-1
畢静洁, 「2004年中外關係史百年學術回顧與展望-國際學術研討會簡報」, 『中國史研究動態』, 2005-2
徐杰舜·羅樹杰, 「宋遼夏金民族政策特點管見」, 『黑龍江民族叢刊』, 1993-3
徐杰舜, 「宋遼夏金民族互動過程述論」, 『貴州民族研究』, 2005-3
楊永俊, 「我國古代民族羈縻統治政策的變遷及其原因探究」, 『西北史地』, 1999-2
玉時階, 「唐宋羈縻制度對廣西瑤族社會歷史發展的影響」, 『廣西民族學院學報』, 1984-1
王繼超, 「從宋代廣西買馬看當時三個"化外"彝族蕃國的分布」, 『烏蒙論壇』, 2012-4
王麗亞, 「王曾與宋遼關係辨析」, 『濰坊學院學報』 8-1, 2008
王曉燕, 「論宋與遼,夏,金的榷場貿易」, 『西北民族大學學報(哲學社會科學版)』, 2004-4
劉復生, 「宋代"瀘夷"地區民族關係的演進」, 『四川大學學報(哲學社會科學版)』, 1995-4
劉復生, 「岷江上游宋代的羌族羈縻州」, 『中國邊疆史地研究』, 1997-1
李榮村, 「宋元以來湖南東南的猺區」, 臺灣中華叢書編審委員會(編), 『宋史研究輯』 8, 1976
李昌憲, 「宋王朝在西南地區的統治」, 『南京大學學報』(人文哲史版), 1990-3
林榮貴, 「北宋與遼的邊疆經略」, 『中國邊疆史研究』 10-1, 2000
林天蔚, 「宋代猺亂編年記事」, 臺灣中華叢書編審委員會(編), 『宋史研究輯』 6, 1971
張文, 「兩宋政府的少數民族賑濟措施芻議:兼論宋朝民族政策的轉變傾向」, 『民族研究』, 2002
田玉隆, 「土司制與羈縻制: 土官與流官的關係和區別」, 『貴州大學學報』, 1988-3
程妮娜, 「强力與綏懷: 遼宋民族政策比較研究」, 『文史哲』, 2006-3
程苹, 「論宋代治理湖南瑤族的政策」, 『中南民族學院學報』, 人文社會科學版, 2000-2
陳森甫, 「宋元以來江西西南山地之畲蠻」, 「國立編譯館館刊』 1-4, 1983
漆俠, 「宋代的瑤族和壯族」, 『中南民族學院學報』, 1982-4

邱樹森 主編, 『中國歷史職官辭典』(修訂本), 南昌: 江西教育出版社, 1998
譚其驤 主編, 『中國歷史大辭典-歷史地理』, 上海辭書出版社, 1996
史爲樂 主編, 『中國歷史地名大辭典』, 中國社會科學出版社, 2005

세계표

• 보정사(保靖司)의 송대 계보

팽감(彭瑊, 字 渠珍) — 팽언희(彭彦晞, 字 士愁, 938~956) — 팽사고(彭師杲, 彭士愁의 次子, 940~984)
— 팽윤록(彭允祿, 984~1007) — 팽문통(彭文通, 1007~1032) — 팽유의(彭儒毅, 1032~1048)
— 팽사륭(彭士隆, 1048~1067) — 팽운종(彭雲從, 1067~1093) — 팽한익(彭漢翼, 1093~1115)
— 팽릉소(彭淩霄, 1115~1135) — 팽방홍(彭邦弘1135~1150) — 팽선용(彭宣勇, 1150~1173)
— 팽태정(彭泰丁1173~1195) — 팽조공(彭兆孔1195~1219) — 팽정국(彭定國, 1219~1243)
— 팽사선(彭思善1243~1269) — 팽본영(彭本盈1269~1289)

• 영순사(永順司)의 송대 계보

팽언희(彭彦晞, 字 士愁, 938~956) — 팽사유(彭師裕, 彭士愁의 長子, 956~969) — 팽윤림(彭允林, 彭師裕의 長子, 971~999)
— 팽윤수(彭允殊, 彭師裕의 次子, 995~999) — 팽문용(彭文勇, 彭允林의 長子, 999~1009) — 팽유맹(彭儒猛, 1009~1021)
— 팽사단(彭仕端, 彭儒猛의 次子, 1027~1032) — 팽사희(彭仕義, 彭儒猛의 季子, 1032~1070) — 팽사안(彭師晏, 彭仕義의 長子, 1070~1091)
— 팽사보(彭仕寶, 彭仕義의 次子, 1091~1132) — 팽복석(彭福石, 1135~1195) — 팽안국(彭安國, 1195~1254)
— 팽사만(彭思萬, 1254~1285)

연표

연도	만이전 1, 만이전 2	만이전 3, 만이전 4
940	[서남계동제만(西南溪峒諸蠻)] 계주(溪州) 자사(刺史) 팽사수(彭士愁) 등이 계(溪)·금(錦)·장주(獎州)를 가지고 마희범(馬希範)에게 귀순하여 동주(銅柱)를 세워서 경계로 삼음	
960	[서남계동제만] 송 태조가 진주(辰州) 요인(猺人)인 진재웅(秦再雄)을 진주 자사에 발탁하여 만이(蠻夷)를 다스림	
963	[서남계동제만] 계주(溪州) 지주(知州)인 팽윤림(彭允林)과 전(前) 계주 자사 전홍윤(田洪贇) 등이 분열된 상태로 귀순	
965	[서남계동제만] 진주(珍州) 자사 전경천(田景遷)이 내부(內附)	
966	[서남계동제만] 남주(南州)에서 동고(銅鼓)를 진상하고 송의 내지에 귀순	
967		[서남이(西南夷)] 지서남이남녕주(知西南夷南寧州) 용언도(龍彦瑫) 일행이 내공하고, 귀덕장군(歸德將軍) 남녕주 자사(南寧州刺史)·번락사를 제수
968		[여주제만(黎州諸蠻)] 보새만(保塞蠻) 개보 연간에 송에 귀부
969		[서남이] 무재(武才) 등 140명이 내공하고 무재가 귀덕장군을 제수 [여주제만] 산후양림만(山後兩林蠻) 홀아(勿兒)가 내조. 공부천만(邛部川蠻)의 자칭 '백만도귀주(百蠻都鬼主)' 아복(阿伏)이 여주(黎州)에 입공을 약정함
970		[여주제만] 7월에 산후양림만 내조
971		[서남이] 용언도가 사망, 그 아들 용한당(龍漢瑭)이 계승, 남녕주 자사 겸 번락사를 제수 [여주제만] 공부천만 아복(阿伏)의 군대가 여주의 정원병사(定遠兵士) 반란을 평정함
973		[여주제만] 산후양림만 홀아가 공부천(邛部川) 보채를 약탈. 공부천만이 산후양림만 물아(勿兒)의 침공을 받음. 송조는 양측을 타이름

974	[남단주만(南丹州蠻)] 사신 진소규((陳紹規)를 파견해 표를 올리고 내부(內附)를 요청	
975	[서남계동제만] 진주 자사 전경천이 죽고 그의 아들 전언이(田彦伊)를 자사로 임명 [매산동만(梅山峒蠻)] 소주(邵州)의 무강(武岡)과 담주(潭州)의 장사(長沙) 지역을 침공	[서남이] 39개 부락에서 순화 왕자 약발(若發) 등 377명 입공 [여주제만] 산후양림만 회화장군 홀니(勿尼) 등 60여 명이 내공
976	[남단주만] 재차 내공하여 패인(牌印)을 요청하여 제공	
977	[서남계동제만] 의주(懿州) 자사·오계(五溪) 도단련사(都團練使) 전한경(田漢瓊)이 아들·동생 등 12명과 내공(來貢) [매산동만] 좌갑수령(左甲首領) 포한양(苞漢陽)과 우갑수령(右甲首領) 돈한릉(頓漢凌)이 침공. 객성사(客省使) 적수소(翟守素)가 담주(潭州)군을 동원하여 평정	[여주제만] 산후양림만 이왕의 아들을 비롯한 사절단 78명을 보내 조공. 산후양림만 이어(離魚)가 조공하고 황제 즉위 경하함 [광원주(廣源州)] 농씨(儂氏)가 송조에 투항
978		[서남이] 아주(雅州) 서산야천로만(西山野川路蠻)의 수령 등 14명이 조공
979	[성주(誠州)·휘주만(徽州蠻)] 수령 양온(楊蘊)이 처음으로 내부(內附)	[여주제만] 산후양림만 왕자 조우(祚遇)를 보내서 조공. 공부천만 수령 모앙(牟昂) 등이 내공
980	[성주·휘주만] 양통보(楊通寶)가 입공(入貢)하여 성주 자사(誠州刺史)에 임명 [남단주만] 은(銀) 백 냥을 진공	[서남이] 이왕(夷王) 용경거(龍瓊琚)가 아들 나약종(羅若從)과 제주 남만 744명을 보내 조공 [광원주] 농씨(儂氏)가 이조(李朝) 베트남에 복속됨
981		[서남이] 보주(保州) 자사 동기(董奇)가 사망, 그 아들 소중(紹重)이 계승
983		[여주제만] 산후 양림 만주군 동생 등 239명이 내공
985		[서남이] 봉화(奉化) 왕자 이자(以慈) 등 350명 입공. 이왕(夷王) 용한선(龍漢璿)이 장가제주(牂牁諸州)의 추장 조문교(趙文橋)를 파견, 종족 100여 명 입공, 후촉 정권에서 받았던 부질(符節)과 인신(印信)을 헌상함 [여주제만] 공부천만 도귀주 낙구(諾驅)와 그 어머니가 파견한 왕자 등 172명 조공
986		[여주제만] 산후양림만 물니 등과 왕자 이봉은(李奉恩) 내조
989		[서남이] 용한선이 또 오계(五溪) 도통(都統) 상

		통한(向通漢)을 통해 서신으로 조공을 약정함
		여주제만 공부천만 낙구의 동생 소개 등 350명이 적전례를 축하하고 조공
990	남단주만 홍호(洪皓)가 자사(刺史) 직을 계임. 아들 홍회통(洪淮通)을 보내 은완(銀碗) 20개와 동고(銅鼓), 동인(銅印) 등을 진공	서남이 용한선이 그의 동생 용한흥(龍漢興)을 파견하여 내조
		여주제만 산후양림만 왕자 이어(離魚)를 위시하여 128명이 내공
		여주제만 공부천만 낙구가 말 중개무역을 하겠다고 요구함
991	성주·휘주만 양정암(楊政巖)이 내공. 같은 해 양정암이 사망하여 아들이 자사직을 승계	여주제만 공부천만 낙구의 아들 등이 조공하고 가은(加恩)을 청함
992	서남계동제만 황주(晃州) 자사 전한권(田漢權)·금주(錦州) 자사 전보전(田保全)이 사신을 보내서 조공	서남이 용한흥과 도통 용한요(龍漢瑤) 등이 말과 주사(朱砂) 진공
994	서남계동제만 서덕언(舒德言)을 원주(元州) 자사로 삼음	
995	서남계동제만 고주(高州)와 계주(溪州)가 함께 와서 조공	서남이 용한요의 사절 용광진(龍光進)이 장가제만(牂牁諸蠻) 이끌고 조공. 지역풍속을 보고하고, 가무를 연주함. 사절 10명과 수종한 자가 1천 명이었음. 지휘자들 등급대로 직함을 제수함
		여주제만 공부천만 낙구가 송조의 이순(李順) 반란 토벌에 협조함
997		여주제만 공부천만 왕자 아취(阿醉)를 보내 조공함
998	서남계동제만 부주 자사(富州刺史) 상통한(向通漢)이 조부(租賦)를 확정해달라고 상언하였으나 진종(眞宗)은 황복(荒服)이기 때문에 불허	서남이 용한요의 사절 용광전(龍光腆)이 장가제만 1천여 명과 내공
		여주제만 풍파만(風琶蠻) 왕 낭사(曩薐)가 오백(烏柏) 등을 보내 조공하고 진종 즉위를 축하함
999		여주제만 공부천만 왕자 부적(部的) 등을 보내 조공
1000		서남이 도부서(都部署) 장문검(張文黔)이 내공
1002	서남계동제만 천사주(天賜州) 만족 상영풍(向永豊) 등 29명 내조. 기주로(夔州路) 전운사(轉運使) 정위(丁謂)가 만족들이 원하는 소금을 공급하도록 하여 서로 침략하거나 약탈하지 않는다는 맹약을 맺음	서남이 용한요가 보낸 아교(牙校) 및 만인 1,600명 조공
		여주제만 공부천만 왕자 이귀(離歸) 등 200여 명 입공

1003		여주제만 공부천만 낙구 사망하고 아들 아주(阿遒)가 즉위
1004	서남계동제만 고주(高州) 오성(五姓)의 군지휘사 전문선(田文銑)이 와서 진공	
1005	서남계동제만 진주(辰州)의 여러 만족들이 하계주(下溪州)를 공격하였으나 그 자사 풍유맹(彭儒猛)에게 격퇴 당함. 의주(懿州) 자사 전한희(田漢希)가 죽고 그의 아들 전한능(田漢能)을 자사로 삼음 남단주만 홍호(洪晧) 사망. 장자 홍회경(洪淮勍)이 자사직 계승. 동생 홍회천(洪淮迅)이 남단주를 공격	여주제만 공부천만 아주가 왕자와 장군 등 192명 데리고 내공
1006	서남계동제만 고주에서 새로 귀부한 만족 추장 89명이 와서 진공	여주제만 풍파만, 오백을 보내 입공함 무수주(撫水州) 추장 몽전(蒙塡)이 조공을 청원
1007	서남계동제만 의주(宜州)의 군대가 난을 일으킴	서남이 나옹정(羅甕井)과 처음 내조하는 도지휘사(都指揮使) 안사룡(顔士龍) 등이 조공
1008		서남이 강안현(江安縣) 이인(夷人)들 반란, 합문저후(閤門祗候) 시기욱(侍其旭)이 급파되어 토벌작전과 초무를 병행함 여주제만 공부천만 장군 조물사(趙勿娑) 등을 보내 명마 등을 바치고 태산에서 회합
1009		서남이 도순검사(都巡檢使) 손정사(孫正辭) 군대가 강안현 반란세력 진압
1011	서남계동제만 안(安)·원(遠)·순(順)·남(南)·영녕(永寧)·탁수(濁水) 주(州) 만족의 추장 전승효(田承曉) 등 373명이 송에 와서 진공	서남이 무주(茂州) 이족 대표들 침범하지 않을 것을 서약함. 조정으로 압송된 반란자 왕군체(王羣體) 등 사형 사면, 강남 양절로에 예속시킴. 패주(霸州)의 동철(董喆)이 순검사 동연조(董延祚)에게 살해당함
1012		서남이 내분을 일으킨 여동(黎洞) 이인들을 병력으로 토벌한 순검사를 견책 파면함
1013	서남계동제만 기주 만족 팽연섬(彭延遲)·공재황(龔才晃) 등이 와서 조공. 진주(辰州) 계동도 지휘사 위진무(魏進武)가 산요(山獠) 수백 명을 이끌고 여러 차례 성채(城砦)에 침입하자 송에서 초유(招諭)	서남이 안주(晏州) 다강현(多剛縣)의 두망(斗望)·행패(行牌) 무리가 육정감(淯井監) 공격해 약탈. 전운사 구감(寇瑊)의 군대, 수륙도순검사(水陸都巡檢使) 왕회신(王懷信) 등이 진압에 나섬 무수주 수령 몽단(蒙但)이 귀순하여 계주(桂州)에 거주하도록 함
1014		서남이 육정감 이인을 평정하고 이곳에 해자와 목책을 설치함. 서남밀주(西南密州)의 이족 장성진(張聲進)의 사절이 남녕주번락사 용한요에게 약탈당함

연표 | 323

1016	[남단주만] 무수만(撫水蠻)의 반란	[무주] 의주(宜州)와 융주(融州) 일대를 침범하여 송이 대대적으로 토벌
1017	[서남계동제만] 계주(溪州) 만족이 침략하여 송이 군대를 보내어 토벌	
1018	[서남계동제만] 부주(富州) 자사 상통한(向通漢)이 부하들을 이끌고 내조하여 명마(名馬)·단사(丹砂) 등 물품을 진공	[여주제만] 산후양림만 백만도귀주(百蠻都鬼主) 이아선(李阿善)이 150명 보내 조공
1022	[서남계동제만] 순주(順州) 만족 전언안(田彥晏)이 그 도당 전승은(田承恩)을 이끌고 시주(施州)의 암리채(暗利砦)에 침입하여 약탈하다가 이듬해에 송에 귀순	
1026	[서남계동제만] 귀순(歸順) 등 주(州)의 만인 전사흠(田思欽)이 300여 명을 데리고 토산품을 가지고 와서 진상. 안(安)·원(遠)·천사(天賜)·보순(保順)·남(南)·순(順) 등 주의 만족이 경사에 와서 조공	[서남이] 장가만(牂牁蠻) 용광응(龍光凝)이 조공함
1027	[서남계동제만] 하계주(下溪州) 자사 팽유맹(彭儒猛)이 죽자, 팽사단(彭仕端)은 명마(名馬)를 가지고 와서 진상. 그를 하계주 지주에 임명	
1029	[서남계동제만] 팽사단이 동생 팽사희(彭仕義)를 보내어 토산품 진공. 검주만(黔州蠻)·서연만(舒延蠻)·수주만(繡州蠻) 상광서(向光緒)가 모두 송에 와서 조공	
1030		[여주제만] 공부천만 도만왕(都蠻王) 여재(黎在)가 비랑(卑郎) 등을 보내 조공함
1031	[서남계동제만] 시주(施州) 소속 만인 담언관(覃彥綰) 등이 영녕채(永寧砦)에 침입	
1032	[서남계동제만] 팽사단이 죽자 다시 팽사희를 하계주 자사로 임명. 이후 팽사희는 송에 여러 차례 반항하며 약탈	[여주제만] 공부천만 여재가 3년1공을 청하였으나 5년1공을 허락함
1034		[여주제만] 공부천만 경우(景祐) 연간 초, 여재가 매년 조공 청하나 5년1공을 허락함
1035		[진녕주(鎭寧州)] 추장 막릉(莫陵) 등이 송을 침범
1036		[서남이] 장가만(牂牁蠻) 용광변(龍光辨)이 조공함 [갑동만(甲峒蠻)] 송에 침공하여 약탈
1038		[여주제만] 공부천만, 백만도왕(百蠻都王) 망해(忙海)가 장군 등 보내 조공, 3년1공 요구

연도		
		하나 불허함
		광원주 농전복(儂全福)이 농존록(儂存祿)과 농당도(儂當道)를 살해하고 이조(李朝) 베트남에 반란
		무수주 의주(宜州)와 융주(融州) 일대를 침범
		환주(環州) 구희범(區希範)이 송의 초모에 응하여 안화주(安化州)의 반란을 토벌
1039		광원주 농전복(儂全福)이 칭제하고 국호를 장생국(長生國)이라 함
1040		서남이 장가만(牂牁蠻) 용광수(龍光琇)가 조공함
1041		여주제만 경력 연간(1041~1048), 공부천만 도귀주 변흑(弁黑) 등이 입공. 얼마 후 국왕 미묵(咩墨)이 변경을 침입하여 지여주(知黎州)가 수령 저극(苴尅)을 시켜 미묵을 살해함
		광원주 농지고(儂智高)가 당유주(黨猶州)를 점거한 후 대력국(大曆國)이라는 나라를 세움
1043	서남계동제만 계양감(桂陽監)의 만족 요(猺)가 내지에 침입. 송은 군대를 출동시켜 그들을 사로잡거나 죽이라는 조서를 내림	광원주 이조(李朝) 베트남이 농지고(儂智高)에게 광원주(廣源州) 관할권을 부여
1044		서남이 이인이 삼강채(三江砦)를 공격하여, 노주교련사(瀘州敎練使) 사애(史愛)와 지사(指使) 왕용(王用) 등이 진압에 공을 세움
		여주제만 공부천만 공부천산전·산후백만 도귀주 모흑(牟黑)이 장군 등 339명 보내 조공함
		환주(環州) 구희범(區希範)이 무리를 이끌고 환주(環州)를 점령
1045	서남계동제만 계양감의 만족에 잔당 당화(唐和) 등이 다시 내지에 침입. 이후 계속적으로 약탈	서남이 장가만(牂牁蠻) 용이특(龍以特)이 조공, 719명이 함께 옴
		환주 송 측이 구희범을 사로잡아 살해함
1046		광원주 농지고가 안덕주(安德州)를 점령하고 남천국(南天國)이라 칭함
1047	서남계동제만 당화와 같은 무리 반지량(盤知諒)·방승영(房承映)·방승태(房承泰)·문운(文運) 등 5명을 동주(峒主)에 임명. 겨울에 그의 무리들은 전부 송에 투항	

1049		[서남이] 이인 1만여 명 육정감을 포위하고 반란. 재기로(梓夔路) 병마검할 등이 이끄는 연합관군 등이 나서 많은 전사자를 내고 수 개월 만에 평정함
		[서남이] 황우 연간(1049~1053), 기주로(夔州路)의 진주(溱州)·남주(南州) 이족의 사절을 위로하라는 조서가 내려짐
		[광원주] 농지고가 송의 옹주(邕州)를 침범
1050		[서남이] 장가만(牂牁蠻) 용광철(龍光澈)이 조공함
1051		[광원주] 농지고가 송에 복속을 청원하였으나 거절당함
1052		[광원주] 농지고가 송을 침범하여 옹주(邕州)·횡주(橫州)·귀주(貴州) 등 9주를 점령
1053	[서남계동제만] 소주(邵州) 만족 서광은(舒光銀)이 동(峒) 내에 중승주(中勝州)를 설치해 줄 것을 원하여 허락함	[광원주] 농지고의 반란이 송의 적청(狄靑)에게 진압됨
1054		[서남이] 지화(至和) 연간(1054~1055)에 장가만 용이열(龍以烈)·용이정(龍異靜) 등 입공, 수령 이하 93명에게 관함 수여
1054		[광원주] 송이 농지고의 모친인 아농(阿儂) 등을 사로잡아 수도로 압송
		[여동(黎洞)] 송의 관리가 부호(符護)의 노비 10명을 사로잡았다가 돌려줌
1055	[남단주만] 홍회천(洪淮刋)을 회원대장군(懷遠大將軍)에 임명. 아들 홍세점(洪世漸)이 자사(刺史)직을 계승	[무주] 토산품을 조공
1056		[서남이] 가우(嘉祐) 연간(1056~1063)에 장가만 용이열이 다시 입공, 장옥(張玉)·석자품(石自品)도 내공, 겸주(鶼州)에서 조공함
1057	[서남계동제만] 나성(羅城)의 동만(峒蠻)이 예주(澧州)에 침입해오자 군대를 보내어 격퇴	[서남이] 삼리촌(三里村)이 인두환(斗還) 등 내지 침입 도모, 사전에 보고받아 7천여 명 생포와 참수
		[광원주] 송이 농종단(儂宗旦)을 초무함
1058	[서남계동제만] 시주(施州)의 만족 상영승(向永勝)이 소유한 주를 안정주(安定州)로 삼음	
1060	[서남계동제만] 소주 만족 양통한(楊通漢)의 아들 양광천(楊光僐)을 휘주(徽州) 지주(知州)로 임명	[갑동만] 송에 침공하여 군사 수백 명을 살해

연도		
1061		무수주 송에 조공을 바침
1062		광원주 농종단(儂宗旦) 부자(父子)가 송에 귀순을 청원
1063	남단주만 홍세점(洪世漸) 사망. 아들 홍공장(洪公帳)이 계위	
1067	서남계동제만 팽사희가 약탈했던 병정 및 기계와 무기를 송에 돌려보내고 투항	서주삼로만(敍州三路蠻) 오성번(五姓蕃) 용이각(龍異閣) 등이 입조하여 알현, 조를 내려 용이각을 무녕장군(武寧將軍)으로 삼고 그 부하 241명에게는 각각 장군(將軍)과 낭장(郎將)을 제수
1068		서남이 희녕(熙寧) 연간(1068~1077) 장가만 용(龍)씨 세력이 알현함 무수주 나세념(羅世念)·몽승상(蒙承想)·몽광중(蒙光仲) 등이 송조를 공격 서주삼로만 오성번 용이각 등이 입조하여 알현, 조를 내려 용이각을 무녕장군(武寧將軍)으로 삼고 그 부하 241명에게는 각각 장군(將軍)과 낭장(郎將)을 제수
1070	서남계동제만 팽사희가 아들 팽사채(彭師彩)에게 시해당함. 팽사안(彭師晏)이 팽사채(彭師彩)를 공격하여 살해하고 그 도당을 주살	여주제만 공부천만 저극이 사신 보내 신종의 즉위를 축하함. 같은 해 저극이 사망 서주삼로만 투주만(渝州蠻) 전운사(轉運使)인 손고(孫固) 등이 병사를 진격시켜 빈화채(賓化砦)를 수복하고 세 종족을 소탕 평정
1071		서주삼로만 오성번(五姓蕃) 장한흥(張漢興)이 방물을 바치자 방이형에게는 정만군(靜蠻軍)을, 장한흥에게는 한만군(捍蠻軍) 및 절도사(節度使)를 제수
1072	서남계동제만 팽사안이 마피(馬皮)·백동(白峒)의 땅을 송에 헌납. 하계주 자사에 임명 매산동만 매산동만(梅山峒蠻)을 귀속시키고 주현 설치. 소주(邵州) 예하에 신화현(新化縣)을 설치	무수주 덕근채(德謹砦)를 공격하여 송의 장수 비만(費萬)을 살해함
1073	서남계동제만 부주(富州)의 상영오(向永晤)와 남강(南江)의 서광은(舒光銀)·협주의 서광수(舒光秀) 등이 귀부. 장돈(章惇)이 남강의 주동(州峒)을 평정하고 원주(沅州)를 설치	서주삼로만 · 검시고외제만(黔施高外諸蠻) 오성번(五姓蕃), 용번(龍蕃), 나번(羅蕃), 방번(方蕃), 석번(石蕃)의 890명이 입조하여 단사(丹砂), 웅단 및 말을 바치자 포대(袍帶), 전백(錢帛)을 하사 시주만(施州蠻) 조를 내려 시주만들이 금은(金銀)으로 쌀을 바꾸는 경우, 실제 가격으로 팔게 함 노주만(瀘州蠻) 육성이(六姓夷) 육정(淯井)에서

		모의하여 들어와 노략질하자, 웅본(熊本)에게 명하여 경략하여 통제
1075	[성주·휘주만] 양광부(楊光富)가 동성친족 23주동(州峒)을 거느리고 귀부(歸附)하여, 우반전직(右班殿直)에 임명	[노주만] 유주요(俞州獠) 남주(南州)를 노략질하고, 요(獠)의 추장인 아와(阿訛)가 그의 무리들을 이끌고 부망 개서에게 도망감
1076		[여주제만] 공부천만 장군 비랑(卑郎) 등 14명 입공
1077		[노주만] 나구이(羅苟夷) 납계채(納溪砦)를 침범함. 경원부총관(涇原副總管)인 한존보(韓存寶)가 격퇴
1078		[노주만] 나구이. 걸제(乞弟)가 나구이(羅苟夷)를 평정한 상(賞)을 내려줄 것을 요구
1080	[성주·휘주만] 휘주(徽州)·성주(誠州)·융령진(融嶺鎭)의 요지에 성채(城砦)를 축조. 성주성(誠州城)에서 교역을 허락	[노주만] 나구이 납계(納溪)에서 만과 맹약을 맺음
1081		[서주삼로만] 투주만(渝州蠻) 양광진(楊光震)이 관군의 걸제(乞弟) 격파를 돕고 그 무리인 아와(阿訛)를 죽임
1084		[서주삼로만] 오성번(五姓番) 서남정번(西南程番)이 방물(方物) 구입을 청하자 허락함
1086	[서남계동제만] 송에서 오계(五溪)의 군현을 폐기	
1087	[성주·휘주만] 성주를 거양군(渠陽軍)으로 개명. 양성대(楊晟臺)가 문촌보(文村堡)를 침공	[서주삼로만] 오성번(五姓番) 서남석번(西南石番)의 석이정(石以定) 등이 표문에서 서평주무성군(西平州武聖軍)이라 자칭
1095		[서남이] 조문채(磝門砦) 만부의 왕 원수(元壽)가 회화사과(懷化司戈) 등 직을 계승
1099		[서주삼로만] 오성번(五姓番) 모위번(牟韋番)이 입공, 진봉인(進奉人)인 위공우(韋公憂), 위공시(韋公市), 위공리(韋公利) 등을 낭장(郞將)으로 제수
1102	[성주·휘주만] 거양군을 다시 성주로 개명	
1107	[남단주만] 남단(南丹) 8주에 성곽을 축조. 홍공성(洪公晟)을 자사에 임명	
1108		[서주삼로만]·[검시고외제만] [투주만(渝州蠻)] 목반(木攀)의 수령인 조태(趙泰), 파주(播州) 이족(夷族)인 양광영(楊光榮)이 내속(內屬)해오자 조를 내려 진주(溱州), 파주(播州)를 건립. 고주만(高州

		蠻) 낙해(駱解)의 하(下)·상족(上族)이 토지를 바치자 진주(珍州)로 다시 개명
1109		서주삼로만 남광만(南廣蠻) 나영순(羅永順), 양광영(楊光榮), 이세공(李世恭) 등이 내속(內屬)해오자 조를 내려 자주(滋州), 순주(純州), 상주(祥州)를 건립
1115		위무주만(威茂州蠻) 무주(茂州), 직주(直州)의 장(將)인 질영수(郅永壽), 탕연준(湯延俊), 동승유(董承有) 등이 내속(內屬)해오자 수녕군(壽寧軍)과 연녕군(延寧軍)을 설치
1117		위무주만 무주(茂州), 도주(塗州), 정주(靜州), 시주(時州), 비주(飛州) 등의 만(蠻)들이 무주(茂州)에 반기를 들어 1,000여 명을 죽이고 약탈
1123		위무주만 무주(茂州), 탕주(宕州), 공주(恭州), 직주(直州) 여러 부락(部落)들이 쳐들어와 약탈
1124		위무주만 도주(塗州), 정주(靜州)의 만(蠻)들이 다시 무주(茂州)를 침범
1133	남단주만 홍공성(洪公晟)이 관주(觀州)를 포위 서남계동제만 신료들이 무강군(武岡軍) 계동의 보(溪峒義保)의 폐단을 지적하고 개정을 요구	
1134	서남계동제만 형호남북로에서 계동 토인 수령과 연장자들에게 은상(恩賞)을 하사	
1136	서남계동제만 계동(溪峒) 사병(司兵)을 초모(招募)하여 둔전을 지급하고 궁노수(弓弩手)로 훈련시키자는 장학(張鷽)의 건의를 받아들임	
1137	서남계동제만 계동 토인 수령의 자손이 관직과 업무를 계승하도록 형호로와 광남로에 명령함	
1139	서남계동제만 의장동민(宜章峒民) 낙과(駱科)의 반란 발생. 낙과를 생포하고 잔당을 평정함	
1140	서남계동제만 금주(琴州) 계동 양진옹(楊進顒)이 족속을 이끌고 귀부	
1144	서남계동제만 계동 수령 양진경(楊進京) 귀부	
1154	서남계동제만 무강군(武岡軍)에서 반란을 일으	

	킨 양정수(楊正修)·양정공(楊正拱) 형제를 참형에 처함 남단주만 홍공성(洪公晟)이 제만(諸蠻)을 거느리고 귀부	
1157		여주제만 보새만 객상 애우(崖遇) 등이 한족 지역 무리에게 겁탈당하여, 조정에서 한족 책임자 면직하고 도적 수령을 처형함
1165	서남계동제만 의장동적(宜章峒賊) 이금(李金)이 침주(郴州)를 함락시키고 계양군(桂陽軍)을 전소시킴	여주제만 공부천만 애발멸(崖鵓蔑)이 그의 형을 계승하여 도귀주가 됨
1173		여주제만 토번(吐蕃)의 청강(青羌)이 지여주(知黎州) 우문소직(宇文紹直)에 대한 원망으로 반란, 송조에서는 지여주 파면. 청강수령 노아결(奴兒結)이 여주에서 노략질함
1174	남단주만 영락주(永樂州)에서 공격, 진태권(陳泰權) 등을 파견하여 중재	여주제만 공부천만 토번의 침공에 애발멸이 반격하여 공을 세움
1175		여주제만 공부천만이 양림만(兩林蠻) 세력의 침공과 약탈을 당함 여주제만 청강수령 노아결이 포로 일부 귀환시키고 여주에서 교역 허락받음. 노아결이 여주를 침공, 제치사 범성대의 토벌작전 성공하지 못함. 10년 후 제치사 유정(留正)이 잔멸시킴
1176	서남계동제만 정주(靖州) 요인(徭人) 요명교(姚明教)의 반란	
1179	서남계동제만 양첨조(楊添朝)의 반란 발생. 지원주(知沅州) 손숙걸(孫叔傑)이 진압에 실패. 은상을 통해 회유	
1180		여주제만 여주오부락만(黎州五部落蠻) 말 300마리 진공하고 귀부를 청하여 교역을 허락받음
1181		여주제만 공부천만 애발멸이 사망하고 그 조카 묵애(墨崖)가 승계함
1184	서남계동제만 요인(徭人)의 전답을 저당잡아 생업을 박탈하는 것을 금지시킴	
1186		여주제만 청강노아결 동생 삼개(三開)의 침공을 제치사 조여우(趙汝愚)가 물리침
1187	남단주만 홍연음(洪延廕)이 지남단주(知南丹州)를 계승	

1203	서남계동제만 호남 9군의 사직(使職)에 만이(蠻夷) 추장을 임명하도록 함	
1208	서남계동제만 침주(郴州) 흑동풍(黑風峒)의 요인(猺人) 나세전(羅世傳)이 변경을 침략	여주제만 미강부락(彌羌部落)인 축복(蓄卜)이 묘평채(茆坪砦) 등 여러 마을 겁략
1209	서남계동제만 요인(猺人) 이원려(李元礪)와 나맹이(羅孟二)가 강서(江西)를 침략	여주제만 강인들 여주 양계채(良溪砦) 침공했다가 송의 관군에게 패퇴당함
1212	남단주만 홍연음(洪延廕)의 아들 홍광희(洪光熙)를 지남단주(知南丹州)에 임명	
1215		여주제만 미강부락인 축복이 투항함
1216		여주제만 공부천만 공부천이 운남(대리국)에 복속됨

송대 서남만이 지역도 (1)

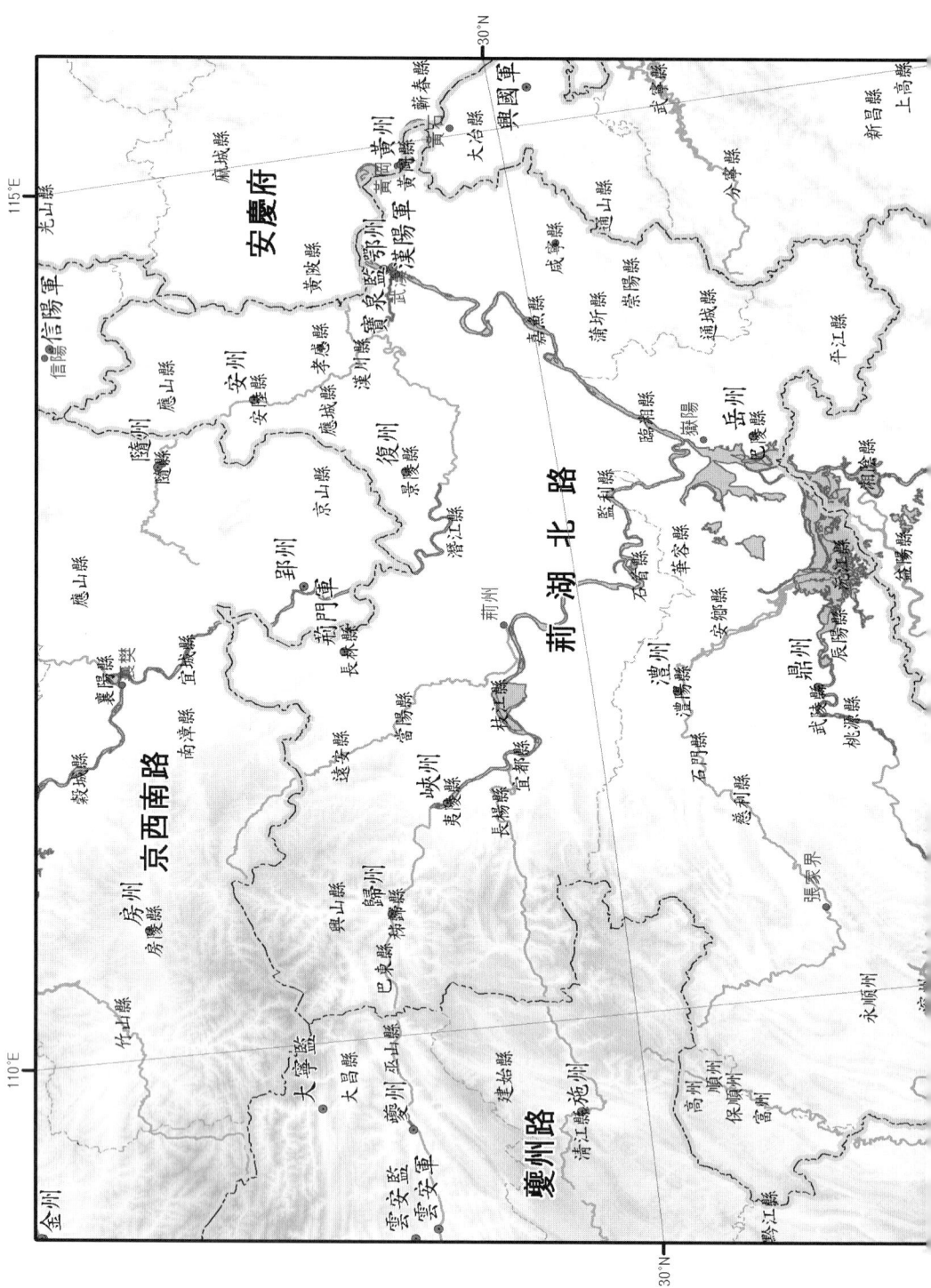

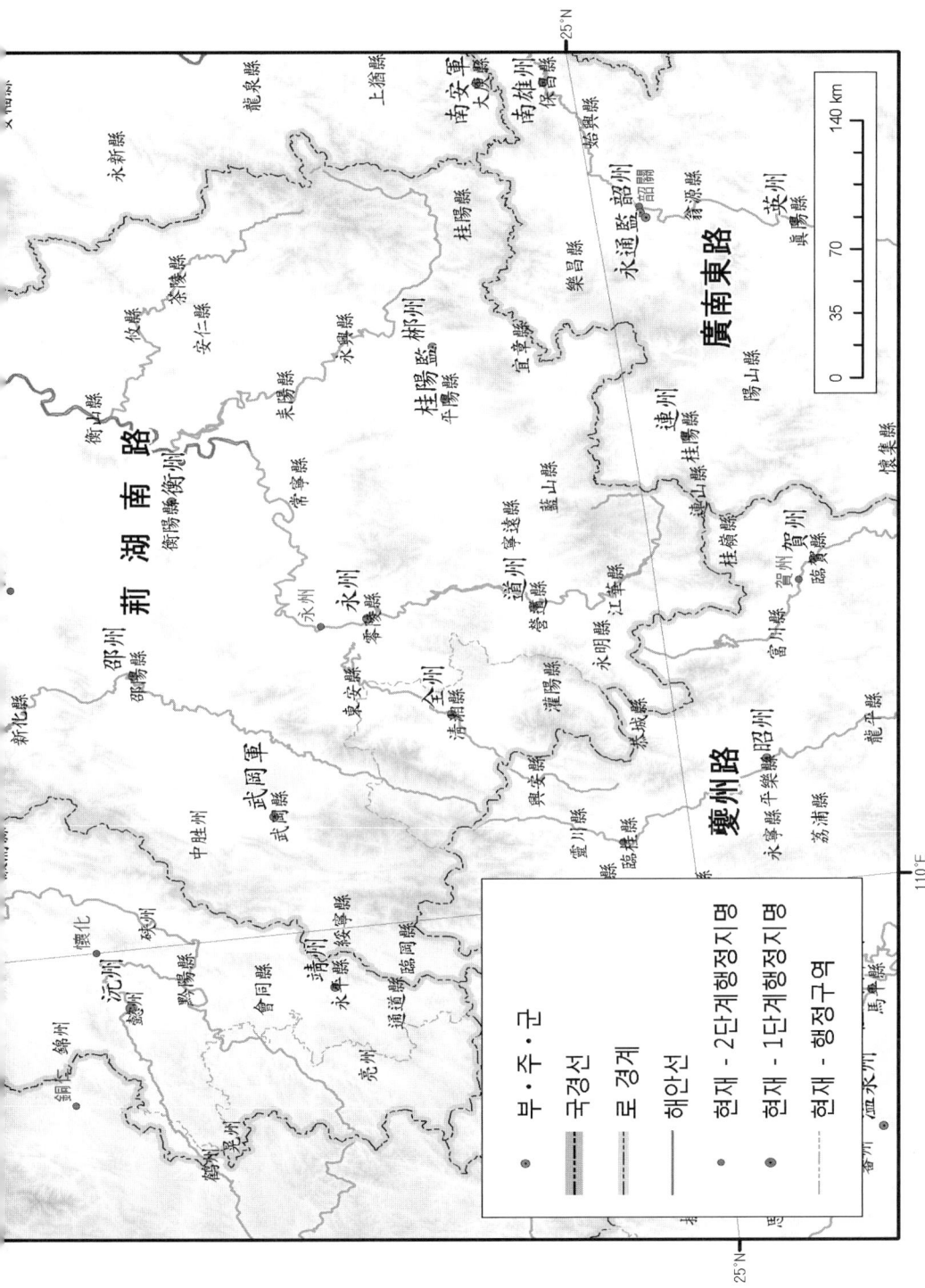

송대 서남만이 지역도 (2)

송대 서남만이 지역도 (3)

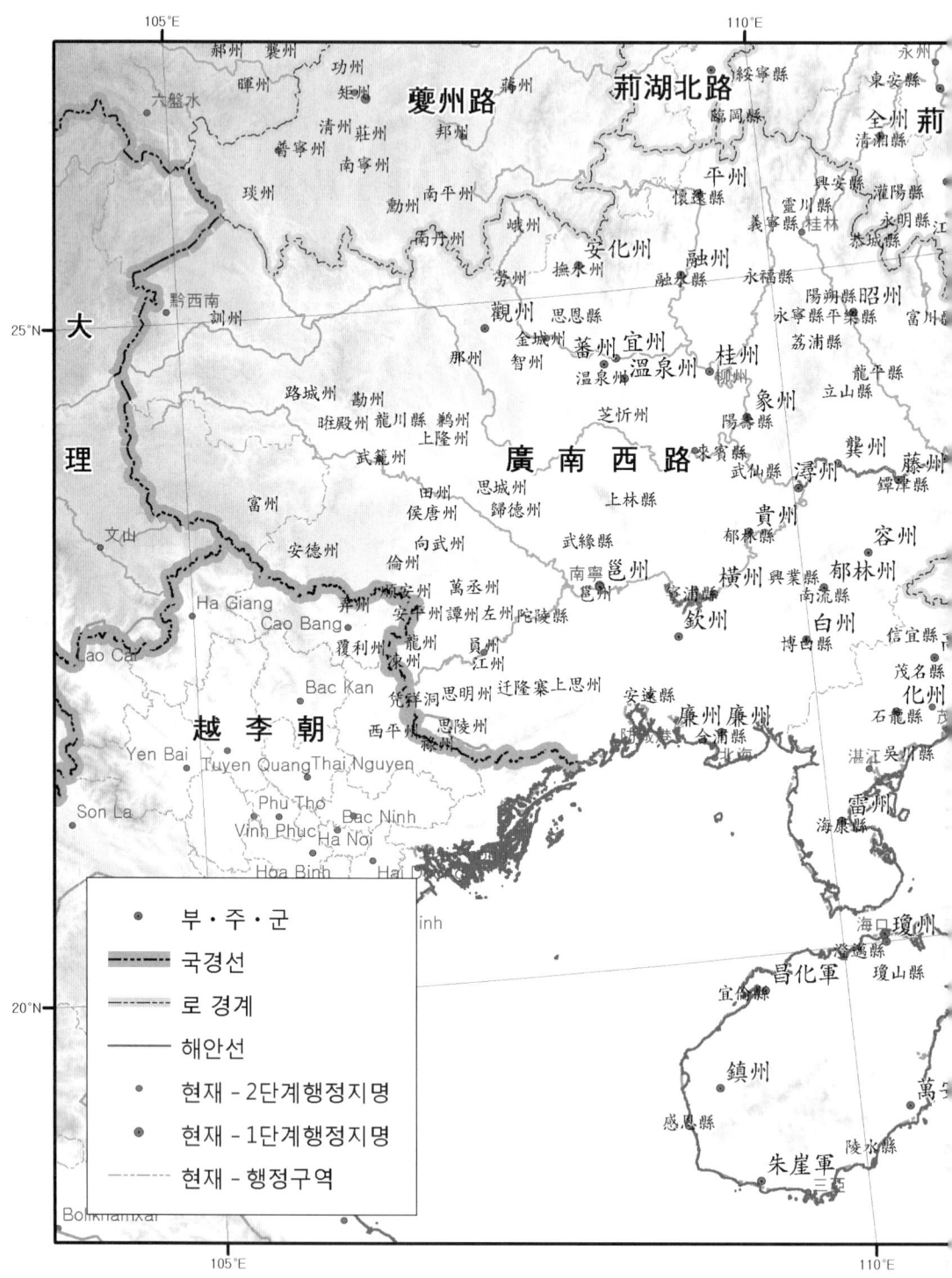

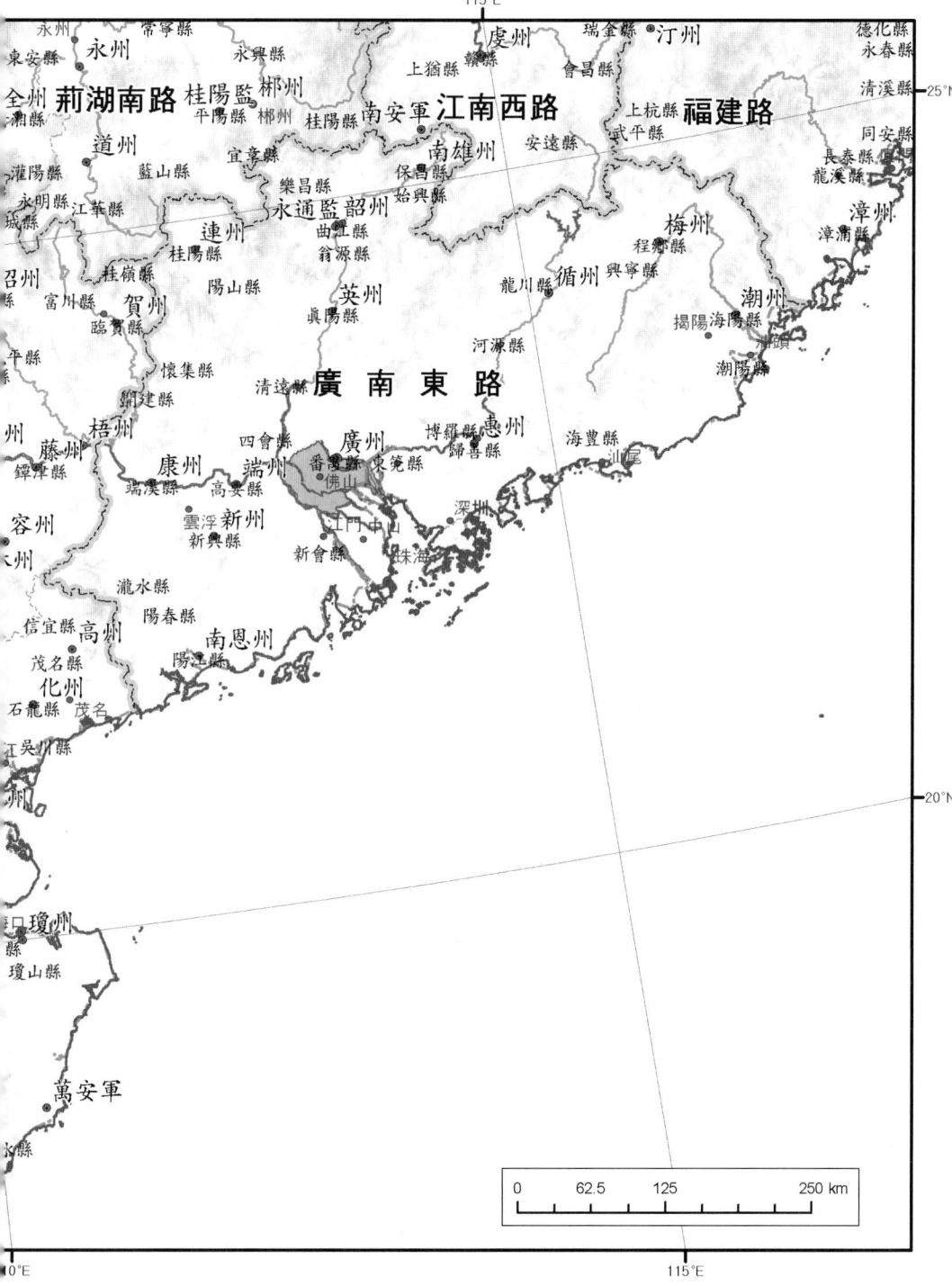

송대 서남만이 지역도 (4)

지도 | 339

❖ 색 인 ❖

【ㄱ】

가만(哥蠻)　287
가주(嘉州)　243, 264, 291, 301
감주(監州)　163
감주(監酒)　86
감찰어사(監察御史)　168
갑동만(甲峒蠻)　199, 200
강문채(江門砦)　313
강안(江安)　242, 303, 311
강이(羌夷)　298
개(蓋)　283
객호(客戶)　128, 287
걸제(乞弟)　289, 309, 310, 312, 314
검(黔)　22, 32, 56, 301
검주(黔州)　58, 222, 248, 290, 297, 301, 304
경관(京觀)　195
경관(瓊管)　200
경관사(瓊管司)　205
경략사(經略司)　139, 164, 170, 175, 177, 179
계(溪)　42, 44, 48, 56, 295
계동(溪峒)　22, 29, 30, 34, 46, 49, 56, 57, 60, 72, 77, 98, 100~104, 106, 107, 109, 112, 113, 135, 164, 167, 181, 210, 302
계동귀명관(溪峒歸明官)　168
계동주(溪峒州)　128
계주(桂州)　157, 170, 291
계주(溪州)　30, 37, 42, 44, 61, 64, 169, 236
계주(階州)　301
고(高)　56, 249, 295
고공로(高公老)　315

고주(高州)　47, 51, 53, 55, 57, 61, 64, 210, 236, 242
고주(古州)　52, 58, 63, 79
고주만(高州蠻)　297
곤명(昆明)　227, 287, 290, 299, 301
공도(邛都)　299, 300
공부천(邛部川)　259, 267, 276
공부천만(邛部川蠻)　220, 256, 261, 300
공주(恭州)　284, 286, 301
관자(官資)　164
광원주(廣源州)　24, 152, 185, 188
광원주만(廣源州蠻)　147, 149, 151, 184
교서(喬叙)　310, 311
교지(交阯)　24, 178, 185, 294
구감(寇瑊)　241
구평(寇平)　297
구희범(區希範)　151, 207~210, 325
궁노수(弓弩手)　95, 101, 124
귀래주(歸來州)　313, 314
귀주(鬼主)　258~260, 264, 314
기갑(器甲)　156, 161
기미주동(羈縻州峒)　173
기주(祺州)　282

【ㄴ】

나개모(羅箇牟)　311
나개모족(羅箇牟族)　311
나구이(羅苟夷)　309
나맹이(羅孟二)　96, 122, 124
나번(羅蕃)　292

나세전(羅世傳)　96, 122
나시당(羅始党)　314
나씨귀주(羅氏鬼主)　303
낙공성(樂共城)　313
낙과(駱科)　103
낙구(諾驅)　262
남강(南江)　71
남교례(南郊禮)　111
남녕주(南寧州)　229, 290
남단주만(南丹州蠻)　131
남료(南獠)　147
남만(南蠻)　22, 147
남사(南謝)　291
남주(南州)　45, 253, 309
남천국(南天國)　187
남천현(南川縣)　289
남평군(南平軍)　289
남평료(南平獠)　286
납계(納溪)　242, 303, 309, 311, 313
납계채(納溪砦)　309
내공봉관(內供奉官)　158
내전숭반(內殿崇班)　158
내전승제(內殿承制)　83, 165
노(瀘)　301, 314
노주(瀘州)　219, 237, 244, 297, 298, 301, 302, 304
농씨(儂氏)　26, 149, 152, 184, 185
농존복(儂存福)　149
농종단(儂宗旦)　198, 199, 326
농지고(儂智高)　149~152, 183, 187~193, 195~197, 325

【ㄷ】

단족(蜑族)　181
담주(潭州)　23, 31, 57, 81, 95, 96, 108, 126, 129, 157
당(當)　283
당화(唐和)　84
대남국(大南國)　149
대력국(大曆國)　149
대리국(大理國)　24, 150, 195, 257
대어기계(帶御器械)　164
대조강(大早江)　285
덕근채(德謹砦)　164
도(塗)　283, 285, 286
도감(都監)　55, 81, 157, 158, 311
도귀주(都鬼主)　258, 260, 262, 268
도압아(都押牙)　162
돈한릉(頓漢凌)　96, 126
동고(銅鼓)　45, 49, 130, 134, 307
동불파(銅佛坝)　222, 289
동사(東謝)　291
동순자(董舜咨)　282
동승유(董承有)　285
동언박(董彥博)　282
동염원사(東染院使)　158
동영석(董永錫)　281
동정(峒丁)　125
동족(侗族)　148
동주(銅柱)　43, 48, 67, 68
동중원(董仲元)　281
두갱(斗更)　314
두기(杜杞)　151, 209
두안행(杜安行)　288
두연(斗然)　314

득개(得蓋)　253, 302
등문고(登聞鼓)　207

【ㅁ】

마희범(馬希範)　37, 45
막세인(莫世忍)　136
막홍연(莫洪曹)　131
만요(蠻獠)　67
만이(蠻夷)　32, 35, 39, 58, 96, 101, 113, 139, 147, 200, 219, 294, 301
매산(梅山)　72, 96, 126
매산동만(梅山峒蠻)　97, 126
매영석모계보(梅嶺席帽溪堡)　313
맥문병(麥文昞)　313
면(綿)　115, 285, 311
명탁(明橐)　148, 168, 169, 176
모남족(毛南族)　148
모위번(牟韋蕃)　295
목향(穆珦)　310
무(茂)　285
무강군(武岡軍)　95, 98, 105, 106, 108, 119, 170
무녕채(武寧砦)　308
무도군(武都郡)　301
무도이(武都夷)　304
무수주(撫水州)　153, 162
무수주만(撫水州蠻)　147, 148, 151, 152
무주(茂州)　222, 239, 283~285, 301
무주만(茂州蠻)　301
문산이(汶山夷)　301
문주(汶州)　301
미강부락(彌羌部落)　220, 257, 273

【ㅂ】

방공손(龐恭孫)　282
방번(方蕃)　292
방이형(方異玓)　222, 292
방훈(龐勛)　182
백마저(白馬氐)　299, 301
범백록(范百祿)　304
범백상(范百常)　284
범성대(范成大)　97, 269, 274
변간(弁簡)　288
별가(別駕)　162
별폐(繁弊)　314
보새만(保塞蠻)　220, 256, 271
보의채(普議砦)　168, 208
보주(保州)　232, 235, 281
보패만(保霸蠻)　281
복루(卜漏)　314
복사(僕射)　303
복야(僕夜)　304, 308
봉직(奉職)　156
부(富)　48, 64, 72, 73, 295
부락만(部落蠻)　220, 257, 272
부망개서(斧望箇恕)　222, 303, 308
부요유(傅堯兪)　75
부인감(富仁監)　135, 171
부주(涪州)　231, 288~290, 297, 300, 301
부주(富州)　30, 62, 74
부환(扶歡)　288
북강(北江)　30, 64, 72
비(飛)　284, 285
비호(貔虎)　306

【ㅅ】

사(徙)　299, 301
사립채(思立砦)　164, 178
사방관(四方館)　293
사신(使臣)　161
사예(四裔)　32
사전(畲田)　154
사주(沙州)　266, 319
사취록로(沙取祿路)　309, 311, 314
산료(山獠)　148, 160
산외(山外)　304
산요(山徭)　125
산후양림만(山後兩林蠻)　220, 256, 258, 259
삼반봉직(三班奉職)　83, 129, 163, 198
삼왕만(三王蠻)　220, 256
상강동요(桑江峒猺)　170
상계주(上溪州)　53
상영오(向永晤)　73, 74
상통한(向通漢)　30, 49, 62, 232
생만(生蠻)　55, 70
서남(西南)　32, 34
서남만(西南蠻)　147
서남번부(西南蕃部)　301
서남이(西南夷)　131, 147, 225, 254
서남이부(西南夷部)　222, 290, 309
서남제이(西南諸夷)　219, 224
서남칠번(西南七蕃)　295
서산야천로만(西山野川路蠻)　254
서적(徐的)　83
서정만(西箐蠻)　220, 257
서조(西趙)　291
서주(敍州)　37, 44, 45, 49, 97, 291, 301
서하(誓下)　30, 64, 67

석번(石蕃)　292, 294
석이정(石以定)　294
석천(石泉)　297
선천(善闡)　300
성민(省民)　108, 109, 125, 150, 203
성주(誠州)　31, 72, 74, 75, 97, 117, 128, 129, 131
소주(邵州)　163
손고(孫固)　267, 288
손규(孫珪)　297
손희수(孫羲叟)　285
송민구(宋敏求)　293
수(遂)　311
수(巂)　299, 301
수족(水族)　148, 151
수주(巂州)　258, 300, 301
숙번(熟蕃)　77, 167
숙이(熟夷)　287, 295, 311, 312
숙호(熟戶)　125
순(順)　59, 64, 79, 295
순검(巡檢)　81, 107, 114, 129, 159, 237, 289, 309
순검안무사(巡檢安撫使)　158
승신랑(承信郎)　104, 180, 205
시(時)　284, 285
시주(施州)　56, 60, 78, 79, 87, 105, 222, 297
시주만(施州蠻)　222, 295
신정미(身丁米)　111
신종(神宗)　69, 117, 127, 129, 130, 136, 148, 167, 175, 268, 279, 282, 284, 288, 289, 292, 293, 296, 304, 310, 313

【ㅇ】

아농(阿儂) 149, 150, 186, 196, 197
아비부도산(鴉飛不到山) 313
아와(阿訛) 289, 309, 312
아주(雅州) 197, 254, 301
안자(晏子) 222, 303, 308
안주(晏州) 241, 251, 304
안주이(晏州夷) 310, 314
안화주(安化州) 147, 162, 207
압아(押牙) 162
야랑(夜郎) 297, 299
야천만(野川蠻) 301
약전(藥箭) 154
양광영(楊光榮) 222, 280, 290
양광진(楊光震) 289, 312
양광천(楊光倩) 87
양성대(楊晟臺) 76, 124, 131
양재흥(楊再興) 119
양정공(楊正拱) 96, 108
양정수(楊正修) 96, 108
양첨조(楊添朝) 96, 113
엄도(嚴道) 301
여동(黎洞) 200
여동만(黎洞蠻) 147, 150~152
여인(黎人) 201~203, 205
여족(黎族) 150, 181
여주(黎州) 256, 258, 261, 269, 272, 301
연녕군(延寧軍) 285
염방(冉䮫) 299, 301
영(令) 294
영(營) 164
영순(永順) 64, 100, 115
영원(寧遠) 303
영의(榮懿) 288
영주(永州) 39, 119
영주(英州) 86
예주(澧州) 59, 80, 87, 101, 102, 126, 128, 163
오둔만(五囤蠻) 302
오만(烏蠻) 242, 253, 287, 302, 303, 310
오주(五州) 42
왕계은(王繼恩) 263
왕광조(王光祖) 314
왕암수(王巖叟) 75
왕회신(王懷信) 243
요명교(姚明敎) 96, 110, 124
요인(獠人) 81
요족(猺族) 177, 181
요주(姚州) 253, 300, 303
용번(龍蕃) 292, 294
용언도(龍彦瑫) 219, 229
용이각(龍異閣) 222, 292
용한당(龍漢瑭) 231, 320
용한선(龍漢璿) 232
용한요(龍漢璘) 232
우전(于闐) 294
웅본(熊本) 289, 297, 304, 308, 309, 311
원주(沅州) 74, 101, 102, 115, 119, 120, 124, 130, 164
위주(威州) 281, 285, 301
유주요(俞州獠) 309
유헌가(俞獻可) 157, 159, 162
육성이(六姓夷) 304
육수이(洓水夷) 302
육정(洓井) 297, 304, 314
육정감(洓井監) 241, 250, 251
은덕채(恩德砦) 160
의보(義保) 95, 98, 99

의주(宜州)　58, 131, 133, 134, 135, 153, 206, 233, 235, 291
이료(俚獠)　147
이료(夷獠)　49, 74, 77, 201
이순(李順)　263
이원려(李元礪)　96, 122, 124
이원호(李元昊)　183
이적(夷狄)　78
익주군(益州郡)　300
인종(仁宗)　65, 66, 80, 82, 87, 97, 127, 135, 136, 163, 182, 187, 197~199, 202, 207, 208, 210, 249~252, 254, 266, 267, 282, 302
임광(林廣)　312
입묵(入墨)　163

【ㅈ】

자(資)[州]　312
자사(刺史)　31, 37, 41, 42, 116, 136, 158, 166, 234, 282, 298, 303
작도(莋都)　299, 301
장가(牂牁)　228, 290, 295
장가군(牂牁郡)　224, 290, 300
장가제만(牂牁諸蠻)　219, 233
장교(張翹)　71
장녕(長寧)　250, 303, 304
장돈(章惇)　30, 69, 127, 167
장번(張蕃)　292, 293
장사(長沙)　30, 72, 96, 126
장영탁(張永鐸)　285
장족(壯族)　147
장학(張覺)　95, 101, 102
장한흥(張漢興)　222, 292
재(梓)　311

재주로(梓州路)　314
적청(狄靑)　149, 193, 195, 196, 326
전(滇)　299, 300
전경천(田景遷)　30, 45, 47, 297
전언이(田彥伊)　53, 58
전현(田現)　297
정(靜)　283~286
정랑만(淨浪蠻)　220, 257
정번(程蕃)　293
정위(丁謂)　30, 53
제국공봉록(諸國貢奉錄)　293
조여우(趙汝愚)　275
조태(趙泰)　290
조휼(趙遹)　315
주도(周燾)　285
죽웅(粥熊)　306
중승주(中勝州)　87
중팽주(中彭州)　57, 65
직(直)　283, 286
직주(直州)　285
진(溱)　290, 300
진(珍)　300
진동(陳峒)　119
진재웅(秦再雄)　29, 40
진종(眞宗)　52, 78, 147
진주(辰州)　23, 29, 30, 37, 39~41, 44, 48, 51, 60, 61, 64, 65, 67, 69, 72, 77, 80, 95, 100, 102, 115, 124, 226
진주(珍州)　30, 46, 47, 225, 298
질영수(郅永壽)　285
징해군(澄海軍)　157

【ㅊ】

차직(借職)　62, 163, 241
청강(青羌)　221, 273, 275
초법(鈔法)　179
충의승군(忠義勝軍)　222, 297
충주(充州)　226, 291

【ㅌ】

탕(宕)　284, 286
탕연준(湯延俊)　285
탕주(宕州)　284
태조(太祖)　39
태종　48, 51, 126, 128, 131, 132, 134, 155,
　　231~233, 255, 259, 260, 262, 263
토번(吐蕃)　300
투주만(渝州蠻)　286

【ㅍ】

파(播)　280, 290, 300
파주(播州)　225, 287, 290
파촉(巴蜀)　301
판순칠성만(板楯七姓蠻)　286
패주(霸州)　235, 240, 281
팽문관(彭文綰)　57, 65
팽사단(彭仕端)　65, 66
팽사보(彭師寶)　66~68
팽사수(彭士愁)　42
팽사안(彭師晏)　69, 73
팽사한(彭仕漢)　61, 65
팽사희(彭仕羲)　66~69
팽수만(彭水蠻)　296
팽유맹(彭儒猛)　57, 61, 65
팽윤림(彭允林)　30, 44
팽윤수(彭允殊)　48, 52, 65
팽윤족(彭允足)　46
포한양(苞漢陽)　96, 126
풍의(馮儀)　288
풍파만(風琶蠻)　220, 256, 271

【ㅎ】

하계주(下溪州)　46, 52, 61, 65
한존보(韓存寶)　310
합문지후(閤門祗候)　158, 210, 237, 244
허시(墟市)　119, 150
형주(亨州)　282
형초(荊楚)　291, 302
호시(互市)　107, 110, 174, 179, 202, 220, 263,
　　276, 302
환경로(環慶路)　312
환주만(環州蠻)　147, 151, 206
회동천(會同川)　300
휘종(徽宗)　77, 95, 131, 137, 138, 165, 167,
　　169~171, 173, 279, 280, 282, 285, 286, 289,
　　294, 298, 302, 314

동북아역사 자료총서 33

譯註 中國 正史 外國傳 13
宋史 外國傳 譯註·3─蠻夷傳

초판 1쇄 인쇄 2013년 11월 30일
초판 1쇄 발행 2013년 12월 15일

엮은이 동북아역사재단
펴낸이 김학준
펴낸곳 동북아역사재단

등록   제312-2004-050호(2004년 10월 18일)
주소   서울시 서대문구 통일로 81 임광빌딩
전화   02-2012-6065
팩스   02-2012-6189
e-mail book@nahf.or.kr

ⓒ 동북아역사재단, 2013

ISBN 978-89-6187-316-1   94910

* 이 책의 출판권 및 저작권은 동북아역사재단에 있습니다.
  저작권법으로 보호를 받는 저작물이므로 어떤 형태나 어떤 방법으로도 무단전재와 무단복제를 금합니다.
* 이 도서의 국립중앙도서관 출판시도서목록(CIP)은 서지정보유통지원시스템 홈페이지(http://seoji.nl.go.kr)와
  국가자료공동목록시스템(http://www.nl.go.kr/kolisnet)에서 이용하실 수 있습니다. (CIP제어번호: CIP2013026397)
* 책값은 뒤표지에 있습니다. 잘못된 책은 바꾸어 드립니다.